2014年

全国企业创新调查统计资料

国家统计局社会科技和文化产业统计司 编

图书在版编目（CIP）数据

2014年全国企业创新调查统计资料 / 国家统计局社会科技和文化产业统计司编. -- 北京 : 中国统计出版社, 2016.1
ISBN 978-7-5037-7729-5

Ⅰ. ①2… Ⅱ. ①国… Ⅲ. ①企业创新－调查报告－中国－2014 Ⅳ. ①F279.23

中国版本图书馆 CIP 数据核字(2015)第 295662 号

2014年全国企业创新调查统计资料

作　　者/国家统计局社会科技和文化产业统计司 编
责任编辑/徐　涛　李　胤
封面设计/李雪燕
出版发行/中国统计出版社
通信地址/北京市丰台区西三环南路甲 6 号 邮政编码/100073
电　　话/邮购（010）63376909　书店（010）68783171
网　　址/ http://www.zgtjcbs.com
印　　刷/河北天普润印刷厂
经　　销/新华书店
开　　本/880mm×1230mm　1/16
字　　数/928 千字
印　　张/29
版　　别/2016 年 1 月第 1 版
版　　次/2016 年 1 月第 1 次印刷
定　　价/380.00 元

如有印装差错，由本社发行部调换。

《2014年全国企业创新调查统计资料》

编 辑 人 员

总 编 辑：察志敏

副总编辑：关晓静

编辑人员：邓永旭　赵利婧　李　胤
　　　　　　张　鹏　罗秋实　焦智康

责任编辑：徐　涛　李　胤

编者说明

为全面了解我国企业创新进展状况，更好地服务创新驱动发展战略，国家统计局于2015年对全国企业创新情况进行了调查。

此次调查的范围涉及工业，建筑业，批发和零售业，交通运输、仓储和邮政业，信息传输、软件和信息技术服务业，金融业，租赁和商务服务业，科学研究和技术服务业，水利、环境和公共设施管理业等创新活动相对密集的行业。调查的主要内容包括企业开展各类创新活动的基本情况，企业创新投入及产出、产学研合作创新、创新信息来源、创新阻碍因素、知识产权及相关情况等，以及企业家对创新的认识、创新激励措施实施、创新政策落实效果、创新战略目标制定等情况。

本资料收录了此次调查的主要统计数据，是较为全面反映我国当前企业创新开展情况的统计资料书。全书共分为十七个部分。第一部分为企业创新主要指标情况，第二至第十六部分按全部被调查企业、工业企业、建筑业企业、服务业企业对企业创新调查主要指标进行了汇总分列，第十七部分为国际比较情况。资料最后附有调查简要技术说明和主要统计指标解释。

本资料有关符号说明：各表中的“空格”表示该项统计指标数据不足本表最小单位数、数据不详或无该项数据；“#”表示其中的主要项；“*”或“①”表示本表下有注解。

本资料未对因调查方法不同等原因产生的与其它调查的数据差异进行技术处理，也未对因四舍五入产生的误差做配平处理。

目录

一、企业创新主要指标

二、企业基本情况

三、创新活动总体情况

四、产品和工艺创新情况

五、产品或工艺创新活动类型及创新费用情况

六、产品或工艺创新信息来源情况

七、产品或工艺创新合作情况

八、产品或工艺创新阻碍因素情况

九、知识产权及相关情况

十、组织和营销创新情况

十一、企业家基本情况

十二、创新对企业的影响情况

十三、创新成功影响因素情况

十四、创新激励措施及效果情况

十五、政策对创新的影响情况

十六、未来创新战略目标制定情况

十七、国际比较

附　录

一、企业创新主要指标

1-1 企业创新基本情况(2013-2014年)

指 标	单位	合计	工业	建筑业	服务业
一、企业基本情况(2014年)					
企业数	个	645553	377868	9344	258341
年末从业人员	万人	14787	9770	2244	2773
主营业务收入	亿元	1769050	1106884	106050	556116
利润总额	亿元	98965	68832	3499	26634
资产总计	亿元	1667245	955159	97224	614863
二、创新活动总体情况					
开展创新活动企业数	个	266382	176968	5236	84178
#实现创新企业	个	256389	169393	5112	81884
#同时实现四种创新企业*	个	58457	42652	860	14945
在全部企业中,					
开展创新活动企业占比	%	41.3	46.8	56.0	32.6
#实现创新企业占比	%	39.7	44.8	54.7	31.7
#同时实现四种创新企业占比	%	9.1	11.3	9.2	5.8
三、产品和工艺创新情况					
(一)产品和工艺创新分布情况					
1.开展产品或工艺创新活动企业数	个	173460	128667	3839	40954
#实现产品创新企业	个	120542	92771	1750	26021
#实现工艺创新企业	个	128923	95016	3430	30477
2.未开展产品或工艺创新活动企业数	个	472093	249201	5505	217387
在全部企业中,					
开展产品或工艺创新活动企业占比	%	26.9	34.1	41.1	15.9
#实现产品或工艺创新企业占比	%	24.2	31.0	37.6	13.9
#实现产品创新企业占比	%	18.7	24.6	18.7	10.1
#实现工艺创新企业占比	%	20.0	25.1	36.7	11.8
#1.同时实现产品和工艺创新企业占比	%	14.4	18.7	17.8	8.0
2.仅实现产品创新企业占比	%	4.3	5.8	0.9	2.1
3.仅实现工艺创新企业占比	%	5.6	6.4	18.9	3.8
4.仅有正在进行或中止的创新活动企业占比	%	2.6	3.1	3.5	1.9
(二)产品创新开发情况					
在实现产品创新企业中,以下列形式进行开发的企业占比					
本企业独立开发	%	76.0	82.0	62.9	55.7
本企业与集团内企业合作开发	%	8.1	6.3	20.7	13.5
本企业与境内其他企业合作开发	%	8.3	7.1	22.6	11.5
本企业与境内研究机构合作开发	%	2.6	2.7	4.8	2.2
本企业与境内高等学校合作开发	%	11.3	13.1	22.9	4.5
本企业与境外企业或机构合作开发	%	3.1	3.3	2.4	2.6
在其他单位开发的基础上调整或改进	%	8.9	7.3	20.0	13.8
其他企业或机构开发	%	5.5	2.9	12.8	14.5
其他	%	8.8	6.3	9.6	17.6
(三)工艺创新开发情况					
在实现工艺创新企业中,以下列形式进行开发的企业占比					
本企业独立开发	%	66.9	74.8	59.5	43.3

注：1. 四种创新指产品创新、工艺创新、组织创新、营销创新。
2. 建筑业仅包括特、一级建筑业企业；金融业仅包括省级及以上金融业企业；以下各表同。各行业调查范围请参阅附录1《2014年全国企业创新调查技术说明》。

1-1 续表 1

指　标	单位	合计	工业	建筑业	服务业
本企业与集团内企业合作开发	%	8.5	7.1	16.9	11.8
本企业与境内其他企业合作开发	%	10.5	9.0	21.6	13.8
本企业与境内研究机构合作开发	%	2.3	2.6	3.6	1.3
本企业与境内高等学校合作开发	%	9.7	11.5	19.0	3.1
本企业与境外企业或机构合作开发	%	2.5	2.7	1.6	1.9
在其他单位开发的基础上调整或改进	%	12.2	10.7	20.4	16.0
其他企业或机构开发	%	10.2	6.6	16.0	20.7
其他	%	11.9	8.9	10.2	21.3
(四)新产品情况					
在实现产品创新企业中有市场新产品的企业占比	%	63.0	62.2	72.6	65.0
新产品销售收入(2014年)	亿元	231607	142895	24204	64507
新产品销售收入占主营业务收入的比重(2014年)	%	13.1	12.9	22.8	11.6
1.仅市场新的产品	%	5.8	6.3	8.2	4.4
2.仅本企业新的产品	%	7.3	6.6	14.6	7.2
四、产品或工艺创新活动类型及创新费用情况					
(一)产品或工艺创新活动类型					
在开展产品或工艺创新活动企业中，有下列活动形式的企业占比					
内部研发	%	56.8	58.2	64.0	51.7
外部研发	%	13.0	12.3	24.4	14.2
获得机器设备和软件	%	51.3	57.8	44.2	31.5
从外部获取相关技术	%	5.7	4.7	15.1	7.7
相关培训	%	45.4	43.4	60.3	50.3
市场推介	%	24.0	22.9	25.1	27.2
相关设计	%	22.5	26.2	5.6	12.4
其他创新活动	%	27.0	27.6	31.2	24.7
(二)工业企业创新费用支出情况(2014年)					
创新费用支出合计	亿元	16576	16576		
1.内部研发经费支出	亿元	9254	9254		
所占比重	%	55.8	55.8		
2.外部研发经费支出	亿元	458	458		
所占比重	%	2.8	2.8		
3.获得机器设备和软件经费支出	亿元	6263	6263		
所占比重	%	37.8	37.8		
4.从外部获取相关技术经费支出	亿元	601	601		
所占比重	%	3.6	3.6		
五、产品或工艺创新信息来源情况					
在开展产品或工艺创新活动企业中,下列信息对创新影响较大的企业占比					
企业内部信息	%	37.7	37.0	35.1	39.9
企业集团内部信息	%	12.2	10.4	25.3	16.6
来自高等学校的信息	%	6.6	7.5	10.0	3.4
来自研究机构的信息	%	8.7	9.7	8.9	5.6
来自政府部门的信息	%	13.1	11.3	24.3	17.4

1-1 续表 2

指 标	单位	合计	工业	建筑业	服务业
来自行业协会的信息	%	18.7	18.1	37.3	18.8
来自供应商的信息	%	18.8	19.7	19.5	15.9
来自客户的信息	%	46.3	47.4	22.7	45.3
来自竞争对手或同行业企业的信息	%	25.1	24.6	23.7	26.9
来自市场咨询机构的信息	%	7.5	6.8	6.1	9.6
来自展会的信息	%	17.4	20.2	4.5	9.9
来自文献、期刊的信息	%	3.9	4.0	10.0	3.2
来自互联网的信息	%	13.4	11.0	17.2	20.6
其他	%	8.0	8.0	5.7	8.3
六、产品或工艺创新合作情况					
(一)产品或工艺创新合作开展情况					
开展创新合作的企业数	个	130066	95546	3051	31469
创新合作企业占全部企业的比重	%	20.1	25.3	32.7	12.2
在创新合作企业中,与下列伙伴开展合作的企业占比					
集团内其他企业	%	29.1	26.5	47.3	35.2
高等学校	%	29.2	32.9	41.8	16.6
研究机构	%	19.6	21.8	22.3	12.6
政府部门	%	11.2	9.1	13.1	17.4
行业协会	%	20.2	18.9	32.4	23.0
供应商	%	36.1	36.8	37.8	33.9
客户	%	45.4	45.3	21.3	48.2
竞争对手或同行业企业	%	18.9	17.7	22.9	22.1
市场咨询机构	%	11.4	9.6	10.8	17.0
风险投资机构	%	1.5	1.2	1.2	2.5
其他合作对象	%	17.8	15.8	16.6	24.1
(二)产品或工艺创新合作伙伴					
在创新合作企业中,下列合作伙伴对企业创新有较大价值的企业占比					
集团内其他企业	%	13.8	13.2	26.3	14.6
高等学校	%	13.8	16.0	24.9	6.0
研究机构	%	9.1	10.9	10.9	3.4
政府部门	%	5.7	4.9	7.0	8.0
行业协会	%	10.3	10.1	18.9	10.0
供应商	%	19.2	20.3	21.4	15.4
客户	%	26.9	27.9	12.1	25.4
竞争对手或同行业企业	%	10.4	10.3	13.9	10.3
市场咨询机构	%	4.9	4.7	5.8	5.3
风险投资机构	%	0.9	0.6	0.7	1.7
其他合作对象	%	12.8	11.5	10.8	17.0
(三)产学研合作形式					
开展产学研合作的企业数	个	47984	39803	1463	6718
在创新合作企业中产学研合作企业占比	%	36.9	41.7	48.0	21.3

1-1 续表 3

指 标	单位	合计	工业	建筑业	服务业
在产学研合作企业中,以下列为主要合作形式的企业占比					
共同完成科研项目	%	62.7	63.7	77.2	53.5
在企业建立研发机构	%	29.6	29.7	30.5	28.7
在高校或研究机构中设立研发机构	%	13.0	11.6	12.0	21.7
聘用高校或研究机构人员到企业兼职	%	31.1	31.9	27.5	27.2
其他形式	%	26.9	24.7	23.4	41.0
七、产品或工艺创新阻碍因素情况					
在全部企业中,下列各项是创新主要阻碍因素的企业占比					
缺乏内部资金	%	10.5	10.5	14.8	10.3
缺乏风险投资	%	6.6	7.1	7.4	5.9
缺乏银行贷款	%	12.3	14.2	10.8	9.5
创新成本过高	%	16.1	19.2	20.3	11.4
缺乏人才或人才流失	%	22.4	24.6	33.3	18.7
缺乏技术信息	%	14.1	16.5	19.3	10.3
缺乏市场信息	%	9.3	9.2	9.1	9.4
难以找到创新合作伙伴	%	6.2	6.4	7.5	5.9
市场已被占领	%	3.1	2.6	2.6	4.0
不能确定市场需求	%	12.2	12.8	12.9	11.3
创新成果易被低成本模仿	%	5.6	6.7	6.5	3.8
没有创新的必要	%	18.3	14.6	13.1	23.9
八、知识产权及相关情况					
(一)采取知识产权保护或相关措施情况					
采取了知识产权保护或相关措施的企业数	个	293147	201079	5948	86120
采取了知识产权保护或相关措施的企业占全部企业的比重	%	45.4	53.2	63.7	33.3
在全部企业中，采取下列知识产权保护或相关措施的企业占比					
申请了发明专利	%	7.3	10.3	16.0	2.6
申请了实用新型或外观设计专利	%	7.8	11.0	16.5	2.7
申请了注册商标	%	11.4	15.6	6.9	5.5
进行了版权登记	%	2.1	2.2	2.5	2.0
形成了国家或行业技术标准	%	6.3	8.1	11.4	3.5
对技术秘密进行内部保护	%	12.3	16.5	14.2	6.2
应用了难以复制的复杂技术	%	2.5	3.2	4.2	1.5
发挥了时间上的先发优势	%	17.0	15.6	20.3	18.9
(二)专利情况					
年末拥有有效发明专利数	件	656869	448885	17975	190009
九、组织和营销创新情况					
实现组织或营销创新企业数	个	218413	137443	4343	76627
在全部企业中,					
实现组织或营销创新企业占比	%	33.8	36.4	46.5	29.7
#实现组织创新企业占比	%	27.9	29.9	45.1	24.3
#实现营销创新企业占比	%	25.8	27.9	19.9	23.1
#同时实现组织和营销创新企业占比	%	19.9	21.4	18.5	17.7

1-2 企业家对创新的认识及相关情况(2013-2014年)

指 标	单位	合计			
			工业	建筑业	服务业
一、企业家基本情况(2014年)					
(一)企业家性别和年龄构成					
在企业家中,下列各类人员占比					
#1.男性	%	60.9	65.2	69.7	54.3
2.女性	%	39.1	34.8	30.3	45.7
#1.29岁及以下	%	10.6	10.0	7.4	11.5
2.30-39岁	%	28.6	27.9	24.0	29.8
3.40-49岁	%	39.2	39.4	39.6	39.0
4.50-59岁	%	18.8	19.7	24.9	17.2
5.60岁及以上	%	2.8	2.9	4.1	2.6
(二)企业家教育程度构成					
在企业家中,下列各类人员占比					
1.博士	%	0.6	0.5	0.9	0.7
2.硕士	%	4.3	3.9	9.8	4.7
3.本科	%	34.2	31.2	54.2	37.8
4.大专	%	42.8	43.9	31.2	41.7
5.其他	%	18.1	20.5	3.9	15.2
(三)企业家对创新的总体认识					
在企业家中,认为创新对企业的生存和发展					
起了重要作用的人员占比	%	25.9	28.9	29.4	21.5
起了一定作用的人员占比	%	59.4	59.2	61.7	59.7
不起作用的人员占比	%	14.6	11.9	8.9	18.8
二、创新对企业的影响情况					
(一)影响最大的创新类型					
在实现创新企业中,认为下列各类创新对企业影响最大的企业家占比					
产品创新	%	35.8	42.4	19.5	24.5
工艺创新	%	21.4	27.4	24.7	10.0
组织创新	%	21.8	15.6	48.5	31.7
营销创新	%	21.1	14.6	7.4	33.8
(二)产品创新对企业的影响					
在实现产品创新企业中,认为下列各项对企业影响程度为“高”的企业家占比					
增加了产品品种	%	42.5	43.5		41.1
提高了产品性能	%	49.3	48.8	50.1	50.8
开拓了新市场	%	42.6	42.8	38.1	42.2
扩大了市场份额	%	36.8	36.7	31.8	37.5
取代了过时产品	%	34.7	34.9	33.1	33.8
(三)工艺创新对企业的影响					
在实现工艺创新企业中,认为下列各项对企业影响程度为“高”的企业家占比					
提高了生产的灵活性	%	39.2	39.7	33.1	38.3
提高了生产效率	%	48.1	50.0	49.2	42.3
降低了人力成本	%	35.8	37.4	34.6	31.0
节约了原材料	%	30.9	33.5	30.5	22.8
降低了能源消耗	%	32.9	35.6	30.3	24.9
减少了环境污染	%	36.0	38.1	32.2	30.1
改善了工作条件	%	32.2	33.7	29.2	27.9
(四)组织创新对企业的影响					
在实现组织创新企业中,认为下列各项对企业影响程度为“高”的企业家占比					
加快了对客户或供应商的响应速度	%	40.0	40.0	33.8	40.3
提高了新产品或新工艺的开发能力	%	33.4	36.6	25.8	28.5

1-2 续表

指 标	单位	合计			
			工业	建筑业	服务业
提高了产品质量	%	41.9	43.2	36.2	40.0
降低了单位成本	%	29.8	32.4	29.8	25.5
提高了信息交换与共享的水平	%	32.7	32.1	35.9	33.5
改善了员工工作条件	%	29.2	29.8	26.5	28.4
提升了管理效率	%	42.8	42.4	46.8	43.0
(五)营销创新对企业的影响					
在实现营销创新企业中,认为下列各项对企业影响程度为“高”的企业家占比					
保持或扩大了市场份额	%	38.1	39.3	34.7	36.3
开拓了新客户群体	%	38.1	38.5	33.7	37.4
开拓了新区域市场	%	35.2	36.6	34.2	32.9
三、创新成功影响因素情况					
在开展创新活动企业中,认为下列各项是创新成功最重要因素的企业家占比					
有创新精神的企业家	%	42.6	43.6	51.9	40.3
充足的经费支持	%	37.3	38.4	39.9	34.9
高素质的人才	%	45.3	45.8	54.4	43.8
员工对企业的认同感	%	40.3	38.5	44.0	43.4
企业内部的激励措施	%	38.7	36.7	43.7	42.1
有效的技术战略或计划	%	36.8	36.5	38.1	37.4
畅通的信息渠道	%	36.7	35.2	36.3	39.5
可信赖的创新合作伙伴	%	32.5	31.6	30.5	34.2
优惠政策的扶持	%	33.3	32.8	32.4	34.3
四、创新激励措施及效果情况					
在开展创新活动企业中,认为下列措施效果“很好”的企业家占比					
股权或期权	%	10.2	9.8	10.6	10.9
增加工资或奖金	%	45.7	46.8	47.2	43.8
汽车住房等物质奖励	%	13.0	13.3	12.9	12.6
岗位调整或升职机会	%	38.2	37.7	43.5	38.6
培训或深造机会	%	30.5	29.9	36.8	31.2
五、政策对创新的影响情况					
在开展创新活动企业中,认为下列政策效果较明显的企业家占比					
企业研发费用加计扣除税收优惠政策	%	50.5	55.6	47.6	41.5
高新技术企业所得税减免政策	%	48.1	52.4	40.5	40.5
企业研发活动专用仪器设备加速折旧政策	%	46.9	51.4	42.8	38.9
科技开发用品免征进口税收政策	%	39.5	42.7	32.3	34.0
技术转让、技术开发收入免征增值税和技术转让减免所得税优惠政策	%	42.8	46.0	37.1	37.2
鼓励企业吸引和培养人才的相关政策	%	58.8	62.0	60.4	53.0
优先发展产业的支持政策	%	55.6	59.7	51.2	48.4
金融支持相关政策	%	56.7	60.3	52.7	50.4
创造和保护知识产权的相关政策	%	58.0	64.0	57.2	47.1
六、未来创新战略目标制定情况					
制定创新战略目标的企业数	个	352006	215978	6893	129135
制定创新战略目标企业占全部企业的比重	%	54.5	57.2	73.8	50.0
在制定创新战略目标企业中,制定下列目标的企业占比					
保持本领域的国际领先地位	%	4.0	4.5	1.6	3.2
赶超同行业国际领先企业	%	5.6	6.7	2.9	4.0
赶超同行业国内领先企业	%	19.7	20.5	20.4	18.3
增加创新投入,提升企业竞争力	%	52.7	51.7	60.8	53.9
保持现有的技术水平和生产经营状况	%	17.7	16.3	14.1	20.1
其他目标	%	0.3	0.2	0.3	0.5

1-3 分地区企业创新基本情况(2013-2014年)

指 标	单位	合计	东部地区	中部地区	西部地区	东北地区
一、企业基本情况(2014年)						
企业数	个	645553	393421	126060	86063	40009
年末从业人员	万人	14787	8734	3013	2175	865
主营业务收入	亿元	1769050	1086537	316891	248377	117245
利润总额	亿元	98965	62886	16870	13958	5251
资产总计	亿元	1667245	999480	274683	293782	99300
二、创新活动总体情况						
开展创新活动企业数	个	266382	173091	50162	32618	10511
#实现创新企业	个	256389	166515	48289	31553	10032
#同时实现四种创新企业	个	58457	37105	12071	7435	1846
在全部企业中,						
开展创新活动企业占比	%	41.3	44.0	39.8	37.9	26.3
#实现创新企业占比	%	39.7	42.3	38.3	36.7	25.1
#同时实现四种创新企业占比	%	9.1	9.4	9.6	8.6	4.6
三、产品和工艺创新情况						
(一)产品和工艺创新分布情况						
1.开展产品或工艺创新活动企业数	个	173460	113685	33151	20917	5707
#实现产品创新企业	个	120542	81365	22421	12970	3786
#实现工艺创新企业	个	128923	83448	25203	16276	3996
2.未开展产品或工艺创新活动企业数	个	472093	279736	92909	65146	34302
在全部企业中,						
开展产品或工艺创新活动企业占比	%	26.9	28.9	26.3	24.3	14.3
#实现产品或工艺创新企业占比	%	24.2	26.0	23.9	22.0	12.4
#实现产品创新企业占比	%	18.7	20.7	17.8	15.1	9.5
#实现工艺创新企业占比	%	20.0	21.2	20.0	18.9	10.0
#1.同时实现产品和工艺创新企业占比	%	14.4	15.9	13.9	12.0	7.1
2.仅实现产品创新企业占比	%	4.3	4.8	3.9	3.1	2.4
3.仅实现工艺创新企业占比	%	5.6	5.4	6.1	6.9	2.9
4.仅有正在进行或中止的创新活动企业占比	%	2.6	2.9	2.4	2.3	1.9
(二)产品创新开发情况						
在实现产品创新企业中,以下列形式进行开发的企业占比						
本企业独立开发	%	76.0	77.6	73.7	70.1	76.8
本企业与集团内企业合作开发	%	8.1	7.3	8.4	12.2	8.1
本企业与境内其他企业合作开发	%	8.3	7.7	8.8	10.9	8.2
本企业与境内研究机构合作开发	%	2.6	2.2	3.2	3.8	3.5
本企业与境内高等学校合作开发	%	11.3	10.5	14.0	12.2	11.6
本企业与境外企业或机构合作开发	%	3.1	3.5	2.1	2.4	3.2
在其他单位开发的基础上调整或改进	%	8.9	8.5	9.8	9.9	7.2
其他企业或机构开发	%	5.5	5.4	5.4	6.6	5.2
其他	%	8.8	8.7	8.8	9.7	8.0
(三)工艺创新开发情况						
在实现工艺创新企业中,以下列形式进行开发的企业占比						
本企业独立开发	%	66.9	69.0	64.8	59.3	68.5

1-3 续表 1

指 标	单位	合计	东部地区	中部地区	西部地区	东北地区
本企业与集团内企业合作开发	%	8.5	7.7	8.9	11.6	10.0
本企业与境内其他企业合作开发	%	10.5	10.2	10.5	12.1	9.2
本企业与境内研究机构合作开发	%	2.3	2.0	3.0	2.8	2.7
本企业与境内高等学校合作开发	%	9.7	9.0	12.0	9.8	10.5
本企业与境外企业或机构合作开发	%	2.5	2.7	1.8	2.2	2.4
在其他单位开发的基础上调整或改进	%	12.2	11.6	12.9	14.4	10.4
其他企业或机构开发	%	10.2	10.0	9.0	13.0	9.0
其他	%	11.9	11.3	13.1	13.1	10.9
(四)新产品情况						
在实现产品创新企业中有市场新产品的企业占比	%	63.0	63.3	61.1	62.6	69.7
新产品销售收入(2014年)	亿元	231607	164204	36072	23559	7772
新产品销售收入占主营业务收入的比重(2014年)	%	13.1	15.1	11.4	9.5	6.6
1.仅市场新的产品	%	5.8	6.9	5.1	3.7	2.4
2.仅本企业新的产品	%	7.3	8.2	6.3	5.8	4.3
四、产品或工艺创新活动类型及创新费用情况						
(一)产品或工艺创新活动类型						
在开展产品或工艺创新活动企业中，有下列活动形式的企业占比						
内部研发	%	56.8	62.8	47.5	40.9	49.7
外部研发	%	13.0	13.3	12.2	12.7	12.5
获得机器设备和软件	%	51.3	52.7	50.7	47.8	40.1
从外部获取相关技术	%	5.7	5.9	4.9	5.5	5.1
相关培训	%	45.4	45.7	42.7	50.1	37.0
市场推介	%	24.0	23.7	23.0	28.3	20.0
相关设计	%	22.5	22.6	22.5	23.1	17.6
其他创新活动	%	27.0	28.1	23.9	27.3	22.7
(二)工业企业创新费用支出情况(2014年)						
创新费用支出合计	亿元	16576	10414	2975	2199	988
1.内部研发经费支出	亿元	9254	6288	1548	919	499
所占比重	%	55.8	60.4	52.0	41.8	50.5
2.外部研发经费支出	亿元	458	300	66	62	30
所占比重	%	2.8	2.9	2.2	2.8	3.1
3.获得机器设备和软件经费支出	亿元	6263	3414	1283	1124	442
所占比重	%	37.8	32.8	43.1	51.1	44.7
4.从外部获取相关技术经费支出	亿元	601	412	78	94	17
所占比重	%	3.6	4.0	2.6	4.3	1.7
五、产品或工艺创新信息来源情况						
在开展产品或工艺创新活动企业中,下列信息对创新影响较大的企业占比						
企业内部信息	%	37.7	38.4	36.7	36.4	32.7
企业集团内部信息	%	12.2	11.2	11.8	17.8	13.5
来自高等学校的信息	%	6.6	6.1	8.2	6.1	7.6
来自研究机构的信息	%	8.7	8.1	10.1	9.1	9.6
来自政府部门的信息	%	13.1	11.9	14.1	18.1	12.4

1-3 续表 2

指 标	单位	合计	东部地区	中部地区	西部地区	东北地区
来自行业协会的信息	%	18.7	18.2	19.6	20.7	14.7
来自供应商的信息	%	18.8	18.7	18.6	21.5	13.6
来自客户的信息	%	46.3	48.0	42.5	47.1	33.4
来自竞争对手或同行业企业的信息	%	25.1	25.6	22.3	29.1	18.1
来自市场咨询机构的信息	%	7.5	7.7	6.8	7.7	5.1
来自展会的信息	%	17.4	19.6	13.3	13.1	13.4
来自文献、期刊的信息	%	3.9	4.0	3.4	4.4	3.6
来自互联网的信息	%	13.4	14.0	12.3	13.2	9.7
其他	%	8.0	7.5	8.7	9.9	6.4
六、产品或工艺创新合作情况						
(一)产品或工艺创新合作开展情况						
开展创新合作的企业数	个	130066	86411	23955	15917	3783
创新合作企业占全部企业的比重	%	20.1	22.0	19.0	18.5	9.5
在创新合作企业中,与下列伙伴开展合作的企业占比						
集团内其他企业	%	29.1	28.1	29.3	33.5	33.3
高等学校	%	29.2	28.6	31.6	26.9	35.2
研究机构	%	19.6	18.7	21.2	20.7	26.4
政府部门	%	11.2	10.0	12.8	15.1	12.2
行业协会	%	20.2	19.4	22.7	21.3	19.2
供应商	%	36.1	36.0	35.7	39.0	29.7
客户	%	45.4	46.6	43.5	43.6	37.6
竞争对手或同行业企业	%	18.9	18.7	19.0	20.6	15.1
市场咨询机构	%	11.4	11.9	9.9	11.4	9.3
风险投资机构	%	1.5	1.4	1.6	1.6	1.5
其他合作对象	%	17.8	17.3	19.3	19.2	15.3
(二)产品或工艺创新合作伙伴						
在创新合作企业中,下列合作伙伴对企业创新有较大价值的企业占比						
集团内其他企业	%	13.8	10.3	18.9	25.8	13.6
高等学校	%	13.8	11.1	18.6	20.8	14.9
研究机构	%	9.1	6.7	12.5	16.3	10.7
政府部门	%	5.7	3.9	8.1	12.3	5.7
行业协会	%	10.3	8.2	14.2	16.1	7.8
供应商	%	19.2	16.2	22.4	32.0	13.3
客户	%	26.9	24.0	30.6	39.3	17.9
竞争对手或同行业企业	%	10.4	8.6	12.6	17.2	7.3
市场咨询机构	%	4.9	4.2	5.5	8.0	3.4
风险投资机构	%	0.9	0.9	0.9	0.6	0.8
其他合作对象	%	12.8	12.4	13.7	13.8	11.1
(三)产学研合作形式						
开展产学研合作的企业数	个	47984	31007	9594	5646	1737
在创新合作企业中产学研合作企业占比	%	36.9	35.9	40.1	35.5	45.9

1-3 续表 3

指 标	单位	合计	东部地区	中部地区	西部地区	东北地区
在产学研合作企业中,以下列为主要合作形式的企业占比						
共同完成科研项目	%	62.7	61.3	64.3	67.9	61.5
在企业建立研发机构	%	29.6	29.5	31.4	28.2	26.5
在高校或研究机构中设立研发机构	%	13.0	13.2	13.7	10.5	13.2
聘用高校或研究机构人员到企业兼职	%	31.1	30.2	33.4	34.2	24.6
其他形式	%	26.9	26.5	26.7	30.0	25.6
七、产品或工艺创新阻碍因素情况						
在全部企业中,下列各项是创新主要阻碍因素的企业占比						
缺乏内部资金	%	10.5	9.8	11.4	12.4	11.0
缺乏风险投资	%	6.6	6.1	8.2	6.6	6.5
缺乏银行贷款	%	12.3	10.1	16.5	16.0	12.1
创新成本过高	%	16.1	16.1	16.7	16.9	12.1
缺乏人才或人才流失	%	22.4	22.3	23.4	24.0	16.3
缺乏技术信息	%	14.1	14.4	14.2	14.0	10.8
缺乏市场信息	%	9.3	9.1	9.3	10.4	8.5
难以找到创新合作伙伴	%	6.2	6.1	6.5	6.6	5.3
市场已被占领	%	3.1	3.1	2.8	3.8	3.2
不能确定市场需求	%	12.2	13.4	10.2	10.8	9.3
创新成果易被低成本模仿	%	5.6	6.3	4.8	4.6	2.9
没有创新的必要	%	18.3	18.5	16.0	19.5	21.1
八、知识产权及相关情况						
(一)采取知识产权保护或相关措施情况						
采取了知识产权保护或相关措施的企业数	个	293147	170009	62799	47018	13321
采取了知识产权保护或相关措施的企业占全部企业的比重	%	45.4	43.2	49.8	54.6	33.3
在全部企业中，采取下列知识产权保护或相关措施的企业占比						
申请了发明专利	%	7.3	8.2	6.7	5.5	4.0
申请了实用新型或外观设计专利	%	7.8	9.1	6.7	5.4	3.4
申请了注册商标	%	11.4	10.8	12.8	13.4	8.9
进行了版权登记	%	2.1	2.2	2.0	2.0	1.2
形成了国家或行业技术标准	%	6.3	5.6	7.3	9.3	3.7
对技术秘密进行内部保护	%	12.3	12.0	13.2	14.7	7.3
应用了难以复制的复杂技术	%	2.5	2.5	2.8	2.6	1.8
发挥了时间上的先发优势	%	17.0	15.7	18.7	21.8	13.5
(二)专利情况						
年末拥有有效发明专利数	件	656869	502282	78290	56614	19683
九、组织和营销创新情况						
实现组织或营销创新企业数	个	218413	138748	42157	28588	8920
在全部企业中,						
实现组织或营销创新企业占比	%	33.8	35.3	33.4	33.2	22.3
#实现组织创新企业占比	%	27.9	28.8	27.9	28.6	17.2
#实现营销创新企业占比	%	25.8	26.6	26.5	25.3	17.0
#同时实现组织和营销创新企业占比	%	19.9	20.1	21.0	20.7	11.9

1-4 分地区企业家对创新的认识及相关情况(2013-2014年)

指 标	单位	合计	东部地区	中部地区	西部地区	东北地区
一、企业家基本情况(2014年)						
(一)企业家性别和年龄构成						
在企业家中,下列各类人员占比						
#1.男性	%	60.9	59.5	66.3	60.7	56.9
2.女性	%	39.1	40.5	33.7	39.3	43.1
#1.29岁及以下	%	10.6	10.2	11.5	12.8	6.9
2.30-39岁	%	28.6	29.9	26.5	27.0	26.5
3.40-49岁	%	39.2	38.0	42.1	40.2	40.9
4.50-59岁	%	18.8	18.8	18.3	17.8	22.9
5.60岁及以上	%	2.8	3.2	1.7	2.2	2.9
(二)企业家教育程度构成						
在企业家中,下列各类人员占比						
1.博士	%	0.6	0.7	0.4	0.6	0.4
2.硕士	%	4.3	4.7	3.3	4.2	3.9
3.本科	%	34.2	34.3	32.0	34.2	39.6
4.大专	%	42.8	42.0	45.1	44.2	40.2
5.其他	%	18.1	18.3	19.2	16.8	16.0
(三)企业家对创新的总体认识						
在企业家中,认为创新对企业的生存和发展						
起了重要作用的人员占比	%	25.9	26.3	25.3	28.9	18.0
起了一定作用的人员占比	%	59.4	59.3	61.0	58.1	58.7
不起作用的人员占比	%	14.6	14.4	13.7	13.0	23.3
二、创新对企业的影响情况						
(一)影响最大的创新类型						
在实现创新企业中,认为下列各类创新对企业影响最大的企业家占比						
产品创新	%	35.8	36.3	36.1	34.7	28.9
工艺创新	%	21.4	21.9	20.8	18.7	22.5
组织创新	%	21.8	22.1	20.0	22.6	21.4
营销创新	%	21.1	19.7	23.1	24.0	27.1
(二)产品创新对企业的影响						
在实现产品创新企业中,认为下列各项对企业影响程度为“高”的企业家占比						
增加了产品品种	%	42.5	49.3	42.6	36.8	34.7
提高了产品性能	%	41.8	48.7	41.9	35.9	34.2
开拓了新市场	%	45.6	51.7	44.7	39.7	37.4
扩大了市场份额	%	41.7	49.9	43.7	37.4	33.4
取代了过时产品	%	42.0	47.1	44.2	38.9	34.9
(三)工艺创新对企业的影响						
在实现工艺创新企业中,认为下列各项对企业影响程度为“高”的企业家占比						
提高了生产的灵活性	%	39.2	39.0	41.3	37.6	39.2
提高了生产效率	%	48.1	47.3	51.0	48.6	47.1
降低了人力成本	%	35.8	35.1	38.4	35.4	36.5
节约了原材料	%	30.9	29.9	34.1	31.0	33.7
降低了能源消耗	%	32.9	31.8	36.2	33.6	35.6
减少了环境污染	%	36.0	35.1	38.7	37.2	36.1
改善了工作条件	%	32.2	31.1	35.2	33.7	33.3
(四)组织创新对企业的影响						
在实现组织创新企业中,认为下列各项对企业影响程度为“高”的企业家占比						
加快了对客户或供应商的响应速度	%	40.0	40.2	42.0	37.5	34.8
提高了新产品或新工艺的开发能力	%	33.4	33.8	35.3	29.6	31.0

1-4 续表

指　标	单位	合计	东部地区	中部地区	西部地区	东北地区
提高了产品质量	%	41.9	41.4	44.5	41.5	38.1
降低了单位成本	%	29.8	29.3	32.8	28.1	30.6
提高了信息交换与共享的水平	%	32.7	32.8	34.2	31.0	30.2
改善了员工工作条件	%	29.2	28.7	31.7	28.2	29.3
提升了管理效率	%	42.8	42.5	44.7	42.1	40.0
(五)营销创新对企业的影响						
在实现营销创新企业中,认为下列各项对企业影响程度为“高”的企业家占比						
保持或扩大了市场份额	%	38.1	37.7	41.2	36.7	33.9
开拓了新客户群体	%	38.1	37.7	41.0	37.0	32.4
开拓了新区域市场	%	35.2	34.5	38.5	34.6	31.9
三、创新成功影响因素情况						
在开展创新活动企业中,认为下列各项是创新成功最重要因素的企业家占比						
有创新精神的企业家	%	42.6	42.3	45.1	41.8	39.9
充足的经费支持	%	37.3	36.7	40.2	36.3	35.0
高素质的人才	%	45.3	45.0	48.0	44.5	40.9
员工对企业的认同感	%	40.3	39.7	42.2	41.1	38.0
企业内部的激励措施	%	38.7	38.1	40.7	40.0	35.1
有效的技术战略或计划	%	36.8	36.6	37.9	37.0	34.5
畅通的信息渠道	%	36.7	36.4	38.2	37.2	32.7
可信赖的创新合作伙伴	%	32.5	32.4	34.2	31.2	30.4
优惠政策的扶持	%	33.3	32.5	35.3	35.0	32.8
四、创新激励措施及效果情况						
在开展创新活动企业中,认为下列措施效果“很好”的企业家占比						
股权或期权	%	10.2	10.0	11.2	9.5	11.5
增加工资或奖金	%	45.7	45.6	48.5	43.0	44.5
汽车住房等物质奖励	%	13.0	12.9	14.4	11.2	15.5
岗位调整或升职机会	%	38.2	38.0	39.6	37.2	37.1
培训或深造机会	%	30.5	29.6	31.7	33.0	31.4
五、政策对创新的影响情况						
在开展创新活动企业中,认为下列政策效果较明显的企业家占比						
企业研发费用加计扣除税收优惠政策	%	50.5	51.3	52.5	41.8	55.5
高新技术企业所得税减免政策	%	48.1	48.8	50.2	39.0	53.3
企业研发活动专用仪器设备加速折旧政策	%	46.9	47.4	49.8	38.1	52.4
科技开发用品免征进口税收政策	%	39.5	40.4	41.3	29.3	46.6
技术转让、技术开发收入免征增值税和技术转让减免所得税优惠政策	%	42.8	43.4	45.3	33.2	50.1
鼓励企业吸引和培养人才的相关政策	%	58.8	58.6	62.4	53.3	63.6
优先发展产业的支持政策	%	55.6	54.8	60.3	51.6	60.1
金融支持相关政策	%	56.7	56.0	61.6	52.0	61.9
创造和保护知识产权的相关政策	%	58.0	58.0	61.6	51.9	62.9
六、未来创新战略目标制定情况						
制定创新战略目标的企业数	个	352006	219517	69358	47470	15661
制定创新战略目标企业占全部企业的比重	%	54.5	55.8	55.0	55.2	39.1
在制定创新战略目标企业中,制定下列目标的企业占比						
保持本领域的国际领先地位	%	4.0	4.4	2.9	3.0	6.2
赶超同行业国际领先企业	%	5.6	6.0	4.9	4.9	5.6
赶超同行业国内领先企业	%	19.7	19.7	20.2	18.8	20.4
增加创新投入，提升企业竞争力	%	52.7	51.9	54.6	55.8	46.2
保持现有的技术水平和生产经营状况	%	17.7	17.7	17.1	17.2	21.3
其他目标	%	0.3	0.2	0.3	0.4	0.3

二、企业基本情况

2-1 企业基本情况(2014年)

项 目	企业数(个)	年末从业人员(人)	主营业务收入(万元)	利润总额(万元)	资产总计(万元)
总 计	**645553**	**147866273**	**17690503849**	**989654305**	**16672452276**
#有创新活动的企业	266382	94853105	11401666635	651788778	11333137046
#有技术创新活动的企业	173460	78407528	9015712389	552315343	9185020788
一、按行业分					
采矿业	16252	7619374	648511276	65045446	945025047
制造业	352344	86537571	9777334705	573149140	7334767927
电力、热力、燃气及水生产和供应业	9272	3541562	642995615	50123386	1271796094
建筑业	9344	22436813	1060503492	34994277	972235057
批发和零售业	171193	11201970	4557227782	106447807	2020509927
交通运输、仓储和邮政业	30710	6715446	339896874	25619153	941524987
信息传输、软件和信息技术服务业	10711	3139528	260693160	51024887	539026795
金融业	2147				
租赁和商务服务业	25634	4024655	243970410	65919425	2190234007
科学研究和技术服务业	14518	2104558	138399196	15199460	301606956
水利、环境和公共设施管理业	3387	520865	20616033	2106206	154733137
二、按地区分					
东部地区	393421	87337302	10865370999	628860492	9994803345
中部地区	126060	30132757	3168908199	168703684	2746828842
西部地区	86063	21750830	2483772913	139579182	2937822850
东北地区	40009	8645384	1172451738	52510947	992997239
北 京	23702	4489844	956268914	94333657	1814082878
天 津	13199	2305334	610365498	29534764	569542686
河 北	20292	4908970	631705541	30483673	600042041
山 西	8073	2763177	310246273	4294917	411617366
内蒙古	7180	1670319	249816956	17858209	352040221
辽 宁	25498	5091441	706674972	24839098	579067570
吉 林	7655	1844608	276542007	15887097	205841674
黑龙江	6856	1709335	189234759	11784752	208087995
上 海	25061	5287167	983443291	53037989	978229583
江 苏	82896	18381946	1975554623	117589978	1577202601
浙 江	62770	13724906	1190778844	58328223	1081236855
安 徽	25502	4709489	496258607	25105350	465418418
福 建	26872	6322645	571295568	30477840	457984212
江 西	12187	3615434	380422885	24296875	217997399
山 东	66156	12504252	1786503997	109629598	1202660125
河 南	31864	8918272	874851285	57811819	678173429
湖 北	27057	5608679	644930601	34347950	629620183
湖 南	21377	4517706	462198549	22846775	344002048
广 东	71202	19131707	2109287140	103051625	1641436002
广 西	9092	2559316	269939489	14050880	261960565
海 南	1271	280531	50167585	2393145	72386362
重 庆	12749	3275291	313896983	18889500	309646515
四 川	21713	5445704	537649216	28068579	573082090
贵 州	6391	1459161	135182221	10520194	207088761
云 南	7937	1653854	214105473	12531916	308764285
西 藏	242	39444	3253804	8224	8614512
陕 西	9251	2750813	345866980	23403881	392781501
甘 肃	3998	1036364	141276652	3068165	135527922
青 海	1017	286239	38342773	1361975	64758537
宁 夏	1789	432442	48204485	1434124	79885888
新 疆	4704	1141883	186237882	8383535	243672053

注：受数据来源所限，金融业主要经济指标当年数据不详。以下各表同。

2-2 工业企业基本情况(2014年)

项 目	企业数(个)	年末从业人员(人)	主营业务收入(万元)	利润总额(万元)	资产总计(万元)	出口交货值(万元)
总 计	**377868**	**97698507**	**11068841595**	**688317972**	**9551589068**	**1184061577**
#有创新活动的企业	176968	64300270	7681537919	482028491	7238785849	905325524
#有技术创新活动的企业	128667	55182744	6730114849	425646552	6472546899	837851256
一、按规模分						
大型企业	9857	33838186	4345266580	265051049	4466273027	672448957
中型企业	55267	29993741	2673347938	178161337	2280743269	286874176
小型企业	312744	33866580	4050227078	245105587	2804572773	224738444
二、按登记注册类型分						
内资企业	322698	73345611	8542550698	521742887	7570327737	413729598
国有企业	3437	3167353	493373606	27908358	663687608	5871613
集体企业	3132	759228	74212035	5368361	48054840	3084065
股份合作企业	1222	176241	15938472	1175010	12668836	794112
联营企业	170	48396	3961980	206091	3291406	275837
有限责任公司	88965	26792468	3146593066	172583944	3431328811	142879413
股份有限公司	10471	7809315	1052710250	74778078	1256622077	69649346
私营企业	213786	34299383	3724708014	237661718	2133000783	190195472
其他企业	1515	293227	31053276	2061326	21673375	979740
港、澳、台商投资企业	25444	11658865	947906177	59675775	784595657	301615678
外商投资企业	29726	12694031	1578384720	106899310	1196665674	468716301
三、按行业分						
采矿业	16252	7619374	648511276	65045446	945025047	1664965
煤炭开采和洗选业	6850	4853472	303606285	14712891	522944083	560525
石油和天然气开采业	144	734062	114382439	31232975	202866979	485458
黑色金属矿采选业	3312	659082	93408065	8521927	102165799	12580
有色金属矿采选业	2003	529568	62971562	5866018	53130088	166052
非金属矿采选业	3758	526525	52902301	4172478	37162403	224885
开采辅助活动	166	313809	20995267	524222	26623639	191038

注：按规模分小型企业为规模以上小型企业和规模以上微型企业之和。以下各表同。

2-2 续表 1

项 目	企业数（个）	年末从业人员（人）	主营业务收入（万元）	利润总额（万元）	资产总计（万元）	出口交货值（万元）
制造业	352344	86537571	9777334705	573149140	7334767927	1181106767
农副食品加工业	24835	4241261	636816518	32823880	312527333	29202179
食品制造业	8207	2065606	206074423	18355302	133513132	10402321
酒、饮料和精制茶制造业	6272	1595091	163752638	16800418	142540374	2766412
烟草制品业	128	202155	89626469	12210911	84846553	366850
纺织业	20821	4654836	382978598	21694148	239087588	38468039
纺织服装、服饰业	15821	4488705	210543987	13362828	122820836	48961767
皮革、毛皮、羽毛及其制品和制鞋业	8719	2888639	138960838	9508013	70139008	34069722
木材加工和木、竹、藤、棕、草制品业	9018	1404904	132474503	8775150	60007723	7731994
家具制造业	5288	1181294	72748733	4675783	46510779	15628648
造纸和纸制品业	6822	1344092	135351806	7325615	134116729	5917209
印刷和记录媒介复制业	5293	952010	67661650	5516018	51337935	4385634
文教、工美、体育和娱乐用品制造业	8612	2226397	149393003	8459760	76818410	48114392
石油加工、炼焦和核燃料加工业	2032	957498	410574532	1173032	245402034	5535731
化学原料和化学制品制造业	25260	4917018	830903037	44741703	684173932	43852475
医药制造业	7108	2184139	233534724	23881550	217394150	13123153
化学纤维制造业	1948	461498	71588108	2925716	64553727	5067199
橡胶和塑料制品业	18143	3386428	299224224	18917059	202870103	38590742
非金属矿物制品业	33994	5825129	574693474	41503125	466102914	19132875
黑色金属冶炼和压延加工业	10363	3915273	743425956	18708217	652496409	29418145
有色金属冶炼和压延加工业	7382	2040008	513111911	17602442	361640682	12546675
金属制品业	20780	3736438	363490012	21618248	258970589	38312780
通用设备制造业	24618	4827446	469675635	31541543	396715980	51877871
专用设备制造业	17400	3513194	348213101	22677921	337130394	32287284
汽车制造业	13456	4577412	677918432	61681648	526858394	30257421
铁路、船舶、航空航天和其他运输设备制造业	4967	1822910	177228881	10752996	202194521	34969216
电气机械和器材制造业	23207	6270490	669709262	41924044	523062433	98829280
计算机、通信和其他电子设备制造业	14031	9075550	854696254	42898573	598595191	461636700
仪器仪表制造业	4173	1052078	83046434	7205509	72099781	12401710
其他制造业	1755	411857	24616505	1513417	19873939	5137637
废弃资源综合利用业	1494	174734	36709848	1993909	19175672	62714
金属制品、机械和设备修理业	397	143481	8591207	380666	11190684	2051995
电力、热力、燃气及水生产和供应业	9272	3541562	642995615	50123386	1271796094	1289844
电力、热力生产和供应业	6471	2869273	573719636	44340735	1120749167	691441
燃气生产和供应业	1306	263892	52140634	4269966	63875511	263329
水的生产和供应业	1495	408397	17135345	1512686	87171416	335074

2-2 续表 2

项 目	企业数(个)	年末从业人员(人)	主营业务收入(万元)	利润总额(万元)	资产总计(万元)	出口交货值(万元)
四、按地区分						
东部地区	222007	55576009	6343057574	401301815	5116705814	972095469
中部地区	82105	21721786	2287398820	134255458	1808574117	109613506
西部地区	48435	13945042	1583294541	107155469	1917157657	65283734
东北地区	25321	6455670	855090660	45605230	709151481	37068868
北 京	3686	1148497	197766666	15157524	335570497	14268774
天 津	5489	1599888	280482248	22519256	233134270	28507669
河 北	14799	3726429	472337080	26118190	426144336	17086618
山 西	3906	2076467	178011181	2563147	305743737	6846754
内蒙古	4413	1234766	198752497	15891854	277952137	1889683
辽 宁	15705	3678274	487892059	21075522	392333547	31132279
吉 林	5311	1474354	233127704	14458894	166866027	4124383
黑龙江	4305	1303042	134070897	10070814	149951906	1812207
上 海	9469	2424602	354738156	26479927	355036370	76204927
江 苏	48708	11449333	1419559873	90571696	1012595302	233114488
浙 江	40841	7136111	643715318	37291324	640782195	119270653
安 徽	17757	3209649	368103835	19427747	287722402	21579890
福 建	16744	4192220	370974376	23442688	279783456	66038497
江 西	9010	2550699	310775447	21304081	160614355	21187209
山 东	40756	9330356	1431402690	88439068	933308733	86710238
河 南	21752	6919643	680374671	49461938	505401524	32134014
湖 北	15957	3627215	414012494	24027011	329409988	14563963
湖 南	13723	3338113	336121192	17471533	219682110	13301676
广 东	41133	14448984	1154511295	70148504	875902670	328859141
广 西	5440	1658927	188918663	11642859	141665550	7293584
海 南	382	119589	17569872	1133638	24447987	2034464
重 庆	6159	1761941	183973711	12561111	151284948	27135403
四 川	13268	3729417	379907417	22300644	383074276	19073943
贵 州	3895	921421	87047123	7518009	117337716	1223174
云 南	3783	975247	105396133	6152613	175523242	1520987
西 藏	97	19506	1171413	125588	6685218	4109
陕 西	5081	1737837	195521986	19013323	261279242	4940672
甘 肃	2084	633826	91662097	2389846	110710445	847700
青 海	568	209664	22466163	1061911	54140852	36837
宁 夏	1170	327980	35265051	1180606	69764648	826573
新 疆	2477	734510	93212288	7317107	167739384	491069

2-3 建筑业企业基本情况(2014年)

项 目	企业数(个)	年末从业人员(人)	主营业务收入(万元)	利润总额(万元)	资产总计(万元)
总 计	**9344**	**22436813**	**1060503492**	**34994277**	**972235057**
#有创新活动的企业	5236	16901070	857058127	27801664	771833082
#有技术创新活动的企业	3839	14720271	780722641	24648488	695505854
一、按行业分					
房屋建筑业	3850	16623330	623665338	20457337	463854711
土木工程建筑业	2014	3808717	331863576	10499337	418233380
建筑安装业	1498	963581	53373347	1689212	46989676
建筑装饰和其他建筑业	1982	1041185	51601232	2348392	43157290
二、按地区分					
东部地区	5221	14301652	624366434	22975605	586769710
中部地区	1763	4049362	224015500	6829800	179575032
西部地区	1532	3330674	168599103	4037334	161180483
东北地区	828	755125	43522455	1151539	44709832
北 京	687	358795	92811226	4415450	161864462
天 津	240	163378	32359685	1023368	39380457
河 北	279	402549	32821011	810200	25738904
山 西	152	240898	21438758	593585	26493614
内蒙古	86	116914	6189781	181526	7655509
辽 宁	481	520239	27687709	830546	28432191
吉 林	141	97441	7775565	245779	7462139
黑龙江	206	137445	8059180	75214	8815502
上 海	412	552373	53098614	1570939	61628177
江 苏	994	4361467	129361444	5919741	83787250
浙 江	1052	4866079	128167897	3827444	70469218
安 徽	253	779448	27823581	906991	25902367
福 建	321	1345689	34212185	1113458	19436113
江 西	171	652247	21364923	682231	12296938
山 东	509	1106493	52788645	1936430	53853647
河 南	506	941570	46006883	1283211	35675027
湖 北	426	955464	70076161	2293797	54886028
湖 南	255	479735	37305194	1069985	24321058
广 东	691	1105175	67213236	2300963	69362112
广 西	88	475972	15552716	205839	7853959
海 南	36	39654	1532492	57612	1249370
重 庆	305	716033	25690603	1009464	25686685
四 川	309	725362	41330800	991076	42399790
贵 州	60	274751	11292102	210538	13093411
云 南	147	213423	12125345	402494	13685125
西 藏	5	470	37361	3192	39999
陕 西	299	433909	33731361	586953	29474817
甘 肃	102	198100	9426113	135982	8087142
青 海	18	25778	2089278	72798	2197987
宁 夏	24	25319	1934812	45068	1840695
新 疆	89	124643	9198832	192405	9165364

2-4 服务业企业基本情况(2014年)

项 目	企业数(个)	年末从业人员(人)	主营业务收入(万元)	利润总额(万元)	资产总计(万元)
总 计	**258341**	**27730953**	**5561158761**	**266342056**	**6148628151**
#有创新活动的企业	84178	13651765	2863070589	141958622	3322518115
#有技术创新活动的企业	40954	8504513	1504874899	102020304	2016968036
一、按行业分					
批发和零售业	171193	11201970	4557227782	106447807	2020509927
批发业	90787	4774307	3610522594	78728971	1549834368
零售业	80406	6427663	946705189	27718836	470675559
交通运输、仓储和邮政业	30710	6715446	339896874	25619153	941524987
铁路运输业	114	53029	4004389	950619	28800213
道路运输业	17848	3928631	103180413	7766667	363370247
水上运输业	2398	495553	43343532	5358178	173801164
航空运输业	235	437311	48114628	2619121	141193326
管道运输业	54	27727	9063210	3930027	36213260
装卸搬运和运输代理业	5765	550907	62199562	2544658	57539582
仓储业	3486	284970	48192159	1807362	118647270
邮政业	810	937318	21798983	642522	21959926
信息传输、软件和信息技术服务业	10711	3139528	260693160	51024887	539026795
电信、广播电视和卫星传输服务	2327	1479877	142985319	30726504	354708776
互联网和相关服务	848	233250	27611339	8249304	46674214
软件和信息技术服务业	7536	1426401	90096502	12049080	137643805
金融业	2147				
货币金融服务	895				
资本市场服务	287				
保险业	810				
其他金融业	155				
租赁和商务服务业	25634	4024655	243970410	65919425	2190234007
租赁业	888	96114	6872220	1159175	44385429
商务服务业	24746	3928541	237098190	64760250	2145848579
科学研究和技术服务业	14518	2104558	138399196	15199460	301606956
研究和试验发展	1185	177994	11883229	1901885	52747993
专业技术服务业	10205	1687849	103063951	10867530	191067545
科技推广和应用服务业	3128	238715	23452016	2430045	57791418
水利、环境和公共设施管理业	3387	520865	20616033	2106206	154733137
水利管理业	195	18715	699696	45845	11837117
生态保护和环境治理业	365	38299	3050635	465078	8997274
公共设施管理业	2827	463851	16865702	1595283	133898746

2-4 续表

项 目	企业数(个)	年末从业人员(人)	主营业务收入(万元)	利润总额(万元)	资产总计(万元)
二、按地区分					
东部地区	166193	17459641	3897946992	204583073	4291327822
中部地区	42192	4361609	657493879	27618426	758679693
西部地区	36096	4475114	731879269	28386378	859484710
东北地区	13860	1434589	273838623	5754179	239135926
北 京	19329	2982552	665691022	74760683	1316647920
天 津	7470	542068	297523565	5992140	297027959
河 北	5214	779992	126547450	3555283	148158800
山 西	4015	445812	110796334	1138184	79380015
内蒙古	2681	318639	44874679	1784829	66432574
辽 宁	9312	892928	191095204	2933031	158301832
吉 林	2203	272813	35638738	1182424	31513508
黑龙江	2345	268848	47104681	1638724	49320587
上 海	15180	2310192	575606521	24987123	561565036
江 苏	33194	2571146	426633306	21098541	480820050
浙 江	20877	1722716	418895629	17209455	369985442
安 徽	7492	720392	100331191	4770612	151793649
福 建	9807	784736	166109008	5921694	158764644
江 西	3006	412488	48282515	2310562	45086106
山 东	24891	2067403	302312662	19254100	215497745
河 南	9606	1057059	148469730	7066670	137096878
湖 北	10674	1026000	160841946	8027141	245324167
湖 南	7399	699858	88772163	4305257	99998879
广 东	29378	3577548	887562608	30602158	696171220
广 西	3564	424417	65468110	2202182	112441057
海 南	853	121288	31065221	1201895	46689005
重 庆	6285	797317	104232669	5318926	132674883
四 川	8136	990925	116410999	4776859	147608024
贵 州	2436	262989	36842997	2791647	76657634
云 南	4007	465184	96583994	5976809	119555918
西 藏	140	19468	2045030	-120555	1889295
陕 西	3871	579067	116613633	3803606	102027442
甘 肃	1812	204438	40188442	542337	16730335
青 海	431	50797	13787332	227267	8419698
宁 夏	595	79143	11004622	208450	8280545
新 疆	2138	282730	83826763	874023	66767305

三、创新活动总体情况

3-1 企业创新活动总体情况(2013-2014年)

项目	开展创新活动企业数(个)	#实现创新企业	#同时实现四种创新企业	在全部企业中占比(%) 开展创新活动企业	实现创新企业	同时实现四种创新企业
总计	**266382**	**256389**	**58457**	**41.3**	**39.7**	**9.1**
一、按行业分						
采矿业	3909	3653	275	24.1	22.5	1.7
制造业	169915	162854	42281	48.2	46.2	12.0
电力、热力、燃气及水生产和供应业	3144	2886	96	33.9	31.1	1.0
建筑业	5236	5112	860	56.0	54.7	9.2
批发和零售业	54067	52829	8973	31.6	30.9	5.2
交通运输、仓储和邮政业	7667	7548	1155	25.0	24.6	3.8
信息传输、软件和信息技术服务业	6672	6310	1907	62.3	58.9	17.8
金融业	1648	1640	679	76.8	76.4	31.6
租赁和商务服务业	7363	7143	1144	28.7	27.9	4.5
科学研究和技术服务业	5606	5300	909	38.6	36.5	6.3
水利、环境和公共设施管理业	1137	1096	174	33.6	32.4	5.1
二、按地区分						
东部地区	173091	166515	37105	44.0	42.3	9.4
中部地区	50162	48289	12071	39.8	38.3	9.6
西部地区	32618	31553	7435	37.9	36.7	8.6
东北地区	10511	10032	1846	26.3	25.1	4.6
北　京	10253	9961	1355	43.3	42.0	5.7
天　津	6464	5876	1338	49.0	44.5	10.1
河　北	8527	8378	1091	42.0	41.3	5.4
山　西	2364	2291	363	29.3	28.4	4.5
内蒙古	1764	1672	312	24.6	23.3	4.3
辽　宁	6869	6553	1092	26.9	25.7	4.3
吉　林	1823	1721	401	23.8	22.5	5.2
黑龙江	1819	1758	353	26.5	25.6	5.1
上　海	10316	10125	2162	41.2	40.4	8.6
江　苏	40935	38814	8974	49.4	46.8	10.8
浙　江	29557	28140	6790	47.1	44.8	10.8
安　徽	10821	10641	2934	42.4	41.7	11.5
福　建	11340	11161	2606	42.2	41.5	9.7
江　西	4533	4247	1165	37.2	34.8	9.6
山　东	23722	22943	6123	35.9	34.7	9.3
河　南	11983	11709	2834	37.6	36.7	8.9
湖　北	11600	11389	2699	42.9	42.1	10.0
湖　南	8861	8012	2076	41.5	37.5	9.7
广　东	31488	30658	6580	44.2	43.1	9.2
广　西	3080	2978	641	33.9	32.8	7.1
海　南	489	459	86	38.5	36.1	6.8
重　庆	4808	4614	1125	37.7	36.2	8.8
四　川	8825	8716	2129	40.6	40.1	9.8
贵　州	2461	2373	591	38.5	37.1	9.2
云　南	2947	2875	727	37.1	36.2	9.2
西　藏	92	90	17	38.0	37.2	7.0
陕　西	4129	3988	967	44.6	43.1	10.5
甘　肃	1592	1443	301	39.8	36.1	7.5
青　海	355	339	74	34.9	33.3	7.3
宁　夏	691	655	152	38.6	36.6	8.5
新　疆	1874	1810	399	39.8	38.5	8.5

3-2 工业企业创新活动总体情况(2013-2014年)

项 目	开展创新活动企业数(个)	#实现创新企业	#同时实现四种创新企业	在全部企业中占比(%) 开展创新活动企业	实现创新企业	同时实现四种创新企业
总 计	**176968**	**169393**	**42652**	**46.8**	**44.8**	**11.3**
一、按规模分						
大型企业	8017	7747	3400	81.3	78.6	34.5
中型企业	34212	32759	10679	61.9	59.3	19.3
小型企业	134739	128887	28573	43.1	41.2	9.1
二、按登记注册类型分						
内资企业	148045	141659	36064	45.9	43.9	11.2
国有企业	1489	1394	273	43.3	40.6	7.9
集体企业	854	810	116	27.3	25.9	3.7
股份合作企业	471	441	89	38.5	36.1	7.3
联营企业	50	48	10	29.4	28.2	5.9
有限责任公司	42426	40449	10919	47.7	45.5	12.3
股份有限公司	6967	6706	2736	66.5	64.0	26.1
私营企业	95239	91294	21804	44.5	42.7	10.2
其他企业	549	517	117	36.2	34.1	7.7
港、澳、台商投资企业	13060	12514	3083	51.3	49.2	12.1
外商投资企业	15863	15220	3505	53.4	51.2	11.8
三、按行业分						
采矿业	3909	3653	275	24.1	22.5	1.7
煤炭开采和洗选业	1594	1498	71	23.3	21.9	1.0
石油和天然气开采业	58	53	6	40.3	36.8	4.2
黑色金属矿采选业	687	660	26	20.7	19.9	0.8
有色金属矿采选业	544	480	42	27.2	24.0	2.1
非金属矿采选业	952	901	124	25.3	24.0	3.3
开采辅助活动	72	59	5	43.4	35.5	3.0

3-2 续表 1

项目	开展创新活动企业数(个)	#实现创新企业	#同时实现四种创新企业	在全部企业中占比(%) 开展创新活动企业	实现创新企业	同时实现四种创新企业
制造业	169915	162854	42281	48.2	46.2	12.0
农副食品加工业	10851	10472	2463	43.7	42.2	9.9
食品制造业	4353	4220	1242	53.0	51.4	15.1
酒、饮料和精制茶制造业	3437	3340	986	54.8	53.3	15.7
烟草制品业	90	81	20	70.3	63.3	15.6
纺织业	8522	8184	1513	40.9	39.3	7.3
纺织服装、服饰业	5698	5497	915	36.0	34.7	5.8
皮革、毛皮、羽毛及其制品和制鞋业	3460	3320	605	39.7	38.1	6.9
木材加工和木、竹、藤、棕、草制品业	3041	2882	617	33.7	32.0	6.8
家具制造业	2301	2234	593	43.5	42.2	11.2
造纸和纸制品业	2666	2536	534	39.1	37.2	7.8
印刷和记录媒介复制业	2162	2089	431	40.8	39.5	8.1
文教、工美、体育和娱乐用品制造业	3937	3823	993	45.7	44.4	11.5
石油加工、炼焦和核燃料加工业	870	825	167	42.8	40.6	8.2
化学原料和化学制品制造业	13002	12362	3278	51.5	48.9	13.0
医药制造业	4775	4470	1523	67.2	62.9	21.4
化学纤维制造业	1084	1044	252	55.6	53.6	12.9
橡胶和塑料制品业	8022	7687	1786	44.2	42.4	9.8
非金属矿物制品业	12900	12323	2410	37.9	36.3	7.1
黑色金属冶炼和压延加工业	4073	3865	706	39.3	37.3	6.8
有色金属冶炼和压延加工业	3460	3223	797	46.9	43.7	10.8
金属制品业	9493	9143	2074	45.7	44.0	10.0
通用设备制造业	13394	12860	3821	54.4	52.2	15.5
专用设备制造业	10284	9863	3117	59.1	56.7	17.9
汽车制造业	7626	7349	2196	56.7	54.6	16.3
铁路、船舶、航空航天和其他运输设备制造业	2737	2631	695	55.1	53.0	14.0
电气机械和器材制造业	13955	13387	4354	60.1	57.7	18.8
计算机、通信和其他电子设备制造业	9335	8977	2919	66.5	64.0	20.8
仪器仪表制造业	3011	2874	1021	72.2	68.9	24.5
其他制造业	752	717	168	42.8	40.9	9.6
废弃资源综合利用业	472	432	57	31.6	28.9	3.8
金属制品、机械和设备修理业	152	144	28	38.3	36.3	7.1
电力、热力、燃气及水生产和供应业	3144	2886	96	33.9	31.1	1.0
电力、热力生产和供应业	2229	2021	56	34.4	31.2	0.9
燃气生产和供应业	445	431	20	34.1	33.0	1.5
水的生产和供应业	470	434	20	31.4	29.0	1.3

3-2 续表 2

项 目	开展创新活动企业数（个）	#实现创新企业	#同时实现四种创新企业	在全部企业中占比(%)		
				开展创新活动企业	实现创新企业	同时实现四种创新企业
四、按地区分						
东部地区	111820	107433	25964	50.4	48.4	11.7
中部地区	36679	34894	9915	44.7	42.5	12.1
西部地区	21421	20474	5317	44.2	42.3	11.0
东北地区	7048	6592	1456	27.8	26.0	5.8
北 京	2395	2310	632	65.0	62.7	17.1
天 津	3196	3035	729	58.2	55.3	13.3
河 北	6914	6858	961	46.7	46.3	6.5
山 西	1271	1202	198	32.5	30.8	5.1
内蒙古	1142	1053	222	25.9	23.9	5.0
辽 宁	4290	3989	829	27.3	25.4	5.3
吉 林	1431	1334	341	26.9	25.1	6.4
黑龙江	1327	1269	286	30.8	29.5	6.6
上 海	4934	4775	1340	52.1	50.4	14.2
江 苏	29843	28993	6124	61.3	59.5	12.6
浙 江	22847	21476	5570	55.9	52.6	13.6
安 徽	8544	8391	2502	48.1	47.3	14.1
福 建	8023	7873	2096	47.9	47.0	12.5
江 西	3673	3389	1005	40.8	37.6	11.2
山 东	15297	14537	3802	37.5	35.7	9.3
河 南	8742	8490	2264	40.2	39.0	10.4
湖 北	7545	7348	2144	47.3	46.0	13.4
湖 南	6904	6074	1802	50.3	44.3	13.1
广 东	18184	17418	4675	44.2	42.3	11.4
广 西	1995	1898	468	36.7	34.9	8.6
海 南	187	158	35	49.0	41.4	9.2
重 庆	2924	2762	892	47.5	44.8	14.5
四 川	6506	6436	1535	49.0	48.5	11.6
贵 州	1596	1510	435	41.0	38.8	11.2
云 南	1744	1682	454	46.1	44.5	12.0
西 藏	44	42	9	45.4	43.3	9.3
陕 西	2568	2434	712	50.5	47.9	14.0
甘 肃	1041	898	202	50.0	43.1	9.7
青 海	227	213	41	40.0	37.5	7.2
宁 夏	476	446	111	40.7	38.1	9.5
新 疆	1158	1100	236	46.8	44.4	9.5

3-3 建筑业企业创新活动总体情况(2013-2014年)

项　目	开展创新活动企业数(个)	#实现创新企　业	#同时实现四种创新企　业	在全部企业中占比(%)		
				开展创新活动企业	实现创新企　业	同时实现四种创新企　业
总　计	**5236**	**5112**	**860**	**56.0**	**54.7**	**9.2**
一、按行业分						
房屋建筑业	2301	2247	385	59.8	58.4	10.0
土木工程建筑业	1278	1240	199	63.5	61.6	9.9
建筑安装业	725	710	115	48.4	47.4	7.7
建筑装饰和其他建筑业	932	915	161	47.0	46.2	8.1
二、按地区分						
东部地区	3066	2969	523	58.7	56.9	10.0
中部地区	1009	1000	182	57.2	56.7	10.3
西部地区	814	798	110	53.1	52.1	7.2
东北地区	347	345	45	41.9	41.7	5.4
北　京	371	362	46	54.0	52.7	6.7
天　津	132	94	36	55.0	39.2	15.0
河　北	159	140	18	57.0	50.2	6.5
山　西	103	102	22	67.8	67.1	14.5
内蒙古	32	30	2	37.2	34.9	2.3
辽　宁	234	233	29	48.6	48.4	6.0
吉　林	48	47	5	34.0	33.3	3.5
黑龙江	65	65	11	31.6	31.6	5.3
上　海	221	221	39	53.6	53.6	9.5
江　苏	720	708	138	72.4	71.2	13.9
浙　江	593	582	90	56.4	55.3	8.6
安　徽	162	160	19	64.0	63.2	7.5
福　建	159	159	40	49.5	49.5	12.5
江　西	83	83	15	48.5	48.5	8.8
山　东	295	293	51	58.0	57.6	10.0
河　南	300	297	50	59.3	58.7	9.9
湖　北	225	222	44	52.8	52.1	10.3
湖　南	136	136	32	53.3	53.3	12.5
广　东	401	395	63	58.0	57.2	9.1
广　西	52	52	6	59.1	59.1	6.8
海　南	15	15	2	41.7	41.7	5.6
重　庆	148	147	21	48.5	48.2	6.9
四　川	165	162	24	53.4	52.4	7.8
贵　州	39	39	5	65.0	65.0	8.3
云　南	90	88	18	61.2	59.9	12.2
西　藏	2	2		40.0	40.0	
陕　西	165	163	15	55.2	54.5	5.0
甘　肃	51	50	9	50.0	49.0	8.8
青　海	10	10	2	55.6	55.6	11.1
宁　夏	12	7	2	50.0	29.2	8.3
新　疆	48	48	6	53.9	53.9	6.7

3-4　服务业企业创新活动总体情况(2013-2014年)

项　目	开展创新活动企业数(个)	#实现创新企　业	#同时实现四种创新企　业	在全部企业中占比(%)		
				开展创新活动企业	实现创新企　业	同时实现四种创新企　业
总　计	**84178**	**81884**	**14945**	**32.6**	**31.7**	**5.8**
一、按行业分						
批发和零售业	54067	52829	8973	31.6	30.9	5.2
批发业	24576	23539	4095	27.1	25.9	4.5
零售业	29491	29290	4878	36.7	36.4	6.1
交通运输、仓储和邮政业	7667	7548	1155	25.0	24.6	3.8
铁路运输业	37	35	6	32.5	30.7	5.3
道路运输业	4174	4145	700	23.4	23.2	3.9
水上运输业	598	566	78	24.9	23.6	3.3
航空运输业	116	113	29	49.4	48.1	12.3
管道运输业	22	21	2	40.7	38.9	3.7
装卸搬运和运输代理业	1422	1392	139	24.7	24.1	2.4
仓储业	900	879	95	25.8	25.2	2.7
邮政业	398	397	106	49.1	49.0	13.1
信息传输、软件和信息技术服务业	6672	6310	1907	62.3	58.9	17.8
电信、广播电视和卫星传输服务	1336	1296	438	57.4	55.7	18.8
互联网和相关服务	497	475	151	58.6	56.0	17.8
软件和信息技术服务业	4839	4539	1318	64.2	60.2	17.5
金融业	1648	1640	679	76.8	76.4	31.6
货币金融服务	729	727	324	81.5	81.2	36.2
资本市场服务	204	200	75	71.1	69.7	26.1
保险业	607	605	239	74.9	74.7	29.5
其他金融业	108	108	41	69.7	69.7	26.5
租赁和商务服务业	7363	7143	1144	28.7	27.9	4.5
租赁业	278	259	46	31.3	29.2	5.2
商务服务业	7085	6884	1098	28.6	27.8	4.4
科学研究和技术服务业	5606	5300	909	38.6	36.5	6.3
研究和试验发展	677	643	173	57.1	54.3	14.6
专业技术服务业	3687	3477	486	36.1	34.1	4.8
科技推广和应用服务业	1242	1180	250	39.7	37.7	8.0
水利、环境和公共设施管理业	1137	1096	174	33.6	32.4	5.1
水利管理业	55	52	5	28.2	26.7	2.6
生态保护和环境治理业	147	132	18	40.3	36.2	4.9
公共设施管理业	935	912	151	33.1	32.3	5.3

3-4 续表

项 目	开展创新活动企业数(个)	#实现创新企业	#同时实现四种创新企业	在全部企业中占比(%)		
				开展创新活动企业	实现创新企业	同时实现四种创新企业
二、按地区分						
东部地区	58205	56113	10618	35.0	33.8	6.4
中部地区	12474	12395	1974	29.6	29.4	4.7
西部地区	10383	10281	2008	28.8	28.5	5.6
东北地区	3116	3095	345	22.5	22.3	2.5
北 京	7487	7289	677	38.7	37.7	3.5
天 津	3136	2747	573	42.0	36.8	7.7
河 北	1454	1380	112	27.9	26.5	2.1
山 西	990	987	143	24.7	24.6	3.6
内蒙古	590	589	88	22.0	22.0	3.3
辽 宁	2345	2331	234	25.2	25.0	2.5
吉 林	344	340	55	15.6	15.4	2.5
黑龙江	427	424	56	18.2	18.1	2.4
上 海	5161	5129	783	34.0	33.8	5.2
江 苏	10372	9113	2712	31.2	27.5	8.2
浙 江	6117	6082	1130	29.3	29.1	5.4
安 徽	2115	2090	413	28.2	27.9	5.5
福 建	3158	3129	470	32.2	31.9	4.8
江 西	777	775	145	25.8	25.8	4.8
山 东	8130	8113	2270	32.7	32.6	9.1
河 南	2941	2922	520	30.6	30.4	5.4
湖 北	3830	3819	511	35.9	35.8	4.8
湖 南	1821	1802	242	24.6	24.4	3.3
广 东	12903	12845	1842	43.9	43.7	6.3
广 西	1033	1028	167	29.0	28.8	4.7
海 南	287	286	49	33.6	33.5	5.7
重 庆	1736	1705	212	27.6	27.1	3.4
四 川	2154	2118	570	26.5	26.0	7.0
贵 州	826	824	151	33.9	33.8	6.2
云 南	1113	1105	255	27.8	27.6	6.4
西 藏	46	46	8	32.9	32.9	5.7
陕 西	1396	1391	240	36.1	35.9	6.2
甘 肃	500	495	90	27.6	27.3	5.0
青 海	118	116	31	27.4	26.9	7.2
宁 夏	203	202	39	34.1	34.0	6.6
新 疆	668	662	157	31.2	31.0	7.3

四、产品和工艺创新情况

4-1 企业产品和工艺

项 目	开展产品或工艺创新活动企业数(个)	#实现产品创新企业	#实现工艺创新企业	未开展产品或工艺创新活动企业数(个)
总 计	**173460**	**120542**	**128923**	**472093**
一、按行业分				
采矿业	2140	571	1666	14112
制造业	124721	91944	91989	227623
电力、热力、燃气及水生产和供应业	1806	256	1361	7466
建筑业	3839	1750	3430	5505
批发和零售业	23010	14453	17812	148183
交通运输、仓储和邮政业	3776	2087	2932	26934
信息传输、软件和信息技术服务业	5256	3858	3398	5455
金融业	1366	1206	1011	781
租赁和商务服务业	3402	1974	2428	22232
科学研究和技术服务业	3536	2121	2478	10982
水利、环境和公共设施管理业	599	314	412	2788
二、按地区分				
东部地区	113685	81365	83448	279736
中部地区	33151	22421	25203	92909
西部地区	20917	12970	16276	65146
东北地区	5707	3786	3996	34302
北 京	5312	3643	3514	18390
天 津	4340	2955	3048	8859
河 北	5293	2729	4282	14999
山 西	1235	685	940	6838
内蒙古	989	533	712	6191
辽 宁	3486	2377	2380	22012
吉 林	1154	720	835	6501
黑龙江	1067	689	781	5789
上 海	6405	4792	4821	18656
江 苏	25625	19408	18789	57271
浙 江	23234	17511	16382	39536
安 徽	7852	5377	6463	17650
福 建	8066	5436	6306	18806
江 西	3200	2170	2313	8987
山 东	15582	11097	11642	50574
河 南	7183	4907	5539	24681
湖 北	7106	5242	5558	19951
湖 南	6575	4040	4390	14802
广 东	19552	13645	14466	51650
广 西	1881	1191	1459	7211
海 南	276	149	198	995
重 庆	3188	2202	2281	9561
四 川	5761	3723	4802	15952
贵 州	1524	900	1188	4867
云 南	2020	1230	1621	5917
西 藏	54	30	46	188
陕 西	2619	1621	2053	6632
甘 肃	1038	531	694	2960
青 海	231	118	182	786
宁 夏	391	251	299	1398
新 疆	1221	640	939	3483

创新分布情况(2013-2014年)

在全部企业中占比(%)							
开展产品或工艺创新活动企业	#实现产品或工艺创新企业	#实现产品创新企业	#实现工艺创新企业	1.同时实现产品和工艺创新企业	2.仅实现产品创新企业	3.仅实现工艺创新企业	4.仅有正在进行或中止的创新活动企业
26.9	**24.2**	**18.7**	**20.0**	**14.4**	**4.3**	**5.6**	**2.6**
13.2	10.8	3.5	10.3	3.0	0.5	7.3	2.4
35.4	32.3	26.1	26.1	19.9	6.2	6.2	3.1
19.5	15.3	2.8	14.7	2.2	0.6	12.5	4.2
41.1	37.6	18.7	36.7	17.8	0.9	18.9	3.5
13.4	12.0	8.4	10.4	6.9	1.6	3.5	1.5
12.3	10.8	6.8	9.5	5.6	1.2	4.0	1.5
49.1	41.9	36.0	31.7	25.9	10.1	5.9	7.2
63.6	62.0	56.2	47.1	41.2	15.0	5.9	1.6
13.3	11.1	7.7	9.5	6.1	1.6	3.4	2.2
24.4	20.4	14.6	17.1	11.2	3.4	5.8	3.9
17.7	14.3	9.3	12.2	7.1	2.2	5.0	3.4
28.9	26.0	20.7	21.2	15.9	4.8	5.4	2.9
26.3	23.9	17.8	20.0	13.9	3.9	6.1	2.4
24.3	22.0	15.1	18.9	12.0	3.1	6.9	2.3
14.3	12.4	9.5	10.0	7.1	2.4	2.9	1.9
22.4	19.8	15.4	14.8	10.4	5.0	4.4	2.6
32.9	26.0	22.4	23.1	19.5	2.9	3.6	6.9
26.1	25.0	13.4	21.1	9.5	3.9	11.6	1.1
15.3	13.6	8.5	11.6	6.5	2.0	5.1	1.7
13.8	11.5	7.4	9.9	5.9	1.6	4.1	2.3
13.7	11.8	9.3	9.3	6.9	2.4	2.4	1.9
15.1	13.0	9.4	10.9	7.3	2.1	3.6	2.1
15.6	13.9	10.1	11.4	7.5	2.5	3.9	1.7
25.6	23.9	19.1	19.2	14.5	4.6	4.8	1.7
30.9	26.6	23.4	22.7	19.5	3.9	3.2	4.3
37.0	33.9	27.9	26.1	20.0	7.9	6.1	3.1
30.8	29.6	21.1	25.3	16.8	4.3	8.5	1.2
30.0	28.6	20.2	23.5	15.1	5.2	8.4	1.4
26.3	23.0	17.8	19.0	13.8	4.0	5.2	3.2
23.6	21.6	16.8	17.6	12.8	4.0	4.8	2.0
22.5	20.7	15.4	17.4	12.1	3.3	5.3	1.9
26.3	25.0	19.4	20.5	14.9	4.4	5.6	1.3
30.8	24.9	18.9	20.5	14.5	4.4	6.0	5.9
27.5	24.8	19.2	20.3	14.7	4.5	5.6	2.7
20.7	18.6	13.1	16.0	10.6	2.5	5.5	2.1
21.7	18.1	11.7	15.6	9.2	2.5	6.4	3.6
25.0	22.4	17.3	17.9	12.8	4.5	5.1	2.6
26.5	25.6	17.1	22.1	13.7	3.5	8.5	0.9
23.8	20.9	14.1	18.6	11.8	2.3	6.8	3.0
25.5	23.5	15.5	20.4	12.5	3.0	8.0	2.0
22.3	20.7	12.4	19.0	10.7	1.7	8.3	1.7
28.3	25.5	17.5	22.2	14.2	3.3	8.0	2.8
26.0	20.4	13.3	17.4	10.3	3.0	7.1	5.6
22.7	20.1	11.6	17.9	9.4	2.2	8.5	2.7
21.9	18.9	14.0	16.7	11.8	2.2	4.9	2.9
26.0	22.3	13.6	20.0	11.3	2.3	8.7	3.7

4-2 工业企业产品和工艺

项 目	开展产品或工艺创新活动企业数(个)	#实现产品创新企业	#实现工艺创新企业	未开展产品或工艺创新活动企业数(个)
总 计	**128667**	**92771**	**95016**	**249201**
一、按规模分				
大型企业	7427	6024	6242	2430
中型企业	28557	21826	21997	26710
小型企业	92683	64921	66777	220061
二、按登记注册类型分				
内资企业	106759	75893	79107	215939
国有企业	1094	590	821	2343
集体企业	495	274	356	2637
股份合作企业	359	256	244	863
联营企业	40	29	29	130
有限责任公司	31231	21660	23501	57734
股份有限公司	5958	4765	4752	4513
私营企业	67236	48103	49153	146550
其他企业	346	216	251	1169
港、澳、台商投资企业	9958	7641	7255	15486
外商投资企业	11950	9237	8654	17776
三、按行业分				
采矿业	2140	571	1666	14112
煤炭开采和洗选业	806	154	621	6044
石油和天然气开采业	44	15	35	100
黑色金属矿采选业	330	74	279	2982
有色金属矿采选业	374	78	280	1629
非金属矿采选业	523	229	409	3235
开采辅助活动	61	20	40	105

创新分布情况(2013-2014年)

在全部企业中占比(%)							
开展产品或工艺创新活动企业	#实现产品或工艺创新企业	#实现产品创新企业	#实现工艺创新企业	1.同时实现产品和工艺创新企业	2.仅实现产品创新企业	3.仅实现工艺创新企业	4.仅有正在进行或中止的创新活动企业
34.1	**31.0**	**24.6**	**25.1**	**18.7**	**5.8**	**6.4**	**3.1**
75.3	71.2	61.1	63.3	53.2	7.9	10.1	4.1
51.7	47.6	39.5	39.8	31.7	7.8	8.2	4.0
29.6	26.7	20.8	21.4	15.4	5.4	6.0	2.9
33.1	30.0	23.5	24.5	18.0	5.5	6.5	3.1
31.8	27.2	17.2	23.9	13.8	3.3	10.1	4.6
15.8	13.5	8.7	11.4	6.6	2.1	4.7	2.3
29.4	25.9	20.9	20.0	15.1	5.9	4.9	3.5
23.5	21.8	17.1	17.1	12.4	4.7	4.7	1.8
35.1	31.6	24.3	26.4	19.2	5.2	7.2	3.5
56.9	52.9	45.5	45.4	38.0	7.5	7.4	4.0
31.5	28.6	22.5	23.0	16.9	5.6	6.1	2.8
22.8	19.7	14.3	16.6	11.1	3.2	5.5	3.1
39.1	35.9	30.0	28.5	22.7	7.4	5.9	3.3
40.2	37.0	31.1	29.1	23.2	7.9	5.9	3.2
13.2	10.8	3.5	10.3	3.0	0.5	7.3	2.4
11.8	9.3	2.2	9.1	2.0	0.3	7.1	2.4
30.6	26.4	10.4	24.3	8.3	2.1	16.0	4.2
10.0	8.8	2.2	8.4	1.9	0.3	6.5	1.2
18.7	14.5	3.9	14.0	3.4	0.5	10.6	4.2
13.9	11.9	6.1	10.9	5.0	1.1	5.9	2.0
36.7	25.9	12.0	24.1	10.2	1.8	13.9	10.8

4-2 续表 1

项 目	开展产品或工艺创新活动企业数(个)	#实现产品创新企业	#实现工艺创新企业	未开展产品或工艺创新活动企业数(个)
制造业	124721	91944	91989	227623
农副食品加工业	6909	4542	5076	17926
食品制造业	3115	2331	2290	5092
酒、饮料和精制茶制造业	2366	1739	1746	3906
烟草制品业	81	50	57	47
纺织业	5651	4049	4000	15170
纺织服装、服饰业	3568	2536	2434	12253
皮革、毛皮、羽毛及其制品和制鞋业	2376	1715	1536	6343
木材加工和木、竹、藤、棕、草制品业	2034	1352	1503	6984
家具制造业	1648	1277	1192	3640
造纸和纸制品业	1805	1138	1375	5017
印刷和记录媒介复制业	1406	905	1124	3887
文教、工美、体育和娱乐用品制造业	2827	2230	2008	5785
石油加工、炼焦和核燃料加工业	600	335	452	1432
化学原料和化学制品制造业	9894	7020	7282	15366
医药制造业	4135	2853	3065	2973
化学纤维制造业	728	572	543	1220
橡胶和塑料制品业	5537	4045	4024	12606
非金属矿物制品业	8125	5124	6070	25869
黑色金属冶炼和压延加工业	2716	1603	2081	7647
有色金属冶炼和压延加工业	2629	1728	1988	4753
金属制品业	6447	4579	4838	14333
通用设备制造业	10607	8409	7897	14011
专用设备制造业	8420	6745	6231	8980
汽车制造业	6242	4968	4867	7214
铁路、船舶、航空航天和其他运输设备制造业	2153	1691	1570	2814
电气机械和器材制造业	11214	9048	8272	11993
计算机、通信和其他电子设备制造业	7869	6490	5858	6162
仪器仪表制造业	2646	2244	1902	1527
其他制造业	560	403	404	1195
废弃资源综合利用业	302	151	217	1192
金属制品、机械和设备修理业	111	72	87	286
电力、热力、燃气及水生产和供应业	1806	256	1361	7466
电力、热力生产和供应业	1341	154	1003	5130
燃气生产和供应业	185	44	143	1121
水的生产和供应业	280	58	215	1215

在全部企业中占比(%)							
开展产品或工艺创新活动企业	#实现产品或工艺创新企业	#实现产品创新企业	#实现工艺创新企业	1.同时实现产品和工艺创新企业	2.仅实现产品创新企业	3.仅实现工艺创新企业	4.仅有正在进行或中止的创新活动企业
35.4	32.3	26.1	26.1	19.9	6.2	6.2	3.1
27.8	25.0	18.3	20.4	13.7	4.6	6.7	2.8
38.0	35.0	28.4	27.9	21.3	7.1	6.6	3.0
37.7	34.7	27.7	27.8	20.8	6.9	7.0	3.0
63.3	55.5	39.1	44.5	28.1	10.9	16.4	7.8
27.1	24.8	19.4	19.2	13.8	5.6	5.4	2.3
22.6	20.6	16.0	15.4	10.8	5.2	4.6	2.0
27.3	24.9	19.7	17.6	12.4	7.3	5.2	2.4
22.6	20.0	15.0	16.7	11.6	3.3	5.0	2.5
31.2	29.3	24.1	22.5	17.4	6.8	5.1	1.9
26.5	23.7	16.7	20.2	13.1	3.6	7.1	2.7
26.6	24.3	17.1	21.2	14.0	3.1	7.2	2.3
32.8	30.6	25.9	23.3	18.6	7.3	4.7	2.2
29.5	25.9	16.5	22.2	12.8	3.7	9.4	3.6
39.2	35.2	27.8	28.8	21.5	6.3	7.4	4.0
58.2	50.7	40.1	43.1	32.5	7.6	10.6	7.5
37.4	34.4	29.4	27.9	22.8	6.5	5.0	3.0
30.5	27.7	22.3	22.2	16.8	5.5	5.4	2.8
23.9	21.3	15.1	17.9	11.6	3.4	6.2	2.6
26.2	23.3	15.5	20.1	12.3	3.2	7.8	2.9
35.6	31.4	23.4	26.9	19.0	4.4	8.0	4.2
31.0	28.4	22.0	23.3	16.9	5.1	6.4	2.6
43.1	39.8	34.2	32.1	26.4	7.8	5.7	3.2
48.4	44.7	38.8	35.8	29.9	8.9	5.9	3.7
46.4	43.5	36.9	36.2	29.6	7.3	6.6	2.9
43.3	39.9	34.0	31.6	25.7	8.3	5.9	3.4
48.3	44.6	39.0	35.6	30.0	9.0	5.6	3.7
56.1	52.1	46.3	41.8	35.9	10.3	5.8	4.0
63.4	58.8	53.8	45.6	40.5	13.2	5.0	4.6
31.9	29.2	23.0	23.0	16.8	6.2	6.3	2.7
20.2	16.7	10.1	14.5	7.9	2.2	6.6	3.5
28.0	24.9	18.1	21.9	15.1	3.0	6.8	3.0
19.5	15.3	2.8	14.7	2.2	0.6	12.5	4.2
20.7	16.0	2.4	15.5	1.9	0.5	13.6	4.7
14.2	11.9	3.4	10.9	2.4	1.0	8.6	2.2
18.7	15.1	3.9	14.4	3.2	0.7	11.2	3.7

4-2 续表 2

项 目	开展产品或工艺创新活动企业数(个)	#实现产品创新企业	#实现工艺创新企业	未开展产品或工艺创新活动企业数(个)
四、按地区分				
东部地区	82282	61814	59893	139725
中部地区	26841	18481	20318	55264
西部地区	15084	9456	11746	33351
东北地区	4460	3020	3059	20861
北 京	2061	1637	1448	1625
天 津	2379	1690	1831	3110
河 北	4313	2176	3642	10486
山 西	740	401	540	3166
内蒙古	718	371	516	3695
辽 宁	2653	1850	1776	13052
吉 林	970	615	691	4341
黑龙江	837	555	592	3468
上 海	3927	3201	2883	5542
江 苏	18772	14994	14131	29936
浙 江	19791	15377	13624	21050
安 徽	6441	4585	5329	11316
福 建	6300	4576	4834	10444
江 西	2775	1894	1973	6235
山 东	11153	7649	8000	29603
河 南	5693	3962	4360	16059
湖 北	5561	4166	4414	10396
湖 南	5631	3473	3702	8092
广 东	13447	10450	9414	27686
广 西	1426	945	1083	4014
海 南	139	64	86	243
重 庆	2357	1724	1682	3802
四 川	4261	2719	3664	9007
贵 州	1097	635	853	2798
云 南	1280	790	1051	2503
西 藏	28	15	24	69
陕 西	1878	1206	1434	3203
甘 肃	777	380	484	1307
青 海	159	70	123	409
宁 夏	291	189	224	879
新 疆	812	412	608	1665

在全部企业中占比(%)							
开展产品或工艺创新活动企业	#实现产品或工艺创新企业	#实现产品创新企业	#实现工艺创新企业	1.同时实现产品和工艺创新企业	2.仅实现产品创新企业	3.仅实现工艺创新企业	4.仅有正在进行或中止的创新活动企业
37.1	34.0	27.8	27.0	20.8	7.0	6.2	3.0
32.7	29.4	22.5	24.7	17.9	4.6	6.9	3.3
31.1	27.9	19.5	24.3	15.9	3.7	8.4	3.2
17.6	14.9	11.9	12.1	9.1	2.8	3.0	2.7
55.9	51.8	44.4	39.3	31.9	12.5	7.4	4.2
43.3	39.3	30.8	33.4	24.8	6.0	8.5	4.0
29.1	28.6	14.7	24.6	10.7	4.0	13.9	0.6
18.9	16.1	10.3	13.8	8.0	2.3	5.8	2.8
16.3	13.3	8.4	11.7	6.8	1.6	4.9	3.0
16.9	14.2	11.8	11.3	8.9	2.9	2.4	2.7
18.3	15.5	11.6	13.0	9.1	2.4	3.9	2.8
19.4	17.0	12.9	13.8	9.7	3.2	4.1	2.5
41.5	38.5	33.8	30.4	25.8	8.0	4.6	3.0
38.5	35.7	30.8	29.0	24.1	6.6	4.9	2.9
48.5	44.2	37.7	33.4	26.8	10.8	6.6	4.3
36.3	34.9	25.8	30.0	20.9	4.9	9.1	1.3
37.6	35.9	27.3	28.9	20.3	7.1	8.6	1.7
30.8	26.5	21.0	21.9	16.4	4.7	5.5	4.3
27.4	24.4	18.8	19.6	14.0	4.7	5.6	3.0
26.2	23.9	18.2	20.0	14.4	3.8	5.7	2.3
34.9	33.0	26.1	27.7	20.8	5.3	6.8	1.9
41.0	32.4	25.3	27.0	19.9	5.4	7.1	8.7
32.7	29.5	25.4	22.9	18.8	6.6	4.1	3.2
26.2	23.5	17.4	19.9	13.8	3.6	6.1	2.7
36.4	25.9	16.8	22.5	13.4	3.4	9.2	10.5
38.3	34.0	28.0	27.3	21.4	6.6	6.0	4.3
32.1	31.2	20.5	27.6	16.9	3.6	10.7	0.9
28.2	24.0	16.3	21.9	14.2	2.1	7.7	4.2
33.8	31.1	20.9	27.8	17.6	3.3	10.2	2.8
28.9	24.7	15.5	24.7	15.5		9.3	4.1
37.0	32.7	23.7	28.2	19.3	4.4	8.9	4.3
37.3	27.3	18.2	23.2	14.2	4.1	9.1	10.0
28.0	23.9	12.3	21.7	10.0	2.3	11.6	4.0
24.9	21.4	16.2	19.1	13.9	2.2	5.2	3.5
32.8	27.5	16.6	24.5	13.7	2.9	10.9	5.3

4-3 建筑业企业产品和工艺

项　目	开展产品或工艺创新活动企业数（个）	#实现产品创新企业	#实现工艺创新企业	未开展产品或工艺创新活动企业数（个）
总　计	**3839**	**1750**	**3430**	**5505**
一、按行业分				
房屋建筑业	1723	772	1556	2127
土木工程建筑业	1058	480	956	956
建筑安装业	467	220	408	1031
建筑装饰和其他建筑业	591	278	510	1391
二、按地区分				
东部地区	2325	1046	2055	2896
中部地区	721	355	665	1042
西部地区	580	251	527	952
东北地区	213	98	183	615
北　京	253	108	224	434
天　津	117	71	74	123
河　北	125	38	80	154
山　西	77	36	72	75
内蒙古	24	10	20	62
辽　宁	130	61	110	351
吉　林	32	14	24	109
黑龙江	51	23	49	155
上　海	148	78	136	264
江　苏	549	238	503	445
浙　江	485	203	445	567
安　徽	107	40	99	146
福　建	122	64	110	199
江　西	60	25	57	111
山　东	241	108	228	268
河　南	220	120	203	286
湖　北	154	82	142	272
湖　南	103	52	92	152
广　东	272	132	244	419
广　西	37	17	32	51
海　南	13	6	11	23
重　庆	91	45	79	214
四　川	119	53	112	190
贵　州	30	20	28	30
云　南	70	31	65	77
西　藏				5
陕　西	119	42	112	180
甘　肃	42	12	39	60
青　海	8	5	7	10
宁　夏	11	5	5	13
新　疆	29	11	28	60

创新分布情况(2013-2014年)

在全部企业中占比(%)							
开展产品或工艺创新活动企业	#实现产品或工艺创新企业	#实现产品创新企业	#实现工艺创新企业	1.同时实现产品和工艺创新企业	2.仅实现产品创新企业	3.仅实现工艺创新企业	4.仅有正在进行或中止的创新活动企业
41.1	**37.6**	**18.7**	**36.7**	**17.8**	**0.9**	**18.9**	**3.5**
44.8	41.0	20.1	40.4	19.5	0.6	20.9	3.8
52.5	48.8	23.8	47.5	22.5	1.3	25.0	3.7
31.2	28.2	14.7	27.2	13.7	1.0	13.6	2.9
29.8	26.8	14.0	25.7	12.9	1.1	12.8	3.0
44.5	40.3	20.0	39.4	19.1	0.9	20.3	4.2
40.9	38.5	20.1	37.7	19.4	0.7	18.3	2.4
37.9	35.2	16.4	34.4	15.5	0.8	18.9	2.6
25.7	23.4	11.8	22.1	10.5	1.3	11.6	2.3
36.8	33.6	15.7	32.6	14.7	1.0	17.9	3.2
48.8	30.8	29.6	30.8	29.6		1.3	17.9
44.8	30.5	13.6	28.7	11.8	1.8	16.8	14.3
50.7	48.0	23.7	47.4	23.0	0.7	24.3	2.6
27.9	25.6	11.6	23.3	9.3	2.3	14.0	2.3
27.0	24.1	12.7	22.9	11.4	1.2	11.4	2.9
22.7	19.9	9.9	17.0	7.1	2.8	9.9	2.8
24.8	24.3	11.2	23.8	10.7	0.5	13.1	0.5
35.9	34.7	18.9	33.0	17.2	1.7	15.8	1.2
55.2	50.8	23.9	50.6	23.7	0.2	26.9	4.4
46.1	43.4	19.3	42.3	18.2	1.1	24.1	2.7
42.3	39.1	15.8	39.1	15.8		23.3	3.2
38.0	35.8	19.9	34.3	18.4	1.6	15.9	2.2
35.1	34.5	14.6	33.3	13.5	1.2	19.9	0.6
47.3	45.2	21.2	44.8	20.8	0.4	24.0	2.2
43.5	40.7	23.7	40.1	23.1	0.6	17.0	2.8
36.2	34.3	19.2	33.3	18.3	0.9	15.0	1.9
40.4	37.3	20.4	36.1	19.2	1.2	16.9	3.1
39.4	36.6	19.1	35.3	17.8	1.3	17.5	2.8
42.0	39.8	19.3	36.4	15.9	3.4	20.5	2.3
36.1	30.6	16.7	30.6	16.7		13.9	5.6
29.8	27.5	14.8	25.9	13.1	1.6	12.8	2.3
38.5	36.2	17.2	36.2	17.2		19.1	2.3
50.0	46.7	33.3	46.7	33.3		13.3	3.3
47.6	44.2	21.1	44.2	21.1		23.1	3.4
39.8	37.8	14.0	37.5	13.7	0.3	23.7	2.0
41.2	39.2	11.8	38.2	10.8	1.0	27.5	2.0
44.4	44.4	27.8	38.9	22.2	5.6	16.7	
45.8	20.8	20.8	20.8	20.8			25.0
32.6	31.5	12.4	31.5	12.4		19.1	1.1

4-4 服务业企业产品和工艺创

项 目	开展产品或工艺创新活动企业数(个)	#实现产品创新企业	#实现工艺创新企业	未开展产品或工艺创新活动企业数(个)
总 计	**40954**	**26021**	**30477**	**217387**
一、按行业分				
批发和零售业	23010	14453	17812	148183
批发业	11317	6856	8473	79470
零售业	11693	7597	9339	68713
交通运输、仓储和邮政业	3776	2087	2932	26934
铁路运输业	18	8	14	96
道路运输业	2058	1225	1683	15790
水上运输业	326	137	229	2072
航空运输业	78	44	62	157
管道运输业	17	6	15	37
装卸搬运和运输代理业	566	282	405	5199
仓储业	461	198	345	3025
邮政业	252	187	179	558
信息传输、软件和信息技术服务业	5256	3858	3398	5455
电信、广播电视和卫星传输服务	860	711	617	1467
互联网和相关服务	360	245	239	488
软件和信息技术服务业	4036	2902	2542	3500
金融业	1366	1206	1011	781
货币金融服务	639	577	486	256
资本市场服务	165	149	115	122
保险业	475	407	343	335
其他金融业	87	73	67	68
租赁和商务服务业	3402	1974	2428	22232
租赁业	147	86	81	741
商务服务业	3255	1888	2347	21491
科学研究和技术服务业	3536	2121	2478	10982
研究和试验发展	531	345	392	654
专业技术服务业	2189	1262	1535	8016
科技推广和应用服务业	816	514	551	2312
水利、环境和公共设施管理业	599	314	412	2788
水利管理业	25	12	16	170
生态保护和环境治理业	101	37	65	264
公共设施管理业	473	265	331	2354

新分布情况(2013-2014年)

在全部企业中占比(%)							
开展产品或工艺创新活动企业	#实现产品或工艺创新企业	#实现产品创新企业	#实现工艺创新企业	1.同时实现产品和工艺创新企业	2.仅实现产品创新企业	3.仅实现工艺创新企业	4.仅有正在进行或中止的创新活动企业
15.9	**13.9**	**10.1**	**11.8**	**8.0**	**2.1**	**3.8**	**1.9**
13.4	12.0	8.4	10.4	6.9	1.6	3.5	1.5
12.5	10.7	7.6	9.3	6.2	1.4	3.1	1.8
14.5	13.4	9.4	11.6	7.6	1.8	4.0	1.1
12.3	10.8	6.8	9.5	5.6	1.2	4.0	1.5
15.8	13.2	7.0	12.3	6.1	0.9	6.1	2.6
11.5	10.6	6.9	9.4	5.7	1.1	3.7	1.0
13.6	10.2	5.7	9.6	5.0	0.7	4.5	3.4
33.2	29.4	18.7	26.4	15.7	3.0	10.6	3.8
31.5	27.8	11.1	27.8	11.1		16.7	3.7
9.8	7.9	4.9	7.0	4.1	0.8	3.0	2.0
13.2	11.1	5.7	9.9	4.4	1.2	5.5	2.1
31.1	29.6	23.1	22.1	15.6	7.5	6.5	1.5
49.1	41.9	36.0	31.7	25.9	10.1	5.9	7.2
37.0	34.2	30.6	26.5	22.9	7.6	3.6	2.8
42.5	34.6	28.9	28.2	22.5	6.4	5.7	7.9
53.6	45.1	38.5	33.7	27.2	11.3	6.6	8.5
63.6	62.0	56.2	47.1	41.2	15.0	5.9	1.6
71.4	70.5	64.5	54.3	48.3	16.2	6.0	0.9
57.5	55.1	51.9	40.1	36.9	15.0	3.1	2.4
58.6	56.4	50.2	42.3	36.2	14.1	6.2	2.2
56.1	55.5	47.1	43.2	34.8	12.3	8.4	0.6
13.3	11.1	7.7	9.5	6.1	1.6	3.4	2.2
16.6	12.3	9.7	9.1	6.5	3.2	2.6	4.3
13.2	11.0	7.6	9.5	6.1	1.5	3.4	2.1
24.4	20.4	14.6	17.1	11.2	3.4	5.8	3.9
44.8	38.9	29.1	33.1	23.3	5.8	9.8	5.9
21.5	17.9	12.4	15.0	9.5	2.9	5.6	3.5
26.1	21.6	16.4	17.6	12.4	4.0	5.2	4.5
17.7	14.3	9.3	12.2	7.1	2.2	5.0	3.4
12.8	9.7	6.2	8.2	4.6	1.5	3.6	3.1
27.7	19.5	10.1	17.8	8.5	1.6	9.3	8.2
16.7	14.0	9.4	11.7	7.1	2.3	4.6	2.8

4-4 续表

项　目	开展产品或工艺创新活动企业数(个)	#实现产品创新企业	#实现工艺创新企业	未开展产品或工艺创新活动企业数(个)
二、按地区分				
东部地区	29078	18505	21500	137115
中部地区	5589	3585	4220	36603
西部地区	5253	3263	4003	30843
东北地区	1034	668	754	12826
北　京	2998	1898	1842	16331
天　津	1844	1194	1143	5626
河　北	855	515	560	4359
山　西	418	248	328	3597
内蒙古	247	152	176	2434
辽　宁	703	466	494	8609
吉　林	152	91	120	2051
黑龙江	179	111	140	2166
上　海	2330	1513	1802	12850
江　苏	6304	4176	4155	26890
浙　江	2958	1931	2313	17919
安　徽	1304	752	1035	6188
福　建	1644	796	1362	8163
江　西	365	251	283	2641
山　东	4188	3340	3414	20703
河　南	1270	825	976	8336
湖　北	1391	994	1002	9283
湖　南	841	515	596	6558
广　东	5833	3063	4808	23545
广　西	418	229	344	3146
海　南	124	79	101	729
重　庆	740	433	520	5545
四　川	1381	951	1026	6755
贵　州	397	245	307	2039
云　南	670	409	505	3337
西　藏	26	15	22	114
陕　西	622	373	507	3249
甘　肃	219	139	171	1593
青　海	64	43	52	367
宁　夏	89	57	70	506
新　疆	380	217	303	1758

在全部企业中占比(%)							
开展产品或工艺创新活动企业	#实现产品或工艺创新企业	#实现产品创新企业	#实现工艺创新企业	1.同时实现产品和工艺创新企业	2.仅实现产品创新企业	3.仅实现工艺创新企业	4.仅有正在进行或中止的创新活动企业
17.5	14.9	11.1	12.9	9.2	2.0	3.8	2.6
13.2	12.6	8.5	10.0	5.9	2.6	4.1	0.6
14.6	13.5	9.0	11.1	6.6	2.4	4.4	1.1
7.5	7.0	4.8	5.4	3.3	1.6	2.2	0.5
15.5	13.2	9.8	9.5	6.2	3.7	3.4	2.3
24.7	16.1	16.0	15.3	15.2	0.8	0.1	8.6
16.4	14.7	9.9	10.7	5.9	4.0	4.8	1.7
10.4	9.9	6.2	8.2	4.5	1.7	3.7	0.5
9.2	8.1	5.7	6.6	4.2	1.5	2.4	1.2
7.5	7.0	5.0	5.3	3.3	1.7	2.0	0.5
6.9	6.5	4.1	5.4	3.0	1.1	2.4	0.4
7.6	7.4	4.7	6.0	3.3	1.4	2.6	0.3
15.3	14.5	10.0	11.9	7.3	2.6	4.5	0.9
19.0	12.6	12.6	12.5	12.5	0.1	0.0	6.4
14.2	13.4	9.2	11.1	6.9	2.3	4.2	0.8
17.4	16.6	10.0	13.8	7.2	2.8	6.6	0.8
16.8	16.0	8.1	13.9	6.0	2.1	7.9	0.8
12.1	11.7	8.4	9.4	6.0	2.3	3.4	0.4
16.8	16.6	13.4	13.7	10.6	2.8	3.1	0.3
13.2	12.3	8.6	10.2	6.4	2.2	3.8	0.9
13.0	12.7	9.3	9.4	6.0	3.3	3.4	0.4
11.4	10.6	7.0	8.1	4.4	2.5	3.6	0.8
19.9	17.9	10.4	16.4	8.9	1.6	7.5	1.9
11.7	10.6	6.4	9.7	5.5	0.9	4.1	1.2
14.5	14.1	9.3	11.8	7.0	2.2	4.8	0.5
11.8	10.8	6.9	8.3	4.4	2.5	3.9	1.0
17.0	16.1	11.7	12.6	8.2	3.5	4.4	0.9
16.3	15.2	10.1	12.6	7.4	2.6	5.2	1.1
16.7	15.5	10.2	12.6	7.3	2.9	5.3	1.2
18.6	18.6	10.7	15.7	7.9	2.9	7.9	
16.1	15.1	9.6	13.1	7.6	2.0	5.5	1.0
12.1	11.4	7.7	9.4	5.7	1.9	3.7	0.7
14.8	13.9	10.0	12.1	8.1	1.9	3.9	0.9
15.0	14.1	9.6	11.8	7.2	2.4	4.5	0.8
17.8	15.9	10.2	14.2	8.5	1.7	5.7	1.9

4-5 企业产品创新

项 目	实现产品创新企业数（个）	在实现产品创新企业中，	
		本企业独立开发	本企业与集团内企业合作开发
总 计	**120542**	**76.0**	**8.1**
一、按行业分			
采矿业	571	66.7	8.2
制造业	91944	82.1	6.3
电力、热力、燃气及水生产和供应业	256	62.5	14.8
建筑业	1750	63.0	20.2
批发和零售业	14453	46.6	12.2
交通运输、仓储和邮政业	2087	34.6	13.0
信息传输、软件和信息技术服务业	3858	80.6	14.6
金融业	1206	66.0	27.3
租赁和商务服务业	1974	72.4	13.1
科学研究和技术服务业	2121	72.3	13.2
水利、环境和公共设施管理业	314	51.9	11.8
二、按地区分			
东部地区	81365	77.6	7.3
中部地区	22421	73.7	8.4
西部地区	12970	70.1	12.2
东北地区	3786	76.8	8.1
北 京	3643	84.5	10.5
天 津	2955	77.3	10.2
河 北	2729	70.8	8.9
山 西	685	65.8	11.5
内蒙古	533	67.5	13.1
辽 宁	2377	79.0	7.6
吉 林	720	72.6	8.9
黑龙江	689	73.7	9.0
上 海	4792	79.3	10.8
江 苏	19408	76.3	7.5
浙 江	17511	81.5	5.2
安 徽	5377	76.5	6.5
福 建	5436	80.6	6.0
江 西	2170	75.8	9.3
山 东	11097	72.3	5.1
河 南	4907	67.9	8.8
湖 北	5242	72.4	9.2
湖 南	4040	78.8	8.4
广 东	13645	76.7	8.7
广 西	1191	69.1	12.9
海 南	149	69.8	24.8
重 庆	2202	72.5	9.4
四 川	3723	71.9	11.4
贵 州	900	64.7	14.7
云 南	1230	68.7	14.4
西 藏	30	56.7	20.0
陕 西	1621	71.2	10.9
甘 肃	531	69.3	13.9
青 海	118	59.3	13.6
宁 夏	251	73.7	16.3
新 疆	640	64.4	17.2

开发情况(2013-2014年)

以下列形式进行开发的企业占比(%)						
本企业与境内其他企业合作开发	本企业与境内研究机构合作开发	本企业与境内高等学校合作开发	本企业与境外企业或机构合作开发	在其他单位开发的基础上调整或改进	其他企业或机构开发	其他
8.3	**2.6**	**11.3**	**3.1**	**8.9**	**5.5**	**8.8**
10.5	7.4	17.9	2.6	11.4	6.0	9.5
7.1	2.6	13.1	3.3	7.3	2.8	6.3
12.1	3.9	14.8	0.8	11.7	8.6	11.3
20.6	4.9	20.2	2.3	19.5	11.9	11.2
5.6	1.5	1.7	2.1	16.8	18.8	23.7
12.4	2.7	2.2	1.3	13.9	19.6	19.7
15.3	2.5	9.9	3.2	6.1	4.2	5.2
28.3	2.0	2.2	4.0	12.9	7.0	10.9
27.7	2.2	3.5	3.2	12.0	12.9	9.2
18.3	5.7	17.5	4.2	9.1	5.6	7.9
16.6	6.1	6.1	2.9	13.4	13.1	20.7
7.7	2.2	10.5	3.5	8.5	5.4	8.7
8.8	3.2	14.0	2.1	9.8	5.4	8.8
10.9	3.8	12.2	2.4	9.9	6.6	9.7
8.2	3.5	11.6	3.2	7.2	5.2	8.0
13.4	3.0	9.0	3.9	4.4	2.4	4.6
8.5	2.7	9.4	3.2	6.7	6.0	13.6
9.7	3.2	11.2	2.6	11.5	6.2	9.2
13.7	3.4	12.6	2.8	11.7	6.1	11.5
10.9	2.3	6.9	1.9	7.9	7.3	12.6
7.8	3.3	10.1	3.4	7.0	5.6	7.7
8.2	4.6	14.9	2.5	7.1	3.6	7.5
9.6	3.0	13.5	3.0	8.0	5.2	9.6
10.3	2.1	9.1	7.8	5.4	4.3	6.7
6.9	2.2	12.8	3.6	9.4	3.7	8.3
5.9	1.5	10.1	2.2	8.0	5.1	8.5
8.6	3.0	17.1	2.6	7.1	5.6	7.5
7.8	2.4	11.5	3.9	8.7	3.7	7.5
8.0	2.9	11.8	1.8	9.1	4.5	7.8
7.7	2.8	9.6	2.1	10.7	9.0	9.1
8.8	2.6	11.3	2.5	14.4	6.3	9.4
9.2	3.3	16.8	2.0	9.3	4.9	10.0
8.2	4.5	10.9	1.3	8.4	5.0	8.5
8.1	1.9	8.7	4.5	8.2	6.8	10.3
9.6	3.5	11.8	2.4	8.9	7.4	12.2
17.5	6.7	12.8	2.7	8.7	9.4	12.8
11.0	3.1	9.4	2.9	10.7	4.9	8.3
10.2	3.7	13.2	2.4	9.9	7.7	8.6
12.2	2.8	12.0	1.6	8.4	6.7	13.8
12.0	4.1	10.6	3.6	13.4	6.2	8.5
10.0	3.3	16.7	6.7	10.0	6.7	26.7
10.6	4.0	14.5	1.9	8.3	6.5	9.7
10.5	5.3	15.3	2.1	8.1	5.1	11.5
10.2	1.7	6.8	1.7	11.0	6.8	14.4
8.0	8.8	17.5	2.4	10.0	3.2	6.4
15.2	7.5	13.9	1.9	11.6	8.6	8.9

4-6 工业企业产品创新

项 目	实现产品创新企业数(个)	在实现产品创新企业中,	
		本企业独立开发	本企业与集团内企业合作开发
总 计	**92771**	**82.0**	**6.3**
一、按规模分			
大型企业	6024	83.5	18.1
中型企业	21826	82.8	8.7
小型企业	64921	81.6	4.4
二、按登记注册类型分			
内资企业	75893	82.3	5.5
国有企业	590	81.9	16.6
集体企业	274	77.7	5.1
股份合作企业	256	85.2	2.3
联营企业	29	82.8	10.3
有限责任公司	21660	81.7	9.1
股份有限公司	4765	87.6	8.0
私营企业	48103	82.1	3.6
其他企业	216	85.6	4.2
港、澳、台商投资企业	7641	83.9	8.5
外商投资企业	9237	77.6	10.8
三、按行业分			
采矿业	571	66.7	8.2
煤炭开采和洗选业	154	63.6	13.0
石油和天然气开采业	15	80.0	26.7
黑色金属矿采选业	74	77.0	4.1
有色金属矿采选业	78	53.8	1.3
非金属矿采选业	229	69.0	7.0
开采辅助活动	20	70.0	15.0

开发情况(2013-2014年)

以下列形式进行开发的企业占比(%)						
本企业与境内其他企业合作开发	本企业与境内研究机构合作开发	本企业与境内高等学校合作开发	本企业与境外企业或机构合作开发	在其他单位开发的基础上调整或改进	其他企业或机构开发	其他
7.1	**2.7**	**13.1**	**3.3**	**7.3**	**2.9**	**6.3**
14.6	7.0	24.7	9.9	7.4	2.8	4.5
8.0	3.2	14.7	4.4	6.6	2.6	5.2
6.2	2.1	11.5	2.3	7.5	3.0	6.8
7.2	2.9	13.9	1.9	7.5	2.9	6.4
15.8	7.3	23.4	3.1	9.2	2.2	3.1
8.4	3.7	12.0	1.5	10.9	3.7	9.1
4.3	1.6	11.3	1.6	4.7	4.3	5.5
3.4	10.3	10.3	3.4	10.3		3.4
9.1	3.6	15.5	2.4	7.3	2.8	5.9
10.2	5.8	25.0	3.6	5.8	2.2	3.7
6.0	2.2	11.9	1.5	7.7	2.9	6.9
4.2	3.2	9.7	2.3	9.7	3.2	8.3
6.5	1.8	11.0	5.4	6.0	2.6	5.6
6.9	1.5	8.7	12.5	6.7	3.3	5.8
10.5	7.4	17.9	2.6	11.4	6.0	9.5
14.9	8.4	22.1	3.9	9.7	3.9	12.3
33.3	13.3	40.0		6.7		
8.1	12.2	16.2	6.8	8.1	5.4	13.5
6.4	6.4	16.7		17.9	15.4	7.7
6.1	4.8	11.8	1.7	11.4	4.4	8.3
35.0	5.0	45.0		15.0	10.0	

4-6 续表 1

项 目	实现产品创新企业数(个)	在实现产品创新企业中,	
		本企业独立开发	本企业与集团内企业合作开发
制造业	91944	82.1	6.3
农副食品加工业	4542	76.0	6.8
食品制造业	2331	82.1	7.4
酒、饮料和精制茶制造业	1739	79.9	6.3
烟草制品业	50	72.0	26.0
纺织业	4049	81.7	3.8
纺织服装、服饰业	2536	79.7	4.5
皮革、毛皮、羽毛及其制品和制鞋业	1715	78.2	4.4
木材加工和木、竹、藤、棕、草制品业	1352	74.9	3.0
家具制造业	1277	83.6	3.9
造纸和纸制品业	1138	81.7	6.0
印刷和记录媒介复制业	905	79.8	5.7
文教、工美、体育和娱乐用品制造业	2230	84.8	4.1
石油加工、炼焦和核燃料加工业	335	74.9	12.8
化学原料和化学制品制造业	7020	81.7	5.9
医药制造业	2853	78.8	8.3
化学纤维制造业	572	86.7	4.5
橡胶和塑料制品业	4045	81.4	4.8
非金属矿物制品业	5124	78.7	6.0
黑色金属冶炼和压延加工业	1603	80.1	6.8
有色金属冶炼和压延加工业	1728	81.8	6.4
金属制品业	4579	82.5	4.7
通用设备制造业	8409	84.6	5.4
专用设备制造业	6745	85.6	5.4
汽车制造业	4968	77.9	10.7
铁路、船舶、航空航天和其他运输设备制造业	1691	79.8	11.4
电气机械和器材制造业	9048	86.3	6.5
计算机、通信和其他电子设备制造业	6490	84.7	8.5
仪器仪表制造业	2244	88.8	5.3
其他制造业	403	82.6	6.7
废弃资源综合利用业	151	75.5	7.9
金属制品、机械和设备修理业	72	90.3	9.7
电力、热力、燃气及水生产和供应业	256	62.5	14.8
电力、热力生产和供应业	154	59.1	18.8
燃气生产和供应业	44	56.8	11.4
水的生产和供应业	58	75.9	6.9

以下列形式进行开发的企业占比(%)						
本企业与境内其他企业合作开发	本企业与境内研究机构合作开发	本企业与境内高等学校合作开发	本企业与境外企业或机构合作开发	在其他单位开发的基础上调整或改进	其他企业或机构开发	其他
7.1	2.6	13.1	3.3	7.3	2.8	6.3
5.7	3.8	15.8	1.3	6.0	3.1	7.3
5.4	3.2	16.9	2.1	5.9	2.1	5.9
5.8	4.0	14.1	1.3	4.9	2.6	6.7
16.0	4.0	8.0	2.0	4.0	4.0	6.0
5.3	1.6	8.6	1.9	8.4	2.7	8.4
7.2	1.6	6.1	3.7	9.0	4.4	9.9
6.2	1.7	4.5	2.9	9.6	3.2	10.2
6.9	1.8	7.8	1.0	9.4	3.6	10.1
4.9	1.0	4.7	3.6	10.1	3.7	7.9
6.0	1.2	7.7	1.5	6.4	3.8	8.2
9.5	1.9	8.7	2.3	10.7	3.6	8.2
5.2	0.6	6.3	3.7	7.8	2.6	8.0
10.4	4.5	20.3	2.7	6.3	4.2	6.3
6.4	3.6	18.8	3.0	6.1	2.6	5.1
11.7	7.1	23.9	3.0	6.1	2.8	5.3
5.4	2.6	17.5	3.0	5.2	2.1	5.6
6.0	2.0	10.8	3.1	8.3	3.9	6.6
5.6	2.4	10.7	2.0	9.4	3.7	8.1
9.5	4.6	13.8	2.7	8.7	3.1	7.7
7.0	3.0	14.0	2.5	7.1	2.5	7.1
6.8	1.9	9.3	2.7	7.7	3.1	6.5
6.9	2.6	14.6	3.7	7.0	2.1	4.8
7.1	2.9	16.2	3.3	6.4	2.3	4.3
11.2	1.6	11.8	5.8	8.8	3.6	5.6
12.8	4.4	13.3	5.6	9.9	3.3	6.2
6.6	2.4	13.0	3.7	6.4	2.1	5.5
7.8	2.0	11.5	5.6	6.3	2.9	5.0
7.4	3.0	18.0	4.1	4.5	1.6	4.0
6.7	2.5	11.7	4.5	8.7	2.2	6.7
7.9	0.7	21.9	2.0	2.6	2.0	6.6
11.1	6.9	12.5	5.6	2.8	1.4	
12.1	3.9	14.8	0.8	11.7	8.6	11.3
15.6	3.9	16.9	0.6	13.0	9.1	11.0
4.5	4.5	2.3		18.2	9.1	15.9
8.6	3.4	19.0	1.7	3.4	6.9	8.6

4-6 续表 2

项 目	实现产品创新企业数(个)	在实现产品创新企业中，	
		本企业独立开发	本企业与集团内企业合作开发
四、按地区分			
东部地区	61814	83.9	5.5
中部地区	18481	78.1	7.0
西部地区	9456	77.8	9.7
东北地区	3020	79.5	7.2
北 京	1637	87.7	10.9
天 津	1690	89.8	5.6
河 北	2176	75.9	6.4
山 西	401	81.8	8.2
内蒙古	371	78.2	11.1
辽 宁	1850	80.9	6.6
吉 林	615	75.8	8.8
黑龙江	555	78.7	7.4
上 海	3201	84.5	9.3
江 苏	14994	84.6	5.9
浙 江	15377	86.7	2.9
安 徽	4585	80.8	6.2
福 建	4576	83.2	5.1
江 西	1894	79.4	8.1
山 东	7649	78.0	5.8
河 南	3962	72.5	6.4
湖 北	4166	75.9	7.6
湖 南	3473	82.3	7.4
广 东	10450	83.5	6.5
广 西	945	74.5	9.6
海 南	64	81.3	20.3
重 庆	1724	79.6	9.7
四 川	2719	78.4	9.2
贵 州	635	75.7	12.1
云 南	790	79.7	9.2
西 藏	15	80.0	
陕 西	1206	77.0	8.4
甘 肃	380	78.7	9.2
青 海	70	68.6	8.6
宁 夏	189	85.7	13.2
新 疆	412	73.1	13.4

以下列形式进行开发的企业占比(%)						
本企业与境内其他企业合作开发	本企业与境内研究机构合作开发	本企业与境内高等学校合作开发	本企业与境外企业或机构合作开发	在其他单位开发的基础上调整或改进	其他企业或机构开发	其他
6.5	2.3	12.1	3.8	6.7	2.7	6.0
8.0	3.0	15.5	1.9	8.6	3.2	7.2
9.6	4.0	14.7	2.3	8.8	3.1	6.4
7.2	4.0	13.1	3.5	6.2	3.1	6.8
9.2	3.7	10.8	5.5	4.3	2.4	2.1
7.9	2.4	10.5	2.8	5.8	2.4	3.1
9.2	3.5	12.6	2.3	10.2	4.6	7.2
12.2	5.2	17.7	3.2	6.5	1.7	5.0
8.6	2.7	8.9	2.4	7.3	1.9	9.2
6.2	3.7	11.6	3.7	5.8	3.1	7.0
8.6	5.2	15.3	2.9	7.0	3.1	4.7
8.8	3.4	15.9	3.2	6.7	3.2	8.6
8.1	2.2	10.8	8.6	5.2	2.7	4.5
6.3	2.6	15.5	3.9	5.4	2.2	3.9
5.0	1.5	10.6	2.3	6.5	2.1	6.8
7.5	2.5	19.2	2.1	7.2	3.2	6.2
6.3	2.5	12.3	4.0	7.8	2.8	6.9
7.4	3.2	12.8	1.8	8.2	3.4	7.0
7.9	3.3	12.9	2.9	9.6	3.8	7.5
8.2	2.5	12.7	2.1	12.3	3.8	8.1
8.1	2.5	18.5	1.8	8.6	2.7	7.6
8.1	4.4	11.7	1.5	6.4	3.1	7.4
6.4	1.8	9.6	5.4	6.9	3.4	7.6
7.8	3.9	13.9	1.7	8.7	4.4	9.3
12.5	7.8	14.1	1.6	4.7	3.1	4.7
11.0	3.0	10.3	3.0	8.9	3.5	5.5
9.5	3.8	16.7	2.4	9.1	2.9	5.8
10.9	3.6	13.9	1.7	9.4	3.0	7.9
8.2	4.3	13.4	2.2	9.1	3.3	5.3
6.7		20.0		6.7	6.7	13.3
10.2	4.6	17.2	2.3	7.6	2.7	6.1
7.9	6.1	18.7	1.8	7.6	1.8	7.1
7.1	2.9	10.0	1.4	11.4	4.3	7.1
4.8	10.1	22.2	2.6	8.5	1.1	2.1
13.4	6.1	18.0	2.2	10.2	2.7	6.6

4-7 建筑业企业产品创新

项目	实现产品创新企业数（个）	在实现产品创新企业中,	
		本企业独立开发	本企业与集团内企业合作开发
总 计	**1750**	**62.9**	**20.7**
一、按行业分			
房屋建筑业	772	60.0	20.6
土木工程建筑业	480	71.0	29.0
建筑安装业	220	65.5	13.6
建筑装饰和其他建筑业	278	55.0	12.6
二、按地区分			
东部地区	1046	64.7	20.4
中部地区	355	60.0	18.6
西部地区	251	61.8	25.9
东北地区	98	57.1	19.4
北 京	108	72.2	28.7
天 津	71	69.0	22.5
河 北	38	84.2	23.7
山 西	36	72.2	30.6
内蒙古	10	40.0	10.0
辽 宁	61	67.2	21.3
吉 林	14	28.6	14.3
黑龙江	23	47.8	17.4
上 海	78	74.4	28.2
江 苏	238	62.6	17.6
浙 江	203	54.7	13.3
安 徽	40	65.0	17.5
福 建	64	53.1	14.1
江 西	25	64.0	28.0
山 东	108	65.7	22.2
河 南	120	53.3	12.5
湖 北	82	57.3	22.0
湖 南	52	65.4	15.4
广 东	132	69.7	24.2
广 西	17	58.8	35.3
海 南	6	50.0	16.7
重 庆	45	35.6	8.9
四 川	53	73.6	26.4
贵 州	20	80.0	30.0
云 南	31	67.7	32.3
西 藏			
陕 西	42	69.0	33.3
甘 肃	12	50.0	33.3
青 海	5	60.0	40.0
宁 夏	5	80.0	20.0
新 疆	11	63.6	27.3

开发情况(2013-2014年)

以下列形式进行开发的企业占比(%)						
本企业与境内其他企业合作开发	本企业与境内研究机构合作开发	本企业与境内高等学校合作开发	本企业与境外企业或机构合作开发	在其他单位开发的基础上调整或改进	其他企业或机构开发	其他
22.6	**4.8**	**22.9**	**2.4**	**20.0**	**12.8**	**9.6**
26.4	6.0	22.5	2.6	22.2	14.9	10.2
25.2	5.8	34.4	2.9	15.2	6.9	4.0
14.5	1.8	16.8	1.4	18.6	13.2	10.9
14.0	2.2	9.0	1.8	23.4	16.9	16.5
23.2	5.0	22.5	2.5	19.5	12.5	9.8
21.4	5.9	23.9	1.4	22.3	14.4	9.0
25.1	4.0	25.9	2.4	20.7	12.4	8.4
14.3	1.0	16.3	5.1	15.3	11.2	13.3
32.4	9.3	20.4	3.7	20.4	13.9	2.8
21.1	7.0	23.9	2.8	19.7	9.9	14.1
18.4	2.6	36.8	7.9	13.2	5.3	5.3
19.4	5.6	19.4		27.8	5.6	5.6
30.0		20.0		20.0		
13.1	1.6	18.0	8.2	16.4	14.8	11.5
14.3		14.3		14.3	7.1	14.3
17.4		13.0		13.0	4.3	17.4
26.9	5.1	32.1	3.8	12.8	6.4	2.6
18.5	2.9	16.8	3.4	26.1	16.8	16.8
28.1	4.9	30.5		15.8	12.8	6.9
32.5	7.5	20.0	5.0	20.0	15.0	12.5
25.0	4.7	17.2		32.8	7.8	9.4
16.0	4.0	20.0		12.0	20.0	4.0
16.7	4.6	24.1	1.9	19.4	14.8	13.9
23.3	7.5	25.0	1.7	26.7	20.0	9.2
17.1	6.1	26.8		22.0	12.2	6.1
19.2	1.9	25.0	1.9	15.4	7.7	15.4
20.5	5.3	12.1	3.0	12.9	10.6	6.8
52.9	5.9	35.3		17.6		5.9
50.0		33.3			16.7	16.7
15.6	2.2	20.0	2.2	22.2	15.6	6.7
28.3	1.9	34.0	3.8	15.1	18.9	7.5
20.0		20.0		10.0	15.0	10.0
25.8	3.2	19.4	3.2	38.7	6.5	9.7
14.3		28.6		23.8	9.5	16.7
8.3	8.3	16.7	8.3	16.7	25.0	8.3
60.0		20.0				
20.0	20.0	20.0		20.0		
54.5	36.4	36.4	9.1	18.2	18.2	

4-8 服务业企业产品创新

项 目	实现产品创新企业数(个)	在实现产品创新企业中,本企业独立开发	本企业与集团内企业合作开发
总 计	**26021**	**55.7**	**13.5**
一、按行业分			
批发和零售业	14453	46.6	12.2
批发业	6856	47.8	11.6
零售业	7597	45.4	12.7
交通运输、仓储和邮政业	2087	34.6	13.0
铁路运输业	8	12.5	12.5
道路运输业	1225	26.2	8.7
水上运输业	137	52.6	13.1
航空运输业	44	43.2	20.5
管道运输业	6	33.3	16.7
装卸搬运和运输代理业	282	52.5	14.2
仓储业	198	41.9	15.2
邮政业	187	41.2	34.8
信息传输、软件和信息技术服务业	3858	80.6	14.6
电信、广播电视和卫星传输服务	711	47.8	37.3
互联网和相关服务	245	83.3	15.1
软件和信息技术服务业	2902	88.4	9.0
金融业	1206	66.0	27.3
货币金融服务	577	68.3	29.5
资本市场服务	149	63.1	20.1
保险业	407	61.7	28.0
其他金融业	73	78.1	20.5
租赁和商务服务业	1974	72.4	13.1
租赁业	86	44.2	4.7
商务服务业	1888	73.7	13.5
科学研究和技术服务业	2121	72.3	13.2
研究和试验发展	345	83.5	16.8
专业技术服务业	1262	67.6	14.6
科技推广和应用服务业	514	76.5	7.6
水利、环境和公共设施管理业	314	51.9	11.8
水利管理业	12	66.7	16.7
生态保护和环境治理业	37	73.0	10.8
公共设施管理业	265	48.3	11.7

开发情况(2013-2014年)

以下列形式进行开发的企业占比(%)						
本企业与境内其他企业合作开发	本企业与境内研究机构合作开发	本企业与境内高等学校合作开发	本企业与境外企业或机构合作开发	在其他单位开发的基础上调整或改进	其他企业或机构开发	其他
11.5	**2.2**	**4.5**	**2.6**	**13.8**	**14.5**	**17.6**
5.6	1.5	1.7	2.1	16.8	18.8	23.7
7.0	1.3	2.2	2.4	16.9	17.1	26.3
4.4	1.6	1.2	1.8	16.8	20.3	21.3
12.4	2.7	2.2	1.3	13.9	19.6	19.7
12.5				50.0	25.0	25.0
9.3	3.6	1.5	0.7	14.5	25.4	22.9
12.4	1.5	6.6	1.5	14.6	13.1	10.2
40.9	6.8	9.1	4.5	15.9	15.9	15.9
		33.3		16.7		33.3
17.4	0.4	1.4	3.9	9.9	11.0	13.5
19.2	2.0	2.0	1.0	10.1	12.1	19.7
11.2	1.1	2.7	1.1	17.1	9.1	15.0
15.3	2.5	9.9	3.2	6.1	4.2	5.2
27.7	2.8	2.5	2.4	10.4	11.1	11.1
8.6	2.4	5.7	1.6	4.9	2.4	5.7
12.9	2.4	12.0	3.6	5.1	2.6	3.8
28.3	2.0	2.2	4.0	12.9	7.0	10.9
35.7	2.1	2.4	4.0	14.0	7.5	10.9
33.6	0.7	2.0	4.7	14.1	16.8	5.4
16.5	2.5	2.0	4.2	11.1	3.9	13.5
24.7	1.4	1.4	1.4	11.0	1.4	6.8
27.7	2.2	3.5	3.2	12.0	12.9	9.2
5.8	1.2	2.3	3.5	12.8	20.9	32.6
28.7	2.2	3.6	3.2	12.0	12.6	8.1
18.3	5.7	17.5	4.2	9.1	5.6	7.9
17.1	7.2	23.8	9.0	7.5	1.4	2.9
19.8	5.3	17.3	3.2	10.5	6.8	9.7
15.4	5.4	14.0	3.7	6.8	5.4	6.6
16.6	6.1	6.1	2.9	13.4	13.1	20.7
16.7	8.3	8.3		33.3		8.3
8.1	5.4	16.2	8.1	18.9	2.7	5.4
17.7	6.0	4.5	2.3	11.7	15.1	23.4

4-8 续表

项 目	实现产品创新企业数(个)	在实现产品创新企业中,	
		本企业独立开发	本企业与集团内企业合作开发
二、按地区分			
东部地区	18505	57.3	12.5
中部地区	3585	52.3	14.4
西部地区	3263	48.1	18.5
东北地区	668	66.6	11.1
北 京	1898	82.6	9.1
天 津	1194	61.0	15.9
河 北	515	48.2	18.8
山 西	248	39.5	14.5
内蒙古	152	40.8	18.4
辽 宁	466	71.9	10.5
吉 林	91	54.9	7.7
黑龙江	111	54.1	16.2
上 海	1513	68.5	13.2
江 苏	4176	47.1	12.6
浙 江	1931	42.8	22.1
安 徽	752	50.7	6.9
福 建	796	68.3	10.8
江 西	251	49.8	17.5
山 东	3340	59.4	3.2
河 南	825	48.0	19.9
湖 北	994	58.9	14.7
湖 南	515	56.3	14.8
广 东	3063	53.7	15.7
广 西	229	46.7	25.3
海 南	79	60.8	29.1
重 庆	433	46.7	8.1
四 川	951	53.3	16.6
贵 州	245	35.5	19.6
云 南	409	47.4	22.7
西 藏	15	33.3	40.0
陕 西	373	54.4	18.2
甘 肃	139	44.6	25.9
青 海	43	44.2	16.3
宁 夏	57	35.1	26.3
新 疆	217	47.5	24.4

以下列形式进行开发的企业占比(%)						
本企业与境内其他企业合作开发	本企业与境内研究机构合作开发	本企业与境内高等学校合作开发	本企业与境外企业或机构合作开发	在其他单位开发的基础上调整或改进	其他企业或机构开发	其他
11.0	1.6	4.3	2.4	13.9	13.9	17.6
12.1	4.4	5.4	3.4	15.1	15.8	17.1
13.8	3.2	4.1	2.7	12.5	16.7	19.2
12.0	1.6	4.3	1.8	10.0	13.5	12.6
16.1	2.1	7.0	2.7	3.6	1.9	6.8
8.9	2.9	7.5	3.9	7.5	10.7	28.2
11.5	1.7	3.5	3.1	16.7	13.0	17.5
15.7	0.4	3.6	2.4	18.1	13.3	23.0
15.8	0.7	1.3	0.7	7.9	21.1	21.7
13.5	1.7	3.4	1.9	10.1	14.4	10.5
4.4	1.1	11.0		6.6	7.7	24.2
11.7	1.8	2.7	2.7	12.6	14.4	11.7
14.4	1.7	4.6	6.3	5.7	7.4	11.3
8.4	0.9	3.0	2.5	22.9	8.4	23.7
11.4	1.0	4.8	2.0	19.1	28.0	22.1
14.1	6.0	4.3	5.9	6.3	19.5	15.2
14.7	1.8	6.3	4.1	12.6	8.5	10.6
12.0	1.6	4.0	1.2	15.1	12.4	13.9
6.9	1.6	1.4	0.4	12.9	21.0	12.5
10.1	2.4	2.9	4.2	23.3	16.8	15.6
13.1	6.1	9.3	3.1	11.2	13.0	20.0
8.7	4.9	5.0	0.4	21.2	17.1	15.5
13.4	2.0	5.6	1.4	12.2	18.5	19.4
15.3	2.2	1.7	5.2	9.2	19.2	24.5
19.0	6.3	10.1	3.8	12.7	13.9	20.3
10.9	3.7	5.3	2.8	16.9	9.0	19.6
11.8	3.5	3.0	2.3	12.1	20.7	16.4
15.1	0.8	6.1	1.2	5.7	16.7	29.0
19.1	2.9	4.9	6.1	19.8	11.7	14.4
13.3	6.7	13.3	13.3	13.3	6.7	40.0
10.7	2.4	5.4	0.8	9.4	18.2	19.8
16.5	2.9	4.3	2.2	8.6	14.4	23.7
14.0			2.3	11.6	11.6	25.6
17.5	3.5	1.8	1.8	12.3	10.5	21.1
16.1	9.7	5.5	1.4	13.8	19.8	13.8

4-9 企业工艺创新

项 目	实现工艺创新企业数（个）	在实现工艺创新企业中，	
		本企业独立开发	本企业与集团内企业合作开发
总 计	**128923**	**66.9**	**8.5**
一、按行业分			
采矿业	1666	49.0	9.1
制造业	91989	75.8	6.9
电力、热力、燃气及水生产和供应业	1361	33.0	18.7
建筑业	3430	59.5	16.9
批发和零售业	17812	37.5	9.9
交通运输、仓储和邮政业	2932	31.2	11.2
信息传输、软件和信息技术服务业	3398	71.9	17.0
金融业	1011	54.4	26.6
租赁和商务服务业	2428	43.7	14.3
科学研究和技术服务业	2478	56.3	11.0
水利、环境和公共设施管理业	412	39.8	10.2
二、按地区分			
东部地区	83448	69.0	7.7
中部地区	25203	64.8	8.9
西部地区	16276	59.3	11.6
东北地区	3996	68.5	10.0
北 京	3514	69.2	13.6
天 津	3048	73.7	8.9
河 北	4282	55.5	6.6
山 西	940	50.0	12.3
内蒙古	712	55.1	15.4
辽 宁	2380	72.8	9.6
吉 林	835	62.3	9.8
黑龙江	781	61.8	11.7
上 海	4821	70.0	14.0
江 苏	18789	73.0	6.9
浙 江	16382	76.8	6.0
安 徽	6463	68.3	6.6
福 建	6306	64.0	6.0
江 西	2313	68.1	10.0
山 东	11642	63.9	5.7
河 南	5539	58.4	8.2
湖 北	5558	63.5	11.2
湖 南	4390	70.9	8.6
广 东	14466	64.1	9.3
广 西	1459	59.0	12.5
海 南	198	48.0	26.8
重 庆	2281	61.9	9.8
四 川	4802	64.0	9.7
贵 州	1188	50.5	12.1
云 南	1621	56.0	14.4
西 藏	46	37.0	21.7
陕 西	2053	60.4	11.0
甘 肃	694	57.9	12.5
青 海	182	50.0	12.1
宁 夏	299	63.5	11.4
新 疆	939	49.5	16.0

开发情况(2013-2014年)

以下列形式进行开发的企业占比(%)						
本企业与境内其他企业合作开发	本企业与境内研究机构合作开发	本企业与境内高等学校合作开发	本企业与境外企业或机构合作开发	在其他单位开发的基础上调整或改进	其他企业或机构开发	其他
10.5	**2.3**	**9.7**	**2.5**	**12.2**	**10.2**	**11.9**
12.4	6.0	13.7	1.4	20.2	14.4	15.9
8.8	2.5	11.5	2.7	10.4	6.2	8.7
20.6	4.0	10.3	1.7	16.9	20.2	14.5
21.6	3.6	19.0	1.6	20.4	16.0	10.2
9.4	0.5	1.0	1.8	17.0	22.3	28.4
18.4	2.3	2.9	1.1	15.6	26.5	15.8
14.5	2.4	8.9	2.7	9.1	10.4	7.4
35.4	1.8	2.4	2.7	15.5	14.8	9.6
23.5	0.8	1.7	1.3	22.2	20.6	10.7
20.4	4.0	11.9	3.3	13.2	18.1	11.2
14.3	4.1	5.1	1.2	13.1	26.0	16.7
10.2	2.0	9.0	2.7	11.6	10.0	11.3
10.5	3.0	12.0	1.8	12.9	9.0	13.1
12.1	2.8	9.8	2.2	14.4	13.0	13.1
9.2	2.7	10.5	2.4	10.4	9.0	10.9
16.5	2.5	7.3	3.0	9.6	13.7	3.7
10.1	2.0	8.0	2.0	8.3	6.8	14.7
10.0	1.8	7.7	1.7	16.7	12.4	14.5
14.6	3.6	10.9	1.3	14.3	14.0	13.8
13.3	3.2	8.8	2.9	13.1	10.3	17.1
8.3	2.5	9.6	2.7	8.3	9.2	10.3
9.9	3.0	12.3	2.0	13.2	8.7	12.0
11.0	3.2	11.0	1.9	13.6	8.7	11.5
12.2	1.6	7.1	6.5	9.5	8.7	7.2
9.3	2.2	11.6	2.9	10.3	7.3	9.2
9.0	1.6	10.3	1.7	9.8	8.2	8.8
9.6	2.0	12.5	2.2	10.9	8.9	13.5
9.5	2.2	8.5	2.6	13.9	11.7	14.4
10.4	3.4	11.3	1.9	11.6	8.2	12.6
8.7	2.6	8.7	2.0	13.2	14.4	13.2
10.9	2.7	10.2	1.8	16.8	11.4	13.4
10.4	3.1	14.6	1.4	12.5	7.7	13.7
10.8	4.3	10.5	2.1	11.6	7.2	11.7
12.2	1.4	6.3	3.3	13.6	10.5	15.6
13.5	2.4	9.5	2.5	13.0	13.1	16.5
20.2	3.5	8.6	2.0	9.6	19.7	13.1
11.2	2.0	7.5	1.5	14.7	11.4	12.1
10.6	2.4	9.6	2.5	14.5	13.0	11.1
12.2	2.3	8.8	1.4	11.8	18.4	15.1
14.2	3.5	9.4	2.5	16.0	11.7	13.4
8.7	2.2	10.9	6.5	15.2	10.9	26.1
12.9	2.7	11.6	1.5	15.2	11.9	13.2
10.4	3.3	13.1	2.7	13.4	9.7	16.1
11.5	6.6	7.1	2.7	15.4	16.5	16.5
13.7	5.7	15.4	1.7	12.4	12.7	10.4
14.9	5.1	11.5	2.4	15.7	18.2	11.4

4-10 工业企业工艺创新

项 目	实现工艺创新企业数（个）	在实现工艺创新企业中，本企业独立开发	本企业与集团内企业合作开发
总 计	**95016**	**74.8**	**7.1**
一、按规模分			
大型企业	6242	78.0	19.3
中型企业	21997	75.5	9.9
小型企业	66777	74.2	5.1
二、按登记注册类型分			
内资企业	79107	74.5	6.4
国有企业	821	62.0	17.2
集体企业	356	67.4	6.7
股份合作企业	244	80.7	3.7
联营企业	29	79.3	10.3
有限责任公司	23501	72.5	9.9
股份有限公司	4752	79.4	10.2
私营企业	49153	75.2	4.1
其他企业	251	68.9	4.0
港、澳、台商投资企业	7255	78.9	9.7
外商投资企业	8654	73.8	12.0
三、按行业分			
采矿业	1666	49.0	9.1
煤炭开采和洗选业	621	40.6	11.0
石油和天然气开采业	35	71.4	57.1
黑色金属矿采选业	279	49.1	3.6
有色金属矿采选业	280	46.4	7.5
非金属矿采选业	409	60.4	5.1
开采辅助活动	40	60.0	27.5

开发情况(2013-2014年)

以下列形式进行开发的企业占比(%)						
本企业与境内其他企业合作开发	本企业与境内研究机构合作开发	本企业与境内高等学校合作开发	本企业与境外企业或机构合作开发	在其他单位开发的基础上调整或改进	其他企业或机构开发	其他
9.0	**2.6**	**11.5**	**2.7**	**10.7**	**6.6**	**8.9**
19.8	7.2	22.4	7.6	11.4	6.7	5.4
11.0	3.2	12.7	3.4	9.9	6.5	7.1
7.4	1.9	10.1	2.0	10.8	6.6	9.9
9.0	2.7	12.1	1.7	11.1	6.6	9.3
20.5	5.4	16.9	2.4	12.4	12.1	9.1
6.5	3.1	5.6	1.4	16.6	7.3	11.8
4.9	2.0	9.8	1.2	7.0	6.1	7.0
6.9	10.3	10.3	3.4	6.9	6.9	6.9
11.1	3.2	13.1	2.1	11.2	7.1	9.1
14.4	5.9	21.8	3.1	8.9	6.3	5.7
7.3	2.2	10.7	1.4	11.1	6.4	9.8
8.4	3.6	10.0	0.8	16.3	7.2	12.7
9.1	1.9	9.6	4.6	8.7	5.9	7.2
9.5	1.6	7.8	10.2	8.6	6.3	6.8
12.4	6.0	13.7	1.4	20.2	14.4	15.9
11.6	5.5	14.7	1.9	22.9	18.7	16.6
42.9	14.3	68.6	2.9	22.9	14.3	8.6
12.5	6.8	9.0	1.4	21.5	12.9	21.9
12.9	9.6	16.1	0.4	16.8	16.1	14.6
8.3	2.9	7.6	1.2	18.6	8.3	12.7
35.0	5.0	27.5	2.5	10.0	10.0	12.5

4-10 续表 1

项 目	实现工艺创新企业数(个)	在实现工艺创新企业中,	
		本企业独立开发	本企业与集团内企业合作开发
制造业	91989	75.8	6.9
农副食品加工业	5076	65.0	7.7
食品制造业	2290	72.1	7.7
酒、饮料和精制茶制造业	1746	69.4	8.2
烟草制品业	57	63.2	24.6
纺织业	4000	74.8	4.1
纺织服装、服饰业	2434	71.1	5.2
皮革、毛皮、羽毛及其制品和制鞋业	1536	73.0	4.6
木材加工和木、竹、藤、棕、草制品业	1503	67.5	3.5
家具制造业	1192	74.3	4.8
造纸和纸制品业	1375	71.9	6.1
印刷和记录媒介复制业	1124	69.0	6.3
文教、工美、体育和娱乐用品制造业	2008	79.2	4.2
石油加工、炼焦和核燃料加工业	452	61.9	11.3
化学原料和化学制品制造业	7282	76.0	6.7
医药制造业	3065	76.8	9.5
化学纤维制造业	543	85.5	6.3
橡胶和塑料制品业	4024	76.1	5.3
非金属矿物制品业	6070	67.3	6.9
黑色金属冶炼和压延加工业	2081	70.8	7.1
有色金属冶炼和压延加工业	1988	73.8	8.4
金属制品业	4838	76.2	5.5
通用设备制造业	7897	81.2	6.0
专用设备制造业	6231	81.9	5.8
汽车制造业	4867	76.2	10.2
铁路、船舶、航空航天和其他运输设备制造业	1570	77.3	11.0
电气机械和器材制造业	8272	81.7	7.4
计算机、通信和其他电子设备制造业	5858	80.9	9.5
仪器仪表制造业	1902	84.1	6.1
其他制造业	404	76.2	7.4
废弃资源综合利用业	217	68.2	7.4
金属制品、机械和设备修理业	87	79.3	5.7
电力、热力、燃气及水生产和供应业	1361	33.0	18.7
电力、热力生产和供应业	1003	29.9	20.4
燃气生产和供应业	143	39.9	24.5
水的生产和供应业	215	42.8	7.0

以下列形式进行开发的企业占比(%)						
本企业与境内其他企业合作开发	本企业与境内研究机构合作开发	本企业与境内高等学校合作开发	本企业与境外企业或机构合作开发	在其他单位开发的基础上调整或改进	其他企业或机构开发	其他
8.8	2.5	11.5	2.7	10.4	6.2	8.7
7.9	3.7	14.5	1.4	10.5	7.9	10.5
9.3	2.8	15.6	2.2	9.1	5.5	9.6
8.6	4.6	15.6	1.5	8.5	6.1	11.1
36.8	14.0	15.8	3.5	7.0	8.8	5.3
7.1	1.4	8.5	2.1	12.2	5.4	10.1
9.3	1.8	5.7	3.6	12.7	8.8	12.3
6.8	1.8	3.6	2.6	12.2	7.0	12.9
8.7	1.9	7.1	1.1	13.7	7.4	12.8
8.1	0.9	5.3	2.9	13.0	8.1	11.9
7.6	1.2	5.7	1.7	11.9	8.7	10.4
9.3	1.3	7.7	2.0	14.2	9.9	12.4
6.9	0.7	6.4	3.4	10.1	5.5	10.0
13.7	5.3	16.8	3.5	13.9	9.7	9.1
8.5	3.6	16.5	2.5	9.5	5.8	7.6
13.2	6.0	21.8	2.9	8.7	5.8	6.5
7.0	3.9	16.6	2.0	8.8	3.9	5.9
7.5	1.7	9.6	2.6	11.4	6.4	8.6
7.6	2.2	8.5	1.7	13.3	8.7	12.0
10.2	3.5	11.2	2.1	13.7	6.5	9.9
9.3	3.5	14.9	2.9	11.5	5.5	8.0
8.3	1.9	8.3	2.1	11.0	6.1	9.5
8.7	2.1	12.3	3.0	8.7	4.8	6.9
8.0	2.6	13.4	2.5	8.6	4.9	6.2
11.7	1.8	10.6	4.5	10.6	6.1	7.9
14.0	3.9	12.0	3.9	10.6	4.7	6.8
8.5	1.9	11.3	2.7	9.2	5.5	7.6
9.3	1.9	9.5	4.7	8.7	5.7	6.9
8.4	2.3	14.0	3.7	8.0	4.6	5.9
6.4	1.5	8.7	2.2	11.6	7.2	6.4
9.2	0.5	9.7	3.7	10.6	9.2	14.7
13.8	2.3	13.8	2.3	10.3	9.2	3.4
20.6	4.0	10.3	1.7	16.9	20.2	14.5
22.6	3.8	9.8	1.6	17.5	21.3	14.4
14.0	2.1	4.9	2.1	13.3	17.5	18.2
15.8	6.0	16.3	1.9	16.3	16.7	12.6

4-10 续表 2

项 目	实现工艺创新企业数(个)	在实现工艺创新企业中,	
		本企业独立开发	本企业与集团内企业合作开发
四、按地区分			
东部地区	59893	77.8	6.4
中部地区	20318	70.5	7.6
西部地区	11746	66.8	9.7
东北地区	3059	73.1	8.6
北 京	1448	78.3	12.6
天 津	1831	85.9	7.1
河 北	3642	58.3	5.7
山 西	540	61.3	9.3
内蒙古	516	63.0	13.8
辽 宁	1776	77.1	7.5
吉 林	691	67.1	9.4
黑龙江	592	68.2	11.0
上 海	2883	81.1	10.3
江 苏	14131	81.8	6.9
浙 江	13624	84.7	3.8
安 徽	5329	74.6	6.5
福 建	4834	71.7	5.6
江 西	1973	72.8	9.5
山 东	8000	69.3	6.4
河 南	4360	63.9	6.8
湖 北	4414	68.6	8.6
湖 南	3702	75.0	7.7
广 东	9414	77.3	7.5
广 西	1083	65.7	10.0
海 南	86	61.6	16.3
重 庆	1682	72.3	9.2
四 川	3664	68.8	8.4
贵 州	853	58.4	11.4
云 南	1051	65.8	10.4
西 藏	24	50.0	4.2
陕 西	1434	67.7	8.7
甘 肃	484	66.9	8.7
青 海	123	52.0	8.9
宁 夏	224	71.9	8.9
新 疆	608	57.4	15.6

以下列形式进行开发的企业占比(%)						
本企业与境内其他企业合作开发	本企业与境内研究机构合作开发	本企业与境内高等学校合作开发	本企业与境外企业或机构合作开发	在其他单位开发的基础上调整或改进	其他企业或机构开发	其他
8.6	2.2	10.8	3.1	9.8	6.1	7.8
9.5	3.1	13.4	1.7	11.9	6.7	11.0
10.9	3.3	11.8	2.0	13.6	8.6	10.8
7.9	3.2	11.8	2.7	8.2	6.0	10.1
12.1	3.2	9.7	3.9	7.7	8.3	3.6
9.0	2.0	9.6	2.9	6.7	4.1	4.6
9.2	1.9	7.9	1.7	17.0	10.5	13.2
13.0	5.4	16.1	2.2	13.1	8.1	10.9
11.0	4.1	10.9	3.7	12.0	7.9	13.6
7.3	2.8	10.9	2.9	6.5	5.8	9.5
7.5	3.3	13.3	2.3	10.1	7.2	10.7
10.3	4.2	12.8	2.5	11.0	5.1	11.5
10.1	1.7	8.3	6.8	7.0	5.4	5.5
8.0	2.6	14.1	3.1	7.4	4.6	4.6
7.2	1.6	10.8	1.9	8.2	4.2	7.0
8.7	2.2	14.2	1.8	10.9	6.9	10.6
8.3	2.4	9.7	3.0	12.6	8.8	11.8
8.8	3.7	11.3	1.7	10.3	6.9	11.8
9.6	3.1	11.4	2.8	13.0	7.5	10.6
9.6	2.7	11.5	1.9	16.4	8.5	11.1
9.9	2.9	17.0	1.7	11.6	6.0	11.1
9.7	4.6	11.1	1.5	9.4	4.9	10.6
9.5	1.8	8.3	4.6	10.5	7.3	9.3
10.4	2.9	11.8	1.6	14.1	9.6	13.7
14.0	4.7	10.5	1.2	10.5	12.8	9.3
11.3	2.3	8.8	1.9	12.7	7.0	9.2
9.7	2.8	11.4	2.0	13.6	8.0	10.5
12.1	2.9	10.0	1.8	14.2	11.6	14.2
11.1	4.3	12.3	2.2	13.7	9.3	10.4
8.3		12.5	4.2	8.3	16.7	12.5
12.3	3.3	13.5	1.7	13.8	7.7	8.5
8.9	4.5	16.5	1.9	13.2	7.4	11.2
7.3	8.1	9.8	2.4	17.1	13.8	15.4
10.3	6.3	19.6	1.8	12.5	10.7	8.9
14.0	4.8	14.8	2.1	15.6	10.5	10.7

4-11 建筑业企业工艺创新

项目	实现工艺创新企业数(个)	在实现工艺创新企业中,	
		本企业独立开发	本企业与集团内企业合作开发
总计	**3430**	**59.5**	**16.9**
一、按行业分			
房屋建筑业	1556	55.7	16.1
土木工程建筑业	956	68.4	23.4
建筑安装业	408	61.3	12.7
建筑装饰和其他建筑业	510	52.7	10.6
二、按地区分			
东部地区	2055	60.4	16.0
中部地区	665	57.6	15.2
西部地区	527	59.8	22.8
东北地区	183	55.2	16.9
北京	224	67.0	22.3
天津	74	67.6	21.6
河北	80	70.0	18.8
山西	72	70.8	22.2
内蒙古	20	45.0	5.0
辽宁	110	64.5	19.1
吉林	24	33.3	12.5
黑龙江	49	44.9	14.3
上海	136	71.3	22.1
江苏	503	54.9	12.1
浙江	445	56.0	11.0
安徽	99	55.6	13.1
福建	110	48.2	12.7
江西	57	59.6	21.1
山东	228	62.7	17.5
河南	203	53.2	9.9
湖北	142	53.5	19.0
湖南	92	64.1	14.1
广东	244	66.4	20.1
广西	32	62.5	28.1
海南	11	45.5	36.4
重庆	79	45.6	19.0
四川	112	60.7	24.1
贵州	28	82.1	21.4
云南	65	61.5	29.2
西藏			
陕西	112	64.3	25.0
甘肃	39	56.4	17.9
青海	7	71.4	28.6
宁夏	5	80.0	20.0
新疆	28	57.1	17.9

开发情况(2013-2014年)

以下列形式进行开发的企业占比(%)						
本企业与境内其他企业合作开发	本企业与境内研究机构合作开发	本企业与境内高等学校合作开发	本企业与境外企业或机构合作开发	在其他单位开发的基础上调整或改进	其他企业或机构开发	其他
21.6	**3.6**	**19.0**	**1.6**	**20.4**	**16.0**	**10.2**
25.3	4.2	18.6	1.5	21.6	17.4	9.9
22.9	4.3	28.0	1.8	16.2	10.0	6.0
15.7	1.7	12.5	2.0	19.9	18.6	10.8
12.7	2.2	8.0	1.4	24.9	20.6	18.4
23.4	3.9	19.4	1.9	19.6	16.4	9.4
18.8	4.2	18.6	0.9	22.3	15.2	11.6
21.3	2.5	19.0	1.1	20.5	15.0	10.4
13.1	1.6	14.8	2.7	22.4	17.5	12.6
27.7	6.7	14.7	2.2	23.2	21.4	3.1
20.3	6.8	23.0	2.7	18.9	12.2	13.5
13.8	1.3	21.3	6.3	16.3	12.5	8.8
19.4	4.2	15.3		19.4	8.3	8.3
30.0		10.0		40.0		5.0
14.5	2.7	17.3	4.5	20.9	17.3	10.9
16.7		12.5		25.0	25.0	16.7
8.2		10.2		24.5	14.3	14.3
25.0	3.7	23.5	2.9	16.2	10.3	5.1
18.5	2.8	15.3	2.0	24.5	21.5	12.9
31.0	4.3	27.9	0.9	14.6	12.1	8.1
24.2	3.0	17.2	3.0	22.2	19.2	16.2
28.2	6.4	16.4	0.9	30.9	18.2	11.8
17.5	3.5	21.1		17.5	22.8	7.0
17.1	2.2	20.2	1.3	17.5	15.8	10.5
20.2	4.9	17.2	1.0	24.6	19.2	12.8
14.8	4.9	20.4		26.1	12.0	9.9
16.3	3.3	21.7	1.1	16.3	7.6	12.0
22.1	4.1	13.5	2.0	16.0	13.5	9.0
40.6	3.1	21.9		21.9	15.6	15.6
36.4		18.2			36.4	27.3
17.7	1.3	20.3	1.3	17.7	13.9	13.9
21.4	0.9	20.5	1.8	18.8	24.1	6.3
21.4		17.9		7.1	10.7	7.1
21.5	3.1	16.9	1.5	29.2	13.8	13.8
16.1	0.9	20.5		19.6	12.5	13.4
10.3	2.6	12.8	2.6	17.9	15.4	5.1
57.1		14.3			14.3	14.3
20.0	20.0	20.0		20.0		
28.6	17.9	21.4	3.6	25.0	10.7	7.1

4-12 服务业企业工艺创新

项 目	实现工艺创新企业数(个)	在实现工艺创新企业中,	
		本企业独立开发	本企业与集团内企业合作开发
总 计	**30477**	**43.3**	**11.8**
一、按行业分			
批发和零售业	17812	37.5	9.9
批发业	8473	41.8	7.6
零售业	9339	33.6	12.1
交通运输、仓储和邮政业	2932	31.2	11.2
铁路运输业	14	21.4	14.3
道路运输业	1683	26.7	7.3
水上运输业	229	34.9	18.3
航空运输业	62	41.9	22.6
管道运输业	15	13.3	13.3
装卸搬运和运输代理业	405	43.5	11.6
仓储业	345	33.6	11.0
邮政业	179	35.2	33.0
信息传输、软件和信息技术服务业	3398	71.9	17.0
电信、广播电视和卫星传输服务	617	39.7	44.4
互联网和相关服务	239	74.9	18.0
软件和信息技术服务业	2542	79.4	10.3
金融业	1011	54.4	26.6
货币金融服务	486	60.1	26.5
资本市场服务	115	41.7	16.5
保险业	343	52.5	31.8
其他金融业	67	44.8	17.9
租赁和商务服务业	2428	43.7	14.3
租赁业	81	49.4	6.2
商务服务业	2347	43.5	14.6
科学研究和技术服务业	2478	56.3	11.0
研究和试验发展	392	71.7	17.1
专业技术服务业	1535	49.4	10.7
科技推广和应用服务业	551	64.2	7.4
水利、环境和公共设施管理业	412	39.8	10.2
水利管理业	16	37.5	
生态保护和环境治理业	65	56.9	13.8
公共设施管理业	331	36.6	10.0

开发情况(2013-2014年)

以下列形式进行开发的企业占比(%)						
本企业与境内其他企业合作开发	本企业与境内研究机构合作开发	本企业与境内高等学校合作开发	本企业与境外企业或机构合作开发	在其他单位开发的基础上调整或改进	其他企业或机构开发	其他
13.8	**1.3**	**3.1**	**1.9**	**16.0**	**20.7**	**21.3**
9.4	0.5	1.0	1.8	17.0	22.3	28.4
8.9	0.5	1.5	1.7	13.6	22.5	27.6
9.9	0.4	0.5	1.8	20.1	22.1	29.2
18.4	2.3	2.9	1.1	15.6	26.5	15.8
28.6	7.1	7.1		21.4	28.6	21.4
18.5	2.9	2.9	0.2	16.9	29.4	15.2
21.0	2.2	4.8	0.9	16.6	24.0	17.5
37.1	4.8	8.1	6.5	14.5	24.2	12.9
6.7	6.7	26.7	13.3	33.3	6.7	13.3
17.0	1.0	1.7	3.2	12.8	20.2	16.0
18.0	0.9	1.7	1.7	13.0	25.2	15.7
11.7	1.7	2.2	0.6	11.7	21.8	19.6
14.5	2.4	8.9	2.7	9.1	10.4	7.4
26.4	2.8	2.8	2.8	11.8	17.8	11.7
10.0	2.9	6.3	1.3	12.6	9.2	8.4
12.0	2.2	10.6	2.8	8.1	8.7	6.3
35.4	1.8	2.4	2.7	15.5	14.8	9.6
40.5	2.7	2.7	2.9	14.8	13.0	9.7
40.0		2.6	2.6	24.3	34.8	4.3
25.7	1.5	2.3	2.3	14.3	11.1	11.4
40.3			3.0	11.9	13.4	9.0
23.5	0.8	1.7	1.3	22.2	20.6	10.7
9.9		1.2		18.5	21.0	21.0
23.9	0.9	1.7	1.4	22.4	20.6	10.4
20.4	4.0	11.9	3.3	13.2	18.1	11.2
17.9	5.4	14.5	5.6	10.5	12.2	6.4
21.9	3.6	11.1	2.5	15.0	22.2	13.0
18.1	4.0	12.3	3.8	10.3	11.1	9.8
14.3	4.1	5.1	1.2	13.1	26.0	16.7
12.5	6.3	6.3		25.0	31.3	18.8
9.2	1.5	7.7	3.1	15.4	12.3	7.7
15.4	4.5	4.5	0.9	12.1	28.4	18.4

4-12 续表

项 目	实现工艺创新企业数（个）	在实现工艺创新企业中，	
		本企业独立开发	本企业与集团内企业合作开发
二、按地区分			
东部地区	21500	45.1	10.6
中部地区	4220	38.5	14.1
西部地区	4003	37.2	15.6
东北地区	754	52.8	14.1
北 京	1842	62.3	13.4
天 津	1143	54.6	11.0
河 北	560	35.4	10.7
山 西	328	26.8	15.2
内蒙古	176	33.0	21.6
辽 宁	494	59.3	14.8
吉 林	120	40.0	11.7
黑龙江	140	40.7	13.6
上 海	1802	52.2	19.4
江 苏	4155	45.0	6.4
浙 江	2313	33.9	18.1
安 徽	1035	37.5	6.9
福 建	1362	37.8	6.6
江 西	283	37.1	11.7
山 东	3414	51.1	3.1
河 南	976	35.0	14.1
湖 北	1002	42.2	21.9
湖 南	596	46.8	13.8
广 东	4808	38.1	12.2
广 西	344	37.5	19.2
海 南	101	36.6	34.7
重 庆	520	30.6	10.4
四 川	1026	47.2	12.7
贵 州	307	25.7	13.4
云 南	505	34.9	21.0
西 藏	22	22.7	40.9
陕 西	507	38.7	14.2
甘 肃	171	32.7	22.2
青 海	52	42.3	17.3
宁 夏	70	35.7	18.6
新 疆	303	33.0	16.5

以下列形式进行开发的企业占比(%)						
本企业与境内其他企业合作开发	本企业与境内研究机构合作开发	本企业与境内高等学校合作开发	本企业与境外企业或机构合作开发	在其他单位开发的基础上调整或改进	其他企业或机构开发	其他
13.5	1.1	3.0	1.7	16.0	20.2	21.3
14.4	2.1	3.8	2.4	15.8	19.1	23.9
14.6	1.5	2.6	2.8	15.8	25.6	20.1
13.3	1.1	3.8	1.2	16.2	19.4	13.4
18.6	1.4	4.5	2.4	9.4	17.0	3.9
11.4	1.8	4.5	0.6	10.3	10.8	30.9
14.8	1.1	4.6	1.3	14.8	24.6	23.4
16.2	0.6	1.2		14.9	25.0	19.8
18.2	1.1	2.8	1.1	13.1	18.2	29.0
10.5	1.2	3.2	1.6	11.9	19.8	13.0
22.5	1.7	6.7	0.8	28.3	14.2	18.3
15.0		3.6		20.7	22.1	10.7
14.4	1.3	4.0	6.3	12.9	13.7	10.1
12.7	0.8	2.6	2.4	18.7	14.9	24.4
15.3	1.0	4.5	0.9	18.5	31.3	19.9
12.9	0.8	3.2	4.1	10.1	18.0	28.0
12.1	1.2	3.5	1.3	17.2	21.5	23.9
20.1	1.1	9.5	3.5	19.4	14.5	19.4
6.1	1.5	1.7	0.2	13.3	30.5	19.5
14.8	2.2	3.1	1.5	16.8	23.2	23.7
11.8	3.7	3.5	0.4	14.6	14.9	25.6
17.3	2.7	5.2	5.4	24.8	20.8	18.3
16.9	0.6	2.0	0.7	19.5	16.8	28.2
20.6	0.9	0.9	5.8	8.7	23.8	25.3
23.8	3.0	5.9	3.0	9.9	23.8	14.9
9.8	1.0	1.2	0.4	20.8	25.0	21.2
12.4	1.1	2.0	4.3	17.5	29.5	13.7
11.7	0.7	4.6	0.7	5.5	38.1	18.2
19.6	2.0	2.4	3.2	19.0	16.4	19.8
9.1	4.5	9.1	9.1	22.7	4.5	40.9
14.0	1.4	4.3	1.0	18.3	23.7	26.2
14.6		3.5	5.3	12.9	14.6	32.7
15.4	3.8		3.8	13.5	23.1	19.2
24.3	2.9	1.4	1.4	11.4	20.0	15.7
15.5	4.6	4.0	3.0	14.9	34.3	13.2

4-13 新产品情

项　目	在实现产品创新企业中占比(%)	
	有市场新产品的企业	有本企业新产品的企业
总　计	**63.0**	**100.0**
一、按行业分		
采矿业	44.3	100.0
制造业	62.4	100.0
电力、热力、燃气及水生产和供应业	48.0	100.0
建筑业	72.6	100.0
批发和零售业	64.9	100.0
交通运输、仓储和邮政业	56.7	100.0
信息传输、软件和信息技术服务业	73.0	100.0
金融业	57.6	100.0
租赁和商务服务业	56.8	100.0
科学研究和技术服务业	71.1	100.0
水利、环境和公共设施管理业	62.1	100.0
二、按地区分		
东部地区	63.3	100.0
中部地区	61.1	100.0
西部地区	62.6	100.0
东北地区	69.7	100.0
北　京	70.9	100.0
天　津	66.8	100.0
河　北	57.4	100.0
山　西	65.4	100.0
内蒙古	60.4	100.0
辽　宁	72.3	100.0
吉　林	65.0	100.0
黑龙江	65.5	100.0
上　海	73.2	100.0
江　苏	65.2	100.0
浙　江	56.4	100.0
安　徽	70.4	100.0
福　建	58.7	100.0
江　西	63.5	100.0
山　东	55.1	100.0
河　南	56.2	100.0
湖　北	58.8	100.0
湖　南	55.4	100.0
广　东	72.6	100.0
广　西	61.0	100.0
海　南	66.4	100.0
重　庆	59.6	100.0
四　川	64.8	100.0
贵　州	63.3	100.0
云　南	60.4	100.0
西　藏	76.7	100.0
陕　西	66.9	100.0
甘　肃	64.0	100.0
青　海	60.2	100.0
宁　夏	70.5	100.0
新　疆	52.5	100.0

注：在占实现产品创新企业比重里，较低新颖度包含了较高新颖度；在占主营业务收入比重里，仅按最高的新颖度计算，较低新颖度未包含较高新颖度。以下各表同。

况(2013−2014年)

新产品销售收入(2014年)(亿元)	新产品销售收入占主营业务收入的比重(2014年)(%)		
		1.仅市场新的产品	2.仅本企业新的产品
231607.0	**13.1**	**5.8**	**7.3**
1171.7	1.8	0.5	1.3
141485.2	14.5	7.1	7.4
238.5	0.4	0.1	0.3
24204.3	22.8	8.2	14.6
43871.2	9.6	3.6	6.0
4052.4	11.9	4.0	7.9
9398.8	36.1	16.6	19.5
3190.4	13.1	4.0	9.1
3766.9	27.2	10.5	16.8
219.2	10.6	3.6	7.0
164203.6	15.1	6.9	8.2
36072.5	11.4	5.1	6.3
23559.4	9.5	3.7	5.8
7771.5	6.6	2.4	4.3
12055.2	12.6	5.7	6.9
11545.1	18.9	7.8	11.1
5984.5	9.5	3.2	6.3
2329.3	7.5	2.6	4.9
964.5	3.9	1.3	2.5
5128.5	7.3	2.8	4.5
1923.7	7.0	1.9	5.1
719.3	3.8	1.5	2.3
18924.8	19.2	11.1	8.1
35482.8	18.0	7.3	10.7
24200.4	20.3	8.6	11.8
6780.6	13.7	5.3	8.4
6511.0	11.4	5.0	6.4
2480.1	6.5	3.2	3.3
21330.0	11.9	5.4	6.5
7229.0	8.3	4.7	3.6
8590.1	13.3	5.2	8.1
8663.4	18.7	8.9	9.8
27909.3	13.2	7.0	6.3
2400.3	8.9	3.7	5.1
260.4	5.2	1.7	3.5
4974.6	15.8	6.1	9.8
5582.3	10.4	3.7	6.6
1298.2	9.6	3.6	6.0
1764.0	8.2	3.3	4.9
42.4	13.0	6.9	6.1
3683.3	10.6	4.9	5.8
986.0	7.0	2.2	4.7
250.1	6.5	2.1	4.4
287.7	6.0	2.3	3.7
1326.1	7.1	2.4	4.7

4-14 工业企业新产品

项 目	在实现产品创新企业中的占比(%)		
	有国际市场新产品的企业	有国内市场新产品的企业	有本企业新产品的企业
总 计	**21.7**	**62.2**	**100.0**
一、按规模分			
大型企业	35.1	76.0	100.0
中型企业	26.1	66.5	100.0
小型企业	18.9	59.5	100.0
二、按登记注册类型分			
内资企业	18.8	61.3	100.0
国有企业	13.1	66.3	100.0
集体企业	10.9	51.8	100.0
股份合作企业	14.8	52.7	100.0
联营企业	24.1	44.8	100.0
有限责任公司	17.6	63.1	100.0
股份有限公司	24.3	74.4	100.0
私营企业	19.0	59.2	100.0
其他企业	19.0	55.6	100.0
港、澳、台商投资企业	33.2	66.4	100.0
外商投资企业	35.4	66.9	100.0
三、按行业分			
采矿业	12.3	44.3	100.0
煤炭开采和洗选业	9.7	40.9	100.0
石油和天然气开采业	33.3	66.7	100.0
黑色金属矿采选业	9.5	36.5	100.0
有色金属矿采选业	7.7	39.7	100.0
非金属矿采选业	14.8	46.7	100.0
开采辅助活动	15.0	70.0	100.0

情况(2013-2014年)

新产品销售收入(2014年)(亿元)	新产品销售收入占主营业务收入的比重(2014年)(%)			
		1.仅国际市场新的产品	2.仅国内市场新的产品	3.仅本企业新的产品
142895.3	**12.9**	**1.6**	**4.7**	**6.6**
95879.0	22.1	3.4	8.5	10.2
27721.9	10.4	0.8	3.4	6.1
19294.5	4.8	0.3	1.4	3.0
94458.2	11.1	1.0	3.9	6.2
3901.2	7.9	0.3	3.4	4.2
847.6	11.4	3.9	4.4	3.2
127.8	8.0	0.2	3.4	4.4
97.6	24.6	3.0	7.0	14.6
39213.3	12.5	1.3	4.2	7.0
22804.5	21.7	1.7	8.4	11.6
27356.5	7.3	0.5	2.4	4.4
109.8	3.5	0.7	1.0	1.9
16609.0	17.5	3.9	6.4	7.3
31828.0	20.2	4.0	8.0	8.2
1171.7	1.8	0.0	0.5	1.3
897.9	3.0	0.0	0.9	2.1
23.7	0.2	0.0	0.0	0.2
52.8	0.6	0.0	0.1	0.5
128.2	2.0	0.0	0.4	1.6
67.2	1.3	0.1	0.3	0.9
1.9	0.1		0.0	0.1

4-14 续表 1

项 目	在实现产品创新企业中的占比(%)		
	有国际市场新产品的企业	有国内市场新产品的企业	有本企业新产品的企业
制造业	21.7	62.4	100.0
农副食品加工业	10.2	51.0	100.0
食品制造业	13.0	54.8	100.0
酒、饮料和精制茶制造业	9.1	51.2	100.0
烟草制品业	8.0	58.0	100.0
纺织业	22.0	53.5	100.0
纺织服装、服饰业	24.3	53.5	100.0
皮革、毛皮、羽毛及其制品和制鞋业	27.1	52.7	100.0
木材加工和木、竹、藤、棕、草制品业	18.3	51.6	100.0
家具制造业	24.7	56.9	100.0
造纸和纸制品业	14.9	51.8	100.0
印刷和记录媒介复制业	14.9	52.6	100.0
文教、工美、体育和娱乐用品制造业	38.1	65.2	100.0
石油加工、炼焦和核燃料加工业	10.7	58.2	100.0
化学原料和化学制品制造业	17.8	62.6	100.0
医药制造业	16.3	65.0	100.0
化学纤维制造业	18.2	58.2	100.0
橡胶和塑料制品业	21.4	58.9	100.0
非金属矿物制品业	16.7	56.3	100.0
黑色金属冶炼和压延加工业	18.0	54.6	100.0
有色金属冶炼和压延加工业	15.8	57.5	100.0
金属制品业	22.6	60.4	100.0
通用设备制造业	22.8	67.8	100.0
专用设备制造业	24.4	71.4	100.0
汽车制造业	19.6	63.4	100.0
铁路、船舶、航空航天和其他运输设备制造业	23.7	67.5	100.0
电气机械和器材制造业	26.5	68.9	100.0
计算机、通信和其他电子设备制造业	33.1	71.8	100.0
仪器仪表制造业	24.5	76.1	100.0
其他制造业	31.0	63.3	100.0
废弃资源综合利用业	10.6	57.0	100.0
金属制品、机械和设备修理业	26.4	79.2	100.0
电力、热力、燃气及水生产和供应业	9.8	48.0	100.0
电力、热力生产和供应业	12.3	51.3	100.0
燃气生产和供应业	2.3	38.6	100.0
水的生产和供应业	8.6	46.6	100.0

新产品销售收入(2014年)(亿元)	新产品销售收入占主营业务收入的比重(2014年)(%)	1.仅国际市场新的产品	2.仅国内市场新的产品	3.仅本企业新的产品
141485.2	14.5	1.9	5.3	7.4
2465.1	3.9	0.1	1.1	2.6
1158.7	5.6	0.3	1.8	3.5
1050.2	6.4	0.1	1.8	4.5
1522.3	17.0	0.4	9.2	7.4
4310.7	11.3	0.9	3.0	7.4
1707.6	8.1	0.7	2.6	4.8
814.4	5.9	0.5	1.8	3.6
472.9	3.6	0.3	1.0	2.3
509.4	7.0	0.9	2.2	3.9
1541.1	11.4	0.8	4.0	6.6
513.3	7.6	0.3	2.3	4.9
1050.9	7.0	1.2	1.9	4.0
2864.8	7.0	0.1	1.6	5.3
10169.1	12.2	0.6	4.0	7.7
4301.8	18.4	0.9	7.2	10.3
1584.5	22.1	1.7	8.1	12.4
2898.8	9.7	0.9	3.1	5.7
2601.1	4.5	0.3	1.5	2.7
8042.9	10.8	0.5	3.2	7.2
5940.3	11.6	0.3	4.2	7.0
3205.1	8.8	0.8	3.1	5.0
7640.9	16.3	1.6	6.4	8.3
6112.8	17.6	2.1	7.5	7.9
18180.8	26.8	2.7	12.2	11.9
5681.9	32.1	6.0	13.3	12.7
16157.0	24.1	3.7	9.1	11.3
26765.2	31.3	9.1	10.6	11.6
1768.0	21.3	2.2	8.6	10.5
205.7	8.4	1.4	2.7	4.3
124.4	3.4	0.1	1.0	2.3
123.4	14.4	4.9	4.1	5.4
238.5	0.4		0.1	0.3
211.4	0.4		0.1	0.2
15.9	0.3		0.0	0.3
11.1	0.7		0.2	0.5

4-14 续表 2

项 目	在实现产品创新企业中的占比(%)		
	有国际市场新产品的企业	有国内市场新产品的企业	有本企业新产品的企业
四、按地区分			
东部地区	25.0	63.0	100.0
中部地区	15.0	59.9	100.0
西部地区	12.6	60.6	100.0
东北地区	21.1	67.3	100.0
北 京	21.1	73.0	100.0
天 津	24.7	63.6	100.0
河 北	14.0	58.0	100.0
山 西	14.5	62.6	100.0
内蒙古	12.7	58.2	100.0
辽 宁	25.8	68.9	100.0
吉 林	14.0	65.4	100.0
黑龙江	13.0	63.8	100.0
上 海	29.4	73.8	100.0
江 苏	25.5	65.6	100.0
浙 江	23.7	56.3	100.0
安 徽	21.3	69.0	100.0
福 建	22.3	59.1	100.0
江 西	18.7	63.0	100.0
山 东	17.3	59.3	100.0
河 南	11.8	55.0	100.0
湖 北	12.5	58.2	100.0
湖 南	11.7	53.3	100.0
广 东	35.1	69.4	100.0
广 西	13.9	58.8	100.0
海 南	17.2	68.8	100.0
重 庆	13.1	58.2	100.0
四 川	13.1	63.8	100.0
贵 州	10.6	58.6	100.0
云 南	11.5	55.9	100.0
西 藏	26.7	73.3	100.0
陕 西	12.2	66.2	100.0
甘 肃	13.2	57.9	100.0
青 海	5.7	55.7	100.0
宁 夏	16.4	70.4	100.0
新 疆	8.7	49.3	100.0

新产品销售收入(2014年)(亿元)	新产品销售收入占主营业务收入的比重(2014年)(%)	1.仅国际市场新的产品	2.仅国内市场新的产品	3.仅本企业新的产品
100271.0	15.8	2.2	5.7	7.9
24715.8	10.8	1.3	4.1	5.4
11684.2	7.4	0.4	2.6	4.3
6224.2	7.3	0.6	2.1	4.6
4247.0	21.5	3.0	9.7	8.8
5665.1	20.2	3.3	5.8	11.1
3334.0	7.1	0.5	2.5	4.1
924.7	5.2	0.4	2.2	2.6
557.3	2.8	0.2	0.7	1.9
4037.0	8.3	0.8	2.6	5.0
1660.0	7.1	0.3	1.6	5.2
527.3	3.9	0.3	1.2	2.4
8447.0	23.8	3.3	13.2	7.4
23540.9	16.6	2.0	5.3	9.3
16507.9	25.6	2.6	8.1	15.0
5280.9	14.3	0.9	4.9	8.6
3511.7	9.5	2.6	2.6	4.3
1756.4	5.7	0.4	2.7	2.6
14555.8	10.2	1.0	4.0	5.2
5168.9	7.6	2.0	3.1	2.5
5274.6	12.7	0.7	4.4	7.6
6310.4	18.8	2.2	7.6	9.0
20313.3	17.6	3.8	6.5	7.3
1348.4	7.1	0.4	3.3	3.4
148.3	8.4	0.1	2.9	5.5
3610.8	19.6	1.5	6.8	11.3
2711.3	7.1	0.3	2.4	4.4
408.4	4.7	0.1	1.5	3.0
518.3	4.9	0.2	1.5	3.3
1126.8	5.8	0.5	2.2	3.1
719.4	7.8	0.1	2.8	5.0
8.6	0.4	0.0	0.1	0.3
191.3	5.4	0.4	1.6	3.5
483.8	5.2	0.4	2.0	2.8

4-15 建筑业企业新产品情况(2013-2014年)

项 目	在实现产品创新企业中占比(%)		新产品销售收入(2014年)(亿元)	新产品销售收入占主营业务收入的比重(2014年)(%)		
	有市场新产品的企业	有本企业新产品的企业			1.仅市场新的产品	2.仅本企业新的产品
总 计	**72.6**	**100.0**	**24204.3**	**22.8**	**8.2**	**14.6**
一、按行业分						
房屋建筑业	72.7	100.0	13253.1	21.3	6.9	14.3
土木工程建筑业	71.0	100.0	8942.0	26.9	10.9	16.1
建筑安装业	70.9	100.0	1154.8	21.6	7.3	14.4
建筑装饰和其他建筑业	76.3	100.0	854.4	16.6	7.9	8.7
二、按地区分						
东部地区	73.6	100.0	14604.3	23.4	8.6	14.8
中部地区	71.5	100.0	5739.1	25.6	9.3	16.3
西部地区	69.7	100.0	3302.5	19.6	6.6	13.0
东北地区	72.4	100.0	558.4	12.8	3.7	9.1
北 京	76.9	100.0	2274.3	24.5	10.2	14.3
天 津	76.1	100.0	1184.8	36.6	18.5	18.1
河 北	78.9	100.0	647.7	19.7	6.5	13.3
山 西	69.4	100.0	493.2	23.0	10.1	12.9
内蒙古	50.0	100.0	111.7	18.0	5.1	13.0
辽 宁	78.7	100.0	393.0	14.2	3.5	10.6
吉 林	64.3	100.0	114.9	14.8	6.3	8.4
黑龙江	60.9	100.0	50.5	6.3	1.8	4.5
上 海	74.4	100.0	2193.9	41.3	15.2	26.1
江 苏	74.4	100.0	3135.7	24.2	8.7	15.5
浙 江	66.5	100.0	1707.4	13.3	3.1	10.3
安 徽	75.0	100.0	519.5	18.7	6.4	12.3
福 建	67.2	100.0	629.6	18.4	7.2	11.2
江 西	76.0	100.0	335.3	15.7	5.9	9.8
山 东	71.3	100.0	1606.3	30.4	9.9	20.5
河 南	64.2	100.0	935.6	20.3	4.4	15.9
湖 北	78.0	100.0	2190.4	31.3	12.4	18.8
湖 南	75.0	100.0	1265.2	33.9	13.0	20.9
广 东	83.3	100.0	1207.2	18.0	7.4	10.5
广 西	88.2	100.0	273.6	17.6	6.7	10.9
海 南	50.0	100.0	17.6	11.5	2.7	8.8
重 庆	62.2	100.0	353.7	13.8	5.5	8.2
四 川	66.0	100.0	963.3	23.3	4.9	18.4
贵 州	80.0	100.0	306.3	27.1	6.5	20.7
云 南	87.1	100.0	395.7	32.6	20.0	12.6
西 藏						
陕 西	71.4	100.0	568.2	16.8	7.2	9.7
甘 肃	66.7	100.0	100.1	10.6	0.5	10.1
青 海	80.0	100.0	122.5	58.6	21.1	37.5
宁 夏	20.0	100.0	43.0	22.2	7.4	14.8
新 疆	54.5	100.0	64.4	7.0	1.6	5.4

4-16　服务业企业新产品情况(2013-2014年)

项　目	在实现产品创新企业中占比(%)		新产品销售收入(2014年)(亿元)	新产品销售收入占主营业务收入的比重(2014年)(%)		
	有市场新产品的企业	有本企业新产品的企业			1.仅市场新的产品	2.仅本企业新的产品
总　计	**65.0**	**100.0**	**64507.4**	**11.6**	**4.4**	**7.2**
一、按行业分						
批发和零售业	64.9	100.0	43871.2	9.6	3.6	6.0
批发业	66.4	100.0	32705.8	9.1	3.5	5.5
零售业	63.5	100.0	11165.4	11.8	3.9	7.9
交通运输、仓储和邮政业	56.7	100.0	4052.4	11.9	4.0	7.9
铁路运输业	62.5	100.0	9.3	2.3	1.5	0.8
道路运输业	57.6	100.0	732.4	7.1	1.7	5.4
水上运输业	56.2	100.0	399.8	9.2	2.9	6.3
航空运输业	63.6	100.0	1485.2	30.9	15.1	15.8
管道运输业	33.3	100.0	243.6	26.9	0.1	26.8
装卸搬运和运输代理业	64.9	100.0	533.7	8.6	2.8	5.8
仓储业	38.4	100.0	213.4	4.4	0.8	3.7
邮政业	57.2	100.0	435.0	20.0	5.5	14.5
信息传输、软件和信息技术服务业	73.0	100.0	9398.8	36.1	16.6	19.5
电信、广播电视和卫星传输服务	75.2	100.0	4843.0	33.9	16.1	17.8
互联网和相关服务	69.4	100.0	1187.8	43.0	29.1	13.9
软件和信息技术服务业	72.8	100.0	3368.1	37.4	13.5	23.9
金融业	57.6	100.0				
货币金融服务	58.9	100.0				
资本市场服务	58.4	100.0				
保险业	57.5	100.0				
其他金融业	46.6	100.0				
租赁和商务服务业	56.8	100.0	3190.4	13.1	4.0	9.1
租赁业	58.1	100.0	77.8	11.3	3.0	8.4
商务服务业	56.8	100.0	3112.6	13.1	4.0	9.1
科学研究和技术服务业	71.1	100.0	3766.9	27.2	10.5	16.8
研究和试验发展	78.6	100.0	408.9	34.4	14.6	19.8
专业技术服务业	68.5	100.0	2918.1	28.3	11.0	17.3
科技推广和应用服务业	72.4	100.0	439.9	18.8	5.9	12.9
水利、环境和公共设施管理业	62.1	100.0	219.2	10.6	3.6	7.0
水利管理业	41.7	100.0	2.5	3.5	1.2	2.3
生态保护和环境治理业	89.2	100.0	61.5	20.2	7.0	13.2
公共设施管理业	59.2	100.0	155.2	9.2	3.1	6.1

4-16 续表

项 目	在实现产品创新企业中占比(%)		新产品销售收入(2014年)(亿元)	新产品销售收入占主营业务收入的比重(2014年)(%)		
	有市场新产品的企业	有本企业新产品的企业			1.仅市场新的产品	2.仅本企业新的产品
二、按地区分						
东部地区	63.6	100.0	49328.3	12.7	5.0	7.7
中部地区	66.2	100.0	5617.5	8.5	2.6	5.9
西部地区	67.9	100.0	8572.7	11.7	4.3	7.4
东北地区	80.1	100.0	988.9	3.6	1.2	2.4
北 京	68.8	100.0	5533.9	8.3	3.0	5.3
天 津	70.9	100.0	4695.2	15.8	5.5	10.3
河 北	53.6	100.0	2002.8	15.8	2.8	13.0
山 西	69.4	100.0	911.4	8.2	1.1	7.1
内蒙古	66.4	100.0	295.5	6.6	2.7	3.9
辽 宁	84.8	100.0	698.6	3.7	1.3	2.3
吉 林	62.6	100.0	148.9	4.2	0.9	3.3
黑龙江	74.8	100.0	141.4	3.0	1.2	1.8
上 海	72.0	100.0	8284.0	14.4	7.5	6.9
江 苏	63.5	100.0	8806.2	20.6	7.0	13.7
浙 江	55.7	100.0	5985.1	14.3	7.1	7.2
安 徽	79.3	100.0	980.2	9.8	3.4	6.3
福 建	55.2	100.0	2369.7	14.3	4.1	10.2
江 西	65.7	100.0	388.5	8.0	3.0	5.0
山 东	44.9	100.0	5167.9	17.1	7.0	10.1
河 南	61.0	100.0	1124.5	7.6	2.6	4.9
湖 北	59.5	100.0	1125.1	7.0	2.4	4.6
湖 南	67.6	100.0	1087.8	12.3	3.8	8.5
广 东	83.0	100.0	6388.8	7.2	2.6	4.6
广 西	68.1	100.0	778.3	11.9	3.2	8.7
海 南	65.8	100.0	94.6	3.0	0.9	2.1
重 庆	64.9	100.0	1010.1	9.7	2.3	7.4
四 川	67.4	100.0	1907.7	16.4	6.6	9.7
贵 州	74.3	100.0	583.5	15.8	7.3	8.6
云 南	67.0	100.0	850.0	8.8	3.0	5.8
西 藏	80.0	100.0	42.4	20.7	11.0	9.7
陕 西	68.9	100.0	1988.4	17.1	7.9	9.1
甘 肃	80.6	100.0	166.6	4.1	1.2	2.9
青 海	65.1	100.0	119.0	8.6	2.5	6.1
宁 夏	75.4	100.0	53.3	4.8	2.5	2.4
新 疆	58.5	100.0	777.9	9.3	2.5	6.8

4-17 建筑业企业工艺创新的新颖度情况(2013-2014年)

项 目	在实现工艺创新企业中占比(%)		工艺创新贡献的营业收入(2014年)(亿元)	工艺创新贡献的营业收入占主营业务收入的比重(2014年)(%)		
	有市场新工艺的企业	有本企业新工艺的企业			1.仅市场新的工艺	2.仅本企业新的工艺
总 计	**66.4**	**100.0**	**41051.3**	**38.7**	**13.1**	**25.6**
一、按行业分						
房屋建筑业	67.4	100.0	23718.8	38.0	12.6	25.5
土木工程建筑业	63.5	100.0	13928.7	42.0	14.2	27.8
建筑安装业	65.2	100.0	1920.0	36.0	11.5	24.4
建筑装饰和其他建筑业	70.0	100.0	1483.8	28.8	13.4	15.4
二、按地区分						
东部地区	66.8	100.0	25315.4	40.5	13.8	26.7
中部地区	65.4	100.0	8646.5	38.6	13.1	25.5
西部地区	65.5	100.0	6009.9	35.6	11.8	23.9
东北地区	68.9	100.0	1079.4	24.8	6.5	18.3
北 京	70.5	100.0	3366.1	36.3	12.0	24.3
天 津	73.0	100.0	1716.3	53.0	23.9	29.1
河 北	65.0	100.0	1589.8	48.4	8.8	39.6
山 西	59.7	100.0	705.7	32.9	11.8	21.2
内蒙古	65.0	100.0	169.3	27.4	10.3	17.1
辽 宁	70.9	100.0	778.8	28.1	7.2	20.9
吉 林	62.5	100.0	178.7	23.0	5.7	17.3
黑龙江	67.3	100.0	121.9	15.1	4.6	10.6
上 海	71.3	100.0	2858.4	53.8	21.9	32.0
江 苏	68.8	100.0	5350.2	41.4	15.1	26.2
浙 江	61.3	100.0	4459.8	34.8	10.1	24.7
安 徽	67.7	100.0	1129.7	40.6	13.3	27.3
福 建	60.0	100.0	1010.8	29.5	11.6	17.9
江 西	68.4	100.0	728.2	34.1	11.5	22.6
山 东	60.5	100.0	2688.2	50.9	15.6	35.3
河 南	61.6	100.0	1609.1	35.0	9.3	25.6
湖 北	67.6	100.0	2762.2	39.4	14.7	24.7
湖 南	70.7	100.0	1711.6	45.9	16.5	29.4
广 东	74.6	100.0	2223.1	33.1	11.9	21.2
广 西	81.3	100.0	353.2	22.7	9.8	12.9
海 南	63.6	100.0	52.8	34.5	19.3	15.1
重 庆	65.8	100.0	690.7	26.9	10.2	16.7
四 川	58.9	100.0	1640.9	39.7	9.1	30.6
贵 州	78.6	100.0	391.8	34.7	10.7	24.0
云 南	72.3	100.0	601.5	49.6	23.2	26.4
西 藏						
陕 西	67.0	100.0	1298.6	38.5	15.6	22.9
甘 肃	69.2	100.0	417.0	44.2	12.1	32.2
青 海	42.9	100.0	132.1	63.2	21.6	41.6
宁 夏	40.0	100.0	94.4	48.8	10.6	38.2
新 疆	42.9	100.0	220.3	23.9	3.0	20.9

注：在占实现工艺创新企业比重里，较低新颖度包含了较高新颖度；在占主营业务收入比重里，仅按最高的新颖度计算，较低新颖度未包含较高新颖度。

五、产品或工艺创新活动类型及创新费用情况

5-1 企业产品或工艺创新

项 目	开展产品或工艺创新活动企业数（个）	在开展产品或工艺创新	
		内部研发	外部研发
总 计	**173460**	**56.8**	**13.0**
一、按行业分			
采矿业	2140	33.9	14.4
制造业	124721	58.9	12.2
电力、热力、燃气及水生产和供应业	1806	37.4	14.8
建筑业	3839	64.0	24.4
批发和零售业	23010	42.8	10.0
交通运输、仓储和邮政业	3776	34.0	18.3
信息传输、软件和信息技术服务业	5256	86.8	17.8
金融业	1366	62.5	25.1
租赁和商务服务业	3402	52.5	18.6
科学研究和技术服务业	3536	71.5	22.5
水利、环境和公共设施管理业	599	47.2	17.4
二、按地区分			
东部地区	113685	62.8	13.3
中部地区	33151	47.5	12.2
西部地区	20917	40.9	12.7
东北地区	5707	49.7	12.5
北 京	5312	68.4	14.8
天 津	4340	81.0	14.4
河 北	5293	30.9	9.4
山 西	1235	47.2	15.5
内蒙古	989	43.4	13.7
辽 宁	3486	55.1	11.5
吉 林	1154	37.1	14.6
黑龙江	1067	45.7	13.6
上 海	6405	56.4	14.7
江 苏	25625	84.4	17.4
浙 江	23234	66.1	11.9
安 徽	7852	52.4	15.9
福 建	8066	48.2	11.7
江 西	3200	49.0	10.6
山 东	15582	47.8	11.1
河 南	7183	43.4	10.9
湖 北	7106	44.0	12.7
湖 南	6575	49.5	8.8
广 东	19552	53.9	11.7
广 西	1881	38.3	13.1
海 南	276	49.6	24.3
重 庆	3188	44.9	12.3
四 川	5761	37.6	10.3
贵 州	1524	28.5	9.1
云 南	2020	46.6	15.1
西 藏	54	40.7	22.2
陕 西	2619	45.2	14.4
甘 肃	1038	50.2	15.3
青 海	231	39.8	21.2
宁 夏	391	55.2	21.2
新 疆	1221	32.1	13.7

活动类型(2013-2014年)

活动企业中，有下列活动形式的企业占比(%)					
获得机器设备和软件	从外部获取相关技术	相关培训	市场推介	相关设计	其他创新活动
51.3	**5.7**	**45.4**	**24.0**	**22.5**	**27.0**
54.5	3.7	36.2	10.5	5.7	23.5
57.8	4.8	43.5	23.4	26.9	27.7
61.6	3.4	46.2	5.6	3.0	26.7
44.2	15.1	60.3	25.1	5.6	31.2
29.1	5.8	48.7	27.7	12.3	22.4
39.7	6.5	47.3	23.7	11.3	20.7
27.5	10.3	47.4	28.0	13.4	30.5
35.1	10.8	66.8	47.1	14.9	37.0
30.2	8.9	55.1	27.6	13.3	23.9
41.6	15.0	56.9	17.8	9.6	30.8
47.1	10.2	54.6	31.4	17.7	25.7
52.7	5.9	45.7	23.7	22.6	28.1
50.7	4.9	42.7	23.0	22.5	23.9
47.8	5.5	50.1	28.3	23.1	27.3
40.1	5.1	37.0	20.0	17.6	22.7
45.7	7.7	49.5	24.7	17.1	30.2
50.0	7.1	54.3	26.2	16.1	28.8
29.5	3.3	46.8	24.7	22.4	25.7
59.5	7.8	49.7	27.7	17.2	24.1
36.5	6.0	40.2	21.6	19.6	26.2
38.2	5.1	33.6	17.9	14.3	21.1
42.8	4.4	41.7	20.6	22.9	23.2
43.5	6.0	43.0	26.3	23.1	27.5
46.4	6.0	49.4	24.7	20.6	32.8
74.2	7.2	55.4	23.2	23.1	31.5
56.3	5.2	41.3	21.2	26.7	28.7
53.6	5.4	51.5	26.1	27.1	29.1
42.7	8.8	42.3	24.2	24.0	26.6
50.4	4.8	39.3	22.0	21.4	22.3
38.5	4.4	34.8	23.9	19.3	19.5
36.2	3.8	42.3	23.8	23.3	22.1
44.5	4.6	44.4	23.2	23.1	25.4
68.2	5.3	31.4	17.7	17.1	18.6
46.4	5.1	43.9	25.5	23.0	28.9
50.1	5.8	45.0	25.9	21.7	28.5
45.7	9.1	54.7	33.0	17.0	28.3
47.6	6.3	43.5	25.0	20.9	26.4
45.2	4.8	57.1	32.2	27.6	29.7
41.7	3.5	49.0	26.7	21.3	24.1
53.4	6.2	54.9	30.3	25.6	26.4
40.7	3.7	35.2	31.5	18.5	33.3
48.1	5.3	49.6	29.6	21.9	27.6
57.2	4.7	41.4	23.6	19.0	21.0
42.9	7.8	51.5	23.8	17.7	26.0
70.3	9.5	48.3	31.5	22.8	28.1
49.6	6.1	53.5	27.8	17.4	27.1

5-2 工业企业产品或工艺创新

项　目	开展产品或工艺创新活动的企业数（个）	在开展产品或工艺创新	
		内部研发	外部研发
总　计	**128667**	**58.2**	**12.3**
一、按规模分			
大型企业	7427	80.3	36.8
中型企业	28557	66.3	16.6
小型企业	92683	54.0	9.0
二、按登记注册类型分			
内资企业	106759	57.1	12.3
国有企业	1094	61.0	25.1
集体企业	495	45.5	6.9
股份合作企业	359	58.8	7.2
联营企业	40	52.5	5.0
有限责任公司	31231	56.2	14.7
股份有限公司	5958	77.5	31.5
私营企业	67236	55.8	9.4
其他企业	346	36.1	6.4
港、澳、台商投资企业	9958	63.6	12.0
外商投资企业	11950	64.2	12.0
三、按行业分			
采矿业	2140	33.9	14.4
煤炭开采和洗选业	806	29.7	15.8
石油和天然气开采业	44	81.8	72.7
黑色金属矿采选业	330	27.9	11.2
有色金属矿采选业	374	39.3	15.5
非金属矿采选业	523	34.0	6.9
开采辅助活动	61	52.5	27.9

活动类型(2013-2014年)

活动企业中，有下列活动形式的企业占比(%)					
获得机器设备和软件	从外部获取相关技术	相关培训	市场推介	相关设计	其　他创新活动
57.8	**4.7**	**43.4**	**22.9**	**26.2**	**27.6**
79.4	17.2	58.6	33.0	30.6	40.7
64.6	6.7	45.9	23.8	25.7	28.6
53.9	3.1	41.4	21.9	26.0	26.3
57.3	4.5	42.6	23.1	26.3	26.5
70.5	6.8	51.9	22.4	19.9	33.5
60.0	3.6	40.6	16.4	21.2	24.8
50.4	2.8	33.4	18.1	22.3	21.2
55.0	7.5	35.0	22.5	20.0	25.0
56.3	5.3	45.2	24.4	25.7	29.4
75.6	10.9	53.7	34.3	30.5	35.6
56.0	3.5	40.4	21.6	26.4	24.3
49.7	3.5	31.8	19.7	24.3	17.6
59.0	5.0	44.5	21.3	25.6	30.7
60.9	6.8	49.4	23.3	26.0	35.2
54.5	3.7	36.2	10.5	5.7	23.5
60.1	4.7	37.2	7.6	2.6	20.7
81.8	4.5	59.1	11.4	2.3	52.3
52.1	2.4	41.5	10.0	5.8	30.3
54.5	2.9	32.6	8.8	4.8	22.7
44.0	3.8	31.5	16.1	11.1	20.3
65.6	1.6	39.3	13.1	6.6	31.1

5-2 续表 1

项 目	开展产品或工艺创新活动的企业数(个)	在开展产品或工艺创新	
		内部研发	外部研发
制造业	124721	58.9	12.2
农副食品加工业	6909	40.2	10.1
食品制造业	3115	45.3	13.4
酒、饮料和精制茶制造业	2366	40.3	13.1
烟草制品业	81	74.1	49.4
纺织业	5651	51.2	6.8
纺织服装、服饰业	3568	42.9	4.5
皮革、毛皮、羽毛及其制品和制鞋业	2376	31.5	3.0
木材加工和木、竹、藤、棕、草制品业	2034	42.2	4.9
家具制造业	1648	31.1	3.6
造纸和纸制品业	1805	45.9	6.8
印刷和记录媒介复制业	1406	48.9	6.2
文教、工美、体育和娱乐用品制造业	2827	47.0	5.2
石油加工、炼焦和核燃料加工业	600	56.8	22.2
化学原料和化学制品制造业	9894	66.6	17.4
医药制造业	4135	77.3	34.7
化学纤维制造业	728	72.5	12.9
橡胶和塑料制品业	5537	53.6	8.8
非金属矿物制品业	8125	46.7	7.3
黑色金属冶炼和压延加工业	2716	57.3	11.3
有色金属冶炼和压延加工业	2629	66.1	14.3
金属制品业	6447	56.6	7.9
通用设备制造业	10607	69.6	13.8
专用设备制造业	8420	70.5	14.5
汽车制造业	6242	59.7	13.9
铁路、船舶、航空航天和其他运输设备制造业	2153	66.7	16.3
电气机械和器材制造业	11214	70.6	13.7
计算机、通信和其他电子设备制造业	7869	70.7	12.4
仪器仪表制造业	2646	79.3	16.9
其他制造业	560	49.5	7.9
废弃资源综合利用业	302	51.0	10.6
金属制品、机械和设备修理业	111	68.5	18.0
电力、热力、燃气及水生产和供应业	1806	37.4	14.8
电力、热力生产和供应业	1341	37.0	16.0
燃气生产和供应业	185	30.3	10.3
水的生产和供应业	280	44.3	12.1

活动企业中，有下列活动形式的企业占比(%)					
获得机器设备和软件	从外部获取相关技术	相关培训	市场推介	相关设计	其他创新活动
57.8	4.8	43.5	23.4	26.9	27.7
48.1	4.1	39.0	27.9	39.7	17.9
48.2	4.5	41.8	34.7	45.8	21.4
45.4	3.7	41.9	36.9	50.7	20.4
76.5	8.6	67.9	33.3	35.8	49.4
55.2	3.4	40.2	18.1	22.1	20.6
48.5	2.4	39.8	17.5	27.8	17.1
46.7	2.9	31.2	16.5	31.7	17.7
53.4	2.3	35.3	20.3	21.5	18.4
35.3	2.1	39.4	27.7	38.2	19.6
52.1	3.8	39.1	19.5	28.1	20.8
50.4	2.3	44.8	16.8	34.2	27.2
46.8	2.3	40.1	23.3	39.7	21.8
60.5	10.2	46.2	22.7	15.0	28.2
61.6	6.2	43.9	24.4	20.7	27.2
69.0	11.1	51.5	29.1	31.8	29.5
63.5	4.1	45.3	22.1	20.3	28.3
50.9	2.7	40.8	20.5	26.3	27.7
52.0	3.6	40.1	20.1	17.5	23.0
61.4	5.1	43.4	16.2	12.5	27.1
66.5	6.3	42.0	17.4	14.9	27.3
53.2	3.1	42.7	20.4	24.7	27.1
61.2	5.3	44.8	24.0	24.7	32.5
66.1	5.0	44.6	27.4	23.5	32.1
57.6	6.3	50.0	19.2	23.7	36.7
62.3	7.5	47.1	22.2	25.0	36.4
64.6	5.2	45.9	25.2	30.4	32.6
66.1	5.4	48.9	24.3	27.2	36.6
69.7	5.6	47.4	29.6	30.2	36.9
50.4	1.4	39.5	22.9	32.9	25.2
57.9	1.7	34.1	15.2	11.6	30.1
79.3	4.5	55.9	21.6	9.9	36.0
61.6	3.4	46.2	5.6	3.0	26.7
64.4	3.3	44.2	3.6	2.4	26.3
51.4	3.2	58.4	17.8	5.9	29.2
55.4	3.9	47.9	7.1	4.3	27.1

5-2 续表 2

项 目	开展产品或工艺创新活动的企业数（个）	在开展产品或工艺创新	
		内部研发	外部研发
四、按地区分			
东部地区	82282	65.1	12.6
中部地区	26841	48.4	11.4
西部地区	15084	40.7	12.1
东北地区	4460	49.6	12.3
北 京	2061	61.8	13.6
天 津	2379	95.8	16.6
河 北	4313	28.8	9.0
山 西	740	56.6	17.0
内蒙古	718	45.5	13.5
辽 宁	2653	55.7	11.1
吉 林	970	35.9	14.4
黑龙江	837	46.2	13.7
上 海	3927	53.6	10.6
江 苏	18772	89.9	16.2
浙 江	19791	70.7	11.6
安 徽	6441	54.1	15.9
福 建	6300	47.3	11.3
江 西	2775	50.4	10.1
山 东	11153	47.8	13.4
河 南	5693	43.7	9.9
湖 北	5561	43.7	11.6
湖 南	5631	49.1	7.7
广 东	13447	55.2	9.5
广 西	1426	40.1	11.4
海 南	139	55.4	30.9
重 庆	2357	47.3	11.8
四 川	4261	34.8	10.0
贵 州	1097	25.2	8.9
云 南	1280	47.1	14.2
西 藏	28	42.9	21.4
陕 西	1878	46.2	14.7
甘 肃	777	54.2	14.3
青 海	159	36.5	17.0
宁 夏	291	59.8	22.0
新 疆	812	29.3	11.8

活动企业中，有下列活动形式的企业占比(%)					
获得机器设备和软件	从外部获取相关技术	相关培训	市场推介	相关设计	其　他创新活动
60.3	4.9	43.8	22.9	27.1	29.1
55.5	4.3	40.8	22.0	24.4	23.7
51.9	4.3	47.8	25.9	26.5	28.1
44.8	4.5	36.3	19.6	20.3	23.1
67.4	4.6	52.8	33.9	29.8	40.8
71.1	5.3	48.0	23.6	24.3	31.7
28.8	2.7	45.3	23.6	25.8	26.1
70.0	6.6	47.0	23.2	20.8	28.5
41.1	5.4	36.6	17.1	19.6	24.0
43.5	4.6	32.6	17.0	16.1	21.5
44.9	3.8	40.2	20.7	25.4	23.4
48.9	5.0	43.1	26.5	27.7	27.8
53.1	4.3	47.3	25.1	25.0	34.6
92.3	7.2	53.5	24.3	26.1	32.2
58.2	3.4	39.2	19.9	29.3	28.3
59.3	5.2	51.6	25.9	30.0	29.3
46.0	9.5	40.6	23.1	27.8	26.9
54.3	3.8	37.6	21.0	22.2	22.4
43.7	4.7	36.2	20.9	23.6	21.3
36.6	2.9	39.0	23.9	25.5	22.5
49.7	3.6	43.6	23.1	25.6	25.9
74.6	5.1	28.4	14.7	17.0	16.5
48.4	3.0	41.3	24.3	28.9	30.5
53.8	4.2	43.4	23.0	24.3	28.4
59.0	9.4	42.4	23.0	23.7	30.2
52.9	5.0	41.3	21.6	24.7	26.4
48.1	3.8	56.2	31.1	31.6	31.9
45.4	1.8	44.9	24.9	25.3	27.1
58.2	4.1	50.9	26.3	29.5	29.0
46.4		35.7	17.9	25.0	32.1
51.4	4.8	47.9	27.7	26.0	27.1
65.8	4.0	38.1	21.0	20.2	19.3
44.0	6.3	50.3	18.2	18.2	25.8
79.4	11.3	43.3	26.8	24.4	27.5
54.6	3.8	49.4	26.7	20.6	27.0

5-3 建筑业企业产品或工艺创新

项目	开展产品或工艺创新活动企业数（个）	在开展产品或工艺创新	
		内部研发	外部研发
总计	**3839**	**64.0**	**24.4**
一、按行业分			
房屋建筑业	1723	61.8	24.1
土木工程建筑业	1058	72.1	33.4
建筑安装业	467	63.8	19.7
建筑装饰和其他建筑业	591	56.3	12.7
二、按地区分			
东部地区	2325	65.6	25.3
中部地区	721	64.2	24.5
西部地区	580	61.0	23.3
东北地区	213	54.0	16.0
北京	253	71.1	24.9
天津	117	73.5	27.4
河北	125	73.6	24.8
山西	77	81.8	27.3
内蒙古	24	54.2	8.3
辽宁	130	60.0	19.2
吉林	32	43.8	12.5
黑龙江	51	45.1	9.8
上海	148	72.3	32.4
江苏	549	60.1	19.7
浙江	485	62.3	31.1
安徽	107	66.4	26.2
福建	122	51.6	30.3
江西	60	58.3	28.3
山东	241	68.1	20.3
河南	220	61.4	21.4
湖北	154	58.4	26.0
湖南	103	67.0	23.3
广东	272	71.7	25.0
广西	37	59.5	21.6
海南	13	53.8	15.4
重庆	91	51.6	29.7
四川	119	63.0	30.3
贵州	30	76.7	6.7
云南	70	61.4	20.0
西藏			
陕西	119	61.3	20.2
甘肃	42	61.9	31.0
青海	8	62.5	25.0
宁夏	11	72.7	9.1
新疆	29	65.5	20.7

活动类型(2013-2014年)

活动企业中，有下列活动形式的企业占比(%)					
获得机器设备和软件	从外部获取相关技术	相关培训	市场推介	相关设计	其他创新活动
44.2	**15.1**	**60.3**	**25.1**	**5.6**	**31.2**
45.0	16.8	62.7	27.2	5.5	29.0
48.3	16.1	60.2	19.8	3.2	33.1
42.6	11.6	58.9	22.9	6.6	33.0
35.7	11.0	54.3	29.9	9.3	33.2
43.6	15.5	60.9	24.6	5.8	31.5
41.9	14.7	58.5	27.9	5.8	30.2
50.2	14.3	60.2	26.2	4.5	34.3
41.8	13.6	59.2	18.3	4.7	23.5
50.2	17.4	71.1	22.5	5.1	34.8
41.0	18.8	67.5	21.4	5.1	39.3
46.4	17.6	64.8	27.2	6.4	38.4
51.9	16.9	61.0	32.5	3.9	31.2
33.3		50.0	29.2	4.2	29.2
43.8	12.3	61.5	17.7	4.6	23.1
43.8	15.6	59.4	18.8	9.4	34.4
35.3	15.7	52.9	19.6	2.0	17.6
44.6	10.1	60.1	23.0	5.4	35.8
41.7	14.0	61.0	27.1	5.5	30.1
41.4	17.1	55.7	21.9	5.4	27.6
43.9	17.8	63.6	29.0	3.7	30.8
43.4	17.2	62.3	32.8	8.2	31.1
30.0	20.0	43.3	21.7	5.0	21.7
51.9	15.4	57.3	29.0	7.9	29.0
42.3	13.6	56.8	26.8	4.5	29.5
44.2	11.0	59.7	29.2	10.4	30.5
35.0	14.6	62.1	27.2	5.8	35.0
39.0	13.2	59.2	19.1	5.9	31.6
51.4	18.9	43.2	24.3	2.7	21.6
7.7	23.1	53.8	30.8		30.8
49.5	13.2	60.4	28.6	5.5	33.0
54.6	12.6	61.3	20.2	5.0	39.5
60.0	23.3	56.7	13.3	10.0	26.7
52.9	18.6	58.6	28.6	2.9	27.1
47.9	14.3	67.2	32.8	3.4	37.0
40.5	7.1	50.0	21.4	2.4	38.1
37.5	37.5	62.5	12.5		37.5
72.7		109.1	72.7	18.2	54.5
48.3	20.7	58.6	17.2	3.4	37.9

5-4 服务业企业产品或工艺创新

项　目	开展产品或工艺创新活动企业数(个)	在开展产品或工艺创新	
		内部研发	外部研发
总　计	**40954**	**51.7**	**14.2**
一、按行业分			
批发和零售业	23010	42.8	10.0
批发业	11317	46.3	9.9
零售业	11693	39.4	10.1
交通运输、仓储和邮政业	3776	34.0	18.3
铁路运输业	18	33.3	22.2
道路运输业	2058	29.3	15.1
水上运输业	326	42.3	24.8
航空运输业	78	50.0	41.0
管道运输业	17	23.5	17.6
装卸搬运和运输代理业	566	42.8	19.1
仓储业	461	33.4	23.2
邮政业	252	38.5	18.3
信息传输、软件和信息技术服务业	5256	86.8	17.8
电信、广播电视和卫星传输服务	860	53.3	25.0
互联网和相关服务	360	87.8	17.2
软件和信息技术服务业	4036	93.8	16.3
金融业	1366	62.5	25.1
货币金融服务	639	67.8	29.9
资本市场服务	165	62.4	23.6
保险业	475	55.2	19.6
其他金融业	87	64.4	23.0
租赁和商务服务业	3402	52.5	18.6
租赁业	147	39.5	14.3
商务服务业	3255	53.1	18.8
科学研究和技术服务业	3536	71.5	22.5
研究和试验发展	531	93.0	28.8
专业技术服务业	2189	63.9	22.6
科技推广和应用服务业	816	77.7	18.4
水利、环境和公共设施管理业	599	47.2	17.4
水利管理业	25	48.0	12.0
生态保护和环境治理业	101	70.3	20.8
公共设施管理业	473	42.3	16.9

活动类型(2013-2014年)

活动企业中，有下列活动形式的企业占比(%)					
获得机器设备和软件	从外部获取相关技术	相关培训	市场推介	相关设计	其　他创新活动
31.5	**7.7**	**50.3**	**27.2**	**12.4**	**24.7**
29.1	5.8	48.7	27.7	12.3	22.4
28.9	6.1	45.6	18.6	10.0	23.4
29.3	5.5	51.8	36.5	14.5	21.5
39.7	6.5	47.3	23.7	11.3	20.7
33.3	11.1	50.0	27.8	5.6	16.7
39.9	4.7	45.0	26.9	12.8	17.7
38.7	9.8	51.8	16.3	5.5	31.3
44.9	11.5	65.4	42.3	12.8	30.8
76.5	5.9	58.8	5.9		47.1
35.9	8.1	48.4	16.4	5.7	24.9
43.2	9.1	43.6	11.3	13.0	19.3
37.3	7.1	57.9	41.7	16.7	19.0
27.5	10.3	47.4	28.0	13.4	30.5
33.3	10.6	60.5	52.1	18.4	33.3
26.4	9.7	48.1	31.1	10.3	30.6
26.3	10.3	44.5	22.6	12.6	30.0
35.1	10.8	66.8	47.1	14.9	37.0
40.5	13.1	70.3	51.3	18.9	41.9
44.2	6.1	67.9	41.2	7.9	43.6
25.1	9.5	62.3	46.5	14.1	28.2
33.3	9.2	63.2	31.0	2.3	35.6
30.2	8.9	55.1	27.6	13.3	23.9
23.8	14.3	35.4	19.7	13.6	32.7
30.5	8.6	56.0	28.0	13.3	23.5
41.6	15.0	56.9	17.8	9.6	30.8
44.3	15.1	54.4	26.2	14.7	35.6
45.5	16.1	61.8	15.3	6.4	31.6
29.4	12.3	45.5	19.0	15.0	25.6
47.1	10.2	54.6	31.4	17.7	25.7
44.0	12.0	76.0	20.0	8.0	32.0
52.5	13.9	45.5	11.9	5.0	32.7
46.1	9.3	55.4	36.2	20.9	23.9

5-4 续表

项 目	开展产品或工艺创新活动企业数(个)	在开展产品或工艺创新	
		内部研发	外部研发
二、按地区分			
东部地区	29078	56.0	14.4
中部地区	5589	41.3	14.3
西部地区	5253	39.0	13.2
东北地区	1034	49.0	12.6
北 京	2998	72.7	14.8
天 津	1844	62.5	10.8
河 北	855	35.4	9.7
山 西	418	24.2	10.8
内蒙古	247	36.0	14.6
辽 宁	703	51.6	11.5
吉 林	152	43.4	15.8
黑龙江	179	43.6	14.0
上 海	2330	60.0	20.6
江 苏	6304	69.9	20.8
浙 江	2958	36.2	11.0
安 徽	1304	43.1	15.0
福 建	1644	51.3	11.9
江 西	365	36.7	11.0
山 东	4188	46.8	4.7
河 南	1270	38.7	13.9
湖 北	1391	43.5	15.8
湖 南	841	49.5	14.6
广 东	5833	50.1	16.0
广 西	418	30.1	18.2
海 南	124	42.7	17.7
重 庆	740	36.4	11.5
四 川	1381	44.2	9.4
贵 州	397	34.0	9.8
云 南	670	44.0	16.1
西 藏	26	38.5	23.1
陕 西	622	39.1	12.2
甘 肃	219	33.8	16.0
青 海	64	45.3	31.3
宁 夏	89	38.2	20.2
新 疆	380	35.5	17.1

活动企业中，有下列活动形式的企业占比(%)					
获得机器设备和软件	从外部获取相关技术	相关培训	市场推介	相关设计	其 他创新活动
31.8	8.0	50.0	26.0	11.3	25.1
28.6	6.6	49.9	27.1	15.9	23.8
35.6	7.8	55.8	35.5	15.4	24.3
19.4	6.1	35.5	22.1	8.9	21.0
30.4	9.0	45.4	18.6	9.3	22.5
23.4	8.6	61.6	29.9	6.1	24.5
30.4	4.0	52.0	29.5	7.4	22.2
42.3	8.1	52.4	34.7	13.4	15.1
23.5	8.1	49.8	34.0	21.1	32.4
17.1	5.7	31.9	21.2	9.1	19.3
28.9	5.9	47.4	20.4	9.9	19.7
20.7	7.8	39.7	27.4	7.3	28.5
35.1	8.5	52.3	24.2	14.3	29.7
23.2	6.5	60.5	19.6	15.4	29.3
46.5	15.6	53.2	29.7	12.9	31.2
26.5	5.5	49.8	26.6	14.3	28.0
29.7	5.7	47.6	28.0	10.6	25.2
24.1	9.3	52.1	29.3	18.1	21.4
24.0	3.2	29.6	31.7	8.4	14.4
32.9	5.9	54.2	23.0	16.9	19.1
23.6	7.5	46.0	22.8	14.5	23.0
28.8	5.8	48.0	36.4	19.1	31.0
42.0	9.6	49.3	28.5	10.3	25.1
37.3	10.0	50.5	36.1	14.6	29.7
34.7	7.3	68.5	44.4	11.3	25.8
30.4	9.5	48.2	35.1	10.9	25.8
35.5	6.9	59.7	36.5	17.2	22.1
30.2	6.5	59.7	32.7	10.8	15.6
44.2	8.8	62.1	38.2	20.4	21.5
34.6	7.7	34.6	46.2	11.5	34.6
38.4	5.1	51.6	34.9	13.0	27.5
30.1	6.8	51.6	33.3	17.8	23.7
40.6	7.8	53.1	39.1	18.8	25.0
40.4	4.5	57.3	41.6	18.0	27.0
39.2	10.0	61.8	31.1	11.6	26.6

5-5 工业企业创新

项 目	创新费用支出合计(亿元)	1.内部研发经费支出	所占比重(%)
总 计	**16576.4**	**9254.3**	**55.8**
一、按规模分			
大型企业	10008.0	5284.5	52.8
中型企业	3451.1	2035.2	59.0
小型企业	3117.2	1934.6	62.1
二、按登记注册类型分			
内资企业	12995.6	7103.5	54.7
国有企业	765.1	325.7	42.6
集体企业	80.7	62.2	77.1
股份合作企业	10.6	7.4	69.9
联营企业	14.5	4.9	33.9
有限责任公司	5792.9	3159.1	54.5
股份有限公司	3009.2	1504.6	50.0
私营企业	3301.9	2026.8	61.4
其他企业	20.8	12.8	61.7
港、澳、台商投资企业	1319.4	852.3	64.6
外商投资企业	2261.4	1298.5	57.4
三、按行业分			
采矿业	647.0	290.8	44.9
煤炭开采和洗选业	407.4	151.5	37.2
石油和天然气开采业	130.7	84.4	64.6
黑色金属矿采选业	22.8	9.0	39.3
有色金属矿采选业	43.5	20.3	46.7
非金属矿采选业	18.0	10.0	55.4
开采辅助活动	24.7	15.7	63.7

费用支出情况(2014年)

2.外部研发经费支出	所占比重(%)	3.获得机器设备和软件经费支出	所占比重(%)	4.从外部获取相关技术经费支出	所占比重(%)
458.2	**2.8**	**6262.9**	**37.8**	**601.0**	**3.6**
318.3	3.2	3931.5	39.3	473.8	4.7
87.2	2.5	1247.2	36.1	81.5	2.4
52.7	1.7	1084.2	34.8	45.7	1.5
342.9	2.6	5214.5	40.1	334.7	2.6
24.9	3.3	400.3	52.3	14.2	1.9
6.6	8.2	9.7	12.0	2.2	2.7
0.2	1.4	3.0	28.2	0.0	0.4
0.8	5.6	7.9	54.5	0.9	5.9
156.1	2.7	2308.7	39.9	169.0	2.9
92.9	3.1	1312.1	43.6	99.6	3.3
60.6	1.8	1165.8	35.3	48.7	1.5
0.7	3.3	7.0	33.9	0.3	1.2
37.2	2.8	377.0	28.6	53.0	4.0
78.1	3.5	671.4	29.7	213.4	9.4
30.9	4.8	318.0	49.1	7.3	1.1
12.6	3.1	236.7	58.1	6.7	1.6
15.6	11.9	30.7	23.5	0.0	0.0
0.7	2.9	13.1	57.6	0.0	0.1
1.1	2.5	22.1	50.8	0.0	0.1
0.1	0.7	7.3	40.8	0.5	3.0
0.9	3.6	8.0	32.6	0.0	0.1

5-5 续表 1

项 目	创新费用支出合计(亿元)	1.内部研发经费支出	所占比重(%)
制造业	15410.7	8890.9	57.7
农副食品加工业	325.6	195.9	60.2
食品制造业	198.4	112.7	56.8
酒、饮料和精制茶制造业	224.8	98.8	44.0
烟草制品业	107.0	20.9	19.6
纺织业	291.4	177.7	61.0
纺织服装、服饰业	111.1	74.2	66.7
皮革、毛皮、羽毛及其制品和制鞋业	62.2	40.1	64.5
木材加工和木、竹、藤、棕、草制品业	56.6	32.7	57.9
家具制造业	43.3	27.1	62.5
造纸和纸制品业	200.6	96.4	48.1
印刷和记录媒介复制业	63.9	34.2	53.6
文教、工美、体育和娱乐用品制造业	94.9	65.5	69.0
石油加工、炼焦和核燃料加工业	435.0	106.6	24.5
化学原料和化学制品制造业	1473.3	746.5	50.7
医药制造业	669.5	390.3	58.3
化学纤维制造业	131.3	75.0	57.1
橡胶和塑料制品业	377.5	227.9	60.4
非金属矿物制品业	410.6	246.5	60.0
黑色金属冶炼和压延加工业	1376.4	642.1	46.6
有色金属冶炼和压延加工业	671.5	330.6	49.2
金属制品业	386.1	251.2	65.1
通用设备制造业	942.5	620.6	65.8
专用设备制造业	799.7	540.9	67.6
汽车制造业	1528.1	787.2	51.5
铁路、船舶、航空航天和其他运输设备制造业	718.6	426.2	59.3
电气机械和器材制造业	1444.1	922.9	63.9
计算机、通信和其他电子设备制造业	1958.6	1392.5	71.1
仪器仪表制造业	248.5	169.0	68.0
其他制造业	31.1	18.6	59.9
废弃资源综合利用业	14.2	10.1	71.4
金属制品、机械和设备修理业	14.2	10.0	70.9
电力、热力、燃气及水生产和供应业	518.7	72.6	14.0
电力、热力生产和供应业	473.6	61.9	13.1
燃气生产和供应业	17.4	5.6	31.9
水的生产和供应业	27.6	5.2	18.7

2.外部研发经费支出	所占比重(%)	3.获得机器设备和软件经费支出	所占比重(%)	4.从外部获取相关技术经费支出	所占比重(%)
414.4	2.7	5525.3	35.9	580.1	3.8
7.7	2.4	117.7	36.1	4.4	1.3
5.6	2.8	75.3	38.0	4.9	2.4
2.6	1.2	119.6	53.2	3.8	1.7
3.6	3.4	71.4	66.8	11.0	10.3
3.6	1.2	103.5	35.5	6.6	2.2
2.2	1.9	32.1	28.9	2.8	2.5
0.5	0.9	21.0	33.8	0.6	0.9
0.5	1.0	21.9	38.7	1.4	2.5
0.6	1.3	14.5	33.5	1.1	2.6
0.9	0.5	95.7	47.7	7.6	3.8
0.4	0.7	27.2	42.5	2.1	3.3
0.8	0.9	27.2	28.7	1.3	1.4
7.4	1.7	312.9	71.9	8.2	1.9
23.3	1.6	651.8	44.2	51.7	3.5
48.3	7.2	207.2	31.0	23.7	3.5
1.2	0.9	52.0	39.6	3.1	2.3
5.5	1.5	134.8	35.7	9.4	2.5
4.6	1.1	153.2	37.3	6.3	1.5
14.7	1.1	658.0	47.8	61.7	4.5
22.6	3.4	297.5	44.3	20.9	3.1
4.4	1.2	126.6	32.8	3.9	1.0
18.3	1.9	269.2	28.6	34.4	3.7
10.8	1.4	233.6	29.2	14.5	1.8
73.7	4.8	501.9	32.8	165.3	10.8
47.2	6.6	215.7	30.0	29.6	4.1
33.3	2.3	455.5	31.5	32.5	2.2
61.3	3.1	444.4	22.7	60.4	3.1
6.9	2.8	65.6	26.4	6.9	2.8
1.5	4.7	10.8	34.6	0.2	0.7
0.4	2.7	3.6	25.6	0.0	0.3
0.1	0.6	4.1	28.6	0.0	0.1
12.8	2.5	419.7	80.9	13.6	2.6
12.6	2.7	386.7	81.6	12.5	2.6
0.2	0.9	10.8	61.9	0.9	5.4
0.1	0.3	22.2	80.6	0.2	0.5

5-5 续表 2

项 目	创新费用支出合计(亿元)	1.内部研发经费支出	所占比重(%)
四、按地区分			
东部地区	10414.3	6288.2	60.4
中部地区	2975.0	1548.1	52.0
西部地区	2198.9	919.2	41.8
东北地区	988.2	498.8	50.5
北 京	428.9	233.5	54.4
天 津	418.7	322.8	77.1
河 北	494.5	260.7	52.7
山 西	303.0	124.7	41.2
内蒙古	192.7	108.0	56.1
辽 宁	585.9	324.2	55.3
吉 林	235.9	78.9	33.5
黑龙江	166.5	95.6	57.4
上 海	865.6	449.2	51.9
江 苏	2570.5	1376.5	53.6
浙 江	1267.5	768.2	60.6
安 徽	587.4	284.7	48.5
福 建	512.3	315.4	61.6
江 西	294.2	128.5	43.7
山 东	1854.0	1175.6	63.4
河 南	522.9	337.2	64.5
湖 北	591.0	363.0	61.4
湖 南	676.4	310.0	45.8
广 东	1985.8	1375.3	69.3
广 西	203.4	84.9	41.7
海 南	16.7	11.1	66.5
重 庆	324.7	166.5	51.3
四 川	493.9	196.0	39.7
贵 州	167.7	41.0	24.5
云 南	133.3	51.7	38.8
西 藏	0.5	0.3	53.7
陕 西	308.9	160.7	52.0
甘 肃	167.6	46.4	27.7
青 海	22.7	9.3	40.8
宁 夏	91.9	18.7	20.3
新 疆	91.7	35.8	39.0

2.外部研发经费支出	所占比重(%)	3.获得机器设备和软件经费支出	所占比重(%)	4.从外部获取相关技术经费支出	所占比重(%)
300.3	2.9	3413.7	32.8	412.1	4.0
65.7	2.2	1283.5	43.1	77.8	2.6
61.8	2.8	1123.9	51.1	94.0	4.3
30.4	3.1	441.9	44.7	17.1	1.7
29.0	6.8	124.5	29.0	42.0	9.8
13.2	3.2	72.9	17.4	9.7	2.3
14.0	2.8	212.4	43.0	7.4	1.5
9.1	3.0	163.3	53.9	6.0	2.0
4.9	2.6	63.1	32.7	16.7	8.7
14.1	2.4	235.3	40.2	12.3	2.1
6.6	2.8	148.0	62.8	2.3	1.0
9.8	5.9	58.6	35.2	2.5	1.5
38.8	4.5	279.1	32.2	98.6	11.4
58.9	2.3	1055.2	41.0	79.9	3.1
23.6	1.9	448.8	35.4	26.9	2.1
19.1	3.3	269.9	45.9	13.7	2.3
11.5	2.2	147.4	28.8	38.0	7.4
8.0	2.7	139.0	47.3	18.8	6.4
59.9	3.2	576.0	31.1	42.5	2.3
8.3	1.6	167.5	32.0	9.8	1.9
9.9	1.7	197.8	33.5	20.4	3.5
11.2	1.7	346.0	51.2	9.2	1.4
49.9	2.5	493.9	24.9	66.7	3.4
3.5	1.7	112.2	55.1	2.8	1.4
1.7	10.4	3.4	20.4	0.4	2.6
7.9	2.4	115.2	35.5	35.1	10.8
13.3	2.7	272.6	55.2	12.0	2.4
1.8	1.1	122.9	73.3	2.0	1.2
3.2	2.4	75.5	56.7	3.0	2.2
0.1	14.8	0.2	29.6		
11.1	3.6	127.5	41.3	9.5	3.1
10.2	6.1	103.2	61.6	7.8	4.6
0.6	2.8	12.7	56.0	0.1	0.4
0.8	0.8	67.9	73.9	4.6	5.0
4.4	4.8	51.1	55.7	0.5	0.5

六、产品或工艺创新信息来源情况

6-1 企业产品或工艺创新

项 目	开展产品或工艺创新活动企业数（个）	在开展产品或工艺创新活动			
		企业内部信息	企业集团内部信息	来自高等学校的信息	来自研究机构的信息
总 计	**173460**	**37.7**	**12.2**	**6.6**	**8.7**
一、按行业分					
采矿业	2140	34.6	17.6	8.1	12.1
制造业	124721	37.1	9.8	7.5	9.6
电力、热力、燃气及水生产和供应业	1806	35.4	37.8	6.6	12.6
建筑业	3839	35.1	25.3	10.0	8.9
批发和零售业	23010	44.5	13.9	2.4	4.1
交通运输、仓储和邮政业	3776	36.2	20.2	2.2	6.3
信息传输、软件和信息技术服务业	5256	35.6	19.1	5.4	7.9
金融业	1366	32.2	35.7	1.0	4.0
租赁和商务服务业	3402	33.4	16.3	2.6	4.7
科学研究和技术服务业	3536	30.6	19.5	8.9	12.0
水利、环境和公共设施管理业	599	37.1	14.7	5.8	7.0
二、按地区分					
东部地区	113685	38.4	11.2	6.1	8.1
中部地区	33151	36.7	11.8	8.2	10.1
西部地区	20917	36.4	17.8	6.1	9.1
东北地区	5707	32.7	13.5	7.6	9.6
北 京	5312	29.1	15.5	3.7	9.1
天 津	4340	49.8	19.1	6.3	9.4
河 北	5293	41.3	13.5	6.9	9.8
山 西	1235	34.2	20.4	7.2	10.9
内蒙古	989	36.3	25.0	4.9	9.7
辽 宁	3486	30.6	11.4	6.3	8.1
吉 林	1154	35.2	16.7	8.6	12.6
黑龙江	1067	36.7	16.8	11.0	11.3
上 海	6405	28.3	16.3	4.0	5.8
江 苏	25625	42.2	13.0	7.9	8.9
浙 江	23234	46.1	8.0	6.6	7.5
安 徽	7852	33.9	8.9	8.1	10.6
福 建	8066	39.9	9.8	6.0	7.0
江 西	3200	39.1	14.3	7.8	11.9
山 东	15582	39.5	9.6	6.6	9.6
河 南	7183	37.9	10.5	7.1	10.0
湖 北	7106	37.7	13.8	10.8	8.9
湖 南	6575	36.9	11.5	6.9	10.0
广 东	19552	25.5	8.9	3.9	6.9
广 西	1881	37.2	16.9	5.4	8.8
海 南	276	30.8	30.8	6.2	10.5
重 庆	3188	37.4	14.4	5.2	7.4
四 川	5761	39.4	15.2	6.5	9.7
贵 州	1524	32.7	19.6	5.1	7.3
云 南	2020	36.3	21.1	5.0	10.0
西 藏	54	33.3	27.8	5.6	11.1
陕 西	2619	34.1	18.1	8.6	10.0
甘 肃	1038	34.5	16.7	8.0	9.9
青 海	231	30.3	20.3	5.6	10.4
宁 夏	391	36.6	17.9	5.6	8.7
新 疆	1221	30.5	25.9	5.4	8.4

信息来源情况(2013-2014年)

企业中,下列信息对创新影响较大的企业占比(%)									
来自政府部门的信息	来自行业协会的信息	来自供应商的信息	来自客户的信息	来自竞争对手或同行业企业的信息	来自市场咨询机构的信息	来自展会的信息	来自文献、期刊的信息	来自互联网的信息	其他
13.1	**18.7**	**18.8**	**46.3**	**25.1**	**7.5**	**17.4**	**3.9**	**13.4**	**8.0**
19.8	17.2	25.7	22.9	19.9	5.7	4.9	3.6	10.2	11.7
11.0	18.0	19.6	48.3	24.8	6.9	20.7	3.9	11.1	7.9
22.3	21.1	25.3	13.7	15.7	4.8	1.7	4.7	8.0	9.9
24.3	37.3	19.5	22.7	23.7	6.1	4.5	10.0	17.2	5.7
11.6	17.5	20.4	46.2	26.3	8.8	12.3	2.2	20.7	8.7
28.3	19.4	15.8	39.7	25.6	13.4	4.8	2.3	16.5	10.4
20.9	14.7	8.2	51.8	27.8	9.4	9.4	3.3	25.8	6.4
22.4	21.7	3.7	49.6	46.9	13.6	0.3	1.2	12.7	3.1
22.3	21.2	7.8	39.7	26.1	11.9	7.1	6.4	24.7	9.3
30.3	29.9	11.4	39.3	23.1	7.9	6.8	7.4	14.4	6.8
28.9	20.2	14.2	43.2	26.2	8.0	8.5	6.3	24.0	12.5
11.9	18.2	18.7	48.0	25.6	7.7	19.6	4.0	14.0	7.5
14.1	19.6	18.6	42.5	22.3	6.8	13.3	3.4	12.3	8.7
18.1	20.7	21.5	47.1	29.1	7.7	13.1	4.4	13.2	9.9
12.4	14.7	13.6	33.4	18.1	5.1	13.4	3.6	9.7	6.4
15.1	16.2	8.7	42.4	28.4	8.8	12.3	5.0	15.2	3.9
19.4	17.6	19.3	53.5	22.4	11.5	16.6	4.5	19.8	11.3
15.0	18.4	23.9	47.5	27.2	7.7	15.5	4.5	16.2	12.1
20.2	18.9	17.7	43.0	30.4	7.3	9.6	4.9	14.3	8.7
16.7	15.9	17.4	36.3	23.8	9.4	10.1	3.4	13.4	10.8
9.4	13.4	12.3	30.4	16.3	4.8	12.7	3.6	7.9	4.4
15.9	16.6	16.6	37.8	19.8	5.3	14.2	2.7	12.1	11.1
18.1	17.1	14.4	38.3	22.3	5.7	15.0	4.4	12.9	8.0
10.9	16.6	10.7	38.2	22.6	7.1	16.1	4.5	14.4	6.2
11.1	20.5	19.5	47.6	24.0	7.6	19.4	4.0	14.2	5.5
12.5	21.3	20.8	62.5	30.3	6.9	28.4	3.0	13.9	10.6
13.3	19.1	18.4	45.3	22.0	8.9	17.6	3.3	13.3	6.6
12.9	19.6	23.2	48.9	27.1	6.6	20.1	3.8	14.5	9.8
12.5	19.3	18.4	42.6	22.7	6.7	14.8	3.7	10.8	9.8
12.1	15.3	18.5	44.4	21.9	5.2	15.5	3.1	13.7	7.9
12.3	19.1	19.8	43.1	22.8	6.6	12.2	3.5	12.4	8.7
16.4	21.8	19.7	46.3	24.0	6.0	13.5	4.0	13.8	10.4
14.1	18.4	16.9	34.2	18.4	5.6	9.0	2.6	9.9	9.0
8.4	14.6	17.2	37.4	24.7	10.3	17.7	5.0	11.3	4.6
16.0	19.9	24.6	45.3	27.1	8.3	13.4	4.0	11.4	13.2
16.7	17.8	17.8	33.7	33.3	9.8	5.1	5.4	17.8	8.3
16.4	20.4	20.4	45.6	27.8	6.6	12.3	4.3	11.9	8.1
16.9	25.8	22.9	54.1	33.1	8.6	16.4	5.2	14.9	10.2
19.1	16.3	21.9	42.9	24.5	6.5	13.7	3.9	13.7	11.8
22.4	18.2	23.1	47.8	29.8	8.3	10.3	5.5	15.4	10.1
29.6	9.3	13.0	40.7	25.9	7.4	5.6	1.9	24.1	13.0
18.3	19.2	18.8	46.5	29.9	6.9	13.3	3.3	12.1	8.7
15.8	15.7	21.0	38.6	20.0	5.8	9.6	3.3	12.4	8.9
28.6	23.8	17.7	44.2	25.5	6.9	11.3	4.8	12.1	10.4
19.4	19.4	17.6	45.8	34.0	7.7	13.3	5.1	12.5	8.2
22.8	19.7	20.8	43.4	31.5	8.4	9.2	4.7	9.7	9.0

6-2 工业企业产品或工艺创新

项 目	开展产品或工艺创新活动企业数（个）	在开展产品或工艺创新活动			
		企业内部信 息	企业集团内部信息	来自高等学校的信息	来自研究机构的信息
总 计	**128667**	**37.0**	**10.4**	**7.5**	**9.7**
一、按规模分					
大型企业	7427	30.7	25.8	9.9	13.9
中型企业	28557	33.9	14.7	7.0	10.2
小型企业	92683	38.4	7.8	7.4	9.1
二、按登记注册类型分					
内资企业	106759	37.4	8.4	8.0	10.1
国有企业	1094	36.2	31.1	9.4	12.2
集体企业	495	39.6	8.5	6.5	7.7
股份合作企业	359	40.9	2.2	5.9	10.3
联营企业	40	30.0	15.0	2.5	7.5
有限责任公司	31231	35.8	14.2	8.3	11.2
股份有限公司	5958	32.7	12.1	11.6	14.2
私营企业	67236	38.6	5.1	7.6	9.2
其他企业	346	40.2	9.2	6.1	5.2
港、澳、台商投资企业	9958	34.7	14.4	5.3	7.7
外商投资企业	11950	35.3	24.3	4.3	7.3
三、按行业分					
采矿业	2140	34.6	17.6	8.1	12.1
煤炭开采和洗选业	806	31.3	22.3	9.9	10.9
石油和天然气开采业	44	45.5	63.6	18.2	22.7
黑色金属矿采选业	330	39.7	17.0	8.2	12.4
有色金属矿采选业	374	34.0	13.4	7.0	16.0
非金属矿采选业	523	35.8	9.4	5.2	9.9
开采辅助活动	61	37.7	21.3	8.2	9.8

信息来源情况(2013-2014年)

企业中,下列信息对创新影响较大的企业占比(%)									
来自政府部门的信息	来自行业协会的信息	来自供应商的信息	来自客户的信息	来自竞争对手或同行业企业的信息	来自市场咨询机构的信息	来自展会的信息	来自文献、期刊的信息	来自互联网的信息	其他
11.3	**18.1**	**19.7**	**47.4**	**24.6**	**6.8**	**20.2**	**4.0**	**11.0**	**8.0**
11.7	18.5	14.0	42.9	28.3	9.5	14.5	5.9	8.5	3.9
10.5	17.2	16.8	42.7	24.1	7.3	19.5	3.8	9.9	6.0
11.6	18.3	21.1	49.2	24.5	6.5	20.9	3.8	11.6	8.9
12.0	18.8	20.1	47.2	24.3	6.7	19.7	4.0	11.2	8.2
15.0	18.3	17.0	36.7	24.1	4.9	8.0	4.4	7.1	5.8
12.9	17.8	20.0	45.7	23.0	6.1	10.9	2.6	10.3	10.3
10.0	20.9	19.8	49.0	21.2	5.0	19.2	3.6	11.1	9.7
15.0	35.0	12.5	45.0	32.5	5.0	7.5	7.5	2.5	2.5
13.0	18.8	19.0	44.7	25.3	6.7	16.7	4.4	10.1	7.8
14.4	21.1	14.5	45.3	26.4	8.0	18.4	5.6	9.7	5.1
11.3	18.6	21.2	48.7	23.7	6.6	21.5	3.7	11.9	8.8
14.5	16.8	16.2	39.3	20.2	7.2	14.7	2.0	10.1	8.7
8.3	15.6	18.5	47.4	25.8	7.1	24.2	4.1	11.0	6.7
7.8	13.7	17.8	49.2	26.6	7.9	21.4	3.7	9.8	6.8
19.8	17.2	25.7	22.9	19.9	5.7	4.9	3.6	10.2	11.7
24.7	15.9	25.7	18.2	18.7	4.7	3.6	3.8	9.9	10.8
9.1	11.4	15.9	11.4	13.6	2.3	4.5	9.1	4.5	6.8
20.6	18.2	35.5	25.2	22.4	8.8	5.2	4.2	14.2	18.2
17.1	16.6	23.5	13.9	19.0	7.0	4.0	4.5	11.8	11.0
15.3	21.2	23.9	34.4	20.8	4.8	7.1	2.1	7.8	11.1
11.5	3.3	9.8	36.1	23.0	6.6	8.2	1.6	6.6	1.6

6-2 续表 1

项 目	开展产品或工艺创新活动企业数(个)	在开展产品或工艺创新活动			
		企业内部信　息	企业集团内部信息	来自高等学校的信息	来自研究机构的信息
制造业	124721	37.1	9.8	7.5	9.6
农副食品加工业	6909	35.7	11.1	10.9	10.2
食品制造业	3115	37.4	11.2	9.5	10.3
酒、饮料和精制茶制造业	2366	36.6	12.7	8.9	11.6
烟草制品业	81	37.0	37.0	3.7	14.8
纺织业	5651	43.1	6.0	6.1	6.4
纺织服装、服饰业	3568	40.0	6.8	3.6	5.0
皮革、毛皮、羽毛及其制品和制鞋业	2376	39.8	5.7	4.0	4.8
木材加工和木、竹、藤、棕、草制品业	2034	34.2	5.3	5.6	6.0
家具制造业	1648	35.0	4.9	3.0	4.1
造纸和纸制品业	1805	39.6	9.5	4.7	6.1
印刷和记录媒介复制业	1406	37.6	9.2	4.9	5.5
文教、工美、体育和娱乐用品制造业	2827	37.8	5.2	4.1	4.3
石油加工、炼焦和核燃料加工业	600	32.3	20.3	10.8	19.8
化学原料和化学制品制造业	9894	34.3	10.8	11.9	13.7
医药制造业	4135	35.0	13.3	14.3	24.2
化学纤维制造业	728	44.0	7.6	9.3	11.1
橡胶和塑料制品业	5537	37.2	7.4	5.7	7.4
非金属矿物制品业	8125	35.9	10.3	6.1	8.9
黑色金属冶炼和压延加工业	2716	41.1	9.4	6.9	7.7
有色金属冶炼和压延加工业	2629	34.8	11.1	8.9	12.6
金属制品业	6447	39.1	8.2	6.0	7.4
通用设备制造业	10607	38.6	8.9	7.8	9.8
专用设备制造业	8420	36.7	8.7	8.7	10.3
汽车制造业	6242	40.0	16.1	6.0	7.9
铁路、船舶、航空航天和其他运输设备制造业	2153	38.9	15.7	5.6	9.8
电气机械和器材制造业	11214	36.1	9.3	6.8	10.2
计算机、通信和其他电子设备制造业	7869	32.3	12.0	5.1	8.1
仪器仪表制造业	2646	34.8	9.4	9.0	10.3
其他制造业	560	37.1	9.3	6.1	8.0
废弃资源综合利用业	302	40.1	10.9	9.6	9.9
金属制品、机械和设备修理业	111	36.0	18.9	2.7	9.9
电力、热力、燃气及水生产和供应业	1806	35.4	37.8	6.6	12.6
电力、热力生产和供应业	1341	34.3	41.5	6.2	12.8
燃气生产和供应业	185	41.1	37.8	6.5	11.4
水的生产和供应业	280	37.1	19.6	8.6	12.1

企业中,下列信息对创新影响较大的企业占比(%)									
来自政府部门的信息	来自行业协会的信息	来自供应商的信息	来自客户的信息	来自竞争对手或同行业企业的信息	来自市场咨询机构的信息	来自展会的信息	来自文献、期刊的信息	来自互联网的信息	其他
11.0	18.0	19.6	48.3	24.8	6.9	20.7	3.9	11.1	7.9
14.3	16.4	20.7	44.6	21.3	6.9	17.6	2.8	12.4	8.2
10.7	17.1	19.6	48.2	25.8	7.8	22.6	3.2	11.1	8.1
12.8	20.8	17.8	48.5	23.7	8.5	22.2	3.3	13.6	7.8
9.9	21.0	12.3	54.3	33.3	4.9		6.2	2.5	7.4
9.5	18.2	24.0	56.5	25.2	5.6	30.1	2.6	12.7	9.8
7.8	14.8	22.2	51.5	19.1	6.8	25.3	2.9	16.4	10.3
6.7	16.6	19.9	54.1	17.8	5.3	27.5	2.7	14.1	11.7
8.9	17.7	25.0	44.9	19.7	5.9	17.7	2.5	10.0	9.9
6.8	19.8	21.4	53.9	24.8	7.5	40.8	2.2	15.6	8.7
8.6	17.8	28.7	47.2	27.1	7.1	17.1	2.5	10.5	8.4
11.0	19.6	26.2	49.0	25.2	5.1	19.3	4.6	12.6	10.1
7.3	16.5	17.9	54.6	21.9	5.7	39.5	3.1	15.6	8.1
15.2	17.2	19.7	37.8	24.7	9.7	6.8	5.5	9.0	6.8
11.3	20.6	17.4	41.9	23.9	7.6	14.9	6.1	9.1	7.3
17.4	14.1	12.8	32.4	21.0	9.3	16.6	9.4	9.3	5.8
10.6	23.6	27.1	65.0	25.5	6.2	20.1	3.8	10.4	8.1
9.0	16.7	24.3	51.5	25.2	6.3	22.3	3.2	12.0	8.4
12.4	22.3	22.6	40.5	23.3	6.5	13.7	4.1	8.7	9.2
12.8	20.7	22.8	45.9	25.2	6.7	9.6	3.9	10.7	8.9
11.7	20.5	20.7	42.8	26.7	6.7	13.5	4.7	9.8	8.4
9.9	17.6	21.2	49.3	24.9	6.5	21.5	3.9	11.6	8.4
10.5	19.0	16.7	51.4	27.0	6.5	22.2	3.7	9.5	6.9
12.0	18.4	15.3	50.2	25.2	6.4	22.7	4.4	9.9	6.7
11.3	15.3	22.0	55.3	27.0	6.8	15.7	2.4	8.7	8.6
11.6	17.7	16.1	53.9	27.6	6.1	21.4	3.3	8.6	7.3
11.0	18.2	17.9	48.5	26.6	7.1	22.8	4.0	11.1	7.2
10.3	14.4	18.1	48.9	28.7	7.8	21.1	4.0	13.5	5.8
10.9	18.9	14.4	50.5	27.1	7.1	24.0	4.0	12.2	5.2
13.6	15.9	18.6	53.4	27.0	6.4	27.1	4.3	15.2	11.1
15.9	18.5	21.9	32.1	21.2	6.6	8.3	5.6	10.3	10.9
10.8	14.4	13.5	53.2	27.9	6.3	8.1	3.6	12.6	5.4
22.3	21.1	25.3	13.7	15.7	4.8	1.7	4.7	8.0	9.9
21.4	19.0	25.1	10.9	15.5	4.4	1.4	4.3	7.0	9.5
18.4	20.0	35.1	25.9	15.7	4.9	2.2	4.9	13.0	9.7
29.3	31.8	20.0	18.9	16.4	6.8	2.5	6.1	9.6	11.4

6-2　续表 2

项　目	开展产品或工艺创新活动企业数(个)	在开展产品或工艺创新活动			
		企业内部信　息	企业集团内部信息	来自高等学校的信息	来自研究机构的信息
四、按地区分					
东部地区	82282	37.8	9.6	7.0	9.0
中部地区	26841	36.1	9.8	8.9	10.8
西部地区	15084	36.1	15.2	7.3	10.5
东北地区	4460	31.3	12.2	8.6	10.9
北　京	2061	26.6	13.3	3.8	8.1
天　津	2379	44.9	17.0	5.8	7.9
河　北	4313	41.2	11.7	7.7	10.9
山　西	740	33.5	17.6	9.7	15.4
内蒙古	718	34.4	23.1	6.0	12.3
辽　宁	2653	29.0	9.9	7.2	9.6
吉　林	970	34.0	16.2	9.0	12.8
黑龙江	837	35.4	14.8	12.9	12.5
上　海	3927	28.5	14.3	3.9	5.6
江　苏	18772	39.0	11.2	9.7	11.2
浙　江	19791	48.3	6.6	6.8	8.1
安　徽	6441	34.2	7.9	8.3	10.9
福　建	6300	39.4	8.7	6.9	8.2
江　西	2775	39.1	12.1	8.4	13.3
山　东	11153	33.4	9.4	8.5	11.7
河　南	5693	37.0	9.0	8.2	10.0
湖　北	5561	37.1	11.8	12.2	10.3
湖　南	5631	35.3	8.7	7.4	10.4
广　东	13447	25.4	8.2	3.4	6.4
广　西	1426	37.4	14.4	6.2	10.6
海　南	139	27.3	25.2	8.6	15.1
重　庆	2357	36.8	14.0	5.8	7.8
四　川	4261	39.9	13.4	8.1	10.8
贵　州	1097	32.6	17.0	5.7	8.6
云　南	1280	36.0	17.1	6.1	13.3
西　藏	28	28.6	17.9	7.1	17.9
陕　西	1878	32.9	14.6	9.6	11.3
甘　肃	777	33.8	12.7	8.8	12.0
青　海	159	28.9	14.5	7.5	12.6
宁　夏	291	36.1	14.4	7.6	10.7
新　疆	812	29.8	20.9	7.0	9.7

企业中,下列信息对创新影响较大的企业占比(%)									
来自政府部门的信息	来自行业协会的信息	来自供应商的信息	来自客户的 信 息	来自竞争对手或同行业企业的 信 息	来自市场咨询机构的 信 息	来自展会的 信 息	来自文献、期刊的信息	来自互联网的信息	其他
10.2	17.6	19.4	49.8	25.1	7.1	23.5	4.0	11.5	7.6
12.3	18.8	19.6	42.3	22.2	6.2	14.2	3.6	10.2	8.4
15.6	20.6	23.4	47.6	28.5	7.0	14.6	4.3	10.4	9.8
11.7	13.8	13.6	33.4	17.0	5.1	14.7	3.3	8.8	6.7
11.8	16.5	11.1	45.5	26.8	7.5	19.0	6.0	9.0	2.8
14.5	18.1	21.6	51.9	24.1	6.1	19.5	4.6	13.1	7.6
14.5	19.3	25.5	48.3	25.9	7.1	17.5	4.5	15.1	11.9
15.9	16.8	19.9	40.3	28.5	7.6	12.6	5.0	11.4	7.8
15.0	14.8	20.9	32.2	21.3	7.1	11.0	3.6	10.3	10.7
8.7	12.1	12.6	29.4	14.4	4.8	14.0	3.1	7.5	4.9
15.9	16.3	16.3	38.8	20.7	5.1	14.6	2.5	10.3	10.7
16.4	16.2	13.9	39.9	20.8	6.1	17.1	4.9	11.2	7.5
7.3	15.3	11.5	38.6	22.4	6.9	21.3	4.6	8.2	3.7
9.9	19.3	19.6	49.0	24.8	7.7	22.4	4.1	11.7	5.9
10.4	19.4	20.7	64.6	29.3	6.5	31.7	3.1	12.8	11.3
13.2	18.0	19.1	45.1	23.9	7.4	18.1	3.5	11.7	6.6
11.8	18.2	24.7	50.7	26.6	7.0	22.3	4.3	12.1	9.9
11.8	18.4	19.9	41.2	21.0	6.6	14.8	3.8	9.6	9.0
11.9	16.3	20.0	43.8	21.8	5.9	16.5	3.8	10.3	6.3
10.1	19.4	21.5	43.9	23.1	6.7	13.8	3.8	10.5	7.6
13.0	21.1	20.9	47.6	24.1	5.6	15.2	4.3	10.6	9.8
12.5	17.2	16.9	32.9	17.2	4.6	9.2	2.4	7.9	9.6
6.8	13.6	15.8	37.7	22.0	8.1	23.4	4.7	10.3	5.0
14.3	19.2	25.2	46.0	27.1	7.4	12.1	4.0	8.3	13.0
13.7	17.3	17.3	29.5	23.7	10.8	7.9	6.5	7.2	6.5
12.2	19.4	22.4	47.1	27.7	6.1	13.8	3.5	9.7	8.1
14.8	26.1	26.0	58.2	33.3	8.0	18.6	4.9	11.8	10.2
17.7	17.5	23.9	39.8	23.0	5.8	13.3	4.5	11.1	12.3
20.0	18.7	24.6	45.5	29.7	8.8	13.3	5.0	11.1	10.0
35.7	10.7	14.3	32.1	17.9	10.7	7.1	3.6	17.9	7.1
15.8	19.2	19.2	46.6	29.4	5.8	14.4	3.6	9.7	8.0
14.3	14.0	21.6	36.7	19.7	4.6	9.7	2.7	10.4	6.6
28.9	25.8	21.4	35.8	20.8	7.5	14.5	6.9	11.3	10.7
18.2	19.6	18.2	42.3	32.3	6.2	14.4	5.2	8.2	7.9
19.7	18.8	22.9	40.8	26.7	7.3	11.9	5.8	9.2	9.5

6-3 建筑业企业产品或工艺创

项　目	开展产品或工艺创新活动企业数（个）	在开展产品或工艺创新活动企业中，				
		企业内部信　息	企业集团内部信息	来自高等学校的信息	来自研究机构的信息	来自政府部门的信息
总　计	**3839**	**35.1**	**25.3**	**10.0**	**8.9**	**24.3**
一、按行业分						
房屋建筑业	1723	32.7	24.0	10.9	10.2	28.8
土木工程建筑业	1058	38.8	35.3	13.7	9.3	21.5
建筑安装业	467	40.3	22.3	4.7	6.4	20.6
建筑装饰和其他建筑业	591	31.8	13.7	5.2	6.4	19.5
二、按地区分						
东部地区	2325	34.0	21.8	10.5	9.4	24.1
中部地区	721	36.5	28.0	10.4	8.9	24.7
西部地区	580	39.5	36.0	8.8	7.8	26.4
东北地区	213	31.0	25.8	7.0	6.1	19.7
北　京	253	26.5	25.7	4.3	11.5	19.4
天　津	117	47.0	32.5	10.3	4.3	17.9
河　北	125	47.2	31.2	12.8	15.2	26.4
山　西	77	33.8	40.3	7.8	11.7	22.1
内蒙古	24	41.7	29.2			50.0
辽　宁	130	30.8	23.8	9.2	3.1	17.7
吉　林	32	28.1	37.5	3.1	9.4	25.0
黑龙江	51	33.3	23.5	3.9	11.8	21.6
上　海	148	31.1	24.3	7.4	4.1	18.2
江　苏	549	29.5	13.5	8.2	9.1	23.7
浙　江	485	34.6	17.3	19.4	12.0	26.0
安　徽	107	30.8	25.2	7.5	10.3	25.2
福　建	122	34.4	19.7	8.2	8.2	37.7
江　西	60	31.7	46.7	15.0	8.3	20.0
山　东	241	34.4	31.1	8.7	9.1	34.9
河　南	220	43.6	21.4	9.1	8.2	24.5
湖　北	154	34.4	28.6	12.3	9.1	21.4
湖　南	103	35.0	24.3	12.6	6.8	34.0
广　东	272	39.0	24.3	8.5	6.6	15.4
广　西	37	40.5	29.7	13.5	10.8	16.2
海　南	13	23.1	38.5	7.7	15.4	23.1
重　庆	91	25.3	24.2	9.9	8.8	35.2
四　川	119	42.9	42.0	10.1	9.2	17.6
贵　州	30	50.0	33.3	10.0	6.7	26.7
云　南	70	45.7	40.0	5.7	8.6	27.1
西　藏						
陕　西	119	42.9	37.8	9.2	5.0	27.7
甘　肃	42	35.7	40.5	11.9	7.1	19.0
青　海	8	25.0	37.5		12.5	25.0
宁　夏	11	45.5	45.5			36.4
新　疆	29	34.5	37.9	6.9	13.8	27.6

新信息来源情况(2013-2014年)

下列信息对创新影响较大的企业占比(%)

来自行业协会的信息	来自供应商的信息	来自客户的信息	来自竞争对手或同行业企业的信息	来自市场咨询机构的信息	来自展会的信息	来自文献、期刊的信息	来自互联网的信息	其他
37.3	**19.5**	**22.7**	**23.7**	**6.1**	**4.5**	**10.0**	**17.2**	**5.7**
40.4	18.3	18.7	23.6	6.3	3.8	11.1	17.0	5.3
31.8	16.4	22.9	23.3	4.5	2.4	10.2	15.6	4.7
34.7	24.8	30.4	25.1	7.1	5.6	7.3	14.8	6.6
40.1	24.2	27.8	23.2	7.8	9.6	8.6	22.5	7.8
36.6	18.5	22.2	22.9	6.8	4.8	10.1	16.6	5.4
39.5	21.1	24.1	25.5	5.3	3.9	9.7	20.3	6.4
39.0	20.2	23.1	28.4	5.3	3.3	10.7	16.2	5.7
31.9	23.0	21.6	12.2	4.2	7.0	8.5	16.0	6.6
30.0	15.0	22.1	22.5	3.6	4.7	10.7	11.1	2.0
27.4	15.4	20.5	17.9	5.1	6.0	17.9	17.1	7.7
43.2	22.4	31.2	28.0	3.2	4.8	10.4	24.0	9.6
37.7	11.7	20.8	27.3	5.2	2.6	13.0	15.6	9.1
41.7	12.5	8.3	16.7	12.5	4.2	4.2	25.0	4.2
28.5	20.0	22.3	7.7	6.2	7.7	9.2	12.3	3.8
31.3	25.0	21.9	15.6		9.4	9.4	21.9	9.4
41.2	29.4	19.6	21.6	2.0	3.9	5.9	21.6	11.8
32.4	9.5	23.0	18.2	6.8	6.8	9.5	12.8	2.0
34.2	18.2	21.3	20.4	7.7	4.7	8.9	18.9	5.5
42.5	20.0	22.7	29.1	7.0	3.5	10.1	15.1	7.6
37.4	23.4	23.4	19.6	4.7	4.7	7.5	15.0	10.3
51.6	25.4	21.3	18.9	9.8	4.1	7.4	19.7	7.4
50.0	11.7	16.7	26.7	5.0		8.3	15.0	8.3
37.8	19.1	23.2	23.7	6.6	6.6	10.0	17.0	4.1
36.4	26.8	23.6	28.2	4.1	5.5	8.2	26.8	5.9
37.7	20.1	29.2	25.3	7.8	4.5	12.3	22.1	3.9
46.6	20.4	25.2	24.3	4.9	1.9	9.7	15.5	3.9
32.7	20.6	19.5	19.9	8.8	4.4	10.3	16.2	3.7
27.0	35.1	13.5	37.8	10.8		10.8	16.2	8.1
38.5	15.4	15.4	46.2			7.7	23.1	7.7
42.9	17.6	25.3	27.5	5.5	7.7	11.0	18.7	6.6
37.8	17.6	31.1	32.8	1.7	2.5	11.8	14.3	4.2
26.7	23.3	13.3	23.3	3.3		16.7	20.0	3.3
38.6	21.4	22.9	27.1	10.0	4.3	11.4	7.1	7.1
38.7	20.2	22.7	28.6	2.5	3.4	8.4	19.3	5.9
42.9	21.4	14.3	14.3	4.8	2.4	11.9	21.4	7.1
62.5		50.0	25.0					
63.6	27.3	27.3	54.5	18.2		27.3	18.2	9.1
37.9	20.7	24.1	31.0	6.9		6.9	10.3	3.4

6-4 服务业企业产品或工艺创新

项　目	开展产品或工艺创新活动企业数(个)	在开展产品或工艺创新活动			
		企业内部信　息	企业集团内部信息	来自高等学校的信息	来自研究机构的信息
总　计	**40954**	**39.9**	**16.6**	**3.4**	**5.6**
一、按行业分					
批发和零售业	23010	44.5	13.9	2.4	4.1
批发业	11317	43.6	13.4	2.0	5.9
零售业	11693	45.4	14.4	2.9	2.4
交通运输、仓储和邮政业	3776	36.2	20.2	2.2	6.3
铁路运输业	18	33.3	16.7	5.6	16.7
道路运输业	2058	33.2	13.7	2.0	7.3
水上运输业	326	44.2	26.4	5.5	3.7
航空运输业	78	38.5	37.2	1.3	6.4
管道运输业	17	35.3	52.9		
装卸搬运和运输代理业	566	45.4	16.6	2.3	6.2
仓储业	461	34.5	29.7	1.7	6.1
邮政业	252	32.1	49.2	0.4	1.2
信息传输、软件和信息技术服务业	5256	35.6	19.1	5.4	7.9
电信、广播电视和卫星传输服务	860	31.2	50.5	2.2	6.9
互联网和相关服务	360	38.3	12.8	5.0	4.4
软件和信息技术服务业	4036	36.3	13.0	6.1	8.5
金融业	1366	32.2	35.7	1.0	4.0
货币金融服务	639	36.8	40.4	1.3	4.4
资本市场服务	165	19.4	15.8		3.0
保险业	475	30.5	37.1	1.1	3.2
其他金融业	87	32.2	31.0		8.0
租赁和商务服务业	3402	33.4	16.3	2.6	4.7
租赁业	147	35.4	18.4	2.0	8.2
商务服务业	3255	33.3	16.2	2.6	4.5
科学研究和技术服务业	3536	30.6	19.5	8.9	12.0
研究和试验发展	531	30.3	23.0	12.1	18.1
专业技术服务业	2189	29.2	21.3	7.7	9.6
科技推广和应用服务业	816	34.3	12.3	10.2	14.5
水利、环境和公共设施管理业	599	37.1	14.7	5.8	7.0
水利管理业	25	44.0	24.0		
生态保护和环境治理业	101	41.6	17.8	5.9	12.9
公共设施管理业	473	35.7	13.5	6.1	6.1

信息来源情况(2013-2014年)

企业中,下列信息对创新影响较大的企业占比(%)									
来自政府部门的信息	来自行业协会的信息	来自供应商的信息	来自客户的 信 息	来自竞争对手或同行业企业的信息	来自市场咨询机构的 信 息	来自展会的 信 息	来自文献、期刊的信息	来自互联网的信息	其他
17.4	**18.8**	**15.9**	**45.3**	**26.9**	**9.6**	**9.9**	**3.2**	**20.6**	**8.3**
11.6	17.5	20.4	46.2	26.3	8.8	12.3	2.2	20.7	8.7
11.6	20.8	25.7	42.4	27.6	6.0	13.3	1.8	20.3	9.4
11.5	14.2	15.3	49.9	25.1	11.5	11.3	2.5	21.2	8.0
28.3	19.4	15.8	39.7	25.6	13.4	4.8	2.3	16.5	10.4
27.8	22.2	22.2	44.4	22.2	11.1			5.6	
34.8	17.7	16.0	36.9	19.5	15.0	4.9	1.3	17.4	10.2
20.9	20.9	18.1	35.3	27.0	6.4	3.1	3.7	14.1	11.0
19.2	12.8	16.7	50.0	35.9	12.8		1.3	12.8	6.4
29.4	5.9	35.3	29.4	23.5	11.8		17.6	5.9	5.9
19.4	24.6	16.8	41.7	38.2	12.9	2.8	2.1	15.5	11.7
20.4	24.1	16.1	43.4	27.5	13.2	10.0	5.6	16.1	11.1
22.2	14.3	7.1	54.8	38.9	11.1	4.0	2.0	17.1	9.9
20.9	14.7	8.2	51.8	27.8	9.4	9.4	3.3	25.8	6.4
23.5	11.0	10.1	52.3	35.5	8.4	3.0	2.1	19.8	5.9
18.3	13.9	5.3	43.6	30.0	11.9	6.4	3.9	38.1	8.3
20.5	15.5	8.1	52.4	26.0	9.4	11.0	3.5	26.0	6.3
22.4	21.7	3.7	49.6	46.9	13.6	0.3	1.2	12.7	3.1
19.1	13.9	4.1	55.4	50.4	12.2	0.3	1.4	9.9	2.7
22.4	43.0	7.3	43.0	44.8	16.4		2.4	20.0	1.8
25.9	24.8	2.5	47.2	43.8	13.9	0.4	0.4	14.7	4.2
27.6	21.8	1.1	33.3	42.5	17.2		1.1	9.2	2.3
22.3	21.2	7.8	39.7	26.1	11.9	7.1	6.4	24.7	9.3
17.0	15.6	15.6	44.9	22.4	4.1	4.8		21.1	12.2
22.5	21.4	7.4	39.5	26.3	12.2	7.2	6.7	24.9	9.1
30.3	29.9	11.4	39.3	23.1	7.9	6.8	7.4	14.4	6.8
24.9	20.2	9.6	40.9	25.0	8.3	7.2	9.6	11.9	3.8
34.5	35.7	11.9	38.3	24.3	7.6	3.2	7.4	12.9	7.9
22.8	20.8	11.3	40.7	18.8	8.6	16.2	6.0	20.1	5.9
28.9	20.2	14.2	43.2	26.2	8.0	8.5	6.3	24.0	12.5
36.0	28.0	32.0	36.0	16.0	4.0	8.0	4.0	28.0	12.0
27.7	25.7	18.8	30.7	21.8	10.9	6.9	7.9	17.8	6.9
28.8	18.6	12.3	46.3	27.7	7.6	8.9	6.1	25.2	13.7

6-4 续表

项 目	开展产品或工艺创新活动企业数(个)	在开展产品或工艺创新			
		企业内部信 息	企业集团内部信息	来自高等学校的信息	来自研究机构的信息
二、按地区分					
东部地区	29078	40.6	14.9	3.3	5.4
中部地区	5589	39.6	19.2	4.3	6.9
西部地区	5253	36.8	23.1	2.6	5.0
东北地区	1034	39.0	16.7	3.5	4.9
北 京	2998	31.1	16.1	3.6	9.6
天 津	1844	56.3	20.9	6.8	11.7
河 北	855	40.8	19.9	1.8	3.4
山 西	418	35.4	21.8	2.6	2.6
内蒙古	247	41.3	30.0	2.0	3.2
辽 宁	703	36.6	15.1	2.6	3.3
吉 林	152	44.1	15.8	7.2	11.8
黑龙江	179	44.1	24.0	3.9	5.6
上 海	2330	27.8	19.3	3.8	6.2
江 苏	6304	52.8	18.1	2.4	2.1
浙 江	2958	32.9	16.5	3.2	3.1
安 徽	1304	32.6	12.4	7.4	9.1
福 建	1644	42.3	13.6	2.2	1.9
江 西	365	39.7	25.8	2.5	1.6
山 东	4188	55.9	9.1	1.2	4.2
河 南	1270	41.2	15.5	2.0	10.6
湖 北	1391	40.6	20.6	5.3	3.6
湖 南	841	48.2	28.9	2.9	7.7
广 东	5833	25.1	9.6	5.0	8.0
广 西	418	36.4	24.2	2.2	2.4
海 南	124	35.5	36.3	3.2	4.8
重 庆	740	40.7	14.3	3.0	5.7
四 川	1381	37.8	18.3	1.2	6.2
贵 州	397	31.7	25.7	3.3	4.0
云 南	670	35.8	26.9	2.7	3.9
西 藏	26	38.5	38.5	3.8	3.8
陕 西	622	36.3	24.8	5.1	6.8
甘 肃	219	36.5	26.0	4.6	3.2
青 海	64	34.4	32.8	1.6	4.7
宁 夏	89	37.1	25.8		3.4
新 疆	380	31.6	35.5	1.8	5.3

活动企业中,下列信息对创新影响较大的企业占比(%)									
来自政府部门的信息	来自行业协会的信息	来自供应商的信息	来自客户的 信 息	来自竞争对手或同行业企业的信息	来自市场咨询机构的 信 息	来自展会的 信 息	来自文献、期刊的信息	来自互联网的信息	其他
15.6	18.6	16.5	44.9	27.1	9.6	9.8	3.2	20.6	7.5
21.4	20.9	13.6	45.9	22.3	10.1	9.9	2.0	21.6	10.8
24.3	19.0	16.1	48.4	31.1	10.1	10.2	4.1	20.9	10.9
13.7	15.2	11.6	35.5	24.2	5.2	9.2	3.7	12.3	5.3
17.0	14.8	6.5	42.0	30.0	10.1	8.4	3.8	19.8	4.8
25.8	16.4	16.6	57.7	20.4	18.9	13.4	3.5	28.7	16.3
16.3	10.2	16.1	45.8	33.3	11.0	7.1	4.0	20.8	13.3
27.5	19.1	15.1	51.9	34.2	7.2	5.5	3.1	19.4	10.3
18.2	16.6	7.7	51.0	31.6	15.8	8.1	2.8	21.5	11.7
10.7	15.5	10.1	35.4	24.9	4.7	8.7	4.4	8.7	2.6
14.5	15.1	17.1	34.9	14.5	7.9	12.5	2.6	21.7	13.8
25.1	14.0	12.8	36.3	29.6	5.0	8.4	1.7	18.4	8.9
16.4	17.6	9.4	38.5	23.2	7.6	7.8	3.9	25.0	10.6
13.6	23.0	19.3	45.8	22.1	7.3	11.7	3.3	21.2	4.3
24.4	30.5	21.1	54.9	37.3	9.4	10.4	1.5	20.9	6.2
12.7	23.1	14.5	47.9	13.2	16.8	16.4	1.9	21.1	6.2
15.6	22.4	17.4	44.0	29.6	4.6	12.8	1.5	23.4	9.7
16.4	21.1	7.9	57.3	34.8	7.7	17.8	1.9	19.2	16.4
11.2	11.4	14.2	47.0	21.9	3.4	13.3	0.8	22.7	12.6
20.2	15.1	11.1	43.0	20.2	6.4	6.1	1.3	18.5	14.2
29.5	22.9	14.5	43.1	23.7	7.1	7.8	1.9	26.1	13.4
22.2	23.4	16.3	44.0	25.7	12.5	8.1	2.9	22.0	6.1
11.9	16.0	20.5	37.6	31.2	15.6	5.1	5.2	13.4	3.6
21.8	21.5	21.3	45.9	26.1	11.2	18.9	3.6	21.5	14.6
19.4	16.1	18.5	40.3	42.7	9.7	2.4	4.0	29.0	10.5
27.6	20.9	14.5	43.2	28.1	8.5	8.2	6.1	18.1	8.1
23.2	23.6	14.1	43.4	32.6	10.9	10.9	5.3	24.8	10.6
22.4	12.3	16.4	53.7	29.0	8.6	15.9	1.5	20.4	11.1
26.4	15.2	20.4	54.8	30.3	7.3	5.2	5.8	24.5	10.7
23.1	7.7	11.5	50.0	34.6	3.8	3.8		30.8	19.2
24.1	15.8	17.5	51.0	31.5	11.1	11.7	1.6	17.8	11.6
20.5	16.4	18.7	50.2	22.4	10.0	11.0	3.7	17.8	17.4
28.1	14.1	10.9	64.1	37.5	6.3	4.7		15.6	10.9
21.3	13.5	14.6	59.6	37.1	11.2	11.2	2.2	25.8	9.0
28.9	20.0	16.3	50.5	41.8	11.1	3.9	2.1	10.5	8.4

七、产品或工艺创新合作情况

7-1 企业产品或工艺创新合作

项　目	开展创新合作的企业数(个)	创新合作企业占全部企业的比重(%)	在创新合作企业中,	
			集团内其他企业	高等学校
总　计	**130066**	**20.1**	**29.1**	**29.2**
一、按行业分				
采矿业	1423	8.8	32.9	33.0
制造业	92824	26.3	26.1	33.0
电力、热力、燃气及水生产和供应业	1299	14.0	46.3	24.9
建筑业	3051	32.7	47.3	41.8
批发和零售业	17011	9.9	31.6	9.2
交通运输、仓储和邮政业	2970	9.7	33.2	12.1
信息传输、软件和信息技术服务业	4011	37.4	43.1	33.0
金融业	1133	52.8	57.9	10.9
租赁和商务服务业	2879	11.2	36.2	16.4
科学研究和技术服务业	2978	20.5	37.9	42.2
水利、环境和公共设施管理业	481	14.2	32.8	22.9
二、按地区分				
东部地区	86411	22.0	28.1	28.6
中部地区	23955	19.0	29.3	31.6
西部地区	15917	18.5	33.5	26.9
东北地区	3783	9.5	33.3	35.2
北　京	3842	16.2	39.9	32.1
天　津	3912	29.6	33.1	23.4
河　北	3927	19.4	27.3	25.2
山　西	882	10.9	36.2	34.2
内蒙古	688	9.6	42.6	25.9
辽　宁	2217	8.7	34.8	35.6
吉　林	801	10.5	30.3	32.5
黑龙江	765	11.2	31.9	36.7
上　海	4474	17.9	46.0	33.3
江　苏	23364	28.2	29.1	32.7
浙　江	17368	27.7	20.0	24.8
安　徽	5932	23.3	25.6	37.0
福　建	5443	20.3	24.1	27.5
江　西	2273	18.7	30.3	30.3
山　东	10879	16.4	22.3	27.3
河　南	5154	16.2	29.2	25.8
湖　北	5383	19.9	29.4	35.7
湖　南	4331	20.3	32.3	26.0
广　东	12993	18.2	32.1	28.0
广　西	1353	14.9	34.1	26.3
海　南	209	16.4	52.2	30.1
重　庆	2228	17.5	33.6	24.1
四　川	4984	23.0	27.6	25.2
贵　州	1101	17.2	37.1	25.6
云　南	1555	19.6	37.5	25.3
西　藏	48	19.8	43.8	29.2
陕　西	1913	20.7	34.6	34.4
甘　肃	704	17.6	35.5	32.4
青　海	180	17.7	36.7	27.2
宁　夏	290	16.2	36.6	34.5
新　疆	873	18.6	40.8	26.7

开展情况(2013-2014年)

与下列伙伴开展合作的企业占比(%)								
研究机构	政府部门	行业协会	供应商	客户	竞争对手或同行业企业	市场咨询机　构	风险投资机　构	其他合作对　象
19.6	**11.2**	**20.2**	**36.1**	**45.4**	**18.9**	**11.4**	**1.5**	**17.8**
30.1	14.6	18.3	39.6	24.7	16.0	9.1	2.2	16.9
21.6	9.0	19.0	36.6	46.1	17.9	9.6	1.2	15.7
27.4	14.4	15.3	49.1	11.6	10.3	8.3	0.6	16.2
22.3	13.1	32.4	37.8	21.3	22.9	10.8	1.2	16.6
9.7	11.7	23.1	38.4	54.5	23.6	18.7	2.5	26.7
10.7	26.3	22.2	37.9	39.2	18.7	13.2	1.9	16.3
16.4	23.3	19.4	25.0	44.3	19.7	11.8	2.7	20.0
9.4	27.5	22.5	29.3	44.0	28.3	29.7	5.3	18.6
12.5	20.0	23.0	25.5	41.9	21.3	20.1	1.6	31.9
27.1	24.4	28.3	26.4	35.8	17.9	10.4	2.4	16.4
15.8	28.9	23.9	32.0	35.1	22.0	14.1	1.2	29.3
18.7	10.0	19.4	36.0	46.6	18.7	11.9	1.4	17.3
21.2	12.8	22.7	35.7	43.5	19.0	9.9	1.6	19.3
20.7	15.1	21.3	39.0	43.6	20.6	11.4	1.6	19.2
26.4	12.2	19.2	29.7	37.6	15.1	9.3	1.5	15.3
22.2	14.6	19.1	28.9	42.7	15.4	11.5	2.0	15.3
15.4	14.4	14.8	35.4	41.9	14.0	13.4	2.7	22.1
17.6	8.8	16.2	36.9	41.0	18.8	10.2	1.1	16.0
26.3	13.0	18.1	36.4	38.4	17.6	10.7	1.2	19.8
24.3	15.0	16.1	36.2	33.6	17.3	13.7	2.2	18.0
26.3	10.3	19.1	29.4	38.1	15.3	9.3	1.6	14.8
28.1	15.4	19.5	32.5	36.6	15.2	8.4	1.0	16.1
25.0	14.4	19.2	27.8	37.3	14.4	9.9	1.4	16.2
22.9	8.4	20.3	37.2	39.7	14.7	11.4	1.3	12.2
20.3	9.8	17.9	35.2	44.0	16.7	7.9	0.9	17.4
14.0	7.4	18.6	37.0	54.1	20.5	11.9	0.5	18.6
22.5	11.9	20.6	38.0	44.5	18.4	11.4	1.6	17.2
16.7	9.6	22.5	41.9	44.8	18.3	10.3	1.1	18.0
23.8	11.6	21.4	35.5	41.3	17.6	9.4	1.8	20.9
19.9	11.5	19.0	30.9	53.9	18.0	12.6	1.5	15.6
18.0	10.5	20.5	36.2	42.6	17.9	9.4	1.3	17.1
20.2	13.6	24.0	33.8	45.4	21.8	8.7	1.4	20.0
22.1	16.3	28.4	34.2	42.7	18.7	9.9	2.6	22.8
20.4	11.0	24.2	39.4	43.0	24.4	19.6	3.2	17.4
21.3	13.9	18.0	40.7	43.8	16.5	12.1	1.5	22.9
26.3	16.7	13.4	27.3	28.2	24.4	9.1	3.8	21.1
18.4	12.7	21.8	39.0	44.2	19.2	9.1	1.3	17.8
17.6	14.4	24.8	39.4	48.1	21.5	11.6	1.7	17.8
20.1	19.3	20.3	41.4	43.6	20.2	11.4	2.1	25.4
22.8	15.6	19.9	39.7	40.6	23.1	15.7	1.9	22.8
35.4	27.1	14.6	39.6	41.7	10.4	16.7	4.2	33.3
22.2	13.8	19.8	36.7	43.2	21.6	8.7	1.8	18.3
27.7	20.3	20.7	35.1	39.6	23.7	10.9	1.1	17.5
29.4	17.8	18.9	38.9	36.7	20.0	11.7	1.7	16.7
28.6	19.0	17.9	37.6	41.4	23.4	9.3	0.7	16.6
22.8	17.4	18.7	40.4	35.2	19.9	12.1	0.7	15.9

7-2 工业企业产品或工艺创新

项 目	开展创新合作的企业数(个)	创新合作企业占全部企业的比重(%)	在创新合作企业中,	
			集 团 内其他企业	高等学校
总 计	**95546**	**25.3**	**26.5**	**32.9**
一、按规模分				
大型企业	6198	62.9	55.0	53.0
中型企业	20972	37.9	35.7	37.2
小型企业	68376	21.9	21.1	29.7
二、按登记注册类型分				
内资企业	78902	24.5	23.3	34.1
国有企业	830	24.1	50.0	49.5
集体企业	347	11.1	21.6	28.0
股份合作企业	237	19.4	14.8	29.1
联营企业	31	18.2	32.3	29.0
有限责任公司	23250	26.1	32.1	37.3
股份有限公司	4739	45.3	33.1	56.5
私营企业	49216	23.0	17.8	30.3
其他企业	252	16.6	20.6	25.8
港、澳、台商投资企业	7227	28.4	35.6	30.1
外商投资企业	9417	31.7	46.2	25.0
三、按行业分				
采矿业	1423	8.8	32.9	33.0
煤炭开采和洗选业	513	7.5	38.4	35.3
石油和天然气开采业	41	28.5	82.9	90.2
黑色金属矿采选业	234	7.1	26.9	23.9
有色金属矿采选业	243	12.1	31.7	33.7
非金属矿采选业	352	9.4	22.2	25.9
开采辅助活动	38	22.9	47.4	55.3

合作开展情况(2013-2014年)

与下列伙伴开展合作的企业占比(%)								
研究机构	政府部门	行业协会	供应商	客户	竞争对手或同行业企业	市场咨询机　构	风险投资机　构	其他合作对　象
21.8	**9.1**	**18.9**	**36.8**	**45.3**	**17.7**	**9.6**	**1.2**	**15.8**
39.4	10.0	18.1	37.0	34.1	14.2	11.6	1.1	10.3
25.1	9.3	18.6	35.7	40.6	15.7	10.1	1.1	13.4
19.2	9.0	19.0	37.1	47.7	18.7	9.2	1.2	17.0
22.9	9.8	19.9	36.4	45.1	18.3	9.6	1.2	16.2
37.1	11.8	15.7	32.7	28.2	13.0	5.8	0.5	13.0
16.1	8.4	20.5	36.6	44.4	17.3	7.2	1.7	18.4
19.8	8.9	21.5	31.2	50.6	14.3	7.6	0.8	15.2
19.4	12.9	45.2	12.9	41.9	9.7	6.5		6.5
26.2	10.2	19.0	36.2	41.2	17.1	9.3	1.3	15.5
38.0	12.9	20.9	31.1	36.4	15.5	10.3	1.8	11.9
19.6	9.3	20.3	37.1	48.1	19.3	9.7	1.2	17.0
18.3	12.3	22.2	38.5	42.9	19.4	10.3	2.0	21.4
18.1	6.6	15.7	39.8	46.6	16.0	10.3	1.0	14.3
15.9	5.2	12.7	38.0	45.4	14.2	9.0	0.7	13.1
30.1	14.6	18.3	39.6	24.7	16.0	9.1	2.2	16.9
27.3	17.9	16.8	39.8	22.6	13.3	7.0	2.3	17.7
68.3	9.8	9.8	34.1	2.4	12.2	7.3	4.9	17.1
23.9	16.7	15.8	45.3	21.4	20.9	12.0	3.0	20.5
40.3	13.2	12.3	35.0	17.3	11.9	14.0	2.1	15.6
24.7	10.2	28.1	40.3	36.6	19.9	6.8	1.1	15.3
47.4	13.2	10.5	31.6	36.8	15.8	13.2	2.6	7.9

7-2 续表 1

项 目	开展创新合作的企业数(个)	创新合作企业占全部企业的比重(%)	在创新合作企业中,	
			集团内其他企业	高等学校
制造业	92824	26.3	26.1	33.0
农副食品加工业	5227	21.0	26.2	33.9
食品制造业	2350	28.6	26.5	37.1
酒、饮料和精制茶制造业	1810	28.9	25.5	31.6
烟草制品业	65	50.8	50.8	46.2
纺织业	4292	20.6	19.0	22.1
纺织服装、服饰业	2555	16.1	21.9	17.5
皮革、毛皮、羽毛及其制品和制鞋业	1682	19.3	18.2	12.7
木材加工和木、竹、藤、棕、草制品业	1433	15.9	17.2	21.1
家具制造业	1146	21.7	20.6	15.7
造纸和纸制品业	1256	18.4	24.9	21.4
印刷和记录媒介复制业	1059	20.0	22.9	21.9
文教、工美、体育和娱乐用品制造业	2077	24.1	20.2	20.8
石油加工、炼焦和核燃料加工业	453	22.3	40.0	41.7
化学原料和化学制品制造业	7403	29.3	26.3	45.1
医药制造业	3297	46.4	30.5	55.2
化学纤维制造业	634	32.5	23.8	33.8
橡胶和塑料制品业	3950	21.8	21.9	26.5
非金属矿物制品业	5789	17.0	25.8	26.1
黑色金属冶炼和压延加工业	1954	18.9	25.4	28.8
有色金属冶炼和压延加工业	1881	25.5	28.8	39.0
金属制品业	4746	22.8	22.9	26.4
通用设备制造业	7985	32.4	25.0	36.9
专用设备制造业	6277	36.1	25.2	43.1
汽车制造业	4985	37.0	33.9	29.3
铁路、船舶、航空航天和其他运输设备制造业	1714	34.5	34.2	33.0
电气机械和器材制造业	8324	35.9	27.4	34.9
计算机、通信和其他电子设备制造业	5796	41.3	34.4	34.0
仪器仪表制造业	1973	47.3	27.1	46.9
其他制造业	413	23.5	24.9	26.9
废弃资源综合利用业	214	14.3	26.6	33.2
金属制品、机械和设备修理业	84	21.2	35.7	45.2
电力、热力、燃气及水生产和供应业	1299	14.0	46.3	24.9
电力、热力生产和供应业	937	14.5	49.7	23.5
燃气生产和供应业	145	11.1	49.0	13.8
水的生产和供应业	217	14.5	29.5	38.7

与下列伙伴开展合作的企业占比(%)								
研究机构	政府部门	行业协会	供应商	客户	竞争对手或同行业企业	市场咨询机　构	风险投资机　构	其他合作对　象
21.6	9.0	19.0	36.6	46.1	17.9	9.6	1.2	15.7
22.8	12.8	20.8	34.9	42.5	17.1	9.9	1.4	16.3
23.7	9.7	20.4	35.1	41.8	16.3	10.6	1.6	15.3
25.2	12.3	26.2	34.9	41.9	15.7	13.4	1.6	16.7
50.8	4.6	6.2	53.8	27.7	20.0	12.3		12.3
14.4	7.5	20.7	39.2	55.6	21.2	8.5	0.8	16.1
13.0	6.7	19.6	39.8	57.4	21.1	10.5	1.5	20.2
11.0	6.1	21.0	37.7	60.2	20.6	9.4	0.8	19.3
14.5	10.2	22.7	40.0	51.5	18.8	9.6	1.7	17.7
11.6	6.3	22.7	41.8	58.4	23.5	11.3	0.8	21.3
13.8	7.7	19.6	46.7	48.6	19.4	8.8	1.3	14.7
11.7	6.5	19.5	49.2	53.0	19.7	9.1	1.0	19.5
12.8	7.2	22.3	36.6	56.5	21.2	10.8	1.4	19.2
38.2	9.9	16.8	30.7	25.4	15.5	8.8	2.2	14.8
29.9	9.0	18.7	30.9	37.0	15.3	9.8	1.2	13.6
50.6	12.8	14.2	23.5	23.4	13.8	11.1	1.6	14.1
19.7	8.4	19.6	40.5	50.2	17.2	8.8	0.5	14.7
16.9	7.2	18.2	42.8	52.8	19.7	9.2	0.9	16.1
20.0	10.2	24.2	39.0	40.5	18.1	9.3	1.1	17.0
22.6	9.1	19.8	38.9	43.1	18.5	8.5	0.9	15.4
29.3	9.7	19.0	34.5	39.2	16.6	9.0	1.5	16.5
17.3	8.6	19.2	38.8	49.0	19.1	9.8	1.1	17.4
20.6	8.1	19.4	33.9	47.4	17.6	8.9	1.1	13.9
23.9	10.0	18.1	30.9	45.1	16.0	9.0	1.1	14.4
17.0	7.5	13.1	40.2	51.1	17.4	8.7	0.6	16.5
26.8	7.9	16.7	33.9	48.0	18.6	8.4	0.8	15.4
21.2	8.4	18.6	38.3	46.4	18.8	10.3	1.1	15.3
19.2	8.9	14.5	41.2	49.4	17.1	10.0	1.4	14.5
24.7	8.9	17.2	32.6	43.1	16.3	7.9	1.4	13.1
17.7	10.7	19.6	35.8	51.6	22.3	11.4	0.5	17.2
22.4	10.3	16.4	41.6	35.0	15.9	6.1	0.9	21.0
27.4	11.9	13.1	32.1	35.7	11.9	3.6		7.1
27.4	14.4	15.3	49.1	11.6	10.3	8.3	0.6	16.2
29.7	13.1	15.3	52.1	10.4	9.4	8.8	0.4	15.8
17.2	11.0	15.9	49.0	20.0	13.1	6.2	2.1	17.2
24.4	22.1	15.2	36.4	11.5	12.4	7.8	0.5	17.1

7-2 续表 2

项 目	开展创新合作的企业数（个）	创新合作企业占全部企业的比重（%）	在创新合作企业中，	
			集团内其他企业	高等学校
四、按地区分				
东部地区	61955	27.9	25.7	32.3
中部地区	19267	23.5	26.2	34.5
西部地区	11392	23.5	30.2	31.7
东北地区	2932	11.6	30.7	39.5
北 京	1405	38.1	40.2	40.1
天 津	1988	36.2	34.5	33.2
河 北	3233	21.8	24.9	27.0
山 西	530	13.6	31.3	42.5
内蒙古	489	11.1	40.1	30.3
辽 宁	1659	10.6	32.0	40.7
吉 林	680	12.8	30.0	35.0
黑龙江	593	13.8	27.7	41.5
上 海	2607	27.5	41.4	36.6
江 苏	17485	35.9	27.7	38.6
浙 江	14812	36.3	17.3	25.2
安 徽	4892	27.6	22.7	41.3
福 建	4087	24.4	22.9	30.1
江 西	1943	21.6	28.6	32.1
山 东	7772	19.1	25.6	32.1
河 南	4011	18.4	26.0	29.2
湖 北	4297	26.9	25.9	37.9
湖 南	3594	26.2	29.4	27.1
广 东	8471	20.6	28.8	32.3
广 西	1028	18.9	30.9	30.4
海 南	95	24.9	41.1	40.0
重 庆	1654	26.9	30.4	26.5
四 川	3665	27.6	26.6	30.2
贵 州	789	20.3	34.9	29.7
云 南	965	25.5	30.5	30.7
西 藏	24	24.7	25.0	33.3
陕 西	1364	26.8	29.8	40.0
甘 肃	508	24.4	30.1	39.6
青 海	123	21.7	27.6	34.1
宁 夏	216	18.5	30.1	42.1
新 疆	567	22.9	37.9	33.3

与下列伙伴开展合作的企业占比(%)								
研究机构	政府部门	行业协会	供应商	客户	竞争对手或同行业企业	市场咨询机　构	风险投资机　构	其他合作对　象
20.6	7.8	17.9	36.8	46.9	17.6	9.7	1.0	15.0
22.9	10.9	21.7	36.0	43.3	18.2	9.3	1.4	17.8
24.3	12.7	19.8	40.3	42.3	19.0	9.8	1.4	17.3
29.3	11.3	17.2	28.3	36.8	12.6	7.6	1.5	13.2
30.7	11.2	18.4	35.1	41.5	12.2	7.9	1.5	9.6
19.4	9.4	14.5	34.7	41.1	13.1	6.5	0.9	13.5
19.5	7.7	16.8	38.9	38.7	19.0	9.5	1.2	15.3
35.7	9.6	15.8	33.2	35.7	17.2	7.4	0.8	14.9
30.3	14.3	16.0	39.9	29.7	15.1	11.2	2.0	17.2
29.2	9.6	17.1	26.8	36.5	11.9	7.2	1.7	12.2
30.7	14.9	18.2	30.6	35.4	13.2	7.2	0.9	14.7
27.8	12.0	16.4	29.7	39.0	13.8	9.4	1.7	14.3
20.0	6.3	17.7	37.6	42.5	14.2	8.8	0.8	11.5
23.8	7.6	16.6	34.1	43.5	16.8	8.0	0.9	12.3
14.7	6.4	18.2	35.8	55.2	18.9	10.8	0.4	18.4
23.9	10.7	19.5	37.9	45.0	17.9	10.4	1.3	16.5
18.2	8.9	20.4	42.4	49.2	18.6	10.6	1.0	17.7
26.1	11.2	20.7	35.5	41.3	16.4	9.1	1.9	20.5
25.3	10.2	19.5	35.6	43.7	18.8	9.7	1.7	14.6
20.4	8.3	21.1	37.1	43.6	18.3	9.8	1.3	15.5
20.2	11.1	22.9	34.9	45.2	20.1	7.7	1.2	17.3
24.0	13.9	25.2	34.1	40.4	17.4	9.4	1.9	21.6
20.3	7.4	19.0	42.3	48.0	17.8	12.4	1.6	15.9
24.9	11.8	16.7	41.1	40.3	15.6	10.5	1.6	20.5
44.2	11.6	10.5	33.7	27.4	25.3	11.6	2.1	9.5
20.0	10.6	18.9	41.6	46.4	18.6	9.3	1.2	17.3
20.7	10.9	22.3	40.2	48.3	20.0	9.6	1.3	16.7
24.0	19.1	21.7	43.6	41.4	20.7	11.3	2.3	20.9
29.1	15.0	19.0	40.8	35.8	19.7	11.5	1.5	17.3
45.8	16.7	8.3	50.0	29.2		20.8		20.8
26.7	12.2	19.9	36.9	41.1	19.9	7.0	1.6	16.5
33.3	17.1	17.3	38.2	36.4	20.3	10.6	1.2	15.6
34.1	16.3	17.9	43.1	28.5	17.9	10.6	1.6	16.3
32.9	16.7	18.5	38.9	40.3	19.9	8.3	0.5	15.3
26.8	13.4	17.6	40.0	31.4	17.6	11.1	0.4	14.1

7-3 建筑业企业产品或工艺创新

项　目	开展创新合作的企业数(个)	创新合作企业占全部企业的比重(%)	在创新合作企业中,		
			集团内其他企业	高等学校	研究机构
总　计	**3051**	**32.7**	**47.3**	**41.8**	**22.3**
一、按行业分					
房屋建筑业	1385	36.0	47.7	41.9	22.2
土木工程建筑业	870	43.2	55.3	54.9	26.2
建筑安装业	351	23.4	43.6	31.9	19.7
建筑装饰和其他建筑业	445	22.5	33.5	23.8	17.1
二、按地区分					
东部地区	1873	35.9	44.4	42.7	22.6
中部地区	558	31.7	47.1	42.3	22.4
西部地区	468	30.5	57.7	41.5	22.4
东北地区	152	18.4	51.3	30.9	17.1
北　京	203	29.5	60.6	40.4	28.6
天　津	99	41.3	50.5	37.4	24.2
河　北	104	37.3	50.0	48.1	20.2
山　西	59	38.8	61.0	54.2	20.3
内蒙古	18	20.9	50.0	27.8	22.2
辽　宁	93	19.3	52.7	39.8	21.5
吉　林	23	16.3	39.1	21.7	13.0
黑龙江	36	17.5	55.6	13.9	8.3
上　海	114	27.7	50.9	49.1	28.1
江　苏	434	43.7	38.0	38.5	23.3
浙　江	404	38.4	31.9	51.2	21.0
安　徽	84	33.2	42.9	44.0	32.1
福　建	97	30.2	35.1	36.1	23.7
江　西	45	26.3	44.4	42.2	20.0
山　东	181	35.6	55.8	42.0	14.9
河　南	166	32.8	36.7	39.2	21.1
湖　北	124	29.1	57.3	41.1	22.6
湖　南	80	31.4	48.8	40.0	17.5
广　东	227	32.9	50.7	38.3	22.9
广　西	31	35.2	58.1	38.7	16.1
海　南	10	27.8	50.0	20.0	10.0
重　庆	69	22.6	46.4	43.5	21.7
四　川	97	31.4	66.0	43.3	22.7
贵　州	24	40.0	66.7	33.3	29.2
云　南	63	42.9	61.9	36.5	23.8
西　藏					
陕　西	92	30.8	55.4	44.6	17.4
甘　肃	32	31.4	50.0	43.8	21.9
青　海	7	38.9	57.1	57.1	57.1
宁　夏	11	45.8	63.6	27.3	9.1
新　疆	24	27.0	58.3	50.0	37.5

合作开展情况(2013-2014年)

与下列伙伴开展合作的企业占比(%)							
政府部门	行业协会	供应商	客户	竞争对手或同行业企业	市场咨询机　构	风险投资机　构	其他合作对　象
13.1	**32.4**	**37.8**	**21.3**	**22.9**	**10.8**	**1.2**	**16.6**
15.2	35.0	34.1	17.8	26.3	12.1	1.2	17.3
11.7	24.6	32.8	18.4	18.3	8.2	1.0	10.6
8.5	29.6	52.4	30.2	17.4	8.0	1.1	21.9
13.3	41.6	47.6	31.0	25.8	13.9	1.8	22.0
12.4	32.7	38.5	21.0	22.9	11.7	1.4	16.0
14.9	34.8	36.4	21.9	24.4	10.0	1.3	19.9
13.2	28.6	37.4	21.8	22.9	9.8	0.6	14.7
15.1	31.6	35.5	21.1	17.8	5.3		17.8
10.3	30.0	37.4	25.1	20.2	9.9	2.5	8.9
14.1	22.2	38.4	27.3	11.1	9.1	3.0	16.2
16.3	33.7	29.8	26.0	17.3	6.7		13.5
5.1	18.6	40.7	13.6	15.3	6.8		10.2
	38.9	27.8	16.7	22.2	11.1		5.6
11.8	30.1	39.8	23.7	14.0	5.4		12.9
21.7	34.8	34.8	17.4	30.4	8.7		30.4
19.4	33.3	25.0	16.7	19.4	2.8		22.2
14.9	32.5	44.7	22.8	16.7	10.5	1.8	14.9
14.3	37.3	39.2	20.7	21.7	13.6	2.1	20.0
8.7	30.0	34.2	14.1	31.7	12.9	1.2	16.3
15.5	26.2	31.0	16.7	21.4	7.1	1.2	22.6
16.5	47.4	43.3	17.5	27.8	12.4	1.0	17.5
13.3	31.1	31.1	15.6	33.3	2.2	2.2	8.9
13.8	30.4	44.8	25.4	16.6	8.8		13.8
14.5	36.7	42.2	26.5	27.1	9.0		22.3
16.1	41.1	33.9	26.6	25.0	16.9	1.6	22.6
21.3	43.8	33.8	20.0	22.5	11.3	3.8	21.3
11.5	31.7	41.0	22.9	24.7	14.1	0.9	17.2
16.1	29.0	32.3	6.5	32.3	9.7		9.7
	10.0	10.0	10.0	50.0			10.0
15.9	33.3	39.1	27.5	21.7	13.0	2.9	13.0
8.2	21.6	44.3	22.7	16.5	7.2		14.4
8.3	20.8	37.5	8.3	16.7	16.7	4.2	12.5
15.9	33.3	36.5	22.2	36.5	15.9		20.6
16.3	27.2	39.1	28.3	18.5	6.5		18.5
9.4	40.6	25.0	12.5	18.8			12.5
	28.6	14.3	28.6	28.6	28.6		
27.3	18.2	45.5	18.2	54.5	9.1		18.2
20.8	25.0	33.3	25.0	16.7	8.3		12.5

7-4 服务业企业产品或工艺创新

项 目	开展创新合作的企业数(个)	创新合作企业占全部企业的比重(%)	在创新合作企业中,	
			集团内其他企业	高等学校
总 计	**31469**	**12.2**	**35.2**	**16.6**
一、按行业分				
批发和零售业	17011	9.9	31.6	9.2
批发业	8034	8.8	30.6	10.1
零售业	8977	11.2	32.5	8.4
交通运输、仓储和邮政业	2970	9.7	33.2	12.1
铁路运输业	13	11.4	30.8	15.4
道路运输业	1638	9.2	23.7	11.6
水上运输业	255	10.6	42.4	14.9
航空运输业	69	29.4	53.6	21.7
管道运输业	11	20.4	45.5	36.4
装卸搬运和运输代理业	414	7.2	38.6	13.8
仓储业	366	10.5	42.1	7.4
邮政业	204	25.2	62.7	13.2
信息传输、软件和信息技术服务业	4011	37.4	43.1	33.0
电信、广播电视和卫星传输服务	756	32.5	68.3	10.3
互联网和相关服务	271	32.0	46.5	24.4
软件和信息技术服务业	2984	39.6	36.5	39.5
金融业	1133	52.8	57.9	10.9
货币金融服务	556	62.1	59.0	9.9
资本市场服务	133	46.3	46.6	15.0
保险业	372	45.9	60.2	11.6
其他金融业	72	46.5	58.3	6.9
租赁和商务服务业	2879	11.2	36.2	16.4
租赁业	113	12.7	35.4	18.6
商务服务业	2766	11.2	36.2	16.3
科学研究和技术服务业	2978	20.5	37.9	42.2
研究和试验发展	454	38.3	44.3	53.3
专业技术服务业	1848	18.1	39.8	42.0
科技推广和应用服务业	676	21.6	28.7	35.4
水利、环境和公共设施管理业	481	14.2	32.8	22.9
水利管理业	19	9.7	42.1	21.1
生态保护和环境治理业	77	21.1	31.2	41.6
公共设施管理业	385	13.6	32.7	19.2

合作开展情况(2013-2014年)

与下列伙伴开展合作的企业占比(%)

研究机构	政府部门	行业协会	供应商	客户	竞争对手或同行业企业	市场咨询机　构	风险投资机　构	其他合作对　象
12.6	**17.4**	**23.0**	**33.9**	**48.2**	**22.1**	**17.0**	**2.5**	**24.1**
9.7	11.7	23.1	38.4	54.5	23.6	18.7	2.5	26.7
10.9	13.9	24.9	37.6	52.8	21.4	13.8	1.4	33.4
8.6	9.7	21.5	39.1	56.0	25.6	23.0	3.5	20.7
10.7	26.3	22.2	37.9	39.2	18.7	13.2	1.9	16.3
15.4	15.4		30.8	38.5	7.7	7.7		23.1
10.9	34.6	23.7	42.9	38.8	15.4	12.7	1.0	11.8
11.8	18.8	23.9	41.6	35.7	20.4	11.0	0.8	19.6
15.9	26.1	14.5	39.1	29.0	18.8	24.6		26.1
36.4	18.2	9.1	45.5	18.2	18.2	9.1		18.2
12.6	10.6	22.9	31.2	43.2	33.3	14.3	4.6	21.5
6.3	15.8	17.8	29.8	36.9	16.4	14.5	3.0	21.9
8.3	21.6	18.6	21.1	47.5	18.1	11.8	4.4	24.0
16.4	23.3	19.4	25.0	44.3	19.7	11.8	2.7	20.0
12.8	23.1	16.3	40.3	35.2	22.5	14.9	2.9	23.7
15.5	18.8	18.1	12.9	44.6	25.8	14.4	1.5	23.6
17.4	23.8	20.3	22.2	46.5	18.5	10.8	2.7	18.8
9.4	27.5	22.5	29.3	44.0	28.3	29.7	5.3	18.6
9.0	31.1	19.1	33.1	48.2	33.6	28.6	4.0	18.7
7.5	13.5	39.1	41.4	45.9	24.1	29.3	9.8	20.3
9.4	28.0	21.5	22.0	37.9	21.0	31.2	4.8	18.8
15.3	23.6	23.6	15.3	40.3	33.3	30.6	9.7	13.9
12.5	20.0	23.0	25.5	41.9	21.3	20.1	1.6	31.9
11.5	20.4	22.1	29.2	42.5	9.7	10.6	8.0	28.3
12.6	20.0	23.0	25.3	41.9	21.7	20.5	1.3	32.0
27.1	24.4	28.3	26.4	35.8	17.9	10.4	2.4	16.4
42.7	23.3	26.2	26.9	38.8	16.3	10.6	4.4	18.7
23.6	26.0	29.7	26.4	31.4	17.3	9.9	2.0	15.6
26.2	20.6	26.0	26.2	45.7	20.9	11.7	1.9	17.0
15.8	28.9	23.9	32.0	35.1	22.0	14.1	1.2	29.3
15.8	31.6	26.3	42.1	42.1	26.3	15.8		21.1
23.4	23.4	28.6	35.1	20.8	14.3	15.6	1.3	18.2
14.3	29.9	22.9	30.9	37.7	23.4	13.8	1.3	31.9

7-4 续表

项 目	开展创新合作的企业数(个)	创新合作企业占全部企业的比重(%)	在创新合作企业中,	
			集团内其他企业	高等学校
二、按地区分				
东部地区	22583	13.6	33.1	17.4
中部地区	4130	9.8	41.3	16.5
西部地区	4057	11.2	39.9	11.8
东北地区	699	5.0	40.3	17.7
北 京	2234	11.6	37.8	26.3
天 津	1825	24.4	30.7	11.9
河 北	590	11.3	36.9	11.2
山 西	293	7.3	39.9	15.4
内蒙古	181	6.8	48.6	13.8
辽 宁	465	5.0	41.3	16.6
吉 林	98	4.4	30.6	17.3
黑龙江	136	5.8	44.1	22.1
上 海	1753	11.5	52.5	27.5
江 苏	5445	16.4	32.7	13.6
浙 江	2152	10.3	36.3	17.4
安 徽	956	12.8	38.9	14.3
福 建	1259	12.8	27.2	18.4
江 西	285	9.5	39.3	16.1
山 东	2926	11.8	11.5	13.6
河 南	977	10.2	40.7	9.2
湖 北	962	9.0	41.7	25.2
湖 南	657	8.9	46.6	18.6
广 东	4295	14.6	37.8	18.9
广 西	294	8.2	42.9	10.9
海 南	104	12.2	62.5	22.1
重 庆	505	8.0	42.2	13.9
四 川	1222	15.0	27.5	8.6
贵 州	288	11.8	41.0	13.9
云 南	527	13.2	47.4	14.0
西 藏	24	17.1	62.5	25.0
陕 西	457	11.8	44.6	15.8
甘 肃	164	9.1	49.4	7.9
青 海	50	11.6	56.0	6.0
宁 夏	63	10.6	54.0	9.5
新 疆	282	13.2	45.0	11.3

与下列伙伴开展合作的企业占比(%)								
研究机构	政府部门	行业协会	供应商	客户	竞争对手或同行业企业	市场咨询机构	风险投资机构	其他合作对象
12.9	15.9	22.1	33.5	48.1	21.5	17.9	2.4	23.6
13.0	21.4	26.0	34.3	47.3	22.1	12.7	2.7	26.1
10.2	22.0	24.5	35.6	49.7	24.9	16.0	2.4	25.1
16.3	15.5	24.9	34.5	44.8	25.0	16.9	1.4	23.7
16.2	17.1	18.6	24.2	45.0	16.9	13.8	2.2	19.4
10.5	19.8	14.7	35.9	43.5	15.1	21.2	4.5	31.9
6.4	13.6	9.5	27.5	56.6	18.0	14.9	1.2	20.2
10.6	20.8	22.2	41.3	48.5	18.8	17.4	2.4	30.7
8.3	18.2	14.4	27.1	45.9	22.7	20.4	2.8	21.5
16.8	12.7	24.1	36.3	46.7	27.7	17.8	1.5	24.3
13.3	17.3	24.5	44.9	49.0	25.5	16.3	2.0	22.4
16.9	23.5	27.9	20.6	35.3	15.4	14.0	0.7	22.8
26.8	11.1	23.4	36.1	36.7	15.2	15.5	1.9	13.1
9.0	16.5	20.3	38.4	47.6	16.2	7.2	0.6	33.8
7.2	14.0	19.6	46.1	54.2	29.3	19.3	0.7	20.0
14.1	17.8	26.0	39.3	44.7	20.9	17.1	3.1	20.0
11.2	11.4	27.4	39.9	32.8	16.4	9.1	1.2	19.2
8.1	13.7	24.2	35.8	45.6	23.2	12.6	1.1	25.6
5.8	14.5	17.0	17.7	82.8	16.1	20.6	1.1	18.5
7.9	18.9	15.0	31.5	41.1	14.8	7.9	1.2	22.5
20.1	24.4	26.7	29.2	49.0	29.4	12.2	2.3	31.8
12.0	29.2	43.8	34.7	58.1	25.1	12.5	5.8	29.8
20.3	18.0	34.1	33.6	34.3	37.4	33.9	6.5	20.5
9.2	21.1	21.1	40.5	60.2	18.0	18.0	1.4	32.7
11.5	23.1	16.3	23.1	30.8	21.2	7.7	5.8	32.7
12.9	19.2	29.7	30.3	39.0	20.8	7.9	1.6	20.0
8.0	25.4	32.3	36.7	49.7	26.3	17.8	3.1	21.1
8.7	20.8	16.3	35.8	52.4	19.1	11.1	1.4	38.9
11.2	16.5	20.1	38.1	51.8	27.7	23.3	3.0	33.0
25.0	37.5	20.8	29.2	54.2	20.8	12.5	8.3	45.8
9.8	17.9	17.9	35.9	52.7	27.4	14.0	2.8	23.6
11.6	32.3	27.4	27.4	54.9	35.4	14.0	1.2	24.4
14.0	24.0	20.0	32.0	58.0	24.0	12.0	2.0	20.0
17.5	25.4	15.9	31.7	49.2	30.2	12.7	1.6	20.6
13.5	25.2	20.2	41.8	43.6	24.8	14.5	1.4	19.9

7-5 企业产品或工艺创新

项 目	开展创新合作的企业数(个)	在创新合作企业中,		
		集团内其他企业	高等学校	研究机构
总 计	**130066**	**13.8**	**13.8**	**9.1**
一、按行业分				
采矿业	1423	22.6	22.1	21.0
制造业	92824	12.8	16.0	10.6
电力、热力、燃气及水生产和供应业	1299	31.2	14.1	16.6
建筑业	3051	26.3	24.9	10.9
批发和零售业	17011	14.2	4.4	2.0
交通运输、仓储和邮政业	2970	14.6	3.9	3.0
信息传输、软件和信息技术服务业	4011	16.2	9.6	5.0
金融业	1133	34.0	3.2	3.3
租赁和商务服务业	2879	9.8	3.4	2.7
科学研究和技术服务业	2978	12.2	14.7	10.2
水利、环境和公共设施管理业	481	16.6	10.6	7.1
二、按地区分				
东部地区	86411	10.3	11.1	6.7
中部地区	23955	18.9	18.6	12.5
西部地区	15917	25.8	20.8	16.3
东北地区	3783	13.6	14.9	10.7
北 京	3842	5.6	3.4	2.7
天 津	3912	4.6	3.4	2.9
河 北	3927	21.0	20.1	13.3
山 西	882	28.1	27.1	22.0
内蒙古	688	32.8	19.0	18.9
辽 宁	2217	6.4	5.7	3.7
吉 林	801	22.8	26.6	22.5
黑龙江	765	24.7	29.3	19.0
上 海	4474	8.0	3.5	2.1
江 苏	23364	4.4	5.2	2.3
浙 江	17368	15.3	20.2	10.9
安 徽	5932	4.4	4.2	2.6
福 建	5443	19.2	21.2	11.6
江 西	2273	23.8	23.9	18.3
山 东	10879	16.6	19.6	15.1
河 南	5154	22.5	20.8	13.9
湖 北	5383	23.0	28.0	14.3
湖 南	4331	24.7	19.3	17.1
广 东	12993	5.2	2.8	1.7
广 西	1353	24.2	20.7	16.6
海 南	209	40.7	22.5	19.6
重 庆	2228	26.8	18.1	14.0
四 川	4984	21.2	19.8	14.1
贵 州	1101	28.5	19.0	15.9
云 南	1555	29.5	19.4	19.3
西 藏	48	35.4	16.7	22.9
陕 西	1913	26.3	28.0	17.9
甘 肃	704	24.6	24.0	19.7
青 海	180	26.1	19.4	20.6
宁 夏	290	29.0	27.6	24.1
新 疆	873	34.7	19.9	18.1

合作伙伴情况(2013-2014年)

下列合作伙伴对企业创新有较大价值的企业占比(%)

政府部门	行业协会	供应商	客户	竞争对手或同行业企业	市场咨询机构	风险投资机构	其他合作对象
5.7	**10.3**	**19.2**	**26.9**	**10.4**	**4.9**	**0.9**	**12.8**
10.8	13.0	29.3	17.9	12.0	6.2	1.3	13.1
4.8	10.1	20.0	28.3	10.3	4.7	0.6	11.4
8.9	8.9	34.1	7.7	6.0	4.7	0.2	12.1
7.0	18.9	21.4	12.1	13.9	5.8	0.7	10.8
6.1	10.7	18.6	31.1	12.1	4.9	1.9	18.6
12.8	10.9	18.4	21.7	8.0	7.8	1.4	12.7
8.1	5.7	8.5	17.6	7.3	3.5	1.6	13.9
17.1	11.5	16.9	29.0	17.0	16.2	2.6	11.6
7.3	9.7	8.9	18.5	7.9	5.9	1.3	23.0
9.3	10.0	8.7	12.9	6.0	2.5	1.6	12.8
18.9	11.9	17.9	22.9	10.4	7.3	0.8	20.2
3.9	8.2	16.2	24.0	8.6	4.2	0.9	12.4
8.1	14.2	22.4	30.6	12.6	5.5	0.9	13.7
12.3	16.1	32.0	39.3	17.2	8.0	0.6	13.8
5.7	7.8	13.3	17.9	7.3	3.4	0.8	11.1
1.3	2.7	3.7	5.6	2.0	1.5	1.2	10.6
1.0	1.6	5.7	6.1	2.7	1.0	1.6	17.4
6.8	12.6	31.1	37.5	15.5	8.0	0.8	11.3
10.7	14.5	30.7	34.6	15.9	8.3	1.0	13.0
12.8	12.6	29.8	30.5	14.8	9.7	1.3	13.8
1.1	2.8	5.2	7.4	3.8	1.3	1.0	9.7
13.1	15.7	28.5	32.8	12.0	6.5	0.5	12.6
11.5	14.0	20.8	32.5	12.5	6.0	0.8	13.7
0.9	1.6	6.8	5.4	1.4	0.9	0.7	8.8
1.1	3.2	5.1	6.0	3.3	0.9	0.5	11.9
6.1	15.4	31.1	50.4	17.5	9.4	0.3	14.4
1.4	2.1	4.5	5.8	2.6	1.3	0.6	11.0
8.0	18.6	36.6	42.1	15.4	8.1	0.6	14.1
8.7	16.9	30.2	38.0	14.5	7.2	1.1	16.2
9.3	15.1	25.1	48.2	15.3	7.1	0.6	10.8
8.6	15.6	30.5	38.8	14.9	7.0	0.6	13.2
11.1	18.6	26.6	40.7	19.0	6.5	0.9	13.9
12.1	22.1	26.3	37.5	14.2	6.9	1.6	16.3
1.0	2.0	5.3	6.4	1.7	0.9	2.5	12.1
11.8	13.6	35.6	39.0	13.7	9.6	0.5	18.3
14.8	8.1	23.9	25.4	21.1	6.7	2.4	15.8
10.7	17.7	32.2	41.4	16.7	6.6	0.6	13.3
11.2	18.8	31.4	43.1	18.0	7.3	0.6	11.9
15.4	14.1	34.2	39.2	16.0	7.5	1.0	18.1
13.4	13.2	32.9	35.3	17.9	11.3	0.5	15.9
20.8	10.4	31.3	35.4	4.2	10.4	2.1	22.9
11.0	15.4	29.7	39.9	17.8	6.5	0.6	14.1
16.1	14.3	28.1	35.1	20.5	7.8	0.6	12.5
14.4	15.0	33.3	33.3	18.9	10.0	1.7	12.8
15.2	14.8	32.1	39.7	20.7	7.9		12.1
15.1	14.9	34.4	30.9	17.2	9.6	0.6	10.8

7-6 工业企业产品或工艺创新

项 目	开展创新合作的企业数(个)	在创新合作企业中,	
		集团内其他企业	高等学校
总 计	**95546**	**13.2**	**16.0**
一、按规模分			
大型企业	6198	27.1	28.7
中型企业	20972	18.2	18.0
小型企业	68376	10.4	14.3
二、按登记注册类型分			
内资企业	78902	12.4	17.2
国有企业	830	34.3	31.1
集体企业	347	10.4	12.1
股份合作企业	237	5.5	12.7
联营企业	31	16.1	12.9
有限责任公司	23250	18.4	20.9
股份有限公司	4739	17.0	30.8
私营企业	49216	8.8	13.9
其他企业	252	12.7	15.1
港、澳、台商投资企业	7227	14.9	12.4
外商投资企业	9417	18.7	9.3
三、按行业分			
采矿业	1423	22.6	22.1
煤炭开采和洗选业	513	28.1	27.1
石油和天然气开采业	41	53.7	56.1
黑色金属矿采选业	234	19.2	12.8
有色金属矿采选业	243	21.8	23.9
非金属矿采选业	352	13.9	14.8
开采辅助活动	38	18.4	31.6

合作伙伴情况(2013-2014年)

下列合作伙伴对企业创新有较大价值的企业占比(%)								
研究机构	政府部门	行业协会	供应商	客户	竞争对手或同行业企业	市场咨询机　　构	风险投资机　　构	其他合作对　　象
10.9	**4.9**	**10.1**	**20.3**	**27.9**	**10.3**	**4.7**	**0.6**	**11.5**
22.3	4.2	8.6	18.7	19.3	8.0	4.8	0.3	6.6
12.8	4.8	9.5	19.3	24.5	9.2	5.0	0.5	9.4
9.2	5.1	10.4	20.8	29.7	10.8	4.6	0.6	12.5
11.8	5.5	11.1	21.2	29.2	11.0	4.9	0.6	11.8
23.6	7.5	9.2	21.8	19.4	9.3	3.3		8.9
5.5	5.8	10.4	22.2	26.5	9.5	3.5	0.6	13.8
9.7	5.1	14.3	20.7	38.4	8.9	5.1	0.8	9.3
3.2	6.5	29.0	3.2	19.4	6.5			6.5
15.1	5.9	10.9	22.2	27.9	11.1	5.0	0.6	11.2
20.8	6.6	10.9	17.8	22.8	9.5	5.0	0.9	7.9
9.2	5.1	11.1	21.1	30.5	11.2	5.0	0.6	12.5
12.7	6.7	14.3	24.6	31.0	12.7	5.2	0.8	16.3
7.1	2.7	6.3	17.1	23.0	7.3	4.3	0.5	10.2
6.1	2.2	4.9	15.3	20.6	6.2	3.2	0.3	9.7
21.0	10.8	13.0	29.3	17.9	12.0	6.2	1.3	13.1
20.5	14.4	13.1	32.6	17.5	9.6	5.5	1.4	14.6
31.7	2.4	2.4	12.2		4.9		2.4	4.9
17.5	12.8	12.0	33.3	14.1	17.5	9.0	3.0	15.4
32.1	9.9	9.1	27.6	14.4	9.9	10.7	1.2	11.9
14.8	6.5	18.5	25.9	24.4	14.8	3.1		12.5
21.1	5.3	5.3	23.7	28.9	7.9	5.3		2.6

7-6 续表 1

项 目	开展创新合作的企业数(个)	在创新合作企业中,	
		集团内其他企业	高等学校
制造业	92824	12.8	16.0
农副食品加工业	5227	15.2	20.7
食品制造业	2350	15.4	21.7
酒、饮料和精制茶制造业	1810	16.9	21.4
烟草制品业	65	36.9	24.6
纺织业	4292	9.3	10.6
纺织服装、服饰业	2555	9.4	6.0
皮革、毛皮、羽毛及其制品和制鞋业	1682	9.0	5.9
木材加工和木、竹、藤、棕、草制品业	1433	8.8	9.8
家具制造业	1146	10.2	6.5
造纸和纸制品业	1256	13.9	10.4
印刷和记录媒介复制业	1059	10.3	8.3
文教、工美、体育和娱乐用品制造业	2077	8.5	7.6
石油加工、炼焦和核燃料加工业	453	23.2	22.3
化学原料和化学制品制造业	7403	13.3	22.6
医药制造业	3297	17.4	32.8
化学纤维制造业	634	11.2	15.8
橡胶和塑料制品业	3950	9.9	11.5
非金属矿物制品业	5789	14.5	12.9
黑色金属冶炼和压延加工业	1954	13.5	13.4
有色金属冶炼和压延加工业	1881	15.2	21.4
金属制品业	4746	10.4	10.7
通用设备制造业	7985	11.8	17.4
专用设备制造业	6277	10.9	20.3
汽车制造业	4985	17.5	14.7
铁路、船舶、航空航天和其他运输设备制造业	1714	17.8	15.8
电气机械和器材制造业	8324	12.3	14.7
计算机、通信和其他电子设备制造业	5796	12.7	13.1
仪器仪表制造业	1973	11.9	22.2
其他制造业	413	13.3	16.5
废弃资源综合利用业	214	13.6	14.5
金属制品、机械和设备修理业	84	16.7	22.6
电力、热力、燃气及水生产和供应业	1299	31.2	14.1
电力、热力生产和供应业	937	34.9	14.9
燃气生产和供应业	145	32.4	4.8
水的生产和供应业	217	14.3	16.6

下列合作伙伴对企业创新有较大价值的企业占比(%)								
研究机构	政府部门	行业协会	供应商	客户	竞争对手或同行业企业	市场咨询机　构	风险投资机　构	其他合作对　象
10.6	4.8	10.1	20.0	28.3	10.3	4.7	0.6	11.4
13.7	7.9	13.4	23.1	31.2	11.5	5.8	0.6	11.7
13.9	6.3	12.0	23.4	29.1	10.8	6.0	0.8	10.7
16.7	9.4	18.5	23.0	32.4	10.9	8.0	0.6	12.1
27.7	1.5	4.6	43.1	21.5	9.2	3.1		10.8
5.9	4.2	12.0	24.2	37.8	13.1	4.3	0.4	12.0
3.8	3.1	9.0	19.8	34.8	10.8	4.6	0.7	15.3
6.0	4.2	13.4	25.2	45.7	14.1	6.1	0.4	15.5
7.0	4.7	11.8	25.7	32.8	11.6	5.4	1.1	14.0
4.2	3.3	13.1	24.6	38.9	14.8	6.8	0.6	16.8
6.1	5.0	11.2	26.5	31.8	12.5	5.3	0.6	10.5
4.2	3.6	9.9	25.6	30.8	10.1	5.0	0.4	14.4
5.2	3.8	10.9	18.1	33.5	11.1	5.3	0.7	14.0
23.6	6.0	9.1	19.0	16.3	11.3	5.1	1.5	11.0
15.6	5.0	9.7	17.5	21.6	9.1	4.6	0.5	9.6
31.3	7.7	7.1	13.8	14.9	8.1	6.0	0.7	9.8
8.5	3.5	9.6	22.4	30.1	9.6	5.0	0.3	11.7
7.6	3.9	9.6	22.4	31.3	11.3	4.1	0.5	11.5
10.1	5.9	14.6	24.4	27.9	11.9	5.1	0.5	12.4
11.0	5.2	10.6	22.1	25.6	10.0	3.4	0.4	10.7
17.8	5.8	10.5	20.1	24.4	10.3	4.8	0.8	12.0
6.8	3.5	8.9	19.8	27.8	10.4	4.8	0.5	12.9
9.7	4.3	9.9	17.7	28.7	9.9	4.6	0.6	10.0
10.8	4.6	9.1	15.7	26.9	9.0	4.1	0.7	10.5
8.3	4.0	7.2	23.5	33.6	10.8	4.5	0.3	12.0
13.1	4.1	8.2	18.3	30.4	11.1	3.7	0.3	10.9
9.2	4.0	9.0	18.2	25.8	9.5	4.4	0.4	10.8
7.2	3.7	5.4	15.0	21.5	7.2	3.1	0.5	10.0
11.4	3.9	8.3	16.3	25.8	9.1	3.3	0.9	9.6
10.9	5.6	11.4	20.8	31.7	14.3	5.3	0.5	13.1
8.9	3.3	7.0	19.2	15.4	7.9	2.8	0.5	15.9
9.5	6.0	7.1	20.2	31.0	7.1	1.2		7.1
16.6	8.9	8.9	34.1	7.7	6.0	4.7	0.2	12.1
18.9	8.3	8.8	36.1	7.0	5.3	5.2	0.1	11.7
11.0	6.9	10.3	31.7	11.0	9.0	4.1		12.4
10.1	12.9	8.8	27.2	8.3	6.9	2.8	0.5	13.4

7-6 续表 2

项 目	开展创新合作的企业数(个)	在创新合作企业中,	
		集团内其他企业	高等学校
四、按地区分			
东部地区	61955	10.3	13.1
中部地区	19267	16.6	20.1
西部地区	11392	23.2	24.8
东北地区	2932	12.9	17.6
北 京	1405	6.5	5.6
天 津	1988	5.0	3.8
河 北	3233	18.9	21.7
山 西	530	24.0	34.9
内蒙古	489	30.5	21.9
辽 宁	1659	6.3	6.9
吉 林	680	22.2	28.5
黑龙江	593	20.6	35.1
上 海	2607	5.9	4.4
江 苏	17485	5.1	5.1
浙 江	14812	13.2	20.2
安 徽	4892	3.7	4.7
福 建	4087	17.9	24.1
江 西	1943	22.4	25.2
山 东	7772	19.1	25.0
河 南	4011	19.3	23.6
湖 北	4297	19.5	30.2
湖 南	3594	23.3	20.2
广 东	8471	4.0	3.5
广 西	1028	23.8	24.3
海 南	95	32.6	28.4
重 庆	1654	22.9	20.3
四 川	3665	20.3	23.7
贵 州	789	26.9	22.2
云 南	965	24.7	24.8
西 藏	24	20.8	29.2
陕 西	1364	22.4	32.3
甘 肃	508	20.7	30.1
青 海	123	18.7	24.4
宁 夏	216	24.5	33.3
新 疆	567	32.3	26.1

下列合作伙伴对企业创新有较大价值的企业占比(%)								
研究机构	政府部门	行业协会	供应商	客户	竞争对手或同行业企业	市场咨询机　构	风险投资机　构	其他合作对　象
8.3	3.4	8.2	17.6	25.8	9.0	4.3	0.5	11.0
13.8	6.5	13.6	22.5	29.9	11.8	5.0	0.7	12.7
19.4	10.3	15.0	33.4	38.4	15.9	7.0	0.6	12.7
12.9	5.4	7.8	13.3	17.9	5.8	2.8	0.9	9.3
3.7	1.2	1.8	5.3	7.8	2.3	1.4	0.5	6.8
2.7	1.0	1.9	4.4	5.8	2.3	0.4	0.6	9.7
14.9	5.9	13.1	32.8	34.9	15.7	7.1	0.8	11.4
30.6	7.9	11.7	26.8	32.5	14.7	5.7	0.4	10.0
23.9	11.7	11.5	33.1	26.0	12.9	8.2	1.0	12.9
4.5	0.9	3.0	4.8	6.4	2.2	1.0	1.1	8.0
25.4	12.4	15.0	26.5	32.4	9.6	5.3	0.4	10.9
22.3	9.9	13.2	22.1	33.6	11.6	4.9	0.8	11.3
2.5	0.8	1.7	4.2	5.9	1.8	0.7	0.4	8.1
2.8	0.9	2.3	5.2	7.3	2.6	0.9	0.5	8.3
11.5	5.2	14.7	30.0	52.1	16.3	8.4	0.2	14.5
2.9	1.1	1.9	4.5	5.7	2.3	1.1	0.4	10.1
13.6	7.0	16.2	36.4	46.1	15.4	8.4	0.6	13.6
20.2	8.4	16.2	30.1	37.8	13.4	6.9	1.0	15.5
19.6	7.7	14.9	28.9	39.3	15.6	7.1	0.6	10.8
15.8	6.4	16.0	30.8	39.6	15.2	7.1	0.7	11.5
14.9	8.5	18.5	28.0	40.2	17.0	5.4	0.7	12.6
19.1	10.4	20.0	26.2	35.1	13.7	6.3	0.9	16.4
2.2	0.9	1.8	5.5	6.0	2.3	1.1	0.7	10.9
19.5	9.6	13.4	35.7	36.3	12.5	7.6	0.7	16.3
36.8	10.5	6.3	29.5	25.3	22.1	9.5	1.1	8.4
15.7	8.8	14.3	34.4	43.3	15.5	6.5	0.6	12.5
16.3	8.8	17.4	32.8	43.7	17.0	6.8	0.5	12.2
20.0	15.2	15.1	36.5	37.5	16.1	7.4	1.0	14.3
25.2	12.7	13.2	34.2	32.2	16.3	8.5	0.4	12.3
41.7	8.3	8.3	41.7	20.8		12.5		12.5
21.3	10.0	15.5	30.0	37.8	16.6	5.0	0.5	12.5
23.6	13.0	11.2	31.7	31.7	17.1	6.7	0.6	11.0
26.0	13.0	14.6	36.6	25.2	17.1	8.9	1.6	12.2
28.2	13.4	15.7	32.9	38.4	16.7	6.9		12.0
21.5	10.9	13.6	33.5	27.7	14.8	8.5	0.4	10.4

7-7 建筑业企业产品或工艺创新

项目	开展创新合作的企业数(个)	在创新合作企业中,		
		集团内其他企业	高等学校	研究机构
总计	**3051**	**26.3**	**24.9**	**10.9**
一、按行业分				
房屋建筑业	1385	27.5	26.2	11.7
土木工程建筑业	870	31.4	34.6	13.8
建筑安装业	351	22.5	14.5	7.7
建筑装饰和其他建筑业	445	15.7	10.1	5.2
二、按地区分				
东部地区	1873	19.1	21.9	9.3
中部地区	558	34.2	30.8	13.3
西部地区	468	47.2	34.6	16.5
东北地区	152	21.7	10.5	3.9
北京	203	16.3	10.3	6.9
天津	99	8.1	6.1	4.0
河北	104	42.3	37.5	14.4
山西	59	42.4	45.8	18.6
内蒙古	18	44.4	22.2	11.1
辽宁	93	10.8	6.5	1.1
吉林	23	30.4	21.7	8.7
黑龙江	36	44.4	13.9	8.3
上海	114	7.9	8.8	7.9
江苏	434	6.0	9.4	4.8
浙江	404	25.0	44.8	16.6
安徽	84	9.5	4.8	1.2
福建	97	27.8	27.8	15.5
江西	45	42.2	37.8	15.6
山东	181	44.8	34.8	11.6
河南	166	31.3	33.1	15.1
湖北	124	46.8	33.1	16.1
湖南	80	36.3	35.0	12.5
广东	227	10.6	8.8	3.5
广西	31	41.9	29.0	16.1
海南	10	50.0	20.0	10.0
重庆	69	33.3	39.1	13.0
四川	97	54.6	38.1	19.6
贵州	24	54.2	33.3	29.2
云南	63	54.0	27.0	14.3
西藏				
陕西	92	45.7	38.0	13.0
甘肃	32	43.8	34.4	15.6
青海	7	42.9	42.9	28.6
宁夏	11	54.5	27.3	
新疆	24	50.0	33.3	29.2

合作伙伴情况(2013-2014年)

下列合作伙伴对企业创新有较大价值的企业占比(%)

政府部门	行业协会	供应商	客户	竞争对手或同行业企业	市场咨询机构	风险投资机构	其他合作对象
7.0	**18.9**	**21.4**	**12.1**	**13.9**	**5.8**	**0.7**	**10.8**
8.4	21.2	20.0	10.2	16.8	7.1	0.6	11.3
6.3	14.3	18.7	11.1	10.8	4.8	0.7	7.0
3.7	16.5	28.5	15.7	10.0	2.3	0.9	15.4
6.5	22.9	25.2	17.1	13.7	6.5	0.7	13.0
4.8	16.1	17.9	9.3	11.6	5.1	0.7	10.5
10.9	24.9	26.2	16.3	18.1	7.3	1.1	12.7
10.7	23.7	30.8	18.8	19.0	8.3		8.5
8.6	17.1	17.8	9.9	9.9	1.3		14.5
1.5	7.9	10.8	7.4	4.9	2.5	1.0	5.9
1.0	4.0	4.0	3.0		1.0	3.0	9.1
11.5	28.8	26.0	23.1	11.5	2.9		8.7
3.4	15.3	35.6	11.9	13.6	6.8		8.5
	38.9	22.2	11.1	16.7	11.1		5.6
2.2	8.6	12.9	5.4	2.2			8.6
21.7	26.1	34.8	17.4	26.1	8.7		26.1
16.7	33.3	19.4	16.7	19.4			22.2
3.5	7.0	7.0	4.4	3.5	2.6		9.6
1.2	6.2	10.6	4.6	4.6	3.5	0.9	13.4
7.2	27.2	28.0	11.9	27.5	10.6	0.7	10.9
3.6	3.6	7.1	4.8	6.0	1.2	1.2	14.3
12.4	46.4	34.0	15.5	21.6	8.2		11.3
11.1	26.7	20.0	15.6	24.4		2.2	2.2
11.1	24.9	35.9	21.0	12.2	6.6		8.3
11.4	28.9	33.1	22.3	23.5	6.6		13.3
13.7	32.3	27.4	17.7	21.0	14.5	0.8	13.7
18.8	33.8	26.3	17.5	15.0	8.8	3.8	17.5
1.3	6.6	7.0	2.6	5.7	2.2	0.9	11.9
16.1	25.8	29.0	6.5	29.0	9.7		9.7
	10.0	10.0	10.0	50.0			10.0
15.9	30.4	33.3	21.7	18.8	11.6		7.2
4.1	19.6	33.0	20.6	13.4	4.1		5.2
8.3	16.7	25.0	8.3	8.3	12.5		12.5
12.7	22.2	28.6	15.9	28.6	14.3		12.7
10.9	19.6	35.9	25.0	14.1	5.4		12.0
9.4	37.5	18.8	12.5	18.8			9.4
	28.6	14.3	28.6	28.6	28.6		
27.3	18.2	36.4	18.2	54.5	9.1		9.1
16.7	16.7	33.3	25.0	16.7	8.3		

7-8 服务业企业产品或工艺创新

项 目	开展创新合作的企业数(个)	在创新合作企业中,		
		集团内其他企业	高等学校	研究机构
总 计	**31469**	**14.6**	**6.0**	**3.4**
一、按行业分				
批发和零售业	17011	14.2	4.4	2.0
批发业	8034	11.2	7.3	2.8
零售业	8977	16.8	1.8	1.2
交通运输、仓储和邮政业	2970	14.6	3.9	3.0
铁路运输业	13	23.1	7.7	7.7
道路运输业	1638	10.8	4.2	3.1
水上运输业	255	16.1	6.3	3.1
航空运输业	69	30.4	7.2	4.3
管道运输业	11	18.2		
装卸搬运和运输代理业	414	15.7	1.4	2.2
仓储业	366	12.0	2.7	3.3
邮政业	204	39.2	4.9	2.5
信息传输、软件和信息技术服务业	4011	16.2	9.6	5.0
电信、广播电视和卫星传输服务	756	39.3	4.2	7.1
互联网和相关服务	271	13.3	8.1	3.7
软件和信息技术服务业	2984	10.6	11.1	4.6
金融业	1133	34.0	3.2	3.3
货币金融服务	556	35.8	2.7	3.2
资本市场服务	133	20.3	3.8	2.3
保险业	372	36.3	3.8	3.0
其他金融业	72	33.3	2.8	6.9
租赁和商务服务业	2879	9.8	3.4	2.7
租赁业	113	6.2	3.5	3.5
商务服务业	2766	9.9	3.4	2.7
科学研究和技术服务业	2978	12.2	14.7	10.2
研究和试验发展	454	14.5	14.8	13.2
专业技术服务业	1848	12.9	16.2	9.9
科技推广和应用服务业	676	8.4	10.7	8.9
水利、环境和公共设施管理业	481	16.6	10.6	7.1
水利管理业	19	21.1	5.3	5.3
生态保护和环境治理业	77	9.1	20.8	10.4
公共设施管理业	385	17.9	8.8	6.5

合作伙伴情况(2013-2014年)

下列合作伙伴对企业创新有较大价值的企业占比(%)							
政府部门	行业协会	供应商	客户	竞争对手或同行业企业	市场咨询机　构	风险投资机　构	其他合作对　象
8.0	**10.0**	**15.4**	**25.4**	**10.3**	**5.3**	**1.7**	**17.0**
6.1	10.7	18.6	31.1	12.1	4.9	1.9	18.6
7.1	13.9	18.7	24.4	14.1	5.9	0.7	23.0
5.1	7.9	18.5	37.1	10.4	4.0	3.0	14.6
12.8	10.9	18.4	21.7	8.0	7.8	1.4	12.7
15.4		15.4	15.4		7.7		15.4
16.8	13.1	20.8	23.4	6.5	9.1	0.9	8.8
3.5	8.2	17.6	12.5	7.1	3.1	0.8	14.9
14.5	2.9	20.3	17.4	11.6	10.1		21.7
	9.1	36.4	9.1	9.1	9.1		18.2
6.0	8.2	17.2	20.3	13.3	6.3	2.4	15.9
8.7	9.8	13.1	18.0	7.7	6.0	2.7	19.4
12.7	7.8	11.3	30.9	10.3	8.3	3.4	18.6
8.1	5.7	8.5	17.6	7.3	3.5	1.6	13.9
11.2	5.6	24.5	26.3	11.6	8.3	1.5	16.8
4.4	4.4	4.4	12.2	5.2	3.0	0.7	15.1
7.6	5.9	4.8	15.8	6.4	2.3	1.7	13.1
17.1	11.5	16.9	29.0	17.0	16.2	2.6	11.6
20.5	8.6	19.4	32.9	22.3	16.4	1.6	12.1
4.5	16.5	21.8	20.3	8.3	13.5	6.0	12.0
17.7	13.7	13.7	25.8	12.1	16.9	2.2	11.3
11.1	12.5	5.6	30.6	18.1	15.3	5.6	8.3
7.3	9.7	8.9	18.5	7.9	5.9	1.3	23.0
7.1	5.3	14.2	21.2	9.7	6.2	8.0	14.2
7.3	9.9	8.7	18.4	7.8	5.9	1.0	23.3
9.3	10.0	8.7	12.9	6.0	2.5	1.6	12.8
6.2	4.6	5.3	10.8	2.0	2.0	2.6	12.3
11.6	12.7	10.1	14.2	7.4	2.3	1.6	13.0
5.0	6.4	7.1	10.5	4.9	3.3	1.0	12.6
18.9	11.9	17.9	22.9	10.4	7.3	0.8	20.2
15.8	21.1	21.1	26.3	21.1	10.5		10.5
10.4	10.4	13.0	9.1	3.9	5.2	1.3	11.7
20.8	11.7	18.7	25.5	11.2	7.5	0.8	22.3

7-8 续表

项 目	开展创新合作的企业数(个)	在创新合作企业中,		
		集团内其他企业	高等学校	研究机构
二、按地区分				
东部地区	22583	9.4	4.9	2.1
中部地区	4130	27.5	9.8	6.2
西部地区	4057	30.7	8.0	7.7
东北地区	699	14.7	4.6	3.0
北 京	2234	4.1	1.4	1.6
天 津	1825	3.9	2.8	3.0
河 北	590	29.2	8.5	4.2
山 西	293	32.8	9.2	7.2
内蒙古	181	38.1	11.1	6.1
辽 宁	465	5.8	1.5	1.3
吉 林	98	25.5	14.3	5.1
黑龙江	136	37.5	8.1	7.4
上 海	1753	11.2	1.9	1.2
江 苏	5445	1.9	5.2	0.5
浙 江	2152	27.3	15.3	6.0
安 徽	956	7.5	2.1	1.2
福 建	1259	22.7	11.4	5.1
江 西	285	30.2	13.3	5.6
山 东	2926	8.3	4.3	3.4
河 南	977	34.4	7.1	5.6
湖 北	962	35.7	17.3	11.1
湖 南	657	30.9	12.8	7.0
广 东	4295	7.2	1.1	0.6
广 西	294	23.8	7.1	6.8
海 南	104	47.1	17.3	4.8
重 庆	505	38.4	8.1	8.5
四 川	1222	21.2	6.8	7.0
贵 州	288	30.9	9.0	3.5
云 南	527	35.5	8.5	9.1
西 藏	24	50.0	4.2	4.2
陕 西	457	34.4	12.9	8.8
甘 肃	164	32.9	3.0	8.5
青 海	50	42.0	4.0	6.0
宁 夏	63	39.7	7.9	14.3
新 疆	282	38.3	6.4	10.3

下列合作伙伴对企业创新有较大价值的企业占比(%)							
政府部门	行业协会	供应商	客户	竞争对手或同行业企业	市场咨询机构	风险投资机构	其他合作对象
4.9	7.6	12.0	20.3	7.4	3.8	1.9	16.7
14.9	15.5	21.7	35.7	15.6	7.8	1.9	18.5
18.0	18.2	28.1	44.3	20.8	11.0	0.9	17.6
6.6	5.7	12.2	19.6	13.0	6.3	0.7	17.7
1.4	2.8	2.1	4.1	1.5	1.5	1.6	13.5
1.1	1.2	7.2	6.6	3.4	1.8	2.6	26.2
10.8	7.3	22.5	53.9	14.9	13.6	0.7	11.4
17.1	19.5	36.9	43.0	18.4	13.3	2.4	19.5
17.1	13.3	21.5	44.8	19.9	13.8	2.2	17.1
1.5	1.1	5.2	11.6	9.9	2.8	0.6	15.7
16.3	18.4	40.8	39.8	25.5	14.3	1.0	21.4
16.9	12.5	15.4	32.4	14.7	12.5	0.7	22.1
1.0	1.1	10.7	4.7	0.6	1.2	1.1	9.9
2.0	6.1	4.6	2.0	5.5	0.4	0.4	23.1
12.6	18.1	38.8	45.4	24.1	15.6	0.5	14.5
2.4	3.1	4.5	6.3	4.1	2.4	1.8	15.6
10.7	24.5	37.4	31.1	15.0	7.4	0.7	15.9
10.2	20.4	32.6	43.2	20.4	10.5	1.1	23.2
13.6	15.2	14.6	73.5	14.8	7.3	0.5	11.0
16.9	12.0	28.7	38.5	12.1	6.7	0.3	20.1
22.3	17.3	20.4	45.8	27.5	10.2	1.6	20.0
20.5	32.1	26.9	53.1	16.9	10.0	5.2	15.7
1.1	2.2	5.0	7.4	0.3	0.4	6.1	14.5
18.7	12.9	36.1	51.7	16.3	16.7		26.2
20.2	9.6	20.2	26.9	17.3	4.8	3.8	23.1
16.2	27.3	25.0	37.6	20.0	6.3	0.8	16.8
19.2	23.1	27.0	43.3	21.6	9.1	1.1	11.7
16.3	11.1	28.5	46.5	16.3	7.6	1.0	28.8
14.6	12.1	30.9	43.3	19.7	16.1	0.6	23.0
33.3	12.5	20.8	50.0	8.3	8.3	4.2	33.3
14.0	14.0	27.6	49.5	22.1	11.4	1.1	19.0
26.8	19.5	18.9	50.0	31.1	12.8	0.6	17.7
20.0	14.0	28.0	54.0	22.0	10.0	2.0	16.0
19.0	11.1	28.6	47.6	28.6	11.1		12.7
23.4	17.4	36.2	37.9	22.0	12.1	1.1	12.4

7-9 企业产学研合作形式(2013-2014年)

项 目	开展产学研合作的企业数(个)	在创新合作企业中产学研合作企业占比(%)	在产学研合作企业中，以下列为主要合作形式的企业占比(%)				
			共同完成科研项目	在企业建立研发机构	在高等学校或研究机构中设立研发机构	聘用高等学校或研究机构人员到企业兼职	其他形式
总 计	**47984**	**36.9**	**62.7**	**29.6**	**13.0**	**31.1**	**26.9**
一、按行业分							
采矿业	640	45.0	69.2	23.8	9.1	23.0	31.4
制造业	38658	41.6	63.5	30.0	11.7	32.2	24.6
电力、热力、燃气及水生产和供应业	505	38.9	76.2	18.0	8.5	13.1	25.1
建筑业	1463	48.0	77.2	30.5	12.0	27.5	23.4
批发和零售业	2351	13.8	31.6	31.3	34.4	22.8	62.7
交通运输、仓储和邮政业	470	15.8	45.1	22.8	16.2	28.3	46.8
信息传输、软件和信息技术服务业	1541	38.4	69.8	26.5	15.3	31.9	27.2
金融业	181	16.0	58.0	16.0	9.9	25.4	39.2
租赁和商务服务业	565	19.6	45.1	32.0	19.1	35.9	30.1
科学研究和技术服务业	1472	49.4	75.8	29.1	13.0	25.5	23.4
水利、环境和公共设施管理业	134	27.9	64.9	26.9	15.7	26.1	42.5
二、按地区分							
东部地区	31007	35.9	61.3	29.5	13.2	30.2	26.5
中部地区	9594	40.1	64.3	31.4	13.7	33.4	26.7
西部地区	5646	35.5	67.9	28.2	10.5	34.2	30.0
东北地区	1737	45.9	61.5	26.5	13.2	24.6	25.6
北 京	1546	40.2	78.4	19.9	11.4	24.9	20.4
天 津	1118	28.6	62.4	31.7	16.8	26.9	24.2
河 北	1290	32.9	65.1	28.7	7.8	27.8	25.2
山 西	403	45.7	66.5	28.0	7.7	31.8	27.3
内蒙古	264	38.4	61.4	23.9	12.5	27.3	29.2
辽 宁	1024	46.2	56.4	26.9	13.8	21.8	25.0
吉 林	358	44.7	69.3	26.3	12.6	27.9	26.8
黑龙江	355	46.4	68.5	25.9	12.4	29.3	26.2
上 海	1840	41.1	58.6	19.2	14.6	24.9	34.6
江 苏	9449	40.4	57.9	34.7	14.6	32.5	20.2
浙 江	5355	30.8	65.6	25.4	8.4	30.6	29.0
安 徽	2706	45.6	61.3	33.3	14.7	35.3	25.1
福 建	1830	33.6	66.7	27.6	13.3	34.7	30.3
江 西	935	41.1	66.4	27.7	12.9	30.1	26.2
山 东	3847	35.4	59.4	29.6	13.0	32.3	28.9
河 南	1704	33.1	62.4	33.4	10.9	34.6	25.5
湖 北	2269	42.2	67.8	31.3	14.9	33.8	27.3
湖 南	1577	36.4	64.9	29.4	15.3	30.4	30.0
广 东	4646	35.8	56.6	31.1	17.0	26.5	33.0
广 西	470	34.7	74.5	25.1	8.5	30.4	31.7
海 南	86	41.1	69.8	29.1	10.5	29.1	31.4
重 庆	693	31.1	68.1	25.7	12.4	35.2	29.7
四 川	1620	32.5	65.2	27.8	10.2	37.4	30.1
贵 州	364	33.1	69.5	30.8	11.3	34.6	33.5
云 南	557	35.8	66.2	32.0	9.7	32.7	30.2
西 藏	22	45.8	50.0	31.8	22.7	45.5	50.0
陕 西	826	43.2	71.1	28.2	8.2	35.2	25.4
甘 肃	302	42.9	65.9	26.8	10.3	30.5	30.5
青 海	78	43.3	62.8	21.8	3.8	28.2	42.3
宁 夏	129	44.5	64.3	35.7	6.2	40.3	37.2
新 疆	321	36.8	76.0	33.3	17.8	28.0	28.0

注：产学研合作指企业与高等学校或科研机构开展创新合作。

7-10 工业企业产学研合作形式(2013-2014年)

项目	开展产学研合作的企业数(个)	在创新合作企业中产学研合作企业占比(%)	在产学研合作企业中，以下列为主要合作形式的企业占比(%)				
			共同完成科研项目	在企业建立研发机构	在高等学校或研究机构中设立研发机构	聘用高等学校或研究机构人员到企业兼职	其他形式
总计	**39803**	**41.7**	**63.7**	**29.7**	**11.6**	**31.9**	**24.7**
一、按规模分							
大型企业	3878	62.6	78.7	32.7	10.8	30.5	21.2
中型企业	9814	46.8	67.5	30.9	11.1	30.0	22.6
小型企业	26111	38.2	60.0	28.8	11.9	32.8	26.0
二、按登记注册类型分							
内资企业	34094	43.2	63.6	30.2	11.6	32.8	24.5
国有企业	509	61.3	79.6	26.1	8.8	17.7	23.2
集体企业	124	35.7	58.1	25.0	9.7	34.7	24.2
股份合作企业	86	36.3	59.3	38.4	16.3	26.7	22.1
联营企业	12	38.7	83.3	25.0	8.3	16.7	16.7
有限责任公司	11052	47.5	67.8	28.8	10.6	30.5	24.6
股份有限公司	3154	66.6	75.1	34.1	11.3	34.0	19.7
私营企业	19071	38.8	58.9	30.6	12.3	34.5	25.3
其他企业	86	34.1	59.3	27.9	16.3	31.4	17.4
港、澳、台商投资企业	2714	37.6	65.0	27.2	11.2	27.6	24.7
外商投资企业	2995	31.8	63.9	26.3	11.6	24.4	26.7
三、按行业分							
采矿业	640	45.0	69.2	23.8	9.1	23.0	31.4
煤炭开采和洗选业	227	44.3	70.5	27.8	8.4	18.5	36.6
石油和天然气开采业	39	95.1	92.3	17.9	10.3	12.8	15.4
黑色金属矿采选业	84	35.9	63.1	22.6	9.5	25.0	33.3
有色金属矿采选业	129	53.1	72.1	17.1	5.4	23.3	29.5
非金属矿采选业	136	38.6	59.6	27.2	12.5	30.1	29.4
开采辅助活动	23	60.5	82.6	17.4	13.0	26.1	26.1

7-10 续表 1

项　目	开展产学研合作的企业数(个)	在创新合作企业中产学研合作企业占比(%)	在产学研合作企业中，以下列为主要合作形式的企业占比(%)				
			共同完成科研项目	在企业建立研发机构	在高等学校或研究机构中设立研发机构	聘用高等学校或研究机构人员到企业兼职	其他形式
制造业	38658	41.6	63.5	30.0	11.7	32.2	24.6
农副食品加工业	2258	43.2	62.5	29.9	11.8	35.9	25.0
食品制造业	1078	45.9	68.6	33.0	10.4	36.7	23.3
酒、饮料和精制茶制造业	780	43.1	64.2	30.9	12.3	34.7	28.3
烟草制品业	43	66.2	90.7	27.9	9.3	7.0	18.6
纺织业	1207	28.1	57.0	32.1	14.4	32.6	25.4
纺织服装、服饰业	598	23.4	51.8	35.8	20.1	30.8	30.6
皮革、毛皮、羽毛及其制品和制鞋业	296	17.6	56.1	38.9	19.3	32.8	28.4
木材加工和木、竹、藤、棕、草制品业	404	28.2	51.7	33.2	13.6	32.2	27.0
家具制造业	242	21.1	47.9	25.2	14.1	33.9	33.5
造纸和纸制品业	336	26.8	60.1	28.0	14.6	31.0	28.0
印刷和记录媒介复制业	285	26.9	61.8	29.1	11.6	28.8	27.0
文教、工美、体育和娱乐用品制造业	562	27.1	54.3	30.8	15.5	34.0	29.7
石油加工、炼焦和核燃料加工业	260	57.4	68.8	30.0	12.7	24.2	25.0
化学原料和化学制品制造业	4159	56.2	64.8	30.5	11.3	33.2	22.4
医药制造业	2393	72.6	73.8	29.6	12.2	30.3	24.3
化学纤维制造业	256	40.4	67.6	34.0	12.5	30.5	24.2
橡胶和塑料制品业	1358	34.4	57.9	29.8	11.5	34.2	26.7
非金属矿物制品业	2033	35.1	57.2	32.1	12.2	31.6	27.3
黑色金属冶炼和压延加工业	738	37.8	60.3	29.7	12.1	35.2	25.6
有色金属冶炼和压延加工业	976	51.9	63.8	30.3	10.6	31.4	25.8
金属制品业	1582	33.3	59.9	30.3	12.7	31.4	26.4
通用设备制造业	3620	45.3	63.0	28.3	10.9	31.0	22.8
专用设备制造业	3254	51.8	65.9	29.7	10.1	32.1	21.3
汽车制造业	1808	36.3	63.7	28.3	9.8	32.0	25.5
铁路、船舶、航空航天和其他运输设备制造业	753	43.9	72.2	28.0	11.4	27.4	24.7
电气机械和器材制造业	3625	43.5	62.2	29.0	11.1	33.2	24.7
计算机、通信和其他电子设备制造业	2398	41.4	64.7	29.1	11.0	30.6	24.5
仪器仪表制造业	1076	54.5	70.8	28.3	10.1	32.8	21.3
其他制造业	138	33.4	71.7	27.5	13.8	28.3	21.0
废弃资源综合利用业	95	44.4	65.3	33.7	10.5	23.2	29.5
金属制品、机械和设备修理业	47	56.0	78.7	17.0	6.4	19.1	19.1
电力、热力、燃气及水生产和供应业	505	38.9	76.2	18.0	8.5	13.1	25.1
电力、热力生产和供应业	362	38.6	77.1	16.6	8.6	10.2	26.0
燃气生产和供应业	37	25.5	62.2	24.3	16.2	18.9	27.0
水的生产和供应业	106	48.8	78.3	20.8	5.7	20.8	21.7

7-10 续表 2

项 目	开展产学研合作的企业数(个)	在创新合作企业中产学研合作企业占比(%)	在产学研合作企业中，以下列为主要合作形式的企业占比(%)				
			共同完成科研项目	在企业建立研发机构	在高等学校或研究机构中设立研发机构	聘用高等学校或研究机构人员到企业兼职	其他形式
四、按地区分							
东部地区	25101	40.5	62.8	29.5	11.5	31.2	23.4
中部地区	8445	43.8	64.1	31.4	12.4	33.6	26.3
西部地区	4747	41.7	67.9	28.7	10.0	34.6	29.0
东北地区	1510	51.5	63.8	26.2	13.4	25.0	23.5
北 京	737	52.5	77.1	20.9	8.4	24.7	20.4
天 津	798	40.1	64.0	29.2	14.0	25.9	18.9
河 北	1153	35.7	63.8	27.9	7.0	28.8	24.8
山 西	306	57.7	68.3	28.4	6.2	32.0	21.9
内蒙古	224	45.8	63.8	25.0	10.3	28.6	29.0
辽 宁	872	52.6	59.2	26.7	13.8	23.9	22.1
吉 林	332	48.8	69.3	25.3	13.0	25.3	27.7
黑龙江	306	51.6	70.9	25.8	13.1	27.8	22.9
上 海	1136	43.6	69.4	21.7	8.8	23.0	20.9
江 苏	8363	47.8	58.3	33.6	13.2	32.3	20.2
浙 江	4681	31.6	65.9	26.1	8.5	31.3	27.6
安 徽	2448	50.0	62.2	33.9	13.4	35.8	25.2
福 建	1517	37.1	66.1	30.3	10.7	36.2	24.9
江 西	857	44.1	66.0	28.5	12.8	29.4	26.3
山 东	3313	42.6	61.5	31.0	12.7	34.1	25.3
河 南	1504	37.5	61.7	34.0	10.8	34.8	24.4
湖 北	1944	45.2	66.0	29.0	10.9	33.9	28.3
湖 南	1386	38.6	64.9	30.2	15.5	30.7	28.5
广 东	3347	39.5	63.1	27.6	13.0	29.5	25.1
广 西	414	40.3	73.9	24.9	8.7	32.4	31.6
海 南	56	58.9	82.1	33.9	8.9	16.1	23.2
重 庆	557	33.7	67.9	29.1	13.1	35.0	28.7
四 川	1410	38.5	65.3	27.4	9.1	37.4	28.5
贵 州	306	38.8	69.6	33.0	12.1	34.6	32.7
云 南	436	45.2	66.3	30.7	8.5	33.3	30.3
西 藏	14	58.3	64.3	35.7	14.3	35.7	28.6
陕 西	691	50.7	70.2	29.7	8.8	36.0	24.6
甘 肃	264	52.0	66.7	26.9	9.8	31.4	28.0
青 海	65	52.8	61.5	20.0	4.6	30.8	36.9
宁 夏	112	51.9	63.4	34.8	7.1	40.2	38.4
新 疆	254	44.8	76.0	34.3	15.7	27.2	27.6

7-11 建筑业企业产学研合作形式(2013-2014年)

项目	开展产学研合作的企业数(个)	在创新合作企业中产学研合作企业占比(%)	在产学研合作企业中，以下列为主要合作形式的企业占比(%)				
			共同完成科研项目	在企业建立研发机构	在高等学校或研究机构中设立研发机构	聘用高等学校或研究机构人员到企业兼职	其他形式
总计	**1463**	**48.0**	**77.2**	**30.5**	**12.0**	**27.5**	**23.4**
一、按行业分							
房屋建筑业	661	47.7	77.2	35.9	14.2	32.7	24.4
土木工程建筑业	535	61.5	84.9	22.2	6.7	19.4	19.3
建筑安装业	134	38.2	66.4	32.8	11.2	27.6	29.1
建筑装饰和其他建筑业	133	29.9	57.1	34.6	22.6	33.8	30.1
二、按地区分							
东部地区	913	48.7	76.9	30.2	12.9	27.6	23.2
中部地区	274	49.1	75.9	33.2	12.0	31.0	25.9
西部地区	221	47.2	84.2	25.8	7.7	26.2	21.7
东北地区	55	36.2	60.0	40.0	12.7	12.7	21.8
北京	96	47.3	81.3	25.0	12.5	26.0	17.7
天津	45	45.5	77.8	33.3	6.7	33.3	22.2
河北	55	52.9	87.3	23.6	5.5	16.4	23.6
山西	35	59.3	80.0	22.9		17.1	22.9
内蒙古	6	33.3	66.7	50.0	16.7	33.3	33.3
辽宁	42	45.2	59.5	42.9	14.3	7.1	23.8
吉林	5	21.7	80.0	40.0	20.0	20.0	20.0
黑龙江	8	22.2	50.0	25.0		37.5	12.5
上海	64	56.1	75.0	29.7	4.7	15.6	18.8
江苏	194	44.7	63.4	36.6	17.5	36.1	25.8
浙江	229	56.7	83.0	30.6	10.5	25.3	25.8
安徽	46	54.8	69.6	37.0	6.5	41.3	28.3
福建	40	41.2	80.0	27.5	22.5	30.0	22.5
江西	22	48.9	86.4	27.3	18.2	27.3	13.6
山东	83	45.9	84.3	32.5	10.8	34.9	25.3
河南	79	47.6	74.7	36.7	15.2	29.1	27.8
湖北	57	46.0	77.2	36.8	17.5	29.8	28.1
湖南	35	43.8	74.3	28.6	11.4	40.0	25.7
广东	105	46.3	72.4	23.8	20.0	21.9	20.0
广西	14	45.2	78.6	28.6		14.3	7.1
海南	2	20.0	100.0	50.0		50.0	
重庆	33	47.8	84.8	15.2	9.1	30.3	21.2
四川	48	49.5	85.4	22.9	10.4	29.2	22.9
贵州	11	45.8	90.9	9.1		18.2	27.3
云南	27	42.9	81.5	37.0	11.1	33.3	14.8
西藏							
陕西	46	50.0	82.6	26.1	4.3	21.7	19.6
甘肃	16	50.0	87.5	25.0	6.3	6.3	31.3
青海	5	71.4	80.0	20.0		20.0	60.0
宁夏	3	27.3	100.0	33.3		66.7	
新疆	12	50.0	91.7	41.7	16.7	41.7	25.0

7-12 服务业企业产学研合作形式(2013-2014年)

项 目	开展产学研合作的企业数(个)	在创新合作企业中产学研合作企业占比(%)	在产学研合作企业中，以下列为主要合作形式的企业占比(%)				
			共同完成科研项目	在企业建立研发机构	在高等学校或研究机构中设立研发机构	聘用高等学校或研究机构人员到企业兼职	其他形式
总 计	**6718**	**21.3**	**53.5**	**28.7**	**21.7**	**27.2**	**41.0**
一、按行业分							
批发和零售业	2351	13.8	31.6	31.3	34.4	22.8	62.7
批发业	1239	15.4	38.1	30.7	29.1	32.5	52.2
零售业	1112	12.4	24.5	32.0	40.2	12.1	74.4
交通运输、仓储和邮政业	470	15.8	45.1	22.8	16.2	28.3	46.8
铁路运输业	2	15.4	100.0	50.0			50.0
道路运输业	242	14.8	40.9	14.9	19.4	28.9	49.2
水上运输业	48	18.8	52.1	29.2	4.2	35.4	33.3
航空运输业	17	24.6	70.6	11.8	11.8	17.6	35.3
管道运输业	4	36.4	100.0	25.0	25.0		
装卸搬运和运输代理业	81	19.6	48.1	40.7	18.5	32.1	42.0
仓储业	42	11.5	50.0	26.2	11.9	16.7	50.0
邮政业	34	16.7	29.4	26.5	11.8	29.4	67.6
信息传输、软件和信息技术服务业	1541	38.4	69.8	26.5	15.3	31.9	27.2
电信、广播电视和卫星传输服务	139	18.4	60.4	30.2	20.1	20.1	41.0
互联网和相关服务	86	31.7	62.8	32.6	15.1	34.9	27.9
软件和信息技术服务业	1316	44.1	71.2	25.8	14.8	32.9	25.7
金融业	181	16.0	58.0	16.0	9.9	25.4	39.2
货币金融服务	85	15.3	52.9	15.3	10.6	18.8	40.0
资本市场服务	24	18.0	70.8	20.8	8.3	25.0	20.8
保险业	59	15.9	55.9	11.9	11.9	33.9	45.8
其他金融业	13	18.1	76.9	30.8		30.8	38.5
租赁和商务服务业	565	19.6	45.1	32.0	19.1	35.9	30.1
租赁业	24	21.2	70.8	25.0	25.0	33.3	50.0
商务服务业	541	19.6	44.0	32.3	18.9	36.0	29.2
科学研究和技术服务业	1472	49.4	75.8	29.1	13.0	25.5	23.4
研究和试验发展	288	63.4	86.8	30.2	14.9	30.9	17.7
专业技术服务业	887	48.0	72.8	29.5	12.6	22.2	24.1
科技推广和应用服务业	297	43.9	74.1	26.9	12.1	30.3	26.9
水利、环境和公共设施管理业	134	27.9	64.9	26.9	15.7	26.1	42.5
水利管理业	5	26.3	100.0	20.0	20.0	60.0	20.0
生态保护和环境治理业	34	44.2	64.7	35.3	14.7	11.8	44.1
公共设施管理业	95	24.7	63.2	24.2	15.8	29.5	43.2

7-12 续表

项目	开展产学研合作的企业数(个)	在创新合作企业中产学研合作企业占比(%)	在产学研合作企业中，以下列为主要合作形式的企业占比(%)				
			共同完成科研项目	在企业建立研发机构	在高等学校或研究机构中设立研发机构	聘用高等学校或研究机构人员到企业兼职	其他形式
二、按地区分							
东部地区	4993	22.1	50.9	28.9	22.1	25.5	42.9
中部地区	875	21.2	63.5	31.1	27.1	32.0	30.5
西部地区	678	16.7	62.7	25.1	14.7	33.9	39.8
东北地区	172	24.6	42.4	25.0	11.6	25.0	45.3
北　京	713	31.9	79.4	18.2	14.4	25.0	20.8
天　津	275	15.1	55.3	38.5	26.5	28.7	40.0
河　北	82	13.9	68.3	42.7	19.5	20.7	31.7
山　西	62	21.2	50.0	29.0	19.4	38.7	56.5
内蒙古	34	18.8	44.1	11.8	26.5	17.6	29.4
辽　宁	110	23.7	33.6	21.8	13.6	10.9	48.2
吉　林	21	21.4	66.7	38.1	4.8	71.4	14.3
黑龙江	41	30.1	53.7	26.8	9.8	39.0	53.7
上　海	640	36.5	37.8	13.8	25.9	29.4	60.5
江　苏	892	16.4	52.9	44.8	26.7	33.6	18.5
浙　江	445	20.7	53.7	15.3	5.6	26.7	45.2
安　徽	212	22.2	49.5	26.4	31.6	28.3	22.6
福　建	273	21.7	68.1	12.5	26.4	27.1	61.2
江　西	56	19.6	64.3	16.1	12.5	41.1	30.4
山　东	451	15.4	39.2	18.6	15.5	18.2	55.9
河　南	121	12.4	62.8	24.0	9.1	36.4	37.2
湖　北	268	27.9	78.4	47.0	43.7	33.6	19.8
湖　南	156	23.7	62.8	21.8	14.7	25.0	44.2
广　东	1194	27.8	36.9	41.5	28.0	18.4	56.2
广　西	42	14.3	78.6	26.2	9.5	16.7	40.5
海　南	28	26.9	42.9	17.9	14.3	53.6	50.0
重　庆	103	20.4	64.1	10.7	9.7	37.9	37.9
四　川	162	13.3	58.0	32.1	19.8	40.1	45.7
贵　州	47	16.3	63.8	21.3	8.5	38.3	40.4
云　南	94	17.8	61.7	36.2	14.9	29.8	34.0
西　藏	8	33.3	25.0	25.0	37.5	62.5	87.5
陕　西	89	19.5	71.9	18.0	5.6	36.0	34.8
甘　肃	22	13.4	40.9	27.3	18.2	36.4	59.1
青　海	8	16.0	62.5	37.5		12.5	75.0
宁　夏	14	22.2	64.3	42.9		35.7	35.7
新　疆	55	19.5	72.7	27.3	27.3	29.1	30.9

八、产品或工艺创新阻碍因素情况

8-1 企业产品或工艺创新活动阻碍

项 目	在全部企业中，下列			
	缺乏内部资金	缺乏风险投资	缺乏银行贷款	创新成本过高
总 计	**10.5**	**6.6**	**12.3**	**16.1**
一、按行业分				
采矿业	11.3	6.5	14.8	11.5
制造业	10.5	7.2	14.3	19.7
电力、热力、燃气及水生产和供应业	9.2	3.5	7.2	11.0
建筑业	14.8	7.4	10.8	20.3
批发和零售业	10.3	5.8	10.4	10.6
交通运输、仓储和邮政业	9.8	6.7	9.8	10.6
信息传输、软件和信息技术服务业	11.5	8.2	8.3	22.8
金融业	10.1	2.9	1.8	14.3
租赁和商务服务业	10.7	5.0	5.2	10.4
科学研究和技术服务业	10.2	6.1	7.6	16.2
水利、环境和公共设施管理业	11.3	6.5	10.6	10.9
二、按地区分				
东部地区	9.8	6.1	10.1	16.1
中部地区	11.4	8.2	16.5	16.7
西部地区	12.4	6.6	16.0	16.9
东北地区	11.0	6.5	12.1	12.1
北 京	8.7	3.6	6.8	10.8
天 津	11.1	6.1	11.3	12.8
河 北	10.8	7.0	15.5	15.9
山 西	11.5	5.4	15.2	11.5
内蒙古	12.1	5.6	13.4	12.9
辽 宁	10.1	5.7	9.8	10.8
吉 林	10.5	8.1	13.9	13.4
黑龙江	15.1	8.0	18.8	15.3
上 海	8.2	4.6	4.8	13.5
江 苏	11.4	7.2	11.3	17.8
浙 江	7.5	5.5	7.9	19.9
安 徽	11.0	7.9	19.5	16.8
福 建	10.7	6.4	14.5	18.6
江 西	11.3	8.4	16.6	18.5
山 东	9.8	7.9	13.8	14.4
河 南	11.0	9.2	14.3	16.1
湖 北	11.3	8.5	18.1	17.2
湖 南	12.6	7.9	14.8	17.6
广 东	9.9	4.7	6.7	14.8
广 西	12.5	6.0	14.4	16.6
海 南	8.6	4.1	10.9	17.7
重 庆	11.4	6.7	14.4	16.5
四 川	12.3	6.8	16.3	19.8
贵 州	13.1	6.4	16.9	13.6
云 南	11.9	5.8	17.6	15.8
西 藏	14.5	6.6	11.6	10.7
陕 西	14.2	8.9	17.9	18.1
甘 肃	12.2	5.9	18.1	15.7
青 海	14.0	5.0	15.7	15.7
宁 夏	13.0	6.4	21.5	20.4
新 疆	12.4	5.8	15.8	15.8

因素情况(2013-2014年)

各项是创新主要阻碍因素的企业占比(%)							
缺乏人才或人才流失	缺乏技术信　　息	缺乏市场信　　息	难以找到创新合作伙　　伴	市场已被占　　领	不能确定市场需求	创新成果易被低成本模仿	没有创新的必要
22.4	**14.1**	**9.3**	**6.2**	**3.1**	**12.2**	**5.6**	**18.3**
14.8	11.9	7.4	4.9	1.8	6.9	1.5	21.9
25.4	16.9	9.4	6.6	2.6	13.3	7.1	13.9
13.7	11.0	4.4	3.1	1.4	5.4	1.2	26.3
33.3	19.3	9.1	7.5	2.6	12.9	6.5	13.1
17.8	10.2	9.6	5.8	4.4	11.6	3.6	25.0
16.5	9.1	7.8	6.1	2.9	8.1	2.2	24.8
30.5	12.3	9.8	7.1	5.1	17.1	8.3	10.7
32.1	14.6	15.9	6.4	7.8	19.4	18.5	8.2
16.5	9.0	9.3	6.2	2.5	9.6	3.5	26.3
26.1	14.2	9.7	6.0	3.7	11.8	5.2	18.3
22.9	13.1	9.9	5.6	2.2	9.3	2.9	20.6
22.3	14.4	9.1	6.1	3.1	13.4	6.3	18.5
23.4	14.2	9.3	6.5	2.8	10.2	4.8	16.0
24.0	14.0	10.4	6.6	3.8	10.8	4.6	19.5
16.3	10.8	8.5	5.3	3.2	9.3	2.9	21.1
19.6	11.9	7.6	6.8	2.3	14.9	7.1	22.3
20.0	10.6	11.0	6.2	3.4	10.5	5.5	20.7
23.5	16.0	10.9	5.7	3.0	11.8	4.6	16.4
20.4	12.1	9.6	5.6	2.9	9.3	2.6	18.5
15.5	10.0	8.5	5.3	2.8	7.6	2.2	19.2
14.4	9.7	7.6	4.4	2.6	8.9	2.7	20.5
17.7	11.1	8.3	5.6	2.8	7.4	2.7	17.3
21.9	14.6	12.2	8.3	5.7	13.0	3.9	27.7
18.9	9.9	7.6	5.8	3.1	12.9	6.9	23.9
21.8	15.6	8.7	7.4	3.7	16.1	7.0	19.0
28.6	19.7	10.3	6.3	2.6	15.3	8.2	16.9
25.1	14.8	9.2	6.5	2.8	11.3	6.1	15.8
24.9	13.6	9.8	6.5	2.5	13.1	5.8	16.3
24.8	14.6	9.2	7.7	2.8	11.6	4.9	19.5
21.8	16.0	11.0	5.8	3.3	8.7	4.0	16.2
23.1	15.0	9.7	6.2	3.1	8.9	5.2	15.0
23.4	13.5	10.1	6.5	2.7	11.2	4.6	17.3
22.1	13.7	7.5	6.5	2.7	9.2	3.9	13.0
19.1	9.7	6.6	4.8	2.9	13.9	6.4	19.3
22.9	13.8	9.7	5.9	4.1	10.6	3.6	18.6
26.4	12.2	9.9	7.8	3.9	9.1	4.6	20.4
21.9	12.4	8.3	6.7	3.7	11.1	5.1	20.8
22.9	13.5	9.8	6.8	4.2	11.1	6.1	20.1
24.0	12.1	10.2	7.2	3.4	8.9	3.3	18.8
25.4	14.7	11.0	6.9	3.3	10.6	4.6	19.3
29.3	14.1	8.3	3.7	5.0	5.4	3.7	21.5
28.9	16.8	13.1	7.1	4.0	12.1	4.8	17.4
28.9	18.7	13.7	7.3	4.2	10.8	3.8	21.8
31.8	18.2	11.3	3.7	2.8	10.4	4.5	19.4
29.6	20.1	13.3	8.7	4.6	14.8	4.5	18.8
28.8	15.7	12.3	6.4	4.4	12.2	3.8	19.4

8-2 工业企业产品或工艺创新

项　目	在全部企业中，下列		
	缺乏内部资　金	缺乏风险投　资	缺乏银行贷　款
总　计	**10.5**	**7.1**	**14.2**
一、按规模分			
大型企业	11.1	6.8	11.2
中型企业	10.5	6.8	12.3
小型企业	10.5	7.1	14.6
二、按登记注册类型分			
内资企业	10.8	7.4	15.3
国有企业	13.6	4.2	9.2
集体企业	11.1	6.3	10.5
股份合作企业	10.4	5.8	9.7
联营企业	12.9	8.8	10.6
有限责任公司	11.6	7.2	15.7
股份有限公司	12.5	7.7	15.1
私营企业	10.3	7.6	15.4
其他企业	13.1	7.5	14.9
港、澳、台商投资企业	8.8	5.1	8.1
外商投资企业	9.2	4.9	7.1
三、按行业分			
采矿业	11.3	6.5	14.8
煤炭开采和洗选业	12.0	6.2	15.7
石油和天然气开采业	13.2	8.3	3.5
黑色金属矿采选业	10.8	6.4	16.5
有色金属矿采选业	11.8	7.8	14.1
非金属矿采选业	10.0	6.5	12.8
开采辅助活动	13.3	7.2	13.3

活动阻碍因素情况(2013-2014年)

各项是创新主要阻碍因素的企业占比(%)								
创新成本过高	缺乏人才或人才流失	缺乏技术信息	缺乏市场信息	难以找到创新合作伙伴	市场已被占领	不能确定市场需求	创新成果易被低成本模仿	没有创新的必要
19.2	**24.6**	**16.5**	**9.2**	**6.4**	**2.6**	**12.8**	**6.7**	**14.6**
26.1	36.7	21.0	10.5	6.3	3.2	17.1	13.4	7.7
21.5	28.6	17.8	9.5	6.2	2.4	13.9	8.7	12.0
18.5	23.5	16.1	9.1	6.4	2.6	12.5	6.2	15.3
19.1	24.7	16.7	9.2	6.5	2.5	12.2	6.3	14.3
15.0	24.0	15.1	6.9	5.2	2.2	8.0	3.6	19.2
13.2	18.4	13.0	8.0	5.3	2.1	10.7	3.1	19.4
18.2	22.2	17.2	8.3	6.7	2.3	13.0	5.7	18.0
18.2	18.2	9.4	7.1	5.9	2.9	8.8	6.5	15.9
19.4	25.4	16.4	9.3	6.1	2.7	11.9	6.2	14.3
24.6	32.4	18.3	10.3	7.2	2.7	13.3	9.2	9.6
18.9	24.2	16.8	9.1	6.6	2.4	12.4	6.2	14.3
15.6	20.1	15.7	7.5	6.0	2.8	10.9	3.0	15.1
20.2	25.0	15.9	8.8	6.2	2.5	16.2	9.1	16.2
19.2	23.1	15.5	9.4	6.0	3.0	16.5	9.9	16.5
11.5	14.8	11.9	7.4	4.9	1.8	6.9	1.5	21.9
9.7	13.7	10.5	7.2	4.7	2.0	5.7	1.0	21.6
10.4	19.4	16.0	6.3	3.5	0.7	2.1	4.2	18.1
11.5	13.3	11.8	7.0	5.3	1.6	7.1	1.3	21.6
14.7	19.4	15.2	6.4	5.1	1.0	6.6	1.1	21.2
13.0	14.8	12.1	8.1	4.9	1.9	9.2	2.4	23.4
14.5	29.5	19.9	15.1	4.8	2.4	8.4	3.0	15.7

8-2 续表 1

项 目	在全部企业中，下列		
	缺乏内部资 金	缺乏风险投 资	缺乏银行贷 款
制造业	10.5	7.2	14.3
农副食品加工业	11.4	8.4	19.0
食品制造业	10.7	7.7	16.4
酒、饮料和精制茶制造业	12.4	8.2	20.2
烟草制品业	9.4	1.6	1.6
纺织业	9.3	7.2	12.7
纺织服装、服饰业	8.6	5.9	9.2
皮革、毛皮、羽毛及其制品和制鞋业	8.4	5.6	9.8
木材加工和木、竹、藤、棕、草制品业	10.9	8.3	16.1
家具制造业	9.3	7.0	12.4
造纸和纸制品业	9.0	6.3	12.9
印刷和记录媒介复制业	9.7	5.7	11.7
文教、工美、体育和娱乐用品制造业	9.3	6.6	11.5
石油加工、炼焦和核燃料加工业	12.4	7.3	17.2
化学原料和化学制品制造业	10.7	8.1	15.9
医药制造业	12.5	8.0	16.6
化学纤维制造业	9.3	7.4	14.0
橡胶和塑料制品业	9.7	6.7	12.3
非金属矿物制品业	10.6	6.8	15.4
黑色金属冶炼和压延加工业	11.3	6.9	16.5
有色金属冶炼和压延加工业	10.9	7.0	17.4
金属制品业	10.4	6.8	13.0
通用设备制造业	10.9	7.4	14.0
专用设备制造业	11.7	7.8	15.3
汽车制造业	11.4	6.8	14.3
铁路、船舶、航空航天和其他运输设备制造业	12.9	7.2	12.3
电气机械和器材制造业	11.2	7.3	14.3
计算机、通信和其他电子设备制造业	9.7	6.4	11.9
仪器仪表制造业	10.1	7.8	13.4
其他制造业	9.7	7.0	10.7
废弃资源综合利用业	11.4	6.8	14.6
金属制品、机械和设备修理业	12.8	6.3	11.3
电力、热力、燃气及水生产和供应业	9.2	3.5	7.2
电力、热力生产和供应业	9.9	3.3	7.0
燃气生产和供应业	7.4	4.7	6.1
水的生产和供应业	8.0	3.5	8.8

各项是创新主要阻碍因素的企业占比(%)								
创新成本过高	缺乏人才或人才流失	缺乏技术信息	缺乏市场信息	难以找到创新合作伙伴	市场已被占领	不能确定市场需求	创新成果易被低成本模仿	没有创新的必要
19.7	25.4	16.9	9.4	6.6	2.6	13.3	7.1	13.9
18.3	23.2	15.9	10.0	6.8	2.7	12.6	5.0	15.1
20.1	27.0	17.4	10.8	6.1	3.3	15.8	8.7	12.2
20.9	25.9	15.5	11.6	7.1	3.7	16.2	7.1	12.6
10.2	25.8	28.1	14.8	10.2	3.9	23.4	3.9	13.3
17.2	23.2	17.3	9.3	6.8	2.4	14.7	6.6	14.5
15.5	21.8	12.9	8.5	6.7	2.0	13.4	5.5	16.4
16.6	24.8	15.0	9.0	6.4	2.6	14.6	7.5	15.9
16.8	21.1	15.9	9.4	5.5	1.7	11.2	4.3	14.1
18.9	25.0	15.7	9.7	6.2	2.2	15.1	10.3	13.4
17.2	20.9	15.3	8.9	5.6	3.1	12.5	5.3	18.1
16.4	23.3	15.5	8.7	5.5	2.7	13.1	5.7	17.4
19.1	24.5	15.2	9.3	6.2	2.5	14.8	10.7	14.0
17.0	21.6	15.8	8.6	6.4	2.6	11.7	3.5	16.0
20.7	25.1	18.1	9.2	7.0	2.5	13.2	6.8	12.8
28.6	33.4	18.7	9.6	7.6	2.4	13.7	7.1	9.3
19.2	22.1	19.2	9.0	7.9	2.5	16.9	8.6	14.2
18.3	23.6	17.4	9.0	6.7	2.6	13.5	7.2	15.9
15.8	19.7	14.4	8.7	5.5	3.0	10.8	5.1	17.8
16.6	21.9	16.3	8.7	6.3	2.2	11.8	3.9	15.6
19.0	23.7	18.2	8.7	7.1	2.2	11.9	5.0	14.5
18.3	23.9	16.9	8.5	6.2	2.1	12.8	6.8	15.2
22.8	29.5	18.3	9.9	6.8	2.6	13.0	8.4	11.9
23.9	29.7	18.6	9.9	7.1	2.5	12.8	9.6	10.3
22.9	31.1	19.1	9.8	6.7	3.0	12.8	7.4	11.7
22.0	29.4	18.8	10.2	6.4	2.7	13.9	8.2	12.7
23.6	30.0	18.9	9.7	7.0	2.9	14.7	9.6	10.9
25.2	31.1	18.1	9.5	6.7	3.4	15.3	10.4	10.6
27.6	36.6	18.8	10.3	7.6	2.8	14.7	12.9	8.0
19.1	23.6	17.3	11.2	6.1	2.6	14.1	9.1	15.1
15.1	17.8	11.9	6.8	5.4	1.4	9.6	3.1	18.6
17.6	24.4	13.4	7.6	6.3	1.5	7.3	4.3	15.4
11.0	13.7	11.0	4.4	3.1	1.4	5.4	1.2	26.3
10.8	13.9	11.5	4.3	3.0	1.3	4.9	1.1	25.7
10.1	13.4	9.0	5.6	4.3	2.7	8.0	1.9	28.2
12.8	13.2	10.6	3.6	2.3	0.6	5.0	1.2	27.2

8-2 续表 2

项　目	在全部企业中，下列		
	缺乏内部资金	缺乏风险投资	缺乏银行贷款
四、按地区分			
东部地区	9.7	6.5	11.2
中部地区	11.5	8.5	19.2
西部地区	12.8	7.0	19.5
东北地区	10.8	6.9	13.6
北　京	9.4	4.3	7.9
天　津	10.8	6.5	12.4
河　北	11.1	7.3	17.4
山　西	12.4	5.9	20.2
内蒙古	12.4	5.7	15.1
辽　宁	9.1	5.6	10.5
吉　林	11.9	8.5	16.5
黑龙江	15.8	9.3	21.3
上　海	8.4	4.2	5.9
江　苏	11.2	8.0	11.2
浙　江	7.5	5.6	8.9
安　徽	11.5	7.6	21.7
福　建	10.4	7.1	16.3
江　西	11.0	8.5	18.6
山　东	10.2	7.8	14.4
河　南	10.6	9.2	16.2
湖　北	11.3	9.0	21.8
湖　南	13.1	8.9	18.0
广　东	8.9	4.9	7.6
广　西	13.3	7.5	17.8
海　南	7.3	3.1	11.3
重　庆	12.2	6.6	16.6
四　川	11.8	7.1	18.7
贵　州	14.9	7.3	22.1
云　南	12.5	6.4	21.4
西　藏	17.5	4.1	23.7
陕　西	14.8	9.0	22.4
甘　肃	13.0	6.3	24.5
青　海	14.3	6.3	22.0
宁　夏	14.1	6.7	27.4
新　疆	11.4	6.1	20.6

各项是创新主要阻碍因素的企业占比(%)								
创　新成本过高	缺乏人才或人才流失	缺乏技术信　息	缺乏市场信　息	难以找到创新合作伙伴	市场已被占　领	不能确定市场需求	创新成果易被低成本模仿	没有创新的必要
19.7	25.1	17.3	9.4	6.3	2.5	14.2	7.9	14.2
19.0	25.0	15.9	8.8	6.8	2.5	10.7	5.4	12.9
20.1	25.8	16.4	9.5	6.5	2.8	11.7	5.3	16.6
13.7	16.7	11.9	7.6	5.5	2.6	9.6	3.2	19.0
22.1	29.2	16.3	10.6	5.8	2.7	19.6	11.5	18.9
17.1	21.2	13.8	9.7	4.4	2.3	11.7	7.3	13.4
18.0	25.6	17.9	10.7	5.9	2.4	11.7	5.0	14.1
13.4	22.4	15.4	9.4	5.1	1.6	9.8	2.5	15.6
13.3	15.0	10.9	7.0	4.8	1.9	7.8	2.0	18.0
11.9	14.1	10.2	6.1	4.5	2.1	8.9	3.0	18.0
15.2	18.7	12.4	8.1	5.6	2.4	7.7	2.7	14.7
18.6	23.5	17.7	12.6	8.7	4.7	14.3	4.6	28.0
17.5	21.8	12.6	6.9	5.2	2.2	15.9	10.8	18.3
20.0	24.5	17.9	9.4	7.5	2.8	15.9	9.1	14.7
25.0	33.2	23.9	11.7	7.5	2.6	18.1	10.3	13.1
19.0	26.5	16.2	7.9	6.4	2.2	12.1	6.3	12.3
21.9	27.0	16.9	10.8	6.7	2.6	15.0	7.6	15.2
20.7	25.5	15.6	9.0	8.4	2.9	12.3	5.5	15.2
16.7	23.2	16.6	9.8	6.2	2.4	9.0	4.5	11.9
17.2	23.6	16.3	9.3	6.4	2.2	9.2	5.8	12.4
21.0	26.2	15.3	9.2	7.4	3.1	11.7	5.4	15.0
19.8	23.9	15.8	8.1	6.7	2.5	9.2	4.6	10.1
17.2	19.8	12.4	6.2	4.6	2.3	13.5	7.9	15.6
20.2	24.2	16.2	8.8	6.0	2.5	12.2	3.9	16.9
18.8	22.3	13.1	7.3	5.8	2.9	12.8	6.3	15.4
21.8	27.8	16.1	8.3	6.4	3.4	12.7	6.7	16.2
22.8	25.8	15.8	9.5	7.1	3.0	13.0	7.3	16.6
15.4	22.9	14.2	8.2	7.1	2.6	8.4	3.3	17.0
19.0	26.4	17.4	10.0	6.1	2.5	10.9	4.9	16.9
18.6	35.1	16.5	7.2	4.1	4.1	8.2	4.1	19.6
21.7	29.8	18.7	12.3	6.6	2.9	13.1	5.5	14.2
19.9	32.9	21.9	12.3	7.5	3.6	10.2	3.9	18.5
18.5	33.5	20.6	10.7	3.3	1.9	9.9	5.8	16.4
24.0	29.5	22.3	13.0	8.4	3.1	15.2	4.9	15.6
18.7	29.8	20.1	10.4	5.8	2.7	11.9	4.4	16.5

8-3 建筑业企业产品或工艺创新

项 目	在全部企业中，下列			
	缺乏内部资 金	缺乏风险投 资	缺乏银行贷 款	创 新成本过高
总 计	**14.8**	**7.4**	**10.8**	**20.3**
一、按行业分				
房屋建筑业	16.1	8.4	12.8	22.6
土木工程建筑业	17.0	6.6	9.6	21.1
建筑安装业	13.4	6.1	8.1	16.5
建筑装饰和其他建筑业	11.2	7.1	10.4	18.1
二、按地区分				
东部地区	13.9	7.0	10.1	20.2
中部地区	14.6	7.9	12.3	21.5
西部地区	18.7	8.2	12.7	21.1
东北地区	13.9	6.8	9.2	16.9
北 京	14.0	4.9	7.1	15.3
天 津	11.7	3.3	7.5	15.8
河 北	14.7	8.6	9.3	22.2
山 西	21.7	4.6	9.2	22.4
内蒙古	8.1	7.0	8.1	18.6
辽 宁	12.3	6.9	10.0	17.0
吉 林	11.3	7.8	6.4	20.6
黑龙江	19.4	5.8	9.2	14.1
上 海	10.4	4.6	6.8	12.4
江 苏	14.0	7.9	12.2	20.9
浙 江	13.6	8.7	13.1	25.6
安 徽	13.8	8.3	11.1	15.8
福 建	12.8	3.7	10.9	20.2
江 西	18.7	12.3	18.1	27.5
山 东	13.4	10.6	12.0	22.6
河 南	13.8	8.3	14.2	22.9
湖 北	11.3	7.5	11.3	20.0
湖 南	15.3	6.7	9.0	22.4
广 东	17.7	6.2	7.1	19.5
广 西	21.6	9.1	10.2	29.5
海 南	13.9		5.6	22.2
重 庆	16.4	8.9	13.1	21.0
四 川	16.2	9.1	10.4	23.0
贵 州	31.7	10.0	8.3	18.3
云 南	20.4	8.8	17.0	17.7
西 藏	20.0			20.0
陕 西	19.1	8.4	15.1	22.1
甘 肃	19.6	4.9	10.8	22.5
青 海	27.8	11.1	11.1	5.6
宁 夏	33.3	8.3	25.0	33.3
新 疆	22.5	4.5	13.5	12.4

活动阻碍因素情况(2013-2014年)

各项是创新主要阻碍因素的企业占比(%)							
缺乏人才或人才流失	缺乏技术信　息	缺乏市场信　息	难以找到创新合作伙伴	市场已被占　领	不能确定市场需求	创新成果易被低成本模仿	没有创新的必要
33.3	**19.3**	**9.1**	**7.5**	**2.6**	**12.9**	**6.5**	**13.1**
35.4	20.1	8.8	8.1	2.5	13.2	6.1	11.2
36.8	19.7	8.9	6.9	3.2	12.7	7.4	11.3
30.2	17.2	8.7	7.5	2.5	11.3	5.8	16.7
28.3	18.9	10.2	6.8	2.2	13.5	6.7	15.8
32.9	19.1	8.6	7.4	2.3	13.6	7.1	12.3
36.4	20.4	10.8	7.7	3.4	13.7	6.6	13.4
36.4	21.2	9.9	7.0	2.9	11.2	5.9	14.3
24.2	14.4	7.6	8.1	2.3	9.8	2.8	15.1
29.7	16.2	9.2	7.1	2.5	12.4	8.0	17.2
27.1	14.2	7.9	6.3	2.5	15.8	8.3	12.5
33.3	25.8	10.0	7.2	1.8	9.3	3.6	9.7
44.7	22.4	7.2	9.9	2.6	12.5	7.9	12.5
34.9	15.1	10.5	8.1	1.2	7.0	2.3	5.8
22.7	14.8	8.3	6.4	1.9	9.1	3.1	13.5
24.1	14.9	6.4	10.6	1.4	8.5	2.8	15.6
27.7	13.1	6.8	10.2	3.9	12.1	1.9	18.4
24.3	14.3	9.2	3.9	1.5	14.3	6.6	13.4
34.0	21.3	9.1	8.1	2.4	16.5	7.0	9.5
37.5	23.6	8.3	9.1	1.6	14.7	7.6	12.7
38.3	15.8	6.7	5.9	3.2	9.5	7.5	7.9
32.1	17.4	8.1	9.7	2.5	13.1	7.5	13.1
42.1	22.2	11.7	5.8	3.5	15.8	7.6	25.7
37.9	21.2	10.2	7.9	3.1	11.4	6.1	11.2
35.4	24.9	14.4	8.5	3.6	16.6	6.3	12.8
32.2	16.9	8.7	8.7	4.0	12.4	7.0	14.3
34.5	19.6	12.5	5.9	2.7	13.7	4.3	10.6
31.5	13.3	6.2	5.4	2.8	11.4	8.1	12.0
28.4	26.1	9.1	5.7	1.1	6.8	6.8	13.6
27.8	16.7	5.6	8.3		5.6		8.3
34.1	17.0	9.5	7.5	2.6	12.5	5.9	18.7
32.7	18.4	7.8	7.4	3.2	11.0	8.1	17.2
45.0	20.0	13.3	10.0		16.7	5.0	11.7
35.4	20.4	8.8	9.5	3.4	10.9	6.1	9.5
	60.0	20.0	20.0		20.0		40.0
37.1	22.7	10.7	5.4	4.0	9.7	5.7	13.0
37.3	26.5	11.8	3.9	2.9	10.8	2.9	8.8
55.6	44.4	11.1	16.7		11.1	11.1	5.6
54.2	33.3	25.0	8.3	4.2	16.7	4.2	12.5
51.7	27.0	7.9	3.4	4.5	15.7	4.5	19.1

8-4 服务业企业产品或工艺创新

项 目	在全部企业中，下列各项是			
	缺乏内部资 金	缺乏风险投 资	缺乏银行贷 款	创 新成本过高
总 计	**10.3**	**5.9**	**9.5**	**11.4**
一、按行业分				
批发和零售业	10.3	5.8	10.4	10.6
批发业	9.1	5.5	10.3	9.1
零售业	11.6	6.1	10.5	12.2
交通运输、仓储和邮政业	9.8	6.7	9.8	10.6
铁路运输业	8.8	3.5	6.1	9.6
道路运输业	9.5	8.0	10.8	10.9
水上运输业	10.6	6.6	12.3	8.9
航空运输业	13.6	4.3	6.8	14.5
管道运输业	18.5	9.3	1.9	13.0
装卸搬运和运输代理业	9.9	4.5	7.1	10.1
仓储业	9.6	4.7	9.4	10.0
邮政业	12.6	4.7	4.7	13.0
信息传输、软件和信息技术服务业	11.5	8.2	8.3	22.8
电信、广播电视和卫星传输服务	11.3	5.8	3.5	15.2
互联网和相关服务	9.1	10.0	7.1	18.0
软件和信息技术服务业	11.9	8.7	10.0	25.7
金融业	10.1	2.9	1.8	14.3
货币金融服务	7.0	2.7	1.0	13.2
资本市场服务	12.2	3.8	4.9	18.1
保险业	14.0	2.7	1.5	15.3
其他金融业	3.9	3.2	1.9	7.7
租赁和商务服务业	10.7	5.0	5.2	10.4
租赁业	8.9	5.9	9.9	11.9
商务服务业	10.7	4.9	5.0	10.3
科学研究和技术服务业	10.2	6.1	7.6	16.2
研究和试验发展	14.9	6.8	10.6	24.9
专业技术服务业	8.8	5.8	6.3	15.1
科技推广和应用服务业	12.9	6.9	10.9	16.6
水利、环境和公共设施管理业	11.3	6.5	10.6	10.9
水利管理业	10.8	5.6	6.2	10.8
生态保护和环境治理业	12.6	6.0	9.3	18.1
公共设施管理业	11.2	6.7	11.1	9.9

活动阻碍因素情况(2013-2014年)

创新主要阻碍因素的企业占比(%)							
缺乏人才或人才流失	缺乏技术信　息	缺乏市场信　息	难以找到创新合作伙伴	市场已被占　领	不能确定市场需求	创新成果易被低成本模仿	没有创新的 必 要
18.7	**10.3**	**9.4**	**5.9**	**4.0**	**11.3**	**3.8**	**23.9**
17.8	10.2	9.6	5.8	4.4	11.6	3.6	25.0
15.7	10.3	9.4	6.1	4.1	10.1	3.2	26.0
20.2	10.0	9.8	5.4	4.7	13.4	4.1	23.9
16.5	9.1	7.8	6.1	2.9	8.1	2.2	24.8
19.3	11.4	11.4	7.9	5.3	6.1	1.8	17.5
16.2	9.5	7.3	6.0	2.5	7.6	1.6	25.8
14.5	9.2	7.6	6.4	2.5	6.6	3.5	22.9
16.6	9.8	10.2	5.5	3.4	11.5	5.1	15.3
16.7	20.4	9.3	9.3	1.9	5.6	1.9	25.9
16.2	6.6	8.2	5.9	4.3	9.9	2.7	25.7
18.1	10.1	8.7	6.5	1.6	7.2	1.8	22.9
22.5	11.4	12.5	6.4	7.0	12.6	9.0	14.7
30.5	12.3	9.8	7.1	5.1	17.1	8.3	10.7
25.0	12.1	8.5	6.6	8.4	15.6	8.4	10.6
28.2	11.8	8.7	6.5	5.1	21.0	9.7	14.2
32.5	12.5	10.3	7.3	4.0	17.1	8.1	10.4
32.1	14.6	15.9	6.4	7.8	19.4	18.5	8.2
32.5	17.4	17.8	5.1	9.2	21.3	20.3	7.5
38.7	10.8	9.4	10.5	5.6	13.2	11.2	8.0
30.6	14.0	16.2	5.4	8.1	20.1	20.4	8.4
25.8	9.0	15.5	11.0	2.6	16.1	12.3	12.3
16.5	9.0	9.3	6.2	2.5	9.6	3.5	26.3
16.8	11.1	7.2	5.1	1.2	9.5	3.6	24.1
16.5	9.0	9.4	6.3	2.6	9.6	3.5	26.4
26.1	14.2	9.7	6.0	3.7	11.8	5.2	18.3
29.3	11.9	11.2	6.1	3.0	12.7	7.4	10.8
26.5	14.4	9.3	5.9	3.9	11.5	4.9	19.5
23.8	14.7	10.2	6.6	3.1	12.3	5.6	17.1
22.9	13.1	9.9	5.6	2.2	9.3	2.9	20.6
17.4	12.8	7.7	2.1	2.1	7.7	3.6	27.2
26.0	14.8	7.9	8.8	1.1	7.9	4.4	21.6
22.9	12.9	10.3	5.4	2.3	9.6	2.6	20.0

8-4 续表

项　目	在全部企业中，下列			
	缺乏内部资　金	缺乏风险投　资	缺乏银行贷　款	创　新成本过高
二、按地区分				
东部地区	9.8	5.5	8.6	11.2
中部地区	11.1	7.6	11.5	12.0
西部地区	11.7	5.9	11.5	12.4
东北地区	11.2	5.9	9.7	8.8
北　京	8.4	3.4	6.6	8.4
天　津	11.3	5.9	10.7	9.6
河　北	9.6	6.2	10.4	9.3
山　西	10.3	4.8	10.5	9.2
内蒙古	11.7	5.2	10.8	12.2
辽　宁	11.7	5.7	8.7	8.7
吉　林	7.2	6.9	8.1	8.7
黑龙江	13.3	5.8	15.1	9.3
上　海	7.9	4.8	4.1	11.0
江　苏	11.6	6.1	11.5	14.5
浙　江	7.0	5.1	5.7	9.7
安　徽	9.7	8.6	14.7	11.5
福　建	11.1	5.2	11.7	12.8
江　西	12.0	7.6	10.4	11.5
山　东	9.2	8.2	12.9	10.5
河　南	11.8	9.2	10.1	13.4
湖　北	11.2	7.7	12.7	11.4
湖　南	11.5	6.1	9.1	13.3
广　东	11.2	4.4	5.5	11.4
广　西	10.9	3.6	9.3	10.7
海　南	8.9	4.7	10.9	17.0
重　庆	10.5	6.6	12.3	11.2
四　川	12.9	6.2	12.5	14.8
贵　州	9.7	4.7	8.7	10.8
云　南	11.1	5.1	14.0	12.8
西　藏	12.1	8.6	3.6	5.0
陕　西	13.1	8.9	12.2	13.1
甘　肃	10.9	5.6	11.1	10.5
青　海	13.0	3.0	7.7	12.5
宁　夏	10.1	5.9	9.7	12.8
新　疆	13.0	5.4	10.2	12.6

各项是创新主要阻碍因素的企业占比(%)							
缺乏人才或人才流失	缺乏技术信　　息	缺乏市场信　　息	难以找到创新合作伙伴	市场已被占　　领	不能确定市场需求	创新成果易被低成本模仿	没有创新的必要
18.2	10.3	8.7	5.9	3.8	12.4	4.1	24.4
19.8	10.7	10.2	5.8	3.6	9.2	3.6	22.0
20.9	10.4	11.5	6.8	5.2	9.4	3.6	23.6
15.2	8.6	10.3	4.8	4.3	8.8	2.3	25.3
17.4	10.9	6.9	7.0	2.2	14.1	6.2	23.2
18.9	8.2	12.2	7.6	4.2	9.5	4.1	26.3
17.0	10.2	11.6	5.0	4.5	12.3	3.4	23.4
17.5	8.5	10.0	5.9	4.1	8.7	2.5	21.5
15.6	8.5	11.0	6.1	4.3	7.3	2.5	21.7
14.4	8.7	10.1	4.1	3.6	8.8	2.2	25.0
14.9	7.5	9.2	5.1	3.9	6.7	2.6	23.7
18.5	9.1	11.9	7.4	7.8	10.7	2.7	27.9
17.0	8.2	8.0	6.2	3.6	11.0	4.5	27.6
17.4	12.1	7.8	7.2	5.2	16.4	3.8	25.8
19.1	11.3	7.7	3.9	2.6	9.8	4.1	24.5
21.3	11.3	12.3	6.7	4.4	9.5	5.6	24.4
21.2	7.9	8.1	6.1	2.4	9.8	2.5	18.2
21.7	11.1	9.6	5.7	2.5	9.4	2.9	31.9
19.1	14.9	12.9	5.1	4.9	8.3	3.1	23.3
21.4	11.6	10.3	5.6	5.1	7.8	3.8	21.2
18.7	10.9	11.5	5.2	2.0	10.4	3.4	20.9
18.3	9.8	6.1	6.1	3.1	9.1	2.6	18.5
17.8	5.8	7.2	5.0	3.7	14.6	4.2	24.6
20.9	9.8	11.2	5.9	6.5	8.3	3.1	21.3
28.3	11.6	11.3	8.7	4.6	7.6	4.0	23.1
15.6	8.4	8.3	7.0	4.1	9.5	3.4	25.3
18.0	9.7	10.3	6.2	6.2	8.0	4.2	25.8
25.4	8.5	13.1	7.2	4.6	9.4	3.3	21.8
24.1	12.0	12.1	7.6	4.1	10.3	4.3	21.9
26.4	10.7	8.6	2.9	5.7	2.9	3.6	22.1
26.9	13.8	14.2	8.0	5.4	10.9	3.8	21.8
23.8	14.7	15.5	7.2	5.0	11.4	3.6	26.3
28.5	13.9	12.1	3.7	3.9	11.1	2.6	23.9
28.9	15.1	13.4	9.2	7.7	14.0	3.9	25.2
26.7	10.2	14.7	7.3	6.3	12.5	3.1	22.7

8-5 开展产品或工艺创新活动

项目	开展产品或工艺创新活动企业数(个)	在开展产品或工艺创新活动		
		缺乏内部资金	缺乏风险投资	缺乏银行贷款
总 计	**173460**	**12.8**	**8.5**	**17.2**
一、按行业分				
采矿业	2140	20.2	11.0	24.5
制造业	124721	11.9	8.6	18.8
电力、热力、燃气及水生产和供应业	1806	17.7	4.9	11.8
建筑业	3839	18.7	8.2	12.7
批发和零售业	23010	15.1	7.6	15.2
交通运输、仓储和邮政业	3776	15.1	11.4	10.9
信息传输、软件和信息技术服务业	5256	11.6	9.8	10.1
金融业	1366	10.5	2.9	1.8
租赁和商务服务业	3402	14.3	6.1	8.9
科学研究和技术服务业	3536	15.8	7.7	10.7
水利、环境和公共设施管理业	599	14.9	9.9	19.0
二、按地区分				
东部地区	113685	11.2	7.6	13.4
中部地区	33151	15.0	11.0	25.6
西部地区	20917	17.5	9.1	24.2
东北地区	5707	15.4	8.5	19.1
北 京	5312	12.7	5.3	7.8
天 津	4340	13.5	8.9	16.7
河 北	5293	13.4	7.8	22.4
山 西	1235	18.1	9.6	29.7
内蒙古	989	20.5	9.4	26.1
辽 宁	3486	14.5	7.5	16.3
吉 林	1154	15.1	10.6	24.3
黑龙江	1067	18.6	9.5	22.5
上 海	6405	10.7	5.9	7.0
江 苏	25625	11.8	8.4	11.6
浙 江	23234	8.7	6.8	10.6
安 徽	7852	12.2	9.3	24.6
福 建	8066	13.8	8.0	21.1
江 西	3200	14.5	10.4	24.8
山 东	15582	11.0	11.8	21.1
河 南	7183	15.2	12.0	24.0
湖 北	7106	16.3	12.6	29.6
湖 南	6575	16.5	10.8	23.8
广 东	19552	11.2	4.8	10.5
广 西	1881	21.3	10.4	23.4
海 南	276	10.1	4.0	12.7
重 庆	3188	16.2	7.9	21.6
四 川	5761	16.3	9.5	23.9
贵 州	1524	19.4	10.0	25.5
云 南	2020	17.1	8.1	24.3
西 藏	54	24.1	11.1	16.7
陕 西	2619	18.9	10.3	27.0
甘 肃	1038	15.8	6.7	25.7
青 海	231	20.3	6.1	22.9
宁 夏	391	18.4	9.7	27.4
新 疆	1221	14.8	8.0	23.0

企业的阻碍因素情况(2013-2014年)

企业中，下列各项是创新主要阻碍因素的企业占比(%)

创新成本过高	缺乏人才或人才流失	缺乏技术信息	缺乏市场信息	难以找到创新合作伙伴	市场已被占领	不能确定市场需求	创新成果易被低成本模仿	没有创新的必要
27.6	**36.9**	**21.8**	**13.6**	**7.9**	**4.4**	**16.4**	**12.1**	**5.2**
24.2	32.7	24.3	11.4	6.7	2.2	8.9	4.5	9.9
29.4	37.6	23.4	12.5	7.6	3.2	16.4	13.1	4.6
22.9	27.7	24.1	7.9	5.3	1.6	7.4	3.0	14.7
29.7	46.8	25.7	11.3	8.9	2.7	15.3	11.7	4.7
19.5	31.9	16.9	19.5	9.6	10.9	17.8	8.6	7.0
22.1	31.4	12.1	16.3	6.8	3.9	12.4	6.6	10.4
31.8	42.1	14.5	12.2	7.8	6.6	19.9	12.6	3.9
16.5	38.4	16.8	19.5	7.2	9.8	23.6	25.5	3.1
18.2	33.5	17.3	16.1	9.9	3.3	15.1	12.0	7.0
29.9	41.1	18.7	12.8	7.4	4.1	17.7	12.1	3.6
19.0	41.9	23.5	15.4	7.0	3.0	16.5	5.8	6.7
26.6	35.6	21.7	13.4	7.7	4.6	17.8	12.8	5.2
28.8	38.5	21.7	12.7	8.1	3.7	13.4	11.0	4.4
31.6	43.0	23.7	15.8	8.6	4.7	15.0	10.8	6.2
23.7	30.7	18.3	13.3	7.2	4.1	11.4	8.8	6.2
25.8	35.8	16.3	12.2	6.3	4.5	21.2	13.8	5.7
20.4	28.1	14.7	16.5	7.4	3.2	12.7	10.0	6.7
24.1	36.0	23.4	16.0	7.9	4.0	15.1	9.3	8.0
27.1	43.7	25.1	14.7	7.2	3.0	13.0	7.4	6.0
27.2	33.9	22.1	14.8	8.1	4.4	13.1	7.2	9.1
20.4	26.4	15.1	12.4	5.5	3.4	10.7	8.8	5.6
28.2	37.0	22.2	14.0	9.1	4.9	10.7	7.2	5.5
29.7	38.1	24.2	15.5	10.6	5.3	14.6	10.4	8.7
22.8	29.7	13.4	8.9	6.4	3.1	17.8	16.8	5.9
23.3	29.9	19.0	10.7	8.7	4.4	15.9	12.6	5.3
33.4	44.8	29.6	14.4	8.1	4.2	20.5	14.7	5.3
25.1	35.8	20.2	10.3	7.0	4.0	14.1	13.1	3.0
31.1	41.0	22.7	14.6	8.2	3.2	18.6	12.9	7.0
32.9	41.3	23.4	13.1	9.4	3.8	15.2	10.4	5.2
24.3	38.9	25.2	21.1	8.3	6.4	12.5	9.3	4.1
27.6	38.7	22.6	14.9	7.3	3.5	12.3	12.9	4.3
31.9	39.4	20.2	13.4	8.5	3.7	14.0	10.0	5.2
29.5	38.1	22.5	12.0	9.5	3.5	12.4	8.4	4.7
26.4	30.7	17.9	9.8	5.9	5.3	22.1	13.8	3.4
33.0	42.2	23.6	14.6	6.8	4.0	17.0	9.4	7.5
30.1	37.7	17.0	16.7	5.8	4.7	17.8	11.6	10.1
31.4	41.2	21.8	12.9	8.3	5.0	16.1	11.7	6.5
34.8	41.8	21.9	15.4	8.9	4.8	14.9	13.1	5.1
25.7	42.7	22.9	15.6	11.5	4.8	10.6	7.8	7.7
30.9	43.3	24.3	16.9	9.5	4.6	16.3	11.4	6.1
27.8	63.0	14.8	14.8	5.6	13.0	5.6	13.0	7.4
32.4	45.3	26.1	16.3	8.0	4.0	14.7	10.4	4.7
27.5	45.5	28.3	18.0	9.9	4.5	12.4	7.4	8.2
30.3	54.1	28.1	17.7	4.3	2.6	15.2	12.1	5.2
33.5	52.2	29.2	17.1	9.7	5.1	17.6	9.2	3.6
29.2	49.1	28.2	21.8	7.0	5.7	17.0	8.8	7.1

8-6 开展产品或工艺创新活动工业

项目	开展产品或工艺创新活动企业数(个)	在开展产品或工艺创新		
		缺乏内部资金	缺乏风险投资	缺乏银行贷款
总计	**128667**	**12.1**	**8.6**	**18.8**
一、按规模分				
大型企业	7427	12.0	7.4	12.0
中型企业	28557	11.5	7.8	14.9
小型企业	92683	12.4	8.9	20.5
二、按登记注册类型分				
内资企业	106759	12.7	9.2	20.6
国有企业	1094	22.8	6.2	13.1
集体企业	495	15.2	7.5	17.2
股份合作企业	359	14.8	7.2	12.5
联营企业	40	30.0	12.5	15.0
有限责任公司	31231	14.6	8.9	21.2
股份有限公司	5958	12.4	8.8	16.9
私营企业	67236	11.6	9.4	20.9
其他企业	346	18.8	11.0	25.4
港、澳、台商投资企业	9958	9.3	6.1	10.6
外商投资企业	11950	9.7	5.5	9.0
三、按行业分				
采矿业	2140	20.2	11.0	24.5
煤炭开采和洗选业	806	24.4	10.4	24.4
石油和天然气开采业	44	22.7	11.4	6.8
黑色金属矿采选业	330	20.0	10.6	30.9
有色金属矿采选业	374	16.0	11.2	23.3
非金属矿采选业	523	16.3	12.4	23.7
开采辅助活动	61	21.3	4.9	18.0

企业的阻碍因素情况(2013-2014年)

活动企业中，下列各项是创新主要阻碍因素的企业占比(%)								
创新成本过高	缺乏人才或人才流失	缺乏技术信息	缺乏市场信息	难以找到创新合作伙伴	市场已被占领	不能确定市场需求	创新成果易被低成本模仿	没有创新的必要
29.3	**37.4**	**23.4**	**12.5**	**7.5**	**3.2**	**16.1**	**12.8**	**4.8**
30.3	43.4	24.4	11.7	6.8	3.6	18.5	16.5	3.3
29.2	38.6	23.5	12.3	7.0	2.8	16.5	13.5	4.5
29.2	36.5	23.3	12.6	7.7	3.2	15.8	12.3	5.0
29.4	38.0	23.8	12.6	7.7	3.1	15.4	12.1	4.7
28.0	44.4	25.3	11.7	9.3	3.5	13.0	7.5	6.9
24.4	36.6	22.8	12.1	9.1	2.2	13.5	8.5	9.1
28.7	36.8	24.2	10.6	7.8	4.5	14.2	11.7	7.8
25.0	35.0	17.5	17.5	17.5	5.0	17.5	20.0	5.0
29.7	39.6	23.6	12.8	7.2	3.3	14.9	11.9	4.5
32.8	43.7	23.3	12.9	8.3	3.0	16.0	14.3	3.1
29.0	36.7	23.8	12.4	7.8	3.0	15.6	12.2	4.8
25.4	32.9	26.6	11.9	9.0	3.8	14.2	6.6	5.5
29.8	36.2	22.5	11.7	7.3	3.0	20.0	15.4	5.4
27.4	32.7	21.2	12.1	6.7	3.8	19.7	16.5	5.4
24.2	32.7	24.3	11.4	6.7	2.2	8.9	4.5	9.9
22.3	32.4	22.5	11.9	6.1	3.0	8.2	3.0	10.9
25.0	50.0	36.4	9.1	4.5			13.6	6.8
27.3	29.4	22.7	11.2	7.9	2.7	9.4	5.2	9.4
25.4	36.6	26.7	11.0	6.7	0.8	5.9	2.7	10.7
24.9	29.6	24.9	11.3	7.6	1.7	12.4	6.9	8.8
16.4	42.6	27.9	13.1	3.3	3.3	9.8	4.9	6.6

8-6 续表 1

项 目	开展产品或工艺创新活动企业数(个)	在开展产品或工艺创新		
		缺乏内部资金	缺乏风险投资	缺乏银行贷款
制造业	124721	11.9	8.6	18.8
农副食品加工业	6909	13.3	10.5	27.0
食品制造业	3115	11.8	10.0	22.1
酒、饮料和精制茶制造业	2366	13.8	11.4	27.7
烟草制品业	81	7.4	2.5	1.2
纺织业	5651	10.2	8.6	15.8
纺织服装、服饰业	3568	9.8	8.0	12.2
皮革、毛皮、羽毛及其制品和制鞋业	2376	9.1	6.4	12.8
木材加工和木、竹、藤、棕、草制品业	2034	13.2	10.1	23.8
家具制造业	1648	10.3	8.1	16.3
造纸和纸制品业	1805	10.5	8.4	19.6
印刷和记录媒介复制业	1406	11.2	7.3	17.6
文教、工美、体育和娱乐用品制造业	2827	10.6	8.2	15.2
石油加工、炼焦和核燃料加工业	600	16.0	11.2	24.7
化学原料和化学制品制造业	9894	11.6	9.2	20.5
医药制造业	4135	12.3	9.1	18.5
化学纤维制造业	728	9.1	9.2	17.2
橡胶和塑料制品业	5537	11.3	8.6	16.4
非金属矿物制品业	8125	13.9	9.1	22.5
黑色金属冶炼和压延加工业	2716	14.4	8.8	23.4
有色金属冶炼和压延加工业	2629	13.3	8.7	24.7
金属制品业	6447	11.5	7.6	17.7
通用设备制造业	10607	12.2	8.5	17.4
专用设备制造业	8420	12.1	8.6	18.9
汽车制造业	6242	12.8	7.6	18.2
铁路、船舶、航空航天和其他运输设备制造业	2153	15.0	8.4	16.1
电气机械和器材制造业	11214	12.0	8.4	17.2
计算机、通信和其他电子设备制造业	7869	9.9	7.3	14.5
仪器仪表制造业	2646	10.6	8.0	15.2
其他制造业	560	12.1	7.9	16.1
废弃资源综合利用业	302	14.9	8.9	23.5
金属制品、机械和设备修理业	111	18.0	11.7	16.2
电力、热力、燃气及水生产和供应业	1806	17.7	4.9	11.8
电力、热力生产和供应业	1341	19.4	4.5	10.2
燃气生产和供应业	185	13.5	8.6	15.1
水的生产和供应业	280	12.5	4.3	17.5

活动企业中，下列各项是创新主要阻碍因素的企业占比(%)								
创新成本过高	缺乏人才或人才流失	缺乏技术信息	缺乏市场信息	难以找到创新合作伙伴	市场已被占领	不能确定市场需求	创新成果易被低成本模仿	没有创新的必要
29.4	37.6	23.4	12.5	7.6	3.2	16.4	13.1	4.6
29.3	35.3	22.3	14.5	8.3	3.3	16.3	9.6	5.9
28.3	37.9	24.3	14.2	7.0	4.2	19.7	14.4	3.5
29.5	35.5	20.6	15.3	8.5	4.4	19.7	12.2	5.0
12.3	37.0	38.3	21.0	12.3	6.2	33.3	4.9	8.6
25.8	34.1	25.7	13.3	7.4	3.2	21.5	12.6	5.6
24.0	34.6	21.3	14.4	8.5	3.2	19.6	12.2	7.0
23.9	37.6	22.8	13.9	7.8	3.9	20.5	14.3	6.4
23.2	31.7	22.8	15.3	6.5	2.3	15.2	9.5	5.4
28.7	37.0	22.5	14.9	7.0	2.5	20.1	19.3	4.7
27.2	32.8	22.3	13.7	7.2	4.6	16.1	10.6	7.6
24.9	37.1	25.4	12.9	7.1	3.8	16.7	11.9	7.0
27.7	36.1	20.9	12.7	7.5	2.8	19.6	20.3	4.3
25.5	36.0	24.8	11.7	7.2	4.3	15.2	6.2	6.7
29.9	36.1	24.7	12.0	8.0	2.8	15.3	11.5	3.9
37.7	42.6	22.7	11.1	8.0	2.9	15.5	9.8	3.0
25.3	30.6	24.6	12.2	7.7	3.3	19.0	14.4	4.9
26.9	35.9	24.4	12.3	7.1	3.1	16.6	13.4	5.6
26.2	32.2	21.6	12.6	7.3	3.6	14.4	11.4	6.5
27.2	35.7	25.6	11.9	7.0	3.0	14.6	8.9	5.8
28.1	36.4	26.5	11.5	8.4	2.4	14.8	8.9	5.2
28.3	36.0	24.3	11.8	6.9	2.7	16.0	13.4	5.0
31.3	40.7	23.5	12.4	7.7	3.0	14.6	14.2	3.7
32.2	39.9	23.4	11.9	8.2	2.7	14.3	15.6	2.6
31.6	43.0	25.3	11.8	7.4	3.7	14.7	11.9	4.1
29.8	40.8	25.1	13.0	7.0	3.6	15.5	12.8	4.5
31.2	39.4	23.1	11.7	7.5	3.1	16.8	14.9	3.7
32.3	40.1	21.6	11.3	7.1	3.9	16.9	14.9	3.3
33.1	44.6	21.2	11.4	8.0	3.1	15.6	17.5	2.5
29.8	39.8	22.9	15.2	6.6	3.6	18.8	16.6	3.9
31.1	27.2	20.5	10.9	5.6	1.3	13.6	8.3	7.3
32.4	48.6	22.5	11.7	6.3	1.8	9.9	9.9	1.8
22.9	27.7	24.1	7.9	5.3	1.6	7.4	3.0	14.7
22.5	27.4	24.5	7.3	5.7	1.5	6.6	2.8	14.4
19.5	30.3	23.8	13.0	5.9	3.8	15.1	3.8	14.6
26.8	27.9	22.5	7.5	2.9	0.7	6.1	3.2	16.1

8-6 续表 2

项 目	开展产品或工艺创新活动企业数(个)	在开展产品或工艺创新		
		缺乏内部资金	缺乏风险投资	缺乏银行贷款
四、按地区分				
东部地区	82282	10.4	7.6	14.3
中部地区	26841	14.6	11.2	27.1
西部地区	15084	16.4	9.4	27.8
东北地区	4460	14.8	9.4	20.4
北 京	2061	10.7	4.5	9.4
天 津	2379	12.6	8.0	16.4
河 北	4313	13.7	8.3	24.1
山 西	740	18.6	8.6	33.6
内蒙古	718	20.3	10.6	30.5
辽 宁	2653	13.7	8.3	17.1
吉 林	970	14.9	11.2	26.2
黑龙江	837	17.8	10.5	24.4
上 海	3927	9.4	4.6	7.8
江 苏	18772	9.7	8.5	11.8
浙 江	19791	8.2	6.3	10.6
安 徽	6441	12.0	9.0	26.4
福 建	6300	13.3	8.8	23.4
江 西	2775	14.7	11.0	26.3
山 东	11153	13.5	10.6	22.7
河 南	5693	14.3	13.1	25.5
湖 北	5561	15.1	12.1	31.4
湖 南	5631	16.7	11.6	24.6
广 东	13447	9.6	6.0	11.4
广 西	1426	19.4	10.1	27.7
海 南	139	8.6	3.6	13.7
重 庆	2357	15.5	8.4	23.2
四 川	4261	14.7	9.9	26.6
贵 州	1097	19.8	10.3	31.1
云 南	1280	15.4	8.4	29.7
西 藏	28	25.0	7.1	25.0
陕 西	1878	17.1	9.6	30.1
甘 肃	777	14.9	7.5	29.9
青 海	159	20.1	8.2	30.2
宁 夏	291	17.2	9.3	32.6
新 疆	812	15.0	9.5	27.6

活动企业中，下列各项是创新主要阻碍因素的企业占比(%)								
创　新 成本过高	缺乏人才或 人才流失	缺乏技术 信　息	缺乏市场 信　息	难以找到创 新合作伙伴	市场已被 占　领	不能确定 市场需求	创新成果易被 低成本模仿	没有创新 的必要
28.5	36.3	23.6	12.4	7.3	3.1	17.5	14.0	4.9
29.5	38.8	22.7	11.7	8.1	3.2	13.2	10.6	4.1
33.8	42.8	25.0	14.2	8.2	3.6	15.2	11.1	5.4
25.6	30.6	19.2	11.2	6.8	3.3	11.3	8.3	5.9
29.3	38.5	19.0	12.0	5.3	3.1	19.7	16.5	3.3
23.2	28.5	18.0	12.1	4.5	2.5	11.6	10.8	3.7
25.7	36.9	24.3	15.0	6.9	3.2	15.0	9.5	6.5
27.8	46.2	28.4	13.5	5.8	2.2	14.3	6.8	4.7
29.4	33.8	24.9	14.2	7.2	2.6	11.1	6.1	7.4
22.1	25.7	16.2	9.2	5.4	3.1	10.9	8.0	5.5
29.7	37.6	22.3	12.4	7.8	3.2	10.0	7.1	5.2
31.8	38.2	25.0	16.1	10.3	4.2	14.1	10.8	7.6
24.8	30.9	16.2	9.1	6.3	2.8	18.5	19.9	3.6
24.8	30.4	20.6	10.5	7.5	2.8	16.6	13.7	5.2
34.0	44.7	30.6	14.4	8.1	3.3	21.1	15.5	5.2
26.2	35.9	21.2	9.3	6.6	2.9	14.0	12.1	2.8
34.0	40.6	24.4	15.0	7.7	3.2	19.2	14.1	6.5
33.7	41.5	23.3	12.1	9.7	3.5	14.8	10.4	4.7
28.1	38.6	26.8	15.0	8.9	3.5	12.8	9.8	4.3
28.5	40.3	24.3	13.5	7.6	2.9	12.0	13.1	4.0
32.8	40.4	21.9	12.8	8.7	3.6	14.3	10.0	4.4
29.3	36.7	22.6	11.2	9.0	3.3	11.7	7.8	5.2
26.4	30.8	18.1	9.2	5.5	3.1	17.8	15.8	3.9
36.5	41.0	25.1	12.8	7.2	3.1	18.4	8.4	6.0
30.9	35.3	18.0	15.1	7.9	4.3	15.1	13.0	4.3
33.8	42.5	24.1	12.1	7.8	4.5	16.2	12.8	5.3
37.0	42.0	21.8	14.2	8.4	3.8	16.0	14.3	4.5
29.0	41.8	25.2	11.9	10.0	3.7	11.3	7.6	7.7
34.1	42.1	27.4	16.1	8.7	3.2	15.4	10.8	5.3
42.9	60.7	17.9	14.3	7.1	7.1	10.7	14.3	
31.8	45.5	26.7	15.2	8.0	3.1	14.9	10.4	4.5
28.4	45.0	28.2	16.9	9.7	3.3	11.3	6.7	8.0
32.1	52.2	28.3	15.7	3.8	0.6	11.3	12.0	5.7
35.7	49.1	29.9	16.8	8.9	4.5	17.2	8.9	2.7
30.8	49.0	30.3	16.1	7.0	3.1	16.0	9.4	5.7

8-7 开展产品或工艺创新活动建筑业

项　目	开展产品或工艺创新活动企业数（个）	在开展产品或工艺创新活动			
		缺乏内部资　金	缺乏风险投　资	缺乏银行贷　款	创　新成本过高
总　计	**3839**	**18.7**	**8.2**	**12.7**	**29.7**
一、按行业分					
房屋建筑业	1723	19.1	9.6	15.0	32.2
土木工程建筑业	1058	21.7	6.4	9.0	28.5
建筑安装业	467	18.0	8.1	12.0	27.0
建筑装饰和其他建筑业	591	12.9	7.3	13.5	26.7
二、按地区分					
东部地区	2325	16.6	7.5	12.2	28.4
中部地区	721	19.6	9.3	14.3	32.9
西部地区	580	26.0	10.0	14.1	31.4
东北地区	213	18.8	6.6	9.9	28.2
北　京	253	17.4	2.0	6.7	21.3
天　津	117	15.4	2.6	9.4	20.5
河　北	125	20.8	9.6	14.4	35.2
山　西	77	23.4	6.5	9.1	29.9
内蒙古	24	4.2	12.5	12.5	33.3
辽　宁	130	14.6	6.9	11.5	23.8
吉　林	32	21.9	6.3	6.3	40.6
黑龙江	51	27.5	5.9	7.8	31.4
上　海	148	14.9	5.4	11.5	21.6
江　苏	549	14.9	6.6	12.0	23.3
浙　江	485	14.0	9.9	14.6	38.4
安　徽	107	17.8	9.3	7.5	20.6
福　建	122	21.3	7.4	17.2	29.5
江　西	60	26.7	16.7	18.3	43.3
山　东	241	17.0	12.4	14.5	33.6
河　南	220	20.0	8.6	18.6	35.5
湖　北	154	18.2	9.1	16.9	31.8
湖　南	103	15.5	8.7	9.7	37.9
广　东	272	21.0	8.8	9.2	26.1
广　西	37	32.4	13.5	10.8	40.5
海　南	13	23.1		15.4	30.8
重　庆	91	18.7	9.9	18.7	35.2
四　川	119	24.4	10.9	10.1	37.0
贵　州	30	40.0	20.0	10.0	26.7
云　南	70	28.6	7.1	22.9	22.9
西　藏					
陕　西	119	26.1	10.9	14.3	31.9
甘　肃	42	31.0	2.4	9.5	28.6
青　海	8	37.5		12.5	
宁　夏	11	27.3	18.2	9.1	27.3
新　疆	29	34.5	3.4	13.8	20.7

企业的阻碍因素情况(2013-2014年)

企业中，下列各项是创新主要阻碍因素的企业占比(%)							
缺乏人才或人才流失	缺乏技术信　　息	缺乏市场信　　息	难以找到创新合作伙伴	市场已被占　　领	不能确定市场需求	创新成果易被低成本模仿	没有创新的必要
46.8	**25.7**	**11.3**	**8.9**	**2.7**	**15.3**	**11.7**	**4.7**
47.2	25.8	10.9	10.0	2.6	15.3	10.3	4.0
47.9	25.4	11.2	7.3	3.3	13.7	12.2	5.0
48.6	26.1	11.8	8.8	2.1	15.2	12.8	5.1
42.1	25.9	12.5	8.5	2.4	18.4	14.4	5.9
44.9	24.4	10.6	9.0	1.8	16.2	12.0	5.2
49.5	28.2	11.9	9.4	4.4	15.7	12.5	4.3
54.0	30.0	13.4	7.1	3.6	12.4	11.7	2.9
38.0	20.2	10.8	10.3	3.8	12.2	6.1	6.1
40.7	24.1	11.9	10.3	1.2	15.4	17.4	3.6
28.2	15.4	6.0	6.8	2.6	18.8	12.0	7.7
47.2	32.8	11.2	7.2	1.6	11.2	6.4	1.6
64.9	33.8	7.8	11.7	3.9	10.4	11.7	5.2
45.8	29.2	12.5	12.5		12.5		
33.8	16.9	13.8	4.6	0.8	13.1	7.7	6.2
37.5	25.0	3.1	12.5	3.1	9.4	3.1	9.4
49.0	25.5	7.8	23.5	11.8	11.8	3.9	3.9
33.8	18.9	14.2	5.4	2.0	18.2	14.9	4.7
40.3	22.8	9.5	9.3	2.4	17.3	8.9	6.0
52.0	30.5	11.3	10.3	1.0	17.7	13.6	5.4
48.6	22.4	9.3	6.5	3.7	5.6	12.2	6.5
55.7	23.8	9.0	14.8	3.3	18.0	13.9	5.7
43.3	23.3	10.0	6.7		21.7	16.7	5.0
53.9	24.9	13.3	8.7	2.1	13.7	7.1	5.4
44.1	30.9	14.5	9.1	5.0	22.3	10.9	4.5
49.4	22.7	8.4	14.3	7.8	16.2	16.2	3.9
54.4	35.0	18.4	5.8	1.9	11.7	8.7	1.0
44.9	19.5	8.5	6.3	1.5	14.0	15.8	5.1
43.2	40.5	8.1	5.4		8.1	10.8	10.8
53.8	38.5	15.4	7.7		7.7		
50.5	18.7	14.3	7.7	3.3	14.3	13.2	2.2
50.4	26.1	10.9	7.6	3.4	17.6	12.6	4.2
53.3	30.0	20.0	10.0		10.0	10.0	3.3
50.0	22.9	10.0	7.1	5.7	10.0	11.4	1.4
58.8	31.9	16.0	7.6	5.0	8.4	13.4	2.5
57.1	38.1	14.3	4.8	2.4	14.3	7.1	
75.0	62.5	12.5			12.5	25.0	
90.9	63.6	18.2		9.1	9.1	9.1	
65.5	44.8	17.2	3.4	6.9	13.8	13.8	3.4

8-8 开展产品或工艺创新活动服务业

项　目	开展产品或工艺创新活动企业数（个）	在开展产品或工艺创新活动			
		缺乏内部资　金	缺乏风险投　资	缺乏银行贷　款	创　新成本过高
总　计	**40954**	**14.5**	**8.0**	**12.9**	**22.0**
一、按行业分					
批发和零售业	23010	15.1	7.6	15.2	19.5
批发业	11317	13.6	9.1	16.5	19.9
零售业	11693	16.6	6.2	14.0	19.1
交通运输、仓储和邮政业	3776	15.1	11.4	10.9	22.1
铁路运输业	18	5.6		16.7	22.2
道路运输业	2058	14.3	15.2	10.6	21.7
水上运输业	326	19.0	8.3	9.8	16.9
航空运输业	78	16.7	5.1	3.8	21.8
管道运输业	17	23.5	5.9	5.9	29.4
装卸搬运和运输代理业	566	16.4	7.2	13.6	22.8
仓储业	461	13.9	6.1	13.0	26.2
邮政业	252	16.3	6.7	6.7	22.6
信息传输、软件和信息技术服务业	5256	11.6	9.8	10.1	31.8
电信、广播电视和卫星传输服务	860	13.5	9.2	3.1	22.7
互联网和相关服务	360	11.9	14.7	10.6	27.5
软件和信息技术服务业	4036	11.2	9.5	11.5	34.1
金融业	1366	10.5	2.9	1.8	16.5
货币金融服务	639	7.7	2.5	0.8	15.6
资本市场服务	165	12.1	3.6	6.1	24.2
保险业	475	14.9	3.2	1.7	16.2
其他金融业	87	4.6	3.4	2.3	10.3
租赁和商务服务业	3402	14.3	6.1	8.9	18.2
租赁业	147	7.5	4.8	8.8	28.6
商务服务业	3255	14.6	6.1	8.9	17.8
科学研究和技术服务业	3536	15.8	7.7	10.7	29.9
研究和试验发展	531	15.8	8.7	11.1	35.4
专业技术服务业	2189	15.3	7.4	9.3	28.3
科技推广和应用服务业	816	17.2	8.0	14.1	30.4
水利、环境和公共设施管理业	599	14.9	9.9	19.0	19.0
水利管理业	25	8.0	12.0	4.0	12.0
生态保护和环境治理业	101	14.9	5.0	14.9	28.7
公共设施管理业	473	15.2	10.8	20.7	17.3

企业的阻碍因素情况(2013-2014年)

企业中，下列各项是创新主要阻碍因素的企业占比(%)							
缺乏人才或人才流失	缺乏技术信息	缺乏市场信息	难以找到创新合作伙伴	市场已被占领	不能确定市场需求	创新成果易被低成本模仿	没有创新的必要
34.5	**16.4**	**17.3**	**8.8**	**8.4**	**17.5**	**10.0**	**6.5**
31.9	16.9	19.5	9.6	10.9	17.8	8.6	7.0
31.1	18.6	16.1	10.6	12.3	14.1	8.3	9.3
32.6	15.1	22.8	8.5	9.6	21.4	8.8	4.8
31.4	12.1	16.3	6.8	3.9	12.4	6.6	10.4
55.6	27.8	27.8	22.2		5.6		
29.3	9.9	18.4	6.2	2.6	11.1	4.6	11.2
26.4	16.9	10.4	5.2	4.3	10.7	8.3	6.1
29.5	14.1	19.2	11.5	3.8	19.2	9.0	5.1
29.4	47.1	5.9	11.8		5.9	5.9	23.5
34.8	11.5	12.4	7.1	7.1	16.3	10.2	10.8
38.8	15.2	13.9	7.8	2.4	12.4	5.0	12.4
33.7	15.9	19.4	7.9	11.1	15.1	14.7	7.1
42.1	14.5	12.2	7.8	6.6	19.9	12.6	3.9
37.1	14.3	12.7	7.4	14.8	19.3	15.3	2.4
41.4	13.9	8.9	5.8	6.7	23.3	16.9	4.2
43.2	14.5	12.4	8.1	4.9	19.7	11.7	4.2
38.4	16.8	19.5	7.2	9.8	23.6	25.5	3.1
36.3	19.6	21.4	5.9	11.7	23.6	26.4	3.3
49.1	13.3	7.9	11.5	4.2	18.2	17.0	2.4
38.1	16.0	20.4	6.1	10.5	26.5	28.6	3.2
35.6	8.0	21.8	14.9	2.3	17.2	18.4	3.4
33.5	17.3	16.1	9.9	3.3	15.1	12.0	7.0
27.9	20.4	8.2	3.4	2.0	20.4	14.3	11.6
33.8	17.2	16.4	10.2	3.4	14.8	11.9	6.8
41.1	18.7	12.8	7.4	4.1	17.7	12.1	3.6
41.1	9.6	14.1	6.8	2.8	17.3	13.6	1.9
42.6	21.2	12.5	7.2	4.2	18.9	11.4	3.9
36.9	17.9	12.9	8.5	4.7	14.7	13.1	4.0
41.9	23.5	15.4	7.0	3.0	16.5	5.8	6.7
48.0	24.0	24.0		8.0	16.0	16.0	12.0
38.6	27.7	10.9	11.9	2.0	8.9	8.9	5.0
42.3	22.6	15.9	6.3	3.0	18.2	4.7	6.8

8-8 续表

项　目	开展产品或工艺创新活动企业数（个）	在开展产品或工艺创新活动			
		缺乏内部资　金	缺乏风险投　资	缺乏银行贷　款	创　新成本过高
二、按地区分					
东部地区	29078	13.0	7.7	11.0	21.1
中部地区	5589	16.7	10.2	20.1	24.8
西部地区	5253	19.8	8.1	15.2	25.5
东北地区	1034	17.4	5.0	15.1	14.9
北　京	2998	13.6	6.1	6.7	23.8
天　津	1844	14.6	10.4	17.6	16.8
河　北	855	10.5	5.0	15.4	14.5
山　西	418	16.3	11.7	26.6	25.4
内蒙古	247	22.7	5.7	14.6	20.2
辽　宁	703	17.5	4.4	14.2	13.5
吉　林	152	14.5	7.2	15.8	15.8
黑龙江	179	19.6	5.6	17.9	19.6
上　海	2330	12.8	8.1	5.4	19.7
江　苏	6304	17.8	8.1	10.9	19.2
浙　江	2958	10.9	9.9	10.1	28.9
安　徽	1304	12.9	10.9	17.4	19.9
福　建	1644	15.2	5.0	12.5	20.3
江　西	365	11.5	5.2	13.7	24.7
山　东	4188	4.0	14.9	17.1	13.6
河　南	1270	18.5	8.0	18.0	22.4
湖　北	1391	20.8	15.0	23.8	28.4
湖　南	841	15.3	6.1	20.6	29.8
广　东	5833	14.4	2.0	8.4	26.2
广　西	418	26.8	11.2	10.0	20.3
海　南	124	10.5	4.8	11.3	29.0
重　庆	740	17.8	6.2	17.0	23.2
四　川	1381	20.4	8.0	16.4	28.0
贵　州	397	16.9	8.6	11.1	16.4
云　南	670	19.3	7.6	14.2	25.8
西　藏	26	23.1	15.4	7.7	11.5
陕　西	622	22.7	12.4	20.1	34.1
甘　肃	219	16.0	5.0	14.2	23.7
青　海	64	18.8	1.6	6.3	29.7
宁　夏	89	21.3	10.1	12.4	27.0
新　疆	380	12.9	5.3	13.9	26.6

企业中，下列各项是创新主要阻碍因素的企业占比(%)							
缺乏人才或人才流失	缺乏技术信息	缺乏市场信息	难以找到创新合作伙伴	市场已被占领	不能确定市场需求	创新成果易被低成本模仿	没有创新的必要
33.0	16.0	16.5	8.7	8.9	18.9	9.5	6.1
35.7	15.9	17.7	8.3	6.0	13.9	12.6	5.9
42.3	19.6	20.6	10.0	7.9	14.6	9.7	8.8
29.6	13.8	22.6	8.1	7.3	11.8	11.4	7.4
33.6	13.7	12.3	6.6	5.8	22.7	11.6	7.5
27.7	10.4	23.0	11.2	4.2	13.8	8.8	10.4
30.1	17.9	21.3	13.1	8.3	15.9	8.9	16.4
35.4	17.7	17.9	8.9	4.3	11.2	7.7	8.4
32.8	13.4	16.6	10.1	10.1	19.0	10.9	15.0
27.6	10.7	23.9	6.3	4.8	9.5	12.2	5.7
32.9	21.1	26.3	16.4	16.4	15.1	8.6	6.6
34.6	20.1	14.5	8.4	8.9	17.9	10.6	15.1
27.4	8.3	8.3	6.6	3.7	16.5	11.6	10.0
27.6	13.7	11.2	12.5	9.5	13.9	9.8	5.5
44.4	22.5	14.6	7.5	10.5	17.2	9.2	6.3
34.2	15.4	15.3	8.6	9.3	15.5	18.3	4.1
41.5	16.1	13.7	9.8	3.0	16.5	8.3	9.2
39.7	23.8	20.5	8.2	6.6	17.5	9.9	8.8
39.1	20.8	37.8	6.7	14.3	11.7	8.0	3.6
30.9	13.4	21.3	5.6	6.0	11.8	12.4	5.8
34.5	13.1	16.5	7.0	3.6	12.4	9.4	8.6
45.7	20.5	16.8	13.7	5.5	16.8	13.0	2.1
30.0	17.6	11.3	7.0	10.6	32.2	9.2	2.4
45.9	17.0	21.3	5.5	7.7	12.7	12.4	12.4
38.7	13.7	18.5	3.2	5.6	21.8	11.3	17.7
36.1	14.9	15.3	9.7	6.8	15.7	8.0	10.8
40.6	21.7	19.7	10.6	8.0	11.1	9.3	7.0
44.1	16.1	25.7	15.6	8.1	8.6	8.3	8.1
44.9	18.5	19.3	11.2	7.0	18.7	12.7	8.1
65.4	11.5	15.4	3.8	19.2		11.5	15.4
42.3	23.0	19.6	8.2	6.8	15.4	9.6	5.8
44.7	26.9	22.8	11.9	9.1	16.0	10.0	10.5
56.3	23.4	23.4	6.3	7.8	25.0	10.9	4.7
57.3	22.5	18.0	13.5	6.7	20.2	10.1	6.7
47.9	22.4	34.2	7.4	11.3	19.2	7.1	10.5

8-9 未开展产品或工艺创新活动

项目	未开展产品或工艺创新活动企业数(个)	在未开展产品或工艺创新活动			
		缺乏内部资金	缺乏风险投资	缺乏银行贷款	创新成本过高
总计	**472093**	**9.7**	**5.9**	**10.4**	**11.9**
一、按行业分					
采矿业	14112	10.0	5.9	13.4	9.6
制造业	227623	9.8	6.4	11.9	14.4
电力、热力、燃气及水生产和供应业	7466	7.2	3.2	6.1	8.1
建筑业	5505	12.1	6.8	9.5	13.8
批发和零售业	148183	9.5	5.5	9.7	9.2
交通运输、仓储和邮政业	26934	9.0	6.1	9.7	9.0
信息传输、软件和信息技术服务业	5455	11.5	6.5	6.7	14.2
金融业	781	9.3	2.8	1.7	10.2
租赁和商务服务业	22232	10.1	4.8	4.6	9.1
科学研究和技术服务业	10982	8.4	5.6	6.6	11.8
水利、环境和公共设施管理业	2788	10.6	5.8	8.8	9.1
二、按地区分					
东部地区	279736	9.2	5.5	8.7	11.8
中部地区	92909	10.1	7.2	13.3	12.4
西部地区	65146	10.8	5.8	13.4	12.2
东北地区	34302	10.3	6.2	11.0	10.2
北京	18390	7.5	3.1	6.5	6.4
天津	8859	9.9	4.8	8.7	9.1
河北	14999	9.9	6.8	13.0	12.9
山西	6838	10.3	4.6	12.6	8.7
内蒙古	6191	10.7	4.9	11.4	10.7
辽宁	22012	9.4	5.4	8.8	9.3
吉林	6501	9.7	7.6	12.0	10.8
黑龙江	5789	14.4	7.8	18.2	12.7
上海	18656	7.3	4.1	4.0	10.3
江苏	57271	11.2	6.7	11.2	15.3
浙江	39536	6.7	4.7	6.3	12.0
安徽	17650	10.4	7.2	17.2	13.1
福建	18806	9.3	5.7	11.7	13.2
江西	8987	10.2	7.6	13.6	13.4
山东	50574	9.5	6.7	11.5	11.4
河南	24681	9.8	8.4	11.5	12.8
湖北	19951	9.5	7.0	14.0	12.0
湖南	14802	10.8	6.6	10.8	12.3
广东	51650	9.5	4.6	5.2	10.4
广西	7211	10.2	4.8	12.1	12.3
海南	995	8.1	4.1	10.4	14.3
重庆	9561	9.9	6.2	12.0	11.6
四川	15952	10.8	5.8	13.5	14.4
贵州	4867	11.1	5.2	14.2	9.9
云南	5917	10.1	5.0	15.3	10.7
西藏	188	11.7	5.3	10.1	5.9
陕西	6632	12.4	8.4	14.3	12.5
甘肃	2960	11.0	5.6	15.4	11.6
青海	786	12.1	4.7	13.6	11.5
宁夏	1398	11.5	5.5	19.9	16.7
新疆	3483	11.5	5.0	13.2	11.1

企业的阻碍因素情况(2013-2014年)

企业中，下列各项是创新主要阻碍因素的企业占比(%)							
缺乏人才或人才流失	缺乏技术信息	缺乏市场信息	难以找到创新合作伙伴	市场已被占领	不能确定市场需求	创新成果易被低成本模仿	没有创新的必要
17.0	**11.2**	**7.7**	**5.6**	**2.7**	**10.6**	**3.2**	**23.1**
12.1	10.0	6.7	4.6	1.7	6.6	1.0	23.7
18.6	13.3	7.6	6.0	2.3	11.6	3.9	19.1
10.3	7.8	3.5	2.5	1.3	4.9	0.8	29.1
24.0	14.8	7.6	6.5	2.5	11.2	2.8	18.9
15.6	9.1	8.1	5.2	3.4	10.7	2.9	27.8
14.4	8.7	6.6	6.0	2.8	7.5	1.6	26.8
19.4	10.3	7.4	6.4	3.6	14.3	4.1	17.3
21.1	10.8	9.6	4.9	4.4	12.2	6.3	17.2
13.9	7.8	8.3	5.7	2.4	8.7	2.2	29.3
21.3	12.8	8.7	5.6	3.6	9.9	3.0	23.0
18.8	10.9	8.7	5.3	2.0	7.7	2.2	23.6
16.9	11.4	7.3	5.5	2.5	11.6	3.6	23.9
18.0	11.5	8.0	5.9	2.6	9.1	2.6	20.1
17.8	10.9	8.6	6.0	3.6	9.4	2.6	23.8
13.9	9.6	7.7	5.0	3.1	9.0	1.9	23.6
14.9	10.6	6.3	6.9	1.7	13.1	5.2	27.1
16.0	8.6	8.4	5.7	3.5	9.5	3.3	27.6
19.1	13.4	9.1	4.9	2.6	10.7	2.9	19.4
16.2	9.8	8.7	5.3	2.9	8.6	1.7	20.8
12.5	8.1	7.5	4.9	2.5	6.8	1.4	20.9
12.5	8.9	6.8	4.2	2.5	8.6	1.8	22.9
14.2	9.1	7.4	4.9	2.5	6.9	1.8	19.4
18.9	12.8	11.6	7.8	5.8	12.7	2.7	31.2
15.2	8.7	7.1	5.6	3.1	11.2	3.5	30.0
18.1	14.1	7.9	6.8	3.4	16.2	4.4	25.2
19.1	13.9	7.9	5.3	1.7	12.2	4.3	23.7
20.3	12.3	8.7	6.3	2.4	10.1	3.0	21.5
18.0	9.8	7.7	5.8	2.2	10.7	2.7	20.2
19.0	11.5	7.8	7.1	2.5	10.3	2.9	24.6
16.5	13.1	7.9	5.0	2.4	7.6	2.4	19.9
18.6	12.8	8.1	5.8	3.0	7.9	3.0	18.2
17.6	11.2	9.0	5.8	2.3	10.2	2.7	21.6
15.0	9.9	5.5	5.2	2.3	7.8	1.8	16.7
14.6	6.6	5.4	4.3	2.0	10.8	3.6	25.3
17.9	11.2	8.5	5.7	4.1	9.0	2.1	21.5
23.3	10.9	8.0	8.3	3.7	6.7	2.6	23.2
15.5	9.2	6.8	6.2	3.3	9.5	2.8	25.5
16.1	10.5	7.7	6.0	4.0	9.7	3.6	25.5
18.2	8.7	8.4	5.8	2.9	8.3	1.9	22.2
19.3	11.5	9.0	6.0	2.9	8.6	2.3	23.8
19.7	13.8	6.4	3.2	2.7	5.3	1.1	25.5
22.4	13.1	11.8	6.8	3.9	11.0	2.6	22.3
23.1	15.4	12.2	6.4	4.1	10.2	2.5	26.6
25.2	15.3	9.4	3.6	2.8	9.0	2.3	23.5
23.3	17.5	12.2	8.4	4.5	14.0	3.2	23.0
21.6	11.4	9.0	6.2	3.9	10.6	2.1	23.7

8-10 未开展产品或工艺创新活动工业

项 目	未开展产品或工艺创新活动的企业数(个)	在未开展产品或工艺创新活动		
		缺乏内部资金	缺乏风险投资	缺乏银行贷款
总 计	**249201**	**9.7**	**6.3**	**11.8**
一、按规模分				
大型企业	2430	8.1	5.0	8.9
中型企业	26710	9.5	5.6	9.5
小型企业	220061	9.8	6.3	12.1
二、按登记注册类型分				
内资企业	215939	9.9	6.5	12.7
国有企业	2343	9.3	3.3	7.4
集体企业	2637	10.4	6.1	9.2
股份合作企业	863	8.6	5.2	8.5
联营企业	130	7.7	7.7	9.2
有限责任公司	57734	10.0	6.2	12.8
股份有限公司	4513	12.6	6.3	12.7
私营企业	146550	9.7	6.7	12.8
其他企业	1169	11.4	6.5	11.7
港、澳、台商投资企业	15486	8.4	4.5	6.5
外商投资企业	17776	9.0	4.5	5.8
三、按行业分				
采矿业	14112	10.0	5.9	13.4
煤炭开采和洗选业	6044	10.4	5.6	14.5
石油和天然气开采业	100	9.0	7.0	2.0
黑色金属矿采选业	2982	9.8	6.0	14.9
有色金属矿采选业	1629	10.8	7.1	12.0
非金属矿采选业	3235	9.0	5.6	11.0
开采辅助活动	105	8.6	8.6	10.5

企业的阻碍因素情况(2013-2014年)

企业中，下列各项是创新主要阻碍因素的企业占比(%)								
创　新 成本过高	缺乏人才或 人才流失	缺乏技术 信　息	缺乏市场 信　息	难以找到创 新合作伙伴	市场已被 占　领	不能确定 市场需求	创新成果易被 低成本模仿	没有创新 的 必 要
14.0	**18.0**	**12.9**	**7.5**	**5.8**	**2.2**	**11.1**	**3.6**	**19.6**
13.3	16.1	10.5	6.8	4.8	2.0	12.6	3.9	21.1
13.3	18.0	11.7	6.5	5.3	1.9	11.0	3.6	20.0
14.1	18.0	13.1	7.6	5.9	2.3	11.1	3.6	19.6
14.0	18.1	13.1	7.5	5.9	2.2	10.6	3.3	19.0
8.9	14.5	10.3	4.7	3.3	1.6	5.7	1.8	24.9
11.0	14.9	11.1	7.3	4.6	2.1	10.2	2.0	21.3
13.8	16.1	14.3	7.4	6.3	1.4	12.5	3.2	22.2
16.2	13.1	6.9	3.8	2.3	2.3	6.2	2.3	19.2
13.8	17.7	12.6	7.4	5.5	2.3	10.2	3.2	19.6
13.9	17.5	11.7	6.9	5.7	2.4	9.8	2.6	18.1
14.2	18.5	13.5	7.6	6.1	2.2	10.9	3.5	18.7
12.7	16.3	12.5	6.2	5.1	2.5	9.9	2.0	18.0
14.1	17.7	11.7	7.0	5.5	2.2	13.7	5.1	23.2
13.7	16.7	11.7	7.6	5.5	2.5	14.3	5.5	24.0
9.6	12.1	10.0	6.7	4.6	1.7	6.6	1.0	23.7
8.1	11.2	8.9	6.6	4.5	1.8	5.4	0.8	23.1
4.0	6.0	7.0	5.0	3.0	1.0	3.0		23.0
9.7	11.5	10.6	6.5	5.0	1.4	6.9	0.9	22.9
12.2	15.4	12.6	5.4	4.7	1.1	6.8	0.8	23.6
11.1	12.4	10.1	7.6	4.5	1.9	8.7	1.7	25.8
13.3	21.9	15.2	16.2	5.7	1.9	7.6	1.9	21.0

8-10 续表 1

项　目	未开展产品或工艺创新活动的企业数(个)	在未开展产品或工艺创新活动		
		缺乏内部资　金	缺乏风险投　资	缺乏银行贷　款
制造业	227623	9.8	6.4	11.9
农副食品加工业	17926	10.7	7.5	15.9
食品制造业	5092	10.1	6.2	13.0
酒、饮料和精制茶制造业	3906	11.5	6.3	15.6
烟草制品业	47	12.8		2.1
纺织业	15170	8.9	6.6	11.6
纺织服装、服饰业	12253	8.3	5.3	8.3
皮革、毛皮、羽毛及其制品和制鞋业	6343	8.2	5.3	8.6
木材加工和木、竹、藤、棕、草制品业	6984	10.2	7.8	13.8
家具制造业	3640	8.9	6.5	10.7
造纸和纸制品业	5017	8.5	5.6	10.5
印刷和记录媒介复制业	3887	9.1	5.1	9.6
文教、工美、体育和娱乐用品制造业	5785	8.6	5.8	9.7
石油加工、炼焦和核燃料加工业	1432	10.9	5.7	14.0
化学原料和化学制品制造业	15366	10.1	7.3	13.0
医药制造业	2973	12.9	6.5	14.0
化学纤维制造业	1220	9.5	6.4	12.0
橡胶和塑料制品业	12606	9.0	5.9	10.5
非金属矿物制品业	25869	9.6	6.1	13.2
黑色金属冶炼和压延加工业	7647	10.2	6.3	14.1
有色金属冶炼和压延加工业	4753	9.6	6.0	13.4
金属制品业	14333	9.9	6.4	10.9
通用设备制造业	14011	10.0	6.5	11.5
专用设备制造业	8980	11.3	7.1	11.9
汽车制造业	7214	10.2	6.1	10.9
铁路、船舶、航空航天和其他运输设备制造业	2814	11.2	6.3	9.4
电气机械和器材制造业	11993	10.5	6.3	11.6
计算机、通信和其他电子设备制造业	6162	9.5	5.4	8.5
仪器仪表制造业	1527	9.3	7.5	10.3
其他制造业	1195	8.5	6.5	8.1
废弃资源综合利用业	1192	10.6	6.2	12.3
金属制品、机械和设备修理业	286	10.8	4.2	9.4
电力、热力、燃气及水生产和供应业	7466	7.2	3.2	6.1
电力、热力生产和供应业	5130	7.4	3.0	6.2
燃气生产和供应业	1121	6.3	4.0	4.6
水的生产和供应业	1215	7.0	3.3	6.8

企业中，下列各项是创新主要阻碍因素的企业占比(%)								
创新成本过高	缺乏人才或人才流失	缺乏技术信息	缺乏市场信息	难以找到创新合作伙伴	市场已被占领	不能确定市场需求	创新成果易被低成本模仿	没有创新的必要
14.4	18.6	13.3	7.6	6.0	2.3	11.6	3.9	19.1
14.1	18.5	13.4	8.3	6.3	2.5	11.2	3.2	18.6
15.0	20.3	13.1	8.6	5.6	2.7	13.5	5.3	17.5
15.7	20.0	12.4	9.3	6.2	3.2	14.1	3.9	17.3
6.4	6.4	10.6	4.3	6.4		6.4	2.1	21.3
14.0	19.1	14.2	7.8	6.6	2.1	12.2	4.3	17.8
13.0	18.1	10.5	6.8	6.1	1.7	11.6	3.6	19.2
13.9	20.0	12.1	7.2	5.9	2.1	12.4	4.9	19.4
14.9	18.0	13.9	7.7	5.3	1.5	10.1	2.8	16.7
14.4	19.6	12.6	7.3	5.9	2.1	12.9	6.2	17.4
13.6	16.6	12.7	7.2	5.0	2.5	11.3	3.4	21.9
13.3	18.3	11.9	7.2	4.9	2.3	11.9	3.5	21.1
14.8	18.9	12.5	7.7	5.5	2.4	12.4	6.0	18.7
13.4	15.5	12.0	7.3	6.1	1.9	10.3	2.4	19.9
14.9	18.1	13.8	7.4	6.4	2.3	11.8	3.7	18.5
15.9	20.7	13.3	7.5	6.9	1.7	11.2	3.3	18.1
15.6	17.0	16.0	7.1	8.0	2.0	15.7	5.1	19.7
14.5	18.3	14.3	7.5	6.5	2.3	12.2	4.4	20.5
12.5	15.8	12.1	7.5	4.9	2.8	9.6	3.2	21.4
12.8	17.0	13.0	7.5	6.1	1.9	10.8	2.2	19.0
14.0	16.7	13.6	7.2	6.3	2.1	10.3	2.9	19.7
13.8	18.4	13.6	7.0	5.9	1.9	11.4	3.9	19.9
16.3	20.9	14.3	8.0	6.2	2.3	11.8	4.0	18.1
16.2	20.1	14.2	8.1	6.1	2.3	11.5	4.0	17.5
15.4	20.8	13.8	8.0	6.0	2.3	11.2	3.5	18.3
16.0	20.6	13.9	8.0	6.0	2.1	12.7	4.7	19.0
16.5	21.3	14.9	7.9	6.5	2.7	12.8	4.6	17.7
16.1	19.7	13.6	7.3	6.2	2.7	13.4	4.6	20.1
18.2	22.6	14.7	8.4	7.0	2.4	13.2	5.0	17.6
14.1	16.0	14.7	9.3	5.9	2.1	12.0	5.6	20.3
11.1	15.4	9.7	5.7	5.4	1.4	8.6	1.8	21.5
11.9	15.0	9.8	5.9	6.3	1.4	6.3	2.1	20.6
8.1	10.3	7.8	3.5	2.5	1.3	4.9	0.8	29.1
7.7	10.4	8.1	3.6	2.3	1.2	4.5	0.7	28.6
8.6	10.6	6.6	4.4	4.0	2.5	6.9	1.6	30.4
9.5	9.8	7.9	2.7	2.2	0.6	4.7	0.7	29.8

8-10 续表 2

项 目	未开展产品或工艺创新活动的企业数(个)	在未开展产品或工艺创新活动		
		缺乏内部资金	缺乏风险投资	缺乏银行贷款
四、按地区分				
东部地区	139725	9.2	5.9	9.4
中部地区	55264	10.0	7.2	15.4
西部地区	33351	11.2	5.9	15.8
东北地区	20861	10.0	6.3	12.1
北 京	1625	7.7	4.1	6.0
天 津	3110	9.4	5.3	9.4
河 北	10486	10.0	6.9	14.6
山 西	3166	11.0	5.3	17.1
内蒙古	3695	10.8	4.8	12.1
辽 宁	13052	8.1	5.1	9.1
吉 林	4341	11.2	7.9	14.3
黑龙江	3468	15.3	9.0	20.6
上 海	5542	7.8	3.9	4.5
江 苏	29936	12.1	7.6	10.8
浙 江	21050	6.8	4.9	7.4
安 徽	11316	11.2	6.7	19.0
福 建	10444	8.6	6.0	12.0
江 西	6235	9.3	7.5	15.1
山 东	29603	8.9	6.7	11.2
河 南	16059	9.3	7.9	12.9
湖 北	10396	9.3	7.4	16.7
湖 南	8092	10.6	7.1	13.4
广 东	27686	8.5	4.3	5.7
广 西	4014	11.2	6.6	14.3
海 南	243	6.6	2.9	9.9
重 庆	3802	10.1	5.4	12.5
四 川	9007	10.4	5.8	15.0
贵 州	2798	12.9	6.1	18.6
云 南	2503	10.9	5.4	17.2
西 藏	69	14.5	2.9	23.2
陕 西	3203	13.4	8.6	17.9
甘 肃	1307	11.9	5.6	21.3
青 海	409	12.0	5.6	18.8
宁 夏	879	13.1	5.8	25.7
新 疆	1665	9.7	4.5	17.2

企业中，下列各项是创新主要阻碍因素的企业占比(%)								
创新成本过高	缺乏人才或人才流失	缺乏技术信息	缺乏市场信息	难以找到创新合作伙伴	市场已被占领	不能确定市场需求	创新成果易被低成本模仿	没有创新的必要
14.4	18.5	13.6	7.6	5.8	2.2	12.3	4.3	19.8
13.8	18.2	12.5	7.3	6.2	2.1	9.4	2.9	17.2
14.0	18.1	12.6	7.4	5.7	2.5	10.1	2.6	21.6
11.2	13.7	10.4	6.8	5.2	2.5	9.2	2.2	21.9
13.0	17.5	13.0	8.9	6.3	2.3	19.3	5.2	38.6
12.4	15.6	10.5	7.8	4.4	2.1	11.8	4.5	20.8
14.9	21.0	15.3	8.9	5.4	2.1	10.4	3.2	17.2
10.0	16.8	12.4	8.4	5.0	1.5	8.7	1.5	18.2
10.1	11.3	8.1	5.6	4.4	1.7	7.2	1.2	20.1
9.8	11.8	9.0	5.4	4.4	1.9	8.5	2.0	20.6
11.9	14.4	10.3	7.1	5.1	2.3	7.2	1.7	16.9
15.5	19.9	15.9	11.8	8.3	4.8	14.3	3.2	33.0
12.4	15.4	10.0	5.3	4.5	1.9	14.0	4.4	28.8
17.0	20.8	16.1	8.6	7.5	2.8	15.6	6.3	20.6
16.6	22.4	17.6	9.1	6.8	2.0	15.3	5.3	20.5
14.9	21.2	13.4	7.2	6.3	1.8	11.1	3.0	17.7
14.7	18.7	12.4	8.2	6.1	2.1	12.5	3.7	20.4
14.9	18.5	12.2	7.6	7.9	2.7	11.1	3.3	19.9
12.4	17.4	12.7	7.9	5.1	2.0	7.5	2.5	14.8
13.2	17.7	13.4	7.8	5.9	2.0	8.2	3.2	15.4
14.7	18.6	11.7	7.3	6.6	2.8	10.3	2.9	20.6
13.2	15.1	11.0	6.0	5.2	1.9	7.4	2.3	13.5
12.7	14.5	9.7	4.8	4.2	1.9	11.3	4.1	21.3
14.4	18.2	13.1	7.4	5.5	2.3	10.0	2.3	20.7
11.9	14.8	10.3	2.9	4.5	2.1	11.5	2.5	21.8
14.4	18.7	11.2	5.9	5.5	2.6	10.6	2.9	22.9
16.1	18.1	12.9	7.3	6.5	2.6	11.6	3.9	22.4
10.0	15.4	9.9	6.8	6.0	2.2	7.3	1.6	20.6
11.3	18.3	12.3	6.8	4.8	2.1	8.6	1.9	22.8
8.7	24.6	15.9	4.3	2.9	2.9	7.2		27.5
15.7	20.7	14.0	10.7	5.7	2.8	12.0	2.6	19.9
14.8	25.7	18.1	9.6	6.3	3.8	9.6	2.3	24.7
13.2	26.2	17.6	8.8	3.2	2.4	9.3	3.4	20.5
20.1	23.0	19.8	11.7	8.2	2.6	14.6	3.5	19.9
12.8	20.4	15.1	7.6	5.2	2.5	9.9	1.9	21.8

8-11 未开展产品或工艺创新活动建筑业

项 目	未开展产品或工艺创新活动的企业数(个)	在未开展产品或工艺创新活动			
		缺乏内部资金	缺乏风险投资	缺乏银行贷款	创新成本过高
总 计	**5505**	**12.1**	**6.8**	**9.5**	**13.8**
一、按行业分					
房屋建筑业	2127	13.7	7.4	11.0	14.8
土木工程建筑业	956	11.7	6.7	10.4	12.9
建筑安装业	1031	11.3	5.2	6.4	11.7
建筑装饰和其他建筑业	1391	10.4	7.0	9.1	14.5
二、按地区分					
东部地区	2896	11.7	6.6	8.4	13.7
中部地区	1042	11.1	7.0	10.8	13.6
西部地区	952	14.2	7.1	11.8	14.9
东北地区	615	12.2	6.8	8.9	13.0
北 京	434	12.0	6.7	7.4	11.8
天 津	123	8.1	4.1	5.7	11.4
河 北	154	9.7	7.8	5.2	11.7
山 西	75	20.0	2.7	9.3	14.7
内蒙古	62	9.7	4.8	6.5	12.9
辽 宁	351	11.4	6.8	9.4	14.5
吉 林	109	8.3	8.3	6.4	14.7
黑龙江	155	16.8	5.8	9.7	8.4
上 海	264	8.0	4.2	4.2	7.2
江 苏	445	12.8	9.7	12.4	18.0
浙 江	567	13.2	7.8	11.8	14.6
安 徽	146	11.0	7.5	13.7	12.3
福 建	199	7.5	1.5	7.0	14.6
江 西	111	14.4	9.9	18.0	18.9
山 东	268	10.1	9.0	9.7	12.7
河 南	286	9.1	8.0	10.8	13.3
湖 北	272	7.4	6.6	8.1	13.2
湖 南	152	15.1	5.3	8.6	11.8
广 东	419	15.5	4.5	5.7	15.3
广 西	51	13.7	5.9	9.8	21.6
海 南	23	8.7			17.4
重 庆	214	15.4	8.4	10.7	15.0
四 川	190	11.1	7.9	10.5	14.2
贵 州	30	23.3		6.7	10.0
云 南	77	13.0	10.4	11.7	13.0
西 藏	5	20.0			20.0
陕 西	180	14.4	6.7	15.6	15.6
甘 肃	60	11.7	6.7	11.7	18.3
青 海	10	20.0	20.0	10.0	10.0
宁 夏	13	38.5		38.5	38.5
新 疆	60	16.7	5.0	13.3	8.3

企业的阻碍因素情况(2013-2014年)

企业中，下列各项是创新主要阻碍因素的企业占比(%)							
缺乏人才或人才流失	缺乏技术信息	缺乏市场信息	难以找到创新合作伙伴	市场已被占领	不能确定市场需求	创新成果易被低成本模仿	没有创新的必要
24.0	**14.8**	**7.6**	**6.5**	**2.5**	**11.2**	**2.8**	**18.9**
25.9	15.6	7.2	6.6	2.5	11.6	2.7	17.0
24.5	13.3	6.5	6.4	3.0	11.5	2.1	18.3
21.8	13.1	7.3	7.0	2.7	9.5	2.6	21.9
22.4	15.9	9.2	6.0	2.1	11.4	3.4	20.1
23.2	14.8	6.9	6.2	2.6	11.4	3.2	18.1
27.3	15.1	10.0	6.4	2.7	12.4	2.6	19.7
25.6	15.9	7.7	6.9	2.5	10.4	2.3	21.2
19.4	12.4	6.5	7.3	1.8	8.9	1.6	18.2
23.3	11.5	7.6	5.3	3.2	10.6	2.5	25.1
26.0	13.0	9.8	5.7	2.4	13.0	4.9	17.1
22.1	20.1	9.1	7.1	1.9	7.8	1.3	16.2
24.0	10.7	6.7	8.0	1.3	14.7	4.0	20.0
30.6	9.7	9.7	6.5	1.6	4.8	3.2	8.1
18.5	14.0	6.3	7.1	2.3	7.7	1.4	16.2
20.2	11.9	7.3	10.1	0.9	8.3	2.8	17.4
20.6	9.0	6.5	5.8	1.3	12.3	1.3	23.2
18.9	11.7	6.4	3.0	1.1	12.1	1.9	18.2
26.3	19.6	8.5	6.7	2.5	15.5	4.7	13.7
25.0	17.6	5.6	8.1	2.1	12.2	2.5	19.0
30.8	11.0	4.8	5.5	2.7	12.3	4.1	8.9
17.6	13.6	7.5	6.5	2.0	10.1	3.5	17.6
41.4	21.6	12.6	5.4	5.4	12.6	2.7	36.9
23.5	17.9	7.5	7.1	4.1	9.3	5.2	16.4
28.7	20.3	14.3	8.0	2.4	12.2	2.8	19.2
22.4	13.6	8.8	5.5	1.8	10.3	1.8	20.2
21.1	9.2	8.6	5.9	3.3	15.1	1.3	17.1
22.9	9.3	4.8	4.8	3.6	9.8	3.1	16.5
17.6	15.7	9.8	5.9	2.0	5.9	3.9	15.7
13.0	4.3		8.7		4.3		13.0
27.1	16.4	7.5	7.5	2.3	11.7	2.8	25.7
21.6	13.7	5.8	7.4	3.2	6.8	5.3	25.3
36.7	10.0	6.7	10.0		23.3		20.0
22.1	18.2	7.8	11.7	1.3	11.7	1.3	16.9
	60.0	20.0	20.0		20.0		40.0
22.8	16.7	7.2	3.9	3.3	10.6	0.6	20.0
23.3	18.3	10.0	3.3	3.3	8.3		15.0
40.0	30.0	10.0	30.0		10.0		10.0
23.1	7.7	30.8	15.4		23.1		23.1
45.0	18.3	3.3	3.3	3.3	16.7		26.7

8-12 未开展产品或工艺创新活动服务业

项 目	未开展产品或工艺创新活动的企业数（个）	在未开展产品或工艺创新			
		缺乏内部资金	缺乏风险投资	缺乏银行贷款	创新成本过高
总 计	**217387**	**9.5**	**5.5**	**8.9**	**9.4**
一、按行业分					
批发和零售业	148183	9.5	5.5	9.7	9.2
批发业	79470	8.4	5.0	9.5	7.6
零售业	68713	10.8	6.0	10.0	11.0
交通运输、仓储和邮政业	26934	9.0	6.1	9.7	9.0
铁路运输业	96	9.4	4.2	4.2	7.3
道路运输业	15790	8.8	7.1	10.8	9.5
水上运输业	2072	9.2	6.4	12.7	7.6
航空运输业	157	12.1	3.8	8.3	10.8
管道运输业	37	16.2	10.8		5.4
装卸搬运和运输代理业	5199	9.1	4.2	6.3	8.8
仓储业	3025	8.9	4.5	8.9	7.5
邮政业	558	10.9	3.8	3.8	8.6
信息传输、软件和信息技术服务业	5455	11.5	6.5	6.7	14.2
电信、广播电视和卫星传输服务	1467	10.0	3.9	3.7	10.8
互联网和相关服务	488	7.0	6.6	4.5	11.1
软件和信息技术服务业	3500	12.7	7.6	8.2	16.1
金融业	781	9.3	2.8	1.7	10.2
货币金融服务	256	5.5	3.1	1.6	7.0
资本市场服务	122	12.3	4.1	3.3	9.8
保险业	335	12.5	2.1	1.2	14.0
其他金融业	68	2.9	2.9	1.5	4.4
租赁和商务服务业	22232	10.1	4.8	4.6	9.1
租赁业	741	9.2	6.1	10.1	8.6
商务服务业	21491	10.2	4.8	4.4	9.2
科学研究和技术服务业	10982	8.4	5.6	6.6	11.8
研究和试验发展	654	14.1	5.2	10.2	16.4
专业技术服务业	8016	7.1	5.4	5.4	11.4
科技推广和应用服务业	2312	11.5	6.6	9.7	11.8
水利、环境和公共设施管理业	2788	10.6	5.8	8.8	9.1
水利管理业	170	11.2	4.7	6.5	10.6
生态保护和环境治理业	264	11.7	6.4	7.2	14.0
公共设施管理业	2354	10.4	5.8	9.1	8.5

企业的阻碍因素情况(2013-2014年)

活动企业中，下列各项是创新主要阻碍因素的企业占比(%)							
缺乏人才或人才流失	缺乏技术信　息	缺乏市场信　息	难以找到创新合作伙伴	市场已被占　领	不能确定市场需求	创新成果易被低成本模仿	没有创新的必要
15.7	**9.2**	**7.9**	**5.4**	**3.2**	**10.1**	**2.7**	**27.2**
15.6	9.1	8.1	5.2	3.4	10.7	2.9	27.8
13.5	9.1	8.4	5.5	2.9	9.5	2.5	28.3
18.0	9.1	7.6	4.9	3.8	12.0	3.3	27.2
14.4	8.7	6.6	6.0	2.8	7.5	1.6	26.8
12.5	8.3	8.3	5.2	6.3	6.3	2.1	20.8
14.5	9.5	5.8	6.0	2.5	7.1	1.2	27.7
12.6	8.0	7.1	6.6	2.2	5.9	2.8	25.6
10.2	7.6	5.7	2.5	3.2	7.6	3.2	20.4
10.8	8.1	10.8	8.1	2.7	5.4		27.0
14.1	6.1	7.8	5.8	4.0	9.3	1.9	27.3
15.0	9.3	7.9	6.3	1.5	6.4	1.3	24.5
17.4	9.3	9.3	5.7	5.2	11.5	6.5	18.1
19.4	10.3	7.4	6.4	3.6	14.3	4.1	17.3
17.9	10.8	6.1	6.1	4.7	13.5	4.3	15.3
18.4	10.2	8.6	7.0	3.9	19.3	4.3	21.5
20.1	10.1	7.8	6.5	3.1	14.0	3.9	17.5
21.1	10.8	9.6	4.9	4.4	12.2	6.3	17.2
23.0	12.1	8.6	3.1	2.7	15.6	5.1	18.0
24.6	7.4	11.5	9.0	7.4	6.6	3.3	15.6
20.0	11.0	10.1	4.5	4.8	11.0	8.7	15.8
13.2	10.3	7.4	5.9	2.9	14.7	4.4	23.5
13.9	7.8	8.3	5.7	2.4	8.7	2.2	29.3
14.6	9.3	7.0	5.4	1.1	7.3	1.5	26.6
13.8	7.7	8.3	5.7	2.5	8.8	2.2	29.3
21.3	12.8	8.7	5.6	3.6	9.9	3.0	23.0
19.7	13.8	8.9	5.5	3.2	9.0	2.4	18.0
22.1	12.5	8.5	5.5	3.9	9.5	3.1	23.7
19.1	13.6	9.3	5.9	2.6	11.5	2.9	21.7
18.8	10.9	8.7	5.3	2.0	7.7	2.2	23.6
12.9	11.2	5.3	2.4	1.2	6.5	1.8	29.4
21.2	9.8	6.8	7.6	0.8	7.6	2.7	28.0
19.0	11.0	9.2	5.3	2.2	7.9	2.2	22.6

8-12 续表

项 目	未开展产品或工艺创新活动的企业数(个)	在未开展产品或工艺创新活动			
		缺乏内部资金	缺乏风险投资	缺乏银行贷款	创新成本过高
二、按地区分					
东部地区	137115	9.1	5.0	8.1	9.2
中部地区	36603	10.2	7.2	10.2	10.1
西部地区	30843	10.3	5.5	10.9	10.2
东北地区	12826	10.8	6.0	9.2	8.3
北 京	16331	7.4	2.9	6.5	5.6
天 津	5626	10.3	4.5	8.4	7.2
河 北	4359	9.4	6.5	9.4	8.3
山 西	3597	9.6	4.0	8.6	7.4
内蒙古	2434	10.6	5.2	10.4	11.4
辽 宁	8609	11.2	5.8	8.2	8.3
吉 林	2051	6.6	6.9	7.5	8.1
黑龙江	2166	12.7	5.9	14.9	8.5
上 海	12850	7.0	4.2	3.8	9.4
江 苏	26890	10.1	5.6	11.6	13.4
浙 江	17919	6.4	4.3	4.9	6.5
安 徽	6188	9.0	8.1	14.1	9.8
福 建	8163	10.3	5.3	11.5	11.3
江 西	2641	12.0	8.0	10.0	9.7
山 东	20703	10.2	6.8	12.0	9.8
河 南	8336	10.8	9.3	8.9	12.0
湖 北	9283	9.7	6.6	11.1	8.9
湖 南	6558	11.0	6.1	7.7	11.2
广 东	23545	10.4	5.0	4.7	7.7
广 西	3146	8.8	2.6	9.2	9.4
海 南	729	8.6	4.7	10.8	15.0
重 庆	5545	9.5	6.7	11.6	9.5
四 川	6755	11.4	5.8	11.7	12.1
贵 州	2039	8.3	4.0	8.2	9.7
云 南	3337	9.4	4.6	13.9	10.2
西 藏	114	9.6	7.0	2.6	3.5
陕 西	3249	11.3	8.2	10.7	9.0
甘 肃	1593	10.2	5.7	10.7	8.7
青 海	367	12.0	3.3	7.9	9.5
宁 夏	506	8.1	5.1	9.3	10.3
新 疆	1758	13.0	5.4	9.4	9.6

企业中，下列各项是创新主要阻碍因素的企业占比(%)							
缺乏人才或人才流失	缺乏技术信息	缺乏市场信息	难以找到创新合作伙伴	市场已被占领	不能确定市场需求	创新成果易被低成本模仿	没有创新的必要
15.1	9.1	7.1	5.3	2.8	11.0	2.9	28.3
17.4	9.9	9.0	5.4	3.2	8.5	2.2	24.5
17.3	8.9	9.9	6.3	4.8	8.6	2.6	26.2
14.0	8.1	9.3	4.6	4.1	8.5	1.6	26.7
14.4	10.4	6.0	7.0	1.6	12.5	5.3	26.0
16.0	7.5	8.6	6.4	4.2	8.1	2.6	31.5
14.5	8.7	9.7	3.4	3.7	11.6	2.3	24.8
15.4	7.5	9.1	5.5	4.1	8.4	1.9	23.1
13.8	8.0	10.4	5.7	3.7	6.2	1.6	22.4
13.3	8.5	9.0	3.9	3.5	8.7	1.4	26.6
13.6	6.5	7.9	4.2	3.0	6.0	2.1	24.9
17.1	8.2	11.6	7.3	7.7	10.1	2.1	29.0
15.1	8.1	7.9	6.1	3.6	10.0	3.2	30.8
15.0	11.7	7.0	5.9	4.2	17.0	2.4	30.5
15.0	9.4	6.6	3.3	1.3	8.6	3.2	27.5
18.6	10.5	11.6	6.3	3.4	8.2	2.9	28.7
17.1	6.3	7.0	5.4	2.3	8.5	1.3	20.0
19.2	9.3	8.1	5.3	1.9	8.3	2.0	35.1
15.1	13.7	7.9	4.8	3.0	7.6	2.1	27.3
19.9	11.3	8.6	5.6	5.0	7.2	2.5	23.5
16.4	10.5	10.8	4.9	1.7	10.2	2.4	22.8
14.8	8.4	4.8	5.2	2.8	8.1	1.3	20.6
14.7	2.9	6.2	4.5	2.0	10.2	2.9	30.1
17.5	8.8	9.8	5.9	6.4	7.7	1.9	22.5
26.5	11.2	10.0	9.6	4.4	5.2	2.7	24.0
12.8	7.6	7.4	6.6	3.8	8.7	2.8	27.3
13.3	7.3	8.4	5.3	5.9	7.3	3.1	29.7
21.7	7.0	10.7	5.5	3.9	9.6	2.3	24.5
19.9	10.6	10.7	6.9	3.5	8.6	2.6	24.7
17.5	10.5	7.0	2.6	2.6	3.5	1.8	23.7
24.0	12.1	13.2	8.0	5.1	10.1	2.7	24.9
20.9	13.0	14.4	6.5	4.4	10.7	2.7	28.5
23.7	12.3	10.1	3.3	3.3	8.7	1.1	27.2
23.9	13.8	12.6	8.5	7.9	12.8	2.8	28.5
22.1	7.6	10.5	7.2	5.2	11.0	2.3	25.3

九、知识产权及相关情况

9-1 企业知识产权及相关

项 目	采取了知识产权保护或相关措施的企业数(个)	采取了知识产权保护或相关措施的企业占全部企业的比重(%)	在全部企业中，采取下列	
			申请了发明专利	申请了实用新型或外观设计专利
总　计	**293147**	**45.4**	**7.3**	**7.8**
一、按行业分				
采矿业	5981	36.8	1.9	1.9
制造业	191726	54.4	10.9	11.6
电力、热力、燃气及水生产和供应业	3372	36.4	3.8	4.5
建筑业	5948	63.7	16.0	16.5
批发和零售业	58073	33.9	1.2	2.0
交通运输、仓储和邮政业	8403	27.4	0.7	1.1
信息传输、软件和信息技术服务业	6255	58.4	19.8	11.8
金融业	937	43.6	1.8	1.6
租赁和商务服务业	5662	22.1	1.4	1.4
科学研究和技术服务业	5617	38.7	11.9	10.2
水利、环境和公共设施管理业	1160	34.2	3.8	3.7
二、按地区分				
东部地区	170009	43.2	8.2	9.1
中部地区	62799	49.8	6.7	6.7
西部地区	47018	54.6	5.5	5.4
东北地区	13321	33.3	4.0	3.4
北　京	6041	25.5	9.3	8.1
天　津	4896	37.1	11.1	11.7
河　北	11480	56.6	4.2	3.9
山　西	3556	44.0	4.2	4.4
内蒙古	3191	44.4	2.6	2.4
辽　宁	5588	21.9	3.8	3.3
吉　林	3791	49.5	4.2	3.1
黑龙江	3942	57.5	4.7	4.2
上　海	7233	28.9	9.1	9.4
江　苏	31568	38.1	11.9	13.0
浙　江	36247	57.7	9.5	12.4
安　徽	8841	34.7	10.7	11.2
福　建	13958	51.9	5.6	6.5
江　西	7442	61.1	6.2	5.9
山　东	36622	55.4	4.7	4.6
河　南	16399	51.5	4.1	4.0
湖　北	15272	56.4	6.7	6.5
湖　南	11289	52.8	7.2	6.8
广　东	21404	30.1	7.0	8.3
广　西	4268	46.9	4.8	3.9
海　南	560	44.1	7.0	3.8
重　庆	6838	53.6	6.1	6.6
四　川	12865	59.3	6.2	6.1
贵　州	3192	49.9	5.1	4.2
云　南	4184	52.7	5.6	5.8
西　藏	120	49.6	3.3	1.2
陕　西	5752	62.2	7.1	7.2
甘　肃	2623	65.6	5.3	5.4
青　海	568	55.9	4.4	3.6
宁　夏	987	55.2	6.7	6.5
新　疆	2430	51.7	4.8	4.5

情况(2013-2014年)

知识产权保护或相关措施的企业占比(%)						年末拥有有效发明专利数(件)
申请了注册商标	进行了版权登记	形成了国家或行业技术标准	对技术秘密进行内部保护	应用了难以复制的复杂技术	发挥了时间上的先发优势	
11.4	**2.1**	**6.3**	**12.3**	**2.5**	**17.0**	**656869**
3.6	0.9	6.4	9.2	2.2	18.6	4490
16.5	2.3	8.1	17.0	3.3	15.5	437331
2.2	0.8	9.6	7.9	2.1	13.4	7064
6.9	2.5	11.4	14.2	4.2	20.3	17975
5.5	0.7	3.2	5.6	1.4	21.1	34040
3.1	0.5	3.4	3.5	1.1	17.7	2271
12.5	25.1	6.2	17.1	3.8	12.8	48452
3.9	2.4	2.6	16.1	3.6	29.7	1008
4.9	1.3	2.3	4.4	0.8	11.5	51895
5.1	3.9	7.7	12.2	2.6	11.9	51443
7.7	1.1	4.3	6.1	1.7	15.7	895
10.8	2.2	5.6	12.0	2.5	15.7	502282
12.8	2.0	7.3	13.2	2.8	18.7	78290
13.4	2.0	9.3	14.7	2.6	21.8	56614
8.9	1.2	3.7	7.3	1.8	13.5	19683
5.0	5.5	4.1	7.7	1.4	5.9	43874
7.9	1.6	5.3	8.4	2.6	13.4	17590
13.7	1.1	3.8	14.7	1.8	27.7	6576
7.8	0.9	7.9	9.0	1.5	21.2	4681
8.5	1.5	8.2	9.7	2.2	21.5	2228
6.0	1.0	3.1	5.6	1.4	7.2	14046
12.3	1.4	7.5	9.9	2.7	21.8	2285
15.8	1.6	1.7	10.9	2.3	27.4	3352
7.2	3.1	4.7	9.2	1.8	7.2	52688
9.5	1.9	5.1	11.1	2.8	11.3	96389
14.2	1.8	8.6	16.7	2.7	19.5	40217
11.8	1.7	6.1	9.8	1.9	9.6	24253
16.1	2.4	7.0	13.9	2.3	19.6	10854
14.1	2.3	8.5	19.0	3.8	22.1	4438
11.4	1.5	5.9	13.5	3.2	27.1	31728
12.6	1.7	6.4	14.0	3.2	21.3	10980
14.2	2.4	8.7	13.7	2.9	22.2	17014
13.8	2.5	7.1	13.9	3.3	18.3	16924
9.7	2.8	4.4	9.1	2.1	8.8	201044
10.4	1.5	7.8	12.6	1.9	19.2	2857
12.0	2.3	6.1	10.8	1.7	19.3	1322
14.2	2.1	7.6	14.5	2.6	18.8	8155
15.4	2.3	8.3	18.6	3.3	22.6	19501
13.1	2.8	9.0	12.5	2.2	20.1	3914
14.7	1.7	10.4	12.8	2.3	21.1	4096
11.6	2.1	10.7	12.8	4.5	17.8	52
14.7	2.2	11.4	15.4	2.8	25.7	11246
13.5	1.5	14.2	13.6	2.5	30.3	1608
12.3	2.5	10.7	15.2	1.8	20.6	276
14.1	2.0	13.3	16.5	2.5	20.0	857
11.2	1.6	11.6	14.2	2.7	20.7	1824

9-2 工业企业知识产权

项 目	采取了知识产权保护或相关措施的企业数(个)	采取了知识产权保护或相关措施的企业占全部企业的比重(%)	在全部企业中，采取下列	
			申 请 了发明专利	申请了实用新型或外观设计专利
总　计	**201079**	**53.2**	**10.3**	**11.0**
一、按规模分				
大型企业	7575	76.8	44.7	45.3
中型企业	34178	61.8	19.2	20.8
小型企业	159326	50.9	7.7	8.2
二、按登记注册类型分				
内资企业	173770	53.8	9.9	10.5
国有企业	1660	48.3	14.1	14.4
集体企业	1178	37.6	3.2	3.2
股份合作企业	609	49.8	6.1	7.5
联营企业	73	42.9	6.5	5.9
有限责任公司	49748	55.9	11.2	11.5
股份有限公司	7423	70.9	33.0	31.7
私营企业	112328	52.5	8.4	9.2
其他企业	751	49.6	3.4	2.8
港、澳、台商投资企业	12423	48.8	12.7	14.3
外商投资企业	14886	50.1	12.8	14.1
三、按行业分				
采矿业	5981	36.8	1.9	1.9
煤炭开采和洗选业	2416	35.3	1.4	1.6
石油和天然气开采业	79	54.9	21.5	21.5
黑色金属矿采选业	1070	32.3	1.0	1.0
有色金属矿采选业	847	42.3	2.1	2.5
非金属矿采选业	1469	39.1	2.1	1.5
开采辅助活动	88	53.0	13.9	15.1

及相关情况(2013-2014年)

知识产权保护或相关措施的企业占比(%)						年末拥有有效发明专利数(件)	对最主要的主营产品拥有品牌所有权的企业占全部企业的比重(%)	#该品牌由本企业独立开发的企业占全部企业的比重
申请了注册商标	进行了版权登记	形成了国家或行业技术标准	对技术秘密进行内部保护	应用了难以复制的复杂技术	发挥了时间上的先发优势			
15.6	**2.2**	**8.1**	**16.5**	**3.2**	**15.6**	**448885**	**31.5**	**27.6**
25.9	7.3	26.0	34.6	6.9	16.9	210121	57.9	52.2
18.9	3.3	11.8	21.1	4.1	15.7	103505	41.7	36.8
14.7	1.8	6.9	15.1	2.9	15.5	135259	28.9	25.2
16.2	2.2	8.2	16.1	3.1	16.1	351133	31.2	27.5
8.9	2.6	12.9	14.8	2.6	13.3	13468	25.0	20.8
8.9	1.0	5.7	9.4	1.9	14.2	968	16.6	14.1
12.1	1.5	6.8	15.5	2.9	14.8	364	26.6	23.2
8.8	2.9	6.5	17.1	1.2	13.5	179	20.6	15.9
16.2	2.5	9.8	17.9	3.4	15.9	139419	33.6	29.3
26.0	6.2	20.4	26.4	5.2	16.7	92760	53.8	49.5
16.0	1.9	7.0	14.9	2.9	16.2	103775	29.4	26.1
14.4	1.7	5.3	11.3	3.6	18.2	200	24.0	21.1
13.0	2.1	7.5	17.2	3.4	12.7	42508	32.1	28.0
11.2	2.0	7.1	20.3	4.1	12.7	55244	35.0	28.0
3.6	0.9	6.4	9.2	2.2	18.6	4490	6.3	5.1
2.6	0.8	7.0	7.8	1.8	18.8	1222	4.2	3.4
2.1	6.9	25.7	21.5	4.2	11.1	1255	7.6	6.9
2.0	0.8	4.7	8.5	2.2	17.8	893	4.1	3.0
4.4	1.3	7.1	12.9	2.9	17.3	176	7.3	6.1
6.0	0.7	5.5	9.4	2.3	19.5	244	11.0	9.1
7.8	3.6	6.6	22.3	1.8	23.5	680	12.7	10.2

9-2 续表 1

项 目	采取了知识产权保护或相关措施的企业数(个)	采取了知识产权保护或相关措施的企业占全部企业的比重(%)	在全部企业中，采取下列	
			申请了发明专利	申请了实用新型或外观设计专利
制造业	191726	54.4	10.9	11.6
农副食品加工业	14145	57.0	5.2	4.1
食品制造业	5134	62.6	9.1	6.9
酒、饮料和精制茶制造业	4058	64.7	6.7	6.4
烟草制品业	90	70.3	33.6	45.3
纺织业	9351	44.9	4.0	4.8
纺织服装、服饰业	6157	38.9	1.8	2.8
皮革、毛皮、羽毛及其制品和制鞋业	4213	48.3	2.2	3.2
木材加工和木、竹、藤、棕、草制品业	4158	46.1	3.3	3.6
家具制造业	2729	51.6	3.5	5.3
造纸和纸制品业	3163	46.4	4.8	5.1
印刷和记录媒介复制业	2426	45.8	5.6	6.7
文教、工美、体育和娱乐用品制造业	4574	53.1	5.9	8.8
石油加工、炼焦和核燃料加工业	1021	50.2	10.3	7.6
化学原料和化学制品制造业	14800	58.6	15.2	11.0
医药制造业	5095	71.7	30.8	18.4
化学纤维制造业	987	50.7	11.2	10.9
橡胶和塑料制品业	9054	49.9	7.7	8.4
非金属矿物制品业	16387	48.2	5.2	4.9
黑色金属冶炼和压延加工业	4665	45.0	6.1	6.8
有色金属冶炼和压延加工业	3860	52.3	12.5	12.2
金属制品业	10463	50.4	8.0	9.7
通用设备制造业	14743	59.9	16.7	19.6
专用设备制造业	11224	64.5	22.1	25.2
汽车制造业	8341	62.0	14.7	18.7
铁路、船舶、航空航天和其他运输设备制造业	2973	59.9	15.6	18.6
电气机械和器材制造业	14567	62.8	19.2	23.9
计算机、通信和其他电子设备制造业	8720	62.1	24.1	27.2
仪器仪表制造业	2980	71.4	32.1	38.6
其他制造业	923	52.6	7.9	10.0
废弃资源综合利用业	554	37.1	5.0	4.8
金属制品、机械和设备修理业	171	43.1	11.3	14.1
电力、热力、燃气及水生产和供应业	3372	36.4	3.8	4.5
电力、热力生产和供应业	2420	37.4	4.5	5.3
燃气生产和供应业	471	36.1	1.8	1.9
水的生产和供应业	481	32.2	2.9	3.2

知识产权保护或相关措施的企业占比(%)						年末拥有有效发明专利数(件)	对最主要的主营产品拥有品牌所有权的企业占全部企业的比重(%)	
申请了注册商标	进行了版权登记	形成了国家或行业技术标准	对技术秘密进行内部保护	应用了难以复制的复杂技术	发挥了时间上的先发优势			#该品牌由本企业独立开发的企业占全部企业的比重
16.5	2.3	8.1	17.0	3.3	15.5	437331	33.3	29.2
26.6	2.5	6.7	13.6	2.2	16.4	4858	44.7	39.8
31.4	3.8	9.1	19.1	2.9	14.4	4411	53.7	48.7
35.8	4.3	9.4	18.8	2.9	14.2	1817	58.1	52.4
22.7	10.9	21.9	27.3	9.4	14.1	1605	41.4	38.3
11.2	1.3	5.5	12.9	2.6	17.2	4338	19.7	17.3
12.4	1.2	3.8	9.3	2.2	15.6	1984	20.3	17.6
15.7	1.1	4.5	11.4	2.5	19.4	1506	23.9	20.8
13.8	1.4	5.2	10.7	3.0	16.8	991	24.1	21.0
19.6	1.5	5.2	12.5	2.3	15.1	2073	35.2	32.0
12.2	1.9	6.0	12.9	2.7	16.8	1877	23.2	20.4
8.4	2.0	6.9	13.1	3.8	16.9	1610	15.9	13.7
17.0	2.9	5.7	15.2	3.5	16.9	3829	29.7	27.0
12.1	1.8	9.3	16.9	2.4	15.9	1900	25.0	21.5
17.7	2.1	9.7	22.4	3.7	14.0	29433	38.7	33.4
28.2	3.7	17.1	25.5	4.5	14.3	24799	54.3	46.6
13.1	1.5	7.8	15.9	3.3	17.4	1394	27.5	24.4
14.3	1.5	7.0	15.8	3.0	14.6	8744	28.1	24.3
12.6	1.4	8.0	14.4	2.8	16.6	11574	25.9	21.7
9.7	1.3	7.1	14.6	2.6	15.2	9543	19.3	16.4
12.0	1.3	9.2	18.5	4.1	14.0	8361	27.6	24.4
13.9	1.4	7.4	14.7	2.8	14.8	12514	28.0	24.4
16.1	2.2	9.5	19.8	3.7	14.6	33014	38.3	33.5
17.9	3.3	10.7	21.9	4.6	14.9	39555	42.4	38.0
13.5	1.8	9.1	23.5	4.1	16.4	18840	32.5	27.6
14.9	2.9	10.7	20.9	4.0	15.5	12236	34.5	29.6
19.0	3.0	10.8	19.7	3.7	14.2	51467	43.7	39.0
15.2	5.6	9.1	23.7	5.0	14.8	126488	37.9	34.1
21.4	9.6	14.4	25.2	5.5	14.6	14335	52.9	48.6
16.9	2.1	6.8	14.5	3.0	16.0	1474	29.2	26.0
6.2	1.1	5.2	10.6	3.1	14.3	469	11.0	9.2
5.0	2.8	6.8	15.9	3.3	15.1	292	16.4	13.4
2.2	0.8	9.6	7.9	2.1	13.4	7064	7.6	4.9
1.8	0.8	10.2	7.9	2.0	13.3	6710	6.6	4.2
3.3	1.0	7.0	8.9	2.5	15.9	149	11.3	6.8
3.2	0.7	9.4	7.0	2.5	11.6	205	8.5	6.4

9-2 续表 2

项 目	采取了知识产权保护或相关措施的企业数（个）	采取了知识产权保护或相关措施的企业占全部企业的比重（%）	在全部企业中，采取下列	
			申请了发明专利	申请了实用新型或外观设计专利
四、按地区分				
东部地区	117035	52.7	11.9	13.3
中部地区	45162	55.0	9.0	8.9
西部地区	29433	60.8	8.1	7.6
东北地区	9449	37.3	5.4	4.6
北 京	2060	55.9	23.2	26.2
天 津	2790	50.8	21.0	22.9
河 北	8940	60.4	5.0	4.5
山 西	1882	48.2	6.8	6.4
内蒙古	2093	47.4	3.6	3.3
辽 宁	3932	25.0	5.2	4.5
吉 林	2783	52.4	5.0	3.6
黑龙江	2734	63.5	6.5	6.0
上 海	4154	43.9	16.4	17.7
江 苏	23169	47.6	18.1	19.4
浙 江	28680	70.2	12.8	17.4
安 徽	7318	41.2	14.3	15.0
福 建	10032	59.9	8.0	9.2
江 西	5582	62.0	7.5	7.3
山 东	22538	55.3	6.8	6.5
河 南	12017	55.2	4.8	5.0
湖 北	10146	63.6	9.5	8.6
湖 南	8217	59.9	9.7	9.2
广 东	14480	35.2	9.5	10.4
广 西	2966	54.5	6.7	5.5
海 南	192	50.3	14.1	8.4
重 庆	3841	62.4	10.0	11.1
四 川	8658	65.3	8.6	8.1
贵 州	2120	54.4	6.5	5.3
云 南	2222	58.7	9.6	8.6
西 藏	64	66.0	6.2	2.1
陕 西	3407	67.1	10.4	9.9
甘 肃	1526	73.2	8.8	8.7
青 海	380	66.9	6.5	4.6
宁 夏	706	60.3	9.7	8.9
新 疆	1450	58.5	6.6	6.2

知识产权保护或相关措施的企业占比(%)						年末拥有有效发明专利数(件)	对最主要的主营产品拥有品牌所有权的企业占全部企业的比重(%)	
申请了注册商标	进行了版权登记	形成了国家或行业技术标准	对技术秘密进行内部保护	应用了难以复制的复杂技术	发挥了时间上的先发优势			#该品牌由本企业独立开发的企业占全部企业的比重
15.1	2.2	7.6	16.6	3.2	15.1	328461	32.0	28.2
16.6	2.3	8.4	16.5	3.6	16.7	63911	32.3	28.1
18.2	2.5	11.8	19.3	3.3	17.9	42522	31.8	27.7
12.3	1.5	4.4	9.3	2.1	11.8	13991	24.5	20.6
14.6	6.6	11.9	23.2	4.5	10.5	18721	49.3	44.2
13.5	1.6	7.8	14.7	2.9	10.7	12263	36.5	31.7
18.1	1.2	3.9	17.3	2.2	25.3	4999	29.3	25.6
11.8	1.2	10.4	12.7	2.4	17.0	3505	22.9	20.2
11.6	1.3	10.0	10.9	2.6	18.6	1660	19.7	15.8
8.2	1.3	3.7	7.0	1.6	6.3	9055	20.9	17.0
15.5	1.8	8.9	12.3	3.1	18.8	1884	26.6	22.6
23.2	2.0	1.6	14.0	2.5	23.3	3052	35.3	31.0
11.8	2.6	7.2	15.8	3.1	8.5	27540	41.4	35.2
13.7	1.8	7.0	15.5	3.4	10.1	73252	33.9	29.6
18.6	1.7	10.8	22.1	3.4	20.1	28235	32.8	30.5
15.3	1.9	7.2	12.7	2.5	10.1	21667	35.8	31.2
20.0	2.6	8.8	18.1	3.4	18.9	9176	30.7	28.3
16.9	2.4	9.3	20.0	4.4	18.8	3383	28.6	24.4
14.0	1.9	7.5	16.4	3.5	19.8	26122	28.0	23.9
16.0	2.1	6.9	17.3	3.7	18.9	8497	31.2	26.6
18.5	2.7	11.1	17.9	3.6	19.9	12444	33.6	29.4
18.0	2.9	8.0	17.5	4.3	16.7	14415	33.3	29.4
12.1	3.1	5.8	11.8	2.7	8.5	126936	29.9	25.9
15.1	2.2	10.1	16.3	2.5	17.0	2670	27.4	23.8
19.4	2.4	10.5	17.3	2.6	13.1	1217	34.0	29.6
18.5	2.2	9.7	20.0	3.1	16.1	6272	29.5	26.1
19.9	2.8	10.7	23.7	3.9	18.5	15893	36.7	32.7
17.9	3.5	11.2	16.2	3.1	16.7	3146	27.5	23.5
21.0	2.8	13.7	17.3	2.7	16.0	2865	35.0	30.6
23.7	4.1	15.5	19.6	3.1	14.4	44	38.1	34.0
20.2	2.6	14.8	21.0	4.0	19.0	6675	36.3	31.6
21.1	2.3	17.4	19.1	2.8	25.0	1265	34.0	29.0
18.5	3.0	14.3	20.8	2.6	17.3	246	35.0	30.6
18.8	2.1	15.6	20.5	3.2	16.7	675	31.5	27.8
16.2	1.6	14.4	18.8	3.0	17.9	1111	31.6	25.7

9-3 建筑业企业知识产权

项 目	采取了知识产权保护或相关措施的企业数（个）	采取了知识产权保护或相关措施的企业占全部企业的比重（%）	在全部企业中，采取下列	
			申请了省级以上新工法	申请了发明专利
总 计	**5948**	**63.7**	**22.0**	**16.0**
一、按行业分				
房屋建筑业	2506	65.1	28.3	16.7
土木工程建筑业	1393	69.2	32.9	24.8
建筑安装业	879	58.7	10.5	12.8
建筑装饰和其他建筑业	1170	59.0	7.5	8.2
二、按地区分				
东部地区	3474	66.5	23.5	18.1
中部地区	1105	62.7	22.8	14.4
西部地区	911	59.5	20.6	15.0
东北地区	458	55.3	13.9	7.7
北 京	398	57.9	17.0	19.1
天 津	181	75.4	23.8	25.0
河 北	172	61.6	29.7	16.5
山 西	93	61.2	43.4	26.3
内蒙古	42	48.8	12.8	8.1
辽 宁	282	58.6	14.6	10.2
吉 林	75	53.2	8.5	2.8
黑龙江	101	49.0	16.0	5.3
上 海	252	61.2	15.0	19.9
江 苏	809	81.4	26.7	18.1
浙 江	685	65.1	27.8	18.8
安 徽	163	64.4	23.3	13.8
福 建	170	53.0	17.4	11.2
江 西	145	84.8	22.8	9.4
山 东	336	66.0	29.3	16.9
河 南	332	65.6	19.0	15.2
湖 北	230	54.0	18.3	12.7
湖 南	142	55.7	25.1	12.5
广 东	455	65.8	20.1	18.2
广 西	51	58.0	25.0	20.5
海 南	16	44.4	22.2	5.6
重 庆	178	58.4	10.2	11.5
四 川	178	57.6	22.0	17.5
贵 州	42	70.0	36.7	26.7
云 南	95	64.6	25.9	13.6
西 藏	3	60.0		
陕 西	183	61.2	22.1	16.1
甘 肃	55	53.9	27.5	13.7
青 海	9	50.0	22.2	16.7
宁 夏	17	70.8	25.0	4.2
新 疆	58	65.2	21.3	15.7

及相关情况(2013-2014年)

知识产权保护或相关措施的企业占比(%)							年末拥有有效发明专利数(件)
申请了实用新型或外观设计专利	申请了注册商标	进行了版权登记	形成了国家或行业技术标准	对技术秘密进行内部保护	应用了难以复制的复杂技术	发挥了时间上的先发优势	
16.5	**6.9**	**2.5**	**11.4**	**14.2**	**4.2**	**20.3**	**17975**
17.2	6.8	1.5	12.2	12.4	4.0	20.0	6992
25.4	4.8	3.3	13.8	16.6	5.3	16.3	6493
12.8	6.9	4.7	9.9	15.4	3.3	21.0	1926
8.7	9.4	1.8	8.4	14.1	4.3	24.4	2564
19.0	7.9	3.0	11.6	14.9	4.7	20.5	11590
14.7	5.7	1.9	11.5	14.0	4.3	21.2	3183
14.9	7.3	2.5	12.5	12.6	3.1	18.5	2101
7.0	3.0	0.4	7.6	12.7	3.0	20.3	1101
22.7	4.7	4.4	12.7	13.7	3.9	15.4	1615
27.9	5.8	5.0	13.8	14.6	4.2	29.2	1493
16.5	4.7	3.6	13.6	16.5	3.2	17.9	397
28.9	1.3		13.2	13.2	3.9	14.5	634
8.1	3.5		7.0	10.5	3.5	19.8	40
7.7	3.1	0.4	8.7	14.8	2.9	20.8	915
5.0	5.7	0.7	9.9	14.2	1.4	20.6	44
6.8	1.0		3.4	6.8	4.4	18.9	142
18.2	8.5	3.6	12.1	15.0	5.1	20.1	2280
17.8	11.0	3.1	11.7	18.4	7.4	29.8	1227
20.3	6.7	1.4	10.5	13.1	3.5	16.1	1266
13.8	7.1	2.8	12.3	14.6	2.8	21.7	398
11.8	11.2	2.2	12.5	12.5	2.2	17.1	186
10.5	3.5		19.9	25.1	4.1	32.7	146
15.1	8.8	1.4	10.2	16.3	3.9	18.7	981
13.6	5.9	1.8	9.9	14.8	5.3	24.3	531
12.4	6.6	2.8	11.3	10.3	4.7	18.3	1103
15.7	6.3	2.4	7.5	10.6	3.1	15.3	371
20.1	8.0	3.9	11.0	13.9	6.1	20.6	2126
15.9	3.4	1.1	11.4	14.8	5.7	20.5	60
8.3	2.8		5.6	5.6		11.1	19
10.2	9.5	2.0	10.5	14.1	3.6	21.6	233
19.1	6.1	3.2	11.7	14.6	3.2	18.4	990
23.3	5.0	3.3	6.7	11.7	8.3	18.3	48
12.9	12.9	4.8	17.7	12.9	4.1	15.6	119
				40.0	20.0	20.0	1
17.4	8.0	2.7	14.7	8.7	1.0	16.7	432
12.7	3.9	2.0	9.8	7.8	2.0	12.7	103
16.7	5.6	11.1	16.7	11.1		16.7	11
16.7	4.2		29.2	20.8		12.5	2
14.6	6.7	1.1	15.7	15.7	2.2	23.6	62

9-4 服务业企业知识产权

项 目	采取了知识产权保护或相关措施的企业数（个）	采取了知识产权保护或相关措施的企业占全部企业的比重（%）	在全部企业中，采取	
			申请了发明专利	申请了实用新型或外观设计专利
总 计	**86120**	**33.3**	**2.6**	**2.7**
一、按行业分				
批发和零售业	58073	33.9	1.2	2.0
批发业	27047	29.8	1.3	2.3
零售业	31026	38.6	1.0	1.7
交通运输、仓储和邮政业	8403	27.4	0.7	1.1
铁路运输业	29	25.4	1.8	0.9
道路运输业	5318	29.8	0.5	1.2
水上运输业	609	25.4	2.3	1.8
航空运输业	76	32.3	2.6	3.0
管道运输业	25	46.3	5.6	13.0
装卸搬运和运输代理业	1108	19.2	0.7	0.5
仓储业	935	26.8	0.7	0.8
邮政业	303	37.4	0.7	2.0
信息传输、软件和信息技术服务业	6255	58.4	19.8	11.8
电信、广播电视和卫星传输服务	1014	43.6	7.6	4.9
互联网和相关服务	472	55.7	17.2	5.9
软件和信息技术服务业	4769	63.3	23.9	14.7
金融业	937	43.6	1.8	1.6
货币金融服务	441	49.3	3.5	2.8
资本市场服务	104	36.2	1.4	0.7
保险业	329	40.6	0.2	0.7
其他金融业	63	40.6	0.6	1.3
租赁和商务服务业	5662	22.1	1.4	1.4
租赁业	207	23.3	2.6	2.0
商务服务业	5455	22.0	1.4	1.4
科学研究和技术服务业	5617	38.7	11.9	10.2
研究和试验发展	692	58.4	34.9	24.0
专业技术服务业	3614	35.4	9.2	8.6
科技推广和应用服务业	1311	41.9	11.8	10.0
水利、环境和公共设施管理业	1160	34.2	3.8	3.7
水利管理业	64	32.8	3.6	3.6
生态保护和环境治理业	133	36.4	15.1	13.4
公共设施管理业	963	34.1	2.3	2.4

及相关情况(2013-2014年)

下列知识产权保护或相关措施的企业占比(%)						年末拥有有效发明专利数(件)
申请了注册商标	进行了版权登记	形成了国家或行业技术标准	对技术秘密进行内部保护	应用了难以复制的复杂技术	发挥了时间上的先发优势	
5.5	**2.0**	**3.5**	**6.2**	**1.5**	**18.9**	**190009**
5.5	0.7	3.2	5.6	1.4	21.1	34040
5.6	0.8	2.7	4.8	1.3	17.7	26510
5.5	0.6	3.8	6.5	1.4	25.0	7530
3.1	0.5	3.4	3.5	1.1	17.7	2271
2.6	1.8	3.5	3.5	0.9	15.8	9
3.3	0.5	3.4	3.0	1.1	20.1	842
3.0	0.8	3.0	3.8	1.5	15.0	755
6.8	3.4	3.8	8.1	0.4	16.2	25
	5.6	7.4	16.7	5.6	16.7	76
2.1	0.4	2.1	3.1	1.0	12.4	347
3.3	0.4	5.0	5.5	0.9	15.0	173
3.7	1.2	7.2	6.5	1.6	24.3	44
12.5	25.1	6.2	17.1	3.8	12.8	48452
5.5	6.4	8.0	13.2	3.4	20.7	3548
15.8	24.1	4.0	14.0	4.5	11.8	7103
14.3	31.0	5.9	18.6	3.8	10.5	37801
3.9	2.4	2.6	16.1	3.6	29.7	1008
5.0	2.6	3.0	22.2	4.7	32.4	634
5.2	4.2	1.4	9.8	3.8	23.0	22
1.7	1.5	2.5	12.1	2.6	29.9	293
5.8	3.2	3.2	12.9	2.6	25.8	59
4.9	1.3	2.3	4.4	0.8	11.5	51895
4.1	1.7	2.7	3.2	1.5	11.8	258
4.9	1.3	2.3	4.5	0.8	11.5	51637
5.1	3.9	7.7	12.2	2.6	11.9	51443
11.8	7.9	12.2	20.8	5.7	10.4	24214
2.9	2.9	8.2	11.7	2.3	11.8	21501
9.8	5.4	4.2	10.7	2.2	12.7	5728
7.7	1.1	4.3	6.1	1.7	15.7	895
4.1	1.5	7.2	4.6	0.5	12.8	25
3.3	1.9	4.1	9.0	3.0	11.0	463
8.5	1.0	4.1	5.8	1.7	16.5	407

9-4 续表

项 目	采取了知识产权保护或相关措施的企业数（个）	采取了知识产权保护或相关措施的企业占全部企业的比重（%）	在全部企业中，采取	
			申请了发明专利	申请了实用新型或外观设计专利
二、按地区分				
东部地区	49500	29.8	3.0	3.2
中部地区	16532	39.2	2.0	2.1
西部地区	16674	46.2	1.7	2.0
东北地区	3414	24.6	1.3	1.0
北 京	3583	18.5	6.3	4.1
天 津	1925	25.8	3.4	2.9
河 北	2368	45.4	1.2	1.5
山 西	1581	39.4	0.8	1.6
内蒙古	1056	39.4	0.9	0.6
辽 宁	1374	14.8	1.1	0.8
吉 林	933	42.4	2.5	1.7
黑龙江	1107	47.2	1.2	0.7
上 海	2827	18.6	4.2	4.0
江 苏	7590	22.9	2.7	3.4
浙 江	6882	33.0	2.6	2.1
安 徽	1360	18.2	2.3	1.9
福 建	3756	38.3	1.5	1.7
江 西	1715	57.1	2.1	1.4
山 东	13748	55.2	0.8	1.3
河 南	4050	42.2	1.7	1.2
湖 北	4896	45.9	2.4	3.1
湖 南	2930	39.6	2.3	2.2
广 东	6469	22.0	3.1	5.2
广 西	1251	35.1	1.4	1.3
海 南	352	41.3	3.9	1.5
重 庆	2819	44.9	2.0	1.9
四 川	4029	49.5	1.8	2.5
贵 州	1030	42.3	2.3	1.8
云 南	1867	46.6	1.4	2.8
西 藏	53	37.9	1.4	0.7
陕 西	2162	55.9	2.0	2.8
甘 肃	1042	57.5	0.8	1.1
青 海	179	41.5	1.2	1.9
宁 夏	264	44.4	0.7	1.3
新 疆	922	43.1	2.3	2.2

下列知识产权保护或相关措施的企业占比(%)						年末拥有有效发明专利数(件)
申请了注册商标	进行了版权登记	形成了国家或行业技术标准	对技术秘密进行内部保护	应用了难以复制的复杂技术	发挥了时间上的先发优势	
5.2	2.3	2.8	5.7	1.5	16.4	162231
5.9	1.4	4.9	6.8	1.4	22.4	11196
7.2	1.4	5.8	8.7	1.7	27.0	11991
3.0	0.7	2.1	3.3	1.2	16.1	4591
3.2	5.4	2.3	4.5	0.7	4.7	23538
3.9	1.4	3.1	3.6	2.2	14.8	3834
1.7	0.7	2.9	7.0	0.7	34.8	1180
4.2	0.6	5.3	5.3	0.6	25.5	542
3.6	1.8	5.3	7.5	1.3	26.3	528
2.4	0.7	1.8	2.6	0.9	8.0	4076
5.0	0.5	4.0	3.8	2.1	29.3	357
3.5	1.2	1.6	5.7	1.8	35.7	158
4.2	3.3	3.0	4.9	0.9	6.0	22868
3.2	2.0	2.0	4.3	1.7	12.6	21910
5.8	1.9	4.1	6.5	1.3	18.4	10716
3.8	1.0	3.4	2.7	0.5	8.1	2188
9.7	2.0	3.6	6.8	0.6	20.7	1492
6.3	2.1	5.2	15.7	1.9	31.5	909
7.2	0.9	3.3	8.8	2.7	39.1	4625
5.4	0.9	5.2	6.5	1.9	26.6	1952
8.0	1.9	5.1	7.6	1.8	25.8	3467
6.3	1.7	5.4	7.5	1.4	21.3	2138
6.4	2.4	2.3	5.2	1.2	9.0	71982
3.2	0.5	4.2	6.8	0.9	22.6	127
9.0	2.3	4.2	8.1	1.3	22.4	86
10.2	2.0	5.3	9.2	2.0	21.3	1650
8.4	1.5	4.3	10.5	2.2	29.4	2618
5.5	1.6	5.6	6.7	0.7	25.5	720
8.8	0.6	7.1	8.5	1.7	26.1	1112
3.6	0.7	7.9	7.1	5.0	20.0	7
7.9	1.7	6.6	8.7	1.3	35.2	4139
5.2	0.5	10.7	7.7	2.2	37.4	240
4.4	1.4	5.8	8.1	0.7	25.3	19
5.4	1.8	8.1	8.4	1.2	26.7	180
5.6	1.7	8.2	8.7	2.2	23.9	651

十、组织和营销创新情况

10-1 企业组织和营销创新情况(2013-2014年)

项 目	实现组织或营销创新企业数(个)	在全部企业中占比(%)			
		实现组织或营销创新企业	#实现组织创新企业	#实现营销创新企业	#同时实现组织和营销创新企业
总 计	**218413**	**33.8**	**27.9**	**25.8**	**19.9**
一、按行业分					
采矿业	3101	19.1	16.5	10.4	7.8
制造业	131908	37.4	30.7	29.1	22.4
电力、热力、燃气及水生产和供应业	2434	26.3	24.3	10.1	8.1
建筑业	4343	46.5	45.1	19.9	18.5
批发和零售业	50489	29.5	23.2	24.5	18.2
交通运输、仓储和邮政业	6821	22.2	19.8	14.7	12.3
信息传输、软件和信息技术服务业	5389	50.3	44.3	37.7	31.6
金融业	1492	69.5	56.4	59.5	46.4
租赁和商务服务业	6762	26.4	22.7	18.1	14.4
科学研究和技术服务业	4629	31.9	28.9	17.4	14.5
水利、环境和公共设施管理业	1029	30.4	26.7	20.1	16.4
二、按地区分					
东部地区	138748	35.3	28.8	26.6	20.1
中部地区	42157	33.4	27.9	26.5	21.0
西部地区	28588	33.2	28.6	25.3	20.7
东北地区	8920	22.3	17.2	17.0	11.9
北 京	8790	37.1	29.8	21.9	14.7
天 津	4987	37.8	32.9	30.0	25.2
河 北	6377	31.4	24.1	21.8	14.5
山 西	2073	25.7	22.0	17.0	13.3
内蒙古	1547	21.5	18.0	15.9	12.4
辽 宁	5778	22.7	16.8	17.3	11.4
吉 林	1562	20.4	17.1	15.8	12.5
黑龙江	1580	23.0	18.5	17.5	13.0
上 海	8831	35.2	29.0	23.2	16.9
江 苏	32290	39.0	33.3	29.8	24.2
浙 江	21440	34.2	27.9	27.2	21.0
安 徽	9136	35.8	31.8	28.7	24.7
福 建	8945	33.3	26.4	26.1	19.2
江 西	3662	30.0	24.5	24.1	18.6
山 东	19563	29.6	23.9	24.7	19.1
河 南	10512	33.0	26.9	26.5	20.4
湖 北	10037	37.1	30.2	29.2	22.3
湖 南	6737	31.5	26.1	25.6	20.2
广 东	27095	38.1	30.0	27.8	19.7
广 西	2663	29.3	23.9	21.9	16.5
海 南	430	33.8	27.5	24.7	18.3
重 庆	4081	32.0	26.7	24.2	19.0
四 川	7841	36.1	31.8	28.0	23.8
贵 州	2216	34.7	29.4	27.0	21.7
云 南	2618	33.0	29.9	25.6	22.5
西 藏	85	35.1	30.2	26.4	21.5
陕 西	3647	39.4	34.0	30.5	25.0
甘 肃	1298	32.5	28.1	24.2	19.8
青 海	316	31.1	26.9	23.2	19.1
宁 夏	601	33.6	28.3	26.2	20.9
新 疆	1675	35.6	31.5	24.9	20.7

10-2　工业企业组织和营销创新情况(2013-2014年)

项　目	实现组织或营销创新企业数(个)	在全部企业中占比(%)			
		实现组织或营销创新企业	#实现组织创新企业	#实现营销创新企业	#同时实现组织和营销创新企业
总　计	**137443**	**36.4**	**29.9**	**27.9**	**21.4**
一、按规模分					
大型企业	6438	65.3	59.3	48.9	42.9
中型企业	26215	47.4	40.5	36.1	29.2
小型企业	104790	33.5	27.1	25.8	19.4
二、按登记注册类型分					
内资企业	115858	35.9	29.6	27.9	21.5
国有企业	1165	33.9	30.8	19.6	16.5
集体企业	669	21.4	17.7	13.9	10.2
股份合作企业	316	25.9	21.9	19.3	15.4
联营企业	34	20.0	16.5	15.3	11.8
有限责任公司	33976	38.2	32.2	28.7	22.8
股份有限公司	5718	54.6	47.6	43.3	36.3
私营企业	73532	34.4	27.8	27.2	20.6
其他企业	448	29.6	23.8	23.6	17.8
港、澳、台商投资企业	9813	38.6	31.5	27.9	20.9
外商投资企业	11772	39.6	32.6	27.6	20.6
三、按行业分					
采矿业	3101	19.1	16.5	10.4	7.8
煤炭开采和洗选业	1320	19.3	16.8	10.2	7.7
石油和天然气开采业	34	23.6	22.9	7.6	6.9
黑色金属矿采选业	548	16.5	14.2	8.2	5.8
有色金属矿采选业	393	19.6	17.5	9.3	7.2
非金属矿采选业	761	20.3	17.0	13.4	10.2
开采辅助活动	44	26.5	25.9	9.6	9.0

10-2 续表 1

项 目	实现组织或营销创新企业数(个)	在全部企业中占比(%)			
		实现组织或营销创新企业	#实现组织创新企业	#实现营销创新企业	#同时实现组织和营销创新企业
制造业	131908	37.4	30.7	29.1	22.4
农副食品加工业	9307	37.5	28.3	32.9	23.7
食品制造业	3743	45.6	33.9	41.0	29.4
酒、饮料和精制茶制造业	3054	48.7	35.7	44.7	31.7
烟草制品业	64	50.0	42.2	27.3	19.5
纺织业	6269	30.1	24.4	22.7	17.0
纺织服装、服饰业	4327	27.4	21.9	20.3	14.8
皮革、毛皮、羽毛及其制品和制鞋业	2542	29.2	21.9	23.3	16.0
木材加工和木、竹、藤、棕、草制品业	2322	25.7	20.5	21.2	15.9
家具制造业	1855	35.1	27.3	29.6	21.8
造纸和纸制品业	2033	29.8	24.5	23.4	18.0
印刷和记录媒介复制业	1722	32.5	27.4	23.8	18.6
文教、工美、体育和娱乐用品制造业	3079	35.8	27.1	30.4	21.7
石油加工、炼焦和核燃料加工业	692	34.1	28.7	24.5	19.1
化学原料和化学制品制造业	9875	39.1	32.2	30.7	23.9
医药制造业	3742	52.6	43.6	43.9	34.9
化学纤维制造业	813	41.7	35.7	32.2	26.1
橡胶和塑料制品业	6228	34.3	27.2	26.2	19.1
非金属矿物制品业	10186	30.0	24.7	22.2	17.0
黑色金属冶炼和压延加工业	3082	29.7	25.3	20.8	16.4
有色金属冶炼和压延加工业	2523	34.2	29.6	24.2	19.6
金属制品业	7382	35.5	29.9	26.5	20.8
通用设备制造业	10039	40.8	34.6	31.3	25.1
专用设备制造业	7845	45.1	38.1	34.5	27.6
汽车制造业	5803	43.1	38.0	30.3	25.1
铁路、船舶、航空航天和其他运输设备制造业	2080	41.9	36.3	29.4	23.8
电气机械和器材制造业	10808	46.6	38.9	37.0	29.3
计算机、通信和其他电子设备制造业	7174	51.1	44.0	37.8	30.6
仪器仪表制造业	2276	54.5	46.0	42.8	34.2
其他制造业	574	32.7	24.6	26.5	18.3
废弃资源综合利用业	353	23.6	20.2	14.3	10.8
金属制品、机械和设备修理业	116	29.2	27.2	14.4	12.3
电力、热力、燃气及水生产和供应业	2434	26.3	24.3	10.1	8.1
电力、热力生产和供应业	1690	26.1	24.6	9.0	7.4
燃气生产和供应业	386	29.6	25.9	16.6	12.9
水的生产和供应业	358	23.9	21.3	9.0	6.4

10-2 续表 2

项　目	实现组织或营销创新企业数(个)	在全部企业中占比(%)			
		实现组织或营销创新企业	#实现组织创新企业	#实现营销创新企业	#同时实现组织和营销创新企业
四、按地区分					
东部地区	84185	37.9	30.9	28.9	21.8
中部地区	29523	36.0	30.1	28.5	22.6
西部地区	18078	37.3	31.8	27.7	22.3
东北地区	5657	22.3	17.5	17.2	12.3
北　京	1849	50.2	41.6	34.6	26.1
天　津	2405	43.8	37.9	34.3	28.4
河　北	5295	35.8	27.2	25.7	17.2
山　西	1078	27.6	23.5	18.2	14.0
内蒙古	961	21.8	18.1	15.8	12.1
辽　宁	3333	21.2	16.1	16.1	11.0
吉　林	1201	22.6	19.1	17.6	14.1
黑龙江	1123	26.1	20.7	20.4	15.0
上　海	3846	40.6	33.3	28.7	21.4
江　苏	23117	47.5	39.6	34.0	26.2
浙　江	15230	37.3	30.9	30.2	23.8
安　徽	7153	40.3	35.5	31.5	26.7
福　建	6039	36.1	28.3	28.6	20.8
江　西	2839	31.5	25.7	25.5	19.6
山　东	11837	29.0	23.8	23.6	18.3
河　南	7410	34.1	27.8	27.3	21.1
湖　北	6150	38.5	32.1	30.5	24.0
湖　南	4893	35.7	29.0	29.3	22.6
广　东	14425	35.1	27.6	26.8	19.3
广　西	1619	29.8	24.3	22.1	16.7
海　南	142	37.2	30.1	28.5	21.5
重　庆	2328	37.8	31.9	29.7	23.8
四　川	5720	43.1	37.1	31.5	25.5
贵　州	1395	35.8	30.8	27.9	22.9
云　南	1476	39.0	33.9	27.1	22.0
西　藏	40	41.2	33.0	30.9	22.7
陕　西	2156	42.4	36.2	33.1	26.9
甘　肃	785	37.7	32.2	27.8	22.4
青　海	194	34.2	29.4	24.8	20.1
宁　夏	400	34.2	28.9	25.9	20.6
新　疆	1004	40.5	35.6	27.3	22.4

10-3 建筑业企业组织和营销创新情况(2013-2014年)

项目	实现组织或营销创新企业数(个)	在全部企业中占比(%)			
		实现组织或营销创新企业	#实现组织创新企业	#实现营销创新企业	#同时实现组织和营销创新企业
总计	**4343**	**46.5**	**45.1**	**19.9**	**18.5**
一、按行业分					
房屋建筑业	1913	49.7	48.5	20.8	19.6
土木工程建筑业	991	49.2	47.9	19.3	18.0
建筑安装业	623	41.6	40.0	17.6	16.0
建筑装饰和其他建筑业	816	41.2	39.6	20.5	18.9
二、按地区分					
东部地区	2485	47.6	46.1	21.1	19.5
中部地区	868	49.2	48.0	21.7	20.5
西部地区	693	45.2	44.3	16.7	15.7
东北地区	297	35.9	34.5	14.5	13.2
北京	311	45.3	43.5	16.6	14.8
天津	58	24.2	23.8	22.9	22.5
河北	118	42.3	41.6	18.3	17.6
山西	85	55.9	54.6	20.4	19.1
内蒙古	25	29.1	27.9	11.6	10.5
辽宁	205	42.6	40.7	18.1	16.2
吉林	41	29.1	29.1	10.6	10.6
黑龙江	51	24.8	23.8	8.7	7.8
上海	194	47.1	43.9	19.4	16.3
江苏	586	59.0	59.0	25.7	25.7
浙江	469	44.6	42.5	19.0	16.9
安徽	130	51.4	51.4	19.0	19.0
福建	143	44.5	43.6	21.8	20.9
江西	71	41.5	41.5	21.1	21.1
山东	240	47.2	45.2	21.0	19.1
河南	266	52.6	50.8	22.7	20.9
湖北	200	46.9	45.5	22.5	21.1
湖南	116	45.5	43.5	22.4	20.4
广东	353	51.1	48.8	23.3	21.0
广西	43	48.9	46.6	17.0	14.8
海南	13	36.1	36.1	16.7	16.7
重庆	135	44.3	42.6	17.0	15.4
四川	131	42.4	42.4	14.9	14.9
贵州	36	60.0	60.0	18.3	18.3
云南	80	54.4	53.1	27.9	26.5
西藏	2	40.0	40.0		
陕西	146	48.8	47.8	14.7	13.7
甘肃	37	36.3	36.3	14.7	14.7
青海	8	44.4	44.4	16.7	16.7
宁夏	4	16.7	16.7	16.7	16.7
新疆	46	51.7	49.4	16.9	14.6

10-4 服务业企业组织和营销创新情况(2013-2014年)

项目	实现组织或营销创新企业数(个)	在全部企业中占比(%)			
		实现组织或营销创新企业	#实现组织创新企业	#实现营销创新企业	#同时实现组织和营销创新企业
总计	**76627**	**29.7**	**24.3**	**23.1**	**17.7**
一、按行业分					
批发和零售业	50489	29.5	23.2	24.5	18.2
批发业	22184	24.4	19.8	18.2	13.6
零售业	28305	35.2	27.1	31.5	23.4
交通运输、仓储和邮政业	6821	22.2	19.8	14.7	12.3
铁路运输业	33	28.9	23.7	14.9	9.6
道路运输业	3745	21.0	18.6	15.2	12.8
水上运输业	504	21.0	19.6	11.6	10.2
航空运输业	104	44.3	38.3	34.0	28.1
管道运输业	17	31.5	31.5	9.3	9.3
装卸搬运和运输代理业	1275	22.1	19.5	12.7	10.0
仓储业	769	22.1	20.2	11.2	9.3
邮政业	374	46.2	40.4	38.0	32.2
信息传输、软件和信息技术服务业	5389	50.3	44.3	37.7	31.6
电信、广播电视和卫星传输服务	1193	51.3	44.6	43.5	36.8
互联网和相关服务	437	51.5	46.6	42.6	37.6
软件和信息技术服务业	3759	49.9	43.9	35.3	29.3
金融业	1492	69.5	56.4	59.5	46.4
货币金融服务	658	73.5	61.1	63.0	50.6
资本市场服务	182	63.4	50.9	50.5	38.0
保险业	558	68.9	53.5	62.5	47.0
其他金融业	94	60.6	54.8	40.0	34.2
租赁和商务服务业	6762	26.4	22.7	18.1	14.4
租赁业	238	26.8	23.9	16.9	14.0
商务服务业	6524	26.4	22.7	18.2	14.5
科学研究和技术服务业	4629	31.9	28.9	17.4	14.5
研究和试验发展	548	46.2	40.9	31.1	25.7
专业技术服务业	3050	29.9	27.5	14.3	11.8
科技推广和应用服务业	1031	33.0	29.0	22.7	18.8
水利、环境和公共设施管理业	1029	30.4	26.7	20.1	16.4
水利管理业	51	26.2	25.6	9.7	9.2
生态保护和环境治理业	116	31.8	27.1	16.4	11.8
公共设施管理业	862	30.5	26.7	21.3	17.5

10-4 续表

项　目	实现组织或营销创新企业数(个)	在全部企业中占比(%)			
		实现组织或营销创新企业	#实现组织创新企业	#实现营销创新企业	#同时实现组织和营销创新企业
二、按地区分					
东部地区	52078	31.3	25.5	23.8	17.9
中部地区	11766	27.9	22.9	22.9	17.9
西部地区	9817	27.2	23.6	22.5	18.9
东北地区	2966	21.4	15.5	16.9	11.1
北　京	6630	34.3	27.1	19.7	12.5
天　津	2524	33.8	29.6	27.0	22.8
河　北	964	18.5	14.3	11.0	6.9
山　西	910	22.7	19.3	15.7	12.4
内蒙古	561	20.9	17.6	16.2	12.8
辽　宁	2240	24.1	16.8	19.2	12.0
吉　林	320	14.5	11.7	11.5	8.7
黑龙江	406	17.3	13.9	13.1	9.7
上　海	4791	31.6	25.9	19.9	14.2
江　苏	8587	25.9	23.2	23.8	21.2
浙　江	5741	27.5	21.5	21.8	15.8
安　徽	1853	24.7	22.5	22.4	20.1
福　建	2763	28.2	22.6	21.9	16.4
江　西	752	25.0	19.9	20.4	15.3
山　东	7486	30.1	23.8	26.7	20.4
河　南	2836	29.5	23.4	25.0	18.9
湖　北	3687	34.5	26.7	27.6	19.7
湖　南	1728	23.4	20.3	18.6	15.6
广　东	12317	41.9	32.8	29.4	20.2
广　西	1001	28.1	22.6	21.7	16.2
海　南	275	32.2	25.9	23.3	17.0
重　庆	1618	25.7	20.9	19.2	14.4
四　川	1990	24.5	22.8	22.9	21.2
贵　州	785	32.2	26.3	25.8	19.8
云　南	1062	26.5	25.2	24.2	22.9
西　藏	43	30.7	27.9	24.3	21.4
陕　西	1345	34.7	29.9	28.4	23.5
甘　肃	476	26.3	22.9	20.5	17.2
青　海	114	26.5	23.0	21.3	17.9
宁　夏	197	33.1	27.7	27.1	21.7
新　疆	625	29.2	25.9	22.4	19.0

十一、企业家基本情况

11-1 企业家性别和年龄构成(2014年)

项 目	在企业家中下列各类人员占比(%)						
	按性别分		按年龄分				
	1.男性	2.女性	1. 29岁及以下	2. 30-39岁	3. 40-49岁	4. 50-59岁	5. 60岁及以上
总 计	**60.9**	**39.1**	**10.6**	**28.6**	**39.2**	**18.8**	**2.8**
#有创新活动的企业	63.7	36.3	11.7	28.5	37.9	19.1	2.7
#有技术创新活动的企业	66.2	33.8	10.7	28.3	38.5	19.9	2.6
一、按行业分							
采矿业	75.8	24.2	9.8	23.3	43.9	20.9	2.1
制造业	64.7	35.3	10.0	28.2	39.2	19.7	2.9
电力、热力、燃气及水生产和供应业	65.8	34.2	13.4	25.6	42.1	17.9	1.0
建筑业	69.7	30.3	7.4	24.0	39.6	24.9	4.1
批发和零售业	54.1	45.9	11.7	29.6	39.4	16.5	2.8
交通运输、仓储和邮政业	60.2	39.8	9.9	28.8	40.1	19.1	2.1
信息传输、软件和信息技术服务业	48.2	51.8	15.9	36.9	34.3	11.8	1.1
金融业	74.0	26.0	6.3	19.6	46.2	27.6	0.3
租赁和商务服务业	48.3	51.7	10.7	30.7	37.5	18.7	2.4
科学研究和技术服务业	55.6	44.4	10.9	28.8	36.0	21.8	2.6
水利、环境和公共设施管理业	56.1	43.9	10.5	30.8	38.2	17.9	2.6
二、按地区分							
东部地区	59.5	40.5	10.2	29.9	38.0	18.8	3.2
中部地区	66.3	33.7	11.5	26.5	42.1	18.3	1.7
西部地区	60.7	39.3	12.8	27.0	40.2	17.8	2.2
东北地区	56.9	43.1	6.9	26.5	40.9	22.9	2.9
北 京	46.7	53.3	8.5	28.0	37.1	21.7	4.7
天 津	53.0	47.0	10.0	29.5	34.1	22.4	4.0
河 北	69.0	31.0	10.3	27.7	37.3	21.3	3.4
山 西	65.8	34.2	12.9	26.2	38.0	20.2	2.7
内蒙古	59.2	40.8	14.2	27.3	38.5	18.6	1.5
辽 宁	56.6	43.4	6.3	26.9	41.1	22.8	2.9
吉 林	54.2	45.8	7.8	25.8	41.1	22.2	3.1
黑龙江	60.9	39.1	7.9	26.1	39.8	23.8	2.4
上 海	49.8	50.2	6.5	32.8	30.2	25.0	5.5
江 苏	63.1	36.9	6.8	25.8	42.5	21.6	3.4
浙 江	59.7	40.3	7.8	31.5	36.4	20.5	3.9
安 徽	64.8	35.2	13.9	25.0	41.4	17.9	1.8
福 建	60.2	39.8	15.1	32.2	34.7	15.4	2.7
江 西	59.7	40.3	13.5	30.6	37.8	16.4	1.7
山 东	70.4	29.6	8.9	29.2	44.1	16.2	1.6
河 南	73.9	26.1	9.3	25.3	44.4	19.2	1.8
湖 北	64.5	35.5	11.6	24.7	42.6	19.7	1.4
湖 南	63.1	36.9	10.4	29.9	42.6	15.9	1.2
广 东	51.2	48.8	17.4	33.3	33.5	13.1	2.6
广 西	55.5	44.5	14.4	30.6	35.8	17.1	2.1
海 南	61.2	38.8	15.3	29.1	35.3	18.6	1.7
重 庆	53.1	46.9	13.6	28.9	38.8	16.3	2.4
四 川	61.6	38.4	11.1	26.6	42.3	17.3	2.8
贵 州	68.5	31.5	12.0	24.8	44.2	17.2	1.9
云 南	64.0	36.0	13.6	27.3	39.4	17.0	2.7
西 藏	55.2	44.8	22.4	29.5	34.9	12.9	0.4
陕 西	66.5	33.5	12.2	26.5	38.0	20.9	2.4
甘 肃	61.8	38.2	14.6	26.7	40.1	17.2	1.5
青 海	68.8	31.3	13.7	19.8	44.9	20.0	1.5
宁 夏	64.1	35.9	12.9	26.5	39.2	19.9	1.5
新 疆	58.7	41.3	12.6	21.4	45.5	19.4	1.1

11-2 工业企业企业家性别和年龄构成(2014年)

项 目	在企业家中下列各类人员占比(%)						
	按性别分		按年龄分				
	1.男性	2.女性	1. 29岁及以下	2. 30-39岁	3. 40-49岁	4. 50-59岁	5. 60岁及以上
总 计	**65.2**	**34.8**	**10.0**	**27.9**	**39.4**	**19.7**	**2.9**
#有创新活动的企业	66.3	33.7	10.8	28.3	38.4	19.7	2.8
#有技术创新活动的企业	67.2	32.8	10.4	28.1	38.5	20.1	3.0
一、按规模分							
大型企业	71.3	28.7	11.2	26.1	37.1	22.2	3.3
中型企业	65.7	34.3	11.3	28.1	37.6	19.8	3.1
小型企业	64.9	35.1	9.8	28.0	39.8	19.6	2.8
二、按登记注册类型分							
内资企业	66.9	33.1	9.7	27.1	40.5	20.0	2.7
国有企业	70.1	29.9	7.8	21.2	45.5	24.7	0.8
集体企业	71.9	28.1	5.3	19.9	41.0	29.1	4.8
股份合作企业	67.2	32.8	5.9	24.0	32.7	28.4	9.0
联营企业	69.8	30.2	12.3	19.1	35.8	27.8	4.9
有限责任公司	66.1	33.9	11.4	27.8	39.7	18.9	2.2
股份有限公司	68.6	31.4	10.3	25.2	38.7	22.2	3.5
私营企业	67.1	32.9	9.1	27.1	40.9	20.1	2.8
其他企业	69.5	30.5	9.3	26.8	42.5	19.6	1.7
港、澳、台商投资企业	54.3	45.7	13.2	32.9	32.5	17.3	4.1
外商投资企业	55.5	44.5	11.1	33.0	33.4	18.7	3.9
三、按行业分							
采矿业	75.8	24.2	9.8	23.3	43.9	20.9	2.1
煤炭开采和洗选业	75.9	24.1	11.6	24.1	42.6	19.6	2.1
石油和天然气开采业	71.1	28.9	7.7	25.4	33.1	32.4	1.4
黑色金属矿采选业	75.9	24.1	8.0	21.7	45.6	22.3	2.5
有色金属矿采选业	77.3	22.7	9.0	22.3	44.9	21.9	1.9
非金属矿采选业	75.3	24.7	9.0	23.6	45.2	20.5	1.7
开采辅助活动	71.2	28.8	4.9	28.8	30.7	31.9	3.7

11-2 续表 1

项 目	在企业家中下列各类人员占比(%)						
	按性别分		按年龄分				
	1.男性	2.女性	1. 29岁及以下	2. 30-39岁	3. 40-49岁	4. 50-59岁	5. 60岁及以上
制造业	64.7	35.3	10.0	28.2	39.2	19.7	2.9
农副食品加工业	70.2	29.8	10.4	25.2	42.2	20.3	1.9
食品制造业	64.5	35.5	10.4	28.7	39.1	19.3	2.4
酒、饮料和精制茶制造业	66.9	33.2	11.3	26.1	40.1	19.7	2.7
烟草制品业	74.2	25.8	3.9	19.5	50.8	25.8	
纺织业	65.0	35.0	8.0	26.3	39.6	23.0	3.1
纺织服装、服饰业	56.8	43.2	10.0	29.8	39.1	18.0	3.1
皮革、毛皮、羽毛及其制品和制鞋业	59.9	40.1	12.6	32.7	36.3	15.8	2.6
木材加工和木、竹、藤、棕、草制品业	73.8	26.2	7.8	24.8	47.1	18.8	1.5
家具制造业	61.2	38.8	11.4	31.7	38.4	15.9	2.7
造纸和纸制品业	63.7	36.3	10.5	28.4	38.1	20.0	3.0
印刷和记录媒介复制业	61.5	38.5	9.2	28.8	39.6	19.2	3.1
文教、工美、体育和娱乐用品制造业	61.4	38.6	9.6	30.6	39.0	17.3	3.4
石油加工、炼焦和核燃料加工业	68.5	31.5	11.9	25.5	41.3	18.9	2.5
化学原料和化学制品制造业	67.3	32.7	8.9	26.8	40.6	20.8	2.9
医药制造业	65.2	34.8	10.2	26.9	39.1	20.6	3.2
化学纤维制造业	66.1	33.9	7.7	23.6	42.9	22.3	3.5
橡胶和塑料制品业	61.5	38.5	10.5	30.3	38.0	18.2	3.0
非金属矿物制品业	70.0	30.0	9.7	26.7	40.9	20.3	2.4
黑色金属冶炼和压延加工业	69.8	30.2	8.3	25.4	40.7	22.1	3.5
有色金属冶炼和压延加工业	67.8	32.2	9.6	27.4	39.2	20.7	3.1
金属制品业	62.7	37.3	9.9	29.6	38.4	18.8	3.2
通用设备制造业	65.0	35.0	8.7	26.9	38.6	21.9	3.8
专用设备制造业	64.6	35.4	9.4	28.1	38.4	20.6	3.4
汽车制造业	61.3	38.7	11.3	29.7	36.7	18.7	3.5
铁路、船舶、航空航天和其他运输设备制造业	65.0	35.0	9.2	26.6	38.6	22.1	3.4
电气机械和器材制造业	61.0	39.0	11.4	30.4	36.6	18.6	3.0
计算机、通信和其他电子设备制造业	56.8	43.2	13.8	34.6	33.5	15.5	2.6
仪器仪表制造业	63.2	36.8	9.3	28.8	35.8	22.2	3.9
其他制造业	64.5	35.5	8.9	28.6	40.1	19.6	2.9
废弃资源综合利用业	63.8	36.2	13.1	28.4	39.0	17.3	2.1
金属制品、机械和设备修理业	66.5	33.5	8.7	27.1	37.1	24.3	2.8
电力、热力、燃气及水生产和供应业	65.8	34.2	13.4	25.6	42.1	17.9	1.0
电力、热力生产和供应业	67.1	32.9	13.9	25.2	42.6	17.5	0.9
燃气生产和供应业	61.1	38.9	15.9	28.9	36.3	17.1	1.8
水的生产和供应业	64.5	35.5	9.0	24.6	45.4	20.1	0.9

11-2 续表 2

项 目	在企业家中下列各类人员占比(%)						
	按性别分		按年龄分				
	1.男性	2.女性	1. 29岁及以下	2. 30-39岁	3. 40-49岁	4. 50-59岁	5. 60岁及以上
四、按地区分							
东部地区	63.5	36.5	9.7	29.6	37.7	19.8	3.3
中部地区	70.5	29.5	10.5	26.0	42.4	19.1	1.9
西部地区	65.3	34.7	12.8	25.5	41.1	18.3	2.3
东北地区	62.1	37.9	6.5	24.7	41.6	24.1	3.1
北 京	70.3	29.7	5.3	22.2	39.3	28.5	4.7
天 津	62.1	37.9	8.7	29.0	33.3	24.2	4.7
河 北	71.3	28.7	9.9	26.5	38.2	22.2	3.2
山 西	73.0	27.0	14.0	24.0	37.8	21.4	2.8
内蒙古	65.2	34.8	13.6	25.7	40.4	18.6	1.6
辽 宁	63.2	36.8	5.6	25.0	42.1	24.1	3.3
吉 林	57.6	42.4	7.8	24.3	41.6	23.3	2.9
黑龙江	63.9	36.1	8.3	24.0	39.5	25.4	2.7
上 海	56.3	43.7	5.9	29.9	32.6	25.0	6.5
江 苏	67.0	33.0	6.1	25.3	40.9	23.6	4.1
浙 江	61.1	38.9	7.7	29.7	37.3	21.7	3.6
安 徽	66.5	33.5	13.1	25.5	40.8	18.6	2.0
福 建	63.2	36.8	13.5	32.1	35.1	16.4	2.9
江 西	61.3	38.7	13.5	30.7	37.7	16.4	1.6
山 东	72.5	27.5	9.0	28.4	42.8	17.9	1.9
河 南	79.4	20.6	8.0	25.1	44.5	20.5	2.0
湖 北	69.3	30.7	10.8	23.6	42.8	20.8	2.0
湖 南	68.4	31.6	8.1	28.5	44.9	16.9	1.6
广 东	51.4	48.6	16.2	36.5	32.0	12.9	2.5
广 西	61.4	38.6	12.3	28.3	39.1	18.0	2.3
海 南	71.2	28.8	12.2	26.5	39.7	19.3	2.4
重 庆	55.1	44.9	14.6	27.2	39.1	16.9	2.3
四 川	64.2	35.8	11.3	24.5	43.2	18.1	3.0
贵 州	74.5	25.5	11.4	24.4	45.7	16.7	1.9
云 南	69.9	30.1	14.4	26.3	39.0	17.7	2.6
西 藏	66.0	34.0	14.4	26.8	41.2	17.5	
陕 西	71.4	28.6	11.2	25.1	38.5	22.5	2.7
甘 肃	68.0	32.0	16.0	25.5	39.1	17.9	1.5
青 海	75.7	24.3	13.5	20.6	43.9	20.2	1.8
宁 夏	70.4	29.6	12.5	27.2	39.9	18.8	1.6
新 疆	63.1	36.9	16.2	22.0	43.8	17.0	1.0

11-3 建筑业企业企业家性别和年龄构成(2014年)

项 目	在企业家中下列各类人员占比(%)						
	按性别分		按年龄分				
	1.男性	2.女性	1. 29岁及以下	2. 30-39岁	3. 40-49岁	4. 50-59岁	5. 60岁及以上
总 计	**69.7**	**30.3**	**7.4**	**24.0**	**39.6**	**24.9**	**4.1**
#有创新活动的企业	75.4	24.6	7.0	23.5	41.0	25.1	3.4
#有技术创新活动的企业	79.8	20.2	5.6	21.5	43.1	26.6	3.3
一、按行业分							
房屋建筑业	74.2	25.8	7.5	22.8	37.5	27.2	5.0
土木工程建筑业	73.9	26.1	5.8	23.1	46.7	22.2	2.1
建筑安装业	64.3	35.7	7.4	26.6	38.2	23.6	4.2
建筑装饰和其他建筑业	60.8	39.2	9.0	25.1	37.5	24.2	4.2
二、按地区分							
东部地区	72.2	27.8	6.5	24.0	39.3	25.5	4.6
中部地区	69.9	30.1	8.1	23.6	41.5	23.7	3.1
西部地区	65.7	34.3	9.1	24.9	40.2	22.8	3.0
东北地区	61.1	38.9	8.8	22.6	36.1	27.6	4.8
北 京	71.4	28.6	6.3	21.6	40.6	27.9	3.7
天 津	69.2	30.8	7.5	22.1	39.6	27.5	3.3
河 北	75.6	24.4	5.7	22.9	39.8	26.9	4.7
山 西	79.6	20.4	1.3	17.1	48.0	30.3	3.3
内蒙古	57.0	43.0	11.6	31.4	29.1	24.4	3.5
辽 宁	61.7	38.3	9.6	21.0	35.6	28.1	5.6
吉 林	56.0	44.0	11.3	29.8	30.5	23.4	5.0
黑龙江	63.4	36.6	5.4	21.5	41.0	29.3	2.9
上 海	70.9	29.1	4.4	24.3	35.9	28.6	6.8
江 苏	72.0	28.0	4.9	23.7	39.4	25.8	6.1
浙 江	75.9	24.1	5.3	23.2	39.7	26.4	5.3
安 徽	70.0	30.0	8.7	23.3	37.2	24.5	6.3
福 建	70.6	29.4	9.1	25.9	36.9	24.1	4.1
江 西	69.0	31.0	15.2	18.1	37.4	26.9	2.3
山 东	72.2	27.8	7.3	26.8	39.1	23.5	3.4
河 南	72.7	27.3	9.8	22.2	43.5	21.8	2.6
湖 北	68.3	31.7	6.6	24.8	40.0	25.8	2.8
湖 南	62.0	38.0	5.9	31.8	43.5	16.9	2.0
广 东	68.6	31.4	10.3	25.5	40.6	21.0	2.6
广 西	67.0	33.0	13.6	26.1	37.5	18.2	4.5
海 南	75.0	25.0	2.8	36.1	36.1	19.4	5.6
重 庆	60.2	39.8	9.9	24.3	40.1	22.0	3.6
四 川	67.0	33.0	9.5	25.2	37.9	22.9	4.6
贵 州	71.2	28.8	6.8	18.6	54.2	20.3	
云 南	65.5	34.5	7.6	26.9	46.9	17.9	0.7
西 藏	80.0	20.0	20.0	40.0	40.0		
陕 西	68.9	31.1	9.7	26.8	33.8	26.8	3.0
甘 肃	61.4	38.6	5.9	25.7	46.5	20.8	1.0
青 海	77.8	22.2	5.6	16.7	55.6	16.7	5.6
宁 夏	79.2	20.8	12.5	20.8	37.5	29.2	
新 疆	71.9	28.1	3.4	14.6	52.8	27.0	2.2

11-4 服务业企业企业家性别和年龄构成(2014年)

项 目	在企业家中下列各类人员占比(%)						
	按性别分		按年龄分				
	1.男性	2.女性	1. 29岁及以下	2. 30-39岁	3. 40-49岁	4. 50-59岁	5. 60岁及以上
总 计	**54.3**	**45.7**	**11.5**	**29.8**	**39.0**	**17.2**	**2.6**
#有创新活动的企业	57.5	42.5	13.9	29.3	36.6	17.7	2.5
#有技术创新活动的企业	61.5	38.5	12.0	29.5	38.0	19.0	1.5
一、按行业分							
批发和零售业	54.1	45.9	11.7	29.6	39.4	16.5	2.8
批发业	54.4	45.6	10.6	29.5	39.9	17.2	2.8
零售业	53.7	46.3	13.0	29.6	38.9	15.7	2.8
交通运输、仓储和邮政业	60.2	39.8	9.9	28.8	40.1	19.1	2.1
铁路运输业	61.8	38.2	10.0	21.8	35.5	32.7	
道路运输业	62.0	38.0	9.3	28.3	41.3	19.0	2.1
水上运输业	65.5	34.5	9.9	24.3	36.0	25.5	4.3
航空运输业	67.8	32.2	13.7	27.0	37.8	19.7	1.7
管道运输业	68.5	31.5	11.1	18.5	31.5	38.9	
装卸搬运和运输代理业	49.7	50.3	11.6	33.6	37.6	14.9	2.3
仓储业	63.7	36.3	8.6	26.4	41.9	21.9	1.1
邮政业	62.0	38.0	15.7	30.8	39.5	14.0	
信息传输、软件和信息技术服务业	48.2	51.8	15.9	36.9	34.3	11.8	1.1
电信、广播电视和卫星传输服务	59.2	40.8	11.4	33.0	40.8	14.6	0.2
互联网和相关服务	44.0	56.0	18.3	41.1	31.7	7.7	1.2
软件和信息技术服务业	45.4	54.6	17.0	37.7	32.6	11.4	1.4
金融业	74.0	26.0	6.3	19.6	46.2	27.6	0.3
货币金融服务	73.9	26.1	5.4	20.8	45.7	27.7	0.3
资本市场服务	72.9	27.1	7.2	22.4	52.3	18.1	
保险业	74.8	25.2	6.6	19.0	44.7	29.2	0.5
其他金融业	72.9	27.1	7.7	11.0	45.8	35.5	
租赁和商务服务业	48.3	51.7	10.7	30.7	37.5	18.7	2.4
租赁业	56.2	43.8	10.7	33.7	36.6	17.3	1.7
商务服务业	48.0	52.0	10.7	30.6	37.6	18.8	2.4
科学研究和技术服务业	55.6	44.4	10.9	28.8	36.0	21.8	2.6
研究和试验发展	52.6	47.4	13.6	34.6	29.1	20.9	1.9
专业技术服务业	54.4	45.6	11.3	27.8	36.3	21.9	2.8
科技推广和应用服务业	60.5	39.5	8.7	29.9	37.6	21.7	2.1
水利、环境和公共设施管理业	56.1	43.9	10.5	30.8	38.2	17.9	2.6
水利管理业	63.1	36.9	8.7	26.7	39.0	22.6	3.1
生态保护和环境治理业	51.8	48.2	11.0	36.4	34.2	17.6	0.8
公共设施管理业	56.1	43.9	10.5	30.4	38.6	17.7	2.7

11-4 续表

项　目	在企业家中下列各类人员占比(%)						
	按性别分		按年龄分				
	1.男性	2.女性	1. 29岁及以下	2. 30-39岁	3. 40-49岁	4. 50-59岁	5. 60岁及及以上
二、按地区分							
东部地区	53.9	46.1	11.0	30.5	38.2	17.3	3.1
中部地区	58.0	42.0	13.6	27.5	41.5	16.4	1.1
西部地区	54.5	45.5	13.0	29.0	39.0	16.9	2.0
东北地区	47.1	52.9	7.3	30.1	39.9	20.3	2.4
北　京	41.4	58.6	9.2	29.3	36.6	20.2	4.7
天　津	45.7	54.3	11.1	30.0	34.5	21.0	3.4
河　北	62.1	37.9	11.7	31.4	34.7	18.3	3.9
山　西	58.3	41.7	12.3	28.8	37.8	18.6	2.5
内蒙古	49.3	50.7	15.1	29.7	35.7	18.3	1.2
辽　宁	45.4	54.6	7.3	30.3	39.7	20.5	2.2
吉　林	45.7	54.3	7.3	29.2	40.6	19.3	3.6
黑龙江	55.0	45.0	7.3	30.3	40.2	20.4	1.8
上　海	45.2	54.8	6.9	34.9	28.6	24.9	4.8
江　苏	57.0	43.0	7.7	26.7	44.9	18.5	2.2
浙　江	56.0	44.0	7.9	35.3	34.5	17.9	4.4
安　徽	60.6	39.4	16.2	23.8	43.0	15.9	1.2
福　建	54.9	45.1	17.8	32.5	34.0	13.5	2.2
江　西	54.7	45.3	13.1	30.9	38.2	15.7	2.0
山　东	67.0	33.0	8.7	30.6	46.3	13.2	1.2
河　南	61.6	38.4	12.2	26.1	44.2	16.3	1.2
湖　北	57.2	42.8	13.0	26.3	42.4	17.9	0.4
湖　南	53.3	46.7	14.6	32.4	38.4	13.9	0.6
广　东	50.5	49.5	19.4	29.1	35.6	13.1	2.8
广　西	46.2	53.8	17.5	34.1	30.8	15.8	1.7
海　南	56.2	43.8	17.2	30.0	33.3	18.2	1.3
重　庆	50.7	49.3	12.8	30.7	38.4	15.5	2.5
四　川	57.2	42.8	10.9	29.9	41.0	15.8	2.4
贵　州	59.1	40.9	13.1	25.5	41.6	18.1	1.8
云　南	58.4	41.6	13.1	28.3	39.5	16.3	2.8
西　藏	46.8	53.2	28.1	30.9	30.2	10.1	0.7
陕　西	59.9	40.1	13.7	28.3	37.6	18.2	2.1
甘　肃	54.7	45.3	13.4	28.2	40.9	16.2	1.4
青　海	59.3	40.7	14.3	19.0	45.9	19.9	0.9
宁　夏	51.2	48.8	13.7	25.2	38.0	21.8	1.4
新　疆	53.0	47.0	8.9	21.0	47.1	22.0	1.1

11-5 企业家教育程度构成(2014年)

项 目	在企业家中下列各类人员占比(%)				
	1.博士	2.硕士	3.本科	4.大专	5.其他
总 计	**0.6**	**4.3**	**34.2**	**42.8**	**18.1**
#有创新活动的企业	1.0	6.8	38.2	40.0	14.0
#有技术创新活动的企业	1.3	8.5	40.1	37.4	12.7
一、按行业分					
采矿业	0.3	1.9	26.4	47.0	24.4
制造业	0.6	3.8	30.7	44.1	20.8
电力、热力、燃气及水生产和供应业	0.4	8.9	56.2	28.9	5.5
建筑业	0.9	9.8	54.2	31.2	3.9
批发和零售业	0.3	3.0	33.9	45.2	17.6
交通运输、仓储和邮政业	0.3	3.3	34.8	43.0	18.6
信息传输、软件和信息技术服务业	3.4	16.5	56.8	21.5	1.8
金融业	5.2	36.7	53.6	4.2	0.3
租赁和商务服务业	1.1	6.8	48.5	36.3	7.3
科学研究和技术服务业	2.0	11.0	53.1	27.6	6.3
水利、环境和公共设施管理业	0.5	4.5	44.8	39.3	10.8
二、按地区分					
东部地区	0.7	4.7	34.3	42.0	18.3
中部地区	0.4	3.3	32.0	45.1	19.2
西部地区	0.6	4.2	34.2	44.2	16.8
东北地区	0.4	3.9	39.6	40.2	16.0
北 京	2.5	10.4	50.4	29.3	7.4
天 津	1.0	6.3	46.3	35.3	11.1
河 北	0.4	3.2	27.8	42.1	26.5
山 西	0.4	3.9	36.3	42.1	17.5
内蒙古	0.6	4.0	39.5	42.2	13.7
辽 宁	0.4	3.6	38.3	41.1	16.6
吉 林	0.3	4.4	40.8	38.9	15.6
黑龙江	0.4	4.3	42.7	38.5	14.1
上 海	1.9	11.4	45.5	32.2	9.0
江 苏	0.6	4.7	33.6	43.5	17.6
浙 江	0.3	3.9	28.1	46.6	21.1
安 徽	0.5	3.2	29.5	48.1	18.8
福 建	0.2	2.8	29.1	42.3	25.5
江 西	0.3	3.4	33.1	45.2	18.0
山 东	0.5	2.7	32.1	43.7	21.0
河 南	0.3	2.6	31.7	44.7	20.7
湖 北	0.5	3.9	31.1	44.3	20.2
湖 南	0.4	3.3	34.3	44.4	17.5
广 东	0.5	3.6	34.7	43.6	17.7
广 西	0.6	3.7	36.4	43.9	15.5
海 南	1.4	8.8	45.4	37.4	7.0
重 庆	0.7	4.2	30.8	44.4	20.0
四 川	0.5	4.0	30.0	46.6	18.9
贵 州	0.3	3.0	32.9	45.2	18.6
云 南	0.6	4.3	33.8	41.0	20.3
西 藏	0.4	2.1	33.6	46.1	17.8
陕 西	0.6	6.1	34.7	44.1	14.5
甘 肃	0.4	2.8	37.4	44.5	14.8
青 海	0.5	4.8	50.5	35.4	8.8
宁 夏	0.8	5.4	38.7	42.3	12.8
新 疆	0.6	5.5	43.6	43.3	7.1

11-6 工业企业企业家教育程度构成(2014年)

项 目	在企业家中下列各类人员占比(%)				
	1.博士	2.硕士	3.本科	4.大专	5.其他
总 计	**0.5**	**3.9**	**31.2**	**43.9**	**20.5**
#有创新活动的企业	0.9	6.1	36.2	41.6	15.2
#有技术创新活动的企业	1.1	7.4	38.3	39.8	13.4
一、按规模分					
大型企业	2.6	16.9	50.9	24.0	5.5
中型企业	0.9	6.7	39.8	39.5	13.1
小型企业	0.4	2.9	29.0	45.3	22.4
二、按登记注册类型分					
内资企业	0.4	3.2	29.4	44.9	22.1
国有企业	0.9	10.9	54.4	28.2	5.6
集体企业	0.1	1.6	23.0	46.7	28.6
股份合作企业	0.2	1.9	23.1	42.9	31.9
联营企业		2.5	27.2	47.5	22.8
有限责任公司	0.6	4.9	36.1	42.0	16.4
股份有限公司	1.9	10.7	41.7	34.6	11.1
私营企业	0.2	2.0	25.7	46.9	25.1
其他企业	0.1	1.2	21.5	45.4	31.8
港、澳、台商投资企业	0.9	5.9	36.5	42.5	14.2
外商投资企业	1.8	9.4	46.2	33.7	8.9
三、按行业分					
采矿业	0.3	1.9	26.4	47.0	24.4
煤炭开采和洗选业	0.3	1.9	27.4	47.4	23.0
石油和天然气开采业	8.5	12.0	52.1	20.4	7.0
黑色金属矿采选业	0.3	1.0	23.0	48.5	27.1
有色金属矿采选业	0.2	2.7	31.7	46.3	19.2
非金属矿采选业	0.2	1.2	23.2	46.9	28.5
开采辅助活动	2.5	12.3	42.3	33.7	9.2

11-6 续表 1

项 目	在企业家中下列各类人员占比(%)				
	1.博士	2.硕士	3.本科	4.大专	5.其他
制造业	0.6	3.8	30.7	44.1	20.8
农副食品加工业	0.4	2.1	28.0	45.9	23.7
食品制造业	0.6	3.7	35.2	43.0	17.6
酒、饮料和精制茶制造业	0.3	4.1	33.8	43.4	18.4
烟草制品业	3.1	18.0	56.3	18.8	3.9
纺织业	0.2	1.6	21.8	47.4	28.9
纺织服装、服饰业	0.2	1.9	25.5	46.8	25.6
皮革、毛皮、羽毛及其制品和制鞋业	0.2	1.8	21.5	47.1	29.4
木材加工和木、竹、藤、棕、草制品业	0.1	0.9	19.4	44.5	35.1
家具制造业	0.3	1.8	25.5	47.5	24.9
造纸和纸制品业	0.2	2.1	26.5	48.1	23.2
印刷和记录媒介复制业	0.2	3.5	31.3	45.1	19.9
文教、工美、体育和娱乐用品制造业	0.2	2.1	25.1	47.8	24.7
石油加工、炼焦和核燃料加工业	0.9	6.4	40.6	39.6	12.5
化学原料和化学制品制造业	0.9	5.4	34.9	42.0	16.7
医药制造业	2.3	9.8	43.2	35.6	9.0
化学纤维制造业	0.5	3.3	23.9	44.2	28.1
橡胶和塑料制品业	0.3	2.9	28.9	46.3	21.6
非金属矿物制品业	0.3	2.1	27.4	46.6	23.6
黑色金属冶炼和压延加工业	0.4	2.6	25.9	46.0	25.1
有色金属冶炼和压延加工业	0.7	4.3	31.7	42.1	21.2
金属制品业	0.4	2.7	28.9	45.7	22.3
通用设备制造业	0.6	4.7	33.4	42.9	18.4
专用设备制造业	0.8	5.9	36.5	41.6	15.3
汽车制造业	0.8	6.1	36.9	41.6	14.6
铁路、船舶、航空航天和其他运输设备制造业	0.5	5.6	35.0	40.4	18.5
电气机械和器材制造业	0.7	5.0	35.9	42.6	15.8
计算机、通信和其他电子设备制造业	1.5	8.8	41.2	38.3	10.2
仪器仪表制造业	1.7	9.8	43.3	35.7	9.5
其他制造业	0.3	3.0	27.5	42.2	26.9
废弃资源综合利用业	0.5	2.8	27.9	43.8	25.0
金属制品、机械和设备修理业	0.3	8.4	41.9	35.8	13.6
电力、热力、燃气及水生产和供应业	0.4	8.9	56.2	28.9	5.5
电力、热力生产和供应业	0.5	9.4	57.9	27.2	5.1
燃气生产和供应业	0.3	8.0	54.9	29.9	6.9
水的生产和供应业	0.5	7.6	50.3	35.5	6.2

11-6 续表 2

项 目	在企业家中下列各类人员占比(%)				
	1.博士	2.硕士	3.本科	4.大专	5.其他
四、按地区分					
东部地区	0.6	4.1	29.8	43.5	22.0
中部地区	0.4	3.1	31.0	45.5	20.0
西部地区	0.6	4.3	34.3	44.6	16.1
东北地区	0.4	3.6	37.9	40.7	17.5
北 京	3.6	19.5	50.3	19.8	6.8
天 津	1.2	7.4	44.0	33.0	14.4
河 北	0.3	3.1	25.0	42.1	29.4
山 西	0.4	4.2	37.1	41.5	16.7
内蒙古	0.5	3.5	39.5	42.5	14.1
辽 宁	0.4	3.2	36.1	41.7	18.7
吉 林	0.2	4.2	39.7	39.4	16.5
黑龙江	0.4	4.2	42.3	38.7	14.4
上 海	1.8	10.8	42.4	32.9	12.1
江 苏	0.7	4.3	31.3	42.8	20.8
浙 江	0.4	3.3	24.7	47.1	24.5
安 徽	0.4	3.2	28.2	49.2	19.1
福 建	0.3	2.7	25.4	43.1	28.5
江 西	0.4	3.3	32.8	46.6	16.9
山 东	0.3	2.6	31.3	44.2	21.6
河 南	0.4	2.5	30.3	43.7	23.2
湖 北	0.5	3.6	31.1	45.5	19.3
湖 南	0.5	2.8	32.7	44.0	20.0
广 东	0.5	3.6	28.1	46.6	21.1
广 西	0.7	3.3	33.7	43.4	18.8
海 南	0.5	10.3	51.6	31.5	6.1
重 庆	0.4	4.3	31.3	46.7	17.3
四 川	0.6	4.2	30.6	46.6	18.0
贵 州	0.3	3.1	33.3	46.1	17.2
云 南	0.5	4.3	33.5	43.0	18.8
西 藏		2.1	29.9	45.4	22.7
陕 西	1.0	6.7	35.6	43.7	13.1
甘 肃	0.6	3.1	40.1	43.0	13.3
青 海	0.9	5.2	52.2	33.6	8.2
宁 夏	1.0	5.1	36.9	43.6	13.4
新 疆	0.8	5.4	44.1	42.5	7.1

11-7 建筑业企业企业家教育程度构成(2014年)

项 目	在企业家中下列各类人员占比(%)				
	1.博士	2.硕士	3.本科	4.大专	5.其他
总 计	**0.9**	**9.8**	**54.2**	**31.2**	**3.9**
#有创新活动的企业	1.2	12.8	58.1	25.5	2.4
#有技术创新活动的企业	1.4	15.0	59.2	22.4	2.0
一、按行业分					
房屋建筑业	0.8	8.0	53.4	33.8	4.0
土木工程建筑业	1.4	14.9	62.8	19.2	1.7
建筑安装业	0.9	10.6	52.2	31.4	5.0
建筑装饰和其他建筑业	0.5	7.5	48.6	38.1	5.3
二、按地区分					
东部地区	1.0	10.3	52.9	31.5	4.3
中部地区	0.4	8.4	57.8	30.1	3.3
西部地区	0.7	10.0	53.0	32.5	3.9
东北地区	1.6	9.1	57.4	29.3	2.7
北 京	1.9	16.8	60.6	17.8	2.9
天 津	0.4	14.2	57.1	24.2	4.2
河 北	0.4	11.1	59.5	28.0	1.1
山 西	0.7	11.8	69.1	13.8	4.6
内蒙古		9.3	52.3	33.7	4.7
辽 宁	2.1	9.6	56.0	30.2	2.1
吉 林	0.7	9.2	56.7	31.9	1.4
黑龙江	1.0	7.8	61.0	25.4	4.9
上 海	2.4	15.0	52.2	26.0	4.4
江 苏	0.8	7.9	44.7	40.4	6.1
浙 江	0.5	6.1	53.6	35.4	4.4
安 徽	0.8	5.1	52.6	37.2	4.3
福 建	0.3	7.2	48.8	38.4	5.3
江 西	1.2	6.4	64.9	24.0	3.5
山 东	1.0	8.3	60.0	27.4	3.4
河 南		8.4	57.1	32.1	2.4
湖 北		10.6	52.0	33.8	3.5
湖 南	0.8	7.1	62.7	27.1	2.4
广 东	1.3	12.5	48.5	33.0	4.7
广 西		9.1	65.9	23.9	1.1
海 南		2.8	61.1	30.6	5.6
重 庆	1.6	10.5	43.1	41.4	3.3
四 川	1.3	9.8	47.4	36.6	4.9
贵 州		18.6	55.9	22.0	3.4
云 南	0.7	8.3	57.2	29.0	4.8
西 藏			60.0		40.0
陕 西		8.4	57.2	29.8	4.7
甘 肃	1.0	11.9	50.5	34.7	2.0
青 海		11.1	61.1	27.8	
宁 夏		12.5	62.5	20.8	4.2
新 疆		10.1	68.5	20.2	1.1

11-8　服务业企业企业家教育程度构成(2014年)

项　目	在企业家中下列各类人员占比(%)				
	1.博士	2.硕士	3.本科	4.大专	5.其他
总　计	**0.7**	**4.7**	**37.8**	**41.7**	**15.2**
#有创新活动的企业	1.4	8.0	41.1	37.5	12.1
#有技术创新活动的企业	2.0	11.3	43.9	31.3	11.4
一、按行业分					
批发和零售业	0.3	3.0	33.9	45.2	17.6
批发业	0.4	3.7	36.5	43.1	16.2
零售业	0.2	2.3	30.9	47.5	19.2
交通运输、仓储和邮政业	0.3	3.3	34.8	43.0	18.6
铁路运输业		6.4	45.5	37.3	10.9
道路运输业	0.2	1.6	28.0	47.0	23.1
水上运输业	0.1	6.0	35.0	39.1	19.7
航空运输业	2.6	25.3	56.7	14.6	0.9
管道运输业		31.5	51.9	13.0	3.7
装卸搬运和运输代理业	0.3	4.2	47.2	37.0	11.3
仓储业	0.6	4.9	42.6	40.5	11.3
邮政业	0.4	10.1	53.8	28.6	7.1
信息传输、软件和信息技术服务业	3.4	16.5	56.8	21.5	1.8
电信、广播电视和卫星传输服务	1.1	20.5	59.0	17.5	1.8
互联网和相关服务	3.1	14.8	56.8	22.9	2.5
软件和信息技术服务业	4.1	15.5	56.1	22.6	1.7
金融业	5.2	36.7	53.6	4.2	0.3
货币金融服务	4.6	37.8	54.5	2.9	0.1
资本市场服务	11.9	46.9	38.3	2.5	0.4
保险业	3.0	29.7	60.5	6.1	0.6
其他金融业	8.4	48.4	39.4	3.9	
租赁和商务服务业	1.1	6.8	48.5	36.3	7.3
租赁业	0.3	6.0	43.3	37.5	12.8
商务服务业	1.2	6.8	48.7	36.3	7.1
科学研究和技术服务业	2.0	11.0	53.1	27.6	6.3
研究和试验发展	8.3	16.0	49.6	22.3	3.7
专业技术服务业	1.2	10.9	57.9	26.7	3.3
科技推广和应用服务业	2.1	9.4	39.0	32.7	16.7
水利、环境和公共设施管理业	0.5	4.5	44.8	39.3	10.8
水利管理业	1.0	8.2	53.3	31.3	6.2
生态保护和环境治理业	0.8	9.6	45.7	35.0	8.8
公共设施管理业	0.5	3.6	44.1	40.5	11.3

11-8 续表

项　目	在企业家中下列各类人员占比(%)				
	1.博士	2.硕士	3.本科	4.大专	5.其他
二、按地区分					
东部地区	0.8	5.3	39.7	40.4	13.8
中部地区	0.4	3.5	32.9	45.0	18.2
西部地区	0.5	3.9	33.2	44.2	18.2
东北地区	0.3	4.2	41.5	40.0	14.0
北　京	2.3	8.5	50.0	31.5	7.6
天　津	0.8	5.2	47.6	37.4	9.0
河　北	0.8	3.0	34.1	42.5	19.6
山　西	0.3	3.2	34.2	43.7	18.7
内蒙古	0.9	4.7	39.2	42.1	13.2
辽　宁	0.3	4.1	41.2	40.7	13.8
吉　林	0.3	4.7	42.5	38.0	14.5
黑龙江	0.2	4.1	42.0	39.3	14.5
上　海	1.9	11.6	47.3	31.9	7.2
江　苏	0.3	5.1	36.5	44.7	13.3
浙　江	0.2	5.0	33.5	46.0	15.3
安　徽	0.7	3.3	31.8	45.8	18.5
福　建	0.2	2.9	34.8	41.1	21.1
江　西	0.2	3.3	32.2	42.0	22.3
山　东	0.8	2.9	32.7	43.1	20.5
河　南	0.2	2.6	33.7	47.5	16.0
湖　北	0.5	4.1	30.4	42.9	22.1
湖　南	0.2	4.3	36.4	45.7	13.5
广　东	0.3	3.4	43.7	39.6	13.1
广　西	0.4	4.1	39.6	45.2	10.7
海　南	1.9	8.4	42.0	40.3	7.4
重　庆	0.8	3.9	29.7	42.2	23.4
四　川	0.3	3.4	28.3	47.1	20.9
贵　州	0.3	2.5	31.7	44.4	21.2
云　南	0.8	4.1	33.3	39.7	22.2
西　藏	0.7	2.2	35.3	48.2	13.7
陕　西	0.2	5.2	31.8	45.7	17.1
甘　肃	0.1	2.0	33.6	46.9	17.4
青　海		4.0	47.8	38.2	10.1
宁　夏	0.5	5.7	41.2	40.7	11.8
新　疆	0.3	5.3	41.9	45.2	7.3

11-9 企业家对创新的总体认识(2014年)

项 目	在企业家中，认为创新对企业的生存和发展(%)		
	起了重要作用的人员占比	起了一定作用的人员占比	不起作用的人员占比
总 计	**25.9**	**59.4**	**14.6**
#有创新活动的企业	40.5	55.6	3.9
#有技术创新活动的企业	48.4	49.3	2.3
一、按行业分			
采矿业	18.2	60.3	21.5
制造业	29.4	59.2	11.5
电力、热力、燃气及水生产和供应业	27.8	59.4	12.8
建筑业	29.4	61.7	8.9
批发和零售业	18.8	60.8	20.4
交通运输、仓储和邮政业	18.9	61.7	19.4
信息传输、软件和信息技术服务业	45.2	46.9	7.9
金融业	61.1	35.8	3.1
租赁和商务服务业	24.0	58.1	17.8
科学研究和技术服务业	29.3	58.2	12.4
水利、环境和公共设施管理业	26.3	58.1	15.6
二、按地区分			
东部地区	26.3	59.3	14.4
中部地区	25.3	61.0	13.7
西部地区	28.9	58.1	13.0
东北地区	18.0	58.7	23.3
北 京	28.4	49.6	22.1
天 津	25.2	63.3	11.5
河 北	25.3	61.9	12.8
山 西	23.1	59.8	17.0
内蒙古	21.4	59.5	19.1
辽 宁	15.0	59.4	25.6
吉 林	22.8	57.5	19.6
黑龙江	23.7	57.6	18.7
上 海	22.7	53.7	23.5
江 苏	24.5	64.0	11.4
浙 江	29.2	56.7	14.0
安 徽	29.7	57.4	12.9
福 建	27.7	57.1	15.1
江 西	24.9	59.5	15.6
山 东	26.4	64.9	8.8
河 南	25.3	64.1	10.7
湖 北	24.7	61.1	14.2
湖 南	22.0	61.8	16.2
广 东	26.0	55.6	18.4
广 西	28.8	58.0	13.2
海 南	32.6	54.6	12.8
重 庆	26.4	60.1	13.5
四 川	29.1	59.1	11.7
贵 州	29.9	52.4	17.7
云 南	35.6	54.0	10.4
西 藏	36.5	50.6	12.9
陕 西	27.9	60.5	11.6
甘 肃	29.0	58.7	12.2
青 海	30.4	59.7	9.9
宁 夏	33.4	55.1	11.6
新 疆	32.2	56.6	11.2

11-10 工业企业企业家对创新的总体认识(2014年)

项 目	在企业家中，认为创新对企业的生存和发展(%)		
	起了重要作用的人员占比	起了一定作用的人员占比	不起作用的人员占比
总 计	**28.9**	**59.2**	**11.9**
#有创新活动的企业	42.9	53.8	3.3
#有技术创新活动的企业	48.9	48.8	2.3
一、按规模分			
大型企业	56.1	39.9	4.0
中型企业	37.3	54.2	8.5
小型企业	26.5	60.7	12.8
二、按登记注册类型分			
内资企业	28.2	59.8	12.0
国有企业	34.6	53.9	11.5
集体企业	18.7	62.2	19.2
股份合作企业	23.9	61.0	15.1
联营企业	24.7	56.8	18.5
有限责任公司	32.0	57.0	11.0
股份有限公司	45.4	47.6	7.0
私营企业	25.9	61.6	12.5
其他企业	22.8	59.2	18.0
港、澳、台商投资企业	31.2	56.8	12.0
外商投资企业	34.1	55.2	10.6
三、按行业分			
采矿业	18.2	60.3	21.5
煤炭开采和洗选业	18.3	58.5	23.3
石油和天然气开采业	31.7	52.8	15.5
黑色金属矿采选业	15.6	60.9	23.5
有色金属矿采选业	20.7	62.0	17.3
非金属矿采选业	18.0	62.7	19.3
开采辅助活动	28.8	56.4	14.7

11-10 续表 1

项　目	在企业家中，认为创新对企业的生存和发展(%)		
	起了重要作用的人员占比	起了一定作用的人员占比	不起作用的人员占比
制造业	29.4	59.2	11.5
农副食品加工业	26.0	62.7	11.3
食品制造业	32.1	59.1	8.8
酒、饮料和精制茶制造业	33.0	57.6	9.4
烟草制品业	49.2	46.9	3.9
纺织业	21.9	64.8	13.3
纺织服装、服饰业	18.3	65.2	16.5
皮革、毛皮、羽毛及其制品和制鞋业	19.9	65.1	14.9
木材加工和木、竹、藤、棕、草制品业	21.1	64.3	14.6
家具制造业	26.6	61.2	12.2
造纸和纸制品业	24.4	60.9	14.7
印刷和记录媒介复制业	25.2	62.0	12.8
文教、工美、体育和娱乐用品制造业	25.7	62.3	12.0
石油加工、炼焦和核燃料加工业	29.9	57.6	12.5
化学原料和化学制品制造业	33.7	56.2	10.1
医药制造业	44.8	49.2	6.0
化学纤维制造业	26.9	61.2	12.0
橡胶和塑料制品业	26.4	60.7	13.0
非金属矿物制品业	24.6	61.7	13.7
黑色金属冶炼和压延加工业	24.9	61.4	13.8
有色金属冶炼和压延加工业	30.1	58.3	11.6
金属制品业	26.2	61.3	12.5
通用设备制造业	33.0	57.3	9.7
专用设备制造业	37.6	53.8	8.5
汽车制造业	36.1	55.2	8.7
铁路、船舶、航空航天和其他运输设备制造业	34.4	55.7	10.0
电气机械和器材制造业	35.8	55.6	8.6
计算机、通信和其他电子设备制造业	42.5	49.6	7.9
仪器仪表制造业	45.8	47.3	6.8
其他制造业	24.2	61.8	14.0
废弃资源综合利用业	21.2	58.9	20.0
金属制品、机械和设备修理业	27.9	57.5	14.6
电力、热力、燃气及水生产和供应业	27.8	59.4	12.8
电力、热力生产和供应业	28.8	58.9	12.3
燃气生产和供应业	25.1	60.5	14.4
水的生产和供应业	25.7	60.8	13.5

11-10 续表 2

项 目	在企业家中，认为创新对企业的生存和发展(%)		
	起了重要作用的人员占比	起了一定作用的人员占比	不起作用的人员占比
四、按地区分			
东部地区	29.5	59.4	11.1
中部地区	27.9	60.4	11.8
西部地区	32.4	56.2	11.5
东北地区	19.4	60.0	20.6
北 京	44.1	45.6	10.3
天 津	34.2	57.0	8.9
河 北	27.7	60.4	11.8
山 西	27.4	57.6	15.0
内蒙古	22.9	60.0	17.1
辽 宁	15.7	62.1	22.2
吉 林	24.6	57.1	18.3
黑龙江	26.4	56.2	17.4
上 海	33.7	51.3	15.0
江 苏	29.2	61.2	9.6
浙 江	31.4	59.0	9.6
安 徽	32.5	56.4	11.1
福 建	30.2	56.6	13.2
江 西	26.8	59.8	13.4
山 东	28.4	63.4	8.2
河 南	26.9	63.4	9.7
湖 北	28.3	61.5	10.2
湖 南	23.7	60.5	15.8
广 东	26.6	57.9	15.5
广 西	31.4	56.7	11.9
海 南	47.4	46.8	5.8
重 庆	30.3	58.7	11.0
四 川	32.8	57.0	10.2
贵 州	34.0	50.3	15.7
云 南	40.7	50.6	8.7
西 藏	32.0	52.6	15.5
陕 西	33.0	55.8	11.2
甘 肃	33.1	57.4	9.5
青 海	33.9	58.1	8.0
宁 夏	37.5	53.2	9.3
新 疆	34.4	55.7	9.9

11-11 建筑业企业企业家对创新的总体认识(2014年)

项　目	在企业家中，认为创新对企业的生存和发展(%)		
	起了重要作用的人员占比	起了一定作用的人员占比	不起作用的人员占比
总　计	**29.4**	**61.7**	**8.9**
#有创新活动的企业	39.9	57.7	2.4
#有技术创新活动的企业	45.4	53.6	0.9
一、按行业分			
房屋建筑业	29.3	64.0	6.7
土木工程建筑业	36.3	56.9	6.8
建筑安装业	25.1	61.1	13.9
建筑装饰和其他建筑业	25.9	62.5	11.6
二、按地区分			
东部地区	30.2	61.0	8.8
中部地区	30.1	62.0	7.9
西部地区	28.0	63.6	8.4
东北地区	25.2	61.9	13.0
北　京	29.2	57.7	13.1
天　津	31.7	62.5	5.8
河　北	30.5	59.9	9.7
山　西	28.3	61.2	10.5
内蒙古	20.9	69.8	9.3
辽　宁	27.5	60.4	12.1
吉　林	24.1	63.8	12.1
黑龙江	20.5	63.9	15.6
上　海	25.5	59.0	15.5
江　苏	31.7	61.8	6.5
浙　江	27.8	65.8	6.4
安　徽	33.2	59.7	7.1
福　建	35.3	56.9	7.8
江　西	29.2	61.4	9.4
山　东	35.3	60.0	4.7
河　南	33.3	60.9	5.8
湖　北	29.1	62.2	8.7
湖　南	24.3	66.7	9.0
广　东	28.7	60.0	11.4
广　西	30.7	62.5	6.8
海　南	36.1	55.6	8.3
重　庆	30.3	61.2	8.6
四　川	24.8	65.7	9.5
贵　州	37.3	54.2	8.5
云　南	34.5	60.7	4.8
西　藏	20.0	80.0	
陕　西	23.7	66.6	9.7
甘　肃	23.8	67.3	8.9
青　海	27.8	61.1	11.1
宁　夏	41.7	50.0	8.3
新　疆	34.8	59.6	5.6

11-12　服务业企业企业家对创新的总体认识(2014年)

项　目	在企业家中，认为创新对企业的生存和发展(%)		
	起了重要作用的人员占比	起了一定作用的人员占比	不起作用的人员占比
总　计	**21.5**	**59.7**	**18.8**
#有创新活动的企业	35.4	59.3	5.2
#有技术创新活动的企业	47.0	50.4	2.5
一、按行业分			
批发和零售业	18.8	60.8	20.4
批发业	16.2	59.2	24.6
零售业	21.8	62.6	15.6
交通运输、仓储和邮政业	18.9	61.7	19.4
铁路运输业	19.1	67.3	13.6
道路运输业	17.4	63.2	19.4
水上运输业	18.7	60.6	20.7
航空运输业	39.5	53.2	7.3
管道运输业	20.4	72.2	7.4
装卸搬运和运输代理业	17.1	59.6	23.3
仓储业	23.0	61.6	15.4
邮政业	42.3	50.1	7.6
信息传输、软件和信息技术服务业	45.2	46.9	7.9
电信、广播电视和卫星传输服务	44.0	49.0	7.0
互联网和相关服务	43.0	49.8	7.3
软件和信息技术服务业	45.7	46.0	8.3
金融业	61.1	35.8	3.1
货币金融服务	62.9	35.3	1.8
资本市场服务	59.9	35.0	5.1
保险业	59.8	36.6	3.6
其他金融业	60.0	36.1	3.9
租赁和商务服务业	24.0	58.1	17.8
租赁业	16.8	62.7	20.5
商务服务业	24.3	58.0	17.7
科学研究和技术服务业	29.3	58.2	12.4
研究和试验发展	44.1	47.2	8.7
专业技术服务业	28.1	59.1	12.8
科技推广和应用服务业	27.8	59.4	12.8
水利、环境和公共设施管理业	26.3	58.1	15.6
水利管理业	24.6	60.0	15.4
生态保护和环境治理业	36.6	52.6	10.7
公共设施管理业	25.1	58.6	16.3

11-12 续表

项 目	在企业家中，认为创新对企业的生存和发展(%)		
	起了重要作用的人员占比	起了一定作用的人员占比	不起作用的人员占比
二、按地区分			
东部地区	21.8	59.2	19.0
中部地区	20.1	62.2	17.7
西部地区	24.2	60.5	15.3
东北地区	15.1	56.2	28.8
北 京	25.3	50.0	24.6
天 津	18.4	68.0	13.7
河 北	18.1	66.1	15.8
山 西	18.8	61.9	19.3
内蒙古	18.9	58.5	22.6
辽 宁	13.3	54.9	31.8
吉 林	18.4	58.2	23.4
黑龙江	19.0	59.5	21.5
上 海	15.8	55.1	29.0
江 苏	17.5	68.2	14.3
浙 江	25.1	51.7	23.1
安 徽	22.9	59.7	17.4
福 建	23.3	58.1	18.6
江 西	19.0	58.4	22.6
山 东	23.0	67.3	9.7
河 南	21.3	65.6	13.1
湖 北	19.0	60.5	20.5
湖 南	18.7	64.1	17.2
广 东	25.1	52.2	22.7
广 西	24.8	59.9	15.4
海 南	25.9	58.0	16.2
重 庆	22.3	61.5	16.3
四 川	23.4	62.3	14.3
贵 州	23.5	55.6	20.9
云 南	30.8	57.0	12.2
西 藏	40.3	48.2	11.5
陕 西	21.7	66.1	12.2
甘 肃	24.7	59.8	15.5
青 海	25.8	61.8	12.4
宁 夏	24.8	59.0	16.2
新 疆	29.5	57.5	13.0

十二、创新对企业的影响情况

12-1 影响最大的创新类型(2013-2014年)

项 目	在实现创新企业中，认为下列各类创新对企业影响最大的企业家占比(%)			
	产品创新	工艺创新	组织创新	营销创新
总 计	**35.8**	**21.4**	**21.8**	**21.1**
一、按行业分				
采矿业	14.1	35.8	33.4	16.7
制造业	43.6	27.1	14.7	14.6
电力、热力、燃气及水生产和供应业	6.0	33.7	46.7	13.5
建筑业	19.5	24.7	48.5	7.4
批发和零售业	21.3	9.5	27.8	41.3
交通运输、仓储和邮政业	21.1	10.4	47.4	21.1
信息传输、软件和信息技术服务业	51.1	10.3	22.3	16.2
金融业	58.3	4.2	18.0	19.5
租赁和商务服务业	21.7	8.1	45.5	24.8
科学研究和技术服务业	29.5	16.5	39.4	14.5
水利、环境和公共设施管理业	17.1	16.6	39.0	27.3
二、按地区分				
东部地区	36.3	21.9	22.1	19.7
中部地区	36.1	20.8	20.0	23.1
西部地区	34.7	18.7	22.6	24.0
东北地区	28.9	22.5	21.4	27.1
北 京	27.6	15.5	38.7	18.2
天 津	23.5	20.5	33.0	23.0
河 北	32.9	22.5	21.2	23.3
山 西	26.0	17.5	32.6	24.0
内蒙古	27.0	18.9	26.1	28.0
辽 宁	22.9	24.8	22.7	29.5
吉 林	40.9	19.5	20.4	19.2
黑龙江	39.4	17.0	17.7	26.0
上 海	32.6	18.8	29.8	18.9
江 苏	32.4	25.5	22.5	19.6
浙 江	52.2	22.5	11.9	13.4
安 徽	27.7	24.7	23.2	24.4
福 建	42.1	19.8	17.0	21.0
江 西	40.7	21.1	17.6	20.6
山 东	41.2	19.9	17.1	21.7
河 南	38.4	17.8	19.8	24.0
湖 北	40.8	18.9	17.5	22.8
湖 南	40.6	22.3	16.1	21.0
广 东	30.2	21.4	25.9	22.5
广 西	35.9	20.4	20.2	23.5
海 南	30.2	12.7	23.6	33.5
重 庆	41.1	18.0	18.5	22.4
四 川	36.9	18.1	21.9	23.0
贵 州	28.0	17.4	25.8	28.8
云 南	30.4	18.2	25.1	26.3
西 藏	35.6	13.3	22.2	28.9
陕 西	35.1	18.2	23.4	23.3
甘 肃	33.6	20.7	24.2	21.5
青 海	28.6	23.9	29.5	18.0
宁 夏	35.9	19.8	21.5	22.7
新 疆	28.0	21.8	25.9	24.3

12-2 工业企业影响最大的创新类型(2013-2014年)

项 目	在实现创新企业中，认为下列各类创新对企业影响最大的企业家占比(%)			
	产品创新	工艺创新	组织创新	营销创新
总 计	**42.4**	**27.4**	**15.6**	**14.6**
一、按规模分				
大型企业	50.6	27.1	13.9	8.4
中型企业	45.3	28.8	14.7	11.2
小型企业	41.2	27.1	16.0	15.7
二、按登记注册类型分				
内资企业	42.0	27.1	15.7	15.2
国有企业	28.5	25.0	33.0	13.6
集体企业	28.9	30.9	24.6	15.6
股份合作企业	42.8	30.9	13.3	12.9
联营企业	48.0	32.0	14.0	6.0
有限责任公司	41.0	27.0	17.1	14.9
股份有限公司	49.8	24.0	13.8	12.4
私营企业	42.2	27.4	14.8	15.6
其他企业	39.9	23.5	19.4	17.1
港、澳、台商投资企业	43.5	29.7	14.6	12.1
外商投资企业	44.4	28.6	16.1	10.8
三、按行业分				
采矿业	14.1	35.8	33.4	16.7
煤炭开采和洗选业	10.8	29.6	40.4	19.2
石油和天然气开采业	5.7	60.4	28.3	5.7
黑色金属矿采选业	10.7	38.7	35.4	15.2
有色金属矿采选业	15.0	51.8	23.7	9.6
非金属矿采选业	21.8	33.7	25.7	18.9
开采辅助活动	19.7	42.6	34.4	3.3

12-2 续表 1

项 目	在实现创新企业中，认为下列各类创新对企业影响最大的企业家占比(%)			
	产品创新	工艺创新	组织创新	营销创新
制造业	43.6	27.1	14.7	14.6
农副食品加工业	35.4	22.4	15.2	26.9
食品制造业	44.5	20.1	13.3	22.1
酒、饮料和精制茶制造业	38.1	18.1	12.0	31.8
烟草制品业	38.3	27.2	21.0	13.6
纺织业	41.4	29.9	14.9	13.8
纺织服装、服饰业	37.5	26.7	18.8	16.9
皮革、毛皮、羽毛及其制品和制鞋业	44.4	22.6	15.4	17.7
木材加工和木、竹、藤、棕、草制品业	38.9	29.5	14.0	17.5
家具制造业	44.1	23.9	13.8	18.2
造纸和纸制品业	35.3	31.4	16.9	16.5
印刷和记录媒介复制业	28.5	37.4	19.4	14.8
文教、工美、体育和娱乐用品制造业	45.0	26.9	13.0	15.1
石油加工、炼焦和核燃料加工业	31.0	34.7	16.7	17.5
化学原料和化学制品制造业	42.7	31.0	12.9	13.4
医药制造业	45.6	27.4	10.9	16.1
化学纤维制造业	44.0	30.1	13.8	12.2
橡胶和塑料制品业	41.0	28.7	15.5	14.8
非金属矿物制品业	33.5	29.0	19.8	17.7
黑色金属冶炼和压延加工业	31.9	34.9	19.1	14.1
有色金属冶炼和压延加工业	35.9	38.2	15.5	10.4
金属制品业	37.5	31.3	17.5	13.7
通用设备制造业	51.7	25.0	12.8	10.6
专用设备制造业	54.8	23.2	12.1	9.8
汽车制造业	49.0	29.7	13.3	7.9
铁路、船舶、航空航天和其他运输设备制造业	48.6	26.6	15.6	9.2
电气机械和器材制造业	51.5	23.4	13.1	12.0
计算机、通信和其他电子设备制造业	53.1	25.7	12.7	8.4
仪器仪表制造业	62.5	19.3	9.5	8.7
其他制造业	44.9	26.9	15.0	13.2
废弃资源综合利用业	22.4	37.8	27.4	12.5
金属制品、机械和设备修理业	38.3	25.3	25.3	11.1
电力、热力、燃气及水生产和供应业	6.0	33.7	46.7	13.5
电力、热力生产和供应业	5.3	33.7	48.7	12.4
燃气生产和供应业	8.2	22.0	46.4	23.3
水的生产和供应业	7.0	45.4	38.4	9.1

12-2 续表 2

项 目	在实现创新企业中，认为下列各类创新对企业影响最大的企业家占比(%)			
	产品创新	工艺创新	组织创新	营销创新
四、按地区分				
东部地区	44.2	28.1	14.7	13.1
中部地区	40.3	26.0	16.4	17.3
西部地区	37.8	25.8	19.2	17.1
东北地区	36.0	28.9	16.6	18.5
北 京	49.6	24.5	15.2	10.7
天 津	32.3	31.1	25.0	11.7
河 北	36.1	26.1	19.2	18.6
山 西	30.7	26.3	24.9	18.1
内蒙古	27.5	26.7	24.5	21.2
辽 宁	30.3	34.0	18.1	17.6
吉 林	45.3	22.0	14.6	18.0
黑龙江	43.8	20.3	14.3	21.7
上 海	44.2	30.0	14.7	11.0
江 苏	39.5	32.2	16.1	12.2
浙 江	56.8	24.7	8.8	9.6
安 徽	32.6	30.6	17.9	18.9
福 建	44.8	25.5	13.8	16.0
江 西	44.9	24.9	13.9	16.3
山 东	45.1	25.0	14.1	15.8
河 南	41.8	21.5	18.7	18.0
湖 北	43.8	24.5	14.7	17.1
湖 南	45.6	27.4	12.6	14.3
广 东	39.5	29.1	16.6	14.9
广 西	38.4	28.8	15.8	17.0
海 南	37.2	21.8	18.6	22.4
重 庆	46.7	25.7	13.8	13.8
四 川	40.1	23.8	19.3	16.8
贵 州	31.3	23.8	23.6	21.3
云 南	32.5	27.9	23.3	16.3
西 藏	40.5	21.4	21.4	16.7
陕 西	38.2	25.1	18.5	18.2
甘 肃	37.1	28.7	19.1	15.1
青 海	29.6	35.2	21.6	13.6
宁 夏	39.2	26.5	15.4	18.8
新 疆	27.9	29.8	23.7	18.6

12-3　建筑业企业影响最大的创新类型(2013-2014年)

项　目	在实现创新企业中，认为下列各类创新对企业影响最大的企业家占比(%)			
	产品创新	工艺创新	组织创新	营销创新
总　计	**19.5**	**24.7**	**48.5**	**7.4**
一、按行业分				
房屋建筑业	18.9	26.5	48.4	6.1
土木工程建筑业	20.3	29.4	45.0	5.3
建筑安装业	18.9	17.3	54.0	9.8
建筑装饰和其他建筑业	20.2	19.5	48.9	11.4
二、按地区分				
东部地区	23.9	20.6	48.0	7.5
中部地区	13.6	31.4	48.5	6.6
西部地区	9.0	34.2	49.4	7.4
东北地区	21.0	20.1	50.8	8.1
北　京	30.9	4.1	57.2	7.7
天　津	37.6	5.0	51.5	5.9
河　北	9.7	43.4	41.1	5.7
山　西	7.8	40.2	47.1	4.9
内蒙古	3.4	48.3	44.8	3.4
辽　宁	26.1	7.7	55.9	10.4
吉　林	10.9	41.3	45.7	2.2
黑龙江	10.8	47.7	36.9	4.6
上　海	29.9	9.5	51.6	9.1
江　苏	36.3	8.0	48.9	6.9
浙　江	9.8	44.2	38.7	7.4
安　徽	38.0	4.2	50.6	7.2
福　建	8.2	27.7	50.9	13.2
江　西	8.4	31.3	50.6	9.6
山　东	9.2	42.7	43.3	4.8
河　南	10.8	35.7	47.5	6.1
湖　北	8.3	36.7	48.6	6.4
湖　南	5.9	40.0	47.4	6.7
广　东	28.6	8.0	53.9	9.5
广　西	7.7	36.5	46.2	9.6
海　南	20.0	46.7	33.3	
重　庆	12.9	32.7	45.6	8.8
四　川	10.7	33.7	50.9	4.7
贵　州	7.7	38.5	46.2	7.7
云　南	9.1	33.0	48.9	9.1
西　藏			100.0	
陕　西	6.2	34.0	53.1	6.8
甘　肃	10.0	38.0	46.0	6.0
青　海		30.0	60.0	10.0
宁　夏		35.3	64.7	
新　疆	10.4	27.1	47.9	14.6

12-4 服务业企业影响最大的创新类型(2013-2014年)

项 目	在实现创新企业中，认为下列各类创新对企业影响最大的企业家占比(%)			
	产品创新	工艺创新	组织创新	营销创新
总 计	**24.5**	**10.0**	**31.7**	**33.8**
一、按行业分				
批发和零售业	21.3	9.5	27.8	41.3
批发业	19.0	14.0	31.1	35.9
零售业	23.4	5.5	24.9	46.2
交通运输、仓储和邮政业	21.1	10.4	47.4	21.1
铁路运输业	17.5	15.0	47.5	20.0
道路运输业	24.0	7.7	47.7	20.6
水上运输业	16.2	16.7	47.6	19.6
航空运输业	28.6	11.8	37.0	22.7
管道运输业	10.7	39.3	50.0	
装卸搬运和运输代理业	15.8	11.2	49.9	23.1
仓储业	15.0	16.7	51.4	16.9
邮政业	34.5	6.5	26.3	32.6
信息传输、软件和信息技术服务业	51.1	10.3	22.3	16.2
电信、广播电视和卫星传输服务	40.9	3.9	26.8	28.4
互联网和相关服务	41.3	9.8	26.5	22.5
软件和信息技术服务业	55.1	12.2	20.6	12.0
金融业	58.3	4.2	18.0	19.5
货币金融服务	66.0	5.0	16.5	12.5
资本市场服务	64.5	2.5	16.5	16.5
保险业	46.6	3.8	19.2	30.4
其他金融业	60.7	4.7	24.3	10.3
租赁和商务服务业	21.7	8.1	45.5	24.8
租赁业	23.6	11.0	43.7	21.7
商务服务业	21.6	7.9	45.5	24.9
科学研究和技术服务业	29.5	16.5	39.4	14.5
研究和试验发展	43.0	21.4	21.4	14.2
专业技术服务业	26.3	14.4	46.8	12.6
科技推广和应用服务业	32.8	21.1	25.1	21.0
水利、环境和公共设施管理业	17.1	16.6	39.0	27.3
水利管理业	18.6	15.3	59.3	6.8
生态保护和环境治理业	14.4	46.3	26.9	12.5
公共设施管理业	17.4	12.4	39.7	30.5

12-4 续表

项　目	在实现创新企业中，认为下列各类创新对企业影响最大的企业家占比(%)			
	产品创新	工艺创新	组织创新	营销创新
二、按地区分				
东部地区	23.5	11.7	33.4	31.4
中部地区	26.7	6.1	27.4	39.9
西部地区	30.8	4.8	26.9	37.5
东北地区	14.9	9.3	28.4	47.4
北　京	20.4	13.3	45.3	21.1
天　津	17.1	13.7	38.0	31.3
河　北	23.0	7.2	27.1	42.7
山　西	22.1	4.4	40.5	33.0
内蒙古	27.3	3.4	27.8	41.5
辽　宁	10.1	11.0	27.4	51.5
吉　林	28.0	6.5	39.2	26.3
黑龙江	30.4	2.4	25.0	42.2
上　海	21.8	8.8	42.8	26.6
江　苏	19.2	14.1	33.0	33.6
浙　江	37.1	11.3	21.9	29.7
安　徽	12.9	8.7	37.0	41.4
福　建	37.0	5.3	23.5	34.1
江　西	25.9	3.1	30.5	40.5
山　东	35.4	9.9	21.6	33.0
河　南	31.5	5.2	20.2	43.1
湖　北	36.8	6.8	21.2	35.2
湖　南	26.4	3.3	25.3	45.0
广　东	17.5	11.2	38.0	33.4
广　西	32.8	4.2	26.8	36.2
海　南	26.9	5.9	25.9	41.3
重　庆	34.5	4.3	23.9	37.4
四　川	31.1	4.7	26.1	38.1
贵　州	23.0	4.7	28.7	43.6
云　南	29.2	5.8	25.8	39.2
西　藏	32.6	6.5	19.6	41.3
陕　西	32.9	4.4	28.5	34.2
甘　肃	29.7	4.4	31.1	34.7
青　海	29.3	2.6	41.4	26.7
宁　夏	31.7	4.0	31.2	33.2
新　疆	29.6	8.2	27.9	34.3

12-5 产品创新对

项 目	在实现产品创新企业中，对							
	增加了产品品种				提高了产品性能			
	高	中	低	无	高	中	低	无
总 计	**42.5**	**46.1**	**5.8**	**4.3**	**49.3**	**42.9**	**4.6**	**3.2**
一、按行业分								
采矿业	35.4	45.9	7.3	11.5	42.6	47.7	4.4	5.3
制造业	43.6	47.1	5.8	3.5	48.9	43.7	4.4	2.9
电力、热力、燃气及水生产和供应业	28.4	39.2	8.0	24.4	46.9	38.3	6.5	8.3
建筑业					50.1	41.9	4.9	3.1
批发和零售业	35.7	50.5	6.4	7.4	46.4	42.2	6.2	5.2
交通运输、仓储和邮政业	39.6	39.2	10.6	10.6	49.2	39.7	7.9	3.2
信息传输、软件和信息技术服务业	54.1	37.8	4.6	3.6	58.5	35.6	3.6	2.2
金融业	60.0	34.8	3.2	2.1	56.0	37.5	3.1	3.4
租赁和商务服务业	42.0	46.3	3.2	8.5	62.5	33.0	2.7	1.7
科学研究和技术服务业	45.3	40.0	7.5	7.2	53.6	41.5	2.9	2.0
水利、环境和公共设施管理业	43.4	40.1	5.7	10.8	56.9	37.0	1.5	4.5
二、按地区分								
东部地区	41.8	46.8	6.0	4.2	48.7	43.3	4.8	3.2
中部地区	45.6	44.0	4.7	4.1	51.7	41.7	3.8	2.8
西部地区	41.7	46.0	5.8	4.7	49.9	42.3	4.2	3.6
东北地区	42.0	42.5	7.8	5.0	47.1	42.5	6.2	4.1
北 京	41.9	45.8	4.9	4.5	53.0	41.7	3.2	2.2
天 津	38.1	46.3	5.8	8.1	44.3	47.0	5.5	3.3
河 北	41.1	46.5	6.0	4.6	47.0	44.2	4.7	4.1
山 西	38.1	45.4	6.1	5.1	49.1	42.6	5.5	2.8
内蒙古	44.7	45.0	4.5	3.9	51.6	37.9	5.6	4.9
辽 宁	39.8	43.2	9.4	4.9	46.5	42.3	7.6	3.6
吉 林	47.5	41.6	4.9	4.1	51.7	41.1	3.4	3.9
黑龙江	44.3	41.2	4.9	6.2	44.8	44.8	4.4	6.0
上 海	45.8	43.4	6.6	2.6	54.3	38.9	4.4	2.4
江 苏	38.7	50.8	6.1	3.4	46.7	45.6	5.4	2.2
浙 江	39.0	48.3	7.7	4.1	45.3	45.0	5.7	4.0
安 徽	45.3	44.7	5.1	4.3	51.8	41.5	4.0	2.7
福 建	43.3	46.5	5.4	3.7	50.0	42.1	4.8	3.1
江 西	46.2	43.3	5.0	4.3	50.3	41.5	5.0	3.2
山 东	52.0	38.5	4.3	4.2	55.5	37.2	3.6	3.7
河 南	49.5	40.5	3.6	4.0	54.3	39.4	3.1	3.2
湖 北	45.5	44.6	4.2	4.1	53.4	40.9	3.0	2.8
湖 南	42.7	46.6	5.8	3.6	47.7	45.9	4.4	2.1
广 东	43.6	45.4	4.7	5.4	50.4	42.4	3.5	3.7
广 西	44.0	45.3	4.8	4.5	48.5	43.1	4.7	3.7
海 南	43.6	43.0	6.0	3.4	52.3	39.6	3.4	4.7
重 庆	39.7	49.0	6.1	3.2	47.2	43.9	4.6	4.3
四 川	40.2	48.1	6.2	4.2	49.5	43.9	3.9	2.8
贵 州	42.3	42.2	6.8	6.5	51.9	38.6	5.3	4.1
云 南	40.9	44.6	5.8	6.2	49.7	41.2	3.7	5.4
西 藏	23.3	63.3	6.7	6.7	23.3	66.7	6.7	3.3
陕 西	44.0	41.8	5.8	6.0	51.8	41.5	3.9	2.7
甘 肃	41.9	45.7	4.5	5.6	53.6	41.4	2.8	2.3
青 海	42.4	42.4	2.5	8.5	49.2	37.3	6.8	6.8
宁 夏	55.0	34.9	2.8	5.2	57.8	36.1	3.6	2.4
新 疆	42.0	45.3	6.7	4.2	52.2	40.3	3.6	3.9

企业的影响(2013-2014年)

下列各项作出不同影响程度判断的企业家占比(%)											
开拓了新市场				扩大了市场份额				取代了过时产品			
高	中	低	无	高	中	低	无	高	中	低	无
42.6	**46.0**	**7.4**	**4.1**	**36.8**	**48.6**	**9.8**	**4.8**	**34.7**	**46.4**	**10.0**	**8.9**
39.4	44.4	7.6	8.6	32.1	47.3	11.8	8.7	27.6	43.3	10.7	18.4
42.8	46.5	7.2	3.4	36.8	49.5	9.7	4.0	35.0	47.1	10.2	7.7
35.2	41.4	9.0	14.5	29.9	40.7	13.3	16.0	25.6	39.2	9.3	25.9
38.1	45.5	10.9	5.5	31.8	47.3	14.8	6.1	33.1	47.3	12.1	7.5
37.2	46.5	8.7	7.5	33.4	47.8	9.5	9.3	31.4	47.0	7.3	14.4
34.5	49.2	9.1	7.3	35.6	44.5	11.8	8.1	31.7	39.1	16.2	13.1
52.8	37.7	6.4	3.0	45.4	41.6	9.7	3.4	44.5	38.0	9.7	7.8
54.2	37.6	5.1	3.2	45.4	41.0	9.8	3.8	30.3	38.9	15.5	15.3
51.2	39.5	5.3	4.1	43.2	44.5	8.0	4.3	34.3	39.5	10.5	15.7
48.3	41.3	5.2	5.3	41.9	42.8	9.1	6.2	33.0	44.4	10.0	12.6
48.2	40.1	3.9	7.8	41.3	44.6	6.0	8.1	38.6	39.5	9.6	12.3
41.9	46.2	7.7	4.3	35.9	49.0	10.1	5.0	34.2	46.9	10.1	8.8
44.7	46.0	6.0	3.3	39.7	48.1	8.4	3.7	37.4	46.2	8.7	7.7
43.7	44.5	7.6	4.2	37.4	47.4	10.2	5.0	33.4	44.3	11.0	11.4
44.2	44.9	6.9	4.0	38.9	48.0	8.6	4.4	34.9	43.5	11.6	10.0
48.4	40.1	6.9	4.6	40.7	45.9	9.7	3.7	33.8	46.4	10.5	9.3
37.6	48.0	9.8	4.6	33.5	50.8	10.5	5.2	32.5	48.1	9.3	10.2
39.8	46.1	8.7	5.4	33.5	48.8	11.0	6.8	30.2	46.8	11.3	11.7
42.6	45.8	7.7	3.8	33.7	51.4	10.4	4.5	27.4	47.2	13.7	11.7
46.5	40.3	9.2	3.9	39.8	45.0	10.5	4.7	32.8	44.7	10.3	12.2
43.4	45.0	8.0	3.7	38.0	48.4	9.7	4.0	34.4	43.0	13.0	9.7
47.6	44.8	4.3	3.2	43.6	46.8	5.9	3.8	39.7	44.8	7.7	7.8
43.4	44.6	6.0	6.1	37.4	48.2	7.8	6.5	31.9	44.1	10.6	13.4
46.4	44.9	5.8	2.9	39.8	46.9	9.8	3.5	38.0	44.3	10.8	6.9
39.3	50.0	6.8	3.9	33.8	51.7	10.0	4.5	31.9	49.9	9.6	8.6
37.9	47.7	9.3	5.1	31.7	49.9	12.3	6.2	32.4	47.6	11.7	8.4
46.5	44.9	5.6	3.0	42.3	46.5	8.2	2.9	40.1	45.3	8.0	6.6
43.4	44.3	8.9	3.3	36.1	48.9	10.5	4.5	34.9	46.7	10.0	8.4
44.1	45.7	6.4	3.8	38.5	49.1	8.0	4.5	37.3	44.3	8.3	10.1
53.1	36.6	6.1	4.2	46.7	43.2	7.3	2.8	41.4	41.6	8.4	8.6
45.0	46.0	5.2	3.8	41.4	47.5	7.3	3.8	36.8	47.2	8.8	7.2
44.9	46.0	5.5	3.6	38.7	47.4	9.2	4.7	38.5	44.2	8.7	8.5
42.0	47.9	7.8	2.4	36.7	51.3	9.2	2.7	34.3	49.6	9.2	6.8
42.2	46.3	7.4	4.1	37.0	47.8	8.5	6.7	35.9	44.9	9.6	9.6
44.1	44.1	7.6	4.3	38.0	46.3	9.9	5.8	32.7	41.6	13.4	12.2
41.6	46.3	10.7	1.3	34.9	48.3	14.8	2.0	29.5	47.7	16.1	6.7
40.1	48.0	8.7	3.2	32.4	51.8	10.6	5.2	30.2	48.9	11.9	9.0
43.3	44.6	7.6	4.5	38.1	47.1	10.1	4.7	35.5	43.8	10.3	10.4
46.3	41.0	7.7	5.0	42.5	39.8	11.6	6.1	35.4	39.4	11.4	13.8
45.8	42.5	7.6	4.1	38.1	45.3	11.2	5.4	30.5	45.9	10.0	13.6
23.3	66.7	3.3	6.7	23.3	53.3	16.7	6.7	6.7	63.3	13.3	16.7
45.8	44.2	6.1	3.9	38.2	49.4	8.5	3.8	35.0	43.0	10.4	11.5
43.0	46.6	6.2	4.1	37.4	48.3	9.0	5.3	34.6	45.5	9.4	10.5
46.6	47.5	2.5	3.4	39.0	42.4	11.0	7.6	29.7	42.4	13.6	14.4
53.8	36.5	7.2	2.4	44.6	40.2	12.0	3.2	38.2	36.5	12.0	13.3
39.2	45.9	8.9	5.9	32.8	50.2	10.8	6.3	28.9	45.0	10.9	15.2

12-6 产品创新对工业

项 目	在实现产品创新企业中，对下列							
	增加了产品品种				提高了产品性能			
	高	中	低	无	高	中	低	无
总 计	**43.5**	**47.0**	**5.8**	**3.6**	**48.8**	**43.8**	**4.4**	**3.0**
一、按规模分								
大型企业	55.8	38.1	3.8	2.3	62.3	33.4	2.6	1.6
中型企业	45.8	46.1	5.0	3.1	51.2	42.5	3.8	2.6
小型企业	41.9	48.0	6.2	3.9	47.0	45.0	4.8	3.2
二、按登记注册类型分								
内资企业	43.5	47.1	5.7	3.7	48.7	44.0	4.4	2.9
国有企业	47.1	42.0	5.9	4.9	55.9	35.4	5.4	3.3
集体企业	34.8	50.2	7.8	7.2	35.7	53.5	6.6	4.2
股份合作企业	36.5	49.2	7.6	6.6	44.5	45.5	7.6	2.3
联营企业	63.3	33.3		3.3	60.0	33.3		6.7
有限责任公司	46.2	44.8	5.3	3.7	52.0	41.3	3.9	2.8
股份有限公司	51.5	41.7	3.9	2.9	59.3	36.3	2.5	1.9
私营企业	41.7	48.5	6.0	3.7	46.4	45.8	4.8	3.0
其他企业	40.7	47.3	5.8	6.2	49.4	44.0	4.6	2.1
港、澳、台商投资企业	42.4	48.1	6.2	3.3	48.9	43.8	4.1	3.1
外商投资企业	44.6	45.7	6.2	3.5	49.7	41.9	4.8	3.6
三、按行业分								
采矿业	35.4	45.9	7.3	11.5	42.6	47.7	4.4	5.3
煤炭开采和洗选业	27.6	41.7	9.2	21.5	45.4	42.3	3.7	8.6
石油和天然气开采业	50.0	25.0	25.0		50.0	37.5	6.3	6.3
黑色金属矿采选业	36.5	42.4	5.9	15.3	42.4	50.6	1.2	5.9
有色金属矿采选业	42.2	36.1	9.6	12.0	39.8	49.4	9.6	1.2
非金属矿采选业	35.3	55.2	4.4	5.2	38.1	52.8	4.4	4.8
开采辅助活动	52.6	36.8	10.5		84.2	15.8		

企业的影响(2013-2014年)

各项作出不同影响程度判断的企业家占比(%)											
开拓了新市场				扩大了市场份额				取代了过时产品			
高	中	低	无	高	中	低	无	高	中	低	无
42.8	**46.5**	**7.2**	**3.5**	**36.7**	**49.5**	**9.8**	**4.1**	**34.9**	**47.1**	**10.2**	**7.8**
53.8	38.5	5.2	2.5	48.0	42.3	7.3	2.5	43.6	41.1	8.5	6.7
44.8	45.6	6.5	3.2	38.3	49.2	8.9	3.5	35.7	47.4	9.7	7.2
41.3	47.4	7.6	3.7	35.3	50.1	10.2	4.4	34.0	47.5	10.5	8.0
42.8	46.8	7.1	3.4	36.8	49.7	9.5	3.9	35.1	47.2	10.1	7.7
48.7	39.8	7.6	3.8	40.8	42.5	11.3	5.4	33.0	42.2	13.7	11.1
31.5	51.7	10.8	6.0	28.5	52.6	11.1	7.8	31.2	48.0	11.7	9.0
37.5	47.5	9.3	5.6	31.6	49.2	12.6	6.6	29.9	47.2	12.6	10.3
50.0	33.3	10.0	6.7	46.7	43.3		10.0	50.0	43.3	3.3	3.3
45.6	44.3	6.7	3.3	39.2	48.1	8.9	3.8	36.1	45.2	10.3	8.3
51.8	40.8	5.3	2.2	44.9	45.1	7.6	2.3	40.3	43.8	9.0	6.9
40.8	48.4	7.3	3.5	35.1	50.9	9.9	4.1	34.3	48.3	10.0	7.4
40.2	47.7	9.5	2.5	38.2	49.0	10.0	2.9	34.0	49.8	8.7	7.5
42.5	45.9	7.7	3.9	35.9	48.9	10.7	4.5	34.4	47.4	10.4	7.8
43.0	44.7	8.1	4.1	36.7	47.7	11.0	4.6	34.2	46.2	11.0	8.5
39.4	44.4	7.6	8.6	32.1	47.3	11.8	8.7	27.6	43.3	10.7	18.4
39.9	40.5	8.6	11.0	28.8	46.6	13.5	11.0	23.9	38.0	13.5	24.5
43.8	18.8	25.0	12.5	43.8	25.0	12.5	18.8	31.3	25.0	18.8	25.0
36.5	44.7	10.6	8.2	34.1	38.8	17.6	9.4	25.9	29.4	16.5	28.2
34.9	43.4	6.0	15.7	25.3	47.0	13.3	14.5	30.1	39.8	9.6	20.5
39.3	50.8	5.6	4.4	32.5	54.0	8.7	4.8	27.4	54.4	7.1	11.1
63.2	21.1	5.3	10.5	63.2	26.3	5.3	5.3	52.6	36.8	5.3	5.3

12-6 续表 1

项 目	在实现产品创新企业中，对下列							
	增加了产品品种				提高了产品性能			
	高	中	低	无	高	中	低	无
制造业	43.6	47.1	5.8	3.5	48.9	43.7	4.4	2.9
农副食品加工业	45.2	46.8	4.7	3.3	46.6	44.6	4.8	4.0
食品制造业	47.2	45.9	4.8	2.0	45.4	46.1	5.0	3.6
酒、饮料和精制茶制造业	47.9	44.1	4.5	3.5	46.5	43.3	5.2	5.0
烟草制品业	49.1	37.7	9.4	3.8	45.3	35.8	7.5	11.3
纺织业	38.2	51.5	6.9	3.3	38.6	51.0	6.5	4.0
纺织服装、服饰业	35.1	52.5	8.1	4.3	33.1	53.0	8.2	5.6
皮革、毛皮、羽毛及其制品和制鞋业	36.0	52.1	8.7	3.2	34.2	53.1	8.1	4.6
木材加工和木、竹、藤、棕、草制品业	41.2	50.7	5.7	2.4	43.1	49.2	4.9	2.7
家具制造业	41.6	49.9	5.4	3.0	39.5	50.3	6.7	3.4
造纸和纸制品业	41.8	47.9	6.6	3.7	46.8	44.8	5.4	3.1
印刷和记录媒介复制业	40.6	49.6	6.1	3.7	45.6	46.2	4.7	3.5
文教、工美、体育和娱乐用品制造业	44.3	47.7	5.3	2.8	41.4	48.2	5.7	4.6
石油加工、炼焦和核燃料加工业	44.0	44.0	6.1	5.8	54.6	35.8	5.0	4.5
化学原料和化学制品制造业	45.8	45.0	5.1	4.1	52.7	40.5	3.9	2.9
医药制造业	48.3	42.0	5.4	4.3	54.0	39.4	3.6	3.0
化学纤维制造业	46.5	43.6	6.8	3.1	45.7	46.2	5.1	3.0
橡胶和塑料制品业	41.8	48.4	6.5	3.3	47.0	44.5	5.2	3.3
非金属矿物制品业	45.3	43.4	5.9	5.4	49.5	42.8	4.2	3.4
黑色金属冶炼和压延加工业	39.3	48.3	7.2	5.2	43.8	47.7	5.7	2.9
有色金属冶炼和压延加工业	39.3	49.6	5.3	5.8	47.4	45.8	3.7	3.2
金属制品业	40.7	49.5	5.9	3.8	47.4	45.7	4.5	2.4
通用设备制造业	42.6	48.2	6.1	3.1	51.2	42.8	4.0	1.9
专用设备制造业	45.9	44.9	5.4	3.8	56.0	38.7	3.1	2.2
汽车制造业	45.4	45.4	5.9	3.3	51.7	41.9	3.7	2.7
铁路、船舶、航空航天和其他运输设备制造业	46.1	44.9	6.2	2.9	50.2	43.1	4.3	2.5
电气机械和器材制造业	44.4	47.1	5.3	3.2	53.1	41.5	3.3	2.2
计算机、通信和其他电子设备制造业	46.5	45.8	5.0	2.6	54.5	40.3	3.3	1.9
仪器仪表制造业	47.4	45.0	5.3	2.3	57.8	38.1	2.6	1.4
其他制造业	40.6	52.7	5.0	1.8	42.0	52.3	3.4	2.4
废弃资源综合利用业	34.9	49.5	12.0	3.6	37.0	53.1	6.8	3.1
金属制品、机械和设备修理业	43.0	49.4	6.3	1.3	45.6	48.1	5.1	1.3
电力、热力、燃气及水生产和供应业	28.4	39.2	8.0	24.4	46.9	38.3	6.5	8.3
电力、热力生产和供应业	25.4	37.6	9.0	28.0	47.1	36.0	7.4	9.5
燃气生产和供应业	38.3	40.0	10.0	11.7	46.7	40.0	6.7	6.7
水的生产和供应业	28.0	42.7	4.0	25.3	46.7	42.7	4.0	6.7

各项作出不同影响程度判断的企业家占比(%)											
开拓了新市场				扩大了市场份额				取代了过时产品			
高	中	低	无	高	中	低	无	高	中	低	无
42.8	46.5	7.2	3.4	36.8	49.5	9.7	4.0	35.0	47.1	10.2	7.7
43.2	47.6	6.5	2.7	37.1	50.2	9.1	3.6	31.7	47.1	11.7	9.5
43.5	46.0	7.8	2.7	38.2	49.7	9.4	2.6	32.2	47.3	10.8	9.7
44.8	45.7	6.3	3.3	39.1	47.2	9.8	4.0	34.1	43.4	10.3	12.1
41.5	28.3	13.2	17.0	41.5	28.3	20.8	9.4	30.2	22.6	22.6	24.5
36.1	50.8	8.7	4.4	29.9	53.1	11.6	5.4	29.6	50.7	12.1	7.6
32.3	51.7	10.2	5.8	27.1	52.7	13.7	6.5	30.3	51.2	11.5	7.0
31.8	51.9	11.4	5.0	26.5	52.8	13.8	6.9	30.0	52.0	10.7	7.4
38.3	50.9	7.5	3.2	32.4	54.4	9.5	3.8	30.6	50.6	10.2	8.6
39.9	48.9	7.8	3.3	34.4	50.1	11.9	3.6	35.7	49.0	9.5	5.8
40.5	48.6	7.8	3.1	34.5	52.1	10.0	3.4	32.3	48.3	10.5	8.9
37.8	49.0	8.8	4.4	33.1	51.9	10.0	4.9	30.4	49.4	11.4	8.8
41.1	47.2	7.5	4.1	35.0	50.6	9.9	4.6	34.3	50.2	9.1	6.3
45.6	41.1	9.0	4.2	35.0	46.4	13.5	5.0	32.9	42.2	12.7	12.2
44.8	45.3	6.8	3.2	38.4	48.1	9.6	3.9	35.0	45.5	9.8	9.7
47.7	43.3	5.8	3.1	43.6	45.8	7.3	3.3	34.3	44.2	10.9	10.5
42.8	47.4	6.9	2.9	36.9	47.8	11.1	4.2	34.7	45.8	11.5	8.0
40.7	47.5	7.6	4.1	35.1	49.5	10.9	4.5	33.3	47.3	11.1	8.3
42.5	46.8	7.1	3.7	36.8	49.7	9.3	4.2	34.5	46.7	9.6	9.2
38.4	48.5	9.3	3.8	31.7	52.0	11.7	4.6	28.5	48.7	12.9	9.9
41.2	47.1	7.7	4.0	34.4	50.9	10.3	4.3	32.4	45.3	10.7	11.6
41.3	47.7	7.5	3.5	35.1	51.1	9.7	4.1	33.5	48.0	11.2	7.4
43.6	46.6	7.1	2.8	37.0	50.3	9.5	3.3	35.7	47.5	10.4	6.4
46.3	44.8	5.8	3.1	40.3	48.3	7.9	3.5	39.6	45.1	8.7	6.6
45.0	43.8	7.2	4.0	40.7	45.5	9.5	4.2	39.1	45.3	9.2	6.4
43.6	45.3	7.7	3.4	38.0	47.0	10.8	4.2	35.0	45.9	11.5	7.7
44.6	45.8	6.5	3.0	37.9	49.5	9.0	3.6	37.4	47.5	9.3	5.9
47.6	43.0	6.3	3.1	40.6	47.6	8.3	3.4	41.0	45.3	8.4	5.2
47.9	43.7	6.0	2.3	41.7	47.2	8.4	2.7	40.8	46.2	8.0	5.0
39.2	50.5	8.1	2.2	32.7	52.9	10.7	3.8	30.3	54.7	9.7	5.3
38.0	47.4	11.5	3.1	30.7	50.0	16.1	3.1	24.5	53.6	12.5	9.4
44.3	49.4	3.8	2.5	38.0	48.1	10.1	3.8	30.4	41.8	16.5	11.4
35.2	41.4	9.0	14.5	29.9	40.7	13.3	16.0	25.6	39.2	9.3	25.9
31.7	41.8	9.0	17.5	27.5	38.6	15.9	18.0	22.8	40.7	9.5	27.0
48.3	36.7	11.7	3.3	41.7	36.7	13.3	8.3	31.7	28.3	15.0	25.0
33.3	44.0	6.7	16.0	26.7	49.3	6.7	17.3	28.0	44.0	4.0	24.0

12-6 续表 2

项　目	在实现产品创新企业中，对下列							
	增加了产品品种				提高了产品性能			
	高	中	低	无	高	中	低	无
四、按地区分								
东部地区	42.7	47.8	6.0	3.5	48.0	44.4	4.6	2.9
中部地区	46.8	44.8	4.7	3.7	51.4	42.3	3.6	2.7
西部地区	43.3	46.8	5.8	4.2	50.3	41.7	4.3	3.6
东北地区	44.6	44.0	7.0	4.3	48.1	42.8	5.1	4.0
北　京	47.4	41.9	6.4	4.3	53.6	40.3	3.6	2.5
天　津	41.5	48.4	5.2	4.9	47.9	45.5	3.8	2.8
河　北	43.9	46.1	6.2	3.8	47.1	43.8	5.0	4.1
山　西	41.9	47.4	7.0	3.7	53.1	39.2	5.0	2.7
内蒙古	43.4	48.2	5.1	3.2	49.3	40.2	5.9	4.6
辽　宁	42.3	44.8	8.5	4.5	47.3	42.3	6.5	3.9
吉　林	48.5	42.6	5.2	3.6	52.0	41.5	2.5	4.1
黑龙江	48.5	42.9	4.0	4.7	46.3	46.3	3.2	4.1
上　海	46.5	44.5	6.4	2.7	55.1	38.4	3.7	2.8
江　苏	42.1	48.8	5.7	3.4	47.0	46.6	4.2	2.2
浙　江	38.0	50.2	7.7	4.1	42.9	46.9	6.1	4.1
安　徽	45.8	45.9	4.8	3.5	52.9	41.2	3.3	2.5
福　建	43.4	48.2	5.0	3.4	49.6	43.1	4.3	3.0
江　西	46.6	45.4	4.0	4.0	50.6	42.4	3.9	3.1
山　东	53.8	39.4	4.0	2.8	55.5	38.5	4.0	2.0
河　南	52.0	40.4	3.5	4.2	52.9	40.8	3.4	3.0
湖　北	46.4	45.5	4.6	3.5	51.5	42.4	3.1	3.1
湖　南	43.6	46.8	6.2	3.4	47.5	45.9	4.8	1.9
广　东	42.4	49.1	5.5	3.0	50.7	42.9	4.0	2.5
广　西	42.2	48.9	5.3	3.6	47.7	43.4	5.4	3.5
海　南	43.8	45.3	7.8	3.1	46.9	42.2	6.3	4.7
重　庆	39.7	51.0	6.2	3.1	45.7	45.9	4.4	4.0
四　川	43.2	46.7	5.9	4.2	51.4	41.1	4.4	3.1
贵　州	45.3	42.4	6.3	6.0	54.6	37.1	3.8	4.6
云　南	44.4	44.4	6.7	4.4	51.4	39.5	4.2	4.9
西　藏	33.3	60.0		6.7	26.7	60.0	6.7	6.7
陕　西	47.1	43.9	4.7	4.2	53.5	40.4	3.2	3.0
甘　肃	39.1	51.7	4.2	5.0	48.0	46.7	2.6	2.6
青　海	41.4	48.6	2.9	7.1	47.1	41.4	5.7	5.7
宁　夏	59.9	31.0	3.2	5.9	59.4	34.2	3.7	2.7
新　疆	41.3	45.1	8.7	4.9	49.5	40.5	4.9	5.1

各项作出不同影响程度判断的企业家占比(%)											
开拓了新市场				扩大了市场份额				取代了过时产品			
高	中	低	无	高	中	低	无	高	中	低	无
41.9	47.0	7.5	3.6	35.8	49.9	10.1	4.2	34.4	47.8	10.4	7.4
45.3	45.7	5.9	3.1	39.8	48.9	8.0	3.4	38.0	46.1	8.7	7.3
43.9	44.7	7.6	3.7	37.3	48.0	10.4	4.3	33.7	44.1	11.4	10.8
44.3	45.0	7.4	3.3	39.1	48.0	9.2	3.7	34.7	45.4	10.5	9.4
46.4	42.1	7.1	4.4	37.6	48.3	9.9	4.2	33.6	45.0	12.3	9.0
41.3	48.5	6.3	3.9	36.9	51.1	7.7	4.2	34.3	50.1	7.5	8.0
41.1	45.6	8.7	4.6	34.3	48.7	11.2	5.8	32.3	45.0	10.9	11.7
41.1	46.1	9.7	3.0	33.9	49.4	13.0	3.7	28.2	43.9	14.7	13.2
43.7	44.2	8.9	3.2	38.5	47.4	10.2	3.8	32.9	44.5	10.2	12.4
42.3	45.3	9.2	3.2	37.7	47.5	10.9	3.9	33.0	46.5	11.2	9.3
49.2	43.6	4.1	3.1	43.5	47.2	5.7	3.6	40.7	44.1	8.2	7.0
45.9	45.8	4.7	3.6	38.9	50.6	7.2	3.2	33.7	43.4	10.6	12.3
46.9	43.4	6.8	2.9	40.1	46.6	10.0	3.3	39.3	44.4	9.9	6.4
41.6	48.6	6.8	3.0	35.7	51.7	9.0	3.6	33.5	50.3	9.6	6.5
36.4	49.2	9.5	5.0	30.6	51.1	12.6	5.8	31.6	48.1	11.9	8.3
46.9	45.2	5.2	2.7	41.7	47.3	8.3	2.7	40.2	45.4	8.0	6.4
43.6	45.7	7.4	3.4	35.8	50.0	9.6	4.6	34.5	47.2	9.7	8.7
45.1	44.9	6.3	3.7	39.1	48.4	8.0	4.5	38.7	43.7	8.0	9.6
50.5	41.0	5.8	2.6	45.7	43.5	8.0	2.8	39.2	43.8	10.1	7.0
46.8	44.3	5.1	3.7	41.3	48.1	6.6	3.9	38.3	46.3	8.2	7.2
45.9	45.3	5.6	3.2	39.8	49.0	7.4	3.9	38.0	45.7	9.1	7.2
41.2	48.8	7.6	2.3	35.9	52.3	9.1	2.7	34.6	49.1	9.4	6.9
43.8	46.5	6.9	2.8	37.1	49.7	9.9	3.2	36.9	47.2	10.1	5.8
42.0	46.5	8.0	3.5	35.8	48.8	10.9	4.6	32.2	43.0	13.9	11.0
45.3	43.8	9.4	1.6	39.1	43.8	12.5	4.7	26.6	54.7	10.9	7.8
39.7	48.2	8.8	3.4	32.1	53.9	10.1	3.9	31.0	48.4	11.1	9.5
44.8	44.1	7.2	3.8	38.6	46.9	10.3	4.1	35.7	43.8	11.3	9.2
46.7	42.6	6.9	3.8	42.0	43.2	9.6	5.2	37.4	39.7	11.4	11.5
45.2	42.6	7.9	4.3	37.7	45.8	12.3	4.2	30.2	42.3	11.8	15.7
33.3	60.0		6.7	33.3	46.7	13.3	6.7	6.7	60.0	13.3	20.0
48.4	41.7	6.5	3.4	40.5	46.6	9.1	3.9	36.9	41.5	10.5	11.1
39.9	48.8	7.6	3.7	34.9	50.1	10.2	4.7	30.4	49.6	10.2	9.7
37.1	58.6	4.3		32.9	50.0	12.9	4.3	25.7	51.4	14.3	8.6
58.3	34.2	4.8	2.7	46.0	38.0	12.8	3.2	39.6	35.8	11.2	13.4
37.4	46.1	10.4	6.1	31.3	50.0	12.4	6.3	26.9	46.4	10.7	16.0

12-7 产品创新对建筑业

项 目	在实现产品创新企业中，对下列各项作出							
	提高了产品性能				开拓了新市场			
	高	中	低	无	高	中	低	无
总 计	**50.1**	**41.9**	**4.9**	**3.1**	**38.1**	**45.5**	**10.9**	**5.5**
一、按行业分								
房屋建筑业	49.6	43.1	5.1	2.2	35.4	47.1	12.4	5.1
土木工程建筑业	50.4	41.2	4.9	3.5	42.2	41.0	10.8	5.9
建筑安装业	49.6	41.6	5.8	3.1	38.5	47.3	8.0	6.2
建筑装饰和其他建筑业	51.2	39.7	4.0	5.1	38.4	47.1	9.1	5.4
二、按地区分								
东部地区	50.7	41.7	4.4	3.2	39.4	45.7	9.9	5.0
中部地区	48.9	41.7	6.1	3.3	37.2	44.7	11.9	6.1
西部地区	49.4	41.8	6.0	2.8	32.3	47.0	13.5	7.2
东北地区	48.5	44.7	3.9	2.9	41.7	42.7	10.7	4.9
北 京	49.1	39.8	6.5	4.6	37.0	38.9	17.6	6.5
天 津	40.3	46.8	9.1	3.9	33.8	54.5	7.8	3.9
河 北	44.6	49.2	1.5	4.6	38.5	50.8	6.2	4.6
山 西	52.8	38.9	5.6	2.8	36.1	47.2	11.1	5.6
内蒙古	40.0	40.0	20.0		20.0	50.0	30.0	
辽 宁	53.0	42.4	4.5		43.9	45.5	10.6	
吉 林	50.0	50.0			50.0	50.0		
黑龙江	34.8	47.8	4.3	13.0	30.4	30.4	17.4	21.7
上 海	47.4	46.2	2.6	3.8	29.5	57.7	10.3	2.6
江 苏	51.5	40.2	4.9	3.4	39.5	44.4	9.0	7.1
浙 江	51.7	41.9	3.4	3.0	39.4	47.3	8.4	4.9
安 徽	48.9	35.6	8.9	6.7	37.8	55.6	4.4	2.2
福 建	46.0	42.9	9.5	1.6	49.2	34.9	12.7	3.2
江 西	40.0	56.0	4.0		36.0	52.0	8.0	4.0
山 东	56.5	38.9	2.8	1.9	41.7	47.2	8.3	2.8
河 南	55.8	35.8	5.0	3.3	35.8	40.0	13.3	10.8
湖 北	45.1	46.3	6.1	2.4	40.2	42.7	14.6	2.4
湖 南	40.4	48.1	7.7	3.8	36.5	44.2	13.5	5.8
广 东	56.8	38.6	2.3	2.3	43.2	41.7	10.6	4.5
广 西	58.8	29.4	11.8		47.1	47.1	5.9	
海 南	66.7	33.3			66.7	16.7	16.7	
重 庆	53.3	37.8	4.4	4.4	31.1	48.9	13.3	6.7
四 川	49.1	47.3	3.6		32.7	47.3	14.5	5.5
贵 州	50.0	40.0		10.0	35.0	35.0	10.0	20.0
云 南	58.1	41.9			32.3	51.6	12.9	3.2
西 藏								
陕 西	45.0	45.0	7.5	2.5	30.0	52.5	12.5	5.0
甘 肃	50.0	33.3	8.3	8.3	41.7	25.0	8.3	25.0
青 海	60.0	20.0	20.0		20.0	60.0		20.0
宁 夏	40.0	40.0	20.0		20.0	40.0	40.0	
新 疆	18.2	63.6	9.1	9.1	27.3	45.5	18.2	9.1

企业的影响(2013-2014年)

不同影响程度判断的企业家占比(%)							
扩大了市场份额				取代了过时产品			
高	中	低	无	高	中	低	无
31.8	**47.3**	**14.8**	**6.1**	**33.1**	**47.3**	**12.1**	**7.5**
28.4	47.3	17.6	6.7	32.7	48.3	13.4	5.6
34.5	45.5	13.9	6.1	32.7	46.1	11.0	10.2
37.6	48.2	9.7	4.4	31.4	49.1	11.5	8.0
32.3	49.2	12.8	5.7	36.0	44.8	11.1	8.1
32.1	47.2	14.9	5.8	34.2	46.8	11.7	7.3
31.9	46.9	14.4	6.7	30.0	50.0	13.3	6.7
29.9	47.0	15.9	7.2	32.7	43.4	15.1	8.8
33.0	49.5	12.6	4.9	33.0	51.5	5.8	9.7
36.1	36.1	19.4	8.3	27.8	44.4	13.9	13.9
27.3	54.5	14.3	3.9	32.5	48.1	11.7	7.8
24.6	56.9	10.8	7.7	27.7	50.8	12.3	9.2
36.1	47.2	8.3	8.3	22.2	58.3	19.4	
50.0	10.0	30.0	10.0	20.0	40.0	20.0	20.0
36.4	51.5	10.6	1.5	36.4	51.5	6.1	6.1
42.9	42.9	7.1	7.1	35.7	50.0	7.1	7.1
17.4	47.8	21.7	13.0	21.7	52.2	4.3	21.7
28.2	47.4	20.5	3.8	29.5	55.1	7.7	7.7
33.1	48.5	12.0	6.4	36.8	50.0	8.3	4.9
29.1	51.2	14.8	4.9	37.4	45.3	12.8	4.4
40.0	46.7	11.1	2.2	40.0	44.4	8.9	6.7
34.9	42.9	17.5	4.8	38.1	36.5	19.0	6.3
40.0	44.0	12.0	4.0	32.0	60.0	8.0	
32.4	50.0	13.9	3.7	37.0	38.9	14.8	9.3
28.3	43.3	19.2	9.2	31.7	46.7	14.2	7.5
32.9	48.8	13.4	4.9	29.3	48.8	13.4	8.5
25.0	53.8	13.5	7.7	23.1	53.8	13.5	9.6
37.1	39.4	15.9	7.6	31.8	49.2	9.8	9.1
41.2	41.2	17.6		35.3	47.1	17.6	
66.7	16.7	16.7		33.3	33.3	33.3	
20.0	57.8	13.3	8.9	22.2	55.6	13.3	8.9
30.9	49.1	16.4	3.6	36.4	43.6	14.5	5.5
40.0	30.0	10.0	20.0	35.0	25.0	20.0	20.0
29.0	48.4	19.4	3.2	45.2	45.2	9.7	
27.5	52.5	15.0	5.0	35.0	40.0	17.5	7.5
33.3	33.3	16.7	16.7	41.7	25.0	8.3	25.0
40.0	20.0	20.0	20.0	40.0	20.0		40.0
20.0	40.0	40.0		20.0	60.0	20.0	
18.2	72.7		9.1	9.1	54.5	27.3	9.1

12-8 产品创新对服务业

项 目	在实现产品创新企业中，对下列							
	增加了产品品种				提高了产品性能			
	高	中	低	无	高	中	低	无
总 计	**41.1**	**45.7**	**6.2**	**7.0**	**50.8**	**40.0**	**5.2**	**4.0**
一、按行业分								
批发和零售业	35.7	50.5	6.4	7.4	46.4	42.2	6.2	5.2
批发业	30.7	54.3	9.6	5.4	46.3	41.6	9.5	2.6
零售业	40.5	46.8	3.4	9.3	46.5	42.7	3.1	7.7
交通运输、仓储和邮政业	39.6	39.2	10.6	10.6	49.2	39.7	7.9	3.2
铁路运输业	25.0	75.0			25.0	75.0		
道路运输业	41.7	38.5	10.1	9.7	50.9	38.2	9.1	1.7
水上运输业	30.9	41.4	14.2	13.6	38.3	51.2	5.6	4.9
航空运输业	56.5	30.4	6.5	6.5	63.0	32.6	2.2	2.2
管道运输业	14.3	57.1	28.6		42.9	42.9	14.3	
装卸搬运和运输代理业	35.2	41.1	12.6	11.1	49.6	37.0	7.0	6.5
仓储业	31.7	38.1	11.9	18.3	41.7	44.0	8.7	5.5
邮政业	46.7	39.7	7.0	6.5	52.8	39.7	3.5	4.0
信息传输、软件和信息技术服务业	54.1	37.8	4.6	3.6	58.5	35.6	3.6	2.2
电信、广播电视和卫星传输服务	55.0	36.9	4.3	3.7	59.0	35.5	3.3	2.1
互联网和相关服务	48.7	36.9	5.7	8.6	53.8	38.7	4.7	2.9
软件和信息技术服务业	54.3	38.0	4.5	3.1	58.8	35.4	3.6	2.1
金融业	60.0	34.8	3.2	2.1	56.0	37.5	3.1	3.4
货币金融服务	61.2	35.4	2.3	1.2	57.5	38.1	2.1	2.3
资本市场服务	69.8	26.2	2.0	2.0	57.0	36.9	2.0	4.0
保险业	54.5	37.3	4.7	3.4	55.5	35.6	4.4	4.4
其他金融业	61.1	33.3	4.2	1.4	44.4	44.4	5.6	5.6
租赁和商务服务业	42.0	46.3	3.2	8.5	62.5	33.0	2.7	1.7
租赁业	19.2	62.5	7.7	10.6	35.6	54.8	4.8	4.8
商务服务业	43.1	45.5	3.0	8.4	63.9	31.9	2.6	1.6
科学研究和技术服务业	45.3	40.0	7.5	7.2	53.6	41.5	2.9	2.0
研究和试验发展	60.1	30.9	5.5	3.6	59.8	36.1	3.3	0.8
专业技术服务业	40.5	42.2	8.4	9.0	52.4	43.1	2.9	1.6
科技推广和应用服务业	47.8	40.5	6.5	5.2	52.3	41.0	2.9	3.8
水利、环境和公共设施管理业	43.4	40.1	5.7	10.8	56.9	37.0	1.5	4.5
水利管理业	26.7	53.3	13.3	6.7	46.7	46.7	6.7	
生态保护和环境治理业	59.0	35.9		5.1	59.0	35.9	2.6	2.6
公共设施管理业	42.1	39.9	6.1	11.9	57.2	36.7	1.1	5.0

企业的影响(2013-2014年)

各项作出不同影响程度判断的企业家占比(%)											
开拓了新市场				扩大了市场份额				取代了过时产品			
高	中	低	无	高	中	低	无	高	中	低	无
42.2	**44.0**	**7.6**	**6.2**	**37.5**	**45.6**	**9.5**	**7.4**	**33.8**	**43.8**	**9.2**	**13.3**
37.2	46.5	8.7	7.5	33.4	47.8	9.5	9.3	31.4	47.0	7.3	14.4
35.9	53.3	7.9	2.9	31.8	49.8	13.3	5.1	32.4	48.9	8.6	10.1
38.4	39.9	9.5	12.1	35.0	45.9	5.8	13.3	30.4	45.1	6.0	18.5
34.5	49.2	9.1	7.3	35.6	44.5	11.8	8.1	31.7	39.1	16.2	13.1
25.0	75.0			25.0	50.0	25.0		37.5	37.5	12.5	12.5
30.7	54.4	7.6	7.4	38.7	42.2	10.3	8.8	35.5	36.8	16.9	10.8
32.7	53.7	11.1	2.5	31.5	43.8	18.5	6.2	23.5	46.9	18.5	11.1
43.5	37.0	15.2	4.3	30.4	43.5	21.7	4.3	15.2	50.0	17.4	17.4
14.3	71.4		14.3		71.4	14.3	14.3	14.3	42.9	14.3	28.6
40.5	42.5	8.8	8.2	32.6	46.0	11.4	10.0	29.0	42.8	12.0	16.1
34.9	39.5	14.7	11.0	24.8	54.1	14.2	6.9	26.1	37.2	18.3	18.3
48.7	35.2	10.6	5.5	38.7	45.7	11.6	4.0	28.1	40.7	14.1	17.1
52.8	37.7	6.4	3.0	45.4	41.6	9.7	3.4	44.5	38.0	9.7	7.8
50.1	40.8	6.2	2.9	44.8	43.5	7.9	3.7	44.4	36.1	8.7	10.7
48.0	37.6	9.7	4.7	42.3	42.3	7.9	7.5	41.9	37.3	10.0	10.8
53.9	36.9	6.2	2.9	45.8	41.1	10.2	2.9	44.8	38.5	9.9	6.8
54.2	37.6	5.1	3.2	45.4	41.0	9.8	3.8	30.3	38.9	15.5	15.3
53.7	39.0	4.9	2.4	45.9	40.2	10.4	3.5	32.9	41.1	13.2	12.8
61.7	30.2	4.0	4.0	47.0	41.6	7.4	4.0	27.5	31.5	16.8	24.2
51.1	38.8	5.9	4.2	44.2	42.0	9.6	4.2	29.0	40.0	17.0	14.0
59.7	34.7	4.2	1.4	44.4	40.3	11.1	4.2	22.2	30.6	23.6	23.6
51.2	39.5	5.3	4.1	43.2	44.5	8.0	4.3	34.3	39.5	10.5	15.7
26.0	49.0	16.3	8.7	21.2	53.8	17.3	7.7	24.0	47.1	19.2	9.6
52.4	39.0	4.7	3.8	44.3	44.0	7.5	4.1	34.8	39.1	10.0	16.0
48.3	41.3	5.2	5.3	41.9	42.8	9.1	6.2	33.0	44.4	10.0	12.6
58.2	37.2	2.7	1.9	47.5	42.4	7.4	2.7	36.6	45.6	10.9	6.8
45.9	42.1	5.1	6.8	40.9	42.8	9.2	7.1	28.3	46.4	10.1	15.2
48.0	41.7	6.8	3.4	40.6	43.2	9.9	6.3	42.8	38.3	9.2	9.7
48.2	40.1	3.9	7.8	41.3	44.6	6.0	8.1	38.6	39.5	9.6	12.3
33.3	40.0	13.3	13.3	33.3	53.3	6.7	6.7	26.7	53.3	20.0	
61.5	33.3	2.6	2.6	56.4	35.9	7.7		53.8	35.9	7.7	2.6
47.1	41.0	3.6	8.3	39.6	45.3	5.8	9.4	37.1	39.2	9.4	14.4

12-8 续表

项 目	在实现产品创新企业中，对下列							
	增加了产品品种				提高了产品性能			
	高	中	低	无	高	中	低	无
二、按地区分								
东部地区	41.0	45.9	6.1	7.0	50.9	39.5	5.4	4.2
中部地区	44.0	44.0	5.3	6.8	53.7	38.7	4.5	3.1
西部地区	40.0	46.9	6.4	6.7	48.7	44.1	3.7	3.5
东北地区	36.6	42.4	12.4	8.7	42.8	40.7	11.6	4.9
北 京	39.6	51.5	3.9	4.9	52.7	42.9	2.6	1.8
天 津	34.8	45.2	6.8	13.2	39.2	49.0	7.7	4.0
河 北	30.4	54.1	5.7	9.8	47.1	45.6	3.4	4.0
山 西	37.5	48.8	5.6	8.1	41.9	48.8	6.5	2.8
内蒙古	50.7	40.1	3.3	5.9	57.9	32.2	3.9	5.9
辽 宁	35.5	42.8	14.4	7.3	42.2	42.4	12.3	3.1
吉 林	47.8	41.1	3.3	7.8	50.0	36.7	10.0	3.3
黑龙江	32.4	41.4	10.8	15.3	39.6	36.9	9.9	13.5
上 海	46.8	43.3	7.4	2.5	53.2	39.6	5.9	1.3
江 苏	28.0	60.8	7.8	3.5	45.4	42.3	10.3	2.0
浙 江	53.4	32.9	8.7	5.0	69.3	25.5	1.9	3.3
安 徽	44.3	38.6	7.3	9.9	43.6	44.2	8.6	3.6
福 建	45.7	40.6	8.3	5.4	52.3	36.4	7.8	3.5
江 西	47.6	32.0	13.2	7.2	48.4	33.6	13.6	4.4
山 东	49.6	37.6	5.2	7.7	55.6	34.0	2.8	7.7
河 南	44.4	47.3	4.8	3.4	60.9	33.5	1.6	4.0
湖 北	45.7	44.3	2.7	7.3	62.5	33.7	2.3	1.5
湖 南	40.9	49.5	3.7	5.8	49.7	45.2	1.8	3.3
广 东	49.5	34.8	2.2	13.5	49.4	40.9	1.8	7.8
广 西	54.6	34.1	3.1	8.3	51.1	42.8	1.3	4.8
海 南	46.8	44.3	5.1	3.8	55.7	38.0	1.3	5.1
重 庆	43.9	46.0	6.5	3.7	52.4	36.5	5.5	5.5
四 川	32.0	55.9	7.7	4.5	42.5	53.4	2.0	2.1
贵 州	38.1	45.1	8.6	8.2	45.1	42.6	9.8	2.5
云 南	37.3	48.2	4.6	9.9	45.8	44.6	2.9	6.8
西 藏	13.3	66.7	13.3	6.7	20.0	73.3	6.7	
陕 西	38.4	39.5	9.7	12.4	47.3	44.9	5.9	1.9
甘 肃	53.2	33.1	5.8	7.9	69.1	27.3	2.9	0.7
青 海	48.8	37.2	2.3	11.6	51.2	32.6	7.0	9.3
宁 夏	43.9	50.9	1.8	3.5	54.4	42.1	1.8	1.8
新 疆	45.6	47.9	3.2	3.2	59.0	38.7	0.9	1.4

各项作出不同影响程度判断的企业家占比(%)											
开拓了新市场				扩大了市场份额				取代了过时产品			
高	中	低	无	高	中	低	无	高	中	低	无
41.9	43.3	8.1	6.6	36.8	45.8	9.6	7.9	33.6	43.5	9.0	13.9
41.8	48.0	5.9	4.2	40.4	44.3	10.5	4.8	35.3	46.2	8.8	9.8
43.8	43.7	7.1	5.4	38.3	45.3	9.2	7.2	32.4	45.0	9.4	13.3
43.8	44.4	4.4	7.4	39.1	47.8	5.4	7.6	36.2	33.8	17.4	12.6
50.6	38.5	6.2	4.6	43.5	44.5	9.0	3.0	34.2	47.7	8.8	9.3
32.4	47.0	15.0	5.6	28.7	50.2	14.5	6.6	29.8	45.1	11.7	13.4
32.5	48.4	8.9	10.2	30.2	48.0	9.6	12.1	18.7	56.0	13.4	11.9
46.0	45.2	4.0	4.8	33.1	55.2	6.5	5.2	27.0	50.8	11.3	10.9
55.3	30.3	8.6	5.9	42.1	41.4	9.9	6.6	33.6	45.4	9.9	11.2
47.6	43.6	2.7	6.1	39.2	51.1	4.6	5.0	39.2	28.2	21.1	11.5
36.7	52.2	6.7	4.4	44.4	44.4	6.7	4.4	33.3	48.9	4.4	13.3
33.3	41.4	9.9	15.3	34.2	36.0	8.1	21.6	25.2	45.9	11.7	17.1
46.2	47.5	3.3	2.9	39.6	47.6	8.8	3.9	35.5	43.6	13.0	7.9
30.3	55.7	6.7	7.3	26.9	52.0	13.4	7.6	25.8	48.2	9.7	16.4
52.8	32.8	7.9	6.4	43.1	36.9	9.6	10.4	39.8	41.8	8.9	9.5
44.0	42.6	8.6	4.8	46.6	41.4	7.3	4.7	39.5	44.5	8.1	7.9
42.2	37.3	17.5	3.0	37.6	43.3	15.1	4.0	36.9	44.6	11.4	7.0
37.6	50.8	7.2	4.4	33.6	54.4	7.6	4.4	27.2	47.2	11.2	14.4
59.3	26.1	6.7	7.9	49.7	42.3	5.5	2.6	46.7	36.9	4.3	12.2
37.4	55.1	4.1	3.4	43.6	45.3	8.8	2.3	30.3	51.6	10.8	7.4
40.8	49.4	4.2	5.5	34.8	40.0	16.8	8.5	41.6	37.5	6.9	14.0
47.6	41.9	8.4	2.1	43.1	44.8	9.7	2.3	33.7	52.8	7.4	6.0
36.8	45.6	9.1	8.5	36.7	41.5	3.1	18.7	32.5	37.2	7.8	22.5
52.4	34.1	5.7	7.9	47.2	36.2	5.2	11.4	34.9	35.8	11.4	17.9
36.7	50.6	11.4	1.3	29.1	54.4	16.5		31.6	43.0	19.0	6.3
43.0	46.9	7.9	2.3	35.1	42.5	12.2	10.2	27.7	50.1	15.0	7.2
38.5	46.2	8.5	6.8	36.8	47.6	9.0	6.5	34.5	44.1	6.6	14.7
46.3	37.3	9.4	7.0	44.3	31.6	16.8	7.4	30.3	39.8	10.7	19.3
47.9	41.6	6.8	3.6	39.5	44.1	8.5	8.0	30.0	53.0	6.5	10.4
13.3	73.3	6.7	6.7	13.3	60.0	20.0	6.7	6.7	66.7	13.3	13.3
39.0	51.3	4.3	5.4	32.0	58.3	6.2	3.5	29.0	48.4	9.4	13.2
51.8	42.4	2.2	3.6	44.6	44.6	5.0	5.8	45.3	36.0	7.2	11.5
65.1	27.9		7.0	48.8	32.6	7.0	11.6	34.9	30.2	14.0	20.9
42.1	43.9	12.3	1.8	42.1	47.4	7.0	3.5	35.1	36.8	14.0	14.0
43.3	45.6	5.5	5.5	36.4	49.3	8.3	6.0	33.6	41.9	10.6	13.8

12-9 工艺创新对

项目	在实现工艺创新企业中，对下列各项											
	提高了生产的灵活性				提高了生产效率				降低了人力成本			
	高	中	低	无	高	中	低	无	高	中	低	无
总　计	**39.2**	**46.8**	**7.3**	**6.6**	**48.1**	**42.2**	**5.5**	**4.2**	**35.8**	**47.0**	**10.5**	**6.7**
一、按行业分												
采矿业	37.1	43.1	8.0	11.8	51.3	38.4	5.7	4.5	36.1	45.5	10.7	7.8
制造业	39.9	47.8	7.3	5.0	50.1	42.5	4.6	2.9	37.5	47.4	10.1	5.0
电力、热力、燃气及水生产和供应业	30.7	38.0	10.1	21.2	43.8	39.4	6.5	10.3	29.3	41.0	11.2	18.5
建筑业	33.1	51.9	8.2	6.8	49.2	44.9	3.5	2.4	34.6	51.3	9.7	4.3
批发和零售业	34.2	47.9	8.0	9.9	36.6	44.8	11.0	7.5	28.6	47.5	11.9	12.0
交通运输、仓储和邮政业	41.6	37.3	7.6	13.5	45.6	38.5	6.4	9.5	30.3	47.3	11.9	10.5
信息传输、软件和信息技术服务业	47.1	40.1	6.0	6.8	53.0	37.1	4.0	5.8	36.4	43.1	10.1	10.4
金融业	49.6	37.2	3.8	9.4	57.1	32.4	3.1	7.3	36.8	40.4	12.2	10.6
租赁和商务服务业	47.8	35.3	3.7	13.2	54.2	30.9	3.1	11.8	40.0	37.9	10.5	11.6
科学研究和技术服务业	38.7	43.4	7.3	10.7	47.5	40.9	4.7	6.9	30.8	46.0	12.6	10.7
水利、环境和公共设施管理业	40.0	40.2	6.3	13.6	45.2	38.1	6.7	10.0	37.4	39.7	10.5	12.3
二、按地区分												
东部地区	39.0	47.3	7.4	6.3	47.3	42.8	5.8	4.1	35.1	47.4	10.7	6.8
中部地区	41.3	46.3	6.5	5.9	51.0	41.1	4.5	3.4	38.4	46.8	9.5	5.3
西部地区	37.6	45.2	8.2	9.0	48.6	41.0	5.1	5.3	35.4	45.7	10.9	8.0
东北地区	39.2	45.4	7.6	7.8	47.1	41.2	6.5	5.2	36.5	45.6	10.5	7.4
北　京	39.2	44.8	7.6	8.4	54.4	36.1	3.8	5.6	34.5	43.4	14.8	7.3
天　津	36.2	47.6	8.4	7.8	45.1	43.1	6.2	5.6	30.0	52.5	9.5	7.9
河　北	36.3	46.6	8.6	8.6	44.2	45.3	5.8	4.7	34.2	47.0	11.4	7.4
山　西	32.3	48.0	9.5	10.2	42.6	45.1	5.6	6.7	33.7	46.3	11.0	9.0
内蒙古	42.7	39.7	7.4	10.1	48.2	39.7	5.1	7.0	36.4	44.8	9.1	9.7
辽　宁	37.3	46.4	8.6	7.6	45.8	41.0	7.6	5.6	34.8	46.3	11.9	7.0
吉　林	46.1	42.6	4.0	7.2	53.5	39.7	3.5	3.3	43.1	44.9	5.3	6.6
黑龙江	37.8	45.1	8.3	8.7	44.5	43.5	6.2	5.9	34.7	43.8	11.9	9.5
上　海	41.9	42.1	6.7	9.3	49.3	39.4	3.8	7.5	36.8	42.9	10.1	10.2
江　苏	36.0	51.1	6.9	6.1	42.1	47.4	6.9	3.6	33.6	49.5	10.3	6.6
浙　江	37.5	48.8	8.3	5.4	48.0	43.2	5.4	3.5	34.3	47.2	12.1	6.4
安　徽	41.4	47.6	5.7	5.4	51.0	41.4	4.7	3.0	38.5	46.8	9.1	5.5
福　建	36.5	47.6	7.9	8.0	47.6	42.2	5.3	5.0	35.7	46.4	10.2	7.7
江　西	41.8	45.2	5.7	7.3	50.8	41.1	3.8	4.3	37.9	45.7	10.2	6.1
山　东	48.6	40.9	6.5	4.0	53.3	38.3	5.8	2.6	45.7	40.4	9.4	4.4
河　南	43.5	44.1	6.1	6.3	54.1	38.5	4.0	3.3	40.9	46.0	8.2	4.9
湖　北	42.1	45.4	6.7	5.8	51.4	40.7	4.7	3.2	38.8	46.4	10.1	4.7
湖　南	39.2	48.4	7.7	4.6	48.5	43.3	4.9	3.3	35.9	49.1	10.1	4.9
广　东	40.4	46.1	7.1	6.3	50.3	39.5	5.5	4.8	31.8	50.7	10.0	7.5
广　西	40.0	44.9	6.4	8.8	48.0	42.8	3.7	5.5	35.1	46.0	11.5	7.4
海　南	43.1	44.2	6.6	6.1	50.8	40.1	2.0	7.1	35.0	46.2	10.7	8.1
重　庆	35.6	48.3	8.5	7.6	45.6	43.3	5.3	5.8	35.9	46.2	10.9	7.0
四　川	37.6	45.6	8.4	8.4	50.4	40.6	4.8	4.2	36.3	45.5	10.8	7.4
贵　州	37.4	43.9	8.0	10.7	46.8	40.5	6.6	6.1	37.1	44.4	10.0	8.5
云　南	38.6	42.5	7.6	11.4	49.2	38.1	5.1	7.7	32.9	44.2	10.3	12.6
西　藏	41.3	47.8	4.3	6.5	50.0	45.7	2.2	2.2	32.6	56.5	4.3	6.5
陕　西	35.9	46.7	9.2	8.2	48.8	41.2	5.7	4.3	33.6	47.4	12.3	6.7
甘　肃	40.1	44.7	8.2	7.1	48.1	43.9	4.6	3.3	34.6	47.7	11.1	6.6
青　海	36.3	48.4	5.5	9.9	47.3	40.7	3.8	8.2	36.3	42.9	11.5	9.3
宁　夏	42.7	44.0	5.9	7.5	57.0	34.5	2.6	5.9	42.0	39.4	9.8	8.8
新　疆	33.6	44.5	9.9	12.0	45.3	41.0	6.9	6.7	33.7	46.4	12.5	7.5

企业的影响(2013-2014年)

作出不同影响程度判断的企业家占比(%)															
节约了原材料				降低了能源消耗				减少了环境污染				改善了工作条件			
高	中	低	无	高	中	低	无	高	中	低	无	高	中	低	无
30.9	**47.1**	**12.0**	**10.0**	**32.9**	**46.9**	**10.8**	**9.4**	**36.0**	**43.1**	**10.2**	**10.7**	**32.2**	**49.1**	**9.9**	**8.8**
34.0	43.2	13.0	9.8	37.2	45.0	9.5	8.3	41.8	41.1	9.2	8.0	39.1	43.6	9.4	8.0
33.6	47.9	12.1	6.5	35.5	47.6	11.0	5.9	37.9	44.8	10.0	7.3	33.6	49.5	10.1	6.8
31.1	37.6	11.2	20.1	39.0	36.3	9.2	15.5	45.8	31.6	7.2	15.4	32.1	41.3	9.8	16.8
30.5	50.6	12.5	6.4	30.3	50.0	12.9	6.8	32.2	48.4	11.8	7.5	29.2	51.6	12.0	7.3
20.6	49.0	10.8	19.6	22.6	50.0	8.6	18.7	31.3	39.3	10.3	19.1	25.7	52.2	8.9	13.2
23.4	43.0	13.0	20.7	28.4	43.7	11.2	16.7	28.1	42.9	10.2	18.8	32.9	45.6	7.9	13.6
27.1	40.4	12.1	20.5	29.5	36.6	11.7	22.1	29.4	34.1	11.2	25.4	31.0	40.7	9.8	18.5
17.2	26.0	15.2	41.7	16.0	23.4	17.0	43.7	14.8	21.8	14.9	48.5	22.5	33.6	13.0	30.9
29.2	36.3	14.2	20.4	28.8	37.0	14.3	19.9	28.7	35.6	11.4	24.2	31.6	45.7	7.2	15.5
27.6	40.0	13.7	18.7	30.0	38.7	12.3	19.0	30.3	38.4	10.9	20.4	29.0	44.6	12.4	14.0
28.5	39.7	12.8	19.0	30.5	38.5	11.7	19.2	40.2	32.0	9.6	18.2	41.2	36.0	10.3	12.6
29.9	47.7	12.4	10.0	31.8	47.7	11.0	9.5	35.1	43.5	10.4	11.0	31.1	49.9	10.0	9.0
34.1	46.9	10.4	8.5	36.2	46.5	9.5	7.9	38.7	42.9	9.4	9.0	35.2	48.2	9.3	7.3
31.0	44.5	12.3	12.2	33.6	43.6	11.6	11.2	37.2	40.5	10.0	12.3	33.7	46.7	10.0	9.6
33.7	45.3	11.8	9.2	35.6	45.4	10.8	8.3	36.1	44.2	10.8	8.9	33.3	47.1	10.0	9.6
24.0	42.5	16.4	17.1	27.7	40.3	15.7	16.4	28.1	35.6	14.4	22.0	27.1	44.1	12.0	16.8
27.3	50.3	11.1	11.3	30.0	51.2	9.7	9.1	35.3	44.5	8.5	11.6	33.6	49.3	9.0	8.1
32.3	45.1	12.1	10.6	33.3	45.8	11.3	9.5	37.5	41.9	10.4	10.2	33.1	47.3	10.7	9.0
28.3	44.1	13.5	14.0	35.1	40.9	9.6	14.5	36.4	40.2	8.2	15.2	32.9	48.8	8.9	9.4
34.8	43.7	9.7	11.8	37.1	42.3	9.0	11.7	42.8	36.5	8.3	12.4	37.9	42.4	8.7	11.0
33.3	44.9	12.9	8.8	34.4	46.9	10.8	7.9	33.9	46.3	11.1	8.7	31.0	49.1	10.8	9.1
38.0	44.0	8.1	9.9	39.9	43.5	8.1	8.6	43.2	39.6	9.5	7.6	41.2	42.3	7.6	8.9
30.5	47.9	12.1	9.5	34.7	42.7	13.5	9.1	35.5	42.3	11.3	10.9	31.8	46.3	10.0	11.9
28.9	45.9	11.6	13.6	30.6	45.6	11.0	12.7	31.0	44.0	10.7	14.3	30.8	44.4	13.0	11.8
28.2	52.3	10.8	8.7	29.7	51.2	10.2	8.9	31.0	48.1	10.7	10.3	26.9	55.4	9.3	8.4
28.2	46.0	16.2	9.7	31.8	46.4	13.3	8.5	35.2	43.5	11.2	10.1	31.2	48.3	11.9	8.6
33.4	46.9	10.9	8.8	36.9	46.4	9.1	7.6	38.9	41.9	10.3	8.9	34.5	48.8	10.0	6.6
29.1	46.9	11.6	12.5	30.2	46.8	11.2	11.7	34.2	42.1	10.3	13.4	31.4	50.1	8.8	9.6
33.7	46.6	11.2	8.6	34.7	46.0	11.3	8.0	40.0	40.3	10.3	9.4	35.5	46.7	9.4	8.3
40.9	43.7	9.0	6.3	42.2	43.3	8.8	5.8	46.7	37.4	9.3	6.5	40.5	44.5	8.9	6.1
37.7	44.9	8.8	8.6	38.2	44.7	8.4	8.6	40.1	42.9	8.1	8.9	36.8	48.0	8.3	7.0
34.1	47.1	10.7	8.1	35.7	47.6	9.6	7.2	39.3	41.6	9.4	9.6	36.3	46.9	8.3	8.5
32.0	50.0	10.5	7.5	34.0	48.8	10.2	7.0	35.8	48.2	9.3	6.7	33.2	49.6	10.8	6.5
28.7	46.8	13.1	11.4	29.4	48.9	10.6	11.1	35.7	42.8	9.3	12.2	30.8	50.1	8.8	10.4
33.0	43.8	13.2	10.1	34.8	44.8	11.1	9.3	36.6	42.4	10.0	11.0	35.2	46.9	9.2	8.7
32.0	39.1	13.7	15.2	32.5	43.7	10.7	13.2	35.5	40.6	10.7	13.2	33.0	47.2	8.6	11.2
28.3	46.1	14.3	11.4	30.2	46.7	12.9	10.2	32.7	44.9	11.4	11.0	30.0	50.9	10.7	8.4
32.2	44.4	12.5	11.0	34.2	44.0	11.9	9.8	38.2	40.7	9.6	11.6	34.2	46.5	10.2	9.1
30.5	43.5	11.8	14.1	34.3	41.2	12.0	12.5	40.8	38.1	9.3	11.8	36.3	46.2	8.4	9.1
29.8	42.6	9.9	17.7	33.8	41.6	9.0	15.7	38.6	36.9	8.6	15.9	34.6	45.7	8.9	10.9
34.8	47.8	6.5	10.9	34.8	43.5	10.9	10.9	30.4	50.0	4.3	15.2	26.1	54.3	8.7	10.9
29.9	45.6	12.6	12.0	33.4	42.4	13.1	11.1	36.1	40.8	11.0	12.1	31.9	46.7	11.6	9.8
31.1	47.4	12.7	8.8	32.9	47.6	11.5	8.1	36.6	42.5	12.4	8.5	31.6	48.1	11.0	9.4
29.1	45.6	10.4	14.8	36.3	40.7	9.9	13.2	40.1	34.6	7.7	17.6	33.5	42.9	9.3	14.3
35.8	40.7	9.4	14.0	38.8	38.8	9.1	13.4	38.4	35.2	10.4	16.0	40.4	37.5	9.8	12.4
29.3	43.6	13.0	14.1	32.3	41.6	11.4	14.7	34.2	37.8	10.9	17.1	33.5	44.7	10.2	11.6

12-10 工艺创新对工业

项 目	在实现工艺创新企业中，对下列各项											
	提高了生产的灵活性				提高了生产效率				降低了人力成本			
	高	中	低	无	高	中	低	无	高	中	低	无
总 计	**39.7**	**47.5**	**7.3**	**5.4**	**50.0**	**42.4**	**4.6**	**3.0**	**37.4**	**47.3**	**10.1**	**5.2**
一、按规模分												
大型企业	47.5	42.3	6.4	3.8	63.2	32.0	3.1	1.6	45.9	42.3	8.2	3.6
中型企业	41.0	46.9	7.1	5.0	53.2	40.4	3.9	2.5	38.9	46.8	9.7	4.6
小型企业	38.7	48.2	7.5	5.6	47.9	43.8	5.0	3.3	36.2	47.9	10.4	5.5
二、按登记注册类型分												
内资企业	39.8	47.6	7.3	5.4	49.7	42.7	4.6	3.0	37.4	47.5	10.0	5.1
国有企业	37.1	43.1	10.4	9.5	52.2	38.6	5.6	3.5	36.8	46.6	10.0	6.6
集体企业	34.8	50.4	8.0	6.8	45.0	45.0	5.4	4.6	34.8	49.6	10.9	4.6
股份合作企业	33.0	50.7	11.6	4.7	42.8	46.4	8.3	2.5	30.4	51.4	14.1	4.0
联营企业	48.3	41.4	3.4	6.9	51.7	27.6	13.8	6.9	51.7	24.1	10.3	13.8
有限责任公司	40.5	46.2	7.4	6.0	52.1	40.6	4.3	3.1	38.8	46.1	9.7	5.4
股份有限公司	44.9	44.0	6.8	4.3	58.6	35.6	3.6	2.2	42.9	43.9	9.5	3.8
私营企业	39.1	48.6	7.2	5.2	47.9	44.4	4.8	3.0	36.4	48.4	10.1	5.0
其他企业	44.2	44.2	8.9	2.6	49.8	41.6	7.4	1.1	43.5	43.9	8.6	4.1
港、澳、台商投资企业	40.1	47.4	7.4	5.1	52.0	40.3	4.6	3.1	37.8	46.0	11.0	5.2
外商投资企业	39.2	47.4	8.0	5.4	50.8	41.1	4.7	3.4	36.4	46.5	10.7	6.3
三、按行业分												
采矿业	37.1	43.1	8.0	11.8	51.3	38.4	5.7	4.5	36.1	45.5	10.7	7.8
煤炭开采和洗选业	33.3	43.8	10.2	12.7	48.7	39.7	6.8	4.8	36.3	46.5	10.5	6.7
石油和天然气开采业	51.4	25.7	17.1	5.7	71.4	22.9	2.9	2.9	42.9	31.4	20.0	5.7
黑色金属矿采选业	42.8	38.0	5.8	13.4	54.1	34.6	7.2	4.1	36.3	37.7	14.7	11.3
有色金属矿采选业	36.9	45.4	7.1	10.6	53.2	37.9	4.6	4.3	33.7	48.9	9.6	7.8
非金属矿采选业	36.9	45.8	6.1	11.3	50.2	40.6	4.7	4.5	36.6	48.4	8.2	6.8
开采辅助活动	42.5	42.5	7.5	7.5	50.0	42.5		7.5	32.5	45.0	10.0	12.5

企业的影响(2013-2014年)

作出不同影响程度判断的企业家占比(%)															
节约了原材料				降低了能源消耗				减少了环境污染				改善了工作条件			
高	中	低	无	高	中	低	无	高	中	低	无	高	中	低	无
33.5	**47.7**	**12.1**	**6.7**	**35.6**	**47.4**	**10.9**	**6.1**	**38.1**	**44.5**	**10.0**	**7.5**	**33.7**	**49.3**	**10.1**	**7.0**
41.3	44.5	10.0	4.2	45.1	42.6	8.9	3.4	45.4	40.9	9.1	4.7	39.9	45.5	9.6	5.0
34.6	47.6	11.7	6.1	36.8	47.3	10.4	5.5	38.7	44.4	10.0	6.9	34.2	49.4	9.8	6.6
32.6	48.0	12.3	7.1	34.4	47.9	11.3	6.5	37.2	44.8	10.1	7.9	33.1	49.5	10.2	7.3
33.9	47.8	11.8	6.5	36.0	47.6	10.6	5.8	38.7	44.5	9.6	7.2	34.2	49.3	9.8	6.8
33.5	44.2	13.2	9.1	34.2	46.4	11.2	8.2	35.4	42.1	11.3	11.2	31.9	48.2	9.8	10.1
31.1	48.7	14.1	6.1	31.4	50.4	12.4	5.8	34.6	44.3	13.1	8.0	30.7	49.1	11.4	8.8
29.0	46.7	16.3	8.0	29.0	45.3	19.2	6.5	30.4	46.7	15.2	7.6	27.2	56.2	11.6	5.1
37.9	41.4	6.9	13.8	37.9	44.8	6.9	10.3	48.3	37.9	6.9	6.9	34.5	44.8	10.3	10.3
35.6	46.4	11.4	6.6	37.7	46.3	10.2	5.8	40.6	42.7	9.5	7.2	35.4	48.0	9.5	7.1
40.8	44.3	10.2	4.7	43.8	43.5	9.0	3.8	45.3	40.3	8.8	5.6	38.5	45.9	10.0	5.6
32.5	48.8	12.1	6.6	34.6	48.5	10.9	6.0	37.4	45.7	9.7	7.2	33.3	50.2	9.9	6.7
40.1	45.4	10.0	4.5	39.0	44.6	11.2	5.2	40.5	44.2	10.0	5.2	38.3	47.2	10.0	4.5
32.5	46.6	13.7	7.2	35.1	46.6	11.8	6.5	37.0	44.1	11.0	7.9	33.0	48.9	10.5	7.5
31.6	47.4	13.1	7.9	32.3	46.9	13.0	7.9	33.5	44.8	12.2	9.5	30.4	49.1	12.1	8.4
34.0	43.2	13.0	9.8	37.2	45.0	9.5	8.3	41.8	41.1	9.2	8.0	39.1	43.6	9.4	8.0
31.9	45.6	13.7	8.9	34.3	46.2	9.5	10.0	38.3	42.9	9.5	9.4	41.6	44.1	8.9	5.4
42.9	42.9	11.4	2.9	54.3	31.4	11.4	2.9	48.6	37.1	11.4	2.9	34.3	40.0	17.1	8.6
33.9	41.1	11.3	13.7	37.7	44.2	9.2	8.9	42.5	40.8	8.2	8.6	37.3	40.8	11.0	11.0
35.1	41.8	14.2	8.9	37.2	45.4	9.6	7.8	46.5	39.0	8.5	6.0	35.8	44.7	9.9	9.6
35.9	41.5	12.9	9.6	38.7	45.8	9.2	6.3	43.0	40.6	9.2	7.3	39.7	45.1	8.0	7.3
30.0	50.0	10.0	10.0	45.0	35.0	12.5	7.5	37.5	40.0	15.0	7.5	32.5	35.0	10.0	22.5

12-10 续表 1

项 目	在实现工艺创新企业中，对下列											
	提高了生产的灵活性				提高了生产效率				降低了人力成本			
	高	中	低	无	高	中	低	无	高	中	低	无
制造业	39.9	47.8	7.3	5.0	50.1	42.5	4.6	2.9	37.5	47.4	10.1	5.0
农副食品加工业	41.2	46.3	7.0	5.5	50.4	41.7	4.6	3.2	39.1	47.3	8.9	4.7
食品制造业	40.1	47.1	7.8	5.0	51.2	41.5	4.4	2.9	39.6	45.4	10.1	4.9
酒、饮料和精制茶制造业	42.8	45.1	6.6	5.6	50.2	41.4	4.2	4.1	38.3	46.8	9.1	5.8
烟草制品业	46.6	32.8	15.5	5.2	53.4	31.0	10.3	5.2	36.2	34.5	15.5	13.8
纺织业	34.8	52.2	8.0	4.9	41.5	48.5	6.6	3.4	31.0	50.4	12.5	6.1
纺织服装、服饰业	34.3	51.7	8.2	5.8	38.9	50.4	6.3	4.4	29.3	51.4	12.9	6.5
皮革、毛皮、羽毛及其制品和制鞋业	33.9	52.7	8.7	4.7	40.0	48.2	7.9	3.8	30.9	48.9	13.9	6.3
木材加工和木、竹、藤、棕、草制品业	37.0	50.7	7.1	5.3	43.7	47.9	4.8	3.6	32.9	50.9	11.4	4.8
家具制造业	36.0	51.8	7.5	4.7	41.3	50.4	5.2	3.2	33.0	49.0	12.5	5.5
造纸和纸制品业	37.3	49.3	8.3	5.1	47.2	44.7	5.2	2.9	35.6	47.3	10.6	6.5
印刷和记录媒介复制业	39.5	47.8	6.9	5.8	49.3	43.3	4.7	2.6	35.6	50.0	8.9	5.4
文教、工美、体育和娱乐用品制造业	38.7	49.5	7.0	4.8	44.2	46.7	5.6	3.6	34.9	48.4	11.2	5.6
石油加工、炼焦和核燃料加工业	41.4	42.7	7.2	8.7	48.7	40.2	7.2	3.9	36.3	43.1	13.2	7.4
化学原料和化学制品制造业	39.5	46.0	8.0	6.5	51.0	40.9	4.8	3.3	37.7	46.0	10.2	6.1
医药制造业	42.0	44.8	8.0	5.3	58.4	36.5	3.3	1.8	42.8	44.8	8.6	3.8
化学纤维制造业	42.0	45.4	8.1	4.5	48.5	43.8	4.2	3.4	34.9	46.0	12.0	7.1
橡胶和塑料制品业	38.4	48.6	7.6	5.5	49.3	42.2	5.6	3.0	36.3	48.0	10.6	5.1
非金属矿物制品业	39.6	45.4	8.0	7.0	48.7	42.5	4.8	4.1	37.6	46.2	9.7	6.5
黑色金属冶炼和压延加工业	34.1	50.9	8.4	6.6	44.9	46.4	4.8	3.9	31.8	51.3	10.9	6.0
有色金属冶炼和压延加工业	39.0	47.1	7.6	6.3	50.9	41.6	3.8	3.7	37.1	47.2	9.9	5.8
金属制品业	39.0	48.5	7.9	4.7	48.7	43.6	5.0	2.8	36.8	48.1	10.6	4.5
通用设备制造业	40.1	48.6	7.3	4.0	51.1	42.6	4.1	2.2	38.0	47.9	9.9	4.2
专用设备制造业	43.5	46.6	6.2	3.7	54.0	40.2	3.7	2.1	39.9	46.5	9.5	4.1
汽车制造业	42.6	46.4	6.2	4.7	55.7	38.8	3.4	2.2	41.5	45.7	8.7	4.1
铁路、船舶、航空航天和其他运输设备制造业	40.8	48.2	6.6	4.4	52.0	42.2	3.6	2.2	36.6	50.0	9.8	3.6
电气机械和器材制造业	41.3	48.4	6.4	3.9	52.3	41.3	4.2	2.2	40.0	46.8	9.4	3.8
计算机、通信和其他电子设备制造业	43.4	46.1	6.4	4.1	55.1	39.1	3.4	2.4	41.3	46.0	8.7	4.1
仪器仪表制造业	44.1	45.6	6.8	3.5	55.1	39.4	3.2	2.3	39.6	46.3	10.0	4.1
其他制造业	39.3	51.5	6.4	2.9	45.2	48.9	4.8	1.1	32.0	55.0	10.3	2.6
废弃资源综合利用业	34.5	47.2	12.3	6.0	42.9	48.0	5.2	4.0	30.2	50.8	13.9	5.2
金属制品、机械和设备修理业	33.0	46.8	9.6	10.6	44.7	42.6	8.5	4.3	31.9	44.7	16.0	7.4
电力、热力、燃气及水生产和供应业	30.7	38.0	10.1	21.2	43.8	39.4	6.5	10.3	29.3	41.0	11.2	18.5
电力、热力生产和供应业	29.1	36.4	10.9	23.6	43.5	38.0	7.4	11.2	27.9	40.1	11.6	20.4
燃气生产和供应业	38.9	35.2	8.0	17.9	48.1	37.7	4.3	9.9	35.2	40.7	10.5	13.6
水的生产和供应业	32.3	46.6	8.0	13.1	42.6	46.6	4.0	6.8	31.5	45.4	9.6	13.5

各项作出不同影响程度判断的企业家占比(%)															
节约了原材料				降低了能源消耗				减少了环境污染				改善了工作条件			
高	中	低	无	高	中	低	无	高	中	低	无	高	中	低	无
33.6	47.9	12.1	6.5	35.5	47.6	11.0	5.9	37.9	44.8	10.0	7.3	33.6	49.5	10.1	6.8
31.3	48.0	12.4	8.3	34.6	47.5	11.3	6.7	39.7	43.4	9.6	7.3	35.8	49.4	8.8	6.1
33.1	46.7	13.2	6.9	35.6	46.7	11.4	6.3	38.6	44.0	10.8	6.6	36.1	48.1	9.9	6.0
33.8	46.4	11.1	8.8	37.8	45.8	9.4	7.1	43.3	40.1	8.8	7.8	38.4	46.2	8.1	7.4
32.8	39.7	15.5	12.1	36.2	43.1	13.8	6.9	32.8	46.6	15.5	5.2	39.7	43.1	8.6	8.6
28.3	50.3	13.5	7.9	30.1	49.9	12.6	7.4	31.7	47.7	11.7	8.9	26.9	52.3	12.7	8.0
25.3	51.8	14.2	8.8	25.0	50.4	14.7	9.9	24.7	48.6	14.3	12.4	25.4	51.5	12.7	10.5
27.4	53.1	11.8	7.7	27.0	51.8	13.1	8.1	30.2	48.2	12.2	9.4	28.2	51.5	11.6	8.7
34.2	48.6	12.0	5.1	32.2	50.8	11.6	5.4	36.9	49.1	8.7	5.3	30.8	53.0	10.3	5.9
28.4	50.2	14.9	6.5	28.3	52.0	13.5	6.2	33.1	48.8	11.8	6.3	32.1	50.7	11.1	6.1
34.2	47.0	12.2	6.6	37.7	45.4	10.7	6.2	40.3	43.3	9.6	6.8	33.0	49.2	10.9	6.8
32.0	50.2	11.5	6.3	31.5	50.7	11.2	6.5	35.0	47.9	9.7	7.5	30.7	51.0	10.9	7.5
30.1	50.0	12.7	7.2	30.0	49.8	13.1	7.1	33.6	48.0	9.8	8.6	31.0	51.7	9.2	8.0
37.5	44.3	10.1	8.0	44.3	41.6	7.2	6.8	52.0	35.5	5.2	7.4	37.9	44.5	9.5	8.0
38.1	45.0	10.7	6.2	41.5	45.2	8.7	4.6	47.3	40.8	6.9	5.0	37.7	46.6	9.1	6.6
40.3	44.2	10.2	5.3	41.5	45.0	9.0	4.4	44.7	41.3	8.3	5.6	38.2	47.4	8.8	5.7
32.5	47.5	12.0	7.9	37.8	47.1	9.6	5.5	39.2	44.1	9.6	7.1	31.0	48.9	10.3	9.8
33.2	47.3	12.5	7.0	35.0	47.8	11.3	5.9	36.4	45.3	10.8	7.5	33.3	49.9	9.8	7.0
35.3	46.2	11.4	7.1	39.9	45.1	9.3	5.8	43.1	43.2	7.9	5.9	35.9	48.4	9.0	6.8
30.8	49.0	12.7	7.5	36.2	48.6	9.1	6.1	39.5	45.9	8.6	6.1	30.1	51.8	11.1	7.0
34.3	47.8	10.5	7.5	41.7	45.2	7.7	5.4	45.5	41.4	7.2	5.8	36.9	46.4	9.1	7.6
32.1	48.5	12.8	6.7	34.0	48.7	11.9	5.4	35.9	46.0	11.2	6.9	32.9	50.7	10.5	5.9
33.1	48.8	12.8	5.3	33.7	49.6	11.3	5.5	34.5	47.1	11.0	7.5	32.6	50.7	10.3	6.4
36.3	47.6	10.9	5.2	37.3	47.7	9.9	5.1	38.6	44.6	9.8	7.1	35.3	48.7	9.7	6.3
34.7	47.4	11.7	6.3	35.2	47.7	11.1	6.0	37.3	44.4	10.5	7.8	36.3	47.8	9.1	6.8
32.5	49.9	12.2	5.4	33.4	50.5	10.3	5.8	35.6	46.7	10.0	7.7	33.5	50.3	9.5	6.7
35.2	48.1	11.4	5.3	37.1	46.4	11.1	5.3	37.7	44.0	10.6	7.7	33.3	49.9	10.5	6.3
34.6	47.2	12.6	5.5	34.3	47.0	12.7	6.0	34.4	45.3	11.4	8.9	32.4	49.6	11.0	7.0
33.4	48.5	12.6	5.4	34.1	47.1	12.9	6.0	34.8	43.3	12.5	9.4	33.4	49.3	9.7	7.6
28.7	54.6	12.1	4.6	30.3	52.6	13.2	3.9	31.8	50.9	11.4	5.9	31.1	52.0	11.0	5.9
28.2	49.2	13.9	8.7	40.1	40.5	13.1	6.3	47.6	40.9	7.5	4.0	34.9	48.4	11.1	5.6
29.8	37.2	20.2	12.8	24.5	47.9	17.0	10.6	26.6	45.7	13.8	13.8	26.6	46.8	13.8	12.8
31.1	37.6	11.2	20.1	39.0	36.3	9.2	15.5	45.8	31.6	7.2	15.4	32.1	41.3	9.8	16.8
31.9	36.5	10.5	21.0	40.6	34.3	9.1	16.0	47.9	30.3	6.7	15.1	31.6	40.7	9.6	18.1
28.4	37.0	12.3	22.2	34.6	42.0	8.0	15.4	36.4	34.6	8.6	20.4	33.3	42.6	7.4	16.7
29.1	43.0	13.5	14.3	34.7	41.4	10.8	13.1	42.6	35.5	8.4	13.5	33.9	43.0	12.0	11.2

12-10 续表 2

项 目	在实现工艺创新企业中，对下列											
	提高了生产的灵活性				提高了生产效率				降低了人力成本			
	高	中	低	无	高	中	低	无	高	中	低	无
四、按地区分												
东部地区	39.2	48.3	7.5	5.1	49.1	43.0	4.9	3.0	36.5	47.7	10.5	5.3
中部地区	42.3	46.2	6.4	5.1	52.7	40.9	3.7	2.7	40.4	46.6	8.7	4.3
西部地区	37.9	46.2	8.5	7.4	50.7	41.2	4.6	3.6	36.9	46.0	10.9	6.2
东北地区	41.6	45.8	6.7	5.9	48.7	42.8	5.3	3.2	38.5	46.8	9.2	5.5
北 京	35.2	48.3	9.7	6.8	51.4	40.9	4.4	3.2	33.2	46.6	13.5	6.6
天 津	38.2	50.2	6.0	5.6	47.3	45.3	3.8	3.6	35.5	50.2	8.8	5.5
河 北	36.6	46.9	8.5	8.0	45.6	44.4	6.0	4.1	35.2	46.9	10.8	7.1
山 西	34.3	46.5	9.8	9.4	45.6	45.4	4.1	5.0	36.5	42.4	13.1	8.0
内蒙古	41.1	41.7	8.3	8.9	47.9	40.9	5.4	5.8	36.8	45.3	9.3	8.5
辽 宁	39.5	46.9	7.8	5.7	46.9	43.3	6.4	3.3	36.3	48.2	10.2	5.3
吉 林	48.3	41.9	4.4	5.4	54.3	39.7	3.8	2.2	45.7	43.8	5.7	4.8
黑龙江	40.2	46.8	5.7	7.3	47.6	44.8	3.7	3.9	36.7	46.1	10.1	7.1
上 海	39.9	46.5	8.5	5.1	53.8	39.2	4.0	3.1	38.2	45.9	10.1	5.7
江 苏	39.1	50.2	6.6	4.1	48.1	45.1	4.4	2.4	36.2	50.0	9.6	4.2
浙 江	36.8	49.5	8.2	5.5	47.2	43.7	5.7	3.4	34.1	47.7	12.0	6.2
安 徽	42.1	47.4	5.7	4.8	53.6	40.4	3.3	2.7	40.8	46.4	8.4	4.4
福 建	37.8	48.3	7.9	6.0	48.8	42.2	5.2	3.7	36.1	46.7	10.9	6.3
江 西	42.7	44.9	6.0	6.4	53.0	40.4	3.2	3.4	40.1	45.0	9.5	5.3
山 东	46.1	42.4	7.3	4.3	54.7	38.1	4.6	2.6	43.2	43.4	9.2	4.2
河 南	44.0	44.6	6.2	5.2	54.7	38.9	3.7	2.7	43.0	45.1	7.6	4.3
湖 北	43.1	45.9	6.0	5.0	54.0	40.2	3.3	2.5	40.5	47.3	8.2	4.0
湖 南	40.8	47.5	7.9	3.9	48.3	44.5	5.0	2.2	37.2	49.5	9.6	3.7
广 东	40.4	47.7	7.0	4.9	49.9	42.4	4.6	3.1	36.6	47.7	10.6	5.1
广 西	40.1	46.1	6.6	7.2	49.4	43.2	3.9	3.5	37.2	45.0	12.3	5.5
海 南	41.2	47.1	7.1	4.7	52.9	42.4	2.4	2.4	34.1	50.6	10.6	4.7
重 庆	36.8	48.8	8.5	5.9	49.2	42.8	5.0	3.0	36.9	47.0	11.0	5.1
四 川	36.3	47.4	8.8	7.5	50.8	41.9	4.3	3.0	36.3	46.8	11.0	6.0
贵 州	41.5	42.3	8.5	7.7	52.2	38.3	4.8	4.7	40.4	42.6	9.4	7.6
云 南	39.1	44.8	8.3	7.8	52.8	37.9	4.5	4.9	37.2	44.9	10.4	7.4
西 藏	33.3	45.8	8.3	12.5	41.7	50.0	4.2	4.2	29.2	62.5		8.3
陕 西	37.7	46.0	9.2	7.1	52.5	40.0	4.8	2.8	35.8	47.4	11.3	5.5
甘 肃	40.3	43.6	9.3	6.8	50.2	41.9	5.6	2.3	35.7	47.3	11.4	5.6
青 海	34.1	52.0	6.5	7.3	47.2	42.3	4.9	5.7	35.8	43.9	12.2	8.1
宁 夏	44.2	43.8	5.8	6.3	58.5	34.8	2.2	4.5	45.1	37.9	9.8	7.1
新 疆	33.8	46.0	9.4	10.9	47.4	41.7	5.8	5.1	36.7	45.6	10.9	6.8

各项作出不同影响程度判断的企业家占比(%)															
节约了原材料				降低了能源消耗				减少了环境污染				改善了工作条件			
高	中	低	无	高	中	低	无	高	中	低	无	高	中	低	无
32.4	48.2	12.6	6.8	34.3	48.1	11.3	6.3	36.6	45.3	10.4	7.7	32.5	49.9	10.5	7.2
37.1	47.1	10.2	5.6	38.7	46.8	9.4	5.2	41.2	43.7	8.8	6.3	36.8	48.6	8.6	5.9
33.5	46.1	12.5	7.9	36.9	45.0	11.5	6.7	40.5	41.5	9.8	8.2	34.8	47.4	10.2	7.6
35.9	46.9	10.5	6.7	38.3	45.5	9.8	6.3	39.5	43.8	9.8	6.9	35.7	46.9	9.7	7.7
26.6	46.9	17.7	8.8	29.9	45.8	15.8	8.5	33.5	40.8	14.0	11.7	27.8	46.3	14.7	11.2
33.4	51.9	9.4	5.3	34.4	52.3	8.6	4.8	37.1	47.7	8.1	7.1	32.2	52.1	9.2	6.5
33.8	46.2	11.4	8.6	36.0	46.8	10.1	7.0	40.1	42.9	9.5	7.5	34.2	47.6	9.7	8.5
33.3	46.3	12.8	7.6	41.7	41.9	9.3	7.2	44.3	40.0	7.6	8.1	33.1	50.2	8.9	7.8
35.7	45.7	10.7	7.9	39.5	43.6	8.5	8.3	45.5	37.4	8.1	8.9	39.1	42.1	9.5	9.3
35.8	46.2	11.3	6.7	37.3	46.3	9.9	6.4	37.2	45.5	10.3	7.1	33.4	48.3	10.8	7.4
38.1	45.4	8.9	7.6	41.0	43.5	8.3	7.2	45.4	39.0	9.5	6.1	42.6	41.2	8.3	7.9
33.4	51.0	10.0	5.6	38.3	45.3	11.1	5.2	39.7	44.1	9.0	7.3	34.8	49.2	7.9	8.1
32.4	46.5	14.3	6.8	33.9	47.0	12.6	6.5	35.2	43.7	12.7	8.4	33.1	48.5	11.0	7.4
32.5	50.5	11.6	5.4	32.4	51.3	10.9	5.4	34.0	48.9	10.2	6.9	31.0	52.6	10.1	6.2
28.6	48.3	14.6	8.5	32.6	47.7	12.3	7.4	35.3	44.6	11.1	9.0	30.7	49.2	11.7	8.4
36.3	47.0	10.9	5.8	38.8	46.8	9.6	4.9	41.0	43.3	9.2	6.5	36.4	49.4	8.6	5.6
31.4	48.1	11.8	8.7	33.1	47.1	11.6	8.2	37.3	43.4	10.2	9.1	33.4	48.8	9.7	8.1
35.9	45.6	11.4	7.0	37.1	44.7	11.4	6.7	41.0	41.3	9.6	8.1	36.0	47.3	8.6	8.1
42.0	42.6	10.3	5.2	43.3	42.3	9.5	4.9	44.8	40.5	8.9	5.8	38.7	45.5	9.8	6.0
40.5	45.0	8.8	5.7	41.2	44.6	8.8	5.4	42.7	43.2	8.4	5.8	38.7	47.9	7.7	5.7
37.8	46.9	9.8	5.5	38.3	47.4	9.1	5.2	42.3	42.5	8.2	7.0	38.1	47.8	7.9	6.2
34.7	50.7	10.4	4.3	36.3	50.4	9.2	4.2	38.2	48.1	9.3	4.5	34.6	49.8	10.8	4.9
31.0	48.5	13.7	6.7	33.9	48.0	12.1	6.0	36.2	45.7	10.6	7.4	32.9	50.6	10.0	6.5
35.7	44.0	13.5	6.8	38.1	44.7	11.3	5.8	39.8	43.6	9.0	7.6	35.3	48.3	9.3	7.0
37.6	41.2	12.9	8.2	38.8	49.4	9.4	2.4	45.9	47.1	4.7	2.4	29.4	56.5	7.1	7.1
30.6	49.0	13.0	7.4	33.5	48.3	11.7	6.5	35.7	46.6	9.9	7.7	31.3	51.1	10.3	7.3
32.5	46.1	13.4	8.0	35.4	45.9	12.4	6.3	39.9	41.6	10.2	8.3	34.0	47.5	11.3	7.2
35.1	43.9	11.7	9.3	39.1	41.7	11.2	8.0	45.3	37.9	8.1	8.7	38.4	45.2	9.0	7.4
33.7	45.2	11.0	10.1	38.1	44.9	9.4	7.6	43.0	39.0	9.5	8.4	35.8	46.9	8.9	8.5
37.5	45.8	8.3	8.3	25.0	62.5	8.3	4.2	25.0	62.5	4.2	8.3	20.8	54.2	8.3	16.7
34.5	46.7	11.9	6.9	38.7	42.6	12.3	6.4	41.6	39.6	10.4	8.4	35.3	46.8	10.6	7.3
34.3	48.6	11.6	5.6	37.0	46.7	11.4	5.0	41.1	42.8	11.2	5.0	32.0	50.4	10.3	7.2
28.5	50.4	11.4	9.8	39.0	44.7	8.9	7.3	45.5	36.6	8.1	9.8	35.0	46.3	8.1	10.6
40.6	39.3	10.3	9.8	44.2	38.4	9.4	8.0	42.4	36.2	10.3	11.2	43.8	35.7	10.3	10.3
35.1	44.6	11.9	8.4	38.2	42.7	11.9	7.2	39.9	41.0	9.9	9.2	37.1	46.0	7.7	9.2

12-11 工艺创新对建筑业

项目	在实现工艺创新企业中，对下列											
	提高了生产的灵活性				提高了生产效率				降低了人力成本			
	高	中	低	无	高	中	低	无	高	中	低	无
总　计	**33.1**	**51.9**	**8.2**	**6.8**	**49.2**	**44.9**	**3.5**	**2.4**	**34.6**	**51.3**	**9.7**	**4.3**
一、按行业分												
房屋建筑业	30.9	55.0	8.5	5.6	45.9	48.0	3.7	2.3	32.9	52.7	10.2	4.2
土木工程建筑业	34.3	50.4	8.7	6.6	54.8	40.5	2.8	1.9	38.1	48.4	9.3	4.2
建筑安装业	36.6	45.5	7.5	10.4	49.3	44.6	2.8	3.3	34.7	52.4	8.7	4.2
建筑装饰和其他建筑业	35.1	50.1	6.6	8.2	48.4	43.8	4.7	3.0	33.4	51.6	9.9	5.1
二、按地区分												
东部地区	34.2	51.4	7.9	6.5	50.3	43.9	3.5	2.3	35.0	51.8	9.0	4.1
中部地区	32.5	51.1	7.9	8.4	50.4	43.8	2.7	3.1	34.8	50.4	9.4	5.4
西部地区	28.4	53.9	10.6	7.1	42.9	50.0	4.7	2.4	32.8	49.6	12.9	4.7
东北地区	36.7	53.7	5.3	4.3	50.0	45.7	2.7	1.6	35.1	52.7	10.1	2.1
北　京	31.7	47.3	10.3	10.7	51.3	43.3	4.0	1.3	37.1	48.7	10.7	3.6
天　津	28.6	59.4	6.8	5.3	44.4	50.4	4.5	0.8	28.6	57.9	10.5	3.0
河　北	27.1	53.6	9.3	10.0	43.6	48.6	2.9	5.0	29.3	57.9	7.1	5.7
山　西	26.4	56.9	8.3	8.3	50.0	47.2	1.4	1.4	36.1	48.6	8.3	6.9
内蒙古	20.0	60.0	10.0	10.0	50.0	40.0	5.0	5.0	30.0	35.0	15.0	20.0
辽　宁	40.0	52.2	5.2	2.6	54.8	43.5	0.9	0.9	38.3	47.8	10.4	3.5
吉　林	33.3	54.2		12.5	50.0	45.8	4.2		45.8	45.8	8.3	
黑龙江	30.6	57.1	8.2	4.1	38.8	51.0	6.1	4.1	22.4	67.3	10.2	
上　海	36.0	50.7	8.1	5.1	50.7	42.6	4.4	2.2	33.8	52.2	11.8	2.2
江　苏	33.9	52.1	8.8	5.3	49.5	44.8	3.7	2.0	37.0	50.5	8.2	4.3
浙　江	32.1	51.9	8.8	7.2	48.1	45.6	3.6	2.7	29.7	55.7	9.4	5.2
安　徽	36.6	49.5	4.0	9.9	51.5	42.6	4.0	2.0	39.6	46.5	7.9	5.9
福　建	39.5	47.7	4.6	8.3	52.3	38.5	3.7	5.5	39.5	44.0	8.3	8.3
江　西	33.3	49.1	10.5	7.0	42.1	54.4	1.8	1.8	31.6	54.4	10.5	3.5
山　东	39.5	52.2	4.4	3.9	55.7	40.4	2.2	1.8	39.9	47.4	10.5	2.2
河　南	31.0	51.2	7.9	9.9	51.2	40.4	3.4	4.9	34.0	52.7	9.4	3.9
湖　北	36.6	47.2	10.6	5.6	53.5	42.3	2.8	1.4	35.2	50.0	9.9	4.9
湖　南	29.3	55.4	6.5	8.7	47.8	45.7	1.1	5.4	31.5	48.9	10.9	8.7
广　东	38.3	49.8	6.6	5.4	55.1	40.3	2.9	1.6	39.1	51.4	6.2	3.3
广　西	31.3	46.9	9.4	12.5	53.1	43.8	3.1		28.1	53.1	12.5	6.3
海　南	63.6	27.3	9.1		63.6	27.3	9.1		45.5	45.5	9.1	
重　庆	22.8	60.8	8.9	7.6	35.4	55.7	5.1	3.8	32.9	57.0	6.3	3.8
四　川	28.3	54.0	14.2	3.5	37.2	56.6	5.3	0.9	30.1	47.8	18.6	3.5
贵　州	32.1	53.6		14.3	53.6	39.3	3.6	3.6	46.4	46.4	3.6	3.6
云　南	35.4	50.8	12.3	1.5	49.2	49.2	1.5		30.8	56.9	7.7	4.6
西　藏												
陕　西	30.4	50.0	11.6	8.0	42.0	45.5	8.9	3.6	34.8	44.6	17.0	3.6
甘　肃	23.1	59.0	10.3	7.7	38.5	59.0		2.6	33.3	46.2	15.4	5.1
青　海	28.6	71.4			71.4	28.6			57.1	28.6	14.3	
宁　夏	38.5	53.8	7.7		53.8	46.2			38.5	53.8	7.7	
新　疆	21.4	50.0	10.7	17.9	42.9	46.4	3.6	7.1	25.0	57.1	10.7	7.1

企业的影响(2013-2014年)

各项作出不同影响程度判断的企业家占比(%)															
节约了原材料				降低了能源消耗				减少了环境污染				改善了工作条件			
高	中	低	无	高	中	低	无	高	中	低	无	高	中	低	无
30.5	**50.6**	**12.5**	**6.4**	**30.3**	**50.0**	**12.9**	**6.8**	**32.2**	**48.4**	**11.8**	**7.5**	**29.2**	**51.6**	**12.0**	**7.3**
30.6	51.9	12.0	5.5	30.0	51.5	12.2	6.2	32.0	50.3	10.8	6.9	28.8	52.8	11.6	6.8
31.2	49.5	13.0	6.3	31.9	48.4	14.0	5.7	33.1	46.8	13.7	6.4	30.6	49.1	13.4	6.9
28.1	48.3	14.4	9.2	29.7	47.9	12.3	10.1	29.2	45.8	13.2	11.8	25.9	52.1	11.8	10.1
30.7	50.9	11.6	6.8	28.8	50.3	13.1	7.8	33.4	48.0	10.4	8.2	30.7	51.8	10.4	7.0
31.0	50.6	12.3	6.1	31.4	49.5	12.1	7.1	32.8	48.6	10.7	7.9	28.9	51.6	11.9	7.6
31.8	48.9	12.3	7.0	30.1	49.6	13.8	6.4	32.4	48.0	12.7	6.9	30.7	51.6	12.1	5.5
26.3	51.9	13.8	8.0	24.3	54.1	14.2	7.5	28.5	49.8	13.6	8.0	26.9	51.3	13.2	8.6
32.4	53.7	12.2	1.6	36.2	46.3	14.9	2.7	34.6	44.7	16.5	4.3	34.0	51.6	8.5	5.9
26.3	51.8	15.6	6.3	30.4	47.8	15.6	6.3	29.0	49.6	14.3	7.1	25.0	49.1	15.6	10.3
24.8	56.4	12.0	6.8	29.3	53.4	9.0	8.3	25.6	54.9	11.3	8.3	17.3	58.6	16.5	7.5
30.7	49.3	11.4	8.6	26.4	52.1	12.1	9.3	32.1	47.1	9.3	11.4	22.9	53.6	12.1	11.4
22.2	61.1	8.3	8.3	27.8	48.6	13.9	9.7	29.2	47.2	12.5	11.1	31.9	51.4	9.7	6.9
30.0	45.0	10.0	15.0	25.0	45.0	15.0	15.0	30.0	45.0	20.0	5.0	25.0	50.0	15.0	10.0
37.4	47.8	13.9	0.9	44.3	44.3	10.4	0.9	39.1	41.7	15.7	3.5	36.5	52.2	7.0	4.3
37.5	50.0	8.3	4.2	33.3	45.8	16.7	4.2	37.5	41.7	12.5	8.3	37.5	41.7	4.2	16.7
18.4	69.4	10.2	2.0	18.4	51.0	24.5	6.1	22.4	53.1	20.4	4.1	26.5	55.1	14.3	4.1
30.1	51.5	12.5	5.9	36.8	46.3	11.0	5.9	35.3	47.1	11.8	5.9	25.7	57.4	11.0	5.9
31.9	50.9	11.5	5.7	30.9	51.5	10.8	6.8	34.6	48.7	9.6	7.0	31.5	51.5	11.0	6.1
28.5	51.2	13.3	7.0	29.2	50.3	13.0	7.4	29.7	49.4	12.1	8.8	29.2	51.0	11.7	8.1
33.7	49.5	10.9	5.9	38.6	43.6	12.9	5.0	37.6	46.5	10.9	5.0	33.7	51.5	10.9	4.0
33.9	46.8	10.1	9.2	34.9	44.0	11.9	9.2	33.0	45.9	8.3	12.8	33.0	49.5	7.3	10.1
26.3	57.9	10.5	5.3	22.8	52.6	19.3	5.3	28.1	45.6	19.3	7.0	26.3	63.2	8.8	1.8
37.3	48.2	10.1	4.4	39.9	44.7	9.6	5.7	39.5	47.4	6.6	6.6	31.1	48.7	12.7	7.5
36.9	41.4	14.8	6.9	31.0	49.3	12.8	6.9	33.5	47.8	12.8	5.9	33.0	48.3	12.3	6.4
30.3	50.0	13.4	6.3	28.9	52.8	12.0	6.3	34.5	45.1	12.0	8.5	27.5	49.3	16.9	6.3
31.5	47.8	10.9	9.8	27.2	51.1	16.3	5.4	26.1	56.5	12.0	5.4	29.3	55.4	9.8	5.4
33.3	49.8	12.3	4.5	28.4	50.2	14.8	6.6	34.2	46.1	12.8	7.0	33.7	50.6	10.3	5.4
28.1	56.3	9.4	6.3	15.6	68.8	9.4	6.3	25.0	65.6	3.1	6.3	43.8	50.0	3.1	3.1
54.5	27.3	18.2		36.4	54.5		9.1	45.5	54.5			45.5	54.5		
25.3	55.7	11.4	7.6	27.8	53.2	10.1	8.9	29.1	51.9	16.5	2.5	25.3	62.0	6.3	6.3
25.7	54.9	14.2	5.3	22.1	54.0	18.6	5.3	25.7	55.8	8.0	10.6	22.1	47.8	19.5	10.6
39.3	35.7	10.7	14.3	35.7	46.4	3.6	14.3	42.9	42.9		14.3	50.0	35.7	3.6	10.7
26.2	56.9	10.8	6.2	27.7	52.3	12.3	7.7	32.3	47.7	15.4	4.6	26.2	58.5	10.8	4.6
25.9	47.3	18.8	8.0	23.2	53.6	17.9	5.4	28.6	44.6	18.8	8.0	24.1	50.9	16.1	8.9
23.1	46.2	17.9	12.8	20.5	56.4	12.8	10.3	20.5	51.3	17.9	10.3	20.5	53.8	12.8	12.8
28.6	57.1	14.3		28.6	57.1	14.3		28.6	42.9	14.3	14.3	14.3	57.1	28.6	
23.1	61.5	7.7	7.7	23.1	53.8	15.4	7.7	23.1	46.2	15.4	15.4	23.1	61.5	7.7	7.7
21.4	53.6	14.3	10.7	21.4	57.1	14.3	7.1	32.1	39.3	17.9	10.7	35.7	28.6	21.4	14.3

12-12 工艺创新对服务业

项 目	在实现工艺创新企业中，											
	提高了生产的灵活性				提高了生产效率				降低了人力成本			
	高	中	低	无	高	中	低	无	高	中	低	无
总 计	**38.3**	**44.2**	**7.2**	**10.3**	**42.3**	**41.5**	**8.4**	**7.9**	**31.0**	**45.8**	**11.7**	**11.5**
一、按行业分												
批发和零售业	34.2	47.9	8.0	9.9	36.6	44.8	11.0	7.5	28.6	47.5	11.9	12.0
批发业	32.1	47.6	8.2	12.0	37.8	44.6	9.6	8.0	32.8	40.7	12.0	14.6
零售业	36.2	48.1	7.8	7.8	35.5	45.1	12.4	7.1	24.6	53.8	11.9	9.7
交通运输、仓储和邮政业	41.6	37.3	7.6	13.5	45.6	38.5	6.4	9.5	30.3	47.3	11.9	10.5
铁路运输业	25.0	31.3	12.5	31.3	37.5	37.5	6.3	18.8	25.0	37.5	25.0	12.5
道路运输业	49.6	32.1	6.5	11.8	49.5	37.4	5.2	7.9	29.9	48.5	11.3	10.3
水上运输业	32.5	45.0	8.6	13.9	42.7	41.4	7.0	8.9	35.1	44.7	10.3	9.9
航空运输业	32.3	50.8	6.2	10.8	43.1	44.6	4.6	7.7	35.4	43.1	13.8	7.7
管道运输业	25.0	37.5		37.5	25.0	43.8		31.3	37.5	50.0	12.5	
装卸搬运和运输代理业	31.6	45.4	9.6	13.5	37.8	44.1	9.0	9.2	30.0	47.4	13.8	8.8
仓储业	29.9	40.7	10.5	18.9	40.7	34.6	7.6	17.2	29.4	44.9	11.8	14.0
邮政业	31.8	44.4	7.1	16.7	43.9	35.9	10.1	10.1	27.3	46.5	14.6	11.6
信息传输、软件和信息技术服务业	47.1	40.1	6.0	6.8	53.0	37.1	4.0	5.8	36.4	43.1	10.1	10.4
电信、广播电视和卫星传输服务	45.9	38.7	7.7	7.7	54.1	34.0	6.4	5.5	32.7	43.6	11.3	12.4
互联网和相关服务	52.8	34.0	5.3	7.9	57.7	30.6	3.8	7.9	37.0	42.6	8.7	11.7
软件和信息技术服务业	46.8	41.1	5.7	6.5	52.3	38.5	3.4	5.7	37.2	43.1	10.0	9.8
金融业	49.6	37.2	3.8	9.4	57.1	32.4	3.1	7.3	36.8	40.4	12.2	10.6
货币金融服务	51.7	39.3	2.9	6.2	59.5	33.3	2.3	5.0	40.1	40.7	11.8	7.4
资本市场服务	46.1	36.5	2.6	14.8	59.1	27.0	1.7	12.2	33.9	33.9	13.0	19.1
保险业	50.1	35.3	4.7	9.9	55.7	32.7	4.7	7.0	34.4	42.6	12.2	10.8
其他金融业	37.9	33.3	7.6	21.2	43.9	34.8	3.0	18.2	30.3	37.9	13.6	18.2
租赁和商务服务业	47.8	35.3	3.7	13.2	54.2	30.9	3.1	11.8	40.0	37.9	10.5	11.6
租赁业	27.1	42.1	10.3	20.6	24.3	50.5	10.3	15.0	16.8	51.4	14.0	17.8
商务服务业	48.7	35.0	3.5	12.9	55.4	30.1	2.8	11.7	41.0	37.3	10.4	11.3
科学研究和技术服务业	38.7	43.4	7.3	10.7	47.5	40.9	4.7	6.9	30.8	46.0	12.6	10.7
研究和试验发展	49.1	36.5	8.5	5.8	54.5	38.2	3.2	4.1	39.7	44.5	10.2	5.6
专业技术服务业	36.9	44.2	6.5	12.4	47.8	40.3	4.9	7.1	27.3	46.2	13.9	12.6
科技推广和应用服务业	36.4	45.8	8.5	9.3	42.1	44.4	5.5	8.0	34.1	46.3	10.6	9.0
水利、环境和公共设施管理业	40.0	40.2	6.3	13.6	45.2	38.1	6.7	10.0	37.4	39.7	10.5	12.3
水利管理业	19.0	47.6	9.5	23.8	47.6	28.6	9.5	14.3	38.1	38.1	9.5	14.3
生态保护和环境治理业	49.4	33.7	2.4	14.5	54.2	30.1	4.8	10.8	38.6	42.2	7.2	12.0
公共设施管理业	39.0	41.2	7.0	12.8	43.0	40.4	7.0	9.6	37.2	39.3	11.2	12.3

企业的影响(2013-2014年)

对下列各项作出不同影响程度判断的企业家占比(%)															
节约了原材料				降低了能源消耗				减少了环境污染				改善了工作条件			
高	中	低	无	高	中	低	无	高	中	低	无	高	中	低	无
22.8	**44.9**	**11.8**	**20.4**	**24.9**	**45.1**	**10.3**	**19.7**	**30.1**	**38.1**	**10.6**	**21.1**	**27.9**	**48.4**	**9.1**	**14.6**
20.6	49.0	10.8	19.6	22.6	50.0	8.6	18.7	31.3	39.3	10.3	19.1	25.7	52.2	8.9	13.2
24.4	44.3	11.8	19.5	27.5	41.6	10.9	19.9	29.4	40.5	10.1	20.0	26.5	46.9	12.4	14.2
17.1	53.4	9.8	19.7	18.0	57.9	6.5	17.5	33.0	38.2	10.5	18.3	25.0	57.1	5.6	12.3
23.4	43.0	13.0	20.7	28.4	43.7	11.2	16.7	28.1	42.9	10.2	18.8	32.9	45.6	7.9	13.6
12.5	37.5	12.5	37.5	12.5	50.0	25.0	12.5	12.5	50.0	12.5	25.0	18.8	56.3		25.0
25.2	45.4	10.9	18.5	30.2	48.1	8.1	13.7	31.3	46.3	7.0	15.5	34.8	47.1	4.5	13.6
31.8	36.8	13.9	17.6	39.4	38.7	12.6	9.3	33.1	44.0	12.3	10.6	34.4	45.7	7.3	12.6
24.6	29.2	21.5	24.6	30.8	29.2	16.9	23.1	21.5	32.3	16.9	29.2	20.0	56.9	10.8	12.3
31.3	50.0	6.3	12.5	31.3	50.0	18.8		43.8	37.5	18.8		31.3	56.3	6.3	6.3
18.1	40.4	13.5	28.1	22.6	36.5	15.2	25.7	23.2	35.1	13.6	28.1	26.7	43.3	15.4	14.6
18.9	40.9	17.9	22.3	23.0	41.9	14.0	21.1	21.3	40.9	14.7	23.0	32.8	39.0	13.5	14.7
15.7	43.9	18.2	22.2	19.7	34.8	20.2	25.3	18.7	34.8	17.7	28.8	32.3	45.5	11.6	10.6
27.1	40.4	12.1	20.5	29.5	36.6	11.7	22.1	29.4	34.1	11.2	25.4	31.0	40.7	9.8	18.5
27.7	39.0	13.5	19.8	32.1	34.7	12.1	21.1	29.4	32.2	12.9	25.5	29.7	39.6	11.5	19.2
25.3	36.2	10.9	27.5	31.3	27.5	11.3	29.8	30.2	28.7	8.3	32.8	32.1	38.9	5.7	23.4
27.2	41.1	11.8	19.9	28.8	37.9	11.6	21.6	29.3	35.1	11.0	24.6	31.2	41.1	9.8	17.9
17.2	26.0	15.2	41.7	16.0	23.4	17.0	43.7	14.8	21.8	14.9	48.5	22.5	33.6	13.0	30.9
17.4	27.7	16.9	38.0	15.3	23.1	19.8	41.7	13.8	22.1	16.7	47.3	24.0	33.1	15.5	27.5
15.7	21.7	12.2	50.4	16.5	18.3	9.6	55.7	14.8	18.3	9.6	57.4	19.1	26.1	9.6	45.2
16.9	26.8	14.3	42.0	16.6	27.7	15.7	39.9	16.6	24.8	13.7	44.9	21.9	37.3	9.9	30.9
19.7	16.7	12.1	51.5	16.7	12.1	15.2	56.1	12.1	10.6	16.7	60.6	21.2	31.8	16.7	30.3
29.2	36.3	14.2	20.4	28.8	37.0	14.3	19.9	28.7	35.6	11.4	24.2	31.6	45.7	7.2	15.5
23.4	40.2	9.3	27.1	16.8	39.3	15.9	28.0	25.2	38.3	8.4	28.0	18.7	48.6	13.1	19.6
29.4	36.1	14.4	20.1	29.3	36.9	14.3	19.5	28.9	35.5	11.6	24.0	32.1	45.6	6.9	15.4
27.6	40.0	13.7	18.7	30.0	38.7	12.3	19.0	30.3	38.4	10.9	20.4	29.0	44.6	12.4	14.0
38.4	43.1	10.7	7.8	39.9	42.1	10.5	7.5	38.4	45.0	8.5	8.0	31.9	47.2	12.2	8.8
24.1	36.6	16.1	23.3	26.9	35.5	13.3	24.2	26.0	36.3	12.0	25.7	26.9	42.6	13.8	16.7
29.7	47.1	9.5	13.7	31.3	44.7	11.1	12.9	36.2	39.6	9.6	14.5	32.6	48.1	8.8	10.4
28.5	39.7	12.8	19.0	30.5	38.5	11.7	19.2	40.2	32.0	9.6	18.2	41.2	36.0	10.3	12.6
23.8	28.6	14.3	33.3	23.8	28.6	9.5	38.1	33.3	33.3	4.8	28.6	38.1	42.9	9.5	9.5
45.8	33.7	7.2	13.3	50.6	33.7	7.2	8.4	60.2	27.7	4.8	7.2	47.0	36.1	6.0	10.8
24.9	41.7	13.9	19.5	26.5	40.1	12.8	20.6	36.1	32.9	11.0	20.1	40.1	35.6	11.2	13.1

12-12 续表

项 目	在实现工艺创新企业中，											
	提高了生产的灵活性				提高了生产效率				降低了人力成本			
	高	中	低	无	高	中	低	无	高	中	低	无
二、按地区分												
东部地区	38.7	44.4	7.2	9.7	42.1	42.1	8.5	7.4	31.3	46.0	11.4	11.3
中部地区	37.8	45.9	6.8	9.5	43.0	41.3	8.8	6.9	29.4	47.3	13.4	10.0
西部地区	38.0	41.3	6.9	13.8	43.2	39.5	6.6	10.8	31.3	44.2	10.9	13.7
东北地区	30.3	41.6	12.1	16.1	40.0	33.5	12.4	14.2	28.8	38.8	16.1	16.3
北 京	43.1	41.8	5.6	9.4	57.1	31.7	3.4	7.9	35.2	40.3	16.3	8.3
天 津	34.0	43.2	11.9	10.9	42.0	39.7	9.6	8.7	22.6	55.3	10.5	11.6
河 北	36.2	42.3	9.4	12.1	35.0	50.9	5.3	8.9	28.5	45.1	16.9	9.6
山 西	30.5	48.5	9.1	11.9	36.0	44.2	9.1	10.7	28.7	52.1	7.9	11.3
内蒙古	50.0	31.8	4.5	13.6	48.9	36.4	4.0	10.8	35.8	44.3	8.0	11.9
辽 宁	28.9	43.0	12.3	15.8	39.6	31.7	13.7	14.9	28.5	39.4	18.2	13.9
吉 林	36.1	44.5	2.5	16.8	49.6	38.7	1.7	10.1	27.7	51.3	2.5	18.5
黑龙江	30.2	33.8	19.4	16.5	33.1	35.3	16.5	15.1	30.9	25.9	20.1	23.0
上 海	45.4	34.5	3.8	16.3	42.1	39.5	3.4	15.0	34.9	37.4	9.9	17.9
江 苏	27.3	53.6	7.3	11.8	24.5	54.2	14.2	7.1	25.9	48.0	12.3	13.8
浙 江	43.7	43.4	8.8	4.2	53.0	39.0	3.7	4.3	36.6	42.3	13.5	7.6
安 徽	38.3	48.5	5.7	7.6	38.1	46.0	11.7	4.2	27.0	49.2	12.7	11.1
福 建	31.8	44.9	8.1	15.2	42.6	42.3	5.7	9.4	33.9	45.5	8.2	12.4
江 西	37.5	46.3	2.5	13.8	37.5	43.5	7.8	11.3	24.0	48.4	15.2	12.4
山 东	55.1	36.8	4.9	3.3	49.8	38.6	9.0	2.6	51.9	32.9	10.0	5.2
河 南	43.7	40.4	5.6	10.2	52.1	36.5	5.6	5.7	32.9	48.9	10.4	7.8
湖 北	38.1	42.7	9.7	9.6	39.0	42.8	11.4	6.8	31.2	41.5	19.0	8.3
湖 南	31.1	53.3	6.9	8.6	49.7	35.7	4.6	10.0	28.1	46.7	12.9	12.4
广 东	40.5	42.9	7.4	9.1	50.8	33.7	7.3	8.2	22.0	56.6	9.2	12.3
广 西	40.4	40.7	5.5	13.4	43.0	41.6	3.2	12.2	29.4	48.3	9.0	13.4
海 南	42.6	43.6	5.9	7.9	47.5	39.6	1.0	11.9	34.7	42.6	10.9	11.9
重 庆	33.7	44.6	8.5	13.3	35.4	43.1	6.3	15.2	33.3	41.9	11.2	13.7
四 川	43.1	38.4	6.2	12.3	50.3	34.4	6.6	8.7	36.8	40.9	9.3	12.9
贵 州	26.4	47.5	7.3	18.8	31.0	46.9	11.9	10.2	27.1	49.2	12.2	11.6
云 南	37.9	37.4	5.6	19.0	42.5	37.2	6.5	13.8	25.0	41.4	10.4	23.1
西 藏	50.0	50.0			59.1	40.9			36.4	50.0	9.1	4.5
陕 西	32.1	47.9	8.7	11.3	40.0	43.6	7.5	8.9	27.3	47.9	13.9	10.9
甘 肃	43.3	44.4	4.7	7.6	44.4	46.2	2.9	6.4	31.6	49.1	9.4	9.9
青 海	42.3	36.5	3.8	17.3	44.2	38.5	1.9	15.4	34.6	42.3	9.6	13.5
宁 夏	38.6	42.9	5.7	12.9	52.9	31.4	4.3	11.4	32.9	41.4	10.0	15.7
新 疆	34.3	40.9	10.9	13.9	41.3	39.3	9.6	9.9	28.4	46.9	15.8	8.9

对下列各项作出不同影响程度判断的企业家占比(%)															
节约了原材料				降低了能源消耗				减少了环境污染				改善了工作条件			
高	中	低	无	高	中	低	无	高	中	低	无	高	中	低	无
23.0	46.0	11.8	19.2	24.9	46.3	10.1	18.7	31.0	38.2	10.5	20.4	27.4	49.7	8.6	14.4
19.8	46.0	11.1	23.1	24.9	44.5	9.2	21.5	27.5	38.6	11.7	22.2	28.1	45.3	12.1	14.5
24.5	38.8	11.7	25.1	25.5	38.3	11.6	24.7	28.7	36.3	10.3	24.8	31.4	44.0	9.2	15.4
25.4	36.7	16.7	21.2	24.2	44.8	13.5	17.5	22.8	45.6	13.3	18.3	22.8	47.1	11.6	18.5
21.8	38.0	15.5	24.6	25.7	35.2	15.6	23.5	23.9	30.0	14.7	31.4	26.8	41.9	9.5	21.8
19.2	47.6	13.4	19.8	24.0	49.6	11.3	15.1	33.5	39.4	9.0	18.1	36.7	44.8	8.2	10.3
22.4	36.7	16.6	24.4	16.9	37.5	19.1	26.5	21.5	33.8	17.2	27.5	27.8	43.7	16.9	11.6
21.3	36.9	15.9	25.9	25.9	37.5	9.1	27.4	25.0	39.0	8.2	27.7	32.6	46.0	8.8	12.5
33.0	37.5	6.8	22.7	31.3	38.1	9.7	21.0	36.4	33.0	7.4	23.3	35.8	42.6	5.7	15.9
23.2	39.8	18.6	18.4	21.4	49.7	13.9	14.9	20.8	50.3	12.9	16.0	20.8	51.3	11.7	16.2
37.8	34.5	3.4	24.4	34.5	42.9	5.0	17.6	31.9	42.9	9.2	16.0	33.6	48.7	4.2	13.4
22.3	27.3	21.6	28.8	25.2	28.8	19.4	26.6	22.3	30.9	18.0	28.8	20.9	30.9	17.3	30.9
23.2	44.5	7.1	25.2	25.0	43.3	8.5	23.2	24.0	44.1	7.4	24.5	27.5	36.8	16.4	19.4
15.6	57.6	8.5	18.3	21.6	51.1	8.0	19.4	22.3	45.5	12.0	20.2	14.6	63.7	7.0	14.7
25.2	29.0	27.7	18.2	26.2	36.9	20.3	16.6	34.9	34.8	11.9	18.4	35.0	41.0	13.5	10.5
18.8	46.6	10.6	24.0	27.0	45.0	6.6	21.4	27.9	34.6	16.0	21.5	25.4	45.5	17.0	12.1
20.3	42.6	11.0	26.1	19.6	45.7	10.0	24.7	23.4	37.0	10.6	29.0	24.4	54.7	6.0	14.9
19.4	50.9	9.2	20.5	20.5	53.4	8.5	17.7	35.3	32.5	13.1	19.1	33.9	39.2	15.2	11.7
38.5	46.2	6.1	9.2	39.7	45.3	6.9	8.0	51.7	29.6	10.4	8.3	45.3	41.9	6.6	6.3
25.4	45.2	7.5	21.9	26.4	44.3	5.9	23.3	29.8	40.7	6.0	23.4	28.8	48.1	10.3	12.8
17.5	47.7	14.2	20.5	24.3	47.4	11.6	16.7	26.1	37.1	14.6	22.2	29.0	42.4	9.0	19.6
15.2	46.2	11.5	27.1	21.0	38.6	15.9	24.5	22.7	47.5	9.5	20.3	25.2	47.4	11.0	16.4
24.0	43.2	12.0	20.7	20.7	50.6	7.5	21.2	34.7	36.9	6.7	21.8	26.5	49.0	6.3	18.2
25.0	41.9	12.5	20.6	26.2	42.7	10.5	20.6	27.9	36.3	13.7	22.1	34.0	42.2	9.3	14.5
24.8	38.6	13.9	22.8	26.7	37.6	12.9	22.8	25.7	33.7	16.8	23.8	34.7	38.6	10.9	15.8
21.3	35.0	18.8	24.8	19.8	40.4	17.3	22.5	23.7	38.3	15.2	22.9	26.7	48.5	12.7	12.1
31.7	37.1	9.1	22.1	31.0	36.6	9.8	22.6	33.6	35.8	7.4	23.3	36.2	42.8	5.1	15.9
16.8	43.2	12.2	27.7	20.8	39.3	14.9	25.1	27.7	38.3	13.5	20.5	29.0	50.2	6.9	13.9
23.1	36.0	7.9	33.0	26.5	34.2	7.9	31.4	31.0	31.7	6.2	31.0	33.3	42.0	8.6	16.0
31.8	50.0	4.5	13.6	45.5	22.7	13.6	18.2	36.4	36.4	4.5	22.7	31.8	54.5	9.1	4.5
17.6	42.0	13.3	27.1	20.4	39.4	14.3	25.9	22.2	43.6	10.9	23.4	24.0	45.5	13.5	17.0
24.0	44.4	14.6	17.0	24.0	48.0	11.7	16.4	27.5	39.8	14.6	18.1	32.7	40.4	12.3	14.6
30.8	32.7	7.7	28.8	30.8	28.8	11.5	28.8	28.8	28.8	5.8	36.5	32.7	32.7	9.6	25.0
22.9	41.4	7.1	28.6	24.3	37.1	7.1	31.4	28.6	30.0	10.0	31.4	32.9	38.6	8.6	20.0
18.5	40.6	15.2	25.7	21.5	38.0	10.2	30.4	23.1	31.4	12.2	33.3	26.1	43.6	14.2	16.2

12-13 组织创新对

项　目	在实现组织创新企业中，对下列											
	加快了对客户或供应商的响应速度				提高了新产品或新工艺的开发能力				提高了产品质量			
	高	中	低	无	高	中	低	无	高	中	低	无
总　计	**40.0**	**47.1**	**6.6**	**6.4**	**33.4**	**45.5**	**9.5**	**11.6**	**41.9**	**45.7**	**6.1**	**6.3**
一、按行业分												
采矿业	29.5	46.8	10.5	13.2	22.4	41.6	12.5	23.5	34.1	44.8	9.9	11.2
制造业	40.5	48.1	6.3	5.1	37.3	46.6	8.4	7.7	43.8	45.9	6.0	4.4
电力、热力、燃气及水生产和供应业	31.4	37.3	8.2	23.1	20.4	33.6	11.2	34.9	27.6	36.6	8.4	27.3
建筑业	33.8	48.4	8.9	8.9	25.8	48.8	11.8	13.6	36.2	47.2	7.8	8.8
批发和零售业	40.2	47.4	6.8	5.5	26.0	44.9	11.7	17.4	38.4	47.2	6.3	8.1
交通运输、仓储和邮政业	35.8	48.4	5.6	10.2	25.3	47.1	11.1	16.5	37.6	48.8	5.6	8.1
信息传输、软件和信息技术服务业	52.2	38.4	5.0	4.4	46.9	38.5	7.9	6.8	51.2	39.0	4.9	4.9
金融业	52.0	32.7	6.5	8.8	45.0	34.8	8.8	11.3	54.7	33.5	4.5	7.2
租赁和商务服务业	37.6	39.5	9.1	13.8	29.0	41.2	11.4	18.4	40.4	40.0	7.6	12.0
科学研究和技术服务业	36.6	44.8	7.1	11.5	31.4	44.6	9.3	14.6	41.7	44.2	4.5	9.6
水利、环境和公共设施管理业	37.1	45.5	6.0	11.3	31.5	42.0	9.7	16.7	42.1	42.6	5.6	9.7
二、按地区分												
东部地区	40.2	47.6	6.3	6.0	33.8	46.2	9.2	10.9	41.4	46.4	5.9	6.3
中部地区	42.0	45.5	6.7	5.8	35.3	44.4	9.8	10.5	44.5	44.1	6.0	5.4
西部地区	37.5	46.4	7.7	8.4	29.6	43.3	10.8	16.3	41.5	43.8	7.3	7.4
东北地区	34.8	49.3	8.0	7.8	31.0	46.8	10.1	12.1	38.1	47.4	7.2	7.4
北　京	35.7	50.7	5.9	7.7	23.7	49.7	10.5	16.1	36.0	46.4	6.7	10.9
天　津	32.8	52.3	5.9	8.9	26.4	49.6	9.2	14.9	32.9	51.2	6.6	9.3
河　北	37.8	47.0	7.5	7.7	29.0	46.4	10.6	14.0	41.0	44.9	7.1	7.0
山　西	34.9	45.9	9.1	10.0	24.4	42.6	12.9	20.1	38.1	45.6	7.4	8.9
内蒙古	33.3	44.9	8.0	13.8	29.0	39.4	10.9	20.7	41.8	39.8	7.4	11.0
辽　宁	32.4	51.7	8.8	7.1	28.4	49.9	11.1	10.6	34.4	50.6	8.4	6.5
吉　林	38.5	45.5	5.3	10.7	37.7	40.3	6.6	15.5	45.7	41.7	3.4	9.1
黑龙江	39.1	45.3	8.1	7.5	32.8	43.1	10.5	13.6	42.5	42.4	6.8	8.3
上　海	39.6	45.3	6.9	8.2	35.5	42.9	9.8	11.9	38.7	45.9	5.2	10.2
江　苏	41.4	48.8	4.6	5.2	34.3	48.8	8.5	8.4	38.8	49.7	5.6	5.8
浙　江	40.4	46.9	7.3	5.3	37.4	44.9	9.2	8.5	44.1	44.5	6.3	5.0
安　徽	41.9	45.4	6.6	6.1	37.2	43.2	9.2	10.3	45.5	42.7	5.7	6.1
福　建	41.0	45.5	6.5	7.0	33.1	43.8	9.7	13.4	43.9	44.1	5.7	6.4
江　西	43.6	42.4	7.5	6.5	36.4	43.7	8.7	11.2	44.9	42.9	5.6	6.6
山　东	45.8	42.7	6.6	4.9	39.7	40.7	7.6	11.9	47.3	43.7	3.9	5.0
河　南	41.7	46.1	6.4	5.8	34.1	45.4	9.9	10.6	46.2	41.2	8.0	4.6
湖　北	44.3	44.7	6.1	4.9	36.3	44.3	9.8	9.6	44.0	46.9	4.4	4.7
湖　南	40.5	47.5	6.9	5.1	35.0	46.3	10.1	8.5	42.6	47.4	5.4	4.6
广　东	38.6	48.7	7.2	5.5	32.5	46.9	10.1	10.5	43.2	44.8	6.8	5.1
广　西	38.9	45.4	7.2	8.6	31.1	44.3	9.6	15.0	41.7	45.9	5.2	7.2
海　南	37.2	49.3	5.5	8.1	28.2	50.7	7.2	13.8	46.7	42.1	4.0	7.2
重　庆	34.2	48.9	7.9	9.0	28.7	43.9	10.5	16.8	38.5	44.5	9.4	7.7
四　川	39.4	46.9	7.2	6.5	30.0	44.3	10.7	15.0	41.9	45.1	7.2	5.9
贵　州	37.8	43.9	8.3	9.9	29.8	41.0	11.1	18.1	39.0	45.1	6.8	9.0
云　南	36.4	45.8	8.3	9.6	28.9	42.2	10.9	18.0	44.1	40.4	6.5	9.0
西　藏	45.2	43.8	8.2	2.7	32.9	45.2	9.6	12.3	39.7	43.8	6.8	9.6
陕　西	39.1	46.3	7.4	7.2	30.7	43.8	11.1	14.4	43.2	42.6	8.0	6.1
甘　肃	38.0	44.6	9.2	8.3	29.9	43.2	11.2	15.7	42.9	42.7	6.8	7.7
青　海	36.1	45.6	8.8	9.5	25.2	45.6	13.1	16.1	40.1	44.2	6.9	8.8
宁　夏	36.7	44.4	10.8	8.1	29.7	38.6	14.7	17.0	42.3	44.4	6.2	7.1
新　疆	35.2	47.0	7.2	10.6	26.9	43.4	10.5	19.1	40.0	43.6	7.0	9.3

企业的影响(2013-2014年)

各项作出不同影响程度判断的企业家占比(%)															
降低了单位成本				提高了信息交换与共享的水平				改善了员工工作条件				提升了管理效率			
高	中	低	无	高	中	低	无	高	中	低	无	高	中	低	无
29.8	**49.5**	**12.5**	**8.2**	**32.7**	**49.9**	**9.8**	**7.7**	**29.2**	**51.9**	**11.2**	**7.6**	**42.8**	**47.7**	**5.7**	**3.9**
32.0	48.3	11.4	8.3	25.5	48.0	11.9	14.6	29.1	49.0	11.5	10.4	41.7	46.5	7.1	4.7
32.4	50.9	11.2	5.5	32.2	51.0	10.2	6.7	29.8	52.9	10.8	6.5	42.3	48.6	5.5	3.6
31.5	42.0	11.4	15.1	34.7	42.5	8.7	14.2	31.4	44.6	10.9	13.1	49.9	41.2	4.5	4.4
29.8	51.7	11.9	6.6	35.9	49.1	8.6	6.5	26.5	53.3	12.8	7.4	46.8	45.8	4.8	2.5
24.4	47.0	15.4	13.2	31.4	50.0	9.7	9.0	28.7	50.6	12.0	8.7	41.0	48.0	6.4	4.6
28.4	50.3	11.5	9.8	34.1	48.0	8.5	9.4	27.7	54.3	9.2	8.8	45.6	46.4	4.6	3.3
34.1	44.9	12.7	8.3	45.6	42.9	6.5	5.0	31.4	47.2	11.6	9.9	50.9	40.9	4.8	3.4
32.4	40.3	14.4	13.0	47.2	36.5	7.3	9.0	28.1	40.5	15.2	16.3	59.6	32.9	3.5	4.0
23.7	48.3	14.5	13.6	34.6	47.1	9.0	9.2	26.9	49.8	12.4	10.8	44.0	45.2	6.3	4.6
23.0	49.9	14.7	12.4	34.0	47.3	9.1	9.6	25.2	50.8	13.1	10.9	43.2	45.9	5.0	5.9
30.4	46.8	11.2	11.5	38.8	44.0	8.4	8.8	33.1	49.1	10.1	7.7	48.1	42.6	5.5	3.9
29.3	50.0	12.5	8.2	32.8	50.5	9.5	7.3	28.7	52.3	11.5	7.5	42.5	48.0	5.7	3.8
32.8	49.0	11.1	7.1	34.2	48.8	9.8	7.2	31.7	51.4	10.3	6.6	44.7	47.0	4.8	3.5
28.1	48.1	14.1	9.6	31.0	48.3	11.1	9.7	28.2	50.6	11.8	9.5	42.1	46.9	6.5	4.5
30.6	47.3	12.8	9.3	30.2	50.3	10.2	9.3	29.3	52.6	9.4	8.6	40.0	48.2	6.7	5.1
17.6	58.2	11.7	12.5	30.3	54.7	9.5	5.5	17.2	55.1	16.1	11.6	35.5	57.6	4.4	2.4
22.9	53.2	12.1	11.7	28.9	52.4	8.9	9.9	26.2	53.2	10.6	9.9	36.0	52.5	6.6	4.9
29.3	49.0	12.2	9.5	29.9	49.2	11.0	9.9	28.3	49.7	12.1	9.9	42.7	47.3	6.0	3.9
28.0	48.4	13.2	10.4	29.2	47.6	10.5	12.6	27.0	52.2	13.3	7.6	42.0	48.8	4.9	4.3
29.3	44.8	14.5	11.3	29.8	46.6	10.1	13.4	28.6	46.9	12.1	12.4	40.8	42.2	7.9	9.1
28.7	47.7	14.4	9.2	28.7	52.2	10.5	8.6	26.4	55.8	9.5	8.3	37.4	49.8	7.6	5.1
34.4	48.5	8.0	9.1	34.4	47.4	7.1	11.0	36.0	46.3	8.3	9.3	44.2	46.3	4.3	5.2
32.8	45.0	12.1	10.1	30.6	47.0	12.2	10.3	32.4	48.3	10.3	9.0	44.2	44.8	5.9	5.1
26.6	50.9	12.8	9.8	33.4	48.0	9.0	9.6	26.0	50.9	12.9	10.2	42.9	45.1	6.5	5.4
30.3	50.8	11.4	7.5	31.7	52.6	8.4	7.4	27.5	55.2	10.3	7.0	40.2	50.4	5.8	3.6
29.5	49.5	14.3	6.7	33.0	49.8	10.6	6.5	27.8	52.3	13.5	6.3	41.9	48.1	6.7	3.3
32.9	47.5	11.6	8.0	34.2	48.5	9.6	7.7	32.0	51.4	9.5	7.0	45.7	45.6	4.5	4.2
30.8	49.0	11.8	8.5	33.9	48.6	9.6	8.0	30.4	52.2	9.8	7.5	45.0	46.1	4.9	4.0
33.2	46.8	12.7	7.4	34.5	46.9	10.0	8.5	32.5	49.5	10.5	7.6	45.2	44.0	5.8	5.1
38.0	44.8	10.6	6.6	38.0	47.6	8.3	6.2	37.0	47.5	10.0	5.5	51.1	41.1	4.2	3.5
34.5	46.7	11.2	7.6	33.9	48.4	10.3	7.4	34.0	49.1	9.8	7.1	46.1	45.4	5.4	3.1
32.9	51.9	10.0	5.3	35.0	49.3	9.8	5.8	30.7	53.0	10.3	6.0	43.2	49.6	4.3	2.9
31.3	52.6	10.0	6.0	34.6	50.5	9.0	5.8	30.1	53.2	11.2	5.4	43.9	49.0	4.3	2.8
27.6	49.6	14.7	8.1	32.6	49.9	11.1	6.5	30.5	51.0	11.5	7.1	43.4	46.5	5.8	4.3
28.4	45.9	15.0	10.7	31.5	48.8	10.4	9.4	29.6	48.7	12.3	9.4	41.5	47.8	6.2	4.6
30.8	46.1	13.8	9.2	38.9	47.8	7.5	5.8	31.7	55.3	9.5	3.5	47.6	48.4	2.6	1.4
24.5	49.5	14.4	11.6	29.2	48.1	12.2	10.6	24.6	52.0	12.1	11.4	37.9	49.0	8.7	4.4
29.3	49.2	13.4	8.1	31.5	49.8	10.6	8.2	28.8	52.2	11.3	7.8	41.9	48.4	5.9	3.8
28.0	46.7	14.0	11.2	31.4	46.3	11.3	11.0	29.8	48.5	12.0	9.8	43.6	45.1	6.1	5.2
27.7	45.0	15.9	11.4	30.6	47.0	11.4	11.0	27.6	51.0	10.9	10.6	43.5	46.5	5.4	4.6
27.4	47.9	13.7	11.0	37.0	45.2	13.7	4.1	34.2	41.1	12.3	12.3	42.5	42.5	8.2	6.8
28.8	49.4	14.0	7.9	32.2	49.0	10.1	8.8	28.7	51.3	12.4	7.7	45.5	44.8	6.2	3.5
29.0	48.3	14.8	7.9	31.2	47.6	12.5	8.7	29.9	49.9	11.9	8.4	44.6	44.7	6.9	3.9
29.6	50.0	10.9	9.5	28.1	49.6	11.7	10.6	26.6	48.2	10.9	14.2	41.2	48.9	5.5	4.4
28.0	48.1	15.3	8.7	31.1	44.4	13.7	10.8	28.0	49.8	12.9	9.3	42.9	45.8	5.6	5.8
27.7	49.7	12.6	10.0	29.9	46.6	12.7	10.8	28.3	46.7	12.2	12.8	41.3	46.9	7.0	4.8

12-14　组织创新对工业

项　目	在实现组织创新企业中，对下列各项											
	加快了对客户或供应商的响应速度				提高了新产品或新工艺的开发能力				提高了产品质量			
	高	中	低	无	高	中	低	无	高	中	低	无
总　计	**40.0**	**47.9**	**6.4**	**5.7**	**36.6**	**46.2**	**8.5**	**8.6**	**43.2**	**45.7**	**6.1**	**5.0**
一、按规模分												
大型企业	50.3	40.0	4.9	4.8	48.8	38.8	6.3	6.1	51.1	39.2	5.5	4.2
中型企业	41.8	46.9	6.0	5.4	40.2	44.7	7.5	7.6	44.8	44.7	5.7	4.8
小型企业	38.9	48.6	6.6	5.8	34.9	47.1	8.9	9.0	42.3	46.4	6.2	5.1
二、按登记注册类型分												
内资企业	40.1	47.9	6.5	5.6	36.6	46.4	8.5	8.5	43.6	45.6	6.0	4.8
国有企业	35.3	44.0	8.4	12.3	30.8	39.7	10.9	18.6	35.3	42.5	9.6	12.6
集体企业	37.6	44.9	8.9	8.5	29.3	47.9	9.1	13.8	39.0	49.1	5.7	6.1
股份合作企业	31.0	54.4	8.2	6.5	30.3	49.3	10.5	9.9	36.7	52.0	6.8	4.4
联营企业	36.7	53.3		10.0	33.3	53.3	3.3	10.0	40.0	46.7	6.7	6.7
有限责任公司	41.0	45.9	6.6	6.5	37.7	44.2	8.4	9.7	44.7	43.5	6.0	5.7
股份有限公司	47.2	42.5	5.5	4.8	45.4	41.2	6.9	6.5	48.6	41.9	5.0	4.5
私营企业	39.1	49.4	6.4	5.0	35.6	48.0	8.5	7.9	42.9	46.9	6.0	4.2
其他企业	44.4	44.1	7.1	4.4	37.3	45.8	9.3	7.6	42.0	47.7	6.5	3.8
港、澳、台商投资企业	40.3	47.7	5.8	6.1	37.8	45.0	8.4	8.8	41.8	46.1	6.3	5.8
外商投资企业	39.7	47.5	6.4	6.4	35.9	45.5	9.1	9.5	40.6	45.9	7.0	6.5
三、按行业分												
采矿业	29.5	46.8	10.5	13.2	22.4	41.6	12.5	23.5	34.1	44.8	9.9	11.2
煤炭开采和洗选业	26.8	49.3	10.3	13.6	20.5	40.0	13.5	25.9	32.2	46.7	10.4	10.6
石油和天然气开采业	39.4	27.3	9.1	24.2	27.3	39.4	12.1	21.2	36.4	27.3	3.0	33.3
黑色金属矿采选业	35.2	40.6	11.5	12.7	19.1	39.4	14.5	27.0	38.8	38.0	10.1	13.1
有色金属矿采选业	28.4	43.8	13.2	14.6	29.2	43.3	9.8	17.7	37.1	43.3	10.7	9.0
非金属矿采选业	30.2	49.5	9.5	10.8	24.1	44.7	11.1	20.2	32.3	48.3	9.2	10.2
开采辅助活动	28.9	46.7	2.2	22.2	22.2	51.1	4.4	22.2	31.1	46.7	2.2	20.0

企业的影响(2013-2014年)

作出不同影响程度判断的企业家占比(%)															
降低了单位成本				提高了信息交换与共享的水平				改善了员工工作条件				提升了管理效率			
高	中	低	无	高	中	低	无	高	中	低	无	高	中	低	无
32.4	**50.7**	**11.2**	**5.8**	**32.1**	**50.7**	**10.2**	**7.0**	**29.8**	**52.6**	**10.8**	**6.7**	**42.4**	**48.4**	**5.5**	**3.6**
41.5	45.8	9.0	3.7	43.1	45.1	7.5	4.3	33.9	50.5	10.5	5.1	55.0	39.8	3.2	2.0
33.8	50.6	10.6	5.0	34.2	50.1	9.5	6.2	30.3	52.1	11.1	6.4	44.9	47.1	4.9	3.1
31.4	51.0	11.5	6.1	30.8	51.2	10.6	7.4	29.4	52.9	10.8	6.9	41.0	49.3	5.8	3.9
32.6	50.8	11.0	5.6	32.0	50.8	10.2	6.9	30.3	52.6	10.6	6.5	42.4	48.5	5.5	3.6
29.7	47.3	12.9	10.1	32.5	46.1	11.1	10.3	26.1	48.9	14.8	10.2	46.1	43.3	6.7	3.9
31.9	51.7	11.5	4.9	27.5	49.3	13.2	9.9	30.5	53.3	9.1	7.1	40.8	50.5	5.9	2.8
23.8	55.1	15.0	6.1	25.5	56.8	7.8	9.9	23.8	59.5	10.5	6.1	33.3	54.8	6.8	5.1
36.7	40.0	16.7	6.7	26.7	60.0	6.7	6.7	20.0	60.0	13.3	6.7	43.3	43.3	10.0	3.3
34.1	49.2	10.8	5.8	33.3	49.2	10.1	7.4	31.1	51.1	10.9	7.0	44.9	46.1	5.2	3.7
37.7	48.4	9.5	4.3	38.7	47.5	8.8	5.1	33.0	50.2	11.1	5.6	49.7	43.5	4.1	2.7
31.6	51.8	11.2	5.5	30.9	52.0	10.4	6.8	29.7	53.6	10.4	6.2	40.6	50.1	5.7	3.6
34.9	52.3	8.2	4.6	37.6	45.8	11.2	5.5	32.2	54.2	8.7	4.9	47.4	43.3	6.5	2.7
31.5	50.4	11.9	6.2	31.7	50.8	10.3	7.2	28.5	52.9	11.4	7.2	42.3	48.5	5.3	3.9
31.1	49.3	12.5	7.1	33.0	49.5	10.0	7.5	26.9	52.5	12.1	8.4	42.5	47.9	5.6	4.0
32.0	48.3	11.4	8.3	25.5	48.0	11.9	14.6	29.1	49.0	11.5	10.4	41.7	46.5	7.1	4.7
30.7	49.1	12.1	8.1	24.7	49.8	12.0	13.5	27.7	52.0	11.4	8.9	39.2	49.3	7.3	4.2
39.4	45.5	6.1	9.1	42.4	33.3	3.0	21.2	27.3	42.4	21.2	9.1	51.5	42.4	3.0	3.0
38.0	40.6	11.1	10.3	27.0	44.3	10.5	18.3	30.0	39.2	12.9	17.9	49.9	38.4	7.2	4.4
35.7	48.0	10.4	5.9	27.0	45.8	12.9	14.3	33.1	48.0	10.1	8.7	43.8	44.7	6.5	5.1
27.4	52.9	11.4	8.3	23.6	50.2	12.5	13.7	28.7	52.2	11.1	8.0	38.2	49.0	7.4	5.4
31.1	51.1	6.7	11.1	31.1	37.8	17.8	13.3	26.7	46.7	8.9	17.8	42.2	44.4	6.7	6.7

12-14 续表 1

项 目	在实现组织创新企业中，对下列											
	加快了对客户或供应商的响应速度				提高了新产品或新工艺的开发能力				提高了产品质量			
	高	中	低	无	高	中	低	无	高	中	低	无
制造业	40.5	48.1	6.3	5.1	37.3	46.6	8.4	7.7	43.8	45.9	6.0	4.4
农副食品加工业	39.7	48.4	6.7	5.2	33.2	48.2	9.7	8.9	44.0	45.8	5.8	4.4
食品制造业	40.8	48.0	6.3	4.9	36.9	48.2	8.2	6.7	45.5	44.9	5.3	4.4
酒、饮料和精制茶制造业	41.6	47.1	5.3	6.0	36.3	45.0	8.8	9.8	47.7	40.6	5.9	5.8
烟草制品业	44.4	31.5	9.3	14.8	42.6	29.6	13.0	14.8	48.1	27.8	14.8	9.3
纺织业	35.3	52.7	6.7	5.3	31.8	49.9	9.4	8.9	38.3	50.5	7.0	4.3
纺织服装、服饰业	33.5	53.1	6.9	6.4	30.4	49.8	9.9	9.9	36.2	50.7	7.3	5.8
皮革、毛皮、羽毛及其制品和制鞋业	35.5	51.8	7.2	5.6	32.5	49.0	9.8	8.8	38.5	51.1	6.4	4.0
木材加工和木、竹、藤、棕、草制品业	37.4	51.0	6.3	5.3	32.1	50.3	9.6	8.1	40.9	48.1	6.6	4.3
家具制造业	37.4	51.5	6.5	4.7	34.7	49.6	9.4	6.3	40.7	48.6	6.5	4.2
造纸和纸制品业	37.9	50.3	5.8	6.0	32.2	47.9	9.7	10.2	41.1	47.9	6.0	5.0
印刷和记录媒介复制业	37.2	51.7	5.9	5.1	33.0	48.3	9.3	9.4	38.8	50.2	6.7	4.3
文教、工美、体育和娱乐用品制造业	41.1	48.0	5.9	5.0	38.5	46.8	8.6	6.1	41.8	48.0	6.1	4.1
石油加工、炼焦和核燃料加工业	36.6	48.4	6.6	8.4	32.5	45.2	9.7	12.5	43.1	42.9	6.9	7.1
化学原料和化学制品制造业	41.6	46.3	6.3	5.8	38.7	45.2	7.9	8.2	46.6	42.0	6.0	5.4
医药制造业	44.7	44.7	5.7	4.9	44.1	43.0	7.0	5.8	51.2	39.8	4.8	4.2
化学纤维制造业	40.7	46.8	7.3	5.2	37.0	48.3	6.9	7.8	45.5	46.0	4.0	4.5
橡胶和塑料制品业	39.7	48.6	6.9	4.7	36.3	47.0	8.8	7.8	42.3	46.7	6.6	4.4
非金属矿物制品业	38.1	47.9	7.2	6.8	33.0	44.4	10.1	12.5	43.3	44.6	6.5	5.6
黑色金属冶炼和压延加工业	34.8	50.6	7.3	7.2	30.8	49.0	9.7	10.5	37.6	50.7	6.7	5.0
有色金属冶炼和压延加工业	39.9	46.8	7.4	6.0	36.8	45.5	9.1	8.6	43.4	45.3	6.1	5.3
金属制品业	37.3	50.6	6.9	5.2	33.4	49.6	9.2	7.8	39.8	48.9	6.9	4.3
通用设备制造业	41.7	47.9	6.3	4.1	40.0	46.5	7.6	5.9	44.5	46.2	5.6	3.7
专用设备制造业	45.0	46.0	5.5	3.5	43.6	44.5	7.0	4.9	47.6	43.8	5.3	3.3
汽车制造业	43.6	46.7	5.6	4.1	42.4	45.6	6.6	5.4	46.3	45.0	5.2	3.6
铁路、船舶、航空航天和其他运输设备制造业	42.3	46.5	5.8	5.3	38.5	45.9	9.1	6.5	43.1	47.2	5.9	3.8
电气机械和器材制造业	42.7	47.0	5.6	4.7	41.2	46.2	6.6	6.0	45.7	45.3	5.2	3.8
计算机、通信和其他电子设备制造业	45.2	45.6	5.2	4.0	43.1	44.4	6.9	5.5	45.7	45.1	5.4	3.9
仪器仪表制造业	47.6	44.0	5.0	3.4	46.7	43.2	6.1	4.0	49.1	42.5	4.8	3.5
其他制造业	39.5	49.7	5.2	5.6	33.3	50.5	8.2	8.0	41.9	49.2	4.3	4.5
废弃资源综合利用业	41.4	46.1	6.9	5.5	35.1	44.2	12.4	8.3	43.6	44.2	8.3	3.9
金属制品、机械和设备修理业	27.1	50.8	10.2	11.9	28.0	47.5	9.3	15.3	33.9	49.2	8.5	8.5
电力、热力、燃气及水生产和供应业	31.4	37.3	8.2	23.1	20.4	33.6	11.2	34.9	27.6	36.6	8.4	27.3
电力、热力生产和供应业	29.6	36.0	8.4	26.0	19.3	33.2	10.7	36.9	26.6	36.0	8.3	29.1
燃气生产和供应业	41.3	38.8	5.6	14.2	21.0	34.1	12.3	32.7	27.7	34.4	8.9	29.1
水的生产和供应业	29.7	42.0	9.9	18.4	25.1	35.3	12.2	27.4	32.7	42.3	8.2	16.9

各项作出不同影响程度判断的企业家占比(%)															
降低了单位成本				提高了信息交换与共享的水平				改善了员工工作条件				提升了管理效率			
高	中	低	无	高	中	低	无	高	中	低	无	高	中	低	无
32.4	50.9	11.2	5.5	32.2	51.0	10.2	6.7	29.8	52.9	10.8	6.5	42.3	48.6	5.5	3.6
31.2	52.0	11.0	5.7	31.9	50.5	11.0	6.6	31.0	52.4	10.3	6.4	42.4	48.6	5.5	3.5
33.4	49.0	11.8	5.9	33.4	48.9	10.9	6.8	32.8	51.4	9.7	6.1	43.4	48.0	5.4	3.2
32.8	49.5	11.0	6.7	34.2	49.1	9.1	7.6	32.0	50.2	10.1	7.6	44.5	46.6	4.3	4.6
25.9	38.9	20.4	14.8	35.2	38.9	13.0	13.0	20.4	50.0	9.3	20.4	38.9	44.4	7.4	9.3
27.4	54.2	12.3	6.1	27.7	53.5	11.5	7.4	26.2	55.5	11.5	6.8	36.9	53.2	6.2	3.7
28.2	51.4	13.3	7.0	27.4	51.9	12.4	8.3	25.7	53.9	12.2	8.2	36.9	52.5	6.1	4.5
28.4	53.3	11.8	6.5	29.1	53.7	9.7	7.6	28.6	54.9	10.6	5.9	37.3	52.7	6.1	3.9
32.5	50.1	11.3	6.1	28.4	53.9	11.0	6.7	28.3	55.4	9.7	6.6	38.2	52.3	5.8	3.7
27.3	54.1	13.1	5.5	29.7	52.1	12.0	6.2	27.6	55.8	11.2	5.4	39.3	50.4	6.8	3.4
32.5	50.3	11.3	5.9	29.3	52.1	9.9	8.6	27.5	53.2	11.9	7.3	40.0	50.6	5.5	3.8
28.4	54.1	12.1	5.4	30.0	53.5	9.8	6.6	26.7	55.1	11.4	6.8	39.0	51.9	5.3	3.7
31.1	51.6	12.2	5.1	31.6	52.4	9.6	6.4	29.8	53.7	10.7	5.9	40.4	49.6	6.1	3.9
32.3	49.7	10.1	7.9	31.8	48.7	9.1	10.4	29.2	51.3	11.4	8.1	42.6	47.2	5.8	4.5
35.5	48.1	10.3	6.1	33.7	49.4	9.6	7.2	32.4	50.7	9.9	7.0	45.4	45.8	4.9	3.9
38.0	47.4	9.4	5.2	38.2	47.2	8.9	5.7	33.7	50.1	10.0	6.2	48.9	43.8	3.9	3.4
35.3	49.2	8.9	6.6	29.4	54.3	8.9	7.4	27.3	51.4	13.9	7.4	40.5	50.1	6.2	3.3
31.3	51.9	11.6	5.1	30.4	52.1	10.3	7.1	29.2	53.1	11.2	6.5	40.3	49.4	6.4	3.9
33.7	49.6	10.3	6.4	30.8	49.7	10.9	8.7	31.2	51.1	10.7	7.1	42.5	47.7	6.0	3.9
28.6	53.3	11.5	6.6	27.2	51.8	11.9	9.0	27.0	54.5	11.0	7.5	37.9	52.8	5.3	4.1
33.5	50.4	10.7	5.3	32.7	49.0	10.8	7.5	30.0	51.6	11.4	7.0	44.1	47.4	5.3	3.2
30.6	51.6	12.3	5.5	30.0	52.9	10.6	6.5	28.4	54.1	11.1	6.4	39.2	50.7	6.5	3.6
32.0	51.7	11.3	4.9	32.4	51.6	10.1	5.8	28.5	54.1	11.6	5.8	42.2	49.0	5.6	3.2
34.6	50.8	10.5	4.2	35.0	50.1	9.9	4.9	31.4	52.3	10.8	5.5	45.2	46.6	5.2	3.0
33.2	51.2	10.8	4.8	33.7	50.5	9.9	5.9	31.4	52.1	10.8	5.7	43.2	48.2	5.3	3.3
32.9	49.4	12.9	4.8	33.4	50.1	10.2	6.4	29.3	53.4	10.5	6.8	43.3	48.5	4.9	3.2
33.5	50.8	10.8	4.9	33.9	51.1	9.4	5.6	30.4	53.3	10.2	6.1	43.9	47.5	5.2	3.4
33.9	50.5	11.0	4.6	34.8	51.3	8.8	5.2	28.9	53.8	11.3	6.0	44.4	47.6	5.1	3.0
35.7	49.0	10.6	4.6	37.9	48.9	8.6	4.7	30.4	53.1	10.6	5.9	47.8	44.5	4.5	3.2
31.1	54.2	9.9	4.8	35.6	49.7	8.0	6.7	28.3	54.9	8.9	8.0	40.2	52.7	3.7	3.5
37.3	48.6	10.2	3.9	35.4	48.3	9.4	6.9	34.3	50.8	8.6	6.4	46.7	43.9	5.2	4.1
20.3	55.9	16.1	7.6	27.1	48.3	15.3	9.3	18.6	56.8	16.1	8.5	41.5	47.5	6.8	4.2
31.5	42.0	11.4	15.1	34.7	42.5	8.7	14.2	31.4	44.6	10.9	13.1	49.9	41.2	4.5	4.4
32.7	41.7	10.9	14.7	33.8	43.2	8.7	14.3	31.8	44.2	10.7	13.2	49.7	41.2	4.4	4.7
28.5	39.7	12.8	19.0	39.4	38.5	8.7	13.4	33.8	43.9	9.5	12.8	56.1	36.3	4.5	3.1
28.9	45.8	12.5	12.8	33.8	43.1	8.5	14.6	26.8	47.2	13.4	12.5	44.3	46.4	5.0	4.4

12-14 续表 2

项 目	在实现组织创新企业中，对下列											
	加快了对客户或供应商的响应速度				提高了新产品或新工艺的开发能力				提高了产品质量			
	高	中	低	无	高	中	低	无	高	中	低	无
四、按地区分												
东部地区	40.2	48.6	6.1	5.2	37.4	46.8	8.1	7.7	42.6	46.6	6.0	4.8
中部地区	42.0	46.3	6.3	5.4	37.5	45.6	8.5	8.3	45.7	44.2	5.6	4.5
西部地区	37.3	46.7	8.0	8.0	32.4	44.6	10.2	12.8	42.9	43.5	6.9	6.7
东北地区	35.7	49.4	7.4	7.6	34.0	46.7	9.3	10.0	40.5	45.9	7.4	6.2
北 京	40.7	47.4	5.9	6.1	37.7	42.5	10.6	9.3	40.6	45.0	7.7	6.7
天 津	36.1	52.1	5.2	6.5	32.9	50.8	7.5	8.8	36.6	50.3	6.4	6.7
河 北	38.1	48.7	6.7	6.6	30.5	47.5	10.4	11.6	40.6	46.5	6.9	6.0
山 西	35.8	45.9	9.6	8.7	26.1	43.3	12.8	17.8	40.3	45.3	7.1	7.3
内蒙古	32.4	43.9	8.7	15.1	29.5	41.2	10.4	18.9	41.9	39.3	8.5	10.3
辽 宁	33.3	51.3	8.4	7.0	32.0	49.1	10.7	8.3	36.8	48.2	9.3	5.7
吉 林	39.1	45.7	4.7	10.5	38.7	41.2	6.1	13.9	46.4	42.3	3.6	7.7
黑龙江	38.6	48.0	7.4	5.9	34.2	46.1	9.2	10.4	44.3	43.7	6.3	5.7
上 海	41.6	47.1	5.5	5.8	38.0	46.0	8.3	7.7	41.4	46.3	6.9	5.3
江 苏	39.1	50.7	5.6	4.6	36.5	48.9	7.8	6.9	40.2	49.2	6.1	4.5
浙 江	39.7	49.1	6.4	4.8	38.8	47.0	7.5	6.6	43.7	46.6	5.4	4.3
安 徽	41.9	47.3	5.3	5.4	39.1	45.5	7.5	7.8	46.7	43.5	5.1	4.7
福 建	40.3	47.3	5.6	6.8	36.2	44.5	8.4	11.0	45.0	43.3	5.6	6.0
江 西	42.6	44.2	6.9	6.3	39.2	43.4	7.9	9.5	46.3	42.2	5.5	5.9
山 东	46.6	43.6	5.5	4.3	43.5	42.8	7.3	6.4	49.7	41.5	5.2	3.7
河 南	42.7	44.4	6.7	6.1	36.0	45.1	9.3	9.6	46.3	42.7	6.5	4.5
湖 北	43.7	46.1	5.7	4.4	39.2	45.8	7.7	7.2	46.1	44.9	5.0	4.0
湖 南	39.8	49.2	6.8	4.2	36.5	48.3	9.4	5.8	43.3	47.9	5.6	3.2
广 东	38.7	48.6	7.2	5.5	36.4	46.6	8.9	8.1	41.0	47.3	6.8	4.9
广 西	38.8	45.8	7.7	7.8	35.0	43.2	10.2	11.6	44.1	43.8	5.9	6.2
海 南	39.8	49.6	8.0	2.7	35.4	46.0	8.9	9.7	52.2	39.8	3.5	4.4
重 庆	36.4	48.9	7.8	6.9	32.9	47.7	9.3	10.1	40.5	46.7	7.0	5.8
四 川	38.0	47.7	7.4	6.9	32.5	45.3	10.0	12.2	42.6	44.1	7.3	6.0
贵 州	37.6	44.6	8.5	9.3	32.6	41.9	9.7	15.8	42.7	42.5	7.0	7.8
云 南	37.8	43.8	8.2	10.3	32.1	42.5	10.3	15.2	46.0	38.6	7.1	8.4
西 藏	40.6	46.9	9.4	3.1	37.5	46.9	6.3	9.4	34.4	46.9	9.4	9.4
陕 西	39.7	46.8	8.3	5.2	33.5	46.3	10.2	10.1	44.4	44.3	6.6	4.7
甘 肃	36.1	45.5	9.9	8.5	30.9	44.9	11.2	13.0	44.5	42.8	6.0	6.7
青 海	35.3	49.7	7.8	7.2	27.5	46.7	13.8	12.0	40.1	47.3	6.0	6.6
宁 夏	38.6	41.2	12.2	8.0	34.7	37.7	13.9	13.7	46.3	42.1	5.9	5.6
新 疆	32.5	49.5	7.2	10.9	28.3	43.8	10.8	17.1	40.1	43.7	6.6	9.6

各项作出不同影响程度判断的企业家占比(%)															
降低了单位成本				提高了信息交换与共享的水平				改善了员工工作条件				提升了管理效率			
高	中	低	无	高	中	低	无	高	中	低	无	高	中	低	无
31.8	51.1	11.3	5.7	32.2	51.4	9.9	6.5	29.0	53.5	10.9	6.6	41.9	49.0	5.5	3.5
34.9	50.2	9.9	5.0	33.1	49.9	10.1	6.8	32.5	51.4	10.2	5.9	44.3	47.4	4.9	3.4
31.1	49.5	12.7	6.7	30.1	48.8	11.8	9.4	29.0	51.0	11.9	8.1	42.5	47.1	6.3	4.1
32.2	49.5	11.2	7.1	30.4	50.1	10.7	8.9	30.4	51.7	10.2	7.7	39.2	49.3	7.1	4.5
27.0	49.1	16.4	7.5	33.3	48.3	11.3	7.1	22.3	51.4	16.4	9.9	41.6	49.1	5.5	3.7
29.0	53.3	10.5	7.2	29.4	53.8	8.9	7.9	27.0	56.0	9.3	7.8	38.0	53.0	5.1	3.9
31.7	49.6	11.7	7.1	30.4	49.4	11.6	8.6	28.9	50.7	11.5	8.9	43.1	47.4	5.8	3.7
29.3	51.6	12.2	6.9	27.5	49.8	12.7	10.0	27.6	52.9	12.6	6.9	42.9	48.8	4.9	3.4
32.1	44.8	14.1	9.0	27.7	46.4	11.3	14.6	30.0	45.8	12.9	11.3	41.7	41.8	7.4	9.2
30.2	50.5	12.8	6.5	28.7	52.6	11.2	7.5	27.1	54.6	11.1	7.1	35.8	51.9	8.2	4.2
36.3	47.5	7.8	8.5	34.7	45.7	8.0	11.7	36.8	45.3	8.9	9.1	43.9	45.1	5.0	6.0
33.4	48.9	10.4	7.2	30.1	48.1	12.3	9.4	32.5	50.7	9.2	7.5	43.2	46.7	6.4	3.7
30.4	51.7	12.0	6.0	33.7	49.5	10.0	6.8	26.1	53.6	12.7	7.7	43.1	47.1	5.5	4.3
31.4	53.4	10.0	5.3	31.5	53.7	9.0	5.7	27.6	55.9	10.5	6.0	40.7	51.2	5.1	3.0
29.5	51.9	12.6	5.9	30.0	52.4	10.8	6.8	27.4	54.3	11.3	6.9	39.5	50.3	6.3	3.9
35.1	49.8	10.0	5.1	33.5	51.1	9.3	6.1	32.3	52.5	9.4	5.7	44.9	47.0	4.4	3.7
32.1	50.4	10.7	6.9	32.6	50.0	9.5	7.8	31.1	51.8	9.9	7.2	44.7	46.0	5.1	4.2
35.5	48.8	9.3	6.4	33.7	47.3	9.9	9.1	33.1	49.9	10.0	7.0	45.2	45.4	4.9	4.5
41.1	45.5	9.4	4.0	39.0	46.1	9.8	5.1	37.5	48.2	9.4	4.9	49.3	42.7	5.2	2.8
36.3	48.3	10.1	5.3	32.6	48.5	10.7	8.2	33.7	50.0	10.1	6.3	45.3	45.6	5.4	3.8
35.2	51.2	9.3	4.4	33.9	49.7	10.1	6.3	32.8	51.4	10.2	5.7	44.0	48.2	4.9	2.9
33.2	53.0	9.8	4.0	33.1	51.9	10.2	4.9	31.6	52.1	11.3	5.0	42.0	50.5	4.9	2.6
29.1	51.4	13.4	6.1	31.1	52.5	9.8	6.5	27.7	54.2	11.5	6.6	40.0	50.3	5.6	4.0
33.5	45.7	14.0	6.8	32.4	47.6	10.7	9.3	32.1	48.3	12.5	7.1	44.8	44.8	6.3	4.2
32.7	54.0	7.1	6.2	35.4	52.2	10.6	1.8	30.1	54.9	12.4	2.7	46.0	50.4	2.7	0.9
28.5	52.2	12.8	6.4	29.1	50.5	11.4	9.1	25.5	54.2	12.1	8.2	38.7	49.8	7.4	4.1
30.4	51.2	12.6	5.7	29.8	50.2	11.8	8.2	28.2	52.3	12.0	7.5	41.7	48.5	6.3	3.5
32.2	48.0	12.6	7.2	31.6	46.5	11.0	11.0	31.0	50.3	10.8	7.9	45.0	44.3	6.4	4.3
32.1	46.1	12.5	9.4	31.2	44.8	12.8	11.1	29.4	50.3	11.1	9.2	44.5	46.6	5.0	3.9
28.1	50.0	15.6	6.3	34.4	46.9	15.6	3.1	34.4	43.8	15.6	6.3	43.8	46.9	9.4	
32.0	49.9	12.5	5.7	30.8	49.8	11.6	7.7	28.8	51.7	13.2	6.4	44.6	46.4	5.8	3.2
30.1	50.6	12.2	7.0	27.6	50.1	12.8	9.4	29.6	50.6	10.9	9.0	41.3	48.8	6.3	3.6
31.1	52.1	10.8	6.0	26.3	52.7	12.6	8.4	27.5	49.7	10.2	12.6	41.3	50.9	4.8	3.0
32.9	47.2	13.7	6.2	33.2	41.8	15.7	9.2	32.3	46.9	12.8	8.0	46.0	41.5	6.5	5.9
31.1	49.8	10.4	8.6	28.5	49.0	11.4	11.1	30.5	48.6	9.8	11.1	42.8	47.0	5.7	4.5

12-15 组织创新对建筑业

项 目	在实现组织创新企业中，对下列											
	加快了对客户或供应商的响应速度				提高了新产品或新工艺的开发能力				提高了产品质量			
	高	中	低	无	高	中	低	无	高	中	低	无
总 计	**33.8**	**48.4**	**8.9**	**8.9**	**25.8**	**48.8**	**11.8**	**13.6**	**36.2**	**47.2**	**7.8**	**8.8**
一、按行业分												
房屋建筑业	30.6	50.8	9.8	8.8	24.2	50.9	12.4	12.6	36.7	47.7	8.3	7.3
土木工程建筑业	36.3	44.9	8.8	10.1	29.8	45.9	11.8	12.5	38.0	45.8	7.5	8.7
建筑安装业	38.7	43.3	8.9	9.1	23.4	45.7	12.3	18.6	34.4	43.3	9.2	13.1
建筑装饰和其他建筑业	34.2	51.2	6.9	7.7	26.5	50.1	10.1	13.4	34.0	50.8	6.1	9.1
二、按地区分												
东部地区	34.8	48.7	8.4	8.0	25.7	50.5	11.4	12.5	37.4	47.1	7.3	8.2
中部地区	34.8	47.7	7.6	9.9	27.6	44.9	12.2	15.4	36.1	45.9	8.5	9.5
西部地区	28.3	48.3	12.2	11.2	22.8	47.0	13.5	16.7	31.8	48.6	9.3	10.3
东北地区	34.5	48.0	9.1	8.4	29.1	50.5	10.2	10.2	36.4	48.0	7.3	8.4
北 京	30.8	50.5	10.0	8.7	21.1	48.2	16.1	14.7	32.1	48.2	11.4	8.4
天 津	29.9	48.8	7.3	14.0	21.3	50.6	15.2	12.8	30.5	53.0	6.1	10.4
河 北	34.9	44.2	10.1	10.9	27.9	50.4	8.5	13.2	37.2	47.3	8.5	7.0
山 西	26.5	47.0	9.6	16.9	22.9	47.0	14.5	15.7	36.1	37.3	13.3	13.3
内蒙古	30.4	43.5	13.0	13.0	17.4	52.2	13.0	17.4	30.4	47.8	8.7	13.0
辽 宁	34.4	48.4	8.1	9.1	30.1	51.6	8.6	9.7	37.1	50.5	5.9	6.5
吉 林	50.0	42.5	5.0	2.5	32.5	57.5	5.0	5.0	42.5	42.5	7.5	7.5
黑龙江	22.4	51.0	16.3	10.2	22.4	40.8	20.4	16.3	28.6	42.9	12.2	16.3
上 海	37.6	49.7	5.5	7.2	19.9	52.5	14.9	12.7	32.0	51.4	7.2	9.4
江 苏	35.4	50.8	7.0	6.8	26.2	51.3	10.5	12.0	38.0	48.2	5.6	8.1
浙 江	34.0	47.0	12.1	6.9	25.7	53.0	10.1	11.2	38.3	46.8	7.8	7.2
安 徽	36.6	47.8	7.5	8.2	32.8	45.5	9.0	12.7	41.0	41.8	9.0	8.2
福 建	31.4	51.4	7.9	9.3	24.3	46.4	10.7	18.6	38.6	42.9	5.7	12.9
江 西	32.4	50.7	9.9	7.0	19.7	50.7	18.3	11.3	29.6	50.7	12.7	7.0
山 东	39.6	46.1	7.0	7.4	32.2	48.3	11.3	8.3	48.7	39.1	7.8	4.3
河 南	37.7	45.5	5.4	11.3	27.6	42.4	12.8	17.1	38.5	44.4	7.0	10.1
湖 北	34.2	49.5	7.4	8.9	27.4	46.8	10.5	15.3	35.3	49.5	7.4	7.9
湖 南	34.5	48.2	10.0	7.3	30.0	40.9	11.8	17.3	30.0	51.8	7.3	10.9
广 东	37.2	48.0	7.3	7.6	29.0	49.5	8.2	13.3	38.1	46.8	6.0	9.1
广 西	22.0	63.4	2.4	12.2	22.0	58.5	9.8	9.8	34.1	53.7	4.9	7.3
海 南	46.2	30.8	15.4	7.7	30.8	53.8	7.7	7.7	38.5	46.2	7.7	7.7
重 庆	33.1	43.8	10.8	12.3	25.4	46.9	13.1	14.6	36.2	40.8	12.3	10.8
四 川	23.0	51.1	18.0	7.9	15.8	45.3	15.1	23.7	27.3	51.8	10.1	10.8
贵 州	44.4	33.3	11.1	11.1	41.7	33.3	13.9	11.1	41.7	36.1	5.6	16.7
云 南	29.5	56.4	6.4	7.7	26.9	46.2	12.8	14.1	32.1	56.4	3.8	7.7
西 藏	50.0	50.0			50.0	50.0			50.0	50.0		
陕 西	29.6	41.5	11.3	17.6	22.5	43.7	14.8	19.0	28.2	48.6	10.6	12.7
甘 肃	24.3	51.4	13.5	10.8	18.9	56.8	13.5	10.8	40.5	48.6	10.8	
青 海	37.5	12.5	50.0		12.5	37.5	25.0	25.0	25.0	37.5	25.0	12.5
宁 夏	25.0	50.0	18.8	6.3	18.8	62.5	12.5	6.3	18.8	62.5	6.3	12.5
新 疆	18.2	63.6	11.4	6.8	25.0	50.0	9.1	15.9	31.8	50.0	9.1	9.1

企业的影响(2013-2014年)

各项作出不同影响程度判断的企业家占比(%)															
降低了单位成本				提高了信息交换与共享的水平				改善了员工工作条件				提升了管理效率			
高	中	低	无	高	中	低	无	高	中	低	无	高	中	低	无
29.8	**51.7**	**11.9**	**6.6**	**35.9**	**49.1**	**8.6**	**6.5**	**26.5**	**53.3**	**12.8**	**7.4**	**46.8**	**45.8**	**4.8**	**2.5**
27.9	53.4	12.2	6.4	33.5	51.1	8.9	6.5	25.5	55.3	12.7	6.5	45.4	47.0	5.3	2.2
34.6	48.9	10.7	5.8	39.4	44.8	8.5	7.3	27.3	51.0	13.9	7.8	51.7	41.9	3.9	2.6
28.7	50.3	13.2	7.8	39.8	45.5	8.0	6.7	27.7	50.0	13.1	9.2	47.6	44.1	4.9	3.3
29.2	52.2	11.7	6.9	34.0	52.6	8.4	5.1	27.1	54.2	11.5	7.2	43.3	49.3	4.7	2.6
30.6	51.8	11.5	6.2	37.2	49.3	8.0	5.5	26.8	53.7	12.5	7.0	48.4	44.6	4.5	2.5
32.1	48.6	11.7	7.6	36.6	46.5	9.6	7.3	29.1	51.8	12.3	6.7	48.2	45.1	4.9	1.9
24.9	55.2	12.9	7.0	31.0	50.6	9.8	8.6	21.8	53.4	15.9	8.8	39.8	51.0	6.6	2.6
28.7	51.3	13.8	6.2	33.8	50.9	8.0	7.3	28.4	53.8	9.1	8.7	45.5	46.2	3.6	4.7
26.1	50.2	15.7	8.0	37.5	49.2	8.0	5.4	20.4	54.2	16.4	9.0	44.8	48.2	4.3	2.7
23.8	58.5	11.0	6.7	29.3	53.0	9.1	8.5	20.7	56.7	15.2	7.3	41.5	50.0	6.7	1.8
31.0	52.7	10.9	5.4	32.6	51.9	7.0	8.5	22.5	55.8	12.4	9.3	46.5	45.0	5.4	3.1
34.9	47.0	12.0	6.0	32.5	48.2	9.6	9.6	26.5	53.0	13.3	7.2	44.6	50.6	4.8	
39.1	30.4	21.7	8.7	21.7	52.2	17.4	8.7	17.4	52.2	21.7	8.7	34.8	43.5	17.4	4.3
32.3	50.5	10.8	6.5	33.3	53.8	5.4	7.5	30.1	55.9	7.5	6.5	45.7	46.8	3.2	4.3
27.5	55.0	12.5	5.0	45.0	42.5	7.5	5.0	25.0	57.5	5.0	12.5	50.0	42.5	5.0	2.5
16.3	51.0	26.5	6.1	26.5	46.9	18.4	8.2	24.5	42.9	18.4	14.3	40.8	46.9	4.1	8.2
26.0	58.0	8.3	7.7	34.8	49.2	8.3	7.7	26.0	56.9	9.4	7.7	42.5	50.3	4.4	2.8
33.2	52.8	9.3	4.7	38.2	50.3	7.3	4.2	29.1	54.8	10.3	5.8	49.7	44.5	3.5	2.3
27.1	52.6	13.9	6.5	36.5	48.5	9.6	5.4	26.2	54.6	11.9	7.4	50.8	41.4	5.1	2.7
35.1	44.0	12.7	8.2	41.0	47.8	8.2	3.0	27.6	51.5	11.9	9.0	53.0	39.6	5.2	2.2
31.4	50.7	7.9	10.0	42.1	47.9	3.6	6.4	27.1	57.1	5.7	10.0	50.7	42.1	5.0	2.1
25.4	54.9	12.7	7.0	31.0	56.3	7.0	5.6	28.2	52.1	14.1	5.6	40.8	54.9	2.8	1.4
42.2	43.5	10.4	3.9	44.3	44.3	8.7	2.6	30.0	53.9	11.3	4.8	55.7	38.7	3.0	2.6
33.9	47.5	10.5	8.2	37.4	45.5	8.2	8.9	30.7	50.6	11.7	7.0	49.4	44.0	4.3	2.3
31.1	51.1	11.1	6.8	36.3	45.3	10.5	7.9	27.9	53.2	12.6	6.3	45.3	47.9	4.7	2.1
28.2	50.0	13.6	8.2	36.4	41.8	14.5	7.3	31.8	51.8	11.8	4.5	51.8	39.1	7.3	1.8
31.7	50.2	12.4	5.7	35.7	50.5	7.9	6.0	30.8	45.3	17.8	6.0	47.4	45.3	4.8	2.4
14.6	65.9	9.8	9.8	26.8	61.0	7.3	4.9	31.7	53.7	12.2	2.4	43.9	48.8	7.3	
30.8	38.5	23.1	7.7	46.2	38.5	15.4		53.8	30.8	15.4		53.8	46.2		
26.2	49.2	16.2	8.5	33.1	49.2	10.8	6.9	23.1	50.8	17.7	8.5	40.0	50.0	7.7	2.3
20.1	62.6	11.5	5.8	28.1	52.5	7.9	11.5	16.5	52.5	20.9	10.1	31.7	56.1	7.2	5.0
41.7	44.4	2.8	11.1	47.2	30.6	8.3	13.9	33.3	44.4	8.3	13.9	55.6	33.3	5.6	5.6
26.9	60.3	9.0	3.8	34.6	56.4	6.4	2.6	17.9	67.9	9.0	5.1	46.2	50.0	3.8	
	50.0	50.0		50.0	50.0			50.0	50.0			50.0	50.0		
24.6	51.4	14.1	9.9	32.4	45.8	10.6	11.3	25.4	48.6	14.1	12.0	42.3	50.7	3.5	3.5
27.0	54.1	13.5	5.4	27.0	45.9	16.2	10.8	18.9	64.9	13.5	2.7	40.5	51.4	8.1	
12.5	62.5	25.0		25.0	37.5	25.0	12.5	12.5	12.5	62.5	12.5	50.0	37.5	12.5	
25.0	68.8	6.3		31.3	62.5	6.3		18.8	75.0	6.3		31.3	68.8		
22.7	59.1	15.9	2.3	22.7	61.4	9.1	6.8	18.2	52.3	18.2	11.4	31.8	56.8	11.4	

12-16 组织创新对服务业

项 目	在实现组织创新企业中，对下列各项											
	加快了对客户或供应商的响应速度				提高了新产品或新工艺的开发能力				提高了产品质量			
	高	中	低	无	高	中	低	无	高	中	低	无
总 计	**40.3**	**45.7**	**6.8**	**7.3**	**28.5**	**44.1**	**11.1**	**16.4**	**40.0**	**45.6**	**6.1**	**8.4**
一、按行业分												
批发和零售业	40.2	47.4	6.8	5.5	26.0	44.9	11.7	17.4	38.4	47.2	6.3	8.1
批发业	39.6	46.6	6.7	7.0	26.0	41.6	14.9	17.5	35.2	47.9	7.8	9.1
零售业	40.8	48.1	6.9	4.2	26.1	47.8	8.8	17.3	41.2	46.6	5.0	7.2
交通运输、仓储和邮政业	35.8	48.4	5.6	10.2	25.3	47.1	11.1	16.5	37.6	48.8	5.6	8.1
铁路运输业	16.7	66.7	3.3	13.3	10.0	53.3	13.3	23.3	23.3	63.3	10.0	3.3
道路运输业	36.4	47.4	5.5	10.8	27.6	47.6	10.2	14.6	38.4	49.8	4.2	7.6
水上运输业	33.4	51.8	6.9	7.9	23.1	44.4	15.6	16.9	35.2	49.8	8.1	6.9
航空运输业	42.7	40.6	6.3	10.4	36.5	38.5	10.4	14.6	44.8	47.9	2.1	5.2
管道运输业	18.2	45.5	9.1	27.3	18.2	36.4	9.1	36.4	22.7	50.0		27.3
装卸搬运和运输代理业	33.5	50.4	6.4	9.7	22.1	48.7	11.3	17.9	34.9	47.5	8.8	8.8
仓储业	36.7	48.7	4.4	10.2	20.8	44.1	11.7	23.4	37.5	46.7	4.5	11.3
邮政业	41.0	45.1	4.0	9.8	27.5	48.8	10.4	13.3	43.1	44.5	6.9	5.5
信息传输、软件和信息技术服务业	52.2	38.4	5.0	4.4	46.9	38.5	7.9	6.8	51.2	39.0	4.9	4.9
电信、广播电视和卫星传输服务	54.2	36.6	3.7	5.5	35.4	40.2	12.4	12.1	49.1	39.3	5.4	6.2
互联网和相关服务	50.0	36.7	6.0	7.4	49.5	35.0	6.7	8.8	51.4	36.4	5.2	6.9
软件和信息技术服务业	51.9	39.2	5.2	3.7	50.2	38.3	6.6	4.9	51.8	39.3	4.6	4.3
金融业	52.0	32.7	6.5	8.8	45.0	34.8	8.8	11.3	54.7	33.5	4.5	7.2
货币金融服务	52.8	32.9	5.9	8.4	46.8	35.6	7.7	9.9	56.1	33.3	4.0	6.6
资本市场服务	50.7	27.4	5.5	16.4	51.4	32.2	4.1	12.3	56.8	29.5	2.7	11.0
保险业	51.7	34.2	8.1	6.0	40.2	34.2	12.7	12.9	54.0	34.2	5.8	6.0
其他金融业	50.6	32.9	4.7	11.8	47.1	37.6	4.7	10.6	45.9	38.8	4.7	10.6
租赁和商务服务业	37.6	39.5	9.1	13.8	29.0	41.2	11.4	18.4	40.4	40.0	7.6	12.0
租赁业	33.7	47.2	8.7	10.3	25.8	46.0	8.3	19.8	31.7	52.8	5.6	9.9
商务服务业	37.7	39.2	9.1	14.0	29.1	41.0	11.6	18.3	40.8	39.5	7.7	12.0
科学研究和技术服务业	36.6	44.8	7.1	11.5	31.4	44.6	9.3	14.6	41.7	44.2	4.5	9.6
研究和试验发展	47.9	37.2	5.0	9.9	48.3	35.1	9.5	7.2	51.9	34.1	6.8	7.2
专业技术服务业	34.8	44.9	7.5	12.9	28.0	46.6	8.7	16.6	40.2	45.1	3.8	10.9
科技推广和应用服务业	36.9	48.6	6.9	7.5	34.6	42.6	11.1	11.6	41.6	46.6	5.6	6.2
水利、环境和公共设施管理业	37.1	45.5	6.0	11.3	31.5	42.0	9.7	16.7	42.1	42.6	5.6	9.7
水利管理业	23.6	43.6	7.3	25.5	20.0	40.0	9.1	30.9	36.4	36.4	10.9	16.4
生态保护和环境治理业	42.9	40.2	5.4	11.6	37.5	30.4	13.4	18.8	42.9	36.6	9.8	10.7
公共设施管理业	37.2	46.3	6.1	10.4	31.5	43.6	9.3	15.6	42.4	43.7	4.7	9.2

企业的影响(2013-2014年)

作出不同影响程度判断的企业家占比(%)															
降低了单位成本				提高了信息交换与共享的水平				改善了员工工作条件				提升了管理效率			
高	中	低	无	高	中	低	无	高	中	低	无	高	中	低	无
25.5	**47.4**	**14.6**	**12.4**	**33.5**	**48.5**	**9.2**	**8.8**	**28.4**	**50.5**	**11.8**	**9.2**	**43.0**	**46.6**	**5.9**	**4.4**
24.4	47.0	15.4	13.2	31.4	50.0	9.7	9.0	28.7	50.6	12.0	8.7	41.0	48.0	6.4	4.6
23.9	46.1	16.3	13.7	33.7	46.2	10.8	9.3	27.6	47.7	14.4	10.3	39.3	47.1	8.9	4.7
24.8	47.8	14.6	12.7	29.3	53.4	8.6	8.6	29.6	53.3	9.9	7.2	42.4	48.9	4.2	4.5
28.4	50.3	11.5	9.8	34.1	48.0	8.5	9.4	27.7	54.3	9.2	8.8	45.6	46.4	4.6	3.3
23.3	56.7	10.0	10.0	26.7	66.7	6.7		30.0	56.7	10.0	3.3	46.7	50.0	3.3	
31.1	50.3	9.2	9.3	35.4	47.1	8.2	9.3	30.0	55.3	7.7	7.1	48.7	44.8	3.9	2.7
25.0	52.4	13.1	9.5	32.1	52.7	8.1	7.1	26.0	53.5	9.7	10.8	42.9	49.5	4.8	2.7
33.3	39.6	17.7	9.4	46.9	37.5	11.5	4.2	32.3	44.8	13.5	9.4	57.3	37.5	4.2	1.0
22.7	50.0		27.3	31.8	40.9	4.5	22.7	22.7	50.0	4.5	22.7	54.5	40.9	4.5	
24.6	49.7	17.8	7.9	30.6	50.8	9.9	8.8	24.2	54.1	11.2	10.5	41.2	48.7	6.3	3.9
25.4	51.6	8.6	14.5	33.8	45.2	7.7	13.3	22.6	54.1	11.7	11.6	39.6	49.8	4.8	5.7
26.6	47.1	15.9	10.4	35.0	48.3	8.4	8.4	32.1	48.3	10.1	9.5	46.0	44.8	4.9	4.3
34.1	44.9	12.7	8.3	45.6	42.9	6.5	5.0	31.4	47.2	11.6	9.9	50.9	40.9	4.8	3.4
32.9	44.6	11.8	10.7	43.8	43.8	6.8	5.6	30.0	44.7	11.8	13.5	50.8	42.4	3.6	3.2
34.0	44.3	11.2	10.5	46.2	41.7	5.7	6.4	35.7	45.5	9.3	9.5	52.6	39.3	2.9	5.2
34.4	45.1	13.1	7.3	46.1	42.8	6.5	4.6	31.2	48.2	11.8	8.8	50.8	40.7	5.4	3.2
32.4	40.3	14.4	13.0	47.2	36.5	7.3	9.0	28.1	40.5	15.2	16.3	59.6	32.9	3.5	4.0
34.4	40.8	13.0	11.9	47.9	36.6	7.7	7.9	28.5	38.2	16.5	16.8	60.7	33.3	2.6	3.5
25.3	43.8	11.6	19.2	49.3	32.9	4.1	13.7	28.1	40.4	13.7	17.8	64.4	25.3	4.1	6.2
34.2	39.5	15.2	11.1	45.5	38.3	7.6	8.5	27.0	45.3	12.9	14.8	56.6	34.4	4.4	4.6
22.4	35.3	23.5	18.8	48.2	32.9	8.2	10.6	30.6	30.6	21.2	17.6	60.0	35.3	3.5	1.2
23.7	48.3	14.5	13.6	34.6	47.1	9.0	9.2	26.9	49.8	12.4	10.8	44.0	45.2	6.3	4.6
20.6	57.5	14.3	7.5	32.1	46.8	11.1	9.9	26.6	53.6	9.5	10.3	34.9	56.0	6.7	2.4
23.8	47.9	14.5	13.8	34.7	47.1	9.0	9.2	26.9	49.7	12.5	10.8	44.3	44.7	6.3	4.7
23.0	49.9	14.7	12.4	34.0	47.3	9.1	9.6	25.2	50.8	13.1	10.9	43.2	45.9	5.0	5.9
32.9	42.2	14.7	10.1	38.4	44.0	9.5	8.1	31.2	44.4	14.5	9.9	51.0	37.8	7.8	3.5
20.3	51.2	14.9	13.6	33.1	48.5	8.1	10.2	24.3	51.6	13.1	11.0	42.3	46.9	4.2	6.6
27.4	49.1	14.2	9.3	34.9	44.8	12.1	8.1	25.5	51.1	12.6	10.8	42.2	46.7	6.2	4.9
30.4	46.8	11.2	11.5	38.8	44.0	8.4	8.8	33.1	49.1	10.1	7.7	48.1	42.6	5.5	3.9
32.7	36.4	14.5	16.4	32.7	49.1	7.3	10.9	40.0	40.0	12.7	7.3	56.4	32.7	7.3	3.6
35.7	44.6	8.0	11.6	36.6	42.9	9.8	10.7	31.3	43.8	12.5	12.5	43.8	45.5	4.5	6.3
29.6	47.8	11.4	11.2	39.5	43.8	8.3	8.4	32.8	50.3	9.6	7.2	48.1	42.8	5.5	3.6

12-16 续表

项　目	在实现组织创新企业中，对下列											
	加快了对客户或供应商的响应速度				提高了新产品或新工艺的开发能力				提高了产品质量			
	高	中	低	无	高	中	低	无	高	中	低	无
二、按地区分												
东部地区	40.4	46.0	6.4	7.1	28.9	45.1	10.6	15.4	39.8	46.1	5.6	8.5
中部地区	42.5	43.2	7.7	6.5	30.3	41.5	12.7	15.5	42.2	43.8	6.8	7.2
西部地区	38.5	45.6	7.0	8.9	25.4	40.9	11.6	22.1	40.0	43.9	7.7	8.5
东北地区	33.0	49.4	9.2	8.3	25.1	46.5	11.8	16.6	33.3	50.3	6.7	9.7
北　京	34.6	51.6	5.7	8.1	19.8	51.8	10.2	18.2	34.9	46.7	6.2	12.2
天　津	30.6	52.6	6.4	10.4	21.9	48.6	10.2	19.3	30.3	51.8	6.8	11.2
河　北	37.3	41.2	10.0	11.5	23.5	42.0	11.8	22.7	43.0	38.8	7.9	10.4
山　西	34.8	45.9	8.5	10.9	22.5	41.2	12.9	23.4	35.8	46.9	7.1	10.2
内蒙古	34.9	46.7	6.6	11.8	28.7	35.8	11.6	24.0	42.2	40.3	5.4	12.2
辽　宁	30.7	52.7	9.6	7.0	22.5	50.9	12.2	14.4	30.3	54.5	7.3	7.9
吉　林	34.2	45.1	7.8	12.8	34.2	33.9	8.9	23.0	43.6	39.3	1.9	15.2
黑龙江	43.1	37.0	8.6	11.3	30.6	35.2	12.5	21.7	39.8	38.8	7.3	14.1
上　海	38.1	43.7	8.0	10.2	34.2	39.9	10.7	15.2	36.9	45.2	3.7	14.2
江　苏	45.6	45.4	2.9	6.1	30.9	48.7	9.6	10.8	36.5	50.6	4.9	8.0
浙　江	43.5	40.2	9.6	6.7	34.3	37.4	14.2	14.0	46.1	37.8	9.0	7.1
安　徽	42.0	39.8	10.3	7.9	32.1	36.4	14.1	17.4	42.3	40.5	7.4	9.9
福　建	43.2	41.2	8.2	7.3	26.9	42.3	12.5	18.4	41.8	45.7	5.9	6.7
江　西	48.7	34.4	9.5	7.3	27.7	43.9	10.7	17.7	41.2	44.4	5.2	9.2
山　东	44.8	41.3	8.2	5.7	34.0	36.9	8.1	21.0	43.5	47.6	1.7	7.2
河　南	39.5	50.6	5.8	4.1	29.8	46.7	11.0	12.5	46.7	36.8	12.4	4.1
湖　北	46.2	41.5	6.8	5.4	31.4	41.3	13.7	13.6	40.6	50.5	3.2	5.7
湖　南	42.8	42.8	6.9	7.5	31.5	41.4	11.9	15.2	41.9	45.8	4.5	7.9
广　东	38.5	48.9	7.2	5.3	27.9	47.2	11.5	13.4	46.1	41.8	7.0	5.2
广　西	39.9	43.7	6.6	9.8	25.0	45.4	8.7	20.9	38.2	48.9	4.1	8.8
海　南	35.3	50.2	3.6	10.9	24.4	52.9	6.3	16.3	44.3	43.0	4.1	8.6
重　庆	31.0	49.4	7.7	11.9	22.8	38.1	12.1	27.1	35.9	41.4	12.6	10.1
四　川	43.2	45.0	6.3	5.5	25.6	42.2	11.9	20.3	41.3	46.7	6.7	5.3
贵　州	37.9	43.3	7.8	11.1	23.9	39.8	13.5	22.8	31.9	50.6	6.7	10.9
云　南	35.2	47.2	8.6	9.0	25.6	41.7	11.4	21.3	42.9	41.3	6.1	9.7
西　藏	48.7	41.0	7.7	2.6	28.2	43.6	12.8	15.4	43.6	41.0	5.1	10.3
陕　西	39.4	46.1	5.4	9.1	27.4	39.9	12.1	20.6	43.3	39.1	10.0	7.6
甘　肃	42.2	42.4	7.7	7.7	29.2	39.3	11.1	20.5	40.5	41.9	7.7	9.9
青　海	37.4	41.4	7.1	14.1	22.2	44.4	11.1	22.2	41.4	39.4	7.1	12.1
宁　夏	33.9	50.3	7.3	8.5	20.6	38.2	16.4	24.8	36.4	47.3	6.7	9.7
新　疆	40.9	41.6	7.1	10.5	25.0	42.3	10.1	22.6	40.5	43.0	7.6	8.9

各项作出不同影响程度判断的企业家占比(%)															
降低了单位成本				提高了信息交换与共享的水平				改善了员工工作条件				提升了管理效率			
高	中	低	无	高	中	低	无	高	中	低	无	高	中	低	无
25.4	48.3	14.3	12.0	33.3	49.1	9.0	8.5	28.3	50.3	12.5	8.9	42.9	46.7	6.1	4.3
27.6	46.2	14.0	12.1	36.5	46.2	9.1	8.2	29.9	51.3	10.3	8.5	45.5	46.2	4.4	3.8
23.4	45.2	16.7	14.7	32.4	47.2	10.1	10.3	27.4	49.5	11.2	11.8	41.5	46.3	6.9	5.3
27.4	42.4	15.9	14.3	29.4	50.7	9.3	10.6	27.2	54.3	8.0	10.5	40.9	46.3	6.2	6.5
14.4	61.3	10.1	14.2	29.0	56.9	9.1	5.0	15.6	56.2	16.0	12.3	33.2	60.6	4.1	2.1
18.6	52.9	13.3	15.2	28.4	51.3	8.9	11.3	25.9	51.1	11.5	11.5	34.4	52.2	7.7	5.7
20.9	46.2	14.3	18.6	27.8	48.4	9.0	14.8	26.7	45.6	14.1	13.6	40.9	47.2	7.0	4.9
25.7	44.7	14.5	15.1	30.9	45.0	8.1	16.0	26.4	51.2	14.1	8.4	40.7	48.7	4.8	5.8
24.0	45.6	15.0	15.4	33.8	46.7	7.7	11.8	26.8	48.6	10.3	14.3	39.6	42.8	8.4	9.2
26.0	42.8	17.5	13.7	28.3	51.4	9.9	10.4	24.7	57.8	7.3	10.2	39.0	46.9	7.3	6.8
28.4	51.4	8.2	12.1	31.9	54.9	3.9	9.3	35.0	48.6	6.6	9.7	44.4	51.4	1.6	2.7
33.6	33.3	14.4	18.7	32.7	43.7	10.7	12.8	33.0	42.5	12.2	12.2	47.4	39.5	4.9	8.3
23.6	50.0	13.6	12.9	33.1	46.7	8.2	11.9	26.0	48.4	13.2	12.4	42.8	43.3	7.4	6.5
28.2	46.5	13.8	11.4	31.5	50.6	7.4	10.4	27.1	54.2	10.1	8.7	38.8	49.4	7.1	4.8
29.4	41.7	19.7	9.2	42.3	41.8	10.3	5.6	29.3	45.7	20.8	4.2	48.6	41.9	8.1	1.4
26.5	40.9	16.3	16.3	36.0	41.0	10.5	12.5	31.5	48.2	9.6	10.7	47.6	41.9	4.7	5.9
28.0	45.9	14.3	11.8	36.1	45.5	10.0	8.4	29.2	52.9	9.8	8.1	45.4	46.5	4.3	3.8
25.0	38.1	25.7	11.2	38.1	44.6	10.7	6.7	30.6	47.4	11.7	10.4	45.4	37.6	9.3	7.7
32.8	43.7	12.6	10.9	36.0	50.1	5.7	8.1	36.3	46.2	10.9	6.6	54.0	38.6	2.7	4.7
29.6	42.5	14.2	13.6	36.8	48.6	9.6	5.0	35.4	46.5	8.7	9.3	47.8	45.3	5.7	1.2
28.6	53.3	11.2	7.0	37.0	49.0	9.2	4.8	27.0	56.2	10.3	6.5	41.6	52.4	3.1	2.9
26.6	51.7	10.3	11.4	38.5	47.6	5.6	8.4	26.0	56.4	11.1	6.6	48.4	45.8	2.4	3.3
25.6	47.4	16.3	10.7	34.3	46.7	12.7	6.3	33.9	47.3	11.2	7.7	47.4	41.8	6.0	4.7
20.8	45.1	16.9	17.2	30.2	49.9	9.9	9.9	25.3	49.2	12.0	13.5	35.9	52.7	5.9	5.5
29.9	42.5	16.7	10.9	40.3	46.2	5.4	8.1	31.2	57.0	7.7	4.1	48.0	47.5	2.7	1.8
18.3	45.4	16.6	19.7	28.9	44.4	13.5	13.2	23.3	48.8	11.4	16.5	36.5	47.6	10.8	5.2
27.4	44.3	15.1	13.3	35.3	48.8	8.1	7.9	30.6	51.9	9.2	8.2	43.0	47.6	5.0	4.4
19.3	44.5	17.4	18.7	30.3	46.9	12.0	10.8	27.3	45.2	14.4	13.2	40.4	47.4	5.4	6.8
23.0	42.9	20.0	14.1	29.7	48.6	10.2	11.5	26.2	50.6	10.8	12.4	42.2	46.2	6.0	5.5
28.2	46.2	10.3	15.4	38.5	43.6	12.8	5.1	33.3	38.5	10.3	17.9	41.0	38.5	7.7	12.8
24.1	48.4	16.5	11.1	34.3	48.0	7.5	10.2	28.9	51.1	10.8	9.2	47.2	41.6	7.3	3.9
27.2	44.1	19.0	9.6	37.3	43.6	11.6	7.5	31.3	47.5	13.3	8.0	50.1	37.3	7.7	4.8
28.3	45.5	10.1	16.2	31.3	45.5	9.1	14.1	26.3	48.5	8.1	17.2	40.4	46.5	6.1	7.1
18.2	47.9	19.4	14.5	26.7	47.9	10.3	15.2	20.0	53.3	13.9	12.7	37.6	52.1	4.2	6.1
22.6	48.8	15.7	12.8	32.7	41.6	15.0	10.7	25.5	43.2	15.7	15.6	39.8	45.9	8.7	5.6

12-17 营销创新对

项 目	在实现营销创新企业中，保持或扩大了市场份额			
	高	中	低	无
总 计	**38.1**	**48.8**	**8.3**	**4.8**
一、按行业分				
采矿业	30.6	50.1	11.8	7.5
制造业	39.4	48.6	7.6	4.4
电力、热力、燃气及水生产和供应业	37.7	42.4	7.5	12.4
建筑业	34.7	49.2	8.8	7.2
批发和零售业	33.5	51.3	9.6	5.5
交通运输、仓储和邮政业	40.6	45.7	7.0	6.7
信息传输、软件和信息技术服务业	49.6	39.4	6.9	4.1
金融业	52.9	37.4	6.7	3.0
租赁和商务服务业	40.1	46.9	9.8	3.2
科学研究和技术服务业	37.4	42.3	13.0	7.4
水利、环境和公共设施管理业	44.1	45.2	6.1	4.5
二、按地区分				
东部地区	37.7	49.0	8.1	5.1
中部地区	41.2	47.9	7.4	3.5
西部地区	36.7	48.4	9.5	5.4
东北地区	33.9	49.7	11.6	4.8
北 京	37.8	45.0	11.2	6.0
天 津	30.9	57.4	7.7	4.0
河 北	35.4	52.4	8.1	4.0
山 西	36.1	49.9	8.0	6.0
内蒙古	32.7	49.5	10.2	7.7
辽 宁	30.4	51.1	13.7	4.8
吉 林	42.3	47.2	5.6	4.9
黑龙江	38.3	47.3	9.6	4.8
上 海	39.6	45.5	6.0	8.9
江 苏	36.6	51.9	8.5	3.0
浙 江	37.4	49.3	8.7	4.6
安 徽	41.0	47.2	7.5	4.3
福 建	36.4	50.1	9.5	4.0
江 西	41.9	48.8	6.0	3.3
山 东	43.0	42.8	6.2	8.0
河 南	41.6	47.7	7.2	3.5
湖 北	40.7	48.5	8.0	2.9
湖 南	42.5	47.9	7.3	2.4
广 东	37.8	47.7	8.1	6.4
广 西	34.8	49.5	9.7	6.0
海 南	40.2	45.0	11.9	2.9
重 庆	36.4	49.2	9.3	5.1
四 川	37.5	48.0	9.7	4.7
贵 州	34.5	48.9	9.8	6.8
云 南	36.8	49.0	9.7	4.5
西 藏	37.5	50.0	6.3	6.3
陕 西	38.7	47.8	8.2	5.3
甘 肃	39.4	48.0	8.0	4.7
青 海	36.9	45.3	12.7	5.1
宁 夏	36.7	44.9	12.2	6.2
新 疆	34.9	48.3	9.7	7.2

企业的影响(2013-2014年)

对下列各项作出不同影响程度判断的企业家占比(%)							
开拓了新客户群体				开拓了新区域市场			
高	中	低	无	高	中	低	无
38.1	**48.9**	**8.2**	**4.9**	**35.2**	**48.4**	**10.7**	**5.7**
30.7	49.5	12.1	7.6	28.6	49.8	12.0	9.5
38.7	49.2	7.8	4.3	36.8	48.8	9.3	5.1
30.7	41.9	9.3	18.1	29.1	40.2	10.1	20.6
33.7	51.1	7.9	7.3	34.2	49.0	9.1	7.6
35.2	50.3	8.6	5.9	30.3	48.7	14.6	6.4
33.5	52.2	8.8	5.5	34.5	50.2	8.7	6.6
49.8	39.9	6.1	4.2	46.7	39.9	8.5	4.9
56.0	35.8	5.9	2.3	48.2	37.6	8.8	5.4
45.1	41.9	9.2	3.8	37.6	47.7	8.7	5.9
37.9	44.8	12.4	4.9	34.5	44.5	14.5	6.4
45.5	43.2	6.8	4.5	44.7	43.4	7.7	4.3
37.7	49.0	8.1	5.2	34.5	48.6	11.2	5.7
41.0	48.0	7.3	3.7	38.5	47.8	8.9	4.8
37.0	48.6	9.7	4.7	34.6	47.0	11.8	6.5
32.4	53.6	8.8	5.2	31.9	52.6	9.2	6.3
32.9	47.5	14.0	5.6	29.9	44.6	16.0	9.6
30.6	54.7	8.1	6.6	29.0	52.7	10.6	7.7
34.8	52.6	9.3	3.2	33.5	49.3	10.5	6.7
37.3	49.4	7.7	5.6	35.0	48.4	9.0	7.6
32.7	49.4	12.3	5.6	31.6	45.9	12.6	9.9
29.1	56.6	9.2	5.1	29.0	55.3	9.6	6.2
41.0	48.0	6.0	4.9	39.9	48.2	5.8	6.1
35.7	48.3	10.1	5.9	34.8	47.1	11.3	6.8
39.8	45.5	5.8	8.9	34.7	48.8	7.3	9.3
34.1	54.1	7.6	4.2	31.1	52.9	12.1	3.8
39.2	47.7	9.5	3.6	35.8	48.3	11.5	4.4
41.5	46.0	8.0	4.5	38.5	47.0	9.3	5.2
38.2	49.0	9.3	3.5	35.8	47.1	11.1	6.0
42.4	46.8	7.1	3.7	38.8	48.1	7.7	5.5
43.7	43.2	5.9	7.2	39.7	42.9	9.9	7.4
42.6	45.6	7.8	4.1	39.6	45.9	9.5	5.1
39.5	51.6	5.9	3.0	37.7	50.1	8.2	4.0
40.4	50.0	7.2	2.4	38.9	48.6	8.8	3.7
40.2	45.8	7.6	6.4	36.9	46.8	10.7	5.5
36.0	51.0	8.5	4.5	32.6	49.0	11.2	7.2
42.1	46.6	8.4	2.9	38.6	42.8	13.8	4.8
35.4	49.6	10.4	4.6	33.1	50.0	11.7	5.2
37.9	48.0	9.8	4.2	35.4	46.5	11.7	6.4
35.5	49.0	10.2	5.3	33.4	47.6	13.0	6.0
37.3	49.4	9.1	4.2	35.6	48.4	10.5	5.6
39.1	46.9	10.9	3.1	39.1	43.8	12.5	4.7
39.4	47.4	8.8	4.3	36.9	44.3	12.9	5.9
36.8	49.5	8.4	5.3	35.3	47.7	11.5	5.6
36.9	47.5	9.7	5.9	35.2	48.7	8.5	7.6
36.1	48.1	10.7	5.2	33.0	45.1	13.1	8.8
37.9	44.1	10.7	7.4	35.2	43.2	11.8	9.8

12-18 营销创新对工业

项 目	在实现营销创新企业中，对下列			
	保持或扩大了市场份额			
	高	中	低	无
总 计	**39.3**	**48.5**	**7.7**	**4.5**
一、按规模分				
大型企业	53.6	38.5	4.8	3.1
中型企业	42.2	47.5	6.4	4.0
小型企业	37.8	49.4	8.2	4.7
二、按登记注册类型分				
内资企业	39.4	48.6	7.6	4.3
国有企业	41.9	41.7	8.9	7.5
集体企业	36.8	47.5	9.3	6.4
股份合作企业	35.5	49.0	10.0	5.4
联营企业	29.6	48.1	11.1	11.1
有限责任公司	41.1	47.1	7.3	4.6
股份有限公司	47.4	44.6	5.0	2.9
私营企业	38.2	49.7	7.9	4.2
其他企业	36.1	51.6	8.2	4.1
港、澳、台商投资企业	37.9	49.0	7.7	5.5
外商投资企业	38.5	47.3	8.3	5.9
三、按行业分				
采矿业	30.6	50.1	11.8	7.5
煤炭开采和洗选业	27.9	48.4	14.0	9.8
石油和天然气开采业	54.5	18.2	9.1	18.2
黑色金属矿采选业	30.4	50.5	12.3	6.8
有色金属矿采选业	38.0	48.7	7.5	5.9
非金属矿采选业	31.6	53.0	10.1	5.2
开采辅助活动	18.8	62.5	12.5	6.3

企业的影响(2013－2014年)

各项作出不同影响程度判断的企业家占比(%)							
开拓了新客户群体				开拓了新市场区域			
高	中	低	无	高	中	低	无
38.5	**49.1**	**7.9**	**4.5**	**36.6**	**48.7**	**9.3**	**5.3**
49.8	41.0	5.8	3.4	47.0	42.1	7.1	3.8
41.1	47.7	7.0	4.2	39.1	47.8	8.3	4.9
37.3	49.9	8.3	4.6	35.5	49.4	9.7	5.5
38.7	49.3	7.8	4.2	36.8	48.9	9.2	5.0
36.7	42.9	9.7	10.6	33.3	44.2	10.7	11.7
34.8	48.1	10.6	6.4	32.2	49.2	10.9	7.8
31.3	52.9	12.4	3.5	31.7	50.6	13.9	3.9
37.0	44.4	14.8	3.7	40.7	44.4	14.8	
39.9	47.9	7.6	4.6	38.3	47.3	8.9	5.4
46.5	44.6	6.0	2.9	43.9	45.6	7.1	3.5
37.7	50.3	8.0	4.0	35.8	49.8	9.5	4.9
34.0	54.3	8.2	3.5	35.1	51.9	9.0	4.1
37.6	48.5	8.4	5.5	35.7	48.2	9.9	6.2
37.6	47.5	8.4	6.4	35.2	47.5	10.1	7.2
30.7	49.5	12.1	7.6	28.6	49.8	12.0	9.5
28.4	49.5	13.6	8.5	26.8	48.6	14.0	10.6
63.6	27.3		9.1	63.6	27.3		9.1
28.7	49.8	13.7	7.9	27.3	48.5	14.7	9.6
37.4	45.5	9.1	8.0	32.1	50.8	8.0	9.1
32.0	51.3	10.9	5.8	30.2	52.1	9.6	8.2
25.0	56.3	6.3	12.5	18.8	62.5	12.5	6.3

12-18　续表 1

项　目	在实现营销创新企业中，对下列			
	保持或扩大了市场份额			
	高	中	低	无
制造业	39.4	48.6	7.6	4.4
农副食品加工业	39.4	48.9	7.9	3.8
食品制造业	40.0	49.0	7.1	3.8
酒、饮料和精制茶制造业	41.5	46.8	7.9	3.8
烟草制品业	55.3	23.7	10.5	10.5
纺织业	35.0	52.0	7.9	5.1
纺织服装、服饰业	32.1	52.4	9.7	5.9
皮革、毛皮、羽毛及其制品和制鞋业	33.2	52.0	9.5	5.2
木材加工和木、竹、藤、棕、草制品业	35.8	51.9	7.6	4.7
家具制造业	38.6	48.6	8.3	4.4
造纸和纸制品业	37.7	48.0	9.0	5.4
印刷和记录媒介复制业	35.6	52.0	8.6	3.8
文教、工美、体育和娱乐用品制造业	38.6	48.8	8.4	4.2
石油加工、炼焦和核燃料加工业	39.6	48.0	7.0	5.4
化学原料和化学制品制造业	41.6	47.0	6.9	4.5
医药制造业	46.9	44.3	5.6	3.2
化学纤维制造业	40.2	48.1	5.8	5.9
橡胶和塑料制品业	38.1	47.3	10.2	4.4
非金属矿物制品业	39.5	48.3	7.6	4.5
黑色金属冶炼和压延加工业	34.6	52.1	8.7	4.7
有色金属冶炼和压延加工业	41.4	47.4	7.0	4.2
金属制品业	36.9	49.6	8.9	4.6
通用设备制造业	39.0	49.7	7.2	4.1
专用设备制造业	44.1	45.8	6.5	3.6
汽车制造业	40.8	47.4	7.1	4.7
铁路、船舶、航空航天和其他运输设备制造业	37.9	49.2	7.6	5.3
电气机械和器材制造业	41.1	48.2	6.7	4.0
计算机、通信和其他电子设备制造业	41.1	47.6	6.9	4.4
仪器仪表制造业	44.0	45.9	6.0	4.1
其他制造业	34.4	51.2	9.9	4.5
废弃资源综合利用业	37.1	50.4	7.3	5.2
金属制品、机械和设备修理业	36.1	49.2	8.2	6.6
电力、热力、燃气及水生产和供应业	37.7	42.4	7.5	12.4
电力、热力生产和供应业	38.1	41.7	7.2	13.1
燃气生产和供应业	42.2	41.7	8.7	7.4
水的生产和供应业	29.1	46.6	6.8	17.6

各项作出不同影响程度判断的企业家占比(%)							
开拓了新客户群体				开拓了新市场区域			
高	中	低	无	高	中	低	无
38.7	49.2	7.8	4.3	36.8	48.8	9.3	5.1
38.5	50.6	7.2	3.6	37.0	49.2	9.2	4.6
38.6	49.7	8.0	3.7	36.4	49.2	9.9	4.6
39.9	49.4	6.9	3.8	37.9	48.8	9.3	4.0
44.7	44.7	2.6	7.9	44.7	34.2	13.2	7.9
35.4	51.2	8.6	4.9	32.6	51.8	10.0	5.6
32.3	53.3	9.6	4.8	30.3	52.8	11.0	6.0
35.5	50.1	10.0	4.4	32.8	50.1	11.7	5.5
35.2	53.1	8.4	3.4	34.5	51.1	9.6	4.9
39.2	48.6	8.0	4.3	37.1	49.3	8.3	5.3
36.3	49.6	9.0	5.0	34.2	48.5	10.8	6.5
35.8	51.3	8.8	4.1	33.0	51.9	9.8	5.3
37.0	50.2	8.5	4.3	35.4	49.5	10.3	4.8
41.6	46.4	7.4	4.7	38.4	47.8	8.2	5.6
39.9	47.9	7.6	4.6	38.0	47.7	8.9	5.4
44.2	46.4	6.2	3.1	43.3	45.2	7.3	4.2
40.2	50.0	4.9	4.9	37.6	48.4	8.0	6.1
38.3	49.3	7.9	4.4	35.6	49.8	9.1	5.4
38.2	48.8	8.5	4.5	36.4	47.9	9.8	5.8
34.5	51.1	9.2	5.3	33.3	50.0	10.5	6.2
39.4	49.4	7.7	3.5	38.5	47.2	9.3	5.0
36.5	49.6	9.6	4.3	35.0	49.1	10.5	5.4
40.1	48.3	7.5	4.1	37.4	48.8	9.2	4.6
42.4	47.0	6.8	3.8	41.6	46.4	7.9	4.1
38.8	48.0	7.9	5.3	36.8	48.3	9.0	5.9
36.6	49.3	9.0	5.1	36.5	48.7	9.1	5.8
40.5	48.5	6.7	4.3	38.8	48.4	8.2	4.6
41.4	47.3	7.0	4.3	38.3	48.2	8.7	4.8
42.0	47.3	6.7	4.0	40.6	47.2	8.0	4.2
30.0	55.3	9.7	4.9	29.8	52.4	12.1	5.7
33.6	55.2	7.3	3.9	31.5	49.6	12.5	6.5
32.8	49.2	14.8	3.3	32.8	45.9	13.1	8.2
30.7	41.9	9.3	18.1	29.1	40.2	10.1	20.6
29.4	41.2	8.2	21.2	28.6	38.4	10.0	23.0
38.7	40.9	12.2	8.3	34.8	42.2	9.6	13.5
23.6	46.6	9.5	20.3	22.3	44.6	11.5	21.6

12-18 续表 2

项 目	在实现营销创新企业中，对下列各项作出不同影响程度判断的企业家占比(%)											
	保持或扩大了市场份额				开拓了新客户群体				开拓了新市场区域			
	高	中	低	无	高	中	低	无	高	中	低	无
四、按地区分												
东部地区	39.0	48.9	7.5	4.6	38.4	49.2	7.9	4.5	36.3	48.9	9.5	5.3
中部地区	41.5	48.3	6.6	3.7	40.6	48.5	7.1	3.8	39.0	48.2	8.2	4.5
西部地区	37.4	48.1	9.3	5.3	36.8	48.8	9.3	5.1	35.0	47.9	10.9	6.2
东北地区	37.0	45.3	12.7	5.0	34.0	52.3	8.4	5.3	33.7	51.9	8.5	5.9
北 京	38.2	48.8	7.5	5.5	36.6	48.6	8.5	6.2	34.5	46.5	11.0	7.9
天 津	37.7	52.2	6.3	3.8	36.6	52.3	7.2	3.9	34.9	51.4	8.7	5.0
河 北	36.7	51.7	7.6	4.0	36.0	51.6	8.9	3.5	34.2	49.7	10.8	5.2
山 西	34.6	51.9	9.3	4.2	38.5	49.1	8.2	4.2	34.4	48.4	11.0	6.2
内蒙古	33.1	47.3	11.4	8.2	32.7	49.6	11.2	6.5	32.2	46.5	12.4	8.9
辽 宁	33.8	44.5	16.3	5.4	30.2	55.4	8.9	5.5	30.2	54.8	9.1	6.0
吉 林	44.2	45.2	5.9	4.6	42.7	47.4	5.1	4.9	41.6	47.9	5.1	5.4
黑龙江	38.4	47.8	9.8	4.0	35.6	48.8	10.1	5.5	35.6	47.9	10.6	5.9
上 海	38.5	46.1	8.6	6.7	38.3	46.2	8.9	6.6	34.6	47.7	10.6	7.0
江 苏	39.5	50.4	6.3	3.8	38.0	51.3	6.5	4.2	35.9	51.3	7.8	4.9
浙 江	36.7	50.6	7.7	5.1	37.2	50.1	8.2	4.5	34.6	50.0	9.9	5.4
安 徽	41.3	47.7	6.7	4.3	40.6	48.2	6.9	4.3	38.9	48.1	8.0	4.9
福 建	37.3	49.2	8.3	5.1	38.7	48.0	8.7	4.6	36.1	47.9	10.0	6.0
江 西	42.5	47.6	6.3	3.6	42.7	46.0	7.5	3.8	40.3	47.3	7.6	4.8
山 东	47.1	43.7	6.1	3.1	45.2	44.9	6.7	3.1	44.2	44.0	8.1	3.7
河 南	43.2	45.5	7.0	4.3	41.4	46.9	7.4	4.3	39.4	46.7	8.7	5.2
湖 北	41.6	50.1	5.6	2.7	41.4	49.6	6.1	2.9	39.8	48.9	7.7	3.6
湖 南	39.7	51.0	6.5	2.8	37.8	51.5	7.7	3.0	37.9	50.2	8.3	3.6
广 东	36.1	47.9	9.8	6.2	35.8	48.0	10.1	6.1	33.9	47.9	11.7	6.6
广 西	38.0	48.0	9.6	4.3	37.0	49.0	10.1	3.8	35.2	48.9	10.9	5.1
海 南	38.9	43.5	13.0	4.6	38.9	50.9	4.6	5.6	36.1	50.9	7.4	5.6
重 庆	35.6	49.6	9.1	5.7	35.5	50.2	8.6	5.7	33.2	49.5	10.4	6.8
四 川	37.1	49.4	9.2	4.4	36.6	50.2	9.1	4.1	34.5	48.9	11.2	5.4
贵 州	38.4	45.7	9.4	6.4	37.6	47.0	9.5	5.9	36.3	46.7	10.7	6.3
云 南	40.0	45.3	8.7	6.0	41.1	43.5	8.8	6.5	38.0	44.3	10.5	7.1
西 藏	23.3	60.0	6.7	10.0	30.0	53.3	13.3	3.3	30.0	53.3	10.0	6.7
陕 西	42.1	45.7	7.8	4.4	39.4	48.2	7.8	4.7	38.4	46.7	10.1	4.8
甘 肃	34.0	52.1	8.8	5.2	31.9	51.7	10.7	5.7	31.4	51.2	11.0	6.4
青 海	34.0	49.6	12.8	3.5	31.2	51.8	12.1	5.0	29.8	51.8	11.3	7.1
宁 夏	38.9	41.9	13.0	6.3	39.2	43.2	13.0	4.7	36.5	40.5	14.6	8.3
新 疆	34.0	48.7	10.4	7.0	35.9	46.9	9.3	7.8	33.0	46.9	10.9	9.2

12-19 营销创新对建筑业企业的影响(2013-2014年)

项 目	在实现营销创新企业中，对下列各项作出不同影响程度判断的企业家占比(%)											
	保持或扩大了市场份额				开拓了新客户群体				开拓了新市场区域			
	高	中	低	无	高	中	低	无	高	中	低	无
总 计	**34.7**	**49.2**	**8.8**	**7.2**	**33.7**	**51.1**	**7.9**	**7.3**	**34.2**	**49.0**	**9.1**	**7.6**
一、按行业分												
房屋建筑业	32.9	51.2	8.7	7.2	32.2	52.0	8.7	7.1	31.5	51.4	8.8	8.3
土木工程建筑业	37.5	45.8	7.8	9.0	33.8	47.3	8.3	10.8	36.3	44.5	10.5	8.8
建筑安装业	38.6	46.7	8.8	5.9	38.2	50.0	6.6	5.1	35.7	48.5	10.3	5.5
建筑装饰和其他建筑业	33.3	50.1	10.2	6.4	33.6	53.7	6.9	5.9	36.9	48.9	7.6	6.6
二、按地区分												
东部地区	35.9	49.0	8.7	6.4	33.8	52.7	6.8	6.7	35.1	49.6	8.6	6.7
中部地区	33.7	49.7	7.9	8.7	35.5	48.2	7.4	8.9	33.7	49.5	7.9	8.9
西部地区	31.7	49.8	9.8	8.7	28.7	50.9	12.5	7.9	28.7	49.1	11.3	10.9
东北地区	33.6	48.2	10.9	7.3	37.3	44.5	10.9	7.3	40.0	41.8	12.7	5.5
北 京	32.5	52.6	6.1	8.8	36.0	51.8	3.5	8.8	36.0	47.4	9.6	7.0
天 津	24.3	56.8	12.2	6.8	21.6	59.5	9.5	9.5	24.3	54.1	13.5	8.1
河 北	29.8	56.1	10.5	3.5	24.6	61.4	8.8	5.3	26.3	59.6	8.8	5.3
山 西	29.0	51.6	6.5	12.9	25.8	54.8	3.2	16.1	29.0	45.2	9.7	16.1
内蒙古	33.3	44.4	11.1	11.1	22.2	66.7		11.1	33.3	33.3	11.1	22.2
辽 宁	39.2	45.6	10.1	5.1	44.3	43.0	8.9	3.8	46.8	39.2	10.1	3.8
吉 林	23.1	53.8	7.7	15.4	23.1	53.8	15.4	7.7	30.8	38.5	23.1	7.7
黑龙江	16.7	55.6	16.7	11.1	16.7	44.4	16.7	22.2	16.7	55.6	16.7	11.1
上 海	35.0	52.5	7.5	5.0	35.0	52.5	8.8	3.8	33.8	56.3	5.0	5.0
江 苏	34.3	49.8	9.4	6.5	33.3	53.4	6.8	6.5	35.9	48.9	7.8	7.4
浙 江	34.0	47.5	9.5	9.0	32.0	50.0	9.0	9.0	34.5	47.5	9.5	8.5
安 徽	33.3	50.0	6.7	10.0	26.7	53.3	8.3	11.7	25.0	58.3	6.7	10.0
福 建	42.0	42.0	10.1	5.8	39.1	50.7	4.3	5.8	42.0	40.6	10.1	7.2
江 西	33.3	55.6	5.6	5.6	41.7	50.0	2.8	5.6	41.7	50.0	2.8	5.6
山 东	41.1	47.7	7.5	3.7	36.4	52.3	5.6	5.6	31.8	57.0	6.5	4.7
河 南	34.8	44.3	9.6	11.3	34.8	47.0	8.7	9.6	37.4	42.6	8.7	11.3
湖 北	38.3	46.8	6.4	8.5	40.4	43.6	6.4	9.6	36.2	47.9	8.5	7.4
湖 南	26.8	60.7	10.7	1.8	39.3	48.2	10.7	1.8	28.6	58.9	8.9	3.6
广 东	45.5	44.2	6.5	3.9	40.3	51.3	5.2	3.2	42.2	46.1	8.4	3.2
广 西	26.7	60.0	6.7	6.7	26.7	66.7		6.7	26.7	60.0	6.7	6.7
海 南	50.0		16.7	33.3	33.3	33.3		33.3	33.3	16.7	16.7	33.3
重 庆	38.5	53.8	1.9	5.8	34.6	50.0	7.7	7.7	32.7	51.9	5.8	9.6
四 川	24.6	52.6	14.0	8.8	28.1	49.1	15.8	7.0	19.3	57.9	12.3	10.5
贵 州	45.5	36.4		18.2	36.4	36.4	9.1	18.2	54.5	18.2	9.1	18.2
云 南	31.7	53.7	9.8	4.9	24.4	63.4	9.8	2.4	22.0	63.4	7.3	7.3
西 藏												
陕 西	34.9	37.2	16.3	11.6	27.9	37.2	25.6	9.3	34.9	27.9	23.3	14.0
甘 肃	33.3	53.3	6.7	6.7	33.3	53.3	13.3		26.7	60.0	13.3	
青 海	33.3		33.3	33.3		66.7		33.3	33.3	33.3		33.3
宁 夏	25.0	50.0	25.0		25.0	75.0			25.0	75.0		
新 疆	20.0	60.0	6.7	13.3	26.7	40.0	13.3	20.0	33.3	33.3	13.3	20.0

12-20　营销创新对服务业企业的影响(2013-2014年)

项　目	在实现营销创新企业中，对下列各项作出不同影响程度判断的企业家占比(%)											
	保持或扩大了市场份额				开拓了新客户群体				开拓了新市场区域			
	高	中	低	无	高	中	低	无	高	中	低	无
总　计	**36.3**	**49.1**	**9.3**	**5.3**	**37.4**	**48.5**	**8.6**	**5.5**	**32.9**	**47.7**	**13.1**	**6.2**
一、按行业分												
批发和零售业	33.5	51.3	9.6	5.5	35.2	50.3	8.6	5.9	30.3	48.7	14.6	6.4
批发业	35.6	49.8	9.6	5.0	34.0	49.9	8.7	7.4	30.3	49.0	13.9	6.7
零售业	32.1	52.5	9.6	5.9	36.1	50.6	8.4	4.8	30.3	48.4	15.1	6.2
交通运输、仓储和邮政业	40.6	45.7	7.0	6.7	33.5	52.2	8.8	5.5	34.5	50.2	8.7	6.6
铁路运输业	5.6	66.7	22.2	5.6	11.1	66.7	11.1	11.1	16.7	50.0	16.7	16.7
道路运输业	44.6	42.9	5.4	7.0	32.4	54.5	8.0	5.1	35.8	51.7	7.8	4.7
水上运输业	39.3	43.9	8.7	8.1	37.9	45.7	9.0	7.5	35.5	42.5	11.0	11.0
航空运输业	45.7	42.0	8.6	3.7	44.4	43.2	9.9	2.5	40.7	48.1	6.2	4.9
管道运输业	16.7	66.7		16.7	33.3	50.0		16.7	16.7	66.7		16.7
装卸搬运和运输代理业	29.5	54.3	9.0	7.2	30.3	55.8	8.5	5.4	27.3	56.8	8.3	7.5
仓储业	37.1	48.0	10.3	4.6	34.7	43.4	14.5	7.4	34.3	40.4	12.0	13.3
邮政业	43.0	44.2	7.6	5.2	44.5	44.2	6.7	4.6	41.8	42.1	10.7	5.5
信息传输、软件和信息技术服务业	49.6	39.4	6.9	4.1	49.8	39.9	6.1	4.2	46.7	39.9	8.5	4.9
电信、广播电视和卫星传输服务	53.8	36.6	7.4	2.2	51.1	37.9	8.4	2.6	44.9	40.3	10.0	4.8
互联网和相关服务	44.3	45.9	4.5	5.3	42.7	46.7	4.5	6.1	39.8	47.5	6.3	6.3
软件和信息技术服务业	48.7	39.7	7.0	4.7	50.3	39.7	5.5	4.5	48.3	38.7	8.3	4.8
金融业	52.9	37.4	6.7	3.0	56.0	35.8	5.9	2.3	48.2	37.6	8.8	5.4
货币金融服务	54.5	38.2	4.6	2.7	57.4	35.2	5.2	2.3	47.4	39.1	7.5	6.0
资本市场服务	53.8	35.9	7.6	2.8	57.9	33.8	5.5	2.8	49.0	36.6	8.3	6.2
保险业	50.5	37.9	8.1	3.6	53.1	37.9	6.5	2.6	48.1	37.3	9.7	4.9
其他金融业	56.5	30.6	11.3	1.6	62.9	29.0	8.1		53.2	29.0	16.1	1.6
租赁和商务服务业	40.1	46.9	9.8	3.2	45.1	41.9	9.2	3.8	37.6	47.7	8.7	5.9
租赁业	34.8	54.3	4.3	6.7	36.6	51.2	7.3	4.9	35.4	53.7	4.3	6.7
商务服务业	40.3	46.7	9.9	3.1	45.3	41.6	9.2	3.8	37.7	47.5	8.9	5.9
科学研究和技术服务业	37.4	42.3	13.0	7.4	37.9	44.8	12.4	4.9	34.5	44.5	14.5	6.4
研究和试验发展	41.4	44.2	10.5	3.9	42.9	44.5	8.4	4.2	38.2	46.6	9.9	5.2
专业技术服务业	35.4	39.7	15.5	9.3	37.5	41.8	15.3	5.4	34.1	41.5	16.8	7.5
科技推广和应用服务业	39.4	46.7	8.8	5.0	36.4	51.4	8.2	4.0	33.7	49.9	11.9	4.5
水利、环境和公共设施管理业	44.1	45.2	6.1	4.5	45.5	43.2	6.8	4.5	44.7	43.4	7.7	4.3
水利管理业	31.6	57.9	5.3	5.3	42.1	42.1	5.3	10.5	31.6	47.4	10.5	10.5
生态保护和环境治理业	40.6	37.7	7.2	14.5	43.5	34.8	7.2	14.5	34.8	42.0	7.2	15.9
公共设施管理业	44.9	45.6	6.0	3.5	45.8	44.1	6.8	3.3	46.1	43.4	7.7	2.9

12-20 续表

项 目	在实现营销创新企业中，对下列各项作出不同影响程度判断的企业家占比(%)											
	保持或扩大了市场份额				开拓了新客户群体				开拓了新市场区域			
	高	中	低	无	高	中	低	无	高	中	低	无
二、按地区分												
东部地区	35.8	49.1	9.2	5.9	36.8	48.6	8.4	6.2	31.9	48.0	13.8	6.3
中部地区	40.8	47.0	9.4	2.9	42.2	46.6	7.7	3.5	37.5	46.8	10.6	5.2
西部地区	35.6	49.0	9.8	5.5	37.5	48.1	10.4	4.0	34.3	45.5	13.2	6.9
东北地区	28.2	57.8	9.5	4.5	29.2	56.4	9.4	4.9	28.3	54.4	10.3	7.1
北 京	37.9	43.5	12.6	6.0	31.5	47.0	16.2	5.4	28.2	43.8	17.8	10.2
天 津	26.6	60.8	8.6	4.0	26.8	56.2	8.7	8.3	25.2	53.6	11.8	9.4
河 北	31.8	54.7	9.7	3.8	31.5	55.5	10.7	2.4	31.3	47.6	9.3	11.7
山 西	38.1	47.6	6.6	7.6	36.6	49.5	7.3	6.6	35.9	48.6	6.8	8.7
内蒙古	31.9	53.0	8.3	6.7	32.9	48.6	14.4	4.2	30.6	45.1	13.0	11.3
辽 宁	25.2	60.4	10.4	3.9	26.9	58.9	9.5	4.7	26.6	56.7	10.2	6.5
吉 林	36.2	53.9	4.3	5.5	35.8	50.0	9.1	5.1	33.9	50.0	7.5	8.7
黑龙江	39.1	45.6	8.5	6.8	37.1	47.2	9.4	6.2	33.6	44.3	13.0	9.1
上 海	40.7	44.7	3.6	11.0	41.3	44.7	3.0	11.0	34.8	49.5	4.3	11.4
江 苏	32.2	54.2	11.9	1.7	28.2	58.5	9.3	4.0	23.6	55.5	18.8	2.1
浙 江	39.9	45.3	11.6	3.1	45.8	40.1	13.4	0.6	39.8	43.0	16.3	0.9
安 徽	40.4	45.5	9.7	4.3	44.8	39.0	11.2	4.9	37.6	43.3	13.4	5.7
福 建	34.2	52.2	12.1	1.4	36.9	51.3	10.6	1.1	34.9	45.6	13.4	6.1
江 西	39.9	52.9	5.2	2.0	41.2	49.5	6.0	3.3	32.9	51.0	8.1	8.0
山 东	37.0	41.5	6.4	15.1	41.7	40.5	4.7	13.1	33.4	41.1	12.7	12.8
河 南	38.1	53.1	7.5	1.3	45.8	42.1	8.7	3.4	40.2	43.9	11.4	4.5
湖 北	39.1	45.7	12.3	3.0	36.0	55.5	5.5	3.0	34.1	52.2	9.1	4.6
湖 南	51.5	38.1	9.2	1.2	47.9	45.8	5.6	0.7	42.4	43.1	10.3	4.1
广 东	40.0	47.5	5.9	6.6	46.0	42.9	4.3	6.9	40.9	45.4	9.6	4.1
广 西	30.0	51.5	10.0	8.5	34.7	53.7	6.1	5.6	28.8	49.0	11.8	10.3
海 南	40.6	47.2	11.2	1.0	44.2	44.7	10.7	0.5	40.1	39.1	17.3	3.6
重 庆	37.6	48.3	10.0	4.1	35.2	48.8	13.2	2.8	32.9	50.7	13.8	2.5
四 川	38.7	45.2	10.8	5.3	40.8	43.7	11.1	4.4	37.6	41.2	12.9	8.4
贵 州	27.5	54.6	10.6	7.2	31.9	52.7	11.3	4.2	28.0	49.6	16.9	5.5
云 南	33.8	52.6	10.7	2.9	33.8	54.9	9.4	1.9	33.6	52.0	10.5	3.9
西 藏	50.0	41.2	5.9	2.9	47.1	41.2	8.8	2.9	47.1	35.3	14.7	2.9
陕 西	33.8	51.5	8.4	6.4	39.9	46.7	9.8	3.7	34.8	41.2	16.7	7.3
甘 肃	48.1	41.4	6.7	3.8	44.6	46.0	4.6	4.8	41.7	41.7	12.1	4.6
青 海	41.3	40.2	12.0	6.5	46.7	40.2	6.5	6.5	43.5	44.6	4.3	7.6
宁 夏	32.9	50.3	10.6	6.2	30.4	56.5	6.8	6.2	26.7	52.8	10.6	9.9
新 疆	36.5	47.4	8.8	7.3	40.9	40.3	12.5	6.3	38.4	38.2	12.9	10.4

十三、创新成功影响因素情况

13-1 企业创新成功的影响

项 目	在开展创新活动企业中，			
	有创新精神的企业家			
	高	中	低	无
总 计	**42.6**	**39.3**	**7.4**	**10.0**
一、按行业分				
采矿业	38.0	38.3	9.3	13.4
制造业	43.7	40.0	7.5	7.9
电力、热力、燃气及水生产和供应业	45.3	33.7	6.1	13.3
建筑业	51.9	34.0	6.1	7.7
批发和零售业	36.9	40.5	7.3	15.0
交通运输、仓储和邮政业	39.0	41.3	7.4	11.6
信息传输、软件和信息技术服务业	54.1	32.2	6.6	6.8
金融业	69.7	23.2	3.3	3.7
租赁和商务服务业	44.7	34.4	8.8	11.9
科学研究和技术服务业	45.0	33.4	7.1	14.3
水利、环境和公共设施管理业	45.4	32.4	8.8	13.1
二、按地区分				
东部地区	42.3	40.0	7.2	9.9
中部地区	45.1	38.3	7.2	8.5
西部地区	41.8	36.7	8.1	12.8
东北地区	39.9	38.4	9.4	10.8
北 京	46.6	37.1	5.8	10.6
天 津	35.2	43.9	7.9	12.0
河 北	42.1	38.4	8.6	10.8
山 西	46.6	32.7	8.7	12.1
内蒙古	40.2	36.8	7.5	15.3
辽 宁	36.2	39.3	10.6	11.5
吉 林	46.0	37.2	6.5	9.7
黑龙江	46.7	36.2	7.6	9.5
上 海	45.8	34.3	6.5	12.7
江 苏	38.6	45.4	6.2	9.4
浙 江	44.4	38.4	8.0	9.2
安 徽	42.7	37.5	7.3	10.1
福 建	42.1	39.2	8.9	9.4
江 西	46.8	36.8	7.7	8.7
山 东	49.3	34.0	6.2	9.8
河 南	48.2	36.9	7.2	7.8
湖 北	45.7	39.7	6.1	7.8
湖 南	42.6	42.3	8.0	6.5
广 东	40.9	39.9	8.5	9.2
广 西	43.7	36.1	6.9	12.9
海 南	46.9	35.4	4.8	12.5
重 庆	37.2	40.3	8.5	14.0
四 川	41.8	37.8	7.5	12.1
贵 州	40.7	33.3	10.6	13.4
云 南	43.7	35.2	7.6	13.0
西 藏	41.8	37.4	8.8	12.1
陕 西	44.7	35.3	8.8	10.8
甘 肃	40.5	36.5	10.5	12.4
青 海	35.7	41.9	11.0	11.3
宁 夏	47.7	32.6	7.8	11.5
新 疆	43.0	33.8	7.2	15.5

因素情况(2013-2014年)

对下列各项创新成功因素作出不同影响程度判断的企业家占比(%)											
充足的经费支持				高素质的人才				员工对企业的认同感			
高	中	低	无	高	中	低	无	高	中	低	无
37.3	**42.0**	**11.1**	**9.0**	**45.3**	**40.5**	**7.8**	**5.7**	**40.3**	**47.5**	**7.3**	**4.3**
36.7	36.5	13.5	12.2	40.8	40.9	9.5	7.9	35.8	48.0	9.4	5.9
38.4	42.4	10.9	7.3	45.9	40.5	7.9	4.9	38.4	49.4	7.8	3.6
39.7	37.8	9.2	11.3	49.9	36.6	5.4	6.7	46.6	41.7	5.1	5.4
39.9	41.1	10.8	7.8	54.4	36.0	5.4	4.0	44.0	46.4	5.9	3.3
32.6	42.7	12.2	12.2	38.9	44.6	8.8	7.5	41.8	45.1	6.7	6.2
34.3	43.3	9.3	12.2	43.6	40.5	7.8	7.6	39.3	49.5	5.8	5.1
46.3	38.7	8.0	6.5	63.7	29.1	4.0	3.0	53.9	38.9	4.3	2.6
45.3	39.7	9.6	5.0	72.5	23.5	2.0	1.9	55.6	37.6	4.1	2.5
37.8	38.7	11.1	12.2	51.8	32.2	6.9	8.9	47.1	39.4	9.5	3.8
39.4	36.5	9.7	14.2	51.8	34.9	4.8	8.4	44.1	44.4	5.1	6.2
37.9	38.4	11.3	12.0	47.3	35.1	8.8	8.6	46.4	42.6	5.9	4.9
36.7	43.1	10.5	9.0	45.0	41.3	7.6	5.7	39.7	47.9	7.3	4.5
40.2	40.0	11.2	7.5	48.0	38.7	7.8	4.6	42.2	46.2	7.2	3.5
36.3	38.9	13.1	10.9	44.5	38.1	9.3	7.6	41.1	46.7	7.3	4.4
35.0	40.9	13.6	8.9	40.9	42.7	9.0	6.1	38.0	47.6	8.3	4.5
35.2	46.9	9.3	8.5	51.7	36.4	5.4	6.4	41.7	48.4	5.4	4.5
31.5	44.3	11.2	11.9	37.9	46.2	7.1	8.0	35.1	51.6	5.5	6.7
35.6	41.7	12.6	10.0	43.9	41.2	8.8	6.1	39.0	48.3	8.4	4.3
34.1	39.0	13.0	14.0	43.2	41.4	8.5	6.8	43.4	45.1	7.0	4.5
35.4	36.6	14.5	13.3	41.5	40.1	8.4	9.7	40.3	44.0	9.2	6.1
31.8	42.2	15.3	8.6	36.3	45.2	10.6	6.0	33.8	49.4	9.8	4.6
41.2	39.0	10.1	8.9	50.4	37.0	6.3	5.7	48.5	42.0	5.1	4.0
40.5	38.3	11.2	10.0	47.9	39.1	6.2	6.7	42.2	46.6	6.3	4.8
38.6	40.6	8.6	11.3	50.3	37.1	6.6	5.3	42.1	45.3	6.2	5.7
33.8	46.7	10.2	8.6	41.5	46.9	6.1	5.0	37.4	50.1	7.4	4.6
35.7	42.7	12.9	8.7	43.6	40.2	9.9	6.3	38.7	49.0	8.3	4.0
38.4	38.9	10.9	8.9	46.5	37.9	7.0	6.2	39.9	46.8	6.2	4.6
37.6	40.2	12.1	9.7	45.1	38.0	9.7	6.8	40.9	47.1	7.2	4.5
39.8	40.3	10.9	9.0	48.9	37.7	8.1	5.4	44.2	44.3	7.8	3.8
43.9	38.7	7.7	8.8	48.0	38.6	7.7	5.4	45.3	41.3	8.1	4.8
43.0	39.1	11.1	6.9	50.4	37.9	7.5	4.2	43.7	44.8	8.3	3.2
41.0	40.9	11.3	5.9	49.1	38.6	8.0	3.7	42.7	47.0	6.6	2.9
40.1	42.0	11.3	5.8	46.5	41.1	8.8	2.9	41.8	47.7	7.6	2.3
39.2	41.5	10.2	7.7	48.7	37.8	7.4	5.1	40.6	47.9	7.0	3.6
38.0	37.1	13.4	11.1	46.0	36.6	10.5	6.6	41.3	45.6	8.0	4.7
41.7	38.0	10.8	8.9	53.3	36.7	6.7	2.6	43.8	45.1	7.8	2.8
32.8	44.5	12.4	10.3	40.3	42.4	9.7	7.6	37.0	50.8	8.2	4.0
37.1	39.7	11.6	10.5	45.7	37.8	7.9	7.7	40.9	47.2	6.6	4.8
35.4	35.8	15.7	11.2	43.3	35.8	10.3	9.0	41.9	44.4	7.6	5.0
38.6	35.6	13.4	11.7	45.0	35.3	11.1	8.2	43.9	45.9	5.6	4.1
34.1	46.2	13.2	6.6	47.3	38.5	11.0	3.3	47.3	41.8	8.8	2.2
37.5	38.5	14.0	9.4	46.3	38.3	8.8	6.1	41.5	46.9	7.7	3.3
34.2	37.4	16.7	11.7	43.4	38.7	11.6	6.3	42.3	43.9	8.9	4.9
31.7	42.2	15.6	10.5	45.3	39.1	9.1	6.5	43.6	44.8	7.6	4.0
40.2	33.0	14.2	12.4	48.0	35.1	9.7	6.9	44.5	41.7	8.5	4.8
35.0	38.2	12.3	13.4	44.7	37.5	9.0	8.3	43.0	46.9	6.3	3.4

13-1 续表

项 目	在开展创新活动企业中，对下列							
	企业内部的激励措施				有效的技术战略或计划			
	高	中	低	无	高	中	低	无
总 计	**38.7**	**47.4**	**8.2**	**5.0**	**36.8**	**46.2**	**9.1**	**7.0**
一、按行业分								
采矿业	36.7	45.9	10.0	6.4	32.3	43.7	12.4	10.3
制造业	36.6	49.9	8.4	4.2	36.5	47.7	9.3	5.6
电力、热力、燃气及水生产和供应业	44.5	42.7	5.9	5.7	41.3	40.7	7.0	9.1
建筑业	43.7	45.2	7.0	3.8	38.1	46.9	8.8	5.7
批发和零售业	41.4	43.3	8.5	6.7	35.4	44.4	9.3	10.0
交通运输、仓储和邮政业	38.7	47.6	6.8	6.2	32.6	47.6	9.0	9.8
信息传输、软件和信息技术服务业	50.5	40.7	5.9	2.6	51.8	39.2	4.9	3.7
金融业	56.3	36.7	4.1	2.7	57.2	34.0	4.7	3.8
租赁和商务服务业	44.2	41.5	7.9	6.2	39.5	42.9	7.7	9.7
科学研究和技术服务业	39.8	44.7	6.5	8.9	39.7	42.9	7.3	9.9
水利、环境和公共设施管理业	39.9	45.8	8.0	6.0	40.0	41.0	9.2	9.3
二、按地区分								
东部地区	38.1	47.8	8.3	5.3	36.6	46.7	8.8	7.1
中部地区	40.7	47.0	7.3	3.9	37.9	45.6	9.3	6.0
西部地区	40.0	46.0	8.4	5.0	37.0	44.6	9.9	7.7
东北地区	35.1	47.7	10.4	5.0	34.5	46.3	10.9	6.3
北 京	40.4	46.6	7.3	5.7	42.8	44.8	6.4	6.0
天 津	33.7	50.5	7.6	7.2	33.6	47.5	7.9	9.8
河 北	37.3	47.5	9.7	5.4	34.7	46.4	10.9	8.0
山 西	40.7	44.9	9.3	5.2	36.5	43.7	10.7	9.1
内蒙古	39.9	43.0	11.1	5.8	35.4	43.3	10.3	10.7
辽 宁	31.4	49.3	11.9	4.7	31.0	48.6	11.7	5.8
吉 林	45.5	42.3	6.8	4.7	43.7	41.3	7.8	6.4
黑龙江	38.2	47.3	8.5	6.1	37.9	43.3	10.7	8.0
上 海	39.8	45.0	6.9	7.4	43.1	40.5	6.3	9.2
江 苏	35.0	51.7	8.7	4.1	32.3	50.8	9.2	6.3
浙 江	36.7	48.7	9.5	5.1	35.7	47.5	10.4	6.4
安 徽	38.0	47.6	6.5	5.2	36.0	44.9	8.7	7.0
福 建	38.1	47.8	8.5	5.3	38.4	44.7	8.9	7.5
江 西	42.4	44.9	8.1	4.5	40.5	43.4	9.8	6.3
山 东	44.9	41.5	8.1	5.1	40.2	41.5	9.0	8.4
河 南	43.0	45.6	7.8	3.6	38.8	45.3	9.6	6.4
湖 北	41.9	47.4	6.5	3.5	39.4	45.7	9.1	4.8
湖 南	39.4	49.4	8.1	2.4	36.7	48.8	9.2	4.5
广 东	40.4	45.5	7.0	6.0	38.9	45.9	7.4	6.6
广 西	41.0	45.5	8.0	5.1	39.2	44.9	9.0	6.5
海 南	44.9	46.7	6.0	1.7	43.8	44.7	7.6	3.2
重 庆	36.0	50.0	8.9	5.1	34.1	48.3	10.4	7.2
四 川	39.8	46.5	7.2	5.5	37.1	44.4	9.1	8.3
贵 州	40.8	44.9	7.8	5.2	37.0	40.1	12.5	8.4
云 南	40.7	46.1	8.2	4.6	37.2	44.3	10.2	7.7
西 藏	44.0	47.3	6.6	2.2	41.8	41.8	11.0	5.5
陕 西	41.8	44.7	9.3	3.6	38.4	44.4	10.1	6.3
甘 肃	41.1	43.6	10.5	4.8	35.6	46.1	10.3	8.0
青 海	39.9	45.6	8.5	5.9	35.4	47.9	9.3	7.4
宁 夏	41.4	42.8	10.2	5.5	40.1	38.6	13.5	7.3
新 疆	42.1	44.4	8.2	4.6	38.0	44.7	8.7	7.9

各项创新成功因素作出不同影响程度判断的企业家占比(%)											
畅通的信息渠道				可信赖的创新合作伙伴				优惠政策的扶持			
高	中	低	无	高	中	低	无	高	中	低	无
36.7	**48.3**	**8.7**	**5.5**	**32.5**	**45.8**	**10.8**	**10.1**	**33.3**	**40.7**	**11.7**	**13.1**
31.7	47.9	10.9	8.2	28.5	43.8	12.7	13.8	30.6	38.3	12.8	16.6
35.2	49.5	9.2	5.0	31.7	47.0	11.3	8.9	32.8	42.6	12.0	11.2
37.8	44.2	7.7	8.5	30.8	39.8	10.3	16.9	37.0	36.1	9.2	15.3
36.3	49.5	9.1	4.7	30.5	47.0	12.4	9.6	32.4	38.9	13.6	14.3
38.5	46.7	8.0	6.5	33.6	44.1	9.4	12.4	32.7	37.9	11.4	17.6
37.0	49.0	7.4	6.1	34.8	43.5	8.9	11.9	35.3	40.7	9.4	13.6
46.6	43.1	5.9	3.9	40.6	43.0	9.4	6.6	44.3	37.8	8.8	8.5
53.9	38.4	4.7	2.8	39.5	42.0	11.4	6.8	39.5	34.5	12.9	12.5
43.1	44.5	6.7	5.4	33.5	41.9	13.7	10.7	35.5	37.2	13.0	14.0
37.3	45.5	8.6	8.4	31.4	44.4	9.8	14.2	34.8	34.8	11.0	19.1
40.1	42.3	9.7	7.4	33.1	41.3	10.6	14.6	38.7	33.4	11.3	16.2
36.4	48.9	8.5	5.5	32.4	46.3	10.5	10.1	32.5	41.2	11.7	13.6
38.2	47.2	8.4	4.9	34.2	45.2	10.5	8.8	35.3	40.9	11.0	11.2
37.2	46.4	9.5	6.1	31.2	43.9	12.2	11.9	35.0	37.9	12.5	13.5
32.7	49.2	10.6	5.5	30.4	44.5	12.3	10.6	32.8	39.8	12.7	12.2
43.3	46.8	5.9	4.0	35.9	46.6	9.0	8.4	38.5	40.1	7.9	13.5
33.1	49.8	8.6	7.3	28.0	49.3	8.9	12.4	28.5	44.4	9.1	16.0
35.2	47.9	10.1	6.6	29.4	46.9	12.5	11.0	31.2	41.3	12.2	15.1
34.3	49.0	9.8	6.9	30.4	41.7	14.7	13.3	31.0	37.6	14.5	16.9
36.6	44.5	11.0	7.7	30.1	44.4	11.6	13.6	35.2	37.7	12.7	14.1
29.3	51.4	11.4	4.9	27.9	44.8	13.4	10.7	29.1	41.1	13.7	12.5
41.6	44.3	7.4	5.7	38.0	42.4	8.6	9.9	41.8	36.5	10.3	10.3
35.9	46.2	10.8	7.2	31.6	45.4	12.2	10.7	37.1	38.3	11.7	12.9
38.2	45.7	6.7	8.5	33.5	42.3	9.6	13.5	35.5	37.9	9.6	15.7
32.9	52.7	8.7	5.0	30.2	50.3	10.4	8.5	28.3	43.4	13.1	14.4
34.9	48.7	10.6	5.7	30.1	46.1	12.9	10.9	30.8	41.5	14.3	13.4
36.4	47.0	7.5	5.8	34.2	43.6	9.9	9.1	33.8	39.3	9.9	12.8
36.2	47.5	9.0	6.7	31.8	44.3	11.6	11.7	32.1	39.2	14.7	13.3
40.0	45.2	9.3	5.6	34.7	44.9	10.7	9.7	35.7	39.7	12.0	12.6
40.9	46.7	7.6	4.1	38.7	42.8	9.3	8.2	39.7	38.5	9.5	11.1
41.0	45.6	8.9	4.5	35.0	45.1	10.7	9.1	36.6	40.2	12.4	10.8
39.3	47.0	7.9	4.7	35.2	45.6	9.4	8.3	36.8	41.4	10.4	9.7
35.8	50.9	8.6	3.7	32.3	48.7	11.6	6.5	34.6	45.3	10.2	8.6
39.3	46.6	7.3	5.4	34.9	43.0	9.7	10.9	35.1	40.5	10.3	12.2
36.5	47.3	9.8	5.9	33.1	42.6	11.6	12.1	35.2	37.2	12.5	14.5
39.3	49.0	7.8	3.0	32.0	47.1	11.9	8.0	36.3	39.1	11.4	11.9
34.4	49.2	10.0	6.4	28.5	47.6	12.4	11.5	32.2	43.0	12.5	12.4
38.2	46.0	8.4	6.2	31.2	43.5	11.7	12.3	34.4	38.6	12.0	13.2
35.0	45.9	10.2	6.6	30.3	40.9	12.3	14.0	34.7	32.2	14.6	15.8
37.8	45.7	9.7	6.2	30.2	44.5	13.0	11.6	36.3	35.5	12.2	15.3
42.9	45.1	8.8	3.3	39.6	49.5	4.4	6.6	42.9	35.2	11.0	11.0
39.8	45.0	9.2	5.0	33.9	43.2	12.6	9.6	37.1	37.3	12.5	11.7
38.0	45.1	11.3	5.4	33.8	41.8	14.0	10.3	36.4	36.0	14.3	13.2
34.8	49.0	9.9	6.2	28.9	48.2	14.4	8.5	35.1	43.3	9.1	12.5
37.5	44.1	11.4	6.7	32.6	41.4	14.5	11.1	37.7	35.6	13.6	12.6
35.8	48.3	9.0	5.8	29.6	44.7	11.4	13.4	36.6	36.9	10.9	14.7

13-2 工业企业创新成功的影响

项 目	在开展创新活动企业中，对下列各项创新															
	有创新精神的企业家				充足的经费支持				高素质的人才				员工对企业的认同感			
	高	中	低	无	高	中	低	无	高	中	低	无	高	中	低	无
总 计	**43.6**	**39.8**	**7.5**	**8.1**	**38.4**	**42.2**	**10.9**	**7.5**	**45.8**	**40.5**	**7.9**	**5.0**	**38.5**	**49.2**	**7.8**	**3.7**
一、按规模分																
大型企业	59.6	31.0	4.4	4.5	50.4	38.4	7.2	3.5	61.4	32.5	3.7	1.9	48.9	43.6	5.2	2.0
中型企业	48.2	37.8	6.4	6.8	40.9	42.4	10.0	5.9	49.8	39.4	6.6	3.5	40.7	48.4	7.0	3.1
小型企业	41.6	40.8	7.9	8.7	37.2	42.4	11.4	8.1	44.0	41.2	8.5	5.5	37.4	49.7	8.2	3.9
二、按登记注册类型分																
内资企业	43.8	40.0	7.4	7.9	38.4	42.1	11.1	7.4	45.6	40.6	8.1	5.0	38.5	49.3	7.9	3.6
国有企业	49.6	32.5	5.9	10.6	41.2	37.6	11.0	8.9	51.7	35.1	7.2	4.8	43.6	45.3	6.4	3.8
集体企业	39.2	36.8	10.4	12.8	36.5	38.9	12.5	11.5	38.8	40.1	11.9	8.6	32.9	51.1	10.7	4.9
股份合作企业	38.2	41.5	9.4	10.5	34.9	41.9	13.8	9.2	39.2	42.3	10.7	7.8	30.0	53.6	10.7	5.1
联营企业	56.9	25.5	7.8	9.8	51.0	35.3	5.9	7.8	54.9	35.3	3.9	5.9	49.0	41.2	5.9	3.9
有限责任公司	46.9	37.6	6.9	7.8	40.6	40.4	10.8	7.3	49.1	38.1	7.4	4.6	41.0	47.6	7.2	3.5
股份有限公司	55.0	33.8	5.4	5.3	45.2	40.3	9.4	4.5	55.8	35.2	5.8	2.7	45.7	45.2	6.3	2.3
私营企业	41.6	41.7	7.8	8.1	37.0	43.1	11.3	7.6	43.4	42.1	8.5	5.2	36.8	50.4	8.3	3.7
其他企业	39.4	42.0	10.2	7.7	36.7	41.8	13.4	7.5	40.7	44.4	9.6	4.5	38.4	49.0	9.8	2.4
港、澳、台商投资企业	43.1	39.1	7.3	9.0	38.6	42.1	10.0	7.8	46.4	40.1	7.3	5.0	38.3	49.2	7.4	4.0
外商投资企业	42.9	38.6	8.0	9.3	38.3	42.6	10.4	7.6	47.4	39.7	6.8	5.1	39.2	48.2	7.3	4.4
三、按行业分																
采矿业	38.0	38.3	9.3	13.4	36.7	36.5	13.5	12.2	40.8	40.9	9.5	7.9	35.8	48.0	9.4	5.9
煤炭开采和洗选业	33.0	38.6	10.3	17.2	31.5	36.7	14.9	15.7	36.6	41.9	10.7	9.7	34.8	47.9	9.6	7.0
石油和天然气开采业	48.2	32.1	8.9	8.9	41.1	42.9	7.1	7.1	58.9	26.8	8.9	3.6	35.7	55.4	5.4	1.8
黑色金属矿采选业	39.8	35.6	10.4	12.6	40.6	33.0	13.9	11.4	42.9	38.5	9.8	7.2	37.4	44.9	10.5	6.1
有色金属矿采选业	45.5	38.6	7.3	7.1	45.7	34.7	12.1	6.1	49.7	38.8	5.9	4.8	40.0	48.3	6.7	4.4
非金属矿采选业	39.7	40.0	7.6	11.8	36.7	40.2	11.6	10.7	38.9	43.7	9.3	7.6	33.4	50.4	10.1	5.3
开采辅助活动	44.6	35.4	10.8	9.2	43.1	26.2	18.5	12.3	58.5	29.2	6.2	6.2	46.2	43.1	6.2	4.6

因素情况(2013-2014年)

成功因素作出不同影响程度判断的企业家占比(%)																			
企业内部的激励措施				有效的技术战略或计划				畅通的信息渠道				可信赖的创新合作伙伴				优惠政策的扶持			
高	中	低	无	高	中	低	无	高	中	低	无	高	中	低	无	高	中	低	无
36.7	**49.7**	**8.4**	**4.3**	**36.5**	**47.5**	**9.3**	**5.7**	**35.2**	**49.4**	**9.2**	**5.1**	**31.6**	**46.8**	**11.3**	**9.1**	**32.8**	**42.4**	**12.0**	**11.4**
49.2	43.4	5.0	1.9	51.4	39.9	5.4	2.9	43.4	46.5	6.7	2.8	37.6	46.8	9.4	5.6	39.6	42.1	10.7	6.8
39.7	48.7	7.4	3.4	39.8	46.6	8.2	4.4	36.3	49.9	8.4	4.3	32.4	47.3	10.9	8.2	34.0	42.8	11.9	9.8
35.3	50.3	8.9	4.6	34.8	48.1	9.8	6.2	34.4	49.4	9.5	5.4	31.1	46.7	11.5	9.6	32.1	42.3	12.0	12.0
36.8	49.8	8.4	4.2	36.1	47.7	9.5	5.7	35.3	49.4	9.2	5.0	31.8	46.9	11.2	9.0	33.1	42.6	11.9	11.0
42.3	45.8	7.0	4.3	39.5	43.4	8.7	6.9	35.2	47.3	9.3	6.3	28.3	45.1	12.2	12.7	31.4	38.7	13.2	14.2
32.6	50.2	10.2	6.5	29.7	47.5	12.7	9.3	29.4	50.2	11.1	8.4	27.9	43.2	13.5	14.7	30.2	37.2	14.1	17.4
27.9	53.4	11.7	6.6	30.4	49.3	12.1	7.6	29.4	50.5	12.7	6.4	27.3	44.8	15.6	11.7	27.1	42.1	14.2	15.4
39.2	45.1	7.8	7.8	37.3	45.1	7.8	9.8	39.2	47.1	9.8	3.9	33.3	49.0	7.8	9.8	35.3	49.0	5.9	9.8
39.9	47.8	7.7	3.9	39.4	45.7	8.6	5.3	37.0	48.5	8.8	4.8	32.8	46.0	11.1	9.1	35.0	41.2	11.8	10.7
44.8	45.7	6.7	2.5	45.1	43.3	7.5	3.4	40.6	46.7	8.5	3.4	35.2	46.5	10.9	6.6	38.6	42.2	10.8	7.3
34.9	51.0	8.8	4.4	34.1	49.0	9.9	5.9	34.3	50.0	9.4	5.2	31.1	47.4	11.2	9.1	31.9	43.4	11.9	11.2
37.1	49.9	9.2	3.0	34.8	48.0	12.1	4.5	34.8	49.5	10.4	4.0	36.7	44.1	10.9	7.3	36.7	40.5	12.1	9.4
36.7	49.1	8.2	4.7	37.7	46.9	8.4	5.6	34.1	50.1	8.9	5.2	31.0	46.3	11.6	9.3	31.8	41.1	12.4	12.5
36.2	49.1	8.5	5.1	38.7	45.3	8.8	6.0	34.9	49.1	9.0	5.7	31.0	46.3	11.6	9.7	30.8	40.9	12.6	13.9
36.7	45.9	10.0	6.4	32.3	43.7	12.4	10.3	31.7	47.9	10.9	8.2	28.5	43.8	12.7	13.8	30.6	38.3	12.8	16.6
34.8	46.6	10.3	7.6	28.8	44.4	14.2	11.5	29.9	47.3	12.0	9.5	25.2	44.3	13.8	15.4	28.4	37.0	13.2	20.0
51.8	30.4	12.5	3.6	41.1	39.3	10.7	7.1	33.9	44.6	12.5	7.1	39.3	35.7	14.3	8.9	35.7	39.3	12.5	12.5
36.6	44.2	11.2	6.4	32.3	42.7	12.1	11.2	33.5	46.3	10.8	7.9	29.8	40.0	14.4	14.3	32.7	34.9	14.1	16.1
41.4	46.5	7.1	4.0	40.8	41.4	9.9	6.7	32.5	53.3	7.9	4.8	32.5	44.8	9.5	11.9	34.1	41.8	10.1	12.1
35.8	47.4	9.8	6.0	32.1	44.8	11.9	10.0	32.4	47.8	10.3	8.4	29.6	46.0	11.1	12.0	30.4	41.0	12.4	14.3
46.2	38.5	9.2	6.2	44.6	43.1	3.1	9.2	35.4	46.2	12.3	6.2	33.8	41.5	12.3	12.3	27.7	40.0	15.4	15.4

13-2 续表 1

项 目	在开展创新活动企业中，对下列各项创新															
	有创新精神的企业家				充足的经费支持				高素质的人才				员工对企业的认同感			
	高	中	低	无	高	中	低	无	高	中	低	无	高	中	低	无
制造业	43.7	40.0	7.5	7.9	38.4	42.4	10.9	7.3	45.9	40.5	7.9	4.9	38.4	49.4	7.8	3.6
农副食品加工业	42.0	41.1	7.6	8.4	38.6	41.0	11.5	8.0	44.1	41.2	8.5	5.3	39.1	48.9	7.8	3.5
食品制造业	45.7	38.7	7.3	7.6	39.6	42.0	11.0	6.5	48.0	39.4	7.8	4.3	41.2	47.5	7.1	3.6
酒、饮料和精制茶制造业	45.2	38.7	6.8	8.6	40.3	39.1	11.8	7.9	46.7	38.8	8.2	5.6	42.4	45.5	7.6	3.8
烟草制品业	69.0	23.8	1.2	6.0	52.4	28.6	13.1	6.0	63.1	27.4	6.0	3.6	57.1	34.5	4.8	3.6
纺织业	37.6	43.1	8.7	10.0	32.4	45.2	12.0	9.6	37.3	44.6	10.4	7.0	32.4	52.6	9.6	4.8
纺织服装、服饰业	35.4	43.6	9.7	9.9	32.9	43.7	12.2	9.6	37.0	44.4	10.3	7.3	33.4	50.9	9.9	4.7
皮革、毛皮、羽毛及其制品和制鞋业	34.9	44.6	9.4	10.1	32.8	44.9	11.9	9.2	36.8	45.9	10.6	5.8	33.0	52.3	9.3	4.6
木材加工和木、竹、藤、棕、草制品业	40.3	41.3	9.0	8.6	38.2	41.8	11.0	8.1	41.7	41.4	10.1	5.9	35.7	50.2	9.0	4.2
家具制造业	39.7	41.5	8.7	9.3	35.2	43.5	12.3	7.8	40.9	43.0	9.0	5.8	36.0	50.0	8.9	4.1
造纸和纸制品业	39.7	42.0	7.4	9.8	34.3	43.0	12.0	9.2	39.8	44.1	9.0	6.0	34.8	52.0	8.5	4.0
印刷和记录媒介复制业	40.7	40.1	8.7	9.4	36.0	43.6	11.1	8.3	41.8	42.1	8.5	6.9	36.5	50.4	8.1	4.4
文教、工美、体育和娱乐用品制造业	41.9	41.1	7.9	8.1	36.4	43.6	10.8	7.9	42.1	41.9	9.3	5.5	37.3	49.5	8.3	3.9
石油加工、炼焦和核燃料加工业	47.6	35.6	7.6	8.1	40.1	39.6	10.2	8.8	50.0	35.6	7.1	6.1	40.0	46.1	7.8	4.8
化学原料和化学制品制造业	47.2	38.1	6.5	7.3	41.3	40.8	10.4	6.6	50.1	38.0	6.8	4.4	41.2	47.1	7.3	3.7
医药制造业	54.3	34.9	4.9	5.4	46.6	39.4	8.5	4.8	57.1	34.8	5.3	2.3	44.8	46.1	6.0	2.6
化学纤维制造业	43.3	41.3	6.3	8.7	35.8	45.2	9.3	9.3	42.1	42.1	7.6	7.6	35.1	51.0	9.1	4.2
橡胶和塑料制品业	41.0	40.3	8.7	8.8	36.4	42.3	11.8	8.1	43.1	40.8	9.3	5.7	36.4	50.1	8.5	4.1
非金属矿物制品业	42.4	38.9	7.9	9.7	38.6	40.0	11.4	8.9	44.1	40.4	8.4	6.2	38.9	47.9	7.9	4.3
黑色金属冶炼和压延加工业	40.2	41.1	8.3	9.6	33.8	44.2	11.3	9.8	41.4	42.0	9.2	6.7	34.5	51.4	9.1	4.3
有色金属冶炼和压延加工业	45.0	39.7	7.1	7.4	38.5	42.5	10.7	7.5	47.3	39.6	7.5	4.9	38.1	49.9	7.4	3.9
金属制品业	41.4	42.0	7.6	8.1	36.0	43.9	11.3	7.7	42.8	42.8	8.6	5.0	36.2	51.1	8.2	3.6
通用设备制造业	45.4	40.0	7.0	6.9	38.5	43.6	10.9	6.2	47.7	40.5	7.3	3.9	37.2	51.1	7.9	3.2
专用设备制造业	48.8	38.4	6.4	5.6	42.2	42.2	9.9	4.9	51.5	38.6	6.1	3.2	41.8	48.0	6.7	2.8
汽车制造业	44.5	39.7	7.6	7.6	40.0	42.3	10.6	6.4	48.6	39.7	7.2	4.0	39.4	49.1	7.8	3.1
铁路、船舶、航空航天和其他运输设备制造业	45.3	39.2	7.3	7.7	38.9	41.9	12.2	6.3	47.1	39.9	8.5	3.9	37.3	50.7	8.0	3.3
电气机械和器材制造业	46.0	39.6	6.9	6.6	39.5	43.2	10.1	6.2	48.6	40.1	6.9	3.7	40.2	49.1	7.1	2.8
计算机、通信和其他电子设备制造业	46.2	38.7	6.9	7.2	41.2	42.3	9.7	5.7	51.3	38.0	6.5	3.3	41.5	48.3	6.4	2.8
仪器仪表制造业	52.0	36.6	5.6	5.0	45.0	39.9	9.7	4.4	55.7	36.0	5.2	2.6	43.5	47.4	6.3	2.1
其他制造业	40.2	43.7	8.0	7.2	35.4	47.5	9.7	6.3	38.8	45.8	8.1	5.9	34.4	52.9	7.6	4.1
废弃资源综合利用业	41.7	39.5	8.3	9.5	40.2	40.4	9.9	8.3	44.6	40.6	7.0	6.5	39.5	44.8	9.9	4.6
金属制品、机械和设备修理业	40.0	41.2	8.5	9.1	36.4	41.2	14.5	7.3	47.3	39.4	7.9	5.5	37.6	51.5	7.3	3.6
电力、热力、燃气及水生产和供应业	45.3	33.7	6.1	13.3	39.7	37.8	9.2	11.3	49.9	36.6	5.4	6.7	46.6	41.7	5.1	5.4
电力、热力生产和供应业	44.3	33.0	6.7	14.2	39.6	37.8	9.2	11.3	50.1	36.0	5.6	6.7	46.9	41.0	5.4	5.5
燃气生产和供应业	46.1	33.6	4.9	14.4	36.4	35.5	12.3	14.0	48.4	36.8	5.9	7.4	45.7	41.0	5.3	6.6
水的生产和供应业	48.9	36.8	4.6	8.1	43.2	40.1	6.0	9.1	50.5	38.9	3.7	5.6	46.2	45.7	4.0	3.7

成功因素作出不同影响程度判断的企业家占比(%)																			
企业内部的激励措施				有效的技术战略或计划				畅通的信息渠道				可信赖的创新合作伙伴				优惠政策的扶持			
高	中	低	无	高	中	低	无	高	中	低	无	高	中	低	无	高	中	低	无
36.6	49.9	8.4	4.2	36.5	47.7	9.3	5.6	35.2	49.5	9.2	5.0	31.7	47.0	11.3	8.9	32.8	42.6	12.0	11.2
37.4	49.0	8.4	4.4	35.4	47.7	9.9	6.1	37.0	48.5	8.5	4.9	32.9	46.9	10.6	8.5	35.2	42.7	10.7	10.0
38.6	48.8	7.3	4.5	39.3	46.2	8.5	5.3	38.6	47.5	8.3	4.8	33.6	45.7	11.3	8.7	34.6	41.3	12.3	10.4
39.3	46.6	9.1	4.3	38.3	44.9	9.9	5.9	39.5	45.9	8.9	4.9	34.2	44.2	11.9	8.5	36.5	39.2	12.8	9.9
50.0	40.5	6.0	3.6	35.7	52.4	8.3	3.6	36.9	50.0	8.3	4.8	26.2	58.3	8.3	7.1	28.6	34.5	14.3	22.6
30.6	53.7	9.7	5.3	28.6	51.3	11.7	7.7	29.9	52.6	10.3	6.4	27.2	48.6	12.3	10.9	26.8	44.5	13.5	14.1
31.8	51.5	9.9	5.7	28.9	49.9	11.7	8.3	30.9	50.1	10.7	6.8	28.2	47.4	12.0	10.9	27.1	43.1	13.1	15.1
30.5	52.3	10.8	5.6	28.1	51.2	11.4	8.1	30.8	50.8	11.3	5.8	28.5	47.6	12.9	9.8	27.6	44.3	13.2	13.4
34.4	50.6	9.3	4.8	31.4	49.2	11.4	6.6	33.1	50.4	9.6	5.6	30.4	47.2	12.0	9.2	32.2	43.0	12.4	10.8
33.3	50.7	10.2	4.5	32.0	49.0	11.3	6.4	32.8	50.4	10.5	5.3	29.3	46.2	13.5	9.8	28.9	42.6	13.2	13.4
34.6	51.1	8.8	4.5	33.5	49.0	9.6	6.5	30.7	51.9	10.1	6.0	28.5	47.8	11.7	10.8	29.1	43.4	11.9	14.0
35.0	50.8	8.4	4.9	33.8	48.8	9.8	6.5	33.2	50.7	9.3	5.8	29.5	47.4	11.9	10.1	31.5	42.3	11.7	13.0
35.7	48.8	9.1	5.2	33.4	48.4	10.2	6.6	34.9	48.8	9.6	5.0	30.5	47.0	11.1	9.9	30.5	43.6	12.1	11.9
38.7	46.9	8.8	4.6	39.1	44.0	9.2	6.5	36.2	48.0	8.4	5.8	33.1	45.8	10.1	9.5	35.3	39.7	11.1	11.8
39.2	48.2	7.7	4.1	39.5	46.2	8.1	5.3	37.7	48.2	8.2	5.0	34.0	45.7	10.4	8.9	34.8	41.0	11.9	10.9
43.9	46.0	6.7	2.9	45.3	43.8	6.6	3.6	40.9	47.9	7.3	3.3	37.8	46.1	9.1	6.3	40.4	41.3	9.9	7.4
32.3	52.5	9.5	5.3	35.7	46.1	8.9	8.7	34.5	50.3	9.2	5.6	31.4	46.4	11.1	10.5	30.2	44.6	13.2	11.2
34.2	51.3	8.9	4.6	34.1	47.9	10.6	6.1	33.5	49.3	10.1	5.6	30.6	46.2	12.0	9.7	30.8	41.6	13.3	12.1
37.2	48.6	8.5	4.7	36.0	46.3	9.8	6.6	35.5	47.7	9.5	5.9	31.7	45.1	11.4	10.3	33.6	40.9	11.5	12.4
32.6	52.1	8.8	5.6	31.5	50.0	10.8	6.6	31.4	50.8	10.3	6.5	27.6	47.7	11.8	11.9	27.9	43.9	12.4	14.5
36.9	50.5	8.0	3.9	36.9	47.8	9.3	5.1	34.7	50.4	9.2	4.8	31.0	46.9	11.6	9.5	32.6	43.4	12.1	10.4
34.6	51.1	8.9	4.4	33.9	48.8	10.2	5.8	33.5	50.4	9.6	5.2	29.9	48.1	11.3	9.4	30.2	44.0	12.0	12.0
35.6	51.2	8.9	3.6	36.7	49.0	9.2	4.4	34.1	50.9	9.8	4.4	30.7	48.5	11.9	8.0	32.1	43.8	12.7	10.1
39.6	49.2	7.3	3.0	40.5	47.1	7.5	4.0	37.5	49.5	8.2	3.7	34.0	47.5	10.6	6.9	36.1	42.6	11.3	8.6
37.8	49.2	8.3	3.9	39.5	46.8	8.3	4.6	35.4	49.8	9.3	4.6	33.1	47.0	11.0	8.0	34.3	41.7	11.9	10.8
37.1	49.9	8.6	3.9	37.2	47.7	9.6	4.7	34.8	49.2	10.4	4.7	31.0	48.0	12.6	7.6	32.9	42.8	12.6	10.3
38.2	49.7	7.8	3.5	39.0	47.3	8.3	4.4	36.4	49.8	8.6	4.1	32.9	47.5	10.6	7.9	33.5	43.6	11.4	10.1
39.6	48.9	7.2	3.2	42.3	45.3	7.2	4.0	37.9	49.0	7.8	4.1	34.1	47.0	10.1	7.5	35.0	42.1	11.4	9.7
40.4	49.6	6.7	2.6	43.8	45.7	6.7	3.1	39.5	49.1	7.1	3.4	34.5	47.5	10.8	6.4	37.6	41.4	11.1	9.0
31.1	53.9	9.2	4.9	32.4	50.4	10.7	5.2	30.1	53.3	9.8	5.3	26.7	51.8	11.5	8.5	31.1	44.0	12.0	11.5
37.8	46.5	8.5	5.3	37.8	45.0	10.1	5.9	35.5	48.8	8.3	5.5	33.2	44.8	12.3	7.8	36.4	38.3	12.3	10.1
35.8	54.5	6.1	3.6	34.5	51.5	8.5	5.5	29.1	52.7	12.1	6.1	25.5	50.3	12.7	11.5	35.2	35.8	15.2	13.9
44.5	42.7	5.9	5.7	41.3	40.7	7.0	9.1	37.8	44.2	7.7	8.5	30.8	39.8	10.3	16.9	37.0	36.1	9.2	15.3
45.0	41.7	6.5	5.4	41.1	40.2	7.4	9.2	37.7	43.1	8.4	8.7	30.7	38.5	10.4	17.9	36.9	35.7	9.2	15.4
42.5	45.2	4.4	6.8	38.1	42.7	7.2	10.1	39.7	44.2	5.9	9.1	32.1	38.7	11.2	15.9	37.4	34.7	9.3	17.1
44.1	44.5	4.8	6.0	45.1	41.0	5.2	7.5	36.2	49.7	6.2	6.9	30.1	46.6	8.9	13.1	37.2	39.3	8.7	13.5

13-2 续表 2

项 目	在开展创新活动企业中，对下列各项创新															
	有创新精神的企业家				充足的经费支持				高素质的人才				员工对企业的认同感			
	高	中	低	无	高	中	低	无	高	中	低	无	高	中	低	无
四、按地区分																
东部地区	43.1	40.7	7.5	7.9	37.7	43.6	10.6	7.3	45.2	41.2	7.9	5.0	37.6	50.0	7.9	3.7
中部地区	46.0	38.7	7.0	7.2	41.3	40.1	10.6	6.6	48.6	38.9	7.4	4.0	40.7	47.6	7.4	3.2
西部地区	42.5	37.4	8.2	11.3	37.6	38.4	13.3	9.9	45.1	38.6	9.1	6.6	39.7	47.4	8.1	4.2
东北地区	43.3	39.8	7.2	7.6	38.6	41.2	10.5	7.7	44.5	41.8	6.9	4.9	37.9	49.1	7.1	4.0
北 京	52.7	33.2	6.7	7.5	40.7	42.7	9.9	6.6	55.8	35.4	4.9	4.0	40.7	48.7	7.0	3.6
天 津	39.0	44.2	6.0	8.9	34.4	46.9	8.7	7.9	42.6	45.2	6.1	4.4	35.5	52.3	6.2	4.3
河 北	42.9	40.3	8.1	8.7	36.3	42.8	11.9	8.8	44.3	41.9	8.2	5.5	36.8	49.8	9.0	4.3
山 西	44.9	33.7	8.2	13.2	34.5	37.0	15.2	13.4	42.5	41.9	9.7	5.9	41.6	46.3	7.5	4.5
内蒙古	37.2	38.2	7.8	16.5	33.3	37.5	14.2	14.6	39.3	42.0	8.6	9.9	38.2	43.8	9.2	8.4
辽 宁	40.3	41.0	8.1	7.1	36.3	43.0	10.5	6.9	41.2	43.9	7.3	4.6	34.0	51.0	8.1	3.7
吉 林	47.4	38.4	5.0	8.6	42.4	37.8	10.0	9.0	49.8	37.3	6.6	5.6	46.4	43.5	4.9	4.8
黑龙江	47.3	37.7	7.1	7.9	41.3	39.4	10.9	8.4	48.3	40.4	6.2	5.1	40.3	49.4	6.5	3.8
上 海	45.6	36.6	8.5	7.6	38.4	42.8	10.7	6.2	50.4	37.7	6.8	3.8	39.8	47.9	7.4	3.4
江 苏	42.3	43.9	6.6	6.5	36.9	46.9	9.0	6.1	43.7	44.2	7.0	4.4	35.4	52.7	7.7	3.5
浙 江	41.8	40.1	8.9	9.2	33.3	44.4	13.2	9.1	40.6	42.1	10.6	6.7	35.1	51.0	9.4	4.5
安 徽	45.0	38.1	6.4	7.4	40.2	39.6	9.7	6.9	48.8	37.3	6.4	4.6	40.7	46.7	6.2	3.2
福 建	41.5	41.1	8.0	8.9	38.7	40.4	11.8	8.7	44.8	40.0	8.8	5.9	38.6	49.5	7.3	4.1
江 西	47.5	37.7	7.2	7.6	41.1	40.3	10.8	7.8	49.1	38.7	7.4	4.7	43.2	45.5	7.3	4.0
山 东	49.7	37.7	6.4	5.7	45.8	39.5	9.2	4.9	52.3	37.1	7.0	3.2	44.6	45.3	7.3	2.4
河 南	47.9	36.9	7.3	7.8	43.2	39.7	10.2	6.8	49.9	38.7	7.5	4.0	40.8	47.4	8.4	3.4
湖 北	48.3	38.5	6.4	5.9	42.7	40.1	10.6	5.6	50.2	38.2	7.6	3.2	41.1	48.5	6.8	2.7
湖 南	41.5	43.8	8.1	5.8	40.3	41.9	11.7	5.2	45.5	42.3	8.4	3.0	38.5	49.5	8.6	2.7
广 东	40.9	39.1	8.1	9.7	39.0	40.7	10.5	7.6	47.1	38.8	7.3	5.0	39.2	48.0	7.4	3.8
广 西	42.3	37.8	7.8	11.6	41.1	36.6	13.1	8.7	46.6	37.5	9.8	5.8	40.0	47.1	8.7	3.7
海 南	45.1	38.3	6.2	9.9	41.4	43.2	5.6	9.3	51.9	37.0	4.9	4.9	40.1	47.5	4.9	6.2
重 庆	38.5	40.4	9.1	12.0	33.4	42.8	14.0	9.8	41.7	42.5	9.5	6.3	35.8	51.2	9.0	4.0
四 川	42.5	38.8	7.5	10.5	38.7	39.4	11.8	9.1	45.7	38.8	8.1	6.6	39.6	48.2	7.4	4.0
贵 州	42.2	33.7	9.4	12.5	37.2	33.8	15.6	11.2	44.2	35.5	9.9	8.7	39.7	44.9	8.9	5.1
云 南	46.3	32.8	8.5	11.6	40.1	34.0	13.5	11.6	47.1	34.9	10.4	7.0	43.0	45.5	7.3	3.3
西 藏	51.2	34.9	4.7	9.3	34.9	46.5	14.0	4.7	44.2	41.9	14.0		32.6	55.8	11.6	
陕 西	47.7	35.3	7.7	8.6	38.3	39.2	13.6	8.1	48.1	38.2	8.4	4.8	40.3	47.2	8.3	3.5
甘 肃	38.7	39.0	10.0	12.2	34.7	37.7	16.0	11.4	42.2	39.2	12.3	6.3	39.5	45.7	9.8	4.9
青 海	33.3	46.7	12.0	8.0	31.1	44.9	17.3	6.7	39.1	44.4	10.2	6.2	37.3	52.9	7.1	2.7
宁 夏	51.9	30.1	8.5	9.4	43.9	31.8	12.9	11.4	50.6	33.2	9.4	6.7	43.2	41.4	9.6	5.3
新 疆	42.7	35.9	7.8	13.1	36.9	37.2	13.3	11.6	46.2	37.3	9.4	6.6	43.8	45.4	6.5	3.6

成功因素作出不同影响程度判断的企业家占比(%)																			
企业内部的激励措施				有效的技术战略或计划				畅通的信息渠道				可信赖的创新合作伙伴				优惠政策的扶持			
高	中	低	无	高	中	低	无	高	中	低	无	高	中	低	无	高	中	低	无
35.8	50.5	8.6	4.4	36.0	48.2	9.3	5.7	34.6	50.1	9.2	5.1	31.1	47.5	11.4	9.1	31.5	43.1	12.2	11.9
39.2	48.5	7.6	3.6	37.7	46.3	9.2	5.2	37.2	48.1	8.4	4.6	33.9	46.3	10.4	7.9	35.5	42.1	11.0	9.4
38.2	47.7	8.8	4.7	37.1	45.2	9.9	7.0	35.4	47.7	10.0	6.0	30.8	44.4	12.5	11.3	35.1	39.1	12.9	11.8
35.7	48.4	8.9	4.6	35.8	47.0	9.4	5.2	34.0	48.7	9.4	5.4	31.8	46.1	10.7	8.6	34.5	41.3	10.1	10.7
37.4	49.6	8.8	4.1	41.2	45.6	8.4	4.8	35.4	51.3	9.2	4.2	28.5	47.5	13.8	10.3	31.9	39.2	13.8	15.1
33.1	52.9	6.8	5.4	34.3	50.1	6.8	6.6	32.6	51.5	7.4	6.2	29.6	50.1	9.1	8.8	30.6	45.2	8.8	12.3
35.9	49.5	9.5	5.0	35.1	46.6	11.1	7.2	35.3	48.4	10.5	5.7	29.8	46.9	12.5	10.6	32.1	41.9	12.7	13.1
40.3	46.0	8.4	5.3	36.8	44.4	11.0	7.8	33.6	49.8	10.5	6.1	29.1	44.1	14.6	12.1	32.0	38.3	15.2	14.5
36.0	46.1	11.0	6.7	33.8	43.6	11.1	11.2	32.0	47.8	10.5	9.4	28.9	43.8	12.4	14.5	33.0	37.8	15.2	13.7
32.1	50.1	9.7	4.4	32.7	48.9	9.7	4.7	30.9	50.2	9.9	5.0	29.2	47.3	11.0	8.2	31.2	42.7	10.1	10.5
44.4	42.4	7.1	5.2	43.0	42.8	7.3	6.1	41.6	44.6	7.0	5.7	39.1	42.4	8.1	9.3	40.9	38.5	9.4	10.0
37.1	49.7	8.4	4.8	37.5	46.0	10.6	5.9	34.7	48.9	10.4	6.1	31.5	46.7	12.7	9.1	37.2	40.1	10.6	12.1
37.8	47.9	8.2	4.3	39.9	45.8	7.9	4.4	35.8	48.6	9.1	4.4	31.0	46.9	12.1	7.9	32.9	40.1	12.1	12.2
33.4	53.9	7.9	3.9	33.5	52.0	8.8	4.9	32.9	53.2	8.4	4.5	30.3	50.8	10.1	7.8	29.1	47.1	11.2	11.3
32.6	51.3	10.6	5.5	32.7	49.1	11.1	7.1	31.2	51.0	11.6	6.3	27.8	47.0	13.5	11.6	28.6	43.3	14.5	13.6
38.4	47.4	7.1	3.9	36.9	45.5	8.3	5.1	37.2	46.6	7.6	4.5	35.0	44.5	9.5	7.0	34.9	40.3	9.7	9.6
35.4	50.5	8.5	5.1	36.5	46.4	9.6	6.9	34.8	49.1	9.3	6.1	31.6	45.5	11.6	10.7	33.0	40.8	12.9	12.3
40.7	47.0	7.8	4.4	40.2	45.0	8.9	6.0	39.5	46.3	8.6	5.6	35.0	45.4	10.1	9.4	36.2	41.5	11.7	10.6
44.3	45.1	7.5	2.7	43.0	43.5	8.7	4.2	43.3	44.9	7.7	3.3	38.7	44.0	9.8	6.7	40.0	40.4	10.3	8.1
39.4	49.3	7.5	3.8	37.1	46.8	9.8	6.3	38.2	48.1	8.5	5.2	33.8	46.5	10.5	9.3	35.5	42.2	12.3	10.0
40.2	48.6	7.3	3.0	39.4	46.1	9.3	4.0	38.0	48.3	8.3	4.1	35.1	46.6	9.9	7.1	37.1	42.3	10.2	8.7
37.6	50.1	8.9	2.6	36.7	48.4	9.6	4.3	34.3	51.3	9.3	3.7	31.2	49.4	11.3	6.9	34.5	45.4	10.9	7.6
37.5	48.3	7.9	4.4	38.4	46.2	8.2	5.2	34.9	48.8	8.8	5.1	32.0	45.3	11.2	9.0	31.5	40.2	12.5	12.5
39.5	46.8	8.6	4.6	39.9	44.7	9.3	5.6	36.8	48.2	9.8	4.6	33.7	43.0	12.2	10.3	36.4	38.8	12.6	11.5
44.4	46.3	3.7	4.3	42.6	44.4	6.2	5.6	38.3	48.1	6.8	4.9	29.6	45.7	13.6	9.3	36.4	35.2	14.2	11.7
34.4	51.4	9.6	4.6	34.3	49.3	9.9	6.6	32.8	50.6	10.4	6.2	28.4	47.9	12.9	10.8	31.7	44.3	12.5	11.5
38.3	48.6	7.9	4.4	37.3	45.4	9.1	7.2	36.2	47.2	9.4	6.1	30.8	44.7	12.1	11.2	34.6	39.2	12.9	11.8
38.3	45.8	8.7	5.5	35.9	41.2	12.4	8.0	33.0	46.7	10.3	7.4	29.7	41.5	12.2	13.9	35.5	33.8	13.1	14.5
40.7	46.2	8.2	4.5	39.3	44.0	9.7	6.1	37.0	45.6	10.4	6.0	30.9	42.6	12.8	12.5	36.8	36.3	12.7	13.2
32.6	55.8	9.3	2.3	34.9	51.2	11.6	2.3	37.2	53.5	7.0	2.3	34.9	53.5	7.0	4.7	39.5	39.5	14.0	7.0
40.3	45.7	9.5	3.8	38.4	44.0	10.2	6.3	36.9	47.5	9.7	4.8	32.0	45.0	12.9	9.1	35.8	39.5	13.3	9.9
36.8	47.8	10.2	5.2	34.1	47.4	10.2	8.1	36.0	46.3	11.9	5.5	32.0	44.2	12.5	11.1	35.9	38.4	14.2	11.5
32.0	55.1	8.0	4.9	31.1	55.6	9.3	4.0	32.0	52.4	11.1	4.4	26.7	52.0	16.0	5.3	34.7	48.4	7.6	9.3
41.9	42.1	10.5	5.3	40.8	39.0	12.7	6.9	35.6	45.4	12.0	6.7	34.3	40.1	15.1	10.0	40.3	35.9	13.6	9.8
40.2	46.6	7.4	4.9	38.9	43.8	8.8	7.5	35.2	48.1	9.7	6.0	29.9	43.2	11.7	14.0	39.1	36.8	11.1	12.0

13-3 建筑业企业创新成功的影响因素情况(2013-2014年)

项 目	在开展创新活动企业中，对下列各项创新成功因素作出不同影响程度判断的企业家占比(%)											
	有创新精神的企业家				充足的经费支持				高素质的人才			
	高	中	低	无	高	中	低	无	高	中	低	无
总 计	**51.9**	**34.0**	**6.1**	**7.7**	**39.9**	**41.1**	**10.8**	**7.8**	**54.4**	**36.0**	**5.4**	**4.0**
一、按行业分												
房屋建筑业	52.2	34.7	6.1	6.6	40.4	42.0	10.6	6.7	53.4	36.9	6.0	3.5
土木工程建筑业	54.7	32.8	5.1	7.2	44.1	38.2	9.8	7.8	60.0	31.6	4.7	3.6
建筑安装业	48.4	32.9	7.0	11.2	37.0	40.3	12.0	9.8	51.2	37.7	5.4	5.3
建筑装饰和其他建筑业	50.1	34.4	6.8	8.1	35.3	43.5	11.6	8.8	51.6	38.4	4.7	4.8
二、按地区分												
东部地区	53.0	34.0	5.7	7.0	39.6	43.2	9.7	6.9	55.9	35.9	4.5	3.5
中部地区	53.5	32.7	6.5	6.7	41.6	37.5	12.0	8.5	54.7	34.9	5.3	4.7
西部地区	47.4	35.7	6.7	10.2	38.7	38.2	13.9	9.0	48.6	38.7	8.0	4.6
东北地区	47.6	33.4	7.1	11.2	40.5	39.1	9.5	10.4	53.0	33.4	7.4	5.6
北 京	55.8	28.8	7.0	8.4	39.1	43.7	8.9	8.4	60.9	32.1	3.0	4.0
天 津	40.8	41.3	8.7	8.7	28.6	48.1	12.1	10.2	45.1	41.7	6.3	6.8
河 北	53.1	32.8	6.8	7.3	36.2	46.9	9.0	7.9	52.5	39.0	5.1	3.4
山 西	51.5	32.0	8.7	7.8	42.7	41.7	7.8	7.8	57.3	30.1	5.8	6.8
内蒙古	43.8	37.5	9.4	9.4	40.6	37.5	12.5	9.4	59.4	28.1	9.4	3.1
辽 宁	46.9	34.6	6.1	11.4	40.8	38.6	8.8	11.0	51.8	34.2	7.0	6.1
吉 林	48.9	33.3	6.7	11.1	44.4	42.2	4.4	8.9	60.0	35.6	2.2	2.2
黑龙江	49.2	29.2	10.8	10.8	36.9	38.5	15.4	9.2	52.3	29.2	12.3	6.2
上 海	50.7	33.5	7.2	8.6	36.2	48.9	9.1	5.9	53.8	38.5	5.0	2.7
江 苏	51.3	36.4	6.2	6.0	37.0	45.5	10.7	6.3	53.5	38.2	5.3	2.7
浙 江	54.5	35.4	4.2	5.9	44.5	40.1	9.8	5.6	58.2	34.4	4.9	2.5
安 徽	52.1	34.1	4.8	9.0	46.7	36.5	10.2	6.6	53.3	34.7	5.4	6.6
福 建	62.0	25.3	5.1	7.6	46.2	39.2	5.7	8.9	61.4	29.7	3.8	5.1
江 西	59.0	26.5	7.2	7.2	44.6	27.7	16.9	10.8	54.2	37.3	7.2	1.2
山 东	60.0	29.8	5.4	4.1	45.4	40.7	9.5	3.7	61.4	32.5	3.7	2.4
河 南	55.3	33.0	4.3	7.3	40.7	37.7	11.3	10.3	54.7	35.0	4.3	6.0
湖 北	53.6	30.6	9.5	4.1	37.4	38.3	15.3	7.2	55.0	35.1	5.9	2.3
湖 南	48.9	37.8	6.7	5.9	41.5	40.0	10.4	8.1	54.1	36.3	5.2	3.7
广 东	49.5	35.4	3.8	9.3	39.4	39.4	10.3	8.8	54.3	36.7	3.0	4.8
广 西	50.0	40.4	3.8	5.8	44.2	38.5	11.5	5.8	46.2	36.5	13.5	3.8
海 南	60.0	40.0			53.3	40.0		6.7	66.7	33.3		
重 庆	50.7	29.1	8.8	11.5	35.1	41.2	14.2	9.5	48.6	35.8	10.8	4.7
四 川	43.2	41.4	8.3	7.1	36.1	40.2	15.4	8.3	45.6	43.8	7.1	3.6
贵 州	55.0	35.0	5.0	5.0	45.0	27.5	17.5	10.0	55.0	35.0	5.0	5.0
云 南	55.6	34.4	1.1	8.9	47.8	37.8	8.9	5.6	52.2	41.1	4.4	2.2
西 藏	50.0	50.0			50.0	50.0			50.0	50.0		
陕 西	40.1	35.8	9.3	14.8	37.7	34.0	13.0	14.8	45.1	39.5	8.6	6.8
甘 肃	47.1	35.3	3.9	13.7	35.3	39.2	21.6	3.9	41.2	45.1	7.8	5.9
青 海	40.0	50.0		10.0	40.0	40.0	10.0	10.0	70.0	30.0		
宁 夏	64.7	17.6	5.9	11.8	58.8	23.5	11.8	5.9	47.1	35.3	5.9	11.8
新 疆	50.0	35.4	4.2	10.4	29.2	50.0	14.6	6.3	58.3	31.3	6.3	4.2

13-3 续表 1

项 目	在开展创新活动企业中，对下列各项创新成功因素作出不同影响程度判断的企业家占比(%)											
	员工对企业的认同感				企业内部的激励措施				有效的技术战略或计划			
	高	中	低	无	高	中	低	无	高	中	低	无
总 计	**44.0**	**46.4**	**5.9**	**3.3**	**43.7**	**45.2**	**7.0**	**3.8**	**38.1**	**46.9**	**8.8**	**5.7**
一、按行业分												
房屋建筑业	43.4	48.3	5.2	2.8	42.7	46.3	7.1	3.5	37.1	48.2	9.2	5.1
土木工程建筑业	45.7	44.3	6.9	2.9	47.6	43.3	6.1	2.8	40.6	45.9	7.1	6.1
建筑安装业	44.7	44.0	6.3	4.4	43.4	43.4	7.7	5.2	38.5	44.2	9.8	6.7
建筑装饰和其他建筑业	42.6	46.6	5.9	4.3	41.1	46.4	7.2	4.7	36.9	47.3	9.3	5.7
二、按地区分												
东部地区	44.0	47.0	5.4	3.2	44.1	46.2	5.9	3.4	39.0	47.5	8.0	5.0
中部地区	46.2	44.0	6.6	2.7	43.7	44.1	8.3	3.6	38.7	44.7	9.5	6.4
西部地区	39.8	49.3	7.3	3.5	42.8	43.5	9.3	4.4	34.3	48.6	10.4	6.5
东北地区	47.3	41.1	5.3	5.6	42.3	43.2	7.7	6.2	37.3	43.5	10.1	8.6
北 京	44.5	47.7	4.6	3.2	45.0	48.0	5.4	1.6	38.0	48.5	7.8	5.7
天 津	39.3	48.5	7.3	4.4	40.8	46.6	8.3	3.9	34.5	47.6	8.7	8.3
河 北	39.5	52.5	5.7	2.3	49.2	41.2	7.3	2.3	32.2	52.5	10.2	5.1
山 西	42.7	46.6	8.7	1.9	39.8	50.5	7.8	1.9	32.0	53.4	8.7	5.8
内蒙古	40.6	40.6	12.5	6.3	43.8	46.9	6.3	3.1	18.8	62.5	12.5	6.3
辽 宁	46.9	42.1	3.9	6.1	43.9	43.4	5.7	6.1	38.6	43.4	8.8	8.3
吉 林	51.1	40.0	4.4	4.4	44.4	46.7	6.7	2.2	40.0	46.7	6.7	6.7
黑龙江	46.2	38.5	10.8	4.6	35.4	40.0	15.4	9.2	30.8	41.5	16.9	10.8
上 海	43.0	47.5	5.9	3.6	43.4	46.2	6.8	3.6	39.4	47.5	8.6	4.5
江 苏	42.4	48.5	5.3	3.2	41.3	48.3	6.4	3.6	36.9	49.1	9.2	4.3
浙 江	43.0	49.6	5.1	2.4	44.5	46.2	5.7	3.5	40.8	45.9	8.9	4.4
安 徽	41.9	47.3	6.6	4.2	45.5	39.5	10.8	4.2	42.5	38.3	11.4	7.2
福 建	53.8	36.7	4.4	5.1	50.6	38.6	5.1	5.7	45.6	41.8	6.3	6.3
江 西	50.6	38.6	9.6	1.2	47.0	36.1	13.3	3.6	42.2	44.6	8.4	4.8
山 东	51.9	40.0	5.1	2.4	50.2	42.0	4.7	2.0	43.4	45.4	6.4	4.1
河 南	48.7	42.3	5.3	3.7	44.0	42.3	7.7	6.0	38.7	43.3	9.7	8.3
湖 北	49.1	40.1	7.7	1.4	43.2	47.7	5.9	1.8	40.1	43.2	9.9	4.5
湖 南	41.5	51.1	4.4	2.2	42.2	47.4	8.1	1.5	34.8	51.1	7.4	5.9
广 东	43.5	45.5	6.0	4.0	40.5	48.5	4.5	5.0	39.7	48.2	5.0	5.3
广 西	34.6	51.9	7.7	5.8	46.2	42.3	7.7	3.8	32.7	57.7	5.8	3.8
海 南	46.7	53.3			46.7	53.3			60.0	40.0		
重 庆	39.9	50.7	6.8	2.7	43.2	43.9	8.1	4.7	35.1	47.3	10.1	7.4
四 川	35.5	49.7	10.7	4.1	37.9	44.4	13.0	4.7	29.6	52.7	11.8	5.9
贵 州	47.5	42.5	5.0	5.0	60.0	32.5	2.5	5.0	40.0	40.0	7.5	10.0
云 南	43.3	53.3		3.3	43.3	46.7	6.7	3.3	42.2	47.8	4.4	5.6
西 藏	50.0	50.0			50.0	50.0			50.0	50.0		
陕 西	39.5	48.8	8.0	3.7	42.6	40.1	11.1	5.6	32.7	45.7	12.3	8.6
甘 肃	41.2	47.1	7.8	3.9	29.4	54.9	9.8	5.9	39.2	47.1	7.8	5.9
青 海	60.0	40.0			60.0	30.0	10.0		40.0	30.0	20.0	10.0
宁 夏	47.1	41.2	11.8		47.1	47.1	5.9		47.1	29.4	17.6	5.9
新 疆	39.6	54.2	6.3		47.9	41.7	8.3	2.1	35.4	50.0	14.6	

13-3 续表 2

项 目	在开展创新活动企业中，对下列各项创新成功因素作出不同影响程度判断的企业家占比(%)											
	畅通的信息渠道				可信赖的创新合作伙伴				优惠政策的扶持			
	高	中	低	无	高	中	低	无	高	中	低	无
总 计	**36.3**	**49.5**	**9.1**	**4.7**	**30.5**	**47.0**	**12.4**	**9.6**	**32.4**	**38.9**	**13.6**	**14.3**
一、按行业分												
房屋建筑业	34.7	51.0	9.5	4.5	30.1	48.5	13.0	8.0	32.3	40.2	14.1	12.8
土木工程建筑业	36.3	49.2	9.3	5.0	29.9	47.0	12.2	10.6	34.8	35.2	14.9	14.6
建筑安装业	39.0	46.7	8.6	5.0	32.1	43.4	12.2	11.6	31.3	37.6	12.8	17.3
建筑装饰和其他建筑业	38.1	48.6	8.1	4.6	31.2	45.9	11.6	10.7	30.6	41.8	11.4	15.3
二、按地区分												
东部地区	36.3	50.8	8.4	4.1	31.1	47.8	11.8	8.8	31.9	40.7	13.2	13.5
中部地区	37.8	47.1	9.4	5.1	31.3	43.9	13.7	10.5	33.7	36.0	14.9	14.8
西部地区	33.5	49.7	11.0	5.6	26.2	48.8	13.2	11.4	31.1	38.1	13.6	16.7
东北地区	37.9	44.4	10.4	6.8	33.1	43.8	12.1	10.4	37.0	32.5	14.2	15.4
北 京	38.5	48.0	8.4	5.1	28.8	48.0	12.7	10.5	29.4	40.7	10.2	19.7
天 津	30.1	53.9	9.2	5.8	24.8	51.5	12.6	10.2	33.0	41.7	8.3	15.5
河 北	25.4	60.5	9.0	5.1	22.0	49.2	16.9	11.9	28.8	45.2	14.1	11.9
山 西	34.0	52.4	7.8	5.8	34.0	36.9	15.5	13.6	35.9	31.1	17.5	15.5
内蒙古	34.4	40.6	18.8	6.3	21.9	46.9	15.6	12.5	21.9	34.4	21.9	21.9
辽 宁	39.5	42.1	10.5	7.0	35.5	42.1	11.8	9.6	39.0	31.6	12.3	15.8
吉 林	42.2	48.9	4.4	4.4	37.8	51.1	4.4	6.7	35.6	40.0	15.6	8.9
黑龙江	29.2	49.2	13.8	7.7	21.5	44.6	18.5	15.4	30.8	30.8	20.0	18.5
上 海	35.3	51.6	9.1	4.1	29.9	47.1	14.5	8.6	27.6	45.2	14.0	13.1
江 苏	37.7	50.4	8.3	3.3	30.9	49.2	11.5	8.0	29.7	42.0	12.7	14.6
浙 江	36.1	51.8	8.9	3.2	34.6	47.4	10.8	7.3	35.6	37.9	16.0	10.5
安 徽	32.9	50.3	10.8	6.0	29.3	44.9	15.0	10.8	32.9	38.3	15.0	13.8
福 建	42.4	46.8	3.2	7.6	40.5	40.5	8.2	10.8	39.2	36.7	11.4	12.7
江 西	43.4	37.3	14.5	4.8	36.1	32.5	18.1	13.3	31.3	28.9	18.1	21.7
山 东	40.0	48.5	8.1	3.1	38.0	43.7	10.5	6.8	39.3	38.6	12.9	7.8
河 南	40.3	45.3	8.0	6.3	33.0	42.7	12.0	12.3	34.0	34.0	12.7	19.3
湖 北	39.2	45.0	10.8	2.7	32.0	43.2	15.8	6.3	36.5	36.0	15.3	9.9
湖 南	35.6	52.6	6.7	4.4	23.7	58.5	8.1	8.9	28.9	45.9	14.8	8.9
广 东	35.2	50.3	8.5	4.5	27.1	49.2	12.1	10.1	27.4	40.7	15.1	14.6
广 西	34.6	44.2	15.4	5.8	34.6	46.2	9.6	9.6	32.7	38.5	5.8	23.1
海 南	46.7	40.0	13.3		46.7	53.3			46.7	26.7	20.0	6.7
重 庆	36.5	50.0	8.8	4.7	25.7	56.1	10.1	8.1	34.5	39.2	12.8	13.5
四 川	29.0	52.7	13.0	5.3	25.4	45.0	15.4	14.2	25.4	40.2	16.0	18.3
贵 州	32.5	42.5	12.5	10.0	35.0	37.5	15.0	10.0	37.5	37.5	12.5	10.0
云 南	36.7	52.2	6.7	4.4	26.7	52.2	14.4	6.7	36.7	44.4	6.7	12.2
西 藏	50.0	50.0			50.0	50.0			50.0	50.0		
陕 西	32.7	48.1	12.3	6.2	25.3	45.1	12.3	16.7	29.6	32.1	18.5	19.1
甘 肃	35.3	51.0	3.9	9.8	21.6	54.9	11.8	11.8	23.5	39.2	17.6	19.6
青 海	50.0	40.0	10.0		30.0	70.0			40.0	50.0		10.0
宁 夏	41.2	47.1	5.9	5.9	23.5	52.9	17.6	5.9	41.2	35.3	17.6	5.9
新 疆	27.1	58.3	12.5	2.1	22.9	47.9	18.8	10.4	35.4	35.4	6.3	18.8

13-4 服务业企业创新成功的影响因素情况(2013-2014年)

项　目	在开展创新活动企业中，对下列各项创新成功因素作出不同影响程度判断的企业家占比(%)											
	有创新精神的企业家				充足的经费支持				高素质的人才			
	高	中	低	无	高	中	低	无	高	中	低	无
总　计	**40.3**	**38.5**	**7.4**	**13.5**	**34.9**	**41.6**	**11.3**	**11.8**	**43.8**	**40.9**	**7.8**	**7.3**
一、按行业分												
批发和零售业	36.9	40.5	7.3	15.0	32.6	42.7	12.2	12.2	38.9	44.6	8.8	7.5
批发业	38.1	39.5	8.0	14.2	33.7	39.9	13.9	12.3	39.7	42.7	10.0	7.4
零售业	35.9	41.4	6.8	15.7	31.6	45.2	10.8	12.1	38.2	46.4	7.7	7.6
交通运输、仓储和邮政业	39.0	41.3	7.4	11.6	34.3	43.3	9.3	12.2	43.6	40.5	7.8	7.6
铁路运输业	46.3	31.7	14.6	7.3	24.4	41.5	14.6	19.5	53.7	29.3	9.8	7.3
道路运输业	39.8	42.4	6.0	11.0	36.5	44.1	6.0	12.4	46.4	39.4	6.1	7.9
水上运输业	41.9	40.8	7.4	9.6	35.7	44.8	9.6	9.3	44.0	41.3	8.7	5.7
航空运输业	55.7	31.1	4.9	8.2	45.1	37.7	7.4	9.8	66.4	24.6	4.1	4.9
管道运输业	46.4	46.4	3.6	3.6	42.9	46.4		10.7	53.6	39.3		7.1
装卸搬运和运输代理业	32.1	43.9	10.0	13.3	28.8	43.2	14.2	12.9	33.6	45.8	11.2	8.6
仓储业	40.9	35.4	9.0	13.5	31.6	40.5	13.8	13.0	42.9	39.0	9.5	7.5
邮政业	43.0	37.9	7.4	11.1	34.2	41.8	13.9	9.7	48.0	37.6	8.1	5.5
信息传输、软件和信息技术服务业	54.1	32.2	6.6	6.8	46.3	38.7	8.0	6.5	63.7	29.1	4.0	3.0
电信、广播电视和卫星传输服务	50.5	36.3	5.6	7.1	42.0	40.5	9.1	7.6	61.3	28.4	5.9	4.1
互联网和相关服务	52.5	33.5	8.0	6.0	43.7	44.1	7.5	4.3	61.7	33.3	2.2	2.8
软件和信息技术服务业	55.2	30.9	6.7	6.7	47.7	37.7	7.8	6.4	64.6	28.9	3.6	2.7
金融业	69.7	23.2	3.3	3.7	45.3	39.7	9.6	5.0	72.5	23.5	2.0	1.9
货币金融服务	72.0	21.7	3.6	2.6	44.7	40.1	10.7	4.3	75.0	22.4	1.2	1.2
资本市场服务	74.5	18.6	2.5	4.4	52.5	35.8	6.4	5.4	78.9	18.1	1.0	2.0
保险业	64.1	28.3	3.3	4.3	44.9	41.1	8.4	5.3	66.0	28.0	3.1	2.8
其他金融业	75.7	14.0	2.8	6.5	38.3	36.4	15.9	7.5	79.4	16.8	2.8	0.9
租赁和商务服务业	44.7	34.4	8.8	11.9	37.8	38.7	11.1	12.2	51.8	32.2	6.9	8.9
租赁业	39.3	38.3	13.2	8.6	45.7	33.7	11.4	8.6	52.8	36.8	5.5	4.3
商务服务业	44.9	34.2	8.6	12.0	37.5	38.9	11.1	12.4	51.8	32.1	7.0	9.0
科学研究和技术服务业	45.0	33.4	7.1	14.3	39.4	36.5	9.7	14.2	51.8	34.9	4.8	8.4
研究和试验发展	51.9	33.6	6.6	7.4	48.1	38.7	8.5	4.4	63.2	31.5	3.2	1.9
专业技术服务业	43.3	32.6	7.1	16.9	37.2	35.6	9.2	17.8	50.6	34.8	4.4	10.2
科技推广和应用服务业	46.9	36.1	7.3	9.4	42.0	38.4	11.5	7.7	49.6	37.1	7.0	6.1
水利、环境和公共设施管理业	45.4	32.4	8.8	13.1	37.9	38.4	11.3	12.0	47.3	35.1	8.8	8.6
水利管理业	48.3	30.0	10.0	11.7	43.3	30.0	13.3	13.3	50.0	33.3	8.3	8.3
生态保护和环境治理业	45.2	34.5	8.9	11.3	48.8	31.5	9.5	10.1	56.0	29.2	6.5	8.3
公共设施管理业	45.3	32.2	8.7	13.5	36.0	39.9	11.4	12.2	45.9	36.0	9.1	8.7

13-4 续表 1

项　目	在开展创新活动企业中，对下列各项创新成功因素作出不同影响程度判断的企业家占比(%)											
	员工对企业的认同感				企业内部的激励措施				有效的技术战略或计划			
	高	中	低	无	高	中	低	无	高	中	低	无
总　计	**43.4**	**44.4**	**6.5**	**5.5**	**42.1**	**43.4**	**7.9**	**6.4**	**37.4**	**43.9**	**8.6**	**9.4**
一、按行业分												
批发和零售业	41.8	45.1	6.7	6.2	41.4	43.3	8.5	6.7	35.4	44.4	9.3	10.0
批发业	41.4	42.9	8.3	7.2	40.7	41.7	10.5	6.9	38.4	39.8	10.6	10.9
零售业	42.2	47.2	5.2	5.3	41.9	44.7	6.6	6.6	32.7	48.7	8.2	9.2
交通运输、仓储和邮政业	39.3	49.5	5.8	5.1	38.7	47.6	6.8	6.2	32.6	47.6	9.0	9.8
铁路运输业	51.2	39.0	2.4	7.3	39.0	41.5	4.9	14.6	31.7	34.1	17.1	17.1
道路运输业	39.0	50.9	4.6	5.2	39.4	48.3	5.3	6.1	30.4	51.2	7.3	10.0
水上运输业	40.9	46.1	8.4	4.4	39.8	45.7	8.2	6.0	36.2	44.6	8.7	10.1
航空运输业	63.9	29.5	3.3	3.3	54.1	35.2	4.9	5.7	51.6	36.9	5.7	5.7
管道运输业	42.9	50.0		7.1	46.4	35.7	7.1	10.7	57.1	32.1	3.6	7.1
装卸搬运和运输代理业	35.0	52.3	6.5	5.7	33.6	50.5	7.7	7.7	32.0	44.8	11.9	10.3
仓储业	40.0	46.4	8.2	4.6	37.8	45.2	10.9	5.2	35.4	42.0	11.7	9.4
邮政业	48.5	42.3	6.0	3.0	47.3	42.0	7.2	3.2	39.7	44.1	9.0	6.7
信息传输、软件和信息技术服务业	53.9	38.9	4.3	2.6	50.5	40.7	5.9	2.6	51.8	39.2	4.9	3.7
电信、广播电视和卫星传输服务	55.7	36.9	4.9	2.3	56.7	32.8	7.3	2.6	50.5	37.8	6.1	5.2
互联网和相关服务	55.0	39.4	2.8	2.4	49.7	44.9	2.6	2.4	51.6	41.3	3.6	3.2
软件和信息技术服务业	53.3	39.3	4.4	2.7	48.8	42.4	5.9	2.6	52.2	39.3	4.7	3.3
金融业	55.6	37.6	4.1	2.5	56.3	36.7	4.1	2.7	57.2	34.0	4.7	3.8
货币金融服务	56.4	36.5	4.4	2.6	56.4	37.2	4.0	2.3	58.6	32.1	5.8	3.3
资本市场服务	57.8	38.7	2.0	1.5	56.4	37.3	4.4	2.0	56.9	36.8	2.9	3.4
保险业	52.5	40.5	4.1	2.8	54.9	37.5	3.8	3.5	55.4	36.3	3.8	4.1
其他金融业	64.5	27.1	6.5	1.9	63.6	27.1	6.5	2.8	57.9	29.0	6.5	5.6
租赁和商务服务业	47.1	39.4	9.5	3.8	44.2	41.5	7.9	6.2	39.5	42.9	7.7	9.7
租赁业	47.5	42.0	6.1	2.8	42.6	46.6	7.4	3.1	39.3	44.5	12.0	3.7
商务服务业	47.1	39.2	9.7	3.8	44.2	41.3	7.9	6.3	39.5	42.9	7.6	9.9
科学研究和技术服务业	44.1	44.4	5.1	6.2	39.8	44.7	6.5	8.9	39.7	42.9	7.3	9.9
研究和试验发展	46.8	46.3	4.0	2.8	42.6	49.6	5.2	2.5	50.3	39.9	6.2	3.3
专业技术服务业	44.7	43.5	4.7	7.0	39.9	43.2	6.0	10.8	38.3	42.6	7.0	11.9
科技推广和应用服务业	40.9	46.6	6.8	5.4	38.2	46.8	8.7	6.0	38.8	45.2	8.6	7.0
水利、环境和公共设施管理业	46.4	42.6	5.9	4.9	39.9	45.8	8.0	6.0	40.0	41.0	9.2	9.3
水利管理业	56.7	31.7	5.0	6.7	55.0	28.3	10.0	6.7	40.0	36.7	10.0	13.3
生态保护和环境治理业	45.2	42.9	4.8	7.1	42.9	43.5	7.1	6.5	48.8	32.1	10.7	8.3
公共设施管理业	46.0	43.2	6.1	4.4	38.7	47.1	8.1	5.9	38.7	42.6	8.9	9.2

13-4 续表 2

项 目	在开展创新活动企业中，对下列各项创新成功因素作出不同影响程度判断的企业家占比(%)											
	畅通的信息渠道				可信赖的创新合作伙伴				优惠政策的扶持			
	高	中	低	无	高	中	低	无	高	中	低	无
总 计	**39.5**	**46.2**	**7.7**	**6.3**	**34.2**	**43.7**	**9.8**	**11.9**	**34.3**	**37.8**	**11.2**	**16.2**
一、按行业分												
批发和零售业	38.5	46.7	8.0	6.5	33.6	44.1	9.4	12.4	32.7	37.9	11.4	17.6
批发业	39.6	45.1	8.2	6.8	34.9	40.2	11.1	13.6	32.5	38.7	12.3	16.1
零售业	37.4	48.2	7.8	6.2	32.5	47.7	8.0	11.4	32.7	37.2	10.6	19.0
交通运输、仓储和邮政业	37.0	49.0	7.4	6.1	34.8	43.5	8.9	11.9	35.3	40.7	9.4	13.6
铁路运输业	24.4	43.9	22.0	9.8	26.8	39.0	14.6	19.5	31.7	29.3	14.6	24.4
道路运输业	38.5	48.7	6.2	6.1	37.7	41.5	7.6	12.1	38.1	40.2	7.5	13.0
水上运输业	36.6	48.3	9.5	5.4	34.4	43.6	10.3	11.2	34.8	42.8	8.8	13.0
航空运输业	53.3	36.1	6.6	4.1	42.6	36.9	10.7	9.8	51.6	27.9	10.7	9.0
管道运输业	28.6	57.1	3.6	10.7	14.3	60.7	3.6	21.4	32.1	32.1	10.7	25.0
装卸搬运和运输代理业	31.8	51.9	8.1	7.6	29.1	47.7	11.3	11.2	27.1	44.0	12.9	14.9
仓储业	37.1	47.5	8.8	5.1	32.7	45.3	8.6	12.1	35.9	37.6	10.8	14.5
邮政业	39.0	48.0	7.9	4.4	32.6	43.9	11.1	11.8	34.2	41.3	11.5	12.2
信息传输、软件和信息技术服务业	46.6	43.1	5.9	3.9	40.6	43.0	9.4	6.6	44.3	37.8	8.8	8.5
电信、广播电视和卫星传输服务	44.2	45.3	6.1	3.7	38.0	43.3	10.1	7.9	36.3	39.6	11.2	12.0
互联网和相关服务	49.3	42.4	3.4	4.7	40.6	42.1	9.5	7.5	42.4	40.2	8.6	8.2
软件和信息技术服务业	47.0	42.6	6.1	3.9	41.3	43.0	9.2	6.1	46.7	37.1	8.1	7.5
金融业	53.9	38.4	4.7	2.8	39.5	42.0	11.4	6.8	39.5	34.5	12.9	12.5
货币金融服务	55.4	37.4	4.8	2.2	39.1	42.3	11.4	7.1	38.8	36.5	12.9	11.7
资本市场服务	54.4	40.7	2.9	2.0	45.6	39.7	9.3	5.4	40.2	35.3	9.3	14.7
保险业	51.2	40.1	4.9	3.5	37.2	43.9	11.8	6.7	40.0	33.1	13.8	12.3
其他金融业	57.9	29.9	6.5	4.7	43.9	33.6	13.1	7.5	40.2	28.0	15.0	15.0
租赁和商务服务业	43.1	44.5	6.7	5.4	33.5	41.9	13.7	10.7	35.5	37.2	13.0	14.0
租赁业	45.4	40.5	7.1	4.0	34.4	47.5	11.4	6.7	33.7	40.2	11.4	14.1
商务服务业	43.0	44.7	6.7	5.4	33.5	41.7	13.8	10.8	35.5	37.1	13.1	14.0
科学研究和技术服务业	37.3	45.5	8.6	8.4	31.4	44.4	9.8	14.2	34.8	34.8	11.0	19.1
研究和试验发展	40.9	50.4	5.6	2.9	37.9	45.3	10.9	5.8	41.7	39.1	10.3	8.3
专业技术服务业	36.1	44.8	9.1	9.8	28.7	44.9	9.0	17.2	32.9	33.6	10.6	22.7
科技推广和应用服务业	39.4	45.1	8.6	6.5	36.5	42.7	11.7	8.9	37.0	36.4	12.7	13.5
水利、环境和公共设施管理业	40.1	42.3	9.7	7.4	33.1	41.3	10.6	14.6	38.7	33.4	11.3	16.2
水利管理业	31.7	41.7	15.0	11.7	35.0	28.3	11.7	25.0	40.0	20.0	15.0	25.0
生态保护和环境治理业	44.0	41.1	7.1	7.7	35.1	42.3	13.1	9.5	45.8	35.1	7.7	11.3
公共设施管理业	39.9	42.5	9.8	7.2	32.7	41.9	10.2	14.8	37.5	33.9	11.7	16.5

13-4 续表 3

项 目	在开展创新活动企业中，对下列各项创新成功因素作出不同影响程度判断的企业家占比(%)											
	有创新精神的企业家				充足的经费支持				高素质的人才			
	高	中	低	无	高	中	低	无	高	中	低	无
二、按地区分												
东部地区	40.4	39.3	6.9	13.3	35.1	42.2	10.4	12.0	44.1	41.7	7.1	7.0
中部地区	42.1	37.8	7.7	12.1	37.1	39.9	12.6	9.8	46.0	38.4	8.9	6.3
西部地区	40.0	35.7	8.1	15.8	33.8	39.9	12.7	12.9	43.1	37.2	9.7	9.6
东北地区	32.1	36.0	14.0	17.3	27.1	40.6	20.6	11.2	32.4	45.6	13.4	8.4
北 京	44.2	38.7	5.4	11.6	33.2	48.4	9.1	9.2	50.0	37.0	5.7	7.3
天 津	32.4	43.8	9.3	14.2	29.6	42.4	12.9	14.6	34.4	46.9	7.7	10.5
河 北	38.4	31.7	10.6	19.0	32.6	37.1	15.2	14.9	41.4	38.8	11.3	8.5
山 西	48.2	31.4	9.2	11.2	32.7	41.2	10.7	15.4	42.6	42.0	7.4	8.0
内蒙古	45.5	34.1	7.0	13.4	39.0	34.8	15.1	11.0	44.5	37.4	8.0	9.8
辽 宁	28.8	37.0	15.1	18.4	23.8	41.3	23.5	10.9	27.2	48.5	16.0	8.0
吉 林	40.2	32.8	12.3	14.1	36.1	43.4	11.4	8.5	51.3	36.4	5.6	6.7
黑龙江	44.3	32.8	8.9	14.1	38.6	34.9	11.7	14.8	46.1	36.8	5.2	11.9
上 海	45.7	32.1	4.6	17.5	38.8	38.2	6.6	16.4	50.1	36.6	6.5	6.8
江 苏	31.3	48.4	5.5	14.8	28.0	46.2	12.4	13.3	36.9	52.1	4.7	6.2
浙 江	54.3	31.4	4.8	9.5	44.9	35.6	12.0	7.4	55.0	32.9	7.3	4.8
安 徽	35.6	36.0	9.9	17.8	32.9	37.1	14.3	14.5	39.7	40.0	8.7	10.5
福 建	42.8	35.1	11.3	10.8	34.4	39.5	13.3	12.4	45.1	33.3	12.1	9.3
江 西	42.2	33.8	10.0	13.9	33.6	41.6	10.6	14.3	47.1	32.9	11.2	8.8
山 东	48.0	27.4	6.0	17.5	40.5	37.1	5.0	16.2	39.6	41.5	9.3	9.5
河 南	48.1	37.3	7.0	7.6	42.5	37.3	13.6	6.6	51.6	35.8	7.9	4.7
湖 北	39.7	42.6	5.4	12.0	37.7	42.9	12.4	6.6	46.6	39.5	9.0	4.7
湖 南	45.6	37.7	7.7	8.7	39.1	42.6	10.1	7.7	49.2	37.6	10.5	2.5
广 东	40.7	41.2	9.2	8.7	39.6	42.6	9.9	7.9	50.7	36.5	7.6	5.1
广 西	45.8	32.8	5.3	15.8	31.9	37.9	13.9	16.0	44.9	34.8	11.6	8.3
海 南	47.2	33.6	4.2	14.7	41.3	35.0	14.3	8.7	53.5	36.7	8.0	1.4
重 庆	34.0	41.0	7.4	17.6	31.7	47.6	9.7	11.0	37.4	42.6	9.9	10.0
四 川	40.3	35.5	7.4	15.9	33.7	40.2	10.7	13.9	45.8	35.1	7.6	10.4
贵 州	37.3	32.4	13.1	15.4	31.5	40.0	15.6	11.2	41.2	36.6	11.2	9.8
云 南	39.7	38.1	6.8	15.0	36.2	37.6	13.6	12.2	42.1	35.5	12.4	10.0
西 藏	32.6	39.1	13.0	15.2	32.6	45.7	13.0	8.7	50.0	34.8	8.7	6.5
陕 西	39.8	35.4	10.6	14.1	36.0	37.6	14.8	11.1	43.3	38.3	9.5	8.4
甘 肃	43.4	31.8	12.2	12.6	33.0	36.4	17.6	13.0	45.8	37.2	10.6	6.4
青 海	39.8	32.2	10.2	17.8	32.2	37.3	12.7	17.8	55.1	29.7	7.6	7.6
宁 夏	36.9	39.4	6.4	16.3	30.5	36.5	17.2	15.3	42.4	39.4	10.8	6.9
新 疆	43.2	30.1	6.4	20.1	32.1	39.0	10.3	16.9	41.4	38.4	8.5	11.4

13-4 续表 4

项 目	在开展创新活动企业中，对下列各项创新成功因素作出不同影响程度判断的企业家占比(%)											
	员工对企业的认同感				企业内部的激励措施				有效的技术战略或计划			
	高	中	低	无	高	中	低	无	高	中	低	无
二、按地区分												
东部地区	43.1	44.5	6.4	5.9	41.9	43.3	7.9	6.8	37.6	44.0	8.0	9.7
中部地区	46.0	42.7	6.6	4.3	44.8	43.3	6.5	4.9	38.3	43.6	9.3	8.2
西部地区	43.7	45.4	5.9	4.9	43.1	43.1	7.7	5.6	36.9	43.3	10.1	9.1
东北地区	37.0	45.3	11.1	5.6	33.0	46.9	13.6	5.5	31.5	45.3	14.0	8.1
北 京	41.9	48.3	4.9	4.9	41.1	45.6	6.9	6.4	43.5	44.4	5.7	6.3
天 津	34.7	51.2	5.0	8.5	33.9	49.1	8.1	8.5	33.1	45.8	8.6	12.1
河 北	47.2	42.0	6.3	4.4	41.4	40.3	10.8	7.3	33.3	45.1	10.3	11.1
山 西	45.7	43.4	6.2	4.7	41.2	42.8	10.6	5.4	36.6	41.8	10.6	11.0
内蒙古	44.3	44.7	9.0	1.9	46.9	37.0	11.5	4.4	39.2	41.6	8.8	10.2
辽 宁	32.3	47.7	12.9	5.8	29.0	48.7	15.8	5.2	27.6	48.6	15.2	7.2
吉 林	56.6	36.4	5.9	0.9	50.1	41.3	5.6	2.6	47.2	34.6	10.0	7.6
黑龙江	47.5	39.3	5.2	8.0	41.9	41.0	7.5	9.6	40.3	35.4	10.3	14.1
上 海	44.3	42.8	5.0	7.9	41.6	42.3	5.7	10.5	46.3	35.2	4.8	13.8
江 苏	41.0	45.5	6.8	6.6	37.5	47.7	10.2	4.5	30.1	48.8	10.1	9.0
浙 江	52.9	40.3	4.4	2.4	53.1	38.1	5.2	3.5	47.7	41.2	7.3	3.9
安 徽	37.6	47.1	5.9	8.4	36.4	48.3	4.9	8.8	33.0	43.7	9.7	12.4
福 建	46.0	41.6	7.0	5.2	44.0	41.3	8.6	5.7	42.7	40.6	7.3	9.1
江 西	47.9	39.4	9.7	3.1	49.3	36.6	9.0	5.1	42.0	35.9	14.4	7.7
山 东	46.3	34.1	9.7	9.2	45.9	35.0	9.3	9.5	35.1	37.9	9.7	16.1
河 南	51.6	37.4	8.3	2.6	53.3	35.3	8.7	2.6	43.8	40.8	9.0	6.4
湖 北	45.6	44.2	6.2	3.6	45.4	44.8	4.9	4.5	39.4	45.0	8.5	6.5
湖 南	53.0	41.3	4.5	1.0	45.6	46.9	5.5	1.7	36.7	49.8	7.8	5.3
广 东	42.3	47.7	6.6	3.3	44.3	41.6	5.8	8.2	39.5	45.4	6.3	8.6
广 西	43.9	42.5	6.7	6.6	43.6	43.3	7.0	6.2	38.0	44.8	8.5	8.3
海 南	45.8	43.4	9.8	1.0	45.1	46.5	7.7	0.4	43.7	45.1	8.7	2.1
重 庆	38.7	50.2	7.0	4.1	38.1	48.2	7.9	5.8	33.8	46.7	11.3	8.2
四 川	44.0	44.6	4.6	6.5	43.2	42.0	5.4	8.0	37.1	41.7	9.0	11.0
贵 州	45.8	43.5	5.3	4.6	44.4	43.9	6.4	4.6	38.9	38.1	13.1	9.0
云 南	45.1	46.0	3.9	5.0	40.5	46.1	8.3	4.8	34.4	44.3	11.2	9.8
西 藏	60.9	28.3	6.5	4.3	54.3	39.1	4.3	2.2	47.8	32.6	10.9	8.7
陕 西	43.9	46.2	6.6	2.9	44.3	43.4	8.8	2.9	38.9	44.8	9.6	5.9
甘 肃	47.6	40.2	7.2	5.0	50.6	34.6	11.0	3.8	38.0	43.4	10.6	8.0
青 海	54.2	29.7	9.3	6.8	53.4	28.8	9.3	8.5	43.2	34.7	8.5	13.6
宁 夏	47.3	42.4	5.9	3.9	39.9	43.8	9.9	6.4	37.9	38.4	14.8	8.4
新 疆	41.8	48.9	5.8	3.4	45.0	40.9	9.6	4.3	36.6	45.9	8.2	9.0

13-4 续表 5

项 目	在开展创新活动企业中，对下列各项创新成功因素作出不同影响程度判断的企业家占比(%)											
	畅通的信息渠道				可信赖的创新合作伙伴				优惠政策的扶持			
	高	中	低	无	高	中	低	无	高	中	低	无
二、按地区分												
东部地区	39.5	46.7	7.2	6.4	34.6	44.3	9.1	11.7	34.3	38.1	10.9	16.4
中部地区	40.8	44.7	8.1	5.8	35.2	42.4	10.8	10.9	34.8	38.0	10.8	15.6
西部地区	40.8	43.8	8.4	6.2	32.2	42.7	11.6	12.9	35.2	35.8	11.6	16.4
东北地区	29.6	50.7	13.1	5.5	27.2	41.4	15.7	14.6	28.9	37.6	18.0	14.8
北 京	46.1	45.4	4.7	3.9	38.6	46.3	7.4	7.7	41.0	40.3	5.9	12.8
天 津	33.6	48.5	9.4	8.2	27.1	48.6	8.7	15.0	26.9	44.0	9.4	18.6
河 北	35.9	44.9	8.7	10.2	28.5	46.5	12.2	12.6	28.0	38.7	10.0	22.8
山 西	35.2	47.7	9.2	8.0	31.6	39.1	14.6	14.6	29.1	37.4	13.4	20.1
内蒙古	45.2	38.7	11.4	4.6	32.8	45.3	9.8	11.9	39.9	37.7	7.6	14.4
辽 宁	25.9	54.3	13.9	4.6	25.1	41.3	17.3	14.9	24.8	39.6	19.4	15.3
吉 林	41.6	42.5	9.4	5.9	33.7	41.6	11.1	12.6	46.3	27.9	13.5	11.7
黑龙江	40.5	37.2	11.7	10.5	33.5	41.7	9.8	15.0	37.9	34.0	13.8	14.3
上 海	40.5	42.7	4.3	12.5	36.1	37.8	7.1	19.0	38.2	35.6	7.1	19.0
江 苏	32.6	51.8	9.4	6.1	30.0	49.4	10.8	9.8	26.6	36.8	16.5	20.0
浙 江	50.4	39.2	6.9	3.5	39.0	42.1	10.4	8.5	39.7	34.3	12.9	13.1
安 徽	34.1	48.2	7.2	9.3	32.1	41.0	10.8	14.9	30.6	36.3	9.9	22.0
福 建	39.7	43.5	8.5	8.0	32.1	41.5	11.8	14.3	29.4	35.5	19.2	15.6
江 西	41.8	40.9	12.0	5.3	32.8	44.1	12.4	10.7	33.5	33.1	13.1	20.3
山 东	36.6	49.8	7.3	5.4	38.8	40.7	8.3	11.0	39.1	34.9	8.0	16.8
河 南	49.0	38.5	10.2	2.3	38.8	41.6	11.1	8.5	39.9	35.1	12.8	12.3
湖 北	42.1	44.3	7.1	6.0	35.8	43.6	7.9	11.1	36.2	40.0	10.4	11.8
湖 南	40.6	49.1	6.3	3.5	36.7	45.5	12.8	4.8	35.4	44.7	7.6	11.7
广 东	45.4	43.4	5.2	5.8	39.1	39.8	7.5	13.5	40.2	40.8	7.1	11.7
广 西	36.0	45.8	9.5	8.3	31.9	41.6	10.5	15.7	33.1	34.1	12.8	19.7
海 南	39.5	50.0	8.0	2.1	32.5	47.6	11.5	7.7	35.7	42.0	9.4	12.2
重 庆	37.0	46.8	9.4	6.7	28.8	46.3	11.9	13.0	32.8	41.1	12.4	13.7
四 川	43.2	42.8	5.9	6.4	32.5	40.9	10.5	14.8	34.5	37.3	9.7	16.2
贵 州	38.8	44.6	9.9	4.8	31.1	40.1	12.2	14.3	33.0	29.0	17.5	18.7
云 南	38.9	45.3	9.0	6.7	29.6	46.4	13.1	10.8	35.5	34.0	12.0	18.2
西 藏	47.8	37.0	10.9	4.3	43.5	45.7	2.2	8.7	45.7	30.4	8.7	15.2
陕 西	45.9	40.3	8.0	5.1	38.2	39.7	12.0	9.6	40.4	33.9	10.3	14.1
甘 肃	42.2	42.2	11.0	4.6	38.4	35.8	17.2	8.6	38.8	31.0	14.2	16.0
青 海	39.0	43.2	7.6	10.2	33.1	39.0	12.7	15.3	35.6	33.1	12.7	18.6
宁 夏	41.4	40.9	10.3	6.9	29.6	43.4	12.8	13.8	31.5	35.0	13.3	19.2
新 疆	37.5	47.8	7.6	5.7	29.7	47.1	10.3	12.7	32.4	37.3	10.9	19.0

十四、创新激励措施及效果情况

14-1 企业创新激励措施

项 目	在开展创新活动企业中,							
	股权或期权				增加工资或奖金			
	很好	一般	无效果	未使用	很好	一般	无效果	未使用
总 计	**10.2**	**21.6**	**2.2**	**64.8**	**45.7**	**43.7**	**2.0**	**8.2**
一、按行业分								
采矿业	9.9	20.4	3.1	65.2	43.4	40.8	2.9	12.6
制造业	9.8	21.4	2.3	65.0	46.9	44.0	2.1	6.7
电力、热力、燃气及水生产和供应业	7.4	13.8	2.0	74.1	42.0	37.5	1.5	18.2
建筑业	10.6	19.3	2.1	67.4	47.2	40.7	1.7	10.2
批发和零售业	10.6	23.9	2.3	62.2	42.2	45.6	2.0	9.7
交通运输、仓储和邮政业	8.9	21.6	2.6	65.7	44.3	42.1	2.1	11.0
信息传输、软件和信息技术服务业	15.6	19.0	1.8	63.0	52.4	36.9	1.5	9.0
金融业	6.2	6.7	0.7	85.9	52.1	31.0	0.4	16.3
租赁和商务服务业	11.2	20.2	1.5	66.8	44.5	42.5	0.6	12.4
科学研究和技术服务业	11.4	17.6	1.6	69.0	46.2	41.2	1.4	11.0
水利、环境和公共设施管理业	11.6	19.7	2.1	65.8	45.1	39.0	1.7	14.0
二、按地区分								
东部地区	10.0	22.0	2.1	64.8	45.6	44.1	1.8	8.2
中部地区	11.2	22.1	2.5	62.5	48.5	42.2	1.9	7.0
西部地区	9.5	17.9	2.1	69.4	43.0	44.6	2.2	9.9
东北地区	11.5	21.8	3.5	60.5	44.5	40.8	3.9	10.1
北 京	10.5	14.1	1.3	74.1	48.8	37.3	0.9	13.0
天 津	7.0	27.5	2.9	60.7	38.5	47.9	3.0	9.9
河 北	9.3	25.2	2.9	62.5	47.5	42.5	1.8	8.1
山 西	8.1	15.8	3.5	72.6	42.4	40.9	2.5	14.2
内蒙古	11.0	17.0	3.2	68.4	45.5	36.7	2.9	14.5
辽 宁	9.8	22.5	4.1	59.8	40.9	42.7	5.1	10.2
吉 林	15.4	21.1	2.4	59.6	54.6	35.0	1.4	8.7
黑龙江	13.9	19.8	2.8	63.5	47.2	39.5	2.3	11.0
上 海	8.7	15.5	1.4	73.3	40.2	46.0	1.5	12.1
江 苏	8.6	24.7	1.6	64.1	44.4	46.8	1.4	7.2
浙 江	9.8	18.0	2.7	69.5	45.6	45.6	2.0	6.7
安 徽	9.3	19.2	2.5	64.4	48.3	40.7	2.0	8.1
福 建	8.9	21.0	2.1	67.4	44.8	45.2	2.2	7.7
江 西	13.8	21.7	2.7	61.8	47.7	43.2	2.5	6.6
山 东	14.2	23.7	2.0	58.8	57.1	34.9	1.9	5.9
河 南	11.5	23.7	1.9	62.8	53.3	39.6	1.5	5.6
湖 北	11.9	23.7	2.8	59.7	47.7	44.0	1.6	6.1
湖 南	12.2	24.2	2.5	60.0	45.1	45.8	2.5	6.4
广 东	11.2	23.0	2.5	60.7	41.8	45.2	2.1	9.7
广 西	8.0	19.3	2.0	70.2	42.8	43.3	3.0	10.7
海 南	6.9	10.8	3.4	76.7	36.6	48.9	2.6	11.4
重 庆	8.8	19.9	2.4	68.8	37.8	50.8	2.2	9.2
四 川	9.7	17.2	1.8	69.7	44.2	45.2	1.7	8.5
贵 州	11.4	16.8	2.2	66.8	38.8	46.3	3.1	11.0
云 南	9.1	15.1	1.1	73.3	42.7	44.2	2.1	10.8
西 藏	16.5	20.9	2.2	60.4	42.9	39.6	1.1	16.5
陕 西	9.0	19.8	2.8	67.5	45.8	42.8	2.2	9.1
甘 肃	10.9	21.1	3.0	64.8	47.2	41.9	2.5	8.3
青 海	7.1	16.7	1.4	74.8	45.0	41.4	2.0	11.6
宁 夏	7.5	15.8	3.4	72.8	45.1	39.3	3.1	12.5
新 疆	9.5	15.8	2.0	71.8	42.9	43.1	1.4	12.3

及效果情况(2013-2014年)

对下列措施效果作出不同判断的企业家占比(%)											
汽车住房等物质奖励				岗位调整或升职机会				培训或深造机会			
很好	一般	无效果	未使用	很好	一般	无效果	未使用	很好	一般	无效果	未使用
13.0	**23.3**	**2.2**	**60.1**	**38.2**	**44.2**	**2.2**	**14.8**	**30.5**	**43.0**	**2.5**	**23.1**
12.0	21.4	3.0	62.2	34.1	44.2	3.3	17.4	29.5	43.3	3.1	23.3
13.4	23.9	2.2	59.1	37.7	44.6	2.4	14.5	29.7	43.6	2.5	23.0
9.4	15.0	2.1	70.8	44.9	37.5	1.7	14.7	39.7	39.0	1.6	17.9
12.9	21.4	1.8	63.3	43.5	42.1	1.6	12.5	36.8	44.5	1.8	16.3
12.3	24.3	2.7	59.8	34.9	46.4	2.1	16.3	29.5	42.1	2.8	25.2
15.5	23.9	1.7	57.8	41.2	41.0	2.0	15.4	31.9	41.1	2.1	24.1
12.3	18.6	2.1	66.5	50.8	37.5	1.6	9.7	38.0	41.0	2.3	18.3
7.2	8.4	0.5	83.4	55.9	28.0	0.4	15.5	50.0	33.7	0.9	15.2
12.5	21.2	0.9	65.0	46.5	37.8	0.5	15.0	29.7	45.3	1.4	23.3
12.7	18.0	1.8	67.1	41.6	42.4	1.7	13.9	35.9	40.2	1.8	21.7
12.1	20.7	2.5	63.8	45.5	37.3	1.8	15.1	35.8	40.4	1.5	21.9
12.9	24.0	2.2	59.9	38.0	44.6	2.0	14.9	29.6	43.1	2.5	24.1
14.4	23.4	2.3	58.2	39.6	43.4	2.2	14.0	31.7	42.7	2.3	21.9
11.2	19.3	2.2	66.3	37.2	44.3	2.5	15.4	33.0	43.8	2.4	20.1
15.5	23.7	3.7	54.7	37.1	40.0	4.0	17.4	31.4	40.2	3.7	22.3
9.7	17.0	1.0	72.2	40.7	44.6	1.1	13.6	34.0	40.9	1.7	23.5
10.3	29.2	3.1	55.7	33.1	47.4	2.9	15.5	26.1	43.6	3.0	25.6
12.4	24.9	2.4	60.2	39.2	43.3	2.5	15.0	31.8	43.0	2.6	22.4
10.1	16.4	2.8	70.7	36.3	43.5	2.7	17.5	32.4	41.7	3.3	22.6
13.5	17.3	2.5	66.0	41.7	34.1	3.9	19.9	37.5	35.6	3.5	22.9
14.3	26.0	3.9	52.5	33.9	41.1	4.4	18.4	27.5	42.3	3.9	23.0
19.9	20.1	2.3	56.3	46.0	35.9	1.8	15.2	41.7	35.7	1.9	19.5
15.7	19.0	4.5	60.7	39.5	39.8	4.8	15.9	35.1	37.6	4.9	22.4
8.5	18.2	2.3	69.9	38.2	45.7	3.6	11.8	30.1	41.7	2.8	24.5
13.1	26.4	2.1	57.4	36.3	45.3	1.6	16.2	26.2	43.8	2.9	26.2
11.5	22.1	1.9	64.5	35.9	45.5	2.1	16.5	29.5	43.5	2.2	24.8
14.2	21.7	2.3	57.5	39.4	39.6	2.5	15.9	31.1	38.8	2.1	24.0
12.2	22.1	1.9	63.0	38.3	44.5	2.1	14.7	30.2	44.1	2.3	22.9
15.0	23.4	2.6	59.0	40.6	44.3	2.1	13.0	33.2	44.1	2.4	20.3
19.8	22.6	2.7	53.5	44.5	39.1	2.1	13.7	37.3	37.9	2.5	21.5
16.6	24.6	1.8	57.0	43.1	42.1	1.7	13.2	31.0	43.2	2.0	23.8
13.7	24.3	2.2	57.6	38.1	45.2	2.1	14.0	32.0	43.4	2.4	21.1
13.2	25.1	2.5	57.8	37.1	48.3	2.5	11.3	32.1	46.9	2.7	17.2
12.6	25.8	2.1	56.8	38.5	45.6	1.9	13.0	28.5	45.9	2.0	22.0
10.2	19.7	2.8	66.6	37.5	43.2	2.7	16.2	31.6	44.0	3.2	20.7
7.5	18.3	1.7	70.0	43.3	46.3	0.9	8.6	31.3	42.5	1.7	24.1
9.8	22.7	2.3	65.2	32.4	50.1	2.9	14.7	27.4	48.6	2.5	21.5
11.5	18.6	1.6	66.7	37.0	44.4	1.8	16.0	32.7	43.8	2.1	20.3
11.7	20.0	2.6	62.9	33.9	45.3	3.5	15.8	31.9	43.3	2.9	20.1
9.9	16.2	1.4	71.2	37.7	46.2	2.0	13.5	35.4	45.0	1.6	17.1
17.6	25.3	1.1	56.0	46.2	49.5	3.3	1.1	39.6	51.6	4.4	4.4
11.5	20.8	2.8	63.9	39.3	42.8	2.6	14.5	35.1	42.5	2.1	19.4
11.9	22.6	3.6	61.8	37.8	44.3	3.6	14.0	34.1	42.6	3.3	19.9
11.0	15.9	2.8	70.3	41.4	42.2	3.1	13.3	38.0	39.9	2.0	20.1
10.0	15.7	2.8	71.0	40.4	43.6	3.7	11.9	34.6	41.8	2.1	20.9
12.5	16.1	1.3	69.2	41.7	39.7	1.9	16.2	37.2	41.3	1.5	19.3

14-2　工业企业创新激励措施

项　目	在开展创新活动企业中，对							
	股权或期权				增加工资或奖金			
	很好	一般	无效果	未使用	很好	一般	无效果	未使用
总　计	**9.8**	**21.3**	**2.3**	**65.1**	**46.8**	**43.8**	**2.1**	**7.1**
一、按规模分								
大型企业	13.2	17.8	1.1	67.0	53.9	38.1	0.9	6.8
中型企业	10.7	20.2	2.1	65.6	48.7	42.2	1.7	7.0
小型企业	9.4	21.7	2.4	64.9	45.9	44.5	2.2	7.1
二、按登记注册类型分								
内资企业	10.2	21.9	2.4	64.1	47.4	43.5	2.1	6.7
国有企业	5.5	12.0	2.2	78.2	42.6	39.1	2.2	15.7
集体企业	7.4	23.6	3.3	64.5	42.7	46.0	2.3	8.8
股份合作企业	8.4	21.5	3.5	65.6	39.9	49.3	3.1	7.6
联营企业	11.8	15.7	5.9	66.7	54.9	29.4	3.9	11.8
有限责任公司	10.1	20.4	2.2	66.0	47.9	42.4	1.8	7.6
股份有限公司	16.0	20.9	1.8	60.2	52.1	39.8	1.2	6.7
私营企业	9.9	22.7	2.5	63.4	47.0	44.2	2.2	6.2
其他企业	18.2	29.9	2.8	48.3	47.3	44.9	2.1	5.1
港、澳、台商投资企业	7.7	19.0	2.2	68.9	43.6	45.2	2.2	8.4
外商投资企业	7.4	17.5	1.8	71.7	43.1	45.5	2.0	9.0
三、按行业分								
采矿业	9.9	20.4	3.1	65.2	43.4	40.8	2.9	12.6
煤炭开采和洗选业	10.4	20.4	3.3	65.0	37.2	44.2	3.3	15.1
石油和天然气开采业	1.8	8.9	1.8	85.7	42.9	33.9		21.4
黑色金属矿采选业	8.6	18.3	3.3	67.8	49.7	34.4	3.2	12.2
有色金属矿采选业	11.7	18.0	2.4	65.4	48.8	36.4	2.4	11.9
非金属矿采选业	9.5	23.8	3.1	62.1	45.6	43.1	2.8	8.2
开采辅助活动	12.1	18.2	1.5	66.7	45.5	34.8		19.7

及效果情况(2013-2014年)

下列措施效果作出不同判断的企业家占比(%)											
汽车住房等物质奖励				岗位调整或升职机会				培训或深造机会			
很好	一般	无效果	未使用	很好	一般	无效果	未使用	很好	一般	无效果	未使用
13.3	**23.7**	**2.2**	**59.3**	**37.7**	**44.5**	**2.4**	**14.6**	**29.9**	**43.5**	**2.5**	**22.9**
15.3	21.4	1.1	61.4	52.8	39.4	1.0	6.5	43.8	44.0	1.0	10.6
13.6	23.9	2.1	59.0	42.7	44.1	2.0	10.5	34.5	44.6	2.2	17.6
13.1	23.7	2.3	59.3	35.7	44.8	2.5	16.0	28.0	43.2	2.7	24.9
13.7	24.1	2.3	58.4	37.5	44.4	2.4	14.9	29.7	43.5	2.5	23.2
8.9	14.2	2.2	72.6	40.3	41.2	2.0	15.3	35.4	43.6	2.0	17.4
8.6	26.2	3.0	60.9	28.6	47.4	2.7	20.3	22.2	46.9	3.0	26.8
8.4	24.9	4.7	60.9	29.2	44.6	4.1	21.7	23.7	40.1	3.5	31.9
15.7	21.6	2.0	60.8	41.2	39.2	3.9	15.7	33.3	41.2	3.9	21.6
13.0	22.6	2.2	60.8	40.5	43.6	2.2	13.0	32.6	43.5	2.3	20.6
14.8	23.5	1.8	58.7	47.3	41.2	1.6	9.3	38.0	44.3	2.0	14.9
14.0	25.0	2.3	57.2	35.6	45.0	2.5	16.0	27.8	43.4	2.7	24.9
18.8	29.7	2.5	47.9	35.2	49.1	2.7	12.3	32.6	45.5	4.5	16.3
11.7	22.3	2.1	61.8	38.6	45.3	2.4	12.7	28.9	44.8	2.5	22.1
10.9	20.3	1.9	65.3	39.4	44.2	2.1	13.5	32.5	42.8	2.2	21.2
12.0	21.4	3.0	62.2	34.1	44.2	3.3	17.4	29.5	43.3	3.1	23.3
10.4	20.6	3.3	64.6	30.9	46.0	3.3	19.2	28.1	45.6	3.1	22.5
8.9	12.5	1.8	75.0	46.4	35.7		16.1	37.5	46.4		16.1
11.8	20.3	2.9	63.6	38.8	42.4	2.9	15.0	32.6	38.5	3.5	24.0
16.0	20.9	2.0	58.9	39.1	42.3	3.8	13.4	34.8	40.3	3.2	21.3
13.0	23.8	3.3	58.3	31.9	44.8	3.5	18.3	25.2	44.7	3.1	26.0
7.6	25.8	1.5	63.6	45.5	31.8	3.0	19.7	45.5	37.9		16.7

14-2 续表 1

项 目	在开展创新活动企业中，对							
	股权或期权				增加工资或奖金			
	很好	一般	无效果	未使用	很好	一般	无效果	未使用
制造业	9.8	21.4	2.3	65.0	46.9	44.0	2.1	6.7
农副食品加工业	11.0	22.7	2.0	62.8	48.1	42.8	1.7	7.1
食品制造业	10.7	21.3	2.0	64.8	46.9	43.6	1.8	7.4
酒、饮料和精制茶制造业	10.8	21.0	2.2	64.6	47.7	42.1	2.0	8.0
烟草制品业	4.8	7.1		88.1	45.2	40.5		14.3
纺织业	8.1	23.0	2.9	64.8	45.1	45.6	2.5	6.5
纺织服装、服饰业	7.9	23.9	3.5	62.8	43.1	46.7	3.3	6.5
皮革、毛皮、羽毛及其制品和制鞋业	9.3	25.2	3.2	60.8	43.4	47.5	2.7	6.0
木材加工和木、竹、藤、棕、草制品业	9.4	23.3	2.7	62.9	47.4	42.9	2.5	6.7
家具制造业	8.3	18.9	2.4	68.5	45.3	44.2	2.2	7.9
造纸和纸制品业	9.1	21.3	2.5	65.2	45.3	45.0	2.6	6.8
印刷和记录媒介复制业	7.6	21.2	2.3	67.5	44.9	44.6	2.2	7.9
文教、工美、体育和娱乐用品制造业	9.7	21.7	2.2	64.9	45.1	45.8	2.2	6.7
石油加工、炼焦和核燃料加工业	9.5	21.0	1.9	66.3	47.2	38.6	3.5	10.1
化学原料和化学制品制造业	10.5	20.6	2.2	65.3	49.8	41.6	1.8	6.5
医药制造业	13.3	19.4	1.4	65.0	52.3	39.6	1.2	6.7
化学纤维制造业	9.5	22.7	1.9	65.4	47.8	42.6	2.4	7.1
橡胶和塑料制品业	9.3	22.1	2.5	64.0	45.9	44.0	2.3	7.3
非金属矿物制品业	10.0	22.1	2.7	63.6	47.3	42.6	2.3	7.4
黑色金属冶炼和压延加工业	8.4	21.2	2.6	66.5	44.7	44.6	2.1	8.4
有色金属冶炼和压延加工业	10.4	19.6	1.5	67.1	47.3	44.1	1.5	6.9
金属制品业	9.5	21.9	2.4	64.5	44.4	46.1	2.3	6.9
通用设备制造业	9.0	21.0	2.2	66.5	46.4	45.1	2.0	6.3
专用设备制造业	10.4	21.2	2.4	64.5	49.5	42.4	1.7	6.1
汽车制造业	8.9	19.9	2.1	68.1	46.5	45.5	1.9	5.9
铁路、船舶、航空航天和其他运输设备制造业	8.9	18.8	1.7	69.3	46.1	45.1	1.8	6.7
电气机械和器材制造业	10.2	21.1	2.0	65.2	47.3	44.2	1.7	6.4
计算机、通信和其他电子设备制造业	11.0	19.8	1.8	65.6	47.3	44.4	1.8	6.1
仪器仪表制造业	12.1	19.6	2.1	65.0	49.8	42.3	1.9	5.8
其他制造业	7.9	25.9	2.0	61.9	40.3	51.5	2.0	6.0
废弃资源综合利用业	9.7	23.9	2.8	61.6	47.7	39.0	4.0	9.1
金属制品、机械和设备修理业	4.3	20.1	1.8	72.0	41.5	48.8	2.4	7.3
电力、热力、燃气及水生产和供应业	7.4	13.8	2.0	74.1	42.0	37.5	1.5	18.2
电力、热力生产和供应业	6.8	13.9	2.0	74.2	40.7	37.4	1.5	19.5
燃气生产和供应业	8.7	13.3	2.1	74.4	47.0	35.4	1.3	15.3
水的生产和供应业	8.7	13.9	2.1	73.4	42.5	39.8	1.9	15.1

下列措施效果作出不同判断的企业家占比(%)

汽车住房等物质奖励				岗位调整或升职机会				培训或深造机会			
很好	一般	无效果	未使用	很好	一般	无效果	未使用	很好	一般	无效果	未使用
13.4	23.9	2.2	59.1	37.7	44.6	2.4	14.5	29.7	43.6	2.5	23.0
14.3	23.3	2.0	58.9	37.2	43.8	2.2	15.9	30.3	42.8	2.5	23.2
13.8	22.6	2.3	59.9	40.2	43.2	2.5	13.4	33.1	42.7	2.5	20.7
14.0	22.4	2.2	59.7	40.7	42.4	2.2	14.0	35.1	42.6	2.6	18.6
8.3	10.7		81.0	44.0	41.7		14.3	40.5	48.8	1.2	9.5
12.3	24.7	2.8	59.0	32.1	44.8	3.0	19.4	23.6	42.1	3.1	30.2
12.2	25.3	3.2	57.4	31.9	46.3	3.3	17.6	23.7	42.2	3.7	28.9
14.4	26.9	2.7	54.5	30.9	48.3	3.2	16.5	23.5	42.8	3.4	28.8
15.1	23.3	2.9	56.9	32.5	44.2	2.7	19.7	22.7	42.8	3.2	29.9
12.7	23.1	2.0	60.5	35.8	45.7	2.8	14.8	27.2	42.7	2.7	25.9
12.6	23.9	2.2	59.3	35.5	45.3	2.9	15.2	26.9	42.9	2.7	26.1
12.5	23.2	2.2	60.7	35.4	46.4	2.3	15.3	26.8	44.9	2.7	24.5
13.3	24.0	2.3	59.0	34.7	44.6	2.6	17.2	26.0	43.5	2.7	26.5
14.5	21.6	2.7	59.8	42.0	41.1	2.7	13.1	33.9	40.8	2.7	21.1
14.0	23.3	2.2	59.1	40.5	42.5	2.2	14.0	32.1	43.6	2.2	21.0
14.6	21.9	1.5	61.1	47.7	40.3	1.5	9.9	40.8	41.7	1.7	15.0
12.7	24.9	2.6	59.1	39.3	40.3	2.7	17.2	26.6	41.6	3.1	28.0
13.2	24.7	2.4	57.7	35.4	45.6	2.5	15.4	26.8	44.3	2.6	24.5
13.7	24.2	2.4	58.0	36.6	44.2	2.4	15.7	28.6	42.6	2.6	24.8
11.9	24.2	2.1	60.5	33.1	45.6	2.8	17.5	25.7	44.2	2.8	25.9
13.7	23.3	1.9	60.0	37.8	44.0	1.7	15.7	30.7	42.7	1.8	23.8
13.2	24.5	2.4	58.2	35.7	45.3	2.8	15.3	27.5	43.4	3.0	24.9
12.9	23.9	2.3	59.6	37.4	45.8	2.5	13.7	30.3	45.1	2.4	21.1
13.9	24.1	2.0	58.5	40.4	43.9	2.0	12.9	32.8	43.1	2.3	20.6
13.5	23.9	1.8	59.8	40.0	45.3	1.9	12.2	33.1	45.5	1.8	18.8
12.4	21.8	1.5	62.7	38.3	45.7	1.9	13.6	29.6	45.1	2.4	21.9
13.5	24.3	1.9	58.8	39.6	44.9	2.0	12.7	31.6	44.8	2.2	20.1
12.7	23.1	1.7	60.6	42.2	45.6	2.0	9.5	31.8	45.1	2.0	19.7
13.3	22.6	2.2	60.5	42.7	43.2	2.0	11.3	33.9	43.1	2.1	19.6
11.1	26.9	2.5	57.2	31.6	49.3	2.2	15.5	23.2	47.7	2.6	25.1
14.8	23.5	2.7	57.2	33.0	41.9	2.7	21.4	24.8	42.0	2.8	28.4
6.7	26.8	1.8	62.8	34.1	50.6		14.6	32.3	46.3	1.2	18.9
9.4	15.0	2.1	70.8	44.9	37.5	1.7	14.7	39.7	39.0	1.6	17.9
9.0	14.8	2.2	71.1	45.3	37.0	1.9	14.6	40.1	39.2	1.6	17.1
11.0	15.3	2.3	69.5	47.5	34.1	1.3	16.3	42.2	36.9	1.5	18.4
9.8	15.4	1.7	71.0	40.7	43.2	1.2	13.5	35.5	40.0	1.2	21.2

14-2 续表 2

项 目	在开展创新活动企业中，对							
	股权或期权				增加工资或奖金			
	很好	一般	无效果	未使用	很好	一般	无效果	未使用
四、按地区分								
东部地区	9.3	21.3	2.3	65.7	46.3	44.4	2.1	6.9
中部地区	11.4	22.6	2.2	61.7	50.1	41.7	1.8	6.0
西部地区	9.0	18.0	2.2	69.7	43.5	44.9	2.2	9.1
东北地区	11.7	23.0	3.0	58.8	46.4	41.3	2.5	9.1
北 京	7.7	12.0	1.1	79.2	46.9	41.2	1.1	10.8
天 津	7.2	24.2	2.2	63.4	43.1	45.0	1.8	9.4
河 北	9.6	25.8	2.8	61.7	49.0	42.4	1.9	6.6
山 西	8.1	16.8	3.1	72.0	44.2	40.7	1.7	13.4
内蒙古	10.2	19.0	2.8	67.9	44.4	39.3	3.0	13.3
辽 宁	10.0	24.3	3.4	56.8	43.3	43.3	3.2	9.2
吉 林	15.1	21.2	2.2	59.7	53.8	35.9	1.5	8.3
黑龙江	13.0	21.0	2.6	63.3	47.4	41.2	1.5	9.9
上 海	8.2	16.1	1.8	71.6	42.8	46.0	2.2	8.6
江 苏	8.9	22.7	2.2	64.7	46.3	45.3	1.9	6.2
浙 江	7.8	18.7	2.6	70.9	44.0	47.5	2.5	6.0
安 徽	9.2	18.3	1.8	65.0	50.6	39.3	1.8	7.2
福 建	8.5	21.9	2.5	66.1	45.0	46.0	2.5	6.3
江 西	14.0	22.6	2.8	60.5	48.0	43.4	2.3	6.4
山 东	13.9	24.2	1.8	58.9	57.6	35.1	1.5	5.6
河 南	11.4	24.6	2.2	61.8	54.0	39.7	1.7	4.6
湖 北	11.9	24.5	2.5	59.4	49.4	43.9	1.4	4.8
湖 南	13.0	25.6	2.2	57.8	46.7	44.9	2.0	6.0
广 东	9.8	19.8	2.6	64.7	41.5	45.9	2.6	9.3
广 西	8.4	18.3	2.3	70.3	43.9	43.6	2.4	9.9
海 南	9.3	15.4	0.6	71.0	41.4	43.8	1.9	11.7
重 庆	9.0	19.8	2.7	68.4	40.9	48.2	2.7	8.1
四 川	8.4	17.4	1.9	70.8	43.1	46.6	1.8	8.1
贵 州	12.5	17.2	2.1	64.9	40.7	45.6	3.2	9.7
云 南	7.8	13.5	1.8	75.5	42.0	45.0	1.9	10.8
西 藏	20.9	16.3	4.7	58.1	48.8	37.2	2.3	11.6
陕 西	9.3	20.3	2.4	66.9	46.6	42.9	1.9	8.5
甘 肃	8.8	20.4	2.5	68.1	46.8	42.4	2.6	7.9
青 海	6.7	18.7	1.3	73.3	43.1	45.8	1.3	9.8
宁 夏	8.4	18.7	3.6	68.9	48.4	38.2	2.4	10.9
新 疆	8.8	16.5	2.1	71.4	44.8	42.9	1.3	10.8

下列措施效果作出不同判断的企业家占比(%)											
汽车住房等物质奖励				岗位调整或升职机会				培训或深造机会			
很好	一般	无效果	未使用	很好	一般	无效果	未使用	很好	一般	无效果	未使用
13.1	24.0	2.2	59.4	37.3	44.6	2.4	15.1	28.8	43.5	2.5	24.1
14.9	24.2	2.1	56.7	39.7	44.0	2.2	12.9	31.7	43.2	2.3	21.0
11.0	20.7	2.2	65.0	37.0	45.4	2.4	14.6	32.1	44.9	2.5	19.7
15.2	24.2	3.2	54.0	37.9	41.4	3.2	15.5	30.9	39.8	3.4	22.6
7.9	15.3	0.8	76.0	43.0	42.1	0.9	14.0	33.5	40.7	1.1	24.6
9.5	26.9	1.9	58.8	34.5	45.0	1.8	17.0	27.1	43.1	1.8	25.7
13.0	25.4	2.4	59.0	38.4	43.6	2.4	15.5	30.7	43.5	2.8	22.9
9.5	18.3	2.5	69.7	37.6	42.2	2.4	17.8	33.1	43.1	3.1	20.7
12.8	19.7	2.4	64.9	40.1	37.7	3.0	19.1	35.3	37.2	2.5	24.9
14.0	26.9	3.2	50.9	34.5	43.4	3.3	15.9	26.4	41.5	3.5	23.7
18.4	20.7	1.8	57.4	46.6	35.7	2.0	14.5	40.3	36.1	2.1	20.1
15.4	20.1	4.9	59.6	38.8	41.6	4.3	15.3	34.0	39.1	4.8	22.1
9.5	20.4	1.9	66.0	38.3	46.3	1.7	12.2	31.8	44.2	2.0	20.1
13.7	25.4	2.2	57.2	35.7	44.9	2.3	16.3	26.9	43.0	2.4	26.4
10.7	22.7	2.3	64.2	33.2	46.7	2.6	17.5	26.2	45.6	2.7	25.5
13.8	21.7	1.8	57.5	40.1	39.6	1.9	15.1	30.9	39.3	1.9	23.1
12.6	23.5	2.3	60.7	37.2	45.3	2.6	14.4	29.1	44.4	2.7	23.2
15.7	24.3	2.7	57.3	40.7	44.7	2.4	12.2	32.4	44.6	2.7	20.3
19.5	24.4	1.7	53.3	47.1	38.0	1.9	12.3	37.5	39.5	2.1	19.9
16.4	26.3	2.2	55.1	41.9	43.9	2.1	12.1	31.4	43.2	2.2	23.2
14.9	25.3	2.2	55.6	39.1	46.1	2.3	11.6	32.9	44.5	2.3	18.9
14.9	25.4	2.2	55.9	36.5	48.4	2.5	11.6	31.2	47.1	2.6	17.7
12.9	23.8	2.7	57.4	36.9	46.5	3.0	12.0	26.9	44.8	3.0	22.7
10.7	21.1	2.6	64.8	37.3	44.9	2.6	14.7	29.4	44.7	3.0	22.1
8.6	21.6		65.4	45.1	41.4	1.9	10.5	35.8	44.4	1.9	17.9
11.4	22.9	2.3	63.4	33.9	48.7	3.3	14.1	28.4	48.0	2.8	20.8
10.4	20.7	1.9	65.6	36.4	46.5	2.0	14.3	31.6	45.8	2.5	19.2
13.1	20.1	2.2	61.4	34.7	45.8	3.2	14.9	32.5	42.9	3.2	19.2
9.1	16.6	1.7	71.3	36.9	45.9	2.2	14.5	34.4	46.1	1.9	16.6
16.3	20.9	2.3	60.5	44.2	51.2	4.7		34.9	53.5	4.7	7.0
11.7	22.7	2.2	62.1	38.5	44.1	2.0	14.3	33.1	45.0	2.0	18.8
11.5	22.0	3.5	62.8	36.8	45.3	3.1	14.5	32.5	42.5	3.8	21.1
8.4	18.7	3.1	69.8	40.0	47.1	2.7	10.2	35.6	44.0	1.8	18.7
12.2	16.7	2.7	68.0	43.6	40.7	3.1	12.4	35.3	40.4	2.2	21.3
10.7	18.5	1.5	68.2	40.8	41.6	1.2	15.6	36.6	43.8	1.3	17.6

14-3　建筑业企业创新激励措施

项　目	在开展创新活动企业中，对							
	股权或期权				增加工资或奖金			
	很好	一般	无效果	未使用	很好	一般	无效果	未使用
总　计	**10.6**	**19.3**	**2.1**	**67.4**	**47.2**	**40.7**	**1.7**	**10.2**
一、按行业分								
房屋建筑业	10.8	21.4	1.9	65.1	48.1	39.7	1.4	10.6
土木工程建筑业	8.6	15.6	1.7	73.7	48.0	39.7	1.6	10.5
建筑安装业	11.0	19.8	2.5	65.9	47.4	42.9	1.6	7.9
建筑装饰和其他建筑业	12.5	18.6	2.9	65.4	43.7	42.7	2.6	10.7
二、按地区分								
东部地区	11.5	20.0	2.0	66.0	48.5	40.0	1.4	9.9
中部地区	10.0	18.3	1.5	69.2	49.1	38.9	1.9	9.7
西部地区	6.8	17.2	3.0	72.6	39.8	47.9	2.1	10.2
东北地区	12.7	20.7	3.6	61.8	47.6	35.2	2.7	14.2
北　京	7.3	14.0	1.3	77.4	45.0	42.0	0.3	12.7
天　津	8.7	22.3	3.4	65.0	43.7	36.9	2.9	16.5
河　北	11.3	16.4	2.3	70.1	50.8	37.9	1.1	10.2
山　西	7.8	6.8	1.0	84.5	42.7	36.9	1.9	18.4
内蒙古	9.4	18.8	12.5	59.4	46.9	40.6	3.1	9.4
辽　宁	12.7	20.6	3.1	62.3	48.2	35.1	2.2	14.0
吉　林	13.3	28.9	2.2	53.3	55.6	35.6		8.9
黑龙江	12.3	15.4	6.2	66.2	40.0	35.4	6.2	18.5
上　海	8.6	23.1	1.8	66.5	34.8	51.6	1.4	12.2
江　苏	13.5	25.3	2.9	57.2	52.7	37.1	1.7	8.2
浙　江	11.0	18.2	1.9	69.0	49.1	41.7	1.2	8.1
安　徽	7.2	15.0	1.8	75.4	53.3	33.5	2.4	10.2
福　建	13.9	20.3		65.8	50.0	38.6	1.9	8.9
江　西	7.2	18.1	4.8	69.9	45.8	42.2	2.4	9.6
山　东	14.6	20.4	0.3	64.3	56.5	37.1	1.0	5.4
河　南	10.7	19.3	0.7	69.3	50.0	39.3	0.3	10.3
湖　北	13.1	24.9	1.8	56.6	52.5	36.7	3.6	5.9
湖　南	10.4	18.5	0.7	69.6	43.0	47.4	1.5	7.4
广　东	12.8	16.8	2.0	66.6	45.5	40.0	1.8	11.8
广　西	3.8	30.8	1.9	63.5	40.4	46.2	1.9	11.5
海　南	6.7	6.7		86.7	40.0	40.0		20.0
重　庆	10.1	17.6	5.4	66.9	38.5	48.0	3.4	10.1
四　川	3.6	17.2	1.2	77.5	30.8	54.4	0.6	14.2
贵　州	7.5	15.0	7.5	70.0	42.5	40.0	10.0	7.5
云　南	13.3	13.3		73.3	47.8	43.3	1.1	7.8
西　藏		50.0		50.0		50.0		50.0
陕　西	3.7	14.2	3.7	77.2	42.6	47.5	0.6	9.3
甘　肃	9.8	17.6	2.0	70.6	45.1	45.1	3.9	5.9
青　海		30.0		70.0	30.0	60.0		10.0
宁　夏	5.9	17.6		76.5	47.1	47.1		5.9
新　疆	6.3	14.6		79.2	39.6	47.9	2.1	10.4

及效果情况(2013-2014年)

下列措施效果作出不同判断的企业家占比(%)											
汽车住房等物质奖励				岗位调整或升职机会				培训或深造机会			
很好	一般	无效果	未使用	很好	一般	无效果	未使用	很好	一般	无效果	未使用
12.9	**21.4**	**1.8**	**63.3**	**43.5**	**42.1**	**1.6**	**12.5**	**36.8**	**44.5**	**1.8**	**16.3**
14.5	23.0	1.7	60.2	44.0	42.3	1.2	12.1	38.9	43.5	1.8	15.4
9.5	17.0	1.2	71.9	44.8	40.1	1.5	13.6	37.4	45.8	2.2	14.3
12.6	20.8	2.5	63.4	42.3	43.8	1.6	11.8	32.7	46.8	1.6	18.0
13.9	23.9	2.5	59.1	41.6	43.2	2.6	12.4	34.4	43.4	1.6	20.1
13.1	22.8	1.7	61.9	45.7	40.8	1.5	11.8	37.5	44.2	1.8	15.9
13.5	18.8	2.0	64.7	41.6	44.5	1.3	12.1	37.5	43.6	1.6	16.9
9.9	18.0	1.9	69.8	37.0	46.0	2.2	14.5	31.4	49.8	2.1	16.4
16.6	24.0	2.1	56.2	44.7	37.3	2.1	15.4	41.4	37.6	2.4	17.8
7.8	18.9	0.3	73.0	44.5	37.7	1.9	15.9	32.9	43.9	1.3	21.8
9.2	25.7	2.9	61.7	41.3	41.7	2.4	14.1	32.5	40.3	4.4	22.3
11.9	20.3	1.7	66.1	46.9	36.7	2.3	14.1	44.6	40.1	0.6	14.7
6.8	10.7	4.9	77.7	26.2	53.4		20.4	35.0	37.9	4.9	22.3
12.5	15.6	6.3	65.6	43.8	43.8	3.1	9.4	43.8	40.6	3.1	12.5
17.5	23.7	1.3	56.1	48.2	34.2	1.3	15.4	42.1	38.2	1.3	17.1
22.2	28.9		46.7	46.7	44.4		8.9	48.9	31.1	2.2	17.8
9.2	21.5	6.2	63.1	30.8	43.1	6.2	20.0	33.8	40.0	6.2	20.0
8.6	31.2	1.8	58.4	42.5	43.9	0.9	12.7	30.8	49.3	2.3	17.6
18.1	25.2	2.4	53.8	44.7	43.6	1.3	10.2	40.8	41.0	1.3	15.9
13.2	23.6	1.3	61.9	43.7	43.3	1.2	11.8	37.1	48.1	2.0	12.8
16.8	13.8	3.0	65.9	44.3	43.1	3.0	9.6	38.9	43.1	0.6	17.4
14.6	15.8		69.0	50.0	37.3	0.6	12.0	35.4	47.5	1.9	14.6
12.0	22.9	1.2	63.9	47.0	43.4	1.2	8.4	32.5	45.8	2.4	19.3
16.0	20.4	1.0	61.9	55.8	34.0	1.0	8.5	49.7	37.1	0.7	12.2
15.0	16.7	0.3	68.0	43.7	41.0	0.3	15.0	39.3	41.0	1.0	18.7
14.5	24.4	3.2	54.3	43.9	43.9	1.8	8.1	39.8	44.8	1.4	12.7
10.4	24.4	0.7	63.7	38.5	48.9	1.5	11.1	32.6	51.1	1.5	14.1
11.6	20.1	2.8	64.1	45.0	42.0	1.8	10.8	30.9	50.3	2.3	14.6
7.7	28.8	1.9	61.5	38.5	44.2		17.3	30.8	51.9		17.3
6.7	26.7		66.7	73.3	13.3	6.7	6.7	53.3	20.0	6.7	20.0
12.2	19.6	4.1	64.2	37.8	43.9	2.7	15.5	32.4	50.7	1.4	15.5
7.1	18.9	1.2	72.2	33.7	50.9	1.2	14.2	24.3	51.5	4.1	20.1
15.0	12.5	2.5	70.0	32.5	45.0	5.0	17.5	25.0	45.0	2.5	27.5
12.2	16.7		71.1	47.8	43.3		8.9	38.9	50.0		11.1
	50.0		50.0		100.0				100.0		
11.1	15.4	1.2	71.0	34.6	43.8	1.9	18.5	32.1	48.1	1.2	17.9
7.8	21.6	3.9	66.7	27.5	51.0	3.9	17.6	29.4	51.0	3.9	15.7
	20.0		80.0	20.0	30.0	20.0	30.0	40.0	30.0	10.0	20.0
11.8	11.8		76.5	35.3	58.8		5.9	29.4	58.8		11.8
4.2	12.5		83.3	47.9	43.8	4.2	4.2	37.5	52.1	2.1	6.3

14-4 服务业企业创新激励措施

项 目	在开展创新活动企业中，对							
	股权或期权				增加工资或奖金			
	很好	一般	无效果	未使用	很好	一般	无效果	未使用
总 计	**10.9**	**22.2**	**2.1**	**63.9**	**43.8**	**43.7**	**1.8**	**10.3**
一、按行业分								
批发和零售业	10.6	23.9	2.3	62.2	42.2	45.6	2.0	9.7
批发业	9.7	25.0	1.8	62.8	40.8	44.7	1.9	12.2
零售业	11.4	23.0	2.8	61.6	43.4	46.5	2.0	7.3
交通运输、仓储和邮政业	8.9	21.6	2.6	65.7	44.3	42.1	2.1	11.0
铁路运输业	4.9	12.2		82.9	48.8	36.6	2.4	12.2
道路运输业	9.2	23.4	2.7	63.6	47.3	39.6	2.0	10.7
水上运输业	10.5	21.2	4.3	63.1	38.5	46.1	3.3	11.8
航空运输业	4.1	9.8		85.2	49.2	33.6		17.2
管道运输业		14.3		82.1	39.3	35.7		25.0
装卸搬运和运输代理业	8.1	22.6	2.8	65.6	38.1	48.6	1.8	11.2
仓储业	9.4	17.0	1.9	69.2	43.8	41.6	1.8	11.1
邮政业	6.5	13.1	0.9	78.3	48.2	38.7	3.0	9.7
信息传输、软件和信息技术服务业	15.6	19.0	1.8	63.0	52.4	36.9	1.5	9.0
电信、广播电视和卫星传输服务	8.2	10.9	0.9	79.0	45.3	36.1	1.3	16.9
互联网和相关服务	20.4	17.9	0.7	60.9	57.4	33.5	0.9	8.2
软件和信息技术服务业	17.2	21.4	2.1	58.7	53.9	37.5	1.6	6.9
金融业	6.2	6.7	0.7	85.9	52.1	31.0	0.4	16.3
货币金融服务	6.7	7.1	0.7	85.5	49.6	31.2	0.1	19.0
资本市场服务	7.8	4.4		87.7	56.4	32.4	0.5	10.8
保险业	5.4	7.2	0.8	85.7	53.3	30.4	0.8	15.0
其他金融业	3.7	5.6	1.9	86.9	54.2	29.9		15.9
租赁和商务服务业	11.2	20.2	1.5	66.8	44.5	42.5	0.6	12.4
租赁业	7.4	22.7	1.8	65.0	43.9	43.9	1.8	10.4
商务服务业	11.4	20.1	1.5	66.9	44.5	42.4	0.6	12.5
科学研究和技术服务业	11.4	17.6	1.6	69.0	46.2	41.2	1.4	11.0
研究和试验发展	13.6	17.4	2.5	65.8	49.2	39.6	1.4	9.5
专业技术服务业	10.6	16.5	1.4	71.3	44.4	41.8	1.4	12.3
科技推广和应用服务业	12.9	21.1	2.0	63.6	50.1	40.2	1.6	7.6
水利、环境和公共设施管理业	11.6	19.7	2.1	65.8	45.1	39.0	1.7	14.0
水利管理业	5.0	15.0	5.0	75.0	35.0	43.3	1.7	20.0
生态保护和环境治理业	13.7	16.1	3.0	67.3	48.2	33.9	2.4	15.5
公共设施管理业	11.7	20.5	1.9	65.1	45.2	39.5	1.6	13.4

及效果情况(2013-2014年)

下列措施效果作出不同判断的企业家占比(%)											
汽车住房等物质奖励				岗位调整或升职机会				培训或深造机会			
很好	一般	无效果	未使用	很好	一般	无效果	未使用	很好	一般	无效果	未使用
12.6	**22.8**	**2.3**	**61.5**	**38.6**	**43.8**	**1.9**	**15.4**	**31.2**	**41.9**	**2.5**	**24.0**
12.3	24.3	2.7	59.8	34.9	46.4	2.1	16.3	29.5	42.1	2.8	25.2
12.9	23.1	3.1	60.1	33.2	46.3	2.7	17.6	27.5	40.3	4.1	27.7
11.8	25.3	2.2	59.5	36.5	46.5	1.6	15.1	31.3	43.8	1.6	22.9
15.5	23.9	1.7	57.8	41.2	41.0	2.0	15.4	31.9	41.1	2.1	24.1
4.9	7.3	2.4	85.4	46.3	41.5		12.2	29.3	39.0	4.9	26.8
19.3	25.5	1.2	52.7	42.0	40.8	1.6	15.5	35.4	39.0	1.7	23.4
11.7	25.2	3.0	59.8	36.8	44.5	2.6	15.7	29.3	43.9	2.6	23.6
9.0	10.7		80.3	56.6	32.8		10.7	52.5	36.9		9.8
3.6	17.9		78.6	28.6	35.7		35.7	21.4	35.7		39.3
12.6	24.4	2.7	59.6	37.6	43.2	3.1	15.4	22.4	45.2	3.2	28.5
10.1	21.0	1.5	66.3	43.0	37.3	1.9	16.8	30.2	42.0	2.2	23.9
9.2	15.0	1.8	72.6	47.7	39.6	1.6	10.6	38.5	41.7	1.8	17.5
12.3	18.6	2.1	66.5	50.8	37.5	1.6	9.7	38.0	41.0	2.3	18.3
7.4	12.9	1.2	77.6	50.2	37.5	2.1	9.8	42.5	38.9	3.5	14.6
15.3	19.1	1.3	64.3	53.6	37.0	0.7	8.6	34.4	41.3	1.3	23.0
13.4	20.1	2.4	63.6	50.7	37.5	1.5	9.8	37.1	41.5	2.0	18.8
7.2	8.4	0.5	83.4	55.9	28.0	0.4	15.5	50.0	33.7	0.9	15.2
8.4	8.5	0.4	82.7	53.7	24.8	0.4	21.1	52.5	33.4	0.4	13.7
3.9	8.8	0.5	86.8	60.3	30.9	0.5	8.3	51.0	30.4	1.0	17.2
7.1	8.6	0.5	82.9	56.4	30.9	0.5	11.8	47.2	34.7	1.3	16.4
5.6	5.6	1.9	85.0	59.8	28.0		12.2	46.7	35.5	1.9	14.0
12.5	21.2	0.9	65.0	46.5	37.8	0.5	15.0	29.7	45.3	1.4	23.3
8.0	25.2	1.5	62.6	36.8	44.2	1.5	15.0	24.8	44.8	3.4	26.4
12.7	21.1	0.9	65.1	46.8	37.6	0.4	15.0	29.9	45.3	1.4	23.1
12.7	18.0	1.8	67.1	41.6	42.4	1.7	13.9	35.9	40.2	1.8	21.7
13.0	20.2	1.0	64.7	47.3	39.0	2.3	10.8	39.4	39.6	2.2	17.8
12.7	16.5	1.8	68.7	40.8	43.8	1.6	13.4	35.9	41.6	1.5	20.6
12.5	21.6	2.2	63.1	41.3	39.7	1.5	17.1	34.0	35.8	2.6	27.4
12.1	20.7	2.5	63.8	45.5	37.3	1.8	15.1	35.8	40.4	1.5	21.9
8.3	13.3	3.3	75.0	46.7	35.0	5.0	13.3	40.0	43.3	3.3	13.3
14.3	17.9	3.0	64.9	52.4	29.2	4.2	14.3	38.1	36.9	0.6	24.4
12.0	21.6	2.4	63.0	44.4	38.6	1.2	15.4	35.2	40.8	1.6	22.0

14-4 续表

项 目	在开展创新活动企业中，对							
	股权或期权				增加工资或奖金			
	很好	一般	无效果	未使用	很好	一般	无效果	未使用
二、按地区分								
东部地区	10.9	23.4	1.8	63.1	44.1	43.9	1.3	10.2
中部地区	10.7	20.9	3.3	64.0	44.2	43.7	2.3	9.3
西部地区	10.5	17.8	1.9	68.7	42.3	43.9	2.3	11.4
东北地区	11.0	19.4	4.7	63.7	40.3	40.3	7.0	11.5
北 京	11.6	14.8	1.3	72.3	49.7	35.9	0.8	13.7
天 津	6.7	29.9	3.5	58.8	35.2	50.2	3.9	10.0
河 北	8.0	23.6	3.5	64.7	41.9	43.2	1.4	13.4
山 西	8.2	15.5	4.1	72.2	40.1	41.6	3.5	14.7
内蒙古	12.6	13.1	3.6	69.7	47.5	31.9	2.9	17.0
辽 宁	9.1	19.9	5.2	64.4	36.5	42.5	8.4	11.4
吉 林	16.7	19.9	3.2	59.8	57.5	31.1	1.2	10.3
黑龙江	16.9	16.6	3.0	63.5	47.5	35.1	4.2	13.1
上 海	9.2	14.5	1.1	75.2	38.1	45.8	0.9	15.2
江 苏	7.8	28.3	0.5	63.2	40.6	50.1	0.4	8.8
浙 江	17.8	14.9	3.5	63.9	52.1	38.3	0.2	9.4
安 徽	9.6	22.0	4.7	62.2	41.3	44.9	2.3	10.5
福 建	9.6	18.7	1.0	70.6	44.0	43.4	1.4	11.0
江 西	13.3	18.0	1.9	66.8	46.8	42.3	3.3	7.5
山 东	14.6	22.8	2.3	58.5	56.1	34.6	2.7	6.6
河 南	11.9	21.6	1.3	65.1	51.4	39.5	0.9	8.2
湖 北	11.7	22.0	3.6	60.6	43.8	44.5	1.8	8.7
湖 南	9.3	19.8	3.6	66.7	39.5	48.4	4.1	7.8
广 东	13.1	27.5	2.3	54.9	42.1	44.4	1.5	10.1
广 西	7.4	20.6	1.5	70.3	40.9	42.6	4.3	12.1
海 南	5.6	8.4	5.2	79.4	33.8	52.3	3.1	10.8
重 庆	8.4	20.3	1.6	69.6	32.5	55.2	1.4	10.9
四 川	12.8	16.7	1.6	66.7	47.3	41.6	1.5	9.2
贵 州	9.4	16.2	2.0	70.0	35.1	48.0	2.6	13.6
云 南	10.5	17.1	0.3	70.7	43.2	43.2	2.5	11.0
西 藏	13.0	23.9		63.0	39.1	41.3		19.6
陕 西	9.1	19.6	3.3	67.4	44.7	42.1	2.9	10.3
甘 肃	15.0	22.8	4.2	58.0	48.0	40.6	2.0	9.4
青 海	8.5	11.9	1.7	78.0	50.0	31.4	3.4	15.3
宁 夏	5.4	9.4	3.4	81.3	37.4	40.9	4.9	16.7
新 疆	10.8	14.7	1.9	72.0	40.1	43.1	1.5	15.0

下列措施效果作出不同判断的企业家占比(%)											
汽车住房等物质奖励				岗位调整或升职机会				培训或深造机会			
很好	一般	无效果	未使用	很好	一般	无效果	未使用	很好	一般	无效果	未使用
12.5	24.1	2.1	60.6	38.9	44.7	1.5	14.6	30.6	42.2	2.4	24.4
13.1	21.4	2.6	61.8	39.1	41.6	2.3	16.9	31.2	41.2	2.4	24.6
11.6	17.0	2.2	68.3	37.6	42.2	2.7	16.9	34.9	41.2	2.2	21.0
16.1	22.6	4.9	55.8	34.5	37.3	5.8	21.4	31.3	41.4	4.5	22.2
10.4	17.4	1.1	71.0	39.8	45.7	1.2	13.3	34.2	40.8	1.8	23.2
10.9	30.8	3.9	53.3	31.9	49.3	3.7	14.5	25.2	44.0	3.9	25.6
10.2	23.0	2.5	64.2	41.5	42.4	3.1	12.9	34.8	41.7	2.3	21.2
11.2	14.6	2.9	71.2	35.7	44.1	3.4	16.8	31.3	40.4	3.3	24.9
14.8	13.1	2.4	68.1	44.6	26.9	5.8	22.0	41.2	32.2	5.5	19.8
14.5	24.7	5.3	54.7	31.7	38.2	6.4	22.5	27.9	43.9	4.9	22.5
25.5	16.4	4.7	53.1	43.7	35.8	1.5	18.8	46.3	34.9	0.9	17.3
17.6	15.5	3.0	63.9	43.1	33.5	6.1	17.3	38.4	32.6	5.2	23.9
7.7	15.6	2.7	74.0	37.8	45.2	5.5	11.5	28.5	39.0	3.6	28.8
11.8	28.3	1.8	58.0	37.1	46.1	0.4	16.3	24.3	45.4	3.7	26.4
14.6	19.2	0.4	65.7	46.2	40.8	0.2	12.8	42.6	34.1	0.2	23.1
15.4	22.4	3.8	57.0	37.2	39.5	4.3	18.5	31.3	37.1	2.7	26.9
11.1	19.0	1.1	68.5	40.7	42.7	1.0	15.5	32.7	43.1	1.2	22.7
12.4	19.3	2.3	66.0	39.3	42.9	0.9	17.0	36.7	41.7	1.0	20.6
20.6	19.5	4.6	53.5	39.2	41.2	2.4	16.5	36.3	34.9	3.3	24.6
17.2	20.5	0.7	61.6	46.6	36.9	0.4	16.1	29.2	43.2	1.4	26.2
11.2	22.2	2.2	62.1	35.5	43.3	1.7	19.3	29.5	41.0	2.8	26.2
7.6	24.1	3.9	63.8	39.1	48.0	2.4	10.2	34.9	46.1	3.1	15.6
12.2	28.8	1.3	55.7	40.5	44.6	0.4	14.3	30.6	47.3	0.5	21.4
9.6	16.8	3.3	70.1	37.8	40.0	3.1	19.0	35.8	42.2	3.6	18.1
7.0	16.0	2.8	72.8	40.8	50.9		7.7	27.5	42.5	1.4	27.9
7.0	22.7	2.2	68.1	29.3	52.8	2.2	15.7	25.3	49.3	2.3	23.1
14.3	14.0	1.1	68.9	38.3	39.2	1.4	19.9	35.7	38.8	1.2	22.6
9.0	20.0	3.2	65.4	32.4	44.4	4.1	17.5	31.1	44.1	2.3	21.3
10.8	15.6	1.1	71.1	38.0	46.8	1.8	12.7	36.3	43.3	1.3	18.0
19.6	28.3		52.2	50.0	45.7	2.2	2.2	45.7	47.8	4.3	2.2
11.2	18.1	4.0	66.3	41.4	40.4	3.7	14.4	39.1	37.5	2.5	20.6
13.0	23.8	3.8	59.4	40.8	41.8	4.4	12.8	37.6	42.0	2.4	18.0
16.9	10.2	2.5	70.3	45.8	33.9	2.5	17.8	42.4	33.1	1.7	22.9
4.9	13.8	3.4	77.3	34.0	48.8	5.4	11.3	33.5	43.4	2.0	20.7
16.2	12.3	1.0	69.8	42.8	36.1	3.0	18.1	38.2	36.2	1.8	23.1

十五、政策对创新的影响情况

15-1 有关政策对企业创新的

项目	在开展创新活动企业中，对下列							
	企业研发费用加计扣除税收优惠政策				高新技术企业所得税减免政策			
	高	中	低	无	高	中	低	无
总　计	**14.7**	**35.8**	**7.9**	**41.3**	**16.0**	**32.1**	**5.8**	**45.6**
一、按行业分								
采矿业	10.2	35.2	9.6	44.7	9.3	31.5	7.6	51.2
制造业	17.2	38.8	8.3	35.3	18.5	34.4	6.3	40.1
电力、热力、燃气及水生产和供应业	9.8	32.2	7.5	50.1	11.4	27.5	5.0	55.6
建筑业	12.7	34.9	11.5	40.8	12.5	28.0	7.6	51.6
批发和零售业	6.6	30.9	7.2	55.1	7.6	29.3	4.5	58.1
交通运输、仓储和邮政业	10.8	32.3	7.5	49.3	12.3	28.4	6.3	52.5
信息传输、软件和信息技术服务业	33.5	32.8	6.1	27.5	40.2	27.4	4.1	28.1
金融业	8.6	19.8	8.3	63.2	6.4	14.4	4.3	74.6
租赁和商务服务业	15.3	27.4	5.0	52.2	14.7	25.6	3.2	56.3
科学研究和技术服务业	20.9	31.8	5.5	41.7	24.5	27.3	4.9	42.8
水利、环境和公共设施管理业	11.7	30.6	6.6	50.8	14.0	25.6	4.8	55.2
二、按地区分								
东部地区	15.5	35.9	7.2	41.3	16.8	32.0	5.1	45.6
中部地区	14.5	37.9	9.2	37.9	15.5	34.7	7.2	41.9
西部地区	10.5	31.3	10.0	48.2	11.9	27.2	7.5	53.3
东北地区	16.3	39.2	6.5	35.0	17.5	35.9	5.3	38.1
北　京	20.6	34.2	4.0	41.2	26.8	30.6	2.3	40.3
天　津	13.3	43.0	5.1	38.1	15.6	39.9	3.5	40.0
河　北	9.8	36.9	7.8	45.5	10.8	32.9	6.8	49.5
山　西	9.7	26.8	8.7	54.8	8.7	22.4	6.3	62.6
内蒙古	9.7	35.1	8.5	46.6	11.2	29.3	7.9	51.5
辽　宁	17.0	41.0	5.4	31.9	18.2	38.0	4.5	34.2
吉　林	15.6	37.8	7.6	38.9	16.0	33.5	6.0	44.4
黑龙江	14.4	34.2	9.4	42.0	16.5	31.0	7.2	45.3
上　海	21.9	25.9	4.3	47.7	23.4	23.3	3.3	49.5
江　苏	16.1	41.7	5.8	36.3	15.3	38.3	4.3	41.4
浙　江	15.5	28.7	7.7	48.2	15.2	22.4	5.1	57.3
安　徽	19.2	38.4	8.5	32.9	20.1	34.0	5.6	37.9
福　建	11.7	29.5	9.1	49.4	13.2	24.9	6.7	55.0
江　西	15.0	36.8	8.5	39.8	17.0	32.8	6.8	43.4
山　东	12.2	37.7	12.4	37.6	14.8	35.3	7.6	42.2
河　南	11.5	39.5	8.9	40.0	12.0	36.5	7.2	44.3
湖　北	14.4	36.3	10.2	38.4	15.7	34.0	8.2	41.7
湖　南	13.2	40.9	9.6	36.0	13.9	38.9	8.5	38.3
广　东	17.2	35.8	7.0	39.6	20.7	32.3	5.5	40.2
广　西	9.0	29.0	12.7	49.3	10.7	25.9	9.3	54.0
海　南	10.8	24.6	9.1	55.6	13.8	19.6	4.3	61.6
重　庆	10.9	34.8	9.2	45.1	12.1	30.6	6.9	50.4
四　川	11.0	32.4	8.7	47.8	11.9	27.8	6.5	53.5
贵　州	12.0	26.7	10.2	50.8	13.6	23.1	8.5	54.5
云　南	9.5	27.7	10.7	52.1	11.1	22.1	6.6	60.0
西　藏	11.0	36.3	7.7	45.1	11.0	28.6	7.7	52.7
陕　西	10.6	31.7	11.2	46.4	12.5	28.9	9.4	49.0
甘　肃	10.8	32.5	10.9	45.8	12.0	30.1	9.0	48.8
青　海	8.8	38.0	8.5	44.8	11.6	32.0	7.1	49.3
宁　夏	9.4	28.3	11.2	51.1	9.8	24.3	5.4	60.4
新　疆	9.7	26.4	11.0	52.9	12.2	23.0	6.9	57.8

影响程度(2013-2014年)

政策效果作出不同影响程度判断的企业家占比(%)							
企业研发活动专用仪器设备加速折旧政策				科技开发用品免征进口税收政策			
高	中	低	无	高	中	低	无
10.0	**37.0**	**6.7**	**45.8**	**9.4**	**30.1**	**5.1**	**54.6**
8.9	35.9	8.0	46.6	7.1	27.7	5.6	59.1
11.5	40.3	7.6	39.8	10.2	32.9	5.8	50.3
7.2	31.3	6.3	54.4	6.8	24.1	4.0	64.3
7.8	35.0	9.4	47.5	6.4	25.9	6.2	61.1
5.2	31.4	4.1	58.7	6.9	26.2	3.7	62.4
8.7	31.7	6.0	53.0	8.7	29.0	5.3	56.5
15.9	38.2	7.6	37.9	12.5	24.7	4.8	57.4
4.6	15.8	5.4	74.0	3.7	13.5	3.8	78.9
12.5	26.1	4.6	56.4	11.9	23.6	3.1	60.9
12.3	34.5	7.4	45.3	10.6	25.7	5.3	57.8
10.9	28.2	4.3	56.1	9.1	23.9	2.7	63.8
10.1	37.4	6.2	45.8	9.7	30.7	4.9	53.9
10.8	38.9	7.6	41.9	9.4	31.9	6.0	51.7
7.1	31.0	8.2	53.4	6.4	22.9	5.7	64.8
12.9	39.5	6.1	38.4	12.0	34.6	4.1	46.1
10.2	35.8	5.7	48.3	9.4	25.3	3.4	62.0
10.8	42.2	4.1	41.7	10.5	39.0	4.4	44.9
8.0	38.2	7.0	46.8	7.7	30.9	5.3	56.1
4.8	27.7	6.6	60.9	3.8	19.1	4.9	72.2
6.9	33.1	7.3	52.6	6.2	26.1	5.3	62.1
14.2	40.8	5.6	34.7	13.3	37.5	3.4	40.8
11.8	38.0	6.6	43.2	10.1	31.9	4.6	53.1
9.6	36.4	7.2	46.8	9.2	27.1	5.8	57.9
10.5	29.4	5.1	54.5	9.3	24.0	4.5	61.7
10.6	43.9	4.6	40.1	11.1	37.7	3.9	46.5
8.9	29.3	6.6	55.2	7.3	21.1	4.5	67.1
14.7	38.9	6.2	37.7	12.4	32.5	4.9	47.1
8.6	29.7	7.3	54.1	7.5	23.3	5.1	63.8
12.3	37.5	7.5	42.7	11.0	29.4	5.9	53.7
9.5	39.6	8.9	41.8	9.4	33.2	7.1	50.1
8.9	40.6	7.6	42.9	7.7	33.9	6.2	52.2
9.4	38.7	8.2	43.1	8.5	31.3	6.5	53.3
10.6	41.0	9.0	39.0	9.3	34.2	7.1	48.9
11.8	37.4	6.9	42.4	11.8	31.2	5.8	48.6
6.1	29.1	9.2	55.4	4.7	23.2	6.4	65.5
6.5	24.8	7.1	61.6	5.0	18.3	4.1	72.4
7.8	35.0	7.2	50.0	7.2	26.5	5.3	61.0
7.3	31.6	7.5	53.2	7.0	22.4	5.1	65.2
9.0	26.7	9.1	54.8	8.6	20.5	5.9	64.3
6.1	27.4	7.7	58.6	5.8	19.8	4.9	69.2
7.7	31.9	3.3	57.1	4.4	28.6	1.1	65.9
7.1	32.0	9.7	50.9	5.5	23.9	7.1	63.2
7.4	34.4	10.0	48.1	6.5	25.5	5.9	62.1
6.5	37.7	8.8	47.0	7.4	24.1	6.5	62.0
5.8	27.4	10.0	56.3	3.7	20.6	6.3	69.4
6.3	25.8	7.7	60.0	5.4	16.9	6.4	71.2

15-1 续表

项 目	在开展创新活动企业中，对下列							
	技术转让、技术开发收入免征增值税和技术转让减免所得税优惠政策				鼓励企业吸引和培养人才的相关政策			
	高	中	低	无	高	中	低	无
总 计	**10.8**	**32.0**	**5.5**	**50.9**	**16.3**	**42.5**	**8.8**	**31.5**
一、按行业分								
采矿业	8.5	30.9	6.8	53.2	14.4	45.3	10.9	28.8
制造业	11.3	35.1	5.9	46.8	16.8	45.3	9.3	27.7
电力、热力、燃气及水生产和供应业	7.7	26.3	4.5	60.4	16.3	40.6	8.9	33.5
建筑业	8.3	28.8	7.4	55.0	17.2	43.2	12.0	27.3
批发和零售业	7.4	26.5	4.1	61.0	13.5	36.3	7.3	41.7
交通运输、仓储和邮政业	10.7	28.1	4.9	55.8	16.7	38.5	8.6	35.8
信息传输、软件和信息技术服务业	29.3	31.6	6.0	32.6	25.3	44.1	7.9	22.1
金融业	4.9	13.7	4.1	77.0	20.3	32.7	9.8	37.1
租赁和商务服务业	11.1	26.1	5.1	57.2	16.3	38.2	6.4	38.7
科学研究和技术服务业	16.1	28.8	5.2	49.4	19.6	40.7	9.3	29.8
水利、环境和公共设施管理业	10.0	25.9	3.3	60.3	18.3	37.9	7.7	35.6
二、按地区分								
东部地区	11.2	32.3	5.1	50.7	16.4	42.3	8.1	32.4
中部地区	10.9	34.4	6.4	47.2	17.4	45.0	9.7	27.0
西部地区	7.8	25.4	6.4	60.2	14.0	39.3	11.6	34.9
东北地区	13.3	36.8	4.5	42.1	17.6	45.9	7.0	26.0
北 京	14.6	29.5	4.5	51.4	15.8	40.9	6.3	37.0
天 津	11.9	40.2	4.2	42.4	14.6	48.0	5.5	30.6
河 北	8.0	33.6	5.6	52.7	15.0	45.1	8.2	31.7
山 西	5.4	21.4	5.4	67.8	12.1	40.9	12.1	34.9
内蒙古	7.4	29.7	5.6	56.8	14.9	42.1	11.5	30.7
辽 宁	14.8	39.4	4.0	36.8	17.7	46.4	6.1	24.5
吉 林	11.6	34.7	4.1	49.3	19.1	46.9	6.8	26.8
黑龙江	10.1	29.8	6.6	53.5	15.9	43.4	10.4	30.3
上 海	12.6	24.6	4.4	57.8	16.4	37.3	8.8	37.0
江 苏	11.6	39.2	3.7	44.6	16.8	46.4	5.3	30.2
浙 江	8.1	22.8	4.8	64.3	13.5	38.1	10.3	38.0
安 徽	14.4	34.1	5.2	43.2	19.9	42.7	7.9	26.4
福 建	8.7	25.5	5.8	59.9	13.5	37.9	11.6	36.9
江 西	12.1	31.9	6.4	49.5	17.7	43.2	10.2	28.9
山 东	10.1	35.5	7.5	46.7	18.4	43.2	11.5	26.7
河 南	9.3	36.8	6.8	47.2	16.9	46.5	9.4	27.3
湖 北	9.6	34.0	6.8	48.8	16.8	45.5	11.3	25.6
湖 南	10.5	37.4	7.7	43.9	16.4	47.8	9.6	25.7
广 东	14.6	31.0	6.2	45.8	19.7	39.7	8.0	30.2
广 西	6.1	24.1	7.3	62.3	12.9	37.7	12.8	36.4
海 南	6.7	21.6	4.1	67.2	14.4	31.9	10.1	43.1
重 庆	8.2	28.6	5.6	57.6	13.0	42.5	9.6	34.9
四 川	8.0	26.0	5.8	59.9	13.6	38.7	10.5	36.9
贵 州	10.2	21.9	6.5	60.6	14.9	36.0	12.6	36.2
云 南	6.8	21.1	6.1	65.6	14.3	34.7	11.4	39.3
西 藏	6.6	26.4	4.4	62.6	20.9	44.0	8.8	26.4
陕 西	8.4	26.8	7.9	56.7	14.4	41.7	13.7	29.9
甘 肃	7.3	28.1	7.4	57.2	16.2	43.0	13.6	27.0
青 海	8.2	27.2	5.4	59.2	15.6	42.5	11.9	30.0
宁 夏	5.2	23.1	7.0	64.7	12.7	38.2	15.9	33.2
新 疆	7.0	19.4	6.8	66.6	15.0	37.2	12.6	35.1

政策效果作出不同影响程度判断的企业家占比(%)											
优先发展产业的支持政策				金融支持相关政策				创造和保护知识产权的相关政策			
高	中	低	无	高	中	低	无	高	中	低	无
15.2	**40.5**	**7.2**	**36.4**	**14.6**	**42.1**	**8.8**	**33.7**	**16.0**	**42.1**	**6.9**	**34.3**
12.8	40.0	8.9	37.7	12.8	41.9	11.9	32.9	12.0	39.3	7.7	40.4
16.2	43.7	7.8	31.3	15.2	45.3	9.6	29.0	17.8	46.8	7.3	27.4
15.7	37.0	6.5	40.0	14.2	39.4	7.6	38.2	14.0	37.5	6.6	41.1
13.5	37.6	10.0	38.5	13.4	39.3	12.0	34.9	14.9	42.3	9.4	33.1
11.0	33.9	5.3	49.0	12.1	36.7	6.4	43.9	11.0	31.6	6.3	50.3
16.1	36.4	7.9	39.2	16.9	34.1	10.2	38.3	11.6	35.3	5.9	46.5
24.7	41.7	7.0	26.1	18.0	39.9	8.3	33.4	27.5	45.0	5.8	21.2
16.7	27.1	6.1	50.0	30.5	29.4	7.8	32.1	12.8	29.9	5.5	51.7
15.9	34.5	4.6	44.6	15.8	35.3	5.8	42.8	14.6	35.3	6.3	43.6
16.1	37.9	7.4	38.0	11.9	39.9	8.2	39.4	16.8	43.4	6.1	33.1
16.8	38.7	6.3	37.7	16.3	37.8	7.2	38.2	16.1	36.0	5.2	42.5
14.8	40.0	6.5	37.9	14.3	41.7	7.7	35.5	16.0	41.9	6.6	34.6
16.9	43.4	8.6	30.2	16.6	45.0	10.5	27.0	16.9	44.7	7.5	30.0
13.9	37.7	9.3	38.8	12.8	39.2	12.3	35.5	13.9	38.0	8.2	39.7
16.5	43.7	5.8	30.7	16.7	45.2	7.3	27.5	17.0	45.8	5.5	30.3
13.8	36.8	4.9	44.5	14.4	41.8	4.5	39.3	17.1	40.7	3.7	38.5
13.7	45.3	4.0	35.7	14.9	45.9	5.2	33.0	14.5	46.4	3.8	34.1
13.5	42.0	7.7	36.8	12.6	43.4	9.8	34.1	13.3	43.3	7.2	36.2
11.1	35.2	8.6	45.0	10.4	37.1	12.7	39.8	11.4	34.5	7.0	47.0
14.5	41.0	8.3	35.9	13.7	41.7	11.0	33.4	15.2	38.3	7.2	39.1
16.4	44.6	4.6	29.4	16.9	46.9	5.9	25.2	17.1	47.9	4.3	28.6
18.0	44.9	6.4	30.3	17.1	45.4	8.4	28.8	17.7	44.7	6.1	31.2
15.3	39.5	9.2	36.0	15.7	39.2	10.9	34.2	16.1	39.8	8.9	35.2
13.6	33.1	5.8	46.9	13.1	33.3	8.3	44.8	16.4	37.3	4.5	41.0
15.4	44.2	4.3	35.3	14.0	47.5	5.2	32.5	16.0	45.5	5.8	31.8
12.1	34.8	9.0	44.1	11.8	36.0	10.6	41.5	14.3	36.6	8.2	41.0
19.7	42.1	7.0	28.0	19.8	42.8	7.6	26.7	19.8	43.3	6.0	27.7
13.5	36.0	8.6	41.7	13.4	37.7	10.1	38.6	15.3	37.6	8.3	38.7
18.0	41.5	8.2	32.3	18.3	44.3	10.5	26.9	17.9	45.1	7.3	29.7
15.7	43.4	10.1	30.6	17.1	41.4	11.6	29.7	15.6	42.5	10.0	31.8
15.7	44.9	8.4	31.0	15.2	47.1	10.6	27.1	15.8	45.1	7.6	31.5
16.1	43.2	10.1	30.0	15.8	44.6	12.3	26.9	15.4	45.6	8.4	30.2
16.3	47.0	9.2	27.1	15.4	48.7	11.6	23.9	17.2	47.6	8.4	26.5
18.4	38.1	5.1	35.8	16.5	40.4	6.3	34.3	19.7	42.9	5.7	29.0
12.9	37.2	10.8	39.0	12.4	37.2	14.3	36.0	11.5	39.0	8.6	40.8
12.7	32.1	5.6	49.1	10.8	29.3	11.4	48.1	11.2	30.8	5.2	52.6
13.8	40.1	9.0	37.1	11.5	43.0	11.4	34.1	13.3	42.2	7.5	37.1
13.4	37.3	8.2	40.8	12.5	38.9	10.7	37.7	14.4	37.9	7.1	40.4
16.1	33.8	10.1	39.5	14.6	34.3	13.3	37.5	15.1	35.1	8.5	40.8
14.0	35.0	8.3	42.4	13.7	36.4	12.9	36.6	15.1	32.9	7.7	44.1
14.3	47.3	6.6	31.9	13.2	47.3	9.9	29.7	14.3	39.6	4.4	41.8
13.7	40.0	11.2	34.8	13.0	40.6	15.1	31.1	13.5	39.9	10.3	36.0
14.2	42.1	9.9	33.8	12.4	45.3	13.0	29.3	12.5	41.1	10.1	36.3
16.1	40.5	10.2	33.1	17.0	43.9	9.6	29.5	13.6	40.5	10.2	35.7
14.2	35.3	11.5	39.0	13.1	38.9	13.7	34.3	14.5	34.9	11.5	39.2
14.7	32.2	10.6	42.2	12.7	34.6	12.6	40.0	12.8	32.6	9.9	44.5

15-2 有关政策对工业企业创新的

项　目	在开展创新活动企业中，对下列政策							
	企业研发费用加计扣除税收优惠政策				高新技术企业所得税减免政策			
	高	中	低	无	高	中	低	无
总　计	**16.9**	**38.6**	**8.3**	**35.8**	**18.1**	**34.2**	**6.3**	**40.6**
一、按规模分								
大型企业	29.1	40.2	7.5	23.0	31.0	32.1	4.8	31.7
中型企业	20.5	40.2	8.2	31.0	22.3	34.5	6.1	36.6
小型企业	15.4	38.1	8.4	37.7	16.4	34.3	6.5	42.0
二、按登记注册类型分								
内资企业	16.5	39.4	8.5	35.2	17.6	35.3	6.6	39.9
国有企业	14.0	37.4	9.0	39.5	15.4	29.6	6.8	47.4
集体企业	12.0	38.4	9.2	40.3	11.7	36.2	6.8	44.5
股份合作企业	12.4	37.2	9.9	40.5	13.6	33.9	7.4	44.8
联营企业	15.7	43.1	3.9	37.3	17.6	27.5	7.8	47.1
有限责任公司	17.4	38.4	8.7	35.3	18.8	34.1	6.4	40.2
股份有限公司	28.8	41.1	7.6	22.4	33.1	34.9	5.6	26.2
私营企业	15.4	39.8	8.5	35.9	16.1	35.9	6.7	40.5
其他企业	15.7	41.1	11.1	32.1	15.3	40.9	7.5	35.8
港、澳、台商投资企业	19.2	34.7	7.4	38.2	21.1	29.1	5.4	43.4
外商投资企业	19.1	34.2	7.4	39.1	20.9	28.6	4.9	44.8
三、按行业分								
采矿业	10.2	35.2	9.6	44.7	9.3	31.5	7.6	51.2
煤炭开采和洗选业	9.1	33.7	10.2	47.0	7.9	29.0	7.6	55.3
石油和天然气开采业	19.6	48.2	8.9	23.2	14.3	33.9	7.1	44.6
黑色金属矿采选业	8.3	33.5	10.5	47.3	6.3	31.9	8.3	52.7
有色金属矿采选业	11.8	37.2	9.2	41.6	11.6	33.4	8.0	46.4
非金属矿采选业	11.9	36.8	8.1	42.9	11.7	33.3	6.9	47.7
开采辅助活动	15.2	45.5	9.1	30.3	18.2	45.5	7.6	28.8

影响程度(2013-2014年)

效果作出不同影响程度判断的企业家占比(%)

企业研发活动专用仪器设备加速折旧政策				科技开发用品免征进口税收政策			
高	中	低	无	高	中	低	无
11.3	**40.1**	**7.6**	**40.2**	**10.1**	**32.6**	**5.7**	**50.7**
14.9	45.4	7.2	32.1	14.8	36.4	6.4	41.9
12.0	42.2	7.8	37.4	10.9	33.8	6.1	48.5
11.0	39.2	7.5	41.4	9.7	32.1	5.6	51.7
11.4	40.9	7.7	39.2	9.9	33.0	5.8	50.5
8.7	38.6	8.4	43.3	9.0	27.3	5.4	57.1
10.8	39.7	7.3	41.3	8.6	33.3	6.7	50.5
11.4	36.4	9.5	42.6	7.2	31.6	5.8	54.8
11.8	33.3	7.8	47.1	11.8	31.4	2.0	54.9
11.2	40.3	7.8	40.2	9.8	31.1	5.9	52.7
14.4	45.3	8.4	31.7	12.0	34.2	6.5	46.9
11.3	40.9	7.6	39.2	9.8	33.7	5.7	49.8
14.0	43.0	7.3	35.2	10.5	38.4	6.7	43.8
11.0	36.0	7.0	44.8	11.1	30.4	5.4	51.9
11.2	35.5	6.6	45.8	11.3	31.1	5.6	51.1
8.9	35.9	8.0	46.6	7.1	27.7	5.6	59.1
7.4	33.7	8.5	50.0	5.6	25.2	5.7	63.2
10.7	42.9	8.9	37.5	8.9	33.9	7.1	50.0
9.0	35.2	9.0	45.9	6.2	26.8	5.0	60.8
10.0	38.2	7.6	43.2	8.0	29.2	6.8	54.8
10.4	37.5	6.7	44.9	9.4	30.5	5.0	54.7
10.6	47.0	7.6	34.8	9.1	39.4	6.1	45.5

15-2 续表 1

项 目	在开展创新活动企业中，对下列政策							
	技术转让、技术开发收入免征增值税和技术转让减免所得税优惠政策				鼓励企业吸引和培养人才的相关政策			
	高	中	低	无	高	中	低	无
总 计	**11.2**	**34.8**	**5.9**	**47.2**	**16.7**	**45.2**	**9.4**	**27.8**
一、按规模分								
大型企业	15.3	37.7	6.0	40.6	24.2	50.3	8.7	16.5
中型企业	11.9	36.1	6.3	45.0	18.6	47.2	9.8	23.7
小型企业	10.7	34.4	5.8	48.0	15.9	44.5	9.3	29.4
二、按登记注册类型分								
内资企业	11.1	35.4	6.1	46.5	16.9	45.8	9.4	27.0
国有企业	10.1	30.9	5.7	52.1	16.5	45.7	11.3	25.8
集体企业	10.6	33.8	6.5	48.2	14.5	43.9	10.0	30.7
股份合作企业	9.1	33.1	4.8	52.7	13.8	38.8	11.6	35.1
联营企业	9.8	27.5	3.9	56.9	15.7	41.2	7.8	35.3
有限责任公司	11.2	34.0	6.1	48.1	17.6	45.5	9.9	26.4
股份有限公司	14.3	37.1	6.6	41.4	23.0	48.7	9.6	18.4
私营企业	10.9	36.0	6.0	46.1	16.2	45.8	9.2	27.9
其他企业	14.7	38.4	8.4	37.9	22.0	44.7	9.6	23.3
港、澳、台商投资企业	11.0	31.3	5.3	51.3	16.1	42.7	9.0	30.9
外商投资企业	11.7	32.3	5.2	49.8	15.9	42.0	8.9	32.2
三、按行业分								
采矿业	8.5	30.9	6.8	53.2	14.4	45.3	10.9	28.8
煤炭开采和洗选业	6.8	29.8	6.9	56.2	12.4	44.8	13.5	29.1
石油和天然气开采业	5.4	39.3	12.5	42.9	21.4	53.6	3.6	21.4
黑色金属矿采选业	7.6	28.7	5.7	56.9	14.1	46.6	9.1	29.0
有色金属矿采选业	9.0	32.6	9.0	48.2	16.6	47.6	9.0	25.8
非金属矿采选业	11.7	31.9	6.1	49.7	16.0	43.0	9.4	30.8
开采辅助活动	13.6	45.5	4.5	36.4	19.7	53.0	9.1	18.2

效果作出不同影响程度判断的企业家占比(%)											
优先发展产业的支持政策				金融支持相关政策				创造和保护知识产权的相关政策			
高	中	低	无	高	中	低	无	高	中	低	无
16.1	**43.5**	**7.8**	**31.6**	**15.2**	**45.1**	**9.6**	**29.2**	**17.6**	**46.4**	**7.3**	**27.9**
23.7	46.6	6.9	22.4	19.9	49.0	8.5	22.3	27.9	50.1	5.5	16.1
17.5	45.6	7.8	28.3	15.9	47.7	9.6	26.2	19.8	49.0	7.3	23.2
15.3	42.9	7.9	32.9	14.7	44.3	9.7	30.4	16.4	45.6	7.4	29.7
16.4	44.3	8.0	30.5	15.5	45.9	9.9	27.8	17.5	47.1	7.4	27.3
14.9	40.4	9.4	34.4	13.4	40.5	10.3	35.1	18.5	44.4	8.8	27.4
14.4	40.6	9.1	35.1	13.5	41.7	8.8	35.0	14.4	43.6	8.1	33.2
11.8	40.1	8.5	38.8	12.8	39.3	11.2	36.2	13.0	43.2	10.3	33.1
11.8	43.1	2.0	43.1	13.7	41.2	5.9	39.2	19.6	37.3	5.9	37.3
17.1	43.8	8.1	30.3	15.9	45.2	10.1	28.2	18.7	46.7	7.4	26.7
23.4	47.2	7.7	21.2	20.0	50.5	9.1	19.9	26.7	50.7	6.3	15.8
15.6	44.4	7.9	31.1	15.1	46.1	9.8	27.9	16.4	47.1	7.5	28.2
18.7	47.0	8.2	25.4	17.6	45.3	12.8	23.7	17.6	46.8	9.2	25.8
15.3	39.9	7.2	36.3	13.5	41.7	8.5	35.1	17.6	44.3	7.0	29.8
14.3	39.4	7.2	38.0	12.9	40.4	7.9	37.8	18.0	42.4	6.3	32.2
12.8	40.0	8.9	37.7	12.8	41.9	11.9	32.9	12.0	39.3	7.7	40.4
9.7	39.2	9.5	41.3	10.6	39.8	12.4	37.2	8.9	37.9	7.9	45.2
25.0	46.4	7.1	21.4	10.7	57.1	3.6	28.6	28.6	42.9	7.1	19.6
12.2	40.6	7.7	38.2	14.8	40.6	12.3	31.2	11.5	39.4	7.4	40.9
14.6	42.2	8.8	33.2	14.4	46.8	10.2	27.8	15.0	41.8	8.4	33.6
16.2	39.0	9.0	35.1	14.5	42.5	12.1	30.2	14.4	39.6	7.2	38.0
19.7	42.4	6.1	30.3	12.1	45.5	13.6	28.8	21.2	47.0	7.6	24.2

15-2 续表 2

项 目	在开展创新活动企业中，对下列政策							
	企业研发费用加计扣除税收优惠政策				高新技术企业所得税减免政策			
	高	中	低	无	高	中	低	无
制造业	17.2	38.8	8.3	35.3	18.5	34.4	6.3	40.1
农副食品加工业	12.9	40.6	9.0	37.1	14.4	35.5	7.1	42.3
食品制造业	13.1	38.5	9.6	38.6	12.9	33.2	7.0	46.3
酒、饮料和精制茶制造业	12.9	38.2	10.9	37.8	12.5	33.2	8.7	45.1
烟草制品业	9.6	27.7	8.4	54.2	9.6	14.5	7.2	67.5
纺织业	10.9	37.8	10.1	41.0	10.8	33.2	7.9	47.6
纺织服装、服饰业	10.5	36.9	9.1	42.8	10.2	33.5	7.1	48.0
皮革、毛皮、羽毛及其制品和制鞋业	10.1	36.9	8.7	44.2	10.3	32.3	7.2	49.6
木材加工和木、竹、藤、棕、草制品业	12.9	42.2	8.7	36.0	13.1	37.6	8.1	40.5
家具制造业	11.6	34.5	9.1	44.5	10.6	31.0	6.8	50.8
造纸和纸制品业	13.1	35.6	8.1	43.1	12.9	32.4	6.3	47.7
印刷和记录媒介复制业	13.7	36.6	9.3	40.2	14.9	32.9	7.4	44.1
文教、工美、体育和娱乐用品制造业	13.0	38.8	8.5	39.2	12.0	34.5	7.1	45.8
石油加工、炼焦和核燃料加工业	14.0	38.8	10.5	36.2	15.5	34.2	7.1	42.5
化学原料和化学制品制造业	18.9	39.1	8.6	33.3	21.1	34.1	6.1	38.1
医药制造业	26.4	42.8	7.2	23.5	30.3	37.7	5.0	26.5
化学纤维制造业	15.5	43.2	6.8	34.4	15.4	38.8	5.0	40.3
橡胶和塑料制品业	14.4	36.4	8.6	38.8	15.3	32.4	6.3	43.6
非金属矿物制品业	13.7	38.7	9.0	38.4	14.0	35.5	7.1	42.8
黑色金属冶炼和压延加工业	12.5	39.1	9.0	39.1	12.3	36.3	6.4	44.3
有色金属冶炼和压延加工业	16.2	38.4	8.7	36.4	16.4	35.2	6.4	41.5
金属制品业	14.9	39.0	8.1	37.9	16.2	34.7	6.4	41.9
通用设备制造业	20.1	39.9	7.3	32.3	22.0	35.5	5.3	36.6
专用设备制造业	23.3	40.7	7.0	28.7	26.3	36.2	5.7	31.4
汽车制造业	20.7	37.6	8.3	33.2	21.5	32.3	6.1	39.5
铁路、船舶、航空航天和其他运输设备制造业	17.8	38.7	8.8	34.7	19.8	33.8	5.7	40.4
电气机械和器材制造业	21.8	39.7	7.5	30.8	23.5	34.9	5.6	35.5
计算机、通信和其他电子设备制造业	26.5	37.1	6.7	29.4	29.7	33.0	4.8	31.8
仪器仪表制造业	30.8	36.8	6.1	26.1	33.8	32.5	4.8	28.6
其他制造业	14.4	39.6	7.7	38.0	14.9	36.4	6.2	41.8
废弃资源综合利用业	16.6	41.6	6.4	35.0	17.8	36.4	7.7	36.9
金属制品、机械和设备修理业	18.5	32.7	9.9	38.9	22.8	32.1	4.9	39.5
电力、热力、燃气及水生产和供应业	9.8	32.2	7.5	50.1	11.4	27.5	5.0	55.6
电力、热力生产和供应业	9.8	33.7	7.8	48.5	11.6	28.4	5.0	54.6
燃气生产和供应业	9.6	25.6	4.7	59.1	10.2	23.5	3.8	61.2
水的生产和供应业	10.4	32.1	8.9	48.4	11.7	27.6	5.9	54.6

效果作出不同影响程度判断的企业家占比(%)							
企业研发活动专用仪器设备加速折旧政策				科技开发用品免征进口税收政策			
高	中	低	无	高	中	低	无
11.5	40.3	7.6	39.8	10.2	32.9	5.8	50.3
10.6	40.8	8.2	39.7	9.8	33.2	5.6	50.5
9.5	39.4	7.9	42.6	8.8	29.5	5.8	55.1
10.0	39.2	9.8	40.5	9.4	30.1	6.3	53.7
9.6	27.7	13.3	48.2	6.0	12.0	12.0	68.7
8.7	37.2	8.7	44.8	8.4	33.4	6.8	50.8
8.9	37.0	7.5	45.2	9.1	33.3	6.4	49.9
9.4	35.5	7.8	46.6	9.2	31.9	6.2	52.0
11.1	41.9	8.2	38.2	10.3	35.1	7.1	46.7
8.5	35.4	7.8	47.4	8.8	29.4	5.6	55.3
9.6	36.3	8.0	45.3	8.7	31.6	5.4	53.6
9.9	36.9	7.7	44.9	8.0	32.2	5.6	53.3
9.8	38.7	7.9	42.9	10.1	33.8	6.2	49.1
10.5	39.7	8.2	40.5	9.1	30.7	4.8	54.6
12.8	40.7	7.8	37.9	11.1	32.3	6.0	49.8
16.1	45.7	7.7	30.2	12.2	33.8	5.7	47.8
11.5	44.4	5.3	38.2	9.9	39.8	4.0	45.8
10.1	37.4	7.5	42.4	9.3	31.8	5.9	50.5
9.9	40.2	8.1	41.0	8.8	33.2	5.6	51.4
9.3	40.9	7.0	41.9	8.6	33.7	5.5	51.4
11.1	40.4	7.5	40.5	9.4	33.0	5.1	51.9
11.2	40.0	7.2	40.8	10.1	33.9	5.3	49.7
12.1	41.8	7.1	38.4	10.4	33.6	5.4	49.8
13.8	43.4	7.1	35.3	11.8	33.9	5.8	47.8
12.8	39.9	7.3	39.3	11.0	31.0	5.8	51.5
11.2	40.6	7.3	40.5	11.1	31.3	5.8	51.5
13.3	42.1	6.9	37.0	10.9	33.0	5.3	49.9
13.9	41.6	6.8	36.7	13.8	33.5	5.6	46.1
15.3	42.7	7.2	34.2	11.6	31.3	5.9	50.6
10.0	41.3	6.5	41.2	8.5	35.6	5.5	49.6
13.2	40.4	7.0	38.3	9.7	36.8	4.8	47.6
12.3	34.6	9.3	43.2	11.1	29.6	6.8	51.9
7.2	31.3	6.3	54.4	6.8	24.1	4.0	64.3
7.1	32.7	6.0	53.5	6.9	24.3	3.8	64.4
6.2	25.2	5.8	61.4	6.6	23.0	3.4	65.5
8.5	31.0	8.3	51.8	6.4	24.2	5.9	62.8

15-2 续表 3

项 目	在开展创新活动企业中，对下列政策							
	技术转让、技术开发收入免征增值税和技术转让减免所得税优惠政策				鼓励企业吸引和培养人才的相关政策			
	高	中	低	无	高	中	低	无
制造业	11.3	35.1	5.9	46.8	16.8	45.3	9.3	27.7
农副食品加工业	11.4	36.2	6.2	45.4	17.3	47.3	9.6	25.0
食品制造业	9.4	33.5	5.8	50.4	16.2	44.8	9.6	28.5
酒、饮料和精制茶制造业	10.9	33.0	6.8	48.5	17.4	45.2	10.6	25.9
烟草制品业	6.0	14.5	9.6	68.7	16.9	37.3	16.9	27.7
纺织业	8.7	34.2	7.0	49.4	13.2	43.2	10.1	32.8
纺织服装、服饰业	9.3	34.4	6.6	48.4	13.2	43.2	9.5	32.7
皮革、毛皮、羽毛及其制品和制鞋业	9.5	32.8	6.3	50.8	13.6	40.4	10.3	35.0
木材加工和木、竹、藤、棕、草制品业	11.0	38.3	6.5	43.4	16.4	46.3	9.2	27.1
家具制造业	8.9	32.1	5.5	52.4	14.1	41.2	9.4	34.0
造纸和纸制品业	9.2	32.9	6.0	51.1	14.3	42.0	9.8	33.3
印刷和记录媒介复制业	8.8	33.7	5.3	51.4	13.2	45.1	9.7	31.1
文教、工美、体育和娱乐用品制造业	10.2	35.0	6.4	47.5	14.6	43.6	9.1	31.8
石油加工、炼焦和核燃料加工业	10.3	32.3	6.2	50.5	19.6	44.9	10.7	24.0
化学原料和化学制品制造业	12.4	34.9	6.2	45.7	18.7	45.1	9.2	26.2
医药制造业	16.2	37.9	5.5	39.9	22.4	49.5	8.7	18.9
化学纤维制造业	11.1	39.2	5.2	44.0	16.9	48.7	7.4	26.4
橡胶和塑料制品业	9.9	33.1	5.9	48.5	14.7	43.1	8.8	30.8
非金属矿物制品业	10.2	35.5	6.5	46.8	15.7	45.1	9.6	28.7
黑色金属冶炼和压延加工业	9.1	36.2	5.7	48.2	14.3	45.8	9.8	29.3
有色金属冶炼和压延加工业	10.3	34.6	5.5	48.9	17.1	44.7	10.2	27.3
金属制品业	10.8	35.8	5.7	46.7	15.8	44.7	9.6	29.0
通用设备制造业	11.3	36.0	5.5	46.4	17.1	46.7	9.0	26.3
专用设备制造业	13.1	36.4	5.8	44.1	19.4	48.2	8.8	23.0
汽车制造业	12.1	33.4	5.9	47.8	17.2	44.4	10.4	27.2
铁路、船舶、航空航天和其他运输设备制造业	11.0	35.7	5.6	47.4	17.9	44.5	8.1	29.1
电气机械和器材制造业	12.4	35.2	5.4	46.2	18.6	45.9	8.5	26.1
计算机、通信和其他电子设备制造业	14.2	35.5	5.4	43.9	19.0	46.4	8.9	24.8
仪器仪表制造业	14.6	33.6	5.9	45.3	19.4	46.0	8.9	25.0
其他制造业	9.7	37.5	6.0	45.8	12.3	44.8	10.7	31.0
废弃资源综合利用业	11.4	38.3	4.8	43.9	15.9	47.0	6.6	29.2
金属制品、机械和设备修理业	13.0	30.2	6.2	49.4	15.4	48.1	11.7	24.1
电力、热力、燃气及水生产和供应业	7.7	26.3	4.5	60.4	16.3	40.6	8.9	33.5
电力、热力生产和供应业	7.8	26.7	4.3	60.3	16.9	41.7	8.7	32.2
燃气生产和供应业	7.5	23.7	3.8	63.5	16.8	35.2	6.8	40.1
水的生产和供应业	7.6	27.4	6.4	58.0	13.4	41.0	11.9	33.3

效果作出不同影响程度判断的企业家占比(%)											
优先发展产业的支持政策				金融支持相关政策				创造和保护知识产权的相关政策			
高	中	低	无	高	中	低	无	高	中	低	无
16.2	43.7	7.8	31.3	15.2	45.3	9.6	29.0	17.8	46.8	7.3	27.4
18.1	47.0	8.4	25.6	17.0	48.3	10.7	23.4	16.8	48.1	7.7	26.7
16.4	43.5	8.1	31.3	15.1	45.1	10.5	28.4	17.7	46.0	7.7	27.7
17.7	44.0	9.4	28.1	17.1	45.6	11.7	25.1	19.2	46.5	8.6	24.9
14.5	20.5	9.6	54.2	15.7	26.5	8.4	48.2	27.7	36.1	6.0	28.9
12.1	41.0	9.2	36.9	12.7	43.9	10.3	32.3	11.9	43.5	8.9	35.1
12.1	40.7	8.1	37.7	12.9	41.8	9.0	34.8	11.8	42.8	7.7	36.6
12.6	39.1	8.5	39.2	13.0	40.6	9.8	36.0	12.5	41.1	8.8	36.7
16.3	45.4	9.1	28.2	17.3	46.2	10.6	24.9	15.3	47.2	7.7	28.9
12.2	39.2	8.3	39.0	13.5	41.7	10.3	33.3	14.2	43.6	7.3	33.7
13.0	40.3	7.7	38.2	13.2	42.9	10.2	33.0	14.3	42.9	7.9	34.1
12.5	42.6	7.8	36.5	12.1	45.3	9.5	32.3	13.3	44.9	7.6	33.3
14.2	41.8	8.0	35.2	14.3	43.5	9.6	31.7	15.8	45.2	7.6	30.3
19.4	41.4	9.0	29.1	18.8	42.8	10.5	27.1	18.3	43.7	7.9	29.1
17.9	42.8	7.9	30.5	16.7	45.0	9.6	27.9	19.9	46.4	7.2	25.7
22.6	48.8	7.0	21.0	18.3	50.4	9.1	21.8	27.1	50.4	6.2	15.8
15.4	47.8	6.2	30.0	15.3	49.4	7.5	27.1	15.7	49.3	5.9	28.5
13.8	41.3	7.4	34.9	13.6	42.9	9.0	31.8	15.5	45.6	7.1	30.6
15.3	43.4	8.0	32.3	14.9	44.9	10.4	28.9	15.2	45.0	7.9	31.1
13.0	44.0	7.9	34.3	13.0	45.1	10.1	30.8	12.6	46.6	7.1	33.0
16.5	43.8	7.6	31.3	15.8	46.6	9.5	27.5	17.2	47.2	7.2	27.8
14.1	43.7	7.8	33.5	14.6	44.8	8.8	30.8	16.0	46.6	7.3	29.2
16.1	45.3	7.5	30.2	14.7	46.4	9.2	28.9	19.0	49.4	6.8	24.1
19.0	45.8	7.4	27.2	17.0	46.5	9.6	26.3	22.5	49.9	6.1	20.9
16.7	42.9	8.4	31.2	15.5	44.6	10.0	29.1	18.7	46.0	7.7	26.9
17.0	43.0	7.0	32.7	14.4	45.3	9.5	30.5	18.4	47.6	7.0	26.7
17.8	44.8	7.0	29.5	15.9	46.7	8.7	27.8	20.9	48.8	6.7	22.7
19.1	44.7	7.0	28.2	16.0	45.5	8.4	29.1	22.4	48.2	6.0	22.4
19.6	44.1	8.0	27.6	16.8	44.1	8.5	29.6	24.7	48.5	6.8	19.2
12.6	42.8	7.7	35.7	12.1	46.5	8.1	32.1	14.8	46.2	8.0	29.9
15.9	45.8	7.4	29.4	13.5	48.5	8.1	28.4	14.1	48.5	5.8	30.0
16.7	40.7	8.6	33.3	12.3	45.7	9.3	32.1	18.5	42.6	8.0	30.2
15.7	37.0	6.5	40.0	14.2	39.4	7.6	38.2	14.0	37.5	6.6	41.1
16.2	38.2	6.1	38.8	14.5	40.9	7.3	36.7	14.8	38.5	6.1	39.9
16.0	33.0	5.5	44.1	13.2	33.9	6.0	45.8	12.6	33.7	6.4	46.1
13.2	35.7	9.6	41.2	13.6	37.8	10.6	37.4	11.7	36.9	9.1	42.0

15-2 续表 4

项目	在开展创新活动企业中，对下列政策							
	企业研发费用加计扣除税收优惠政策				高新技术企业所得税减免政策			
	高	中	低	无	高	中	低	无
四、按地区分								
东部地区	17.9	38.2	7.7	36.1	18.9	33.7	5.8	41.1
中部地区	16.3	41.6	9.3	32.4	17.7	37.6	7.5	36.4
西部地区	12.5	34.8	11.0	41.7	14.2	30.4	7.8	47.3
东北地区	18.7	42.2	6.5	28.9	20.1	38.8	5.1	31.4
北京	27.7	32.6	5.8	34.0	38.1	29.3	3.2	29.4
天津	16.7	46.1	5.0	31.6	18.4	42.2	3.6	34.3
河北	10.7	40.5	8.1	40.7	11.9	36.7	6.8	44.5
山西	12.2	33.5	8.6	45.8	12.6	26.5	6.5	54.4
内蒙古	10.8	39.2	8.5	41.4	12.1	34.9	7.3	45.3
辽宁	20.3	45.2	5.3	22.9	21.4	42.1	4.0	24.7
吉林	17.2	38.8	7.4	36.4	17.6	35.2	6.3	40.6
黑龙江	15.9	37.4	9.0	37.7	19.3	33.6	6.8	40.3
上海	30.1	32.9	5.3	31.4	32.7	27.5	3.5	35.3
江苏	19.3	44.0	6.7	29.8	19.5	39.8	5.4	34.8
浙江	17.5	30.0	8.0	44.5	16.8	23.6	5.3	54.3
安徽	20.9	41.8	7.7	28.5	22.6	36.8	5.5	32.4
福建	13.3	32.7	9.9	44.0	14.8	27.6	7.2	50.2
江西	16.0	39.0	9.2	35.8	18.0	34.6	7.2	40.2
山东	15.5	43.1	8.9	32.4	15.7	40.5	7.5	36.1
河南	12.9	42.2	9.7	35.2	13.7	38.6	8.2	39.4
湖北	16.6	40.5	9.8	32.9	18.5	36.1	7.8	37.3
湖南	15.1	44.8	10.7	29.1	16.1	42.9	9.3	31.1
广东	18.8	36.9	8.2	35.5	22.4	33.0	6.2	36.7
广西	11.4	33.4	13.5	41.6	13.8	28.6	9.9	47.6
海南	17.3	36.4	4.9	41.4	24.1	25.3	2.5	46.9
重庆	13.2	38.0	10.5	38.4	14.8	34.3	7.2	43.7
四川	12.9	34.0	10.4	42.6	13.5	29.5	7.6	49.0
贵州	14.7	32.3	10.6	42.1	17.3	27.5	7.8	47.0
云南	12.4	31.1	11.3	45.1	14.5	25.5	6.8	53.1
西藏	16.3	46.5	11.6	25.6	11.6	37.2	9.3	41.9
陕西	12.6	36.5	11.9	39.0	14.7	33.4	8.9	42.7
甘肃	11.8	34.2	11.2	42.9	13.8	31.0	9.5	45.8
青海	9.3	47.6	6.7	36.4	14.2	40.4	7.1	38.2
宁夏	11.3	33.3	13.1	42.4	12.2	27.3	5.8	54.5
新疆	10.8	32.6	11.3	45.2	14.3	28.7	6.8	50.0

效果作出不同影响程度判断的企业家占比(%)							
企业研发活动专用仪器设备加速折旧政策				科技开发用品免征进口税收政策			
高	中	低	无	高	中	低	无
11.4	39.8	7.2	40.9	10.3	33.3	5.5	50.2
12.3	42.8	8.2	35.7	10.8	34.1	6.4	47.6
8.4	35.4	9.1	46.7	7.3	25.2	5.9	61.3
14.1	44.1	5.9	31.3	13.0	36.8	4.4	41.1
11.0	36.2	7.5	45.3	9.5	24.0	6.3	60.2
11.8	47.5	5.0	33.9	10.9	43.0	4.0	40.3
8.8	41.4	7.7	42.0	8.2	34.6	5.7	51.4
6.1	33.5	7.9	52.5	4.5	22.8	5.5	67.2
7.1	38.9	7.3	46.4	6.6	29.7	5.5	57.7
15.6	47.1	4.7	24.7	14.6	41.3	3.9	32.1
13.2	40.4	7.0	39.0	11.3	32.4	4.5	51.5
10.8	39.6	8.1	41.5	10.4	28.8	5.8	55.0
12.7	37.0	6.7	42.6	11.1	30.2	5.3	52.3
13.1	45.8	6.1	34.3	11.7	41.1	5.4	41.0
10.1	30.4	7.1	52.5	7.7	22.2	5.1	65.0
15.8	43.1	6.1	32.0	13.3	34.8	4.8	43.5
9.1	33.5	8.4	48.8	8.5	25.5	5.8	59.9
13.4	39.7	8.1	38.8	12.0	30.9	6.6	50.5
12.3	45.0	8.5	34.0	11.7	38.4	6.8	43.0
9.8	43.7	8.7	37.8	9.0	35.2	7.4	48.4
11.4	42.1	8.9	37.2	10.2	32.3	6.3	51.0
12.4	45.7	10.3	31.2	11.1	37.9	7.6	42.7
11.5	39.8	8.0	38.6	11.6	33.5	5.6	47.0
8.1	33.3	10.7	47.6	6.1	24.7	7.5	61.5
9.3	35.2	9.3	46.3	6.2	25.3	2.5	65.4
9.8	38.3	8.2	43.7	9.2	28.1	4.8	57.9
8.3	35.1	8.6	47.5	7.1	24.4	5.8	62.4
11.0	32.3	8.9	47.3	10.8	24.0	5.6	58.9
7.3	32.3	8.6	51.4	6.7	21.7	5.3	66.0
7.0	41.9	4.7	46.5	2.3	39.5		58.1
8.2	37.5	10.8	43.2	6.4	26.8	6.9	59.6
8.8	36.0	11.6	43.7	7.7	24.3	6.0	61.9
7.1	48.0	9.3	35.6	7.1	32.9	6.2	53.8
7.1	32.4	11.3	49.0	4.7	24.2	8.0	63.2
6.6	32.5	8.2	52.3	4.9	22.2	6.0	66.7

15-2 续表 5

项目	在开展创新活动企业中，对下列政策							
	技术转让、技术开发收入免征增值税和技术转让减免所得税优惠政策				鼓励企业吸引和培养人才的相关政策			
	高	中	低	无	高	中	低	无
四、按地区分								
东部地区	11.0	35.0	5.6	47.6	16.5	44.9	8.8	29.1
中部地区	12.3	37.3	6.8	42.5	18.5	47.5	9.9	23.1
西部地区	8.9	28.5	6.8	55.5	14.6	42.5	12.2	30.5
东北地区	14.6	38.7	4.3	37.5	19.0	47.3	6.5	22.3
北 京	12.6	29.7	5.6	52.1	16.5	42.2	9.5	31.8
天 津	11.7	45.0	3.8	37.3	15.7	51.9	5.2	25.5
河 北	8.5	36.8	5.9	48.8	15.6	47.2	8.5	28.6
山 西	6.1	25.7	5.8	62.3	13.8	45.4	11.0	29.8
内蒙古	7.7	33.5	6.0	52.4	14.6	46.0	11.2	27.9
辽 宁	16.4	42.5	3.7	29.2	19.1	48.6	5.0	19.0
吉 林	13.0	35.4	4.2	47.1	21.1	46.5	7.1	24.8
黑龙江	11.6	31.5	6.3	50.6	16.3	44.9	9.9	28.9
上 海	12.6	31.9	4.6	49.5	16.9	42.2	8.5	31.2
江 苏	12.5	42.3	5.2	39.2	17.3	49.4	7.1	25.5
浙 江	8.6	23.6	5.5	62.3	13.3	38.8	10.4	37.5
安 徽	15.4	37.1	4.9	38.8	21.3	45.5	7.4	22.1
福 建	9.0	27.5	6.3	57.0	14.2	40.2	11.4	34.0
江 西	12.9	33.9	6.9	46.2	18.4	45.1	10.8	25.7
山 东	12.5	41.2	7.1	39.0	20.6	49.6	8.7	20.8
河 南	9.8	39.2	7.8	43.2	16.9	48.7	10.5	24.0
湖 北	11.8	35.7	6.7	45.5	18.9	47.0	11.0	22.9
湖 南	12.4	41.4	8.8	37.0	17.1	51.2	10.6	20.6
广 东	11.9	34.9	5.5	45.3	17.7	42.2	9.7	28.2
广 西	7.8	27.2	8.4	56.4	13.6	39.9	14.2	32.0
海 南	8.6	30.9	3.1	56.8	14.2	39.5	11.1	34.0
重 庆	10.1	31.6	5.5	52.7	14.4	44.8	10.6	30.1
四 川	8.8	28.2	6.6	56.0	13.5	42.0	11.6	32.4
贵 州	12.5	26.2	6.4	54.1	18.3	39.0	11.5	30.7
云 南	8.0	24.3	6.2	61.1	14.4	39.4	12.1	33.8
西 藏	4.7	32.6	4.7	58.1	18.6	51.2		30.2
陕 西	9.3	30.4	7.6	52.4	14.9	45.1	13.0	26.7
甘 肃	8.4	27.8	7.7	55.9	16.1	44.5	13.8	25.5
青 海	8.4	35.6	4.9	51.1	16.0	48.0	11.6	24.4
宁 夏	6.2	27.1	8.6	58.1	15.1	39.9	17.3	27.7
新 疆	7.2	24.8	7.1	60.7	15.9	42.2	13.3	28.4

效果作出不同影响程度判断的企业家占比(%)											
优先发展产业的支持政策				金融支持相关政策				创造和保护知识产权的相关政策			
高	中	低	无	高	中	低	无	高	中	低	无
15.4	42.9	7.4	33.6	14.5	44.6	8.7	31.5	17.3	46.1	7.0	28.8
18.6	46.5	8.5	25.3	17.7	48.0	11.0	22.3	19.0	48.5	7.7	23.7
15.4	41.4	9.8	33.1	13.5	42.9	13.0	30.4	16.0	43.4	8.8	31.7
18.5	46.3	5.5	24.7	18.0	46.9	6.7	23.5	19.5	50.8	5.3	22.6
13.7	39.9	7.4	39.0	12.1	39.4	8.8	39.7	21.7	44.7	6.4	27.2
14.5	50.0	4.2	29.2	15.8	50.4	5.2	26.7	16.5	52.4	4.1	25.0
14.2	45.3	7.6	32.9	13.7	45.8	9.8	30.7	14.6	46.3	7.7	31.3
12.2	42.3	7.9	37.6	10.5	41.3	13.6	34.5	13.9	40.8	7.3	37.9
15.6	43.8	8.3	32.0	12.7	44.7	11.3	31.1	16.4	42.6	6.6	34.2
18.8	47.7	4.2	20.9	18.2	49.2	4.8	19.4	19.7	55.1	3.6	18.5
20.0	46.0	5.7	27.8	18.6	45.3	8.0	27.8	20.1	46.1	6.3	27.1
16.2	42.9	8.9	32.1	16.8	42.3	10.7	30.3	18.5	43.8	8.6	29.1
15.6	39.2	6.8	37.1	13.2	40.1	7.5	38.0	20.7	43.5	5.6	28.8
16.1	48.2	5.9	28.9	15.7	50.2	6.5	26.8	17.6	51.0	5.6	25.0
12.4	34.7	9.1	43.8	11.5	37.2	10.4	40.9	14.9	38.7	8.4	38.0
21.7	44.6	6.0	23.8	21.2	45.7	7.9	21.4	21.8	47.5	5.6	21.3
13.8	38.2	9.7	38.0	12.9	41.0	12.2	33.7	16.1	42.3	8.5	32.9
19.0	43.6	8.7	28.7	19.0	47.0	10.4	23.6	18.9	47.8	7.5	25.9
19.3	48.3	8.3	23.9	18.7	49.7	9.9	21.5	19.9	49.5	7.7	22.8
16.6	47.8	9.1	26.5	15.5	49.6	11.7	23.2	17.2	49.1	8.3	25.5
18.4	46.1	9.9	25.3	17.8	47.3	13.1	21.4	19.0	47.8	8.5	24.5
18.3	50.3	9.6	21.4	16.1	51.7	11.7	20.0	18.5	52.3	9.0	19.8
16.7	40.8	6.8	33.2	14.8	42.0	8.4	32.3	18.9	46.2	6.9	25.5
14.4	41.2	11.7	32.5	14.5	41.6	13.9	29.8	14.3	44.6	9.5	31.5
16.7	40.1	5.6	36.4	15.4	43.8	5.6	34.6	17.9	40.7	8.0	32.7
15.7	42.2	9.0	33.1	13.2	45.0	11.4	30.4	16.3	46.3	7.9	29.5
14.3	40.1	9.3	35.8	12.6	41.9	12.5	32.6	15.7	42.6	7.9	33.4
18.6	38.1	9.6	33.1	16.1	37.6	13.6	32.3	18.6	40.3	9.6	31.0
15.4	40.4	8.8	35.1	13.6	42.7	12.4	31.0	17.0	40.4	8.9	33.4
11.6	62.8	4.7	20.9	11.6	51.2	11.6	25.6	11.6	51.2	4.7	32.6
15.9	45.1	10.8	27.9	14.2	46.2	14.5	24.9	16.4	47.0	9.1	27.2
15.5	44.1	11.7	28.7	12.7	45.9	15.2	26.2	14.2	43.9	12.3	29.6
15.1	50.7	8.4	25.8	15.1	53.3	11.1	20.4	13.8	48.9	9.8	27.6
16.2	41.0	12.4	30.4	14.9	43.9	16.4	24.8	16.6	40.1	12.9	30.4
16.8	38.7	10.7	33.7	13.2	40.2	13.0	33.3	15.5	39.2	9.7	35.5

15-3 有关政策对建筑业企业

项　目	在开展创新活动企业中，对下列							
	企业研发费用加计扣除税收优惠政策				高新技术企业所得税减免政策			
	高	中	低	无	高	中	低	无
总　计	**12.7**	**34.9**	**11.5**	**40.8**	**12.5**	**28.0**	**7.6**	**51.6**
一、按行业分								
房屋建筑业	10.7	37.7	11.7	39.9	9.7	30.4	8.3	51.2
土木工程建筑业	17.1	34.4	11.9	36.6	16.0	27.8	6.6	49.5
建筑安装业	13.6	30.5	11.6	44.1	16.5	22.9	6.4	53.8
建筑装饰和其他建筑业	10.9	32.4	10.7	46.0	11.4	26.6	8.1	53.6
二、按地区分								
东部地区	13.6	35.8	10.8	39.9	14.0	28.9	6.7	50.1
中部地区	12.1	33.7	11.5	42.6	10.5	25.7	8.2	55.4
西部地区	9.0	32.0	15.6	43.5	8.0	27.5	10.1	54.4
东北地区	15.6	38.0	9.0	37.1	15.9	28.1	7.8	47.0
北　京	14.0	33.2	8.6	44.2	18.9	25.3	3.0	52.8
天　津	19.0	35.6	4.9	40.5	14.6	31.2	4.4	49.8
河　北	11.3	35.0	12.4	41.2	10.2	27.1	7.9	54.8
山　西	16.5	35.9	10.7	36.9	10.7	20.4	9.7	59.2
内蒙古		37.5	9.4	53.1	6.3	37.5	3.1	53.1
辽　宁	18.3	42.0	7.6	31.7	19.2	31.3	6.7	41.1
吉　林	17.8	33.3	8.9	40.0	15.6	26.7	8.9	48.9
黑龙江	4.6	27.7	13.8	53.8	4.6	18.5	10.8	66.2
上　海	20.4	35.3	9.1	35.3	20.4	27.6	6.8	45.2
江　苏	13.5	40.4	9.6	36.5	13.5	34.4	6.2	45.6
浙　江	8.1	36.3	12.6	43.0	8.6	27.3	7.9	56.2
安　徽	15.2	43.9	6.7	34.1	15.2	32.3	5.5	47.0
福　建	9.5	32.9	17.7	39.9	7.0	27.8	9.5	55.7
江　西	8.4	36.1	14.5	41.0	6.0	31.3	10.8	51.8
山　东	12.6	31.3	13.3	42.9	10.9	26.2	8.8	53.7
河　南	11.7	27.3	11.3	49.7	9.0	23.3	8.0	59.7
湖　北	11.7	32.0	14.9	41.0	11.3	28.4	7.2	52.7
湖　南	8.9	34.8	11.1	45.2	9.6	19.3	11.1	60.0
广　东	18.2	34.4	10.6	36.5	21.3	27.3	7.3	42.8
广　西	11.5	40.4	5.8	42.3	7.7	42.3	3.8	46.2
海　南	13.3	20.0	13.3	53.3	13.3	20.0	6.7	60.0
重　庆	10.8	33.8	14.9	40.5	10.8	28.4	9.5	51.4
四　川	8.2	32.4	12.9	46.5	7.6	25.3	7.6	59.4
贵　州	12.5	45.0	17.5	25.0	10.0	30.0	15.0	45.0
云　南	7.8	31.1	15.6	45.6	7.8	28.9	8.9	54.4
西　藏				100.0			50.0	50.0
陕　西	9.8	21.5	19.0	49.7	8.6	19.0	12.3	60.1
甘　肃	3.9	41.2	23.5	31.4	2.0	41.2	15.7	41.2
青　海	10.0	30.0	20.0	40.0		30.0	20.0	50.0
宁　夏	17.6	23.5	17.6	41.2	17.6	23.5		58.8
新　疆	8.3	33.3	18.8	39.6	4.2	20.8	16.7	58.3

创新的影响程度(2013-2014年)

政策效果作出不同影响程度判断的企业家占比(%)							
企业研发活动专用仪器设备加速折旧政策				科技开发用品免征进口税收政策			
高	中	低	无	高	中	低	无
7.8	**35.0**	**9.4**	**47.5**	**6.4**	**25.9**	**6.2**	**61.1**
7.2	36.6	10.1	45.7	6.6	27.4	6.4	59.3
8.9	37.0	9.0	45.0	5.8	26.1	6.9	61.2
7.6	30.4	8.7	52.9	6.5	22.8	5.6	64.6
7.7	32.0	8.6	51.1	6.7	24.6	5.1	62.8
8.5	36.1	8.7	46.4	6.8	26.4	6.1	60.4
6.3	32.5	9.8	51.2	5.0	24.2	6.8	63.9
5.5	33.3	12.6	48.4	4.5	24.8	6.3	63.9
11.7	36.5	6.6	44.3	11.1	29.3	5.1	53.3
7.0	32.1	6.7	54.2	5.9	22.4	4.9	66.8
10.2	39.5	6.3	43.9	8.8	29.3	5.4	56.1
4.5	41.8	6.8	46.9	2.8	26.0	3.4	67.8
4.9	33.0	9.7	52.4	1.9	20.4	7.8	69.9
3.1	46.9	6.3	43.8	3.1	25.0	3.1	68.8
13.4	39.7	5.4	40.2	12.9	32.6	4.5	48.2
17.8	31.1	11.1	40.0	13.3	22.2	6.7	57.8
1.5	29.2	7.7	61.5	3.1	23.1	6.2	67.7
10.4	38.5	6.8	44.3	7.7	29.0	5.9	57.5
10.0	40.4	8.6	40.4	8.9	31.4	6.7	52.6
6.2	31.0	11.5	51.3	5.4	23.1	6.9	64.6
7.3	41.5	8.5	42.1	8.5	33.5	4.3	53.0
8.2	29.1	8.2	54.4	3.8	19.0	8.9	68.4
7.2	36.1	7.2	49.4	6.0	28.9	8.4	56.6
9.9	34.7	9.2	45.9	5.1	22.4	5.8	66.3
7.7	29.7	9.3	53.3	4.3	22.3	6.0	67.3
5.0	29.7	10.4	54.5	4.5	23.9	8.1	63.1
4.4	29.6	13.3	52.6	4.4	17.8	7.4	70.4
9.4	37.7	9.6	41.8	8.6	29.4	5.6	55.2
5.8	42.3	11.5	40.4	3.8	36.5	3.8	55.8
6.7	33.3		60.0	13.3	13.3	6.7	66.7
7.4	37.2	10.1	45.3	6.1	27.0	4.1	62.8
4.1	32.4	11.2	51.8	2.9	20.6	8.8	67.6
10.0	40.0	20.0	30.0	5.0	35.0	10.0	50.0
10.0	31.1	11.1	47.8	7.8	24.4	4.4	63.3
			100.0				100.0
4.3	23.9	14.7	56.4	3.7	18.4	5.5	69.9
2.0	41.2	17.6	39.2	2.0	39.2	13.7	45.1
	30.0	20.0	50.0		20.0	10.0	70.0
11.8	23.5		64.7	5.9	23.5		70.6
	33.3	18.8	47.9	6.3	20.8	6.3	66.7

15-3 续表

项目	在开展创新活动企业中，对下列							
	技术转让、技术开发收入免征增值税和技术转让减免所得税优惠政策				鼓励企业吸引和培养人才的相关政策			
	高	中	低	无	高	中	低	无
总 计	**8.3**	**28.8**	**7.4**	**55.0**	**17.2**	**43.2**	**12.0**	**27.3**
一、按行业分								
房屋建筑业	7.8	31.0	7.7	53.1	17.3	45.7	12.4	24.3
土木工程建筑业	9.0	28.8	7.7	54.4	18.4	43.9	12.0	25.7
建筑安装业	8.5	25.4	6.8	58.6	17.0	40.1	11.7	30.9
建筑装饰和其他建筑业	8.4	26.2	6.9	57.5	15.5	38.5	11.2	34.0
二、按地区分								
东部地区	8.9	29.7	6.7	54.1	18.0	43.8	10.5	27.4
中部地区	7.2	26.7	8.2	57.6	15.7	42.8	14.1	27.2
西部地区	5.8	26.1	10.0	58.0	14.2	41.1	16.0	28.4
东北地区	12.0	32.6	5.4	48.2	21.9	43.4	9.3	24.3
北 京	9.4	24.5	6.2	59.8	17.0	40.4	8.9	33.7
天 津	9.3	38.0	3.4	49.3	21.0	43.9	3.4	31.7
河 北	6.8	28.8	6.2	58.2	16.4	44.1	10.2	29.4
山 西	4.9	27.2	7.8	60.2	12.6	48.5	9.7	29.1
内蒙古	3.1	25.0	9.4	62.5	15.6	50.0	15.6	18.8
辽 宁	13.8	35.3	4.5	44.2	23.7	44.2	7.1	23.2
吉 林	13.3	28.9	4.4	51.1	28.9	35.6	13.3	22.2
黑龙江	4.6	26.2	9.2	60.0	10.8	46.2	13.8	29.2
上 海	10.4	32.1	4.1	53.4	18.1	48.9	7.7	25.3
江 苏	10.5	34.4	6.9	47.2	20.1	46.4	9.6	23.5
浙 江	6.9	26.1	8.3	58.7	16.0	43.8	13.8	26.3
安 徽	9.8	34.1	9.8	45.7	16.5	50.0	11.0	22.0
福 建	6.3	20.3	8.9	64.6	13.3	39.2	17.7	29.7
江 西	10.8	27.7	4.8	56.6	18.1	39.8	15.7	26.5
山 东	7.1	25.9	7.8	58.8	19.0	42.2	10.2	27.9
河 南	7.3	25.0	7.3	60.3	16.7	38.7	14.0	30.7
湖 北	6.3	24.8	9.0	59.5	14.0	41.0	19.8	24.8
湖 南	5.2	23.7	9.6	61.5	16.3	43.7	11.1	28.9
广 东	10.4	33.4	6.6	47.6	18.2	43.3	10.9	26.6
广 西	5.8	34.6	5.8	53.8	13.5	48.1	9.6	28.8
海 南	13.3	13.3	6.7	66.7	13.3	20.0	26.7	40.0
重 庆	8.1	27.7	12.2	52.0	17.6	39.2	14.9	28.4
四 川	4.7	22.4	10.6	62.4	12.9	40.0	17.1	29.4
贵 州	7.5	32.5	12.5	47.5	15.0	52.5	12.5	20.0
云 南	10.0	24.4	7.8	57.8	20.0	31.1	13.3	35.6
西 藏				100.0	50.0			50.0
陕 西	3.7	22.1	9.8	63.8	8.0	39.9	17.8	34.4
甘 肃	5.9	43.1	13.7	37.3	13.7	58.8	15.7	11.8
青 海		10.0	10.0	80.0	20.0	40.0	10.0	30.0
宁 夏	11.8	23.5		64.7	11.8	52.9	17.6	17.6
新 疆	2.1	25.0	8.3	64.6	16.7	29.2	27.1	25.0

政策效果作出不同影响程度判断的企业家占比(%)											
优先发展产业的支持政策				金融支持相关政策				创造和保护知识产权的相关政策			
高	中	低	无	高	中	低	无	高	中	低	无
13.5	**37.6**	**10.0**	**38.5**	**13.4**	**39.3**	**12.0**	**34.9**	**14.9**	**42.3**	**9.4**	**33.1**
13.6	40.4	10.2	35.5	13.3	42.5	12.0	31.7	13.9	44.5	9.6	31.4
14.6	38.0	10.4	36.9	13.6	40.2	11.4	34.6	18.3	43.0	10.3	28.2
13.4	33.4	9.7	42.9	14.1	33.3	12.8	39.5	14.0	37.8	9.6	38.2
12.0	33.8	9.1	44.4	13.0	35.0	11.9	39.5	13.3	39.4	7.2	39.7
14.0	37.9	9.3	38.3	14.0	39.7	10.4	35.4	15.6	42.9	8.7	32.4
13.7	36.5	11.9	37.4	13.2	38.3	15.6	32.6	15.1	39.8	10.9	34.1
10.3	36.7	11.9	40.9	10.0	38.6	14.7	36.6	11.4	42.8	11.2	34.4
16.2	40.7	5.7	36.5	16.8	39.8	9.3	33.2	15.9	43.1	6.3	33.2
14.0	30.7	8.4	46.9	14.3	35.0	8.1	42.6	15.9	41.5	8.1	34.5
11.2	47.3	3.4	38.0	11.2	43.9	5.4	39.5	18.0	41.0	1.5	39.5
13.0	41.2	10.7	35.0	9.0	44.6	12.4	33.9	16.4	45.2	6.2	32.2
12.6	35.0	12.6	39.8	10.7	35.0	13.6	40.8	15.5	39.8	8.7	35.9
15.6	50.0	9.4	25.0	12.5	56.3	6.3	25.0	15.6	59.4	3.1	21.9
17.9	42.0	4.5	34.4	20.5	41.5	7.6	29.0	18.3	46.0	5.4	28.1
20.0	40.0	8.9	31.1	17.8	42.2	13.3	26.7	17.8	42.2	6.7	33.3
7.7	36.9	7.7	47.7	3.1	32.3	12.3	52.3	6.2	33.8	9.2	50.8
14.5	37.6	5.9	42.1	14.9	40.3	5.9	38.9	12.7	47.1	6.3	33.9
15.6	41.2	9.4	33.0	14.2	44.2	11.1	29.8	15.6	45.0	7.8	30.7
12.3	36.1	13.3	38.3	14.0	37.3	13.5	35.2	14.7	41.0	12.8	31.5
16.5	48.8	6.7	27.4	18.3	45.7	11.0	24.4	16.5	47.6	7.9	27.4
13.3	33.5	7.6	45.6	12.7	38.0	10.8	38.6	13.9	34.2	12.7	38.6
16.9	34.9	7.2	41.0	15.7	43.4	8.4	32.5	14.5	43.4	9.6	32.5
13.3	39.8	10.5	36.1	15.3	37.8	10.9	35.7	16.3	41.5	9.9	32.0
12.7	33.0	12.7	41.7	13.7	34.3	17.7	34.3	16.7	35.3	11.3	36.7
12.2	36.0	14.0	36.9	11.3	38.7	20.3	28.8	13.1	39.6	12.6	34.7
14.1	32.6	15.6	37.0	9.6	37.0	14.8	38.5	13.3	38.5	13.3	34.8
15.9	35.9	7.3	38.7	16.2	38.0	10.6	33.2	17.2	44.8	8.4	28.1
9.6	53.8	5.8	30.8	9.6	50.0	11.5	28.8	9.6	53.8	11.5	23.1
13.3	20.0	26.7	40.0	20.0	13.3		66.7	6.7	46.7	13.3	33.3
12.8	39.9	6.8	40.5	13.5	39.9	9.5	37.2	12.2	40.5	10.1	37.2
8.8	31.8	15.9	42.9	8.8	37.1	13.5	40.6	10.6	40.6	9.4	38.8
20.0	42.5	5.0	32.5	15.0	50.0	10.0	25.0	20.0	42.5	10.0	27.5
13.3	32.2	7.8	46.7	15.6	34.4	16.7	33.3	15.6	42.2	8.9	33.3
50.0			50.0		50.0		50.0		50.0		50.0
4.3	29.4	17.2	49.1	3.7	31.9	20.9	42.9	9.8	36.8	15.3	38.0
9.8	51.0	11.8	27.5	9.8	43.1	17.6	29.4	9.8	58.8	13.7	17.6
20.0	20.0	30.0	30.0		30.0	30.0	40.0	20.0	30.0	30.0	20.0
5.9	47.1		47.1	11.8	41.2	5.9	41.2	5.9	47.1	17.6	29.4
10.4	31.3	18.8	39.6	10.4	33.3	20.8	35.4	4.2	39.6	8.3	47.9

15-4 有关政策对服务业企业

项　目	在开展创新活动企业中，对							
	企业研发费用加计扣除税收优惠政策				高新技术企业所得税减免政策			
	高	中	低	无	高	中	低	无
总　计	**10.8**	**30.7**	**6.8**	**51.4**	**12.2**	**28.3**	**4.6**	**54.4**
一、按行业分								
批发和零售业	6.6	30.9	7.2	55.1	7.6	29.3	4.5	58.1
批发业	8.5	30.4	8.3	52.5	9.1	30.4	4.2	55.3
零售业	4.9	31.3	6.2	57.3	6.2	28.3	4.8	60.6
交通运输、仓储和邮政业	10.8	32.3	7.5	49.3	12.3	28.4	6.3	52.5
铁路运输业		22.0	4.9	73.2		14.6	4.9	80.5
道路运输业	12.2	31.1	8.4	48.4	14.5	27.5	6.9	50.9
水上运输业	12.1	39.4	7.5	40.9	12.7	33.6	5.7	47.1
航空运输业	8.2	18.9	8.2	64.8	9.8	13.1	4.9	72.1
管道运输业	3.6	42.9	7.1	46.4	3.6	35.7	3.6	57.1
装卸搬运和运输代理业	8.2	34.0	6.1	51.6	9.0	30.7	5.3	54.3
仓储业	9.7	31.5	5.9	52.6	10.3	28.4	5.9	54.1
邮政业	8.4	32.0	8.4	51.0	8.6	24.4	7.0	59.6
信息传输、软件和信息技术服务业	33.5	32.8	6.1	27.5	40.2	27.4	4.1	28.1
电信、广播电视和卫星传输服务	12.2	35.8	7.1	44.7	15.3	28.8	6.1	49.4
互联网和相关服务	31.8	33.5	4.7	30.0	39.0	27.9	5.4	27.0
软件和信息技术服务业	39.7	31.9	6.0	22.4	47.3	26.9	3.4	22.2
金融业	8.6	19.8	8.3	63.2	6.4	14.4	4.3	74.6
货币金融服务	8.4	22.2	8.1	61.3	6.0	15.9	3.4	74.5
资本市场服务	8.8	14.1	7.8	69.3	8.3	8.8	3.4	79.0
保险业	8.4	19.8	8.7	62.9	6.3	15.3	5.6	72.5
其他金融业	11.3	14.2	8.5	66.0	6.6	9.4	3.8	79.2
租赁和商务服务业	15.3	27.4	5.0	52.2	14.7	25.6	3.2	56.3
租赁业	12.9	38.3	6.7	42.0	17.2	36.8	2.8	42.0
商务服务业	15.4	27.0	5.0	52.6	14.6	25.1	3.2	56.9
科学研究和技术服务业	20.9	31.8	5.5	41.7	24.5	27.3	4.9	42.8
研究和试验发展	33.6	32.6	4.3	29.2	36.0	30.6	2.8	30.7
专业技术服务业	18.1	30.7	4.9	46.2	21.1	25.5	4.8	48.0
科技推广和应用服务业	23.3	35.0	8.0	33.6	29.3	31.6	6.4	32.7
水利、环境和公共设施管理业	11.7	30.6	6.6	50.8	14.0	25.6	4.8	55.2
水利管理业	11.7	30.0	8.3	50.0	11.7	26.7	10.0	51.7
生态保护和环境治理业	21.4	31.5	3.0	44.0	29.2	28.0	4.2	38.7
公共设施管理业	10.2	30.5	7.0	51.9	11.9	25.2	4.6	57.9

创新的影响程度(2013-2014年)

下列政策效果作出不同影响程度判断的企业家占比(%)							
企业研发活动专用仪器设备加速折旧政策				科技开发用品免征进口税收政策			
高	中	低	无	高	中	低	无
7.5	**31.4**	**4.9**	**55.8**	**8.1**	**25.8**	**4.0**	**61.3**
5.2	31.4	4.1	58.7	6.9	26.2	3.7	62.4
6.4	32.9	4.9	54.9	8.8	27.7	3.9	58.6
4.2	30.1	3.5	62.2	5.1	24.9	3.6	65.7
8.7	31.7	6.0	53.0	8.7	29.0	5.3	56.5
2.4	22.0	7.3	68.3	2.4	7.3	4.9	85.4
10.5	31.2	6.2	51.9	10.1	29.0	5.4	55.4
10.9	37.3	5.3	45.6	10.8	34.7	4.8	48.7
5.7	18.0	4.9	71.3	4.9	10.7	5.7	78.7
	39.3	3.6	57.1		39.3	7.1	53.6
6.0	33.6	5.5	54.0	6.4	30.5	5.2	56.8
5.9	29.8	6.2	56.8	6.7	27.1	4.5	60.3
6.0	27.4	7.4	58.7	5.6	23.2	6.3	64.3
15.9	38.2	7.6	37.9	12.5	24.7	4.8	57.4
9.7	35.1	5.4	49.2	8.1	24.8	4.2	62.4
17.0	33.9	5.1	43.3	12.5	22.3	3.9	60.3
17.5	39.5	8.4	34.2	13.7	25.0	5.1	55.8
4.6	15.8	5.4	74.0	3.7	13.5	3.8	78.9
4.7	17.1	5.4	72.7	4.0	15.8	3.0	77.1
4.4	11.7	4.4	79.0	3.4	7.3	3.9	85.4
4.3	16.1	5.9	73.3	3.5	13.3	4.8	78.1
5.7	12.3	4.7	77.4	3.8	10.4	2.8	83.0
12.5	26.1	4.6	56.4	11.9	23.6	3.1	60.9
11.4	40.8	3.4	43.3	9.5	36.2	5.2	47.5
12.5	25.6	4.6	56.9	12.0	23.1	3.0	61.4
12.3	34.5	7.4	45.3	10.6	25.7	5.3	57.8
19.1	36.5	6.1	38.2	18.3	28.2	5.4	47.7
10.6	33.2	7.1	48.4	9.0	23.3	5.1	61.8
14.3	37.7	8.8	39.1	11.9	31.7	5.7	50.6
10.9	28.2	4.3	56.1	9.1	23.9	2.7	63.8
13.3	23.3	11.7	50.0	10.0	26.7	13.3	48.3
16.7	32.7	2.4	48.2	10.1	26.8	1.2	61.9
9.9	27.8	4.2	57.6	8.9	23.3	2.3	65.0

15-4 续表 1

项 目	在开展创新活动企业中，对下列							
	技术转让、技术开发收入免征增值税和技术转让减免所得税优惠政策				鼓励企业吸引和培养人才的相关政策			
	高	中	低	无	高	中	低	无
总 计	**10.2**	**26.9**	**4.5**	**57.6**	**15.5**	**37.5**	**7.6**	**38.5**
一、按行业分								
批发和零售业	7.4	26.5	4.1	61.0	13.5	36.3	7.3	41.7
批发业	9.5	28.0	4.1	57.5	16.3	35.7	7.0	39.3
零售业	5.5	25.2	4.2	64.3	11.0	36.7	7.6	43.8
交通运输、仓储和邮政业	10.7	28.1	4.9	55.8	16.7	38.5	8.6	35.8
铁路运输业	4.9	14.6	4.9	75.6		36.6	14.6	48.8
道路运输业	13.4	26.7	5.0	54.9	20.4	35.9	8.0	35.6
水上运输业	12.9	33.7	5.4	47.0	16.1	45.1	9.4	28.4
航空运输业	4.9	13.1	6.6	75.4	19.7	26.2	12.3	41.8
管道运输业		42.9	3.6	53.6	7.1	60.7	7.1	25.0
装卸搬运和运输代理业	7.1	31.0	4.0	56.9	10.9	40.5	8.8	39.1
仓储业	6.4	28.2	4.1	59.7	11.5	41.3	9.3	36.6
邮政业	5.8	25.8	6.7	61.0	16.0	40.8	9.3	33.2
信息传输、软件和信息技术服务业	29.3	31.6	6.0	32.6	25.3	44.1	7.9	22.1
电信、广播电视和卫星传输服务	9.4	28.6	6.4	55.2	19.3	44.5	6.9	28.8
互联网和相关服务	20.8	33.0	5.4	39.7	21.7	43.1	6.9	27.2
软件和信息技术服务业	35.8	32.3	5.9	25.6	27.4	44.1	8.4	19.6
金融业	4.9	13.7	4.1	77.0	20.3	32.7	9.8	37.1
货币金融服务	4.7	15.9	2.9	76.4	19.5	35.5	8.6	36.1
资本市场服务	6.3	6.8	3.9	82.9	24.9	28.8	9.3	37.1
保险业	4.8	13.8	5.3	75.6	18.8	31.3	11.7	38.2
其他金融业	4.7	11.3	5.7	78.3	25.5	29.2	7.5	37.7
租赁和商务服务业	11.1	26.1	5.1	57.2	16.3	38.2	6.4	38.7
租赁业	13.5	35.9	4.6	44.8	18.4	42.0	7.1	31.3
商务服务业	11.0	25.7	5.1	57.7	16.2	38.0	6.3	39.0
科学研究和技术服务业	16.1	28.8	5.2	49.4	19.6	40.7	9.3	29.8
研究和试验发展	29.2	31.0	4.4	34.7	28.7	40.5	8.8	21.4
专业技术服务业	12.1	27.1	4.8	55.2	18.0	40.0	9.0	32.2
科技推广和应用服务业	21.9	32.9	6.8	38.3	19.8	42.9	10.3	26.8
水利、环境和公共设施管理业	10.0	25.9	3.3	60.3	18.3	37.9	7.7	35.6
水利管理业	11.7	25.0	13.3	48.3	25.0	36.7	10.0	26.7
生态保护和环境治理业	16.1	28.0	3.0	53.0	28.0	31.0	8.3	32.7
公共设施管理业	9.0	25.6	2.8	62.0	16.5	39.0	7.5	36.5

政策效果作出不同影响程度判断的企业家占比(%)											
优先发展产业的支持政策				金融支持相关政策				创造和保护知识产权的相关政策			
高	中	低	无	高	中	低	无	高	中	低	无
13.5	**34.9**	**5.8**	**45.1**	**13.7**	**36.7**	**7.0**	**41.9**	**13.0**	**34.1**	**6.2**	**46.0**
11.0	33.9	5.3	49.0	12.1	36.7	6.4	43.9	11.0	31.6	6.3	50.3
13.2	34.8	4.6	46.5	15.0	36.8	6.5	40.9	13.3	32.9	6.4	46.4
9.0	33.0	5.9	51.2	9.5	36.7	6.4	46.7	8.8	30.4	6.2	53.9
16.1	36.4	7.9	39.2	16.9	34.1	10.2	38.3	11.6	35.3	5.9	46.5
	34.1	9.8	56.1	2.4	34.1	4.9	58.5	4.9	19.5	12.2	63.4
19.6	34.3	8.6	37.4	20.4	30.2	11.1	38.3	13.3	33.8	6.0	46.8
15.6	41.3	9.0	33.0	15.7	42.6	11.6	28.9	13.2	42.9	5.9	37.0
18.9	27.0	6.6	47.5	18.0	26.2	7.4	47.5	10.7	22.1	9.0	58.2
3.6	57.1		39.3	3.6	53.6	3.6	39.3	3.6	60.7	3.6	32.1
10.3	38.2	5.5	45.2	10.8	37.8	7.6	43.0	8.5	37.4	4.6	48.6
11.9	39.3	7.8	39.7	13.0	38.4	11.1	36.2	9.4	34.9	6.5	47.1
13.9	35.7	9.3	40.4	17.9	35.7	9.0	36.4	10.9	34.3	7.0	47.1
24.7	41.7	7.0	26.1	18.0	39.9	8.3	33.4	27.5	45.0	5.8	21.2
18.9	40.1	5.6	35.0	13.1	36.5	6.0	44.0	17.5	37.6	6.1	38.5
27.5	37.1	6.7	27.9	19.5	36.5	6.6	36.7	28.5	44.2	4.7	21.9
26.1	42.6	7.5	23.5	19.2	41.1	9.1	30.0	30.2	47.1	5.9	16.2
16.7	27.1	6.1	50.0	30.5	29.4	7.8	32.1	12.8	29.9	5.5	51.7
15.5	30.5	5.2	48.7	30.7	30.0	5.6	33.5	14.1	33.9	4.0	47.7
17.6	20.0	5.4	57.1	37.6	24.9	8.3	29.3	15.1	22.0	5.4	57.6
17.0	25.5	7.6	49.6	27.0	31.1	10.4	31.1	9.6	29.2	6.8	54.2
21.7	26.4	4.7	47.2	35.8	24.5	6.6	33.0	17.0	21.7	8.5	52.8
15.9	34.5	4.6	44.6	15.8	35.3	5.8	42.8	14.6	35.3	6.3	43.6
12.9	43.3	4.9	37.4	17.5	43.9	5.5	31.9	12.9	43.3	2.5	40.2
16.0	34.1	4.6	44.9	15.7	35.0	5.8	43.3	14.6	35.0	6.4	43.7
16.1	37.9	7.4	38.0	11.9	39.9	8.2	39.4	16.8	43.4	6.1	33.1
24.8	38.0	6.5	29.9	18.0	38.8	10.1	32.5	32.6	42.0	4.7	19.8
13.6	36.2	7.4	42.0	9.3	38.7	7.9	43.3	12.1	44.1	5.8	37.2
19.4	43.0	7.9	29.5	16.9	44.4	8.4	30.2	23.3	41.9	7.6	27.0
16.8	38.7	6.3	37.7	16.3	37.8	7.2	38.2	16.1	36.0	5.2	42.5
18.3	31.7	13.3	35.0	23.3	28.3	8.3	38.3	16.7	31.7	10.0	40.0
23.2	31.5	6.0	39.3	22.6	33.9	5.4	38.1	25.6	35.7	4.2	34.5
15.7	40.2	5.9	37.6	15.0	38.9	7.5	38.2	14.6	36.3	5.1	43.8

15-4 续表 2

项　目	在开展创新活动企业中，对下列							
	企业研发费用加计扣除税收优惠政策				高新技术企业所得税减免政策			
	高	中	低	无	高	中	低	无
二、按地区分								
东部地区	11.6	32.0	6.3	50.0	13.4	29.5	3.9	52.8
中部地区	10.0	28.4	8.8	52.2	9.7	27.8	6.3	55.6
西部地区	6.9	24.9	7.9	60.4	7.9	21.2	6.7	64.1
东北地区	11.6	33.4	6.2	46.8	12.4	30.9	5.3	50.3
北　京	18.8	34.7	3.2	43.3	23.7	31.2	2.0	43.1
天　津	10.8	41.1	5.2	42.5	13.7	38.6	3.4	43.6
河　北	6.2	23.5	6.5	63.8	6.5	19.0	6.8	67.6
山　西	5.9	17.4	8.7	68.1	3.6	17.6	5.7	73.1
内蒙古	8.3	27.3	8.5	55.9	9.8	18.3	9.2	62.6
辽　宁	12.1	34.7	5.3	45.4	13.2	32.5	5.1	47.7
吉　林	8.7	34.4	8.2	48.7	9.6	27.4	4.1	58.9
黑龙江	11.2	25.5	10.1	53.2	9.8	24.8	7.7	57.6
上　海	14.6	19.1	3.1	63.1	15.1	19.2	3.1	62.5
江　苏	10.5	37.5	4.0	48.0	8.1	36.0	2.2	53.0
浙　江	7.8	22.5	6.0	63.7	9.5	17.0	4.0	69.5
安　徽	14.6	28.9	11.0	44.6	13.7	26.4	6.0	52.2
福　建	7.7	21.5	6.6	63.7	9.4	18.0	5.3	66.8
江　西	10.8	26.6	4.8	57.8	13.8	24.7	4.1	57.4
山　东	6.4	28.2	18.7	46.7	13.3	26.3	7.8	52.6
河　南	7.4	32.9	6.6	53.1	7.4	31.6	4.1	56.9
湖　北	10.1	28.0	10.8	49.5	10.2	30.1	9.1	49.9
湖　南	7.2	28.0	5.9	58.7	6.6	26.8	5.7	60.9
广　东	15.0	34.4	5.4	45.1	18.4	31.5	4.4	44.7
广　西	4.3	20.2	11.3	64.2	4.9	20.1	8.3	66.5
海　南	7.0	18.1	11.2	63.8	8.0	16.4	5.2	70.0
重　庆	7.2	29.7	6.7	56.4	7.9	24.8	6.2	61.1
四　川	6.9	28.8	4.7	59.5	8.3	24.3	4.0	63.4
贵　州	6.9	15.4	9.2	68.3	6.9	14.5	9.3	68.9
云　南	5.9	23.4	9.6	61.1	7.0	17.6	6.3	68.8
西　藏	6.5	28.3	4.3	60.9	10.9	21.7	4.3	63.0
陕　西	7.3	24.4	9.2	59.0	9.1	22.1	9.8	58.9
甘　肃	9.6	28.4	9.2	52.8	9.6	27.4	7.4	55.4
青　海	7.6	20.3	11.0	61.0	7.6	16.1	5.9	70.3
宁　夏	4.4	17.7	6.4	71.4	3.9	17.7	4.9	73.4
新　疆	7.8	15.6	9.9	66.7	9.1	13.5	6.4	70.8

政策效果作出不同影响程度判断的企业家占比(%)							
企业研发活动专用仪器设备加速折旧政策				科技开发用品免征进口税收政策			
高	中	低	无	高	中	低	无
7.9	33.3	4.4	53.9	9.0	26.7	3.7	59.8
7.3	29.1	5.5	57.6	5.9	26.8	4.9	61.8
4.9	22.8	6.1	66.1	5.0	18.4	5.1	71.3
10.7	30.7	6.3	51.9	10.0	30.9	3.2	55.3
10.1	35.9	5.0	49.0	9.5	25.8	2.3	62.3
10.1	38.8	3.5	46.9	10.2	36.6	4.6	47.6
4.9	25.8	4.4	64.9	6.0	17.5	3.7	72.7
3.3	19.8	4.5	72.3	3.1	14.3	3.9	78.6
6.6	21.6	7.3	64.5	5.4	19.5	4.9	69.9
12.1	31.4	6.9	49.1	11.3	32.4	2.6	53.0
5.8	29.2	4.7	60.4	5.0	30.9	4.7	59.2
7.0	27.6	4.5	60.9	6.8	22.5	5.6	65.1
8.6	22.1	3.6	65.7	7.7	18.1	3.8	70.4
6.2	40.7	1.8	50.5	10.0	32.0	1.2	55.9
4.3	24.6	4.0	67.1	6.0	16.6	1.6	75.8
11.9	27.5	6.3	53.0	10.1	26.3	5.5	56.7
7.3	20.2	4.6	67.3	5.2	17.9	3.0	73.4
7.9	27.4	5.1	59.6	7.1	22.7	2.4	67.8
4.3	29.8	9.8	55.9	5.6	24.2	7.6	62.4
6.5	32.6	4.2	56.7	4.0	31.4	2.7	61.9
5.6	32.3	6.8	54.6	5.2	29.8	6.7	57.7
5.2	25.7	4.4	64.6	3.6	23.0	5.2	68.0
12.2	34.1	5.4	47.4	12.2	28.3	6.1	50.6
2.2	20.6	6.3	70.8	2.2	19.8	4.4	73.6
4.9	18.5	6.3	70.4	3.8	14.6	4.9	76.7
4.6	29.4	5.4	60.6	4.1	23.7	6.3	65.9
5.4	23.7	4.9	66.0	7.1	18.1	3.3	71.4
5.2	15.6	9.0	69.9	4.7	13.4	6.4	75.2
4.3	21.2	6.4	68.1	4.5	17.2	4.5	73.5
8.7	23.9	2.2	65.2	6.5	19.6	2.2	71.7
5.4	23.0	7.2	64.0	4.1	19.3	7.6	68.7
5.4	30.8	6.2	57.6	4.6	26.4	4.8	64.2
5.9	18.6	6.8	68.6	8.5	7.6	6.8	77.1
2.5	16.7	7.9	71.9	1.5	12.3	3.0	83.3
6.1	13.9	6.0	73.9	6.1	7.8	7.0	79.0

15-4 续表 3

项目	在开展创新活动企业中，对下列							
	技术转让、技术开发收入免征增值税和技术转让减免所得税优惠政策				鼓励企业吸引和培养人才的相关政策			
	高	中	低	无	高	中	低	无
二、按地区分								
东部地区	11.4	27.8	4.2	55.8	16.2	37.7	6.9	38.1
中部地区	7.5	27.3	5.2	59.1	14.6	38.4	8.9	37.3
西部地区	5.7	19.7	5.4	68.9	12.9	33.2	10.2	43.5
东北地区	10.9	33.4	4.7	50.4	14.6	43.4	7.8	33.4
北　京	15.5	29.6	4.1	50.8	15.5	40.5	5.1	38.8
天　津	12.1	37.0	4.5	45.7	13.7	45.5	5.8	34.0
河　北	6.0	22.1	4.7	67.1	12.4	37.1	6.7	43.7
山　西	4.5	15.4	4.6	75.5	9.8	34.3	13.8	42.0
内蒙古	7.0	22.9	4.8	64.7	15.6	34.6	11.9	36.3
辽　宁	12.5	35.0	4.4	47.5	15.1	43.3	7.6	32.9
吉　林	5.5	32.9	3.8	57.7	9.9	49.9	4.7	35.3
黑龙江	6.6	25.1	7.0	61.4	15.5	38.6	11.2	34.7
上　海	12.6	17.7	4.2	65.4	15.9	32.3	9.1	42.7
江　苏	10.2	33.9	1.0	54.0	15.8	41.2	2.1	38.7
浙　江	5.8	19.5	1.8	73.0	14.1	34.9	9.4	41.6
安　徽	11.9	26.0	5.6	55.2	16.1	34.8	9.2	38.4
福　建	8.0	20.4	4.5	67.1	11.8	32.1	11.7	44.5
江　西	8.6	23.0	4.4	64.0	14.3	35.1	6.8	43.8
山　东	5.8	25.6	8.2	60.3	14.2	31.6	16.7	37.4
河　南	7.8	30.9	3.7	57.6	16.8	40.9	5.7	36.6
湖　北	5.3	31.0	6.9	55.0	12.8	42.5	11.5	31.4
湖　南	4.7	25.0	3.9	66.2	14.2	36.2	6.2	43.1
广　东	18.3	25.7	7.0	46.3	22.4	36.3	5.6	32.9
广　西	2.9	17.8	5.4	73.8	11.5	33.0	10.4	45.1
海　南	5.2	16.7	4.5	73.2	14.6	28.2	8.7	48.4
重　庆	5.1	23.7	5.2	66.0	10.3	39.1	7.4	43.3
四　川	6.2	21.4	3.6	68.5	13.8	31.1	7.4	47.6
贵　州	6.1	13.4	6.5	73.5	8.6	29.5	14.6	47.2
云　南	5.0	17.0	5.9	71.7	13.9	29.2	10.4	46.2
西　藏	8.7	21.7	4.3	65.2	21.7	39.1	17.4	21.7
陕　西	7.2	20.8	8.3	63.4	14.3	35.9	14.5	35.0
甘　肃	5.2	27.0	6.2	61.6	16.8	38.6	13.0	31.4
青　海	8.5	12.7	5.9	72.9	14.4	32.2	12.7	40.7
宁　夏	2.5	14.3	3.9	79.3	7.4	33.0	12.8	46.8
新　疆	7.0	10.0	6.1	76.8	13.3	29.4	10.3	46.9

政策效果作出不同影响程度判断的企业家占比(%)											
优先发展产业的支持政策				金融支持相关政策				创造和保护知识产权的相关政策			
高	中	低	无	高	中	低	无	高	中	低	无
14.0	35.3	4.8	45.1	14.0	36.9	6.0	42.3	13.9	34.9	6.0	44.5
12.5	35.8	8.5	42.6	13.8	37.7	8.8	39.3	11.5	34.7	6.7	46.6
11.5	31.0	8.2	49.2	11.7	32.4	10.9	44.8	10.1	27.8	7.1	54.9
12.5	38.7	6.3	42.0	14.1	42.6	8.1	34.8	12.2	36.4	5.8	45.1
13.8	36.2	3.9	46.0	15.1	42.8	3.0	39.1	15.7	39.4	2.6	42.3
13.3	42.0	3.8	40.0	14.4	42.8	5.1	37.0	13.0	42.5	3.6	40.2
10.7	29.6	7.8	51.8	8.6	34.6	9.7	47.1	7.8	31.5	5.5	55.1
9.7	26.5	9.1	54.7	10.3	32.1	11.3	46.3	8.0	26.1	6.5	59.5
12.4	35.5	8.1	43.8	15.5	35.5	10.7	38.2	13.1	29.4	8.5	49.1
12.6	40.1	5.2	41.6	14.5	44.1	7.3	33.5	13.1	37.4	5.3	43.7
9.9	40.8	8.7	40.2	11.1	46.4	9.3	33.2	8.2	39.4	5.2	47.2
13.8	29.5	10.5	46.1	14.3	30.9	11.5	43.3	10.5	28.3	9.6	51.5
11.7	27.4	4.9	55.9	12.9	26.8	9.0	51.1	12.7	31.3	3.4	52.5
14.1	37.1	1.4	46.6	11.1	42.8	2.5	42.8	13.2	35.8	6.1	44.1
11.1	35.1	8.0	45.8	13.2	31.0	11.1	44.7	11.8	27.0	6.9	54.3
14.5	34.9	9.8	39.4	16.2	35.0	6.7	41.1	14.6	31.9	7.0	45.0
12.7	30.6	5.8	50.8	14.7	29.3	4.8	51.1	13.3	25.7	7.6	53.4
13.4	33.1	6.0	47.5	15.2	31.8	11.3	41.7	13.6	33.5	6.3	46.6
9.4	34.7	13.5	42.5	14.2	26.6	14.7	44.4	7.7	30.0	14.1	48.1
13.4	37.5	5.8	43.3	14.7	41.2	6.6	37.6	11.6	34.4	5.3	48.8
11.6	37.7	10.3	39.2	11.9	39.3	10.1	38.1	8.3	41.4	8.1	41.6
9.9	37.0	7.5	45.4	13.2	39.5	11.1	36.1	13.1	32.2	5.9	48.6
20.7	34.7	2.8	39.1	18.7	38.3	3.4	36.8	20.9	38.6	3.9	33.8
10.4	28.7	9.4	51.6	8.5	28.4	15.0	48.1	6.5	27.8	6.6	59.1
10.5	28.2	4.5	56.8	7.7	22.0	15.3	54.7	7.7	24.4	3.1	64.8
10.8	36.8	9.1	43.3	8.5	40.0	11.5	40.0	8.4	35.8	6.5	49.4
11.6	31.4	5.1	51.9	12.4	32.1	6.3	49.1	11.6	27.0	5.1	56.3
11.3	25.3	11.4	51.8	11.8	27.4	12.9	47.7	8.5	24.9	6.4	59.7
12.4	28.7	7.7	50.9	13.8	29.0	13.3	43.7	12.9	23.1	6.1	57.6
15.2	34.8	8.7	41.3	15.2	43.5	8.7	32.6	17.4	28.3	4.3	50.0
11.0	32.3	11.1	45.5	12.0	31.7	15.5	40.8	9.0	27.7	11.9	51.4
12.2	37.2	6.4	44.2	12.0	44.4	8.2	35.4	9.6	33.8	5.6	51.0
17.8	22.9	11.9	47.5	22.0	27.1	5.1	45.8	12.7	25.4	9.3	52.5
10.3	21.7	10.3	57.6	9.4	27.6	8.4	54.7	10.3	22.2	7.9	59.6
11.5	21.4	9.7	56.7	11.8	25.3	11.2	51.4	9.0	20.8	10.2	59.5

15-5 有关政策效果不明显的

项 目	在认为下列政策效果不明显的					
	企业研发费用加计扣除税收优惠政策					
	不知道此政策	不具备享受该政策的资格	吸引力不足	办理手续繁琐	政府部门政策执行力度不够	其他原因
总 计	**12.7**	**69.3**	**4.8**	**7.3**	**2.4**	**3.5**
一、按行业分						
采矿业	13.0	70.0	4.9	5.4	3.4	3.3
制造业	12.7	65.8	5.8	10.1	2.7	2.9
电力、热力、燃气及水生产和供应业	12.5	68.6	4.3	4.2	2.7	7.7
建筑业	17.9	61.8	6.5	7.0	4.0	2.8
批发和零售业	13.0	74.8	3.5	3.0	1.9	3.9
交通运输、仓储和邮政业	12.2	75.8	3.3	1.7	3.3	3.7
信息传输、软件和信息技术服务业	12.0	55.4	5.5	18.3	1.3	7.6
金融业	11.5	72.2	3.2	1.4	1.4	10.3
租赁和商务服务业	7.9	82.0	0.7	3.6	0.8	5.1
科学研究和技术服务业	14.1	70.1	3.7	7.2	2.0	2.9
水利、环境和公共设施管理业	10.5	75.2	3.6	3.1	3.2	4.4
二、按地区分						
东部地区	11.3	71.7	4.4	7.4	1.9	3.3
中部地区	14.6	66.5	5.9	6.9	3.1	3.0
西部地区	16.1	62.5	4.8	7.8	3.9	4.8
东北地区	15.8	65.4	6.7	5.5	2.3	4.4
北 京	6.5	76.8	3.1	9.9	0.8	2.9
天 津	10.1	79.6	4.0	3.5	0.4	2.2
河 北	18.4	65.0	4.5	6.1	2.4	3.6
山 西	13.6	68.4	4.7	6.2	2.2	5.1
内蒙古	20.4	59.7	5.7	4.9	3.3	6.0
辽 宁	11.5	70.1	6.8	4.7	1.9	5.0
吉 林	19.8	61.9	6.8	6.0	3.6	1.8
黑龙江	22.9	56.6	6.3	6.8	2.4	5.1
上 海	7.5	74.5	5.8	6.2	0.7	5.3
江 苏	9.4	75.8	4.6	4.8	2.0	3.5
浙 江	8.4	76.2	3.9	6.9	1.6	3.0
安 徽	13.6	68.5	5.3	6.9	2.7	3.0
福 建	13.1	67.8	4.6	8.6	2.2	3.6
江 西	16.2	64.4	5.4	7.0	3.8	3.2
山 东	18.8	61.9	5.7	6.7	3.6	3.2
河 南	15.7	67.7	5.5	5.8	2.3	3.1
湖 北	14.2	63.4	7.2	8.2	4.4	2.5
湖 南	14.4	67.2	6.0	6.8	3.1	2.5
广 东	11.7	66.4	3.6	13.5	1.9	2.9
广 西	17.1	62.0	5.1	9.0	3.6	3.3
海 南	12.3	71.7	3.0	6.3	3.0	3.7
重 庆	16.8	62.4	4.4	9.2	3.0	4.2
四 川	14.6	65.7	4.5	8.0	3.1	4.0
贵 州	19.4	57.5	5.1	7.4	3.9	6.7
云 南	13.4	65.5	3.9	6.3	5.0	5.8
西 藏	20.8	56.3	2.1	8.3	4.2	8.3
陕 西	18.3	57.5	5.9	8.6	4.5	5.2
甘 肃	16.0	61.1	4.3	6.8	6.7	5.1
青 海	15.4	59.6	6.4	8.0	3.7	6.9
宁 夏	14.1	60.0	6.0	8.1	5.5	6.2
新 疆	13.8	64.7	4.3	6.9	4.5	5.8

主要原因(2013-2014年)

企业家中，对主要原因作出不同判断的企业家占比(%)

高新技术企业所得税减免政策						企业研发活动专用仪器设备加速折旧政策					
不知道此政策	不具备享受该政策的资格	吸引力不足	办理手续繁琐	政府部门政策执行力度不够	其他原因	不知道此政策	不具备享受该政策的资格	吸引力不足	办理手续繁琐	政府部门政策执行力度不够	其他原因
9.6	**78.8**	**2.9**	**3.9**	**1.5**	**3.3**	**14.1**	**69.3**	**6.6**	**4.9**	**1.2**	**4.0**
10.0	79.1	3.5	2.7	1.9	2.8	15.1	70.6	5.8	3.8	1.5	3.2
8.8	77.7	3.4	5.4	1.8	3.0	15.5	64.9	8.3	6.6	1.4	3.4
9.1	78.5	2.6	2.1	2.2	5.5	13.9	70.3	5.2	2.4	1.5	6.8
12.0	76.7	2.7	3.5	2.5	2.6	21.7	64.2	6.0	3.6	1.6	3.0
11.9	79.2	2.6	1.7	1.1	3.6	12.5	76.4	3.9	2.3	1.0	4.1
9.3	83.0	2.3	1.4	1.0	3.1	11.0	80.2	3.2	1.2	0.3	4.1
6.4	72.5	1.6	8.6	1.2	9.7	14.8	50.3	12.7	10.1	0.9	11.2
7.0	84.2	1.0	0.2	0.3	7.2	8.5	78.1	2.5	0.6	0.2	10.1
5.1	89.5	0.3	1.0	0.6	3.4	6.0	81.8	2.7	2.7	0.4	6.5
8.9	80.4	1.0	4.6	1.9	3.1	12.7	69.0	7.1	5.5	1.3	4.4
9.0	81.9	2.2	2.5	1.0	3.4	11.0	78.8	3.2	1.5	1.1	4.5
8.5	80.7	2.5	3.9	1.2	3.1	12.3	70.6	6.8	5.3	1.0	3.9
11.0	76.1	4.0	3.9	2.0	2.9	16.6	67.5	6.4	4.4	1.6	3.5
12.0	73.8	2.8	4.2	2.4	4.9	18.4	65.9	5.4	4.0	1.5	4.8
13.6	73.4	5.2	3.0	1.5	3.4	18.8	65.7	7.3	3.4	0.8	4.0
2.5	90.1	0.9	3.6	0.3	2.6	6.8	74.1	7.5	5.8	0.6	5.3
7.1	86.1	2.5	1.9	0.2	2.2	10.3	80.4	4.6	2.2	0.2	2.3
13.7	74.1	3.4	3.6	1.9	3.2	20.7	65.5	5.6	2.9	1.0	4.4
10.6	77.0	3.1	3.6	2.1	3.7	15.4	71.7	3.4	3.9	1.1	4.4
17.1	70.0	3.5	2.2	2.9	4.4	23.8	62.4	4.0	2.5	1.8	5.5
10.0	75.4	6.5	2.7	1.5	3.9	15.7	67.8	8.0	3.0	0.6	4.8
18.2	72.6	3.6	3.2	0.8	1.6	21.8	65.4	7.2	2.5	1.0	2.1
18.5	68.7	3.3	3.5	2.2	3.8	24.0	60.7	5.4	5.3	0.9	3.8
5.1	81.8	4.8	3.3	0.5	4.4	8.4	70.4	10.1	4.6	0.6	5.9
6.1	83.7	2.7	3.5	0.7	3.2	11.2	73.2	7.2	4.1	0.6	3.8
6.1	85.1	2.2	3.1	1.1	2.5	9.5	74.2	7.2	4.6	1.0	3.5
10.3	78.6	3.2	3.4	1.5	3.1	12.8	71.1	5.5	4.6	1.0	5.0
9.1	78.5	2.8	4.3	1.8	3.5	14.6	68.6	6.1	6.0	1.4	3.4
11.9	75.1	3.1	3.9	2.5	3.5	17.5	65.6	7.4	4.3	1.7	3.5
16.0	70.6	2.5	4.4	2.8	3.6	19.5	63.2	6.5	4.5	2.2	4.0
10.8	77.3	3.6	3.8	1.6	2.9	16.6	68.9	5.9	3.9	1.5	3.1
11.5	73.4	5.2	4.4	2.9	2.6	19.0	63.8	7.7	4.6	2.3	2.6
11.5	75.0	4.7	4.5	1.9	2.5	18.5	64.9	7.3	5.1	1.4	2.8
10.8	76.4	2.0	6.3	1.3	3.1	12.4	65.8	6.1	10.4	1.1	4.1
11.8	72.7	3.9	4.5	3.3	3.7	18.7	65.7	6.3	3.7	1.6	4.0
11.4	78.4	2.3	2.3	2.6	2.9	16.0	67.1	4.4	5.0	2.5	5.0
11.5	75.5	2.0	4.9	1.7	4.4	17.7	66.7	5.3	4.9	1.0	4.4
11.4	75.3	2.6	4.5	1.8	4.5	17.1	68.4	5.0	4.2	1.1	4.1
15.3	67.4	3.3	4.3	2.7	6.9	21.2	60.3	5.3	4.5	2.2	6.5
10.0	77.0	2.1	2.9	2.7	5.2	16.7	68.5	4.2	3.6	1.9	5.2
12.7	67.3		3.6	3.6	12.7	18.2	69.1		3.6	1.8	7.3
13.2	71.6	3.6	5.0	1.7	4.9	21.2	61.5	7.1	4.2	1.2	4.8
12.3	72.2	3.2	3.8	4.1	4.5	17.9	64.6	5.5	3.5	3.3	5.2
14.1	69.3	0.5	4.0	4.0	8.0	19.3	58.9	8.6	4.1	2.5	6.6
9.3	74.6	2.9	3.4	3.6	6.1	19.6	62.0	5.8	3.4	2.5	6.7
9.7	76.2	2.3	3.0	3.3	5.5	15.9	68.4	4.7	2.8	2.2	6.0

15-5 续表 1

项 目	在认为下列政策效果不明显的					
	科技开发用品免征进口税收政策					
	不知道此政策	不具备享受该政策的资格	吸引力不足	办理手续繁琐	政府部门政策执行力度不够	其他原因
总 计	**11.7**	**76.7**	**3.1**	**2.5**	**0.8**	**5.2**
一、按行业分						
采矿业	10.3	78.9	3.7	2.0	1.0	4.2
制造业	12.7	74.5	3.5	3.1	0.8	5.5
电力、热力、燃气及水生产和供应业	9.7	78.8	2.6	1.5	0.4	7.0
建筑业	15.9	73.9	2.6	2.0	0.9	4.7
批发和零售业	10.8	79.5	3.1	2.0	0.9	3.8
交通运输、仓储和邮政业	9.7	83.8	1.7	0.7	0.5	3.6
信息传输、软件和信息技术服务业	9.5	73.1	2.4	2.2	0.5	12.4
金融业	8.4	81.2	0.9	0.4	0.2	8.9
租赁和商务服务业	5.2	86.6	1.2	1.5	0.2	5.4
科学研究和技术服务业	10.9	80.0	1.7	1.5	0.4	5.5
水利、环境和公共设施管理业	9.3	81.5	2.6	1.1	0.6	5.0
二、按地区分						
东部地区	10.9	77.4	3.2	2.7	0.6	5.1
中部地区	12.2	76.8	3.3	2.2	1.1	4.4
西部地区	14.3	74.2	2.5	2.0	0.9	6.2
东北地区	13.1	73.7	4.1	2.1	0.7	6.4
北 京	5.8	83.4	2.1	2.1	0.4	6.2
天 津	8.6	83.7	2.8	1.2	0.1	3.5
河 北	16.2	72.9	3.1	1.7	0.7	5.4
山 西	10.5	79.3	1.4	2.0	1.2	5.6
内蒙古	18.9	69.0	2.8	1.8	0.9	6.6
辽 宁	9.7	76.8	4.4	1.6	0.7	6.8
吉 林	16.7	72.4	3.2	2.2	0.6	5.0
黑龙江	17.9	67.2	4.0	3.2	0.8	6.8
上 海	9.6	75.5	5.1	1.9	0.4	7.3
江 苏	9.3	79.9	4.2	1.9	0.3	4.3
浙 江	9.7	80.6	2.2	1.9	0.4	5.1
安 徽	9.3	81.0	2.3	2.0	0.4	5.0
福 建	11.2	77.0	3.2	2.5	1.0	5.1
江 西	14.2	74.3	3.1	2.3	1.4	4.7
山 东	14.8	71.7	3.9	2.9	1.8	4.8
河 南	13.0	76.8	3.4	2.3	0.7	3.7
湖 北	13.4	73.6	4.2	2.2	1.9	4.7
湖 南	12.9	76.1	4.0	2.5	1.0	3.5
广 东	13.3	71.4	2.2	6.7	0.6	5.8
广 西	15.1	73.3	3.1	2.3	0.7	5.3
海 南	8.7	80.6	1.1	2.8	1.7	5.1
重 庆	13.6	75.8	1.7	2.0	0.9	6.0
四 川	12.7	76.8	2.6	1.6	0.4	5.9
贵 州	18.4	67.9	2.4	2.5	1.1	7.7
云 南	13.0	76.0	1.9	1.6	1.3	6.2
西 藏	14.8	68.9	1.6	1.6		13.1
陕 西	15.5	72.0	3.1	2.3	1.1	6.0
甘 肃	15.3	71.4	2.5	2.3	1.8	6.7
青 海	16.5	69.4	2.1	2.1	1.2	8.7
宁 夏	11.8	72.8	3.2	3.2	1.8	7.3
新 疆	13.2	74.8	2.0	2.3	0.9	6.9

企业家中，对主要原因作出不同判断的企业家占比(%)

技术转让、技术开发收入免征增值税和技术转让减免所得税优惠政策						鼓励企业吸引和培养人才的相关政策					
不知道此政策	不具备享受该政策的资格	吸引力不足	办理手续繁琐	政府部门政策执行力度不够	其他原因	不知道此政策	不具备享受该政策的资格	吸引力不足	办理手续繁琐	政府部门政策执行力度不够	其他原因
11.7	**76.9**	**3.2**	**2.7**	**0.9**	**4.6**	**21.2**	**54.7**	**16.9**	**2.8**	**2.8**	**1.6**
10.8	77.6	4.4	2.3	1.5	3.5	17.1	51.7	24.4	2.4	3.0	1.5
12.2	75.0	3.8	3.3	1.0	4.8	21.6	52.4	18.1	3.3	3.3	1.3
10.0	78.3	3.0	1.2	1.0	6.5	18.5	59.5	15.2	1.1	2.4	3.3
15.6	72.6	3.7	2.7	1.4	4.1	24.3	49.2	18.0	2.9	4.4	1.2
11.5	79.9	2.5	1.6	0.8	3.7	19.8	59.7	15.1	2.0	1.7	1.7
9.9	83.1	2.5	0.9	0.3	3.4	20.5	58.3	13.8	2.2	3.5	1.8
11.2	66.3	3.0	7.4	1.1	10.9	26.7	42.2	16.4	6.3	4.8	3.6
7.9	81.5	0.9	0.2	0.2	9.2	22.4	54.0	12.2	2.5	3.2	5.7
7.2	85.2	1.3	1.7	0.2	4.5	18.4	61.2	15.3	0.7	1.6	2.8
11.1	77.6	1.8	3.6	1.0	4.9	27.5	49.3	13.2	5.3	2.6	2.1
10.7	80.4	2.4	0.9	0.5	5.1	20.2	56.6	16.0	1.5	2.0	3.6
10.8	78.2	3.1	2.7	0.8	4.6	19.8	57.3	15.9	3.0	2.5	1.5
12.9	75.0	4.1	3.1	1.2	3.7	22.8	49.7	19.5	2.8	3.6	1.5
14.2	74.1	2.7	2.4	1.2	5.4	25.4	48.5	18.4	2.2	3.4	2.1
13.9	73.1	4.7	2.4	0.8	5.1	23.2	51.7	19.9	1.7	2.3	1.2
4.4	84.3	1.8	3.8	0.8	5.0	16.7	65.4	11.2	3.4	2.2	1.2
8.4	85.2	2.0	1.3	0.2	2.9	16.8	62.4	16.7	2.2	0.9	1.0
16.5	72.0	3.6	2.0	0.8	5.0	25.1	52.4	17.0	1.4	1.8	2.3
9.7	79.6	1.9	3.1	1.1	4.7	21.2	52.3	16.0	3.8	5.3	1.4
18.2	70.5	2.3	1.7	1.2	6.1	26.4	47.8	16.8	2.1	4.9	1.9
9.9	76.8	4.9	2.3	0.8	5.3	18.7	56.3	19.7	1.7	2.1	1.5
18.5	70.3	4.6	2.0	1.0	3.5	29.8	46.0	21.0	1.2	1.9	0.2
19.4	67.0	4.2	3.0	0.6	5.8	29.7	44.0	19.6	2.3	3.0	1.4
8.2	78.0	5.1	2.3	0.4	6.1	24.3	51.5	17.5	3.6	1.8	1.3
10.1	80.4	3.2	1.8	0.5	4.0	16.6	62.3	16.4	2.3	1.4	1.0
8.8	82.3	2.1	1.9	0.6	4.4	15.7	62.9	15.2	2.2	2.6	1.4
9.4	80.0	3.2	2.3	0.8	4.4	19.0	54.7	18.5	3.4	3.1	1.2
11.6	76.5	3.1	2.9	1.3	4.6	22.1	53.2	17.4	2.2	3.6	1.6
14.5	73.8	3.4	2.6	1.1	4.6	24.4	49.7	19.1	2.0	3.7	1.2
16.6	70.8	2.9	3.4	2.0	4.3	25.6	46.5	16.5	3.5	5.2	2.6
14.5	73.0	5.1	3.3	0.9	3.1	23.7	49.9	20.2	3.0	2.1	1.1
14.6	71.9	4.5	3.5	2.0	3.5	24.3	43.6	22.2	2.0	5.0	2.9
13.4	74.1	4.4	3.6	1.5	3.1	24.8	49.7	17.9	3.0	3.6	1.0
11.7	73.1	4.1	4.9	0.7	5.5	23.4	51.1	15.1	5.8	2.9	1.7
14.0	74.5	2.4	2.2	2.0	4.8	25.4	49.1	17.3	3.0	4.0	1.3
9.7	79.5	2.1	2.7	1.8	4.2	19.8	50.6	19.8	3.2	5.3	1.2
14.0	75.3	2.1	3.4	0.5	4.7	29.8	48.0	14.9	2.4	2.9	2.0
13.5	76.1	2.7	2.1	0.6	5.0	24.3	52.3	16.6	2.1	2.9	1.9
18.5	68.4	2.5	2.8	1.2	6.6	25.9	46.6	18.7	2.1	3.3	3.4
12.3	76.6	2.5	1.6	1.3	5.8	26.1	50.8	16.1	1.6	3.5	1.9
13.1	70.5	1.6	1.6		13.1	28.1	46.9	15.6	3.1	3.1	3.1
15.3	70.9	3.4	3.5	1.4	5.5	26.0	43.5	22.8	2.6	3.1	2.0
13.3	72.3	3.8	2.5	2.2	5.9	20.2	45.5	25.4	1.6	4.7	2.4
18.0	69.3	2.6	0.9	1.8	7.5	28.4	34.5	29.1	1.4	4.7	2.0
11.4	74.0	4.0	1.9	3.3	5.4	22.1	39.7	27.6	2.1	5.5	3.0
12.3	74.9	2.8	2.0	1.7	6.3	22.0	44.5	23.9	2.1	4.2	3.3

15-5 续表 2

项 目	在认为下列政策效果不明显的					
	优先发展产业的支持政策					
	不知道此政 策	不具备享受该政策的 资 格	吸引力不足	办理手续繁 琐	政府部门政策执行力度不够	其他原因
总 计	**20.5**	**65.7**	**6.8**	**2.6**	**2.8**	**1.7**
一、按行业分						
采矿业	15.5	68.4	8.2	2.7	3.7	1.5
制造业	21.6	63.8	7.1	3.1	3.2	1.2
电力、热力、燃气及水生产和供应业	14.6	71.3	5.3	1.5	3.5	3.8
建筑业	22.4	63.4	6.2	2.2	4.5	1.3
批发和零售业	18.7	68.1	7.1	2.0	1.8	2.2
交通运输、仓储和邮政业	17.2	69.2	6.3	1.2	4.4	1.7
信息传输、软件和信息技术服务业	33.3	52.8	4.8	3.7	2.8	2.6
金融业	14.5	74.1	2.9	0.1	2.7	5.6
租赁和商务服务业	15.7	76.4	2.0	1.1	1.7	3.1
科学研究和技术服务业	23.5	64.0	6.1	2.2	2.6	1.6
水利、环境和公共设施管理业	16.6	69.5	7.2	1.7	3.0	2.0
二、按地区分						
东部地区	19.6	67.9	6.3	2.4	2.2	1.7
中部地区	22.1	60.4	8.7	3.1	4.6	1.2
西部地区	22.7	61.6	6.6	2.9	4.0	2.2
东北地区	23.0	61.6	7.9	3.2	2.8	1.5
北 京	17.3	75.2	2.9	2.2	1.3	1.2
天 津	17.3	76.5	3.6	0.9	0.7	1.0
河 北	24.3	62.7	6.4	2.3	2.7	1.6
山 西	21.0	62.7	6.6	2.4	5.3	2.1
内蒙古	27.3	58.5	6.1	2.4	4.0	1.7
辽 宁	19.3	65.4	7.9	3.7	2.0	1.7
吉 林	28.8	57.8	8.4	1.4	3.0	0.6
黑龙江	28.0	54.8	7.5	3.2	4.7	1.8
上 海	21.4	66.4	7.3	1.5	1.4	1.9
江 苏	17.4	70.8	6.8	1.6	1.4	2.0
浙 江	17.5	72.4	4.6	1.7	2.6	1.3
安 徽	21.8	63.0	7.2	3.6	3.4	1.0
福 建	21.7	64.5	6.3	2.3	3.7	1.5
江 西	24.4	61.6	5.5	2.3	4.6	1.6
山 东	24.6	59.1	7.0	3.3	3.6	2.4
河 南	18.3	64.4	9.6	3.2	3.3	1.3
湖 北	24.4	54.6	10.6	2.9	6.6	0.8
湖 南	23.9	57.5	9.2	3.0	5.2	1.3
广 东	20.5	61.3	9.5	4.9	2.1	1.7
广 西	22.9	61.6	5.6	3.2	4.7	1.9
海 南	15.0	71.7	5.5	2.0	4.7	1.2
重 庆	26.2	60.8	5.6	3.6	2.5	1.3
四 川	21.6	65.2	5.9	2.5	2.8	2.0
贵 州	24.9	58.4	7.6	1.8	4.4	3.0
云 南	20.7	64.9	5.8	2.5	4.0	2.1
西 藏	14.3	57.1	5.7	2.9	11.4	8.6
陕 西	23.4	55.8	8.7	4.9	4.3	2.8
甘 肃	16.8	60.8	9.8	2.4	6.7	3.5
青 海	20.9	62.1	4.6	2.0	7.2	3.3
宁 夏	18.3	58.4	9.1	1.8	9.4	3.0
新 疆	22.6	58.7	7.6	2.8	5.7	2.6

企业家中，对主要原因作出不同判断的企业家占比(%)											
金融支持相关政策						创造和保护知识产权的相关政策					
不知道此政策	不具备享受该政策的资格	吸引力不足	办理手续繁琐	政府部门政策执行力度不够	其他原因	不知道此政策	不具备享受该政策的资格	吸引力不足	办理手续繁琐	政府部门政策执行力度不够	其他原因
18.0	**57.1**	**8.7**	**9.1**	**4.5**	**2.5**	**15.9**	**69.8**	**6.2**	**3.9**	**2.3**	**2.0**
13.1	56.7	10.8	11.7	6.2	1.6	12.2	73.7	7.2	2.7	2.2	2.0
18.0	53.2	9.9	11.1	5.1	2.6	17.2	65.8	7.7	4.9	3.0	1.3
15.1	65.1	6.2	5.6	3.2	4.8	12.3	76.1	4.6	1.4	1.4	4.2
20.3	55.2	7.0	9.6	6.0	1.8	18.1	65.6	8.0	3.7	3.0	1.6
18.3	63.2	7.1	6.0	3.6	1.8	14.5	74.0	4.3	3.2	1.4	2.6
16.7	60.6	8.2	6.7	5.9	2.0	13.9	78.3	3.2	1.6	0.9	2.1
22.9	49.2	9.2	8.8	3.5	6.3	20.5	58.2	8.3	5.9	3.0	4.2
15.1	64.8	7.8	1.8	3.0	7.5	11.9	73.5	3.8	0.9	1.1	8.8
14.0	68.4	5.8	7.2	1.6	3.0	11.3	79.8	4.2	0.5	1.1	3.1
20.4	61.3	6.7	6.1	1.8	3.7	15.4	73.2	3.7	2.8	3.0	1.9
15.6	61.8	9.4	6.6	4.5	2.1	13.8	74.7	5.4	2.5	1.1	2.6
17.6	59.9	8.4	7.8	3.9	2.4	15.1	71.0	5.9	4.0	2.2	1.9
18.5	50.0	10.1	13.4	5.9	2.2	17.6	66.7	7.4	3.8	2.8	1.7
19.2	52.1	8.6	10.8	5.9	3.5	17.2	68.1	5.8	3.6	2.5	2.8
18.0	55.9	9.5	9.5	4.0	3.0	17.7	67.6	7.0	2.9	2.3	2.5
15.5	67.0	5.6	6.7	1.8	3.5	9.2	80.9	3.8	2.8	1.9	1.4
16.1	69.5	5.8	5.9	1.3	1.5	14.3	77.9	3.6	2.1	0.9	1.2
19.7	54.0	8.8	10.8	4.0	2.7	18.9	67.5	6.1	3.0	1.9	2.6
15.4	56.1	8.1	10.0	7.6	2.9	14.3	72.6	5.6	3.3	1.5	2.7
21.6	52.1	8.6	10.2	4.9	2.6	20.8	65.9	4.2	2.4	2.5	4.2
15.0	60.9	9.5	8.0	3.6	3.1	13.6	71.4	7.1	2.4	2.4	3.1
23.7	47.0	11.8	10.6	4.5	2.5	22.5	65.8	6.6	2.6	1.5	0.9
20.5	51.4	7.9	12.3	4.6	3.3	24.1	59.5	7.3	4.3	2.5	2.3
16.7	59.9	10.5	5.6	4.5	2.8	16.4	70.7	7.4	2.4	1.7	1.4
14.4	62.9	9.5	7.9	3.7	1.6	13.2	73.1	6.4	2.6	2.5	2.2
17.7	61.3	8.8	4.8	4.9	2.5	14.7	72.9	5.5	3.0	2.6	1.4
18.6	50.7	9.2	12.9	5.8	2.8	17.6	67.1	7.6	3.5	2.6	1.6
20.0	55.5	8.1	8.3	5.7	2.4	16.9	68.2	6.3	4.4	3.2	1.0
21.3	48.6	9.6	12.5	5.4	2.7	19.9	64.9	6.8	3.2	3.3	2.0
18.6	54.6	8.4	11.3	4.4	2.8	17.6	62.4	6.9	9.5	1.3	2.3
17.1	53.0	8.8	14.1	5.1	1.9	15.5	68.3	7.9	5.0	1.6	1.6
19.5	45.7	12.4	14.1	6.5	1.8	18.5	64.9	7.5	3.0	4.2	1.9
19.0	48.8	10.7	13.6	5.8	2.1	19.7	64.4	7.4	4.3	3.0	1.2
22.0	55.2	7.3	9.6	2.9	3.0	16.4	67.9	5.8	5.1	2.3	2.3
18.7	55.8	9.9	7.2	6.4	1.9	20.1	66.3	5.5	3.1	3.1	1.9
18.5	61.6	6.5	7.6	4.7	1.1	10.1	72.4	6.7	5.2	3.4	2.2
23.1	47.0	10.4	12.6	4.0	2.9	19.4	67.5	4.9	4.3	1.5	2.5
17.5	54.9	7.9	10.7	5.1	4.0	15.8	71.0	5.7	3.6	1.6	2.3
23.2	46.8	9.3	12.1	5.2	3.4	16.7	66.3	5.2	4.8	2.9	4.1
18.0	56.5	6.0	9.1	6.7	3.6	13.8	72.4	5.7	3.4	2.4	2.2
22.2	52.8	5.6	8.3	8.3	2.8	23.8	64.3	2.4	2.4	2.4	4.8
18.5	46.9	8.2	14.4	7.9	4.1	19.3	63.9	6.4	3.7	3.1	3.6
16.7	53.5	9.2	11.3	6.6	2.7	14.4	65.8	8.1	3.4	4.3	4.0
21.0	51.4	9.4	6.5	8.7	2.9	16.0	61.1	11.1	1.9	4.3	5.6
14.9	51.6	10.9	9.3	9.3	4.0	14.4	65.0	9.4	2.9	5.0	3.2
19.4	51.5	8.9	8.7	7.0	4.6	16.8	66.6	6.6	3.7	3.1	3.1

15-6 工业企业有关政策效果不明显

项目	在认为下列政策效果不明显的					
	企业研发费用加计扣除税收优惠政策					
	不知道此政策	不具备享受该政策的资格	吸引力不足	办理手续繁琐	政府部门政策执行力度不够	其他原因
总计	**12.7**	**65.9**	**5.8**	**9.9**	**2.7**	**3.0**
一、按规模分						
大型企业	9.2	56.0	7.0	16.6	4.5	6.7
中型企业	11.3	63.1	6.7	11.7	3.3	3.9
小型企业	13.1	66.9	5.5	9.2	2.6	2.7
二、按登记注册类型分						
内资企业	13.5	65.2	6.0	9.7	2.9	2.7
国有企业	16.8	60.2	5.7	5.8	5.1	6.4
集体企业	14.0	70.2	5.7	5.5	3.3	1.2
股份合作企业	12.7	67.6	5.7	9.8	2.5	1.6
联营企业	14.3	71.4	4.8	9.5		
有限责任公司	13.9	62.4	6.3	10.6	3.3	3.6
股份有限公司	13.4	54.5	7.7	14.1	4.8	5.6
私营企业	13.3	66.9	5.8	9.2	2.6	2.1
其他企业	15.9	62.8	7.5	8.4	3.5	1.8
港、澳、台商投资企业	9.6	67.4	5.5	11.1	2.2	4.1
外商投资企业	7.9	71.0	4.4	10.4	1.5	4.8
三、按行业分						
采矿业	13.0	70.0	4.9	5.4	3.4	3.3
煤炭开采和洗选业	12.0	68.7	4.1	6.2	4.6	4.5
石油和天然气开采业	22.2	27.8	16.7	5.6	16.7	11.1
黑色金属矿采选业	14.5	70.9	5.3	5.1	2.2	1.9
有色金属矿采选业	16.5	67.7	5.1	4.3	2.8	3.5
非金属矿采选业	11.0	74.8	5.6	4.8	2.1	1.7
开采辅助活动	19.2	65.4		7.7	3.8	3.8

的主要原因(2013-2014年)

企业家中，对主要原因作出不同判断的企业家占比(%)											
高新技术企业所得税减免政策						企业研发活动专用仪器设备加速折旧政策					
不知道此政　策	不具备享受该政策的资格	吸引力不足	办理手续繁　琐	政府部门政策执行力度不够	其他原因	不知道此政　策	不具备享受该政策的资格	吸引力不足	办理手续繁　琐	政府部门政策执行力度不够	其他原因
8.8	**77.7**	**3.4**	**5.3**	**1.8**	**3.0**	**15.4**	**65.2**	**8.1**	**6.4**	**1.4**	**3.5**
5.6	76.9	2.5	6.0	2.1	6.9	15.9	50.7	12.7	11.0	1.8	7.9
7.7	77.0	3.7	5.3	2.1	4.3	14.9	60.7	10.2	7.6	1.7	4.9
9.2	77.9	3.4	5.2	1.7	2.6	15.5	66.8	7.5	6.0	1.3	2.9
9.5	77.0	3.6	5.2	1.9	2.8	16.4	64.9	8.0	6.2	1.4	3.1
11.4	72.2	4.7	3.1	2.7	6.0	20.1	59.1	8.5	4.4	1.9	6.0
10.8	76.4	4.4	4.4	2.3	1.8	15.0	69.2	7.5	5.1	1.9	1.2
9.9	77.5	4.7	5.1	2.0	0.8	15.5	68.3	6.7	6.7	1.2	1.6
10.7	71.4	3.6	10.7	3.6		10.7	64.3	7.1	7.1	7.1	3.6
9.5	75.9	3.5	5.3	2.1	3.7	17.5	62.5	8.2	6.3	1.5	4.0
9.3	70.8	4.6	5.6	2.8	6.8	18.3	49.5	12.4	10.3	2.4	7.1
9.5	77.8	3.6	5.2	1.7	2.2	15.7	67.0	7.7	6.0	1.3	2.4
12.4	71.7	3.5	7.1	3.1	2.2	20.7	60.8	6.8	8.1	1.4	2.3
6.2	80.0	2.5	5.6	1.6	4.1	11.6	65.4	9.0	7.8	1.1	5.0
4.9	82.3	2.2	5.6	1.1	4.0	10.8	66.8	8.6	7.2	1.1	5.5
10.0	79.1	3.5	2.7	1.9	2.8	15.1	70.6	5.8	3.8	1.5	3.2
9.7	78.2	3.3	3.0	2.4	3.5	14.2	70.0	5.4	4.3	2.1	4.0
17.2	72.4		3.4	3.4	3.4	23.1	38.5	11.5	11.5	3.8	11.5
10.3	80.2	4.4	1.8	1.4	1.8	15.6	71.7	6.6	2.8	0.8	2.6
11.4	76.1	2.6	4.4	1.1	4.4	18.5	65.4	6.7	3.9	1.6	3.9
9.1	82.5	3.5	2.1	1.6	1.2	14.2	75.4	4.9	3.3	0.8	1.4
16.7	66.7	4.2		4.2	8.3	17.9	71.4	3.6	3.6		3.6

15-6 续表 1

项 目	在认为下列政策效果不明显的					
	科技开发用品免征进口税收政策					
	不知道此政 策	不具备享受该政策的资格	吸引力不足	办理手续繁 琐	政府部门政策执行力度不够	其他原因
总 计	**12.6**	**74.7**	**3.5**	**3.0**	**0.8**	**5.5**
一、按规模分						
大型企业	12.4	65.7	5.1	5.3	1.3	10.2
中型企业	12.7	71.6	4.3	3.3	1.0	7.1
小型企业	12.5	75.8	3.2	2.8	0.7	4.9
二、按登记注册类型分						
内资企业	12.6	75.0	3.4	2.9	0.8	5.3
国有企业	14.3	69.8	5.0	3.0	1.0	6.9
集体企业	12.3	77.4	3.9	3.1	1.0	2.3
股份合作企业	11.3	79.2	2.4	2.4	1.0	3.8
联营企业	20.7	69.0	3.4	3.4		3.4
有限责任公司	12.8	73.5	3.4	3.1	0.8	6.3
股份有限公司	12.3	67.3	4.4	4.0	1.2	10.8
私营企业	12.5	76.2	3.3	2.8	0.7	4.5
其他企业	13.3	76.5	1.9	2.7	1.9	3.8
港、澳、台商投资企业	12.6	72.8	3.8	3.4	0.9	6.5
外商投资企业	12.2	73.7	3.7	3.5	0.7	6.2
三、按行业分						
采矿业	10.3	78.9	3.7	2.0	1.0	4.2
煤炭开采和洗选业	10.2	78.1	3.4	2.4	1.1	4.7
石油和天然气开采业	9.4	65.6	9.4		6.3	9.4
黑色金属矿采选业	8.3	82.8	3.8	1.5	0.6	3.0
有色金属矿采选业	15.3	74.4	2.3	1.9	1.0	5.2
非金属矿采选业	9.2	81.0	4.4	1.4	0.7	3.2
开采辅助活动	14.7	73.5		5.9		5.9
其他采矿业		50.0	50.0			

企业家中，对主要原因作出不同判断的企业家占比(%)											
技术转让、技术开发收入免征增值税和技术转让减免所得税优惠政策						鼓励企业吸引和培养人才的相关政策					
不知道此政策	不具备享受该政策的资格	吸引力不足	办理手续繁琐	政府部门政策执行力度不够	其他原因	不知道此政策	不具备享受该政策的资格	吸引力不足	办理手续繁琐	政府部门政策执行力度不够	其他原因
12.1	**75.1**	**3.8**	**3.2**	**1.0**	**4.8**	**21.5**	**52.5**	**18.2**	**3.2**	**3.3**	**1.3**
9.7	67.5	5.0	4.4	1.4	11.9	22.2	40.8	24.2	4.7	5.0	3.1
11.3	73.1	4.3	3.4	1.2	6.6	22.3	47.7	20.2	3.5	4.6	1.7
12.4	75.9	3.6	3.1	1.0	4.0	21.3	53.9	17.6	3.1	2.9	1.2
12.6	74.8	3.9	3.2	1.1	4.4	21.3	52.3	18.7	3.2	3.3	1.2
14.9	69.4	4.9	2.9	1.3	6.7	19.7	47.4	22.1	3.7	3.9	3.2
14.0	74.6	5.2	2.6	1.9	1.7	17.1	57.8	19.1	1.4	2.9	1.7
9.4	81.3	4.3	1.8	0.7	2.5	14.6	59.3	19.5	1.8	3.5	1.3
9.7	71.0	3.2	3.2	6.5	6.5	22.7	50.0	18.2		4.5	4.5
12.6	73.6	3.8	3.3	1.1	5.5	23.2	49.6	18.9	3.1	3.6	1.6
11.1	67.1	5.0	4.0	1.7	11.1	23.5	39.9	25.1	4.0	5.4	2.1
12.6	75.9	3.8	3.2	1.0	3.5	20.5	54.1	18.2	3.2	3.1	1.0
13.6	74.4	4.1	3.3	3.3	1.2	22.1	52.9	17.4	3.5	3.5	0.6
10.6	75.6	3.5	2.9	0.9	6.6	21.5	53.3	16.7	3.2	3.4	1.9
9.4	77.1	3.1	3.2	0.7	6.5	23.1	53.4	15.3	3.7	2.7	1.8
10.8	77.6	4.4	2.3	1.5	3.5	17.1	51.7	24.4	2.4	3.0	1.5
11.6	75.7	4.4	2.3	1.9	4.2	15.2	52.0	25.1	2.7	3.6	1.5
19.4	51.6	6.5	6.5	6.5	9.7	28.6	28.6	28.6		7.1	7.1
8.9	81.9	3.8	2.5	0.4	2.5	17.3	51.5	26.5	2.2	1.8	0.7
13.3	73.4	4.9	2.8	0.7	4.9	22.4	47.7	20.7	1.1	3.4	4.6
8.5	82.2	4.4	1.5	1.7	1.7	16.8	54.7	22.9	2.6	2.4	0.5
14.8	66.7	11.1			7.4	33.3	38.9	27.8			
50.0			50.0					100.0			

15-6 续表 2

项 目	在认为下列政策效果不明显的					
	优先发展产业的支持政策					
	不知道此政策	不具备享受该政策的资格	吸引力不足	办理手续繁琐	政府部门政策执行力度不够	其他原因
总 计	**21.3**	**64.0**	**7.1**	**3.0**	**3.2**	**1.2**
一、按规模分						
大型企业	20.3	61.5	7.7	2.5	4.7	3.2
中型企业	21.5	62.0	7.8	2.9	3.9	1.8
小型企业	21.3	64.6	7.0	3.1	3.0	1.0
二、按登记注册类型分						
内资企业	21.1	63.6	7.5	3.2	3.4	1.1
国有企业	18.7	64.0	7.2	2.5	4.1	3.5
集体企业	18.7	64.5	9.3	3.7	2.7	1.1
股份合作企业	16.2	66.8	8.7	3.1	4.4	0.9
联营企业	21.7	60.9	13.0		4.3	
有限责任公司	22.2	61.9	7.3	3.3	3.8	1.5
股份有限公司	22.1	57.2	9.1	4.0	5.5	2.0
私营企业	20.7	64.6	7.5	3.2	3.1	0.9
其他企业	15.3	61.9	10.8	5.7	5.1	1.1
港、澳、台商投资企业	21.5	65.3	5.7	2.7	2.8	1.8
外商投资企业	22.4	66.7	5.1	1.9	2.1	1.8
三、按行业分						
采矿业	15.5	68.4	8.2	2.7	3.7	1.5
煤炭开采和洗选业	14.8	67.0	8.4	2.9	5.0	1.8
石油和天然气开采业	25.0	50.0	6.3	6.3	6.3	6.3
黑色金属矿采选业	13.7	73.5	8.5	1.2	1.8	1.2
有色金属矿采选业	18.1	68.6	6.7	1.9	3.3	1.4
非金属矿采选业	15.4	68.8	8.2	4.1	2.9	0.7
开采辅助活动	29.2	50.0	8.3		4.2	8.3

企业家中，对主要原因作出不同判断的企业家占比(%)											
金融支持相关政策						创造和保护知识产权的相关政策					
不知道此政策	不具备享受该政策的资格	吸引力不足	办理手续繁琐	政府部门政策执行力度不够	其他原因	不知道此政策	不具备享受该政策的资格	吸引力不足	办理手续繁琐	政府部门政策执行力度不够	其他原因
17.9	**53.6**	**9.8**	**11.0**	**5.0**	**2.7**	**16.9**	**66.3**	**7.6**	**4.7**	**3.0**	**1.4**
18.6	47.7	13.0	7.9	6.3	6.4	16.2	60.5	10.9	4.4	4.8	3.1
19.0	50.5	11.0	9.7	5.7	4.3	16.9	63.4	9.2	4.7	3.9	1.9
17.6	54.5	9.5	11.5	4.9	2.1	17.0	67.1	7.2	4.7	2.7	1.2
17.5	53.1	9.8	11.9	5.5	2.2	17.0	66.0	7.8	4.8	3.1	1.3
16.4	54.3	11.4	7.6	5.2	5.2	14.4	65.2	9.3	3.4	3.4	4.2
12.4	62.1	9.7	8.1	5.4	2.4	13.7	68.7	7.7	4.0	4.6	1.4
12.7	61.6	10.5	10.0	3.9	1.3	11.4	71.0	7.1	4.8	3.3	2.4
17.4	56.5	13.0	13.0			22.7	54.5	18.2	4.5		
18.3	51.5	9.9	11.6	5.7	3.1	17.2	65.5	7.8	4.5	3.4	1.6
18.9	44.1	12.3	12.4	7.9	4.4	17.9	57.1	12.5	5.3	4.9	2.1
17.2	54.1	9.7	12.1	5.2	1.6	17.0	66.6	7.6	4.9	2.8	1.0
12.0	49.2	11.5	17.3	8.9	1.0	18.0	62.3	8.2	4.4	4.9	2.2
18.7	55.2	9.2	8.6	3.9	4.3	16.2	66.7	7.4	4.7	3.0	1.9
19.7	55.8	10.3	6.5	2.9	4.9	16.7	68.1	6.5	3.9	2.4	2.3
13.1	56.7	10.8	11.7	6.2	1.6	12.2	73.7	7.2	2.7	2.2	2.0
13.4	57.5	10.7	9.5	6.7	2.1	11.4	73.9	7.0	2.8	2.4	2.5
16.7	33.3	16.7		16.7	16.7	20.0	33.3	26.7		6.7	13.3
12.5	52.1	12.2	15.8	6.8	0.6	11.9	75.7	7.2	1.7	2.6	0.9
14.7	59.5	10.0	10.0	3.7	2.1	16.2	71.4	5.2	2.9	1.9	2.4
11.5	59.4	9.8	14.5	4.5	0.3	11.5	74.9	7.7	3.3	1.4	1.2
17.9	46.4	14.3	3.6	14.3	3.6	14.3	61.9	9.5	4.8	4.8	4.8

15-6 续表 3

项 目	在认为下列政策效果不明显的					
	企业研发费用加计扣除税收优惠政策					
	不知道此政 策	不具备享受该政策的 资 格	吸引力不足	办理手续繁 琐	政府部门政策执行力度不够	其他原因
制造业	12.7	65.8	5.8	10.1	2.7	2.9
农副食品加工业	16.7	62.5	6.9	8.0	2.9	3.0
食品制造业	15.9	63.4	5.2	9.0	3.3	3.1
酒、饮料和精制茶制造业	16.2	63.4	7.3	7.1	3.2	2.7
烟草制品业	21.2	57.7	3.8	5.8	5.8	5.8
纺织业	11.1	73.6	5.8	6.1	1.7	1.8
纺织服装、服饰业	10.5	75.7	5.5	5.1	1.5	1.7
皮革、毛皮、羽毛及其制品和制鞋业	12.4	74.0	4.5	6.1	1.7	1.3
木材加工和木、竹、藤、棕、草制品业	19.4	62.3	7.0	6.9	2.9	1.4
家具制造业	15.6	67.3	6.6	6.2	2.4	1.8
造纸和纸制品业	13.6	68.9	6.1	6.2	2.5	2.8
印刷和记录媒介复制业	12.8	69.3	5.3	7.3	2.2	3.1
文教、工美、体育和娱乐用品制造业	13.5	68.9	5.3	7.5	2.1	2.7
石油加工、炼焦和核燃料加工业	13.2	59.2	7.6	10.5	3.7	5.9
化学原料和化学制品制造业	12.8	62.8	6.0	12.0	3.1	3.3
医药制造业	14.7	54.3	6.7	16.3	4.2	3.7
化学纤维制造业	8.6	70.4	7.5	8.0	1.9	3.6
橡胶和塑料制品业	11.2	68.5	5.4	9.5	2.4	2.9
非金属矿物制品业	15.2	65.6	5.7	7.7	3.3	2.5
黑色金属冶炼和压延加工业	12.1	69.3	6.4	7.0	2.5	2.8
有色金属冶炼和压延加工业	13.2	62.1	7.0	10.6	3.9	3.3
金属制品业	12.1	68.8	5.2	9.2	2.4	2.3
通用设备制造业	10.2	65.4	5.3	13.6	2.7	2.8
专用设备制造业	12.6	60.3	5.7	14.7	3.3	3.4
汽车制造业	12.8	63.1	5.1	13.1	3.0	2.9
铁路、船舶、航空航天和其他运输设备制造业	10.1	65.8	6.8	12.3	2.3	2.7
电气机械和器材制造业	10.3	63.5	6.0	14.4	2.6	3.2
计算机、通信和其他电子设备制造业	9.5	62.4	5.6	15.1	2.5	4.9
仪器仪表制造业	10.2	58.6	4.9	17.7	4.1	4.4
其他制造业	13.1	67.0	5.5	9.0	3.5	1.9
废弃资源综合利用业	15.4	65.0	5.6	5.1	3.7	5.1
金属制品、机械和设备修理业	11.4	62.0	5.1	12.7	1.3	7.6
电力、热力、燃气及水生产和供应业	12.5	68.6	4.3	4.2	2.7	7.7
电力、热力生产和供应业	13.1	66.3	5.0	4.1	2.8	8.8
燃气生产和供应业	10.0	75.9	2.0	4.3	2.3	5.4
水的生产和供应业	12.6	71.1	3.7	4.4	2.6	5.6

企业家中，对主要原因作出不同判断的企业家占比(%)											
高新技术企业所得税减免政策						企业研发活动专用仪器设备加速折旧政策					
不知道此政　　策	不具备享受该政策的 资 格	吸引力不足	办理手续繁　　琐	政府部门政策执行力度不够	其他原因	不知道此政　　策	不具备享受该政策的 资 格	吸引力不足	办理手续繁　　琐	政府部门政策执行力度不够	其他原因
8.8	77.7	3.4	5.4	1.8	3.0	15.5	64.9	8.3	6.6	1.4	3.4
11.6	76.4	3.8	3.8	2.0	2.4	18.1	65.9	7.6	4.2	1.4	2.8
10.1	77.6	3.2	4.0	2.4	2.7	18.6	64.0	7.0	5.2	1.6	3.6
11.4	75.5	4.5	3.1	2.5	3.0	19.0	64.6	7.4	4.2	1.8	3.1
17.7	74.2		3.2	1.6	3.2	25.5	56.9	2.0	7.8		7.8
7.6	82.6	3.6	3.1	1.1	2.1	11.7	74.4	7.1	3.7	1.1	2.0
7.4	84.2	3.2	2.7	0.8	1.7	10.7	78.6	5.3	3.2	0.5	1.6
9.8	81.8	3.1	3.2	0.9	1.1	13.0	74.0	6.7	4.1	1.0	1.1
14.8	73.5	4.2	4.4	1.4	1.8	20.7	63.5	8.0	4.8	0.9	2.2
9.8	79.7	3.1	4.3	1.6	1.4	16.9	69.4	7.1	4.0	1.0	1.6
8.7	80.1	4.3	3.3	1.4	2.3	13.6	71.3	6.6	5.1	0.9	2.6
8.7	78.8	3.0	4.8	1.6	3.1	14.8	69.3	6.8	5.4	0.4	3.2
9.1	79.4	3.6	4.2	1.4	2.2	14.1	70.9	6.6	4.4	1.5	2.5
9.4	74.7	5.1	5.1	1.4	4.4	17.8	60.4	9.6	6.6	0.7	4.9
9.3	75.7	3.3	6.4	2.0	3.3	17.4	61.5	8.1	7.8	1.6	3.6
8.8	72.2	4.3	6.7	2.4	5.6	20.3	48.2	12.4	11.0	2.0	6.1
5.5	84.5	1.9	3.6	1.5	2.9	11.3	72.2	6.4	5.2	1.4	3.6
7.8	78.8	3.3	5.9	1.6	2.6	14.5	68.5	7.2	6.0	0.9	2.9
11.4	76.1	3.6	4.6	2.0	2.3	17.8	66.8	6.6	4.9	1.4	2.5
9.4	79.4	3.3	3.7	1.6	2.4	14.9	71.1	6.6	4.1	1.0	2.2
9.4	75.3	3.5	5.6	2.4	3.8	18.3	61.8	8.4	6.3	1.8	3.4
8.7	79.1	2.9	4.7	1.9	2.7	14.3	69.0	7.1	5.6	1.0	3.0
6.7	78.2	2.9	7.2	1.7	3.3	13.5	62.9	10.1	8.4	1.5	3.6
8.0	73.1	3.5	9.0	2.8	3.6	16.1	57.4	10.7	9.9	1.7	4.2
7.8	76.6	2.9	7.2	1.6	3.9	16.0	60.9	9.1	8.3	1.6	4.1
7.4	77.3	3.0	7.2	1.4	3.7	15.5	63.5	8.2	7.5	1.0	4.3
6.6	76.6	3.6	7.6	1.8	3.8	14.7	60.0	9.9	9.4	1.5	4.5
6.3	76.3	2.8	7.5	1.8	5.4	13.9	54.8	11.7	11.3	1.8	6.4
5.8	74.0	3.3	8.4	3.0	5.6	14.5	54.2	14.0	9.9	2.1	5.4
10.6	78.8	3.6	3.4	2.3	1.3	15.4	69.5	7.1	4.2	0.8	3.1
11.3	71.4	5.6	6.1	2.6	3.0	17.9	65.0	6.4	4.3	2.6	3.8
11.1	76.4	2.8	2.8		6.9	22.4	58.8	4.7	5.9	2.4	5.9
9.1	78.5	2.6	2.1	2.2	5.5	13.9	70.3	5.2	2.4	1.5	6.8
9.8	76.8	3.1	1.9	2.2	6.2	13.8	68.9	5.5	2.5	1.5	7.9
7.9	82.3	1.6	3.0	1.6	3.6	12.7	74.9	4.8	1.6	1.9	4.1
7.4	82.1	1.8	2.1	2.5	4.2	15.5	71.4	4.6	2.8	1.1	4.6

15-6 续表 4

项 目	在认为下列政策效果不明显的					
	科技开发用品免征进口税收政策					
	不知道此政策	不具备享受该政策的资格	吸引力不足	办理手续繁琐	政府部门政策执行力度不够	其他原因
制造业	12.7	74.5	3.5	3.1	0.8	5.5
农副食品加工业	13.1	76.0	3.6	2.4	0.6	4.4
食品制造业	13.6	75.0	2.6	2.6	1.2	5.0
酒、饮料和精制茶制造业	12.7	75.4	3.7	2.4	1.0	4.8
烟草制品业	16.4	65.7	4.5	3.0		10.4
纺织业	10.3	80.0	3.7	2.5	0.7	2.7
纺织服装、服饰业	9.5	82.5	2.9	2.2	0.4	2.5
皮革、毛皮、羽毛及其制品和制鞋业	11.4	79.3	4.0	2.9	0.8	1.6
木材加工和木、竹、藤、棕、草制品业	16.1	72.0	5.0	3.2	0.6	3.2
家具制造业	13.5	76.1	3.2	2.8	0.8	3.5
造纸和纸制品业	12.0	77.1	3.9	2.3	0.7	4.1
印刷和记录媒介复制业	11.2	77.7	3.7	2.5	0.4	4.5
文教、工美、体育和娱乐用品制造业	12.6	75.3	4.1	2.6	1.0	4.5
石油加工、炼焦和核燃料加工业	12.5	71.9	4.0	2.7	0.8	8.1
化学原料和化学制品制造业	13.5	73.0	3.5	3.5	0.7	5.7
医药制造业	14.2	66.9	4.0	4.1	0.9	9.9
化学纤维制造业	11.1	77.6	3.0	3.0	0.3	5.0
橡胶和塑料制品业	13.0	75.4	3.3	3.3	0.7	4.4
非金属矿物制品业	12.9	76.2	3.3	2.4	0.9	4.3
黑色金属冶炼和压延加工业	12.9	77.6	2.9	2.3	0.4	3.9
有色金属冶炼和压延加工业	14.3	72.0	3.1	2.9	0.8	6.9
金属制品业	12.0	77.6	2.9	2.4	0.8	4.3
通用设备制造业	12.0	73.2	3.6	3.7	0.9	6.6
专用设备制造业	13.6	71.1	3.4	3.7	0.9	7.2
汽车制造业	13.2	73.7	2.8	3.3	0.9	6.0
铁路、船舶、航空航天和其他运输设备制造业	12.6	72.7	4.1	3.4	0.8	6.4
电气机械和器材制造业	12.3	72.5	3.7	3.4	0.8	7.4
计算机、通信和其他电子设备制造业	14.0	67.4	4.3	4.6	0.9	8.7
仪器仪表制造业	12.2	68.9	3.8	4.5	0.6	10.1
其他制造业	11.3	76.5	2.9	2.5	0.7	6.1
废弃资源综合利用业	11.1	76.8	2.6	1.1	1.1	7.4
金属制品、机械和设备修理业	15.8	68.4	3.2	5.3		7.4
电力、热力、燃气及水生产和供应业	9.7	78.8	2.6	1.5	0.4	7.0
电力、热力生产和供应业	9.9	77.1	2.9	1.5	0.4	8.2
燃气生产和供应业	9.3	82.4	1.9	1.5	0.6	4.3
水的生产和供应业	9.6	82.7	1.9	1.2	0.3	4.3

企业家中，对主要原因作出不同判断的企业家占比(%)											
技术转让、技术开发收入免征增值税和技术转让减免所得税优惠政策						鼓励企业吸引和培养人才的相关政策					
不知道此政策	不具备享受该政策的资格	吸引力不足	办理手续繁琐	政府部门政策执行力度不够	其他原因	不知道此政策	不具备享受该政策的资格	吸引力不足	办理手续繁琐	政府部门政策执行力度不够	其他原因
12.2	75.0	3.8	3.3	1.0	4.8	21.6	52.4	18.1	3.3	3.3	1.3
14.2	74.5	4.1	2.8	0.8	3.5	24.0	48.0	21.0	2.6	3.4	1.0
13.9	74.4	3.0	2.5	1.3	4.9	23.9	50.3	17.7	3.2	3.5	1.5
14.3	73.8	4.6	2.4	1.2	3.7	21.6	50.3	20.2	2.1	4.5	1.3
16.9	67.7	3.1	1.5	1.5	9.2	27.0	43.2	24.3	5.4		
10.2	80.2	3.8	2.6	0.8	2.4	14.0	63.2	17.0	2.7	2.1	1.0
9.3	82.6	3.3	2.1	0.6	2.1	13.9	64.5	16.5	2.4	2.0	0.8
11.2	79.9	4.0	2.7	0.8	1.4	16.6	60.9	16.7	3.4	1.9	0.4
17.5	71.7	5.1	2.6	0.7	2.5	23.3	48.9	20.3	2.3	3.6	1.6
13.7	76.9	4.0	2.4	0.8	2.2	23.6	53.0	16.3	2.6	3.1	1.4
11.6	77.1	4.6	2.5	0.9	3.3	20.4	54.7	17.7	2.9	3.3	1.1
10.2	78.9	3.4	3.0	0.6	3.8	21.1	54.1	18.3	2.3	2.8	1.3
13.1	75.5	3.8	2.8	1.3	3.6	21.0	57.9	13.8	3.3	3.0	1.1
11.1	73.2	4.8	2.6	0.8	7.5	25.3	41.4	22.0	4.3	3.6	3.3
13.0	72.8	4.0	3.6	0.9	5.7	23.7	49.4	18.1	3.8	3.5	1.5
13.6	67.8	4.3	3.8	1.5	8.9	26.3	40.8	22.5	3.7	4.8	1.8
9.8	77.0	4.6	2.5	0.7	5.4	15.1	64.5	14.0	2.8	1.8	1.8
12.0	75.5	4.1	3.6	0.7	4.1	20.2	55.5	17.2	3.2	2.5	1.5
13.3	75.3	3.8	3.2	1.1	3.4	20.8	52.9	18.9	3.0	3.3	1.2
11.8	78.1	3.6	2.6	0.8	3.1	19.5	54.3	19.9	2.0	3.0	1.3
12.6	72.5	4.4	3.5	1.3	5.7	22.9	49.1	18.7	3.3	4.5	1.5
11.6	77.6	3.2	2.8	1.1	3.6	20.8	54.7	17.0	3.3	3.0	1.1
11.3	74.9	3.6	3.7	0.9	5.6	21.4	50.8	19.2	4.0	3.5	1.2
12.3	71.9	3.6	4.1	1.4	6.7	23.5	48.3	19.1	3.8	3.7	1.6
12.1	73.6	3.5	4.1	1.2	5.5	25.2	47.8	18.5	3.2	4.0	1.3
12.0	74.7	4.2	3.4	1.0	4.7	23.6	52.7	15.2	2.8	3.7	2.0
11.6	74.2	3.5	3.5	1.0	6.2	23.7	50.4	17.7	3.9	3.2	1.1
11.6	71.1	3.3	4.1	1.2	8.7	25.8	45.9	17.4	4.6	4.4	1.9
10.5	70.4	4.7	4.6	1.2	8.6	24.9	48.0	18.7	3.3	3.3	1.8
12.0	76.9	1.9	3.8	1.4	3.8	20.9	55.2	14.6	2.4	6.0	0.9
11.1	75.0	3.2	3.2	1.2	6.3	20.0	57.8	14.1	2.7	3.2	2.2
16.7	71.1	3.3	3.3		5.6	32.8	41.4	13.8	6.9		5.2
10.0	78.3	3.0	1.2	1.0	6.5	18.5	59.5	15.2	1.1	2.4	3.3
10.0	76.8	3.1	1.4	1.1	7.6	19.2	59.3	14.9	1.1	1.6	3.9
9.2	82.0	2.5	1.3	0.6	4.4	18.6	62.7	12.3	1.4	3.6	1.4
10.9	81.2	3.0	0.3	1.0	3.6	15.5	56.8	19.2	0.9	4.7	2.8

15-6 续表 5

项 目	在认为下列政策效果不明显的					
	优先发展产业的支持政策					
	不知道此政 策	不具备享受该政策的 资 格	吸引力不足	办理手续繁 琐	政府部门政策执行力度不够	其他原因
制造业	21.6	63.8	7.1	3.1	3.2	1.2
农副食品加工业	22.8	57.7	10.5	3.2	4.8	1.0
食品制造业	21.9	61.4	7.5	3.0	4.8	1.3
酒、饮料和精制茶制造业	21.0	60.4	9.0	3.5	4.7	1.4
烟草制品业	13.2	79.2	3.8			3.8
纺织业	14.9	72.3	7.2	2.6	2.0	1.0
纺织服装、服饰业	14.2	75.3	6.0	1.8	1.8	0.9
皮革、毛皮、羽毛及其制品和制鞋业	17.4	70.4	6.8	3.0	2.1	0.4
木材加工和木、竹、藤、棕、草制品业	22.0	57.3	11.1	4.2	3.9	1.5
家具制造业	23.2	64.2	6.8	2.5	2.6	0.5
造纸和纸制品业	20.9	65.6	7.3	2.3	2.9	1.0
印刷和记录媒介复制业	20.3	65.9	7.1	3.1	2.4	1.2
文教、工美、体育和娱乐用品制造业	19.9	67.8	6.1	2.7	2.2	1.4
石油加工、炼焦和核燃料加工业	23.1	56.0	9.9	3.0	3.6	4.5
化学原料和化学制品制造业	22.3	63.0	7.1	2.8	3.3	1.5
医药制造业	27.0	54.1	7.4	3.6	6.6	1.3
化学纤维制造业	17.2	71.8	5.7	1.2	2.6	1.4
橡胶和塑料制品业	20.6	66.6	6.5	3.2	2.2	1.0
非金属矿物制品业	20.3	64.6	7.2	3.6	3.3	1.1
黑色金属冶炼和压延加工业	18.3	68.6	7.0	2.2	2.7	1.1
有色金属冶炼和压延加工业	22.1	61.4	7.4	3.7	4.2	1.2
金属制品业	20.9	66.6	6.2	2.7	2.8	0.9
通用设备制造业	22.1	62.7	7.2	3.5	3.4	1.1
专用设备制造业	24.9	59.6	7.3	3.4	3.6	1.3
汽车制造业	24.5	60.4	6.9	3.6	3.3	1.4
铁路、船舶、航空航天和其他运输设备制造业	23.1	64.4	5.2	2.9	2.7	1.7
电气机械和器材制造业	24.2	61.9	6.1	3.4	3.2	1.1
计算机、通信和其他电子设备制造业	27.7	57.1	6.7	3.1	3.5	1.8
仪器仪表制造业	25.0	58.0	8.3	3.6	3.8	1.2
其他制造业	23.8	65.6	3.4	3.4	2.9	0.9
废弃资源综合利用业	20.5	63.2	7.4	2.6	4.2	2.1
金属制品、机械和设备修理业	35.3	51.5	2.9	4.4	1.5	4.4
电力、热力、燃气及水生产和供应业	14.6	71.3	5.3	1.5	3.5	3.8
电力、热力生产和供应业	13.4	72.8	5.2	1.4	2.8	4.5
燃气生产和供应业	17.6	66.1	5.2	2.1	6.0	3.0
水的生产和供应业	16.7	70.3	5.9	1.3	4.2	1.7

企业家中，对主要原因作出不同判断的企业家占比(%)											
金融支持相关政策						创造和保护知识产权的相关政策					
不知道此政　　策	不具备享受该政策的 资 格	吸引力不足	办理手续繁　　琐	政府部门政策执行力度不够	其他原因	不知道此政　　策	不具备享受该政策的 资 格	吸引力不足	办理手续繁　　琐	政府部门政策执行力度不够	其他原因
18.0	53.2	9.9	11.1	5.1	2.6	17.2	65.8	7.7	4.9	3.0	1.3
18.1	47.5	10.5	14.5	7.2	2.2	19.6	63.1	8.9	4.6	2.8	1.1
19.6	50.5	9.3	12.8	5.1	2.6	19.9	61.6	8.3	4.8	3.3	2.1
16.5	49.9	10.3	13.8	7.1	2.4	18.2	62.6	9.2	5.3	3.3	1.4
19.1	61.7	4.3		2.1	12.8	20.7	58.6	10.3	6.9	3.4	
13.6	63.3	9.5	8.7	3.5	1.3	12.1	73.6	7.6	3.9	2.0	0.8
14.0	65.1	8.3	8.5	2.9	1.2	12.6	75.5	6.1	2.9	1.8	1.1
16.1	61.7	8.8	9.1	3.4	0.9	14.7	73.1	6.9	2.9	1.6	0.8
18.6	48.7	9.6	15.9	5.3	2.1	20.1	63.2	8.0	5.1	2.5	1.2
20.7	52.9	9.5	10.7	4.4	1.7	19.4	61.9	8.4	5.6	3.5	1.3
17.1	56.8	11.0	8.7	4.4	2.1	17.3	68.0	8.1	4.0	1.6	1.1
18.5	53.6	11.3	11.6	2.9	2.1	17.0	67.7	7.1	3.5	2.4	2.2
16.8	58.4	8.3	10.1	4.3	2.2	16.6	67.1	6.6	5.2	3.1	1.4
18.2	48.6	12.5	11.6	6.4	2.7	17.3	63.9	9.0	3.7	2.8	3.4
18.1	52.0	9.8	12.1	5.3	2.7	18.1	63.8	8.0	5.5	3.3	1.4
21.5	41.8	12.4	12.7	6.8	4.8	20.6	57.8	9.9	5.5	4.9	1.3
16.2	59.6	9.0	7.0	6.2	2.0	13.8	69.6	5.5	6.3	3.0	1.8
17.4	57.5	9.0	9.7	4.3	2.1	16.4	67.7	7.5	4.8	2.3	1.2
17.2	54.4	8.9	12.2	5.2	2.1	16.9	67.7	7.1	4.6	2.6	1.1
15.6	57.3	9.6	10.0	5.4	2.1	15.2	70.5	7.0	3.6	2.3	1.3
17.7	51.6	9.8	11.6	7.4	2.0	18.3	63.7	7.9	5.5	3.1	1.6
17.6	57.2	9.0	10.0	4.3	1.9	16.4	69.0	6.5	4.6	2.4	1.0
18.5	51.2	11.1	11.2	5.2	2.8	17.2	63.9	7.9	5.9	4.0	1.1
19.0	48.6	10.5	12.4	5.9	3.7	18.7	61.0	8.9	5.5	4.4	1.5
20.1	49.4	9.6	11.2	6.2	3.6	18.4	64.2	7.2	5.1	3.6	1.5
19.5	54.4	9.9	9.2	4.0	3.0	17.1	65.7	6.9	4.8	3.6	1.9
19.6	50.4	10.4	11.2	5.2	3.4	18.7	61.8	8.1	6.0	4.0	1.4
22.4	46.8	11.2	10.4	4.2	5.0	19.5	60.6	8.3	5.4	4.0	2.2
17.9	46.8	12.2	11.8	5.5	5.7	17.7	57.3	10.8	6.9	6.4	0.9
20.1	54.8	8.7	9.3	5.6	1.5	19.7	64.1	6.9	5.6	2.3	1.3
14.8	60.3	6.3	10.6	5.3	2.6	17.8	66.5	4.9	4.3	2.7	3.8
25.4	49.3	4.5	14.9	3.0	3.0	17.7	71.0	6.5	4.8		
15.1	65.1	6.2	5.6	3.2	4.8	12.3	76.1	4.6	1.4	1.4	4.2
13.6	65.9	6.5	5.7	2.7	5.6	11.4	76.0	4.5	1.4	1.5	5.2
18.9	62.1	6.2	5.8	3.7	3.3	13.4	76.4	4.5	1.6	1.6	2.4
17.3	65.0	5.3	4.9	4.9	2.7	14.5	75.9	5.4	1.2	0.8	2.1

15-6 续表 6

项 目	在认为下列政策效果不明显的					
	企业研发费用加计扣除税收优惠政策					
	不知道此政策	不具备享受该政策的资格	吸引力不足	办理手续繁琐	政府部门政策执行力度不够	其他原因
四、按地区分						
东部地区	10.7	69.1	5.3	9.9	2.1	2.8
中部地区	15.4	62.3	6.9	9.3	3.5	2.6
西部地区	17.0	57.8	6.0	10.6	4.5	4.0
东北地区	18.3	58.9	7.7	8.6	3.1	3.3
北 京	9.7	54.5	7.7	21.0	2.2	4.9
天 津	15.7	66.8	5.3	8.0	1.0	3.2
河 北	18.7	63.6	5.3	7.2	2.9	2.3
山 西	16.3	61.5	5.9	7.9	3.9	4.5
内蒙古	20.9	56.9	6.8	6.1	4.1	5.2
辽 宁	13.6	62.7	8.0	8.9	3.1	3.8
吉 林	20.2	58.3	8.2	7.7	3.4	2.2
黑龙江	24.5	53.2	6.9	9.0	2.8	3.6
上 海	8.9	69.6	4.7	12.0	1.3	3.5
江 苏	7.1	75.4	5.4	8.1	1.4	2.6
浙 江	7.2	74.9	4.3	8.7	2.0	2.9
安 徽	11.5	64.9	6.1	10.6	3.6	3.2
福 建	14.5	63.3	5.9	11.1	2.6	2.6
江 西	17.8	59.8	6.7	8.6	3.9	3.2
山 东	13.8	66.8	5.9	8.8	2.5	2.1
河 南	16.8	64.4	6.8	7.8	2.5	1.7
湖 北	16.2	59.5	7.0	10.6	4.3	2.5
湖 南	15.3	60.8	8.1	9.4	3.7	2.7
广 东	13.3	58.9	6.1	15.3	2.9	3.6
广 西	18.6	55.6	7.3	11.1	4.7	2.8
海 南	14.7	69.3	5.3	5.3	2.7	2.7
重 庆	16.0	56.5	6.7	13.8	3.4	3.6
四 川	15.4	61.4	5.3	10.9	3.6	3.4
贵 州	19.6	53.7	5.5	8.8	5.5	7.0
云 南	16.7	59.3	5.0	9.5	5.5	4.0
西 藏	37.5	31.3	6.3	12.5	6.3	6.3
陕 西	19.6	52.2	6.6	12.6	5.6	3.5
甘 肃	18.1	58.3	6.2	7.1	6.8	3.5
青 海	19.6	53.6	4.1	11.3	6.2	5.2
宁 夏	14.4	55.2	8.0	10.4	7.6	4.4
新 疆	14.4	60.5	6.6	8.5	3.8	6.2

企业家中，对主要原因作出不同判断的企业家占比(%)											
高新技术企业所得税减免政策						企业研发活动专用仪器设备加速折旧政策					
不知道此政策	不具备享受该政策的资格	吸引力不足	办理手续繁琐	政府部门政策执行力度不够	其他原因	不知道此政策	不具备享受该政策的资格	吸引力不足	办理手续繁琐	政府部门政策执行力度不够	其他原因
7.4	80.3	3.0	5.2	1.4	2.8	13.2	67.1	8.4	6.7	1.1	3.5
10.5	74.8	4.4	5.2	2.3	2.7	18.6	62.7	8.1	6.2	1.7	2.7
12.3	70.8	3.5	5.8	2.8	4.7	21.0	60.3	6.9	5.8	2.0	4.1
14.2	71.7	4.7	4.6	2.0	2.8	19.8	60.6	9.3	5.5	1.3	3.5
6.0	77.0	4.2	6.6	1.2	5.1	13.5	51.2	14.8	11.2	1.1	8.2
11.0	78.5	2.7	3.9	0.5	3.3	18.2	64.7	7.9	5.2	0.6	3.5
14.4	73.5	3.7	4.7	1.7	2.0	22.3	63.4	6.5	3.8	1.2	2.8
11.5	74.4	3.2	4.5	3.0	3.3	18.8	64.9	5.9	4.4	1.9	4.1
16.5	66.0	4.0	3.2	4.6	5.8	24.7	58.1	6.2	3.8	2.6	4.6
10.2	74.2	5.3	5.2	2.0	3.1	16.1	61.7	11.1	5.8	1.3	4.1
16.5	72.1	4.5	3.9	1.1	1.9	20.8	63.6	8.5	3.2	1.4	2.6
18.7	66.9	3.7	4.2	2.9	3.4	24.9	56.1	7.0	7.4	1.2	3.4
5.2	82.1	2.3	6.3	0.9	3.2	11.1	64.1	10.5	8.6	1.2	4.5
4.6	83.5	2.8	5.2	1.1	2.7	9.9	71.7	7.5	6.6	0.8	3.4
4.8	85.4	2.2	3.9	1.1	2.6	8.9	72.9	8.1	5.7	1.0	3.5
7.4	77.8	3.8	5.2	2.1	3.5	14.9	65.8	7.6	6.8	1.4	3.5
10.5	75.2	3.7	5.9	2.0	2.8	16.8	63.6	8.3	6.7	1.4	3.1
13.4	72.0	3.7	4.7	2.8	3.4	20.4	60.4	8.4	5.3	2.1	3.5
9.6	77.3	4.1	4.7	2.1	2.2	16.4	66.3	8.3	5.3	1.2	2.4
11.5	76.0	4.6	4.2	1.8	1.9	19.3	65.0	7.5	5.4	1.0	1.9
10.8	74.0	4.1	6.3	2.6	2.3	20.1	60.3	7.9	6.7	2.6	2.3
10.5	72.1	6.3	6.0	2.4	2.8	19.6	59.0	10.3	6.8	1.7	2.5
9.4	73.6	3.4	8.0	2.1	3.5	16.9	56.7	10.0	10.5	1.7	4.3
13.7	68.0	4.6	6.5	3.4	3.9	21.8	58.3	8.1	5.6	2.5	3.7
10.0	78.8		5.0	2.5	3.8	18.9	55.6	7.8	11.1	2.2	4.4
10.9	70.3	3.4	8.6	1.9	4.9	19.6	60.4	6.5	7.5	1.8	4.2
11.2	73.9	3.2	5.7	1.9	4.1	19.3	64.0	6.3	5.9	1.1	3.4
15.7	63.0	3.7	5.3	4.3	8.0	22.9	55.3	6.3	4.8	3.5	7.2
11.6	72.7	2.8	5.1	3.2	4.7	21.3	61.5	5.4	6.2	2.3	3.3
27.3	50.0		4.5	4.5	13.6	27.3	54.5		4.5	4.5	9.1
13.8	69.4	4.4	5.9	2.7	3.8	23.5	55.2	9.7	6.4	1.8	3.4
10.8	71.9	3.2	5.8	4.5	3.8	19.6	61.3	7.5	4.3	3.6	3.6
15.7	67.6	1.0	4.9	4.9	5.9	24.8	52.5	9.9	5.0	4.0	4.0
8.1	72.4	3.3	5.5	5.1	5.5	25.0	54.0	8.8	4.4	3.3	4.4
11.0	72.6	3.8	3.3	3.0	6.3	19.4	61.9	6.4	3.8	1.8	6.8

15-6 续表 7

项 目	在认为下列政策效果不明显的 科技开发用品免征进口税收政策					
	不知道此政策	不具备享受该政策的资格	吸引力不足	办理手续繁琐	政府部门政策执行力度不够	其他原因
四、按地区分						
东部地区	11.9	75.5	3.4	3.1	0.7	5.4
中部地区	12.7	74.6	3.8	3.0	1.0	5.0
西部地区	14.8	72.1	3.0	2.8	1.0	6.5
东北地区	14.7	70.3	4.7	2.8	0.7	6.8
北 京	12.0	66.6	4.7	5.0	0.9	10.8
天 津	13.9	73.9	3.7	2.7	0.3	5.5
河 北	17.0	72.5	3.5	2.2	0.9	4.0
山 西	13.5	73.8	2.6	2.0	1.7	6.4
内蒙古	18.2	67.6	2.9	2.8	1.3	7.1
辽 宁	12.0	72.3	4.9	2.6	0.8	7.3
吉 林	15.5	71.6	3.9	2.5	0.7	5.8
黑龙江	18.2	65.7	5.0	3.5	0.5	7.1
上 海	13.4	71.2	3.7	3.7	0.8	7.1
江 苏	9.7	78.9	3.5	3.0	0.5	4.4
浙 江	9.7	79.1	2.7	2.3	0.5	5.7
安 徽	10.2	77.7	2.8	2.8	0.6	6.0
福 建	14.0	73.0	3.7	3.0	1.1	5.2
江 西	15.1	72.2	3.5	2.9	1.0	5.2
山 东	12.0	76.1	4.2	2.7	0.8	4.3
河 南	13.6	74.3	4.3	3.1	0.9	3.8
湖 北	12.7	73.9	3.6	3.1	1.1	5.4
湖 南	12.8	73.3	5.4	3.2	1.0	4.3
广 东	15.7	68.0	3.8	5.1	1.0	6.4
广 西	15.8	69.8	4.0	3.2	1.0	6.3
海 南	10.0	80.0		2.7	0.9	6.4
重 庆	13.2	73.5	2.6	3.3	0.6	6.8
四 川	13.3	75.2	2.7	2.3	0.5	6.0
贵 州	18.1	66.0	3.8	2.6	1.3	8.1
云 南	15.0	72.7	2.5	2.7	1.2	5.9
西 藏	20.0	60.0	4.0			16.0
陕 西	15.7	71.0	3.4	3.3	1.0	5.7
甘 肃	14.0	73.3	2.1	2.5	2.3	5.8
青 海	20.0	66.7	2.2	3.0	1.5	6.7
宁 夏	13.1	69.2	4.7	4.4	2.5	6.2
新 疆	16.9	68.4	2.7	2.6	1.0	8.5

企业家中，对主要原因作出不同判断的企业家占比(%)											
技术转让、技术开发收入免征增值税和技术转让减免所得税优惠政策						鼓励企业吸引和培养人才的相关政策					
不知道此政策	不具备享受该政策的资格	吸引力不足	办理手续繁琐	政府部门政策执行力度不够	其他原因	不知道此政策	不具备享受该政策的资格	吸引力不足	办理手续繁琐	政府部门政策执行力度不够	其他原因
10.9	76.8	3.5	3.1	0.9	4.8	20.0	56.1	16.3	3.4	2.9	1.4
13.4	72.7	4.7	3.8	1.3	4.1	22.7	46.3	22.7	3.2	4.0	1.0
15.1	71.6	3.5	2.9	1.5	5.4	26.0	44.5	21.1	2.7	4.1	1.6
16.4	68.8	5.2	3.4	1.0	5.3	26.8	45.8	20.2	2.5	3.0	1.7
9.2	69.8	4.0	6.1	1.2	9.6	27.3	43.9	16.3	5.7	4.6	2.2
14.1	74.3	3.4	3.1	0.4	4.8	23.4	55.4	15.4	2.3	1.8	1.8
16.8	72.3	4.3	2.2	1.0	3.4	26.1	50.9	18.1	1.8	2.2	1.0
13.0	74.6	2.7	2.3	1.9	5.5	21.4	46.7	22.8	2.4	6.1	0.6
19.1	67.5	3.0	2.2	1.7	6.5	25.9	43.9	19.6	2.8	5.2	2.6
12.5	71.4	5.5	3.8	1.1	5.7	23.9	49.5	18.3	2.9	2.8	2.7
18.9	68.4	4.7	2.4	1.3	4.2	27.4	46.5	21.9	1.4	2.5	0.2
20.1	64.8	5.0	3.6	0.7	5.8	31.0	38.9	21.9	2.8	4.0	1.4
11.1	75.2	3.0	3.1	0.6	6.9	27.2	49.5	13.9	5.2	2.6	1.6
8.6	80.2	3.5	3.0	0.7	4.0	16.0	61.8	15.1	3.7	2.1	1.3
8.3	81.5	2.5	2.2	0.7	4.9	15.2	63.4	14.9	2.6	2.5	1.3
10.2	76.3	3.9	3.2	1.0	5.3	21.3	48.0	21.4	3.7	4.0	1.6
13.8	73.1	4.2	3.1	1.1	4.8	22.9	50.6	18.2	2.6	4.2	1.5
16.4	71.2	4.0	2.8	1.2	4.4	26.0	47.5	19.0	2.6	4.0	1.0
12.3	75.1	5.0	3.3	0.9	3.4	18.5	54.5	20.9	2.7	2.5	0.9
14.2	72.0	5.9	3.7	1.2	3.1	20.4	49.2	24.1	3.2	2.5	0.6
14.1	72.1	4.1	4.5	1.4	3.8	25.0	41.7	24.3	2.7	5.2	1.0
13.8	70.3	5.9	4.7	1.7	3.6	23.3	44.7	22.9	3.5	4.4	1.1
13.8	69.8	3.8	4.9	1.2	6.5	28.3	43.2	16.9	5.2	4.6	1.7
16.0	70.4	3.7	2.6	2.1	5.2	27.5	42.4	21.3	2.3	4.6	1.9
14.4	77.3	3.1	1.0	1.0	3.1	23.3	45.2	20.5	2.7	6.8	1.4
13.9	72.5	3.4	4.0	0.9	5.5	28.8	44.8	18.7	2.9	3.0	1.8
13.9	74.4	3.4	2.4	1.0	4.9	24.2	48.8	19.5	2.7	3.5	1.2
19.5	64.8	3.8	3.1	1.8	6.9	28.6	42.5	19.7	2.6	4.0	2.5
15.0	73.4	3.1	2.0	1.3	5.2	25.7	47.5	18.8	2.9	4.4	0.7
18.5	59.3	3.7	3.7		14.8	30.8	61.5			7.7	
16.2	68.5	4.0	4.8	1.6	4.8	29.1	38.1	24.5	3.0	4.3	1.0
13.9	72.3	3.6	2.8	2.5	4.9	20.7	44.0	24.9	2.1	6.1	2.1
22.2	68.3	0.8	0.8	2.4	5.6	28.4	32.1	33.3		4.9	1.2
11.3	70.8	5.6	3.0	5.0	4.3	20.7	34.0	33.0	2.5	7.4	2.5
14.2	71.2	3.3	1.8	1.5	7.9	24.6	39.4	26.6	2.4	4.9	2.1

15-6 续表 8

项　目	在认为下列政策效果不明显的					
	优先发展产业的支持政策					
	不知道此政　策	不具备享受该政策的资格	吸引力不足	办理手续繁　琐	政府部门政策执行力度不够	其他原因
四、按地区分						
东部地区	20.4	66.9	6.3	2.7	2.5	1.2
中部地区	22.0	58.2	9.7	3.9	4.9	1.2
西部地区	24.0	58.2	7.8	3.7	4.6	1.7
东北地区	26.5	56.4	8.9	2.9	4.1	1.2
北　京	28.9	56.9	5.7	3.6	2.6	2.4
天　津	24.5	66.1	5.2	1.7	0.9	1.6
河　北	24.7	62.4	6.8	2.5	2.7	0.9
山　西	21.8	61.3	6.7	2.0	6.7	1.4
内蒙古	25.6	53.5	9.6	4.1	5.0	2.1
辽　宁	23.9	59.5	8.4	3.3	3.2	1.6
吉　林	26.3	56.6	10.5	1.8	3.9	0.9
黑龙江	30.9	50.9	8.4	3.2	5.6	0.9
上　海	26.8	62.7	4.3	2.5	2.1	1.6
江　苏	16.4	72.0	5.8	2.7	2.0	1.1
浙　江	16.4	72.7	5.4	2.0	2.4	1.1
安　徽	23.0	59.1	8.5	4.1	4.1	1.2
福　建	23.3	60.3	8.1	2.9	4.3	1.1
江　西	26.5	58.8	6.4	3.0	3.9	1.4
山　东	18.7	66.3	9.2	2.6	2.4	0.8
河　南	18.5	61.9	11.3	4.0	3.5	0.8
湖　北	22.6	55.4	9.7	4.4	7.0	1.0
湖　南	22.7	53.9	12.2	4.1	5.5	1.6
广　东	28.3	56.4	6.3	4.2	3.1	1.7
广　西	24.7	56.3	8.3	4.2	5.0	1.6
海　南	20.6	63.2	7.4	5.9	2.9	
重　庆	26.7	57.5	6.6	4.4	3.3	1.4
四　川	21.8	63.6	6.6	3.5	3.1	1.4
贵　州	26.6	53.0	9.5	2.9	5.2	2.8
云　南	21.4	61.1	6.4	4.6	5.5	1.0
西　藏	18.2	54.5			9.1	18.2
陕　西	28.4	50.5	9.0	5.0	5.8	1.3
甘　肃	20.4	57.6	10.1	2.3	7.0	2.6
青　海	27.3	61.0	5.2		6.5	
宁　夏	19.7	51.3	11.4	2.6	11.9	3.1
新　疆	25.0	54.5	10.5	1.8	5.8	2.4

企业家中，对主要原因作出不同判断的企业家占比(%)											
金融支持相关政策						创造和保护知识产权的相关政策					
不知道此政策	不具备享受该政策的资格	吸引力不足	办理手续繁琐	政府部门政策执行力度不够	其他原因	不知道此政策	不具备享受该政策的资格	吸引力不足	办理手续繁琐	政府部门政策执行力度不够	其他原因
17.8	56.9	9.3	9.2	4.1	2.7	16.0	68.2	7.0	4.6	2.9	1.3
16.8	45.7	11.7	16.4	7.1	2.3	18.1	62.5	9.5	5.5	3.1	1.3
18.9	47.2	10.1	13.7	7.0	3.0	18.9	63.3	7.9	4.7	3.3	2.0
20.9	50.4	10.2	10.4	5.0	3.1	21.4	60.7	9.3	4.0	3.0	1.5
21.6	45.8	12.5	9.9	3.9	6.2	22.6	55.4	9.0	4.8	4.9	3.4
19.4	60.3	8.1	7.8	1.8	2.7	18.4	68.8	6.2	3.0	2.4	1.2
20.2	52.9	9.2	11.7	4.4	1.7	19.9	65.6	7.6	3.7	2.2	1.0
14.9	51.4	10.9	9.9	10.4	2.5	16.2	67.7	7.3	3.9	3.0	1.8
20.7	46.5	11.1	11.7	6.7	3.3	21.7	62.3	6.3	3.8	2.9	2.9
19.7	53.0	10.3	8.8	4.7	3.4	18.7	63.4	9.3	3.6	3.1	1.9
22.4	49.1	12.3	8.0	5.1	3.1	21.6	63.0	8.8	3.3	2.0	1.3
21.3	47.4	8.2	15.2	5.2	2.6	25.8	54.3	9.8	5.3	3.7	1.2
23.3	53.0	10.0	6.5	3.3	4.0	20.1	63.7	6.3	4.8	3.7	1.5
15.0	61.5	9.1	9.0	2.9	2.5	12.8	73.0	6.3	4.7	2.1	1.2
15.9	62.8	8.8	5.7	4.3	2.5	13.4	72.4	6.2	3.8	3.1	1.2
16.5	44.5	11.4	16.8	7.6	3.2	16.8	64.2	8.8	5.6	3.2	1.4
20.2	48.8	10.3	10.8	7.2	2.7	19.6	63.0	7.9	5.3	3.2	1.1
23.3	46.0	10.1	12.4	6.0	2.2	22.4	60.2	8.2	4.3	3.4	1.5
15.0	55.5	9.9	13.4	4.7	1.6	15.6	68.5	8.8	4.0	2.4	0.7
14.4	48.7	11.3	18.5	5.7	1.5	15.8	64.4	10.4	6.4	2.1	0.9
17.2	42.3	12.2	17.9	8.3	2.2	19.1	61.5	9.7	4.8	3.7	1.3
17.0	45.6	13.5	15.0	6.4	2.4	20.1	58.3	10.2	6.0	3.8	1.5
22.7	48.1	9.1	12.2	4.5	3.4	21.0	57.7	8.1	6.8	4.1	2.3
18.6	48.6	12.1	11.1	7.6	2.0	22.7	57.1	8.9	5.0	4.5	1.8
24.6	53.8	4.6	13.8	3.1		13.6	69.7	3.0	12.1	1.5	
23.3	44.7	9.9	13.5	5.5	3.1	19.6	63.6	6.8	5.7	2.2	2.1
16.7	50.8	9.5	14.3	5.4	3.2	17.4	67.3	7.6	4.3	2.2	1.3
20.6	40.3	11.0	15.9	8.0	4.3	19.8	60.3	6.9	5.2	4.2	3.5
17.5	50.2	8.2	12.0	9.8	2.4	14.3	67.2	8.4	4.6	4.1	1.5
25.0	43.8	6.3	12.5	6.3	6.3	31.3	50.0	6.3		6.3	6.3
20.5	40.0	10.4	17.3	9.1	2.7	22.2	59.8	7.2	5.4	3.9	1.4
16.9	49.6	8.8	14.9	8.1	1.8	16.2	61.4	9.5	5.0	5.5	2.5
21.1	45.1	11.3	12.7	8.5	1.4	20.2	54.8	13.1	3.6	4.8	3.6
14.0	41.4	15.6	10.8	14.5	3.8	14.4	57.4	13.3	4.1	7.7	3.1
20.6	48.7	10.4	10.0	6.7	3.5	19.8	61.5	8.7	3.8	3.2	3.2

15-7 建筑业企业有关政策效果

项目	在认为下列政策效果不明显的					
	企业研发费用加计扣除税收优惠政策					
	不知道此政策	不具备享受该政策的资格	吸引力不足	办理手续繁琐	政府部门政策执行力度不够	其他原因
总计	**17.9**	**61.8**	**6.5**	**7.0**	**4.0**	**2.8**
一、按行业分						
房屋建筑业	18.5	59.8	6.9	6.8	5.2	2.8
土木工程建筑业	18.1	57.4	7.3	9.7	3.8	3.7
建筑安装业	16.5	68.7	4.5	5.5	2.9	1.9
建筑装饰和其他建筑业	17.4	66.2	6.3	5.4	2.4	2.4
二、按地区分						
东部地区	16.7	64.3	6.9	6.7	2.9	2.4
中部地区	18.7	61.1	5.5	5.9	6.2	2.6
西部地区	19.3	56.2	5.4	8.8	6.0	4.3
东北地区	22.7	55.8	9.7	7.8	1.3	2.6
北京	17.3	65.3	5.1	9.2	0.5	2.6
天津	11.8	68.8	10.8	2.2	1.1	5.4
河北	27.4	55.8	7.4	4.2	2.1	3.2
山西	22.4	55.1	4.1	8.2	6.1	4.1
内蒙古	30.0	45.0		5.0	15.0	5.0
辽宁	20.5	56.8	9.1	11.4	1.1	1.1
吉林	27.3	59.1	9.1	4.5		
黑龙江	25.0	52.3	11.4	2.3	2.3	6.8
上海	11.2	69.4	6.1	8.2	3.1	2.0
江苏	16.7	64.3	6.7	5.8	3.8	2.6
浙江	16.1	66.7	6.1	4.8	4.2	2.1
安徽	14.9	68.7	4.5	3.0	3.0	6.0
福建	15.4	61.5	8.8	12.1		2.2
江西	26.1	56.5	6.5	4.3	6.5	
山东	16.4	64.2	8.5	6.1	3.6	1.2
河南	18.6	60.1	6.0	6.0	6.0	3.3
湖北	19.4	58.1	5.6	6.5	9.7	0.8
湖南	14.5	68.4	5.3	6.6	3.9	1.3
广东	17.2	61.3	7.0	9.1	3.2	2.2
广西	24.0	60.0	8.0		4.0	4.0
海南	30.0	40.0		20.0	10.0	
重庆	22.0	57.3	4.9	7.3	6.1	2.4
四川	11.9	63.4	6.9	12.9	2.0	3.0
贵州	35.3	41.2		11.8	5.9	5.9
云南	12.7	63.6	3.6	7.3	9.1	3.6
西藏		50.0		50.0		
陕西	16.1	58.9	4.5	8.9	4.5	7.1
甘肃	35.7	42.9	7.1	3.6	10.7	
青海	16.7	33.3	33.3	16.7		
宁夏		30.0	10.0	20.0	10.0	30.0
新疆	35.7	42.9	3.6	7.1	10.7	

不明显的主要原因(2013−2014年)

企业家中，对主要原因作出不同判断的企业家占比(%)											
高新技术企业所得税减免政策						企业研发活动专用仪器设备加速折旧政策					
不知道此政策	不具备享受该政策的资格	吸引力不足	办理手续繁琐	政府部门政策执行力度不够	其他原因	不知道此政策	不具备享受该政策的资格	吸引力不足	办理手续繁琐	政府部门政策执行力度不够	其他原因
12.0	**76.7**	**2.7**	**3.5**	**2.5**	**2.6**	**21.7**	**64.2**	**6.0**	**3.6**	**1.6**	**3.0**
12.6	75.6	3.0	3.2	3.2	2.4	22.0	63.0	6.1	4.0	1.8	3.1
13.3	73.1	2.3	4.9	1.9	4.4	25.3	59.3	6.1	4.7	1.1	3.4
10.8	79.9	2.7	2.9	1.8	2.0	18.0	68.0	5.4	3.2	2.6	2.8
9.8	81.3	2.7	2.9	2.0	1.2	19.5	69.8	5.8	1.8	0.9	2.3
10.6	79.5	2.7	2.9	2.1	2.2	19.6	67.1	5.7	3.2	1.5	2.9
11.5	75.2	2.3	5.0	3.0	3.0	22.8	61.6	6.5	4.2	1.3	3.6
15.1	71.4	2.4	4.0	3.2	4.0	24.1	58.8	6.6	4.6	2.6	3.4
18.6	69.4	5.5	2.2	2.7	1.6	31.2	59.4	5.3	2.9	0.6	0.6
6.3	87.0	1.0	3.9		1.9	20.8	66.8	5.3	3.5	0.4	3.1
9.0	78.4	9.0	1.8		1.8	18.4	70.9	6.8	2.9		1.0
17.1	69.4	3.6	2.7	3.6	3.6	30.5	58.9	7.4	1.1		2.1
12.7	70.4	4.2	5.6	2.8	4.2	25.0	62.5	4.7	1.6	1.6	4.7
33.3	50.0	5.6	5.6	5.6		31.3	37.5		12.5	6.3	12.5
16.8	69.2	4.7	3.7	2.8	2.8	27.5	62.7	4.9	3.9		1.0
11.5	80.8	7.7				26.1	69.6		4.3		
26.0	64.0	6.0		4.0		42.2	46.7	8.9		2.2	
7.0	86.1	2.6	2.6	1.7		14.2	71.7	2.7	5.3	1.8	4.4
10.2	81.5	0.8	3.1	1.8	2.6	18.1	69.0	5.5	2.5	2.2	2.7
11.8	79.5	2.1	1.6	3.2	1.8	18.8	65.9	5.9	4.6	1.9	3.0
7.0	82.6		3.5	2.3	4.7	18.1	62.7	6.0	3.6	1.2	8.4
11.7	77.7	2.9	3.9		3.9	18.2	72.7	6.1	2.0		1.0
11.5	69.2	3.8	5.8	5.8	3.8	23.4	59.6	6.4	8.5	2.1	
12.0	75.5	2.7	2.7	4.3	2.7	18.5	69.8	6.8	2.5	0.6	1.9
12.8	75.9	2.5	4.4	2.0	2.5	21.8	65.4	5.3	2.7	1.6	3.2
15.0	73.7	0.8	3.8	3.8	3.0	25.7	55.6	9.7	4.2	1.4	3.5
7.3	76.0	4.2	8.3	3.1	1.0	22.5	62.9	5.6	7.9		1.1
10.1	76.3	5.1	5.1	2.0	1.5	22.2	61.1	5.4	3.0	3.4	4.9
3.8	84.6	3.8		7.7		14.8	77.8	3.7	3.7		
30.0	60.0			10.0		33.3	55.6			11.1	
18.9	71.1	1.1	3.3	1.1	4.4	22.0	63.4	4.9	7.3		2.4
11.4	79.8	1.8	4.4		2.6	23.4	66.4	4.7	2.8	0.9	1.9
25.0	66.7	4.2		4.2		40.0	40.0	5.0	10.0	5.0	
14.0	68.4		7.0	5.3	5.3	20.8	56.6	5.7	7.5	3.8	5.7
	100.0					50.0	50.0				
13.6	67.8	3.4	5.1	2.5	7.6	26.7	55.2	7.8	2.6	3.4	4.3
27.6	58.6	6.9		6.9		24.1	55.2	10.3	3.4	6.9	
28.6	42.9		14.3	14.3		28.6	28.6	14.3	14.3	14.3	
	80.0				20.0		81.8				18.2
8.3	77.8	2.8	2.8	8.3		28.1	46.9	18.8		3.1	3.1

15-7 续表 1

项 目	在认为下列政策效果不明显的					
	科技开发用品免征进口税收政策					
	不知道此政 策	不具备享受该政策的 资 格	吸引力不足	办理手续繁 琐	政府部门政策执行力度不够	其他原因
总 计	**15.9**	**73.9**	**2.6**	**2.0**	**0.9**	**4.7**
一、按行业分						
房屋建筑业	16.1	72.1	3.3	2.2	1.6	4.6
土木工程建筑业	18.2	70.8	2.5	2.0	0.8	5.7
建筑安装业	12.7	79.3	1.1	2.3	0.4	4.2
建筑装饰和其他建筑业	14.6	78.0	2.3	1.2	0.2	3.7
二、按地区分						
东部地区	14.3	76.2	2.7	1.7	0.7	4.5
中部地区	16.9	71.9	2.3	3.2	0.8	4.9
西部地区	17.6	70.6	2.6	1.4	1.9	5.9
东北地区	23.6	66.7	3.6	3.1	1.5	1.5
北 京	9.0	82.7	1.1	1.5	0.4	5.3
天 津	11.9	74.6	5.6	2.4		5.6
河 北	19.8	69.8	2.4		0.8	7.1
山 西	13.8	81.3		1.3		3.8
内蒙古	26.1	60.9		4.3	4.3	4.3
辽 宁	19.5	72.0	2.5	4.2		1.7
吉 林	20.7	62.1	6.9	3.4	3.4	3.4
黑龙江	35.4	56.3	4.2		4.2	
上 海	10.0	82.9	0.7	0.7		5.7
江 苏	13.9	76.1	2.5	2.7	1.1	3.6
浙 江	14.9	74.5	3.1	2.1	1.2	4.2
安 徽	9.6	76.6		3.2	1.1	9.6
福 建	18.0	75.4	0.8	2.5	0.8	2.5
江 西	20.4	68.5	7.4		3.7	
山 东	16.0	75.5	3.8	0.5	0.5	3.8
河 南	17.3	73.6	0.9	3.2	0.5	4.5
湖 北	19.0	67.1	3.2	3.2	1.3	6.3
湖 南	20.0	65.7	4.8	6.7		2.9
广 东	16.3	74.2	3.8	0.8		5.0
广 西	6.5	87.1	3.2	3.2		
海 南	45.5	54.5				
重 庆	18.2	71.7	2.0	2.0	1.0	5.1
四 川	11.5	76.2	4.6	2.3		5.4
贵 州	37.5	58.3				4.2
云 南	19.7	73.8				6.6
西 藏	50.0	50.0				
陕 西	18.7	67.5	3.3		2.4	8.1
甘 肃	33.3	50.0	3.3	3.3	6.7	3.3
青 海	37.5	37.5				25.0
宁 夏		75.0				25.0
新 疆	8.6	77.1	2.9		11.4	

企业家中对，主要原因作出不同判断的企业家占比(%)											
技术转让、技术开发收入免征增值税和技术转让减免所得税优惠政策						鼓励企业吸引和培养人才的相关政策					
不知道此政策	不具备享受该政策的资格	吸引力不足	办理手续繁琐	政府部门政策执行力度不够	其他原因	不知道此政策	不具备享受该政策的资格	吸引力不足	办理手续繁琐	政府部门政策执行力度不够	其他原因
15.6	**72.6**	**3.7**	**2.7**	**1.4**	**4.1**	**24.3**	**49.2**	**18.0**	**2.9**	**4.4**	**1.2**
15.3	71.4	4.2	3.1	1.6	4.4	23.7	46.7	19.4	2.8	6.3	1.1
17.1	68.9	4.1	3.2	1.4	5.3	23.2	48.0	19.9	3.1	4.1	1.8
15.1	74.9	3.1	2.6	0.8	3.5	26.9	52.8	13.1	3.4	2.8	0.9
14.5	78.2	2.6	1.3	1.1	2.3	24.8	52.8	16.9	2.3	2.3	0.9
14.2	74.9	3.6	2.3	1.1	4.0	22.6	52.6	16.5	3.1	4.4	0.7
15.5	70.9	3.8	3.3	2.1	4.4	27.2	44.0	18.8	3.4	4.6	2.2
18.1	68.7	3.6	3.2	1.8	4.7	23.2	45.4	22.1	2.2	5.2	1.9
22.3	66.5	5.0	3.9		2.2	34.8	43.8	18.8	0.9	1.8	
12.2	75.9	2.4	2.0	1.6	5.7	26.6	52.5	15.2	0.6	4.4	0.6
11.1	74.1	6.5	2.8		5.6	20.8	59.7	9.7	8.3		1.4
20.2	66.7	7.0	0.9	0.9	4.4	27.1	48.6	17.1	1.4	2.9	2.9
17.1	74.3	2.9		1.4	4.3	32.5	50.0	15.0		2.5	
26.1	56.5	4.3	4.3	4.3	4.3	27.3	36.4	27.3		9.1	
19.3	67.0	4.6	6.4		2.8	39.7	44.1	13.2	1.5	1.5	
20.0	72.0	4.0			4.0	31.3	50.0	18.8			
31.1	62.2	6.7				25.0	39.3	32.1		3.6	
9.4	82.7	2.4	1.6	0.8	3.2	28.8	46.6	16.4	4.1	4.1	
14.0	76.3	3.5	1.7	1.5	3.0	20.4	52.2	17.6	5.3	4.5	
14.6	74.6	3.0	2.8	1.5	3.5	18.9	52.5	19.7	1.7	7.1	
9.9	72.5	3.3	4.4	2.2	7.7	24.1	50.0	18.5	5.6		1.9
12.1	76.7	2.6	4.3	0.9	3.4	17.3	60.0	16.0	4.0	2.7	
19.6	72.5	2.0		3.9	2.0	22.9	37.1	31.4	2.9	5.7	
15.3	73.0	3.6	3.6	0.5	4.1	22.3	55.4	14.3	1.8	4.5	1.8
15.3	70.9	3.0	4.4	2.0	4.4	27.6	46.3	17.9	3.0	3.0	2.2
16.4	68.4	4.6	3.3	2.6	4.6	25.3	37.4	21.2	3.0	9.1	4.0
16.7	69.8	6.3	4.2	1.0	2.1	31.5	44.4	11.1	5.6	5.6	1.9
17.3	72.9	3.7	1.4	0.5	4.2	26.4	50.7	14.2	2.7	4.1	2.0
9.7	83.9	3.2	3.2			30.0	35.0	25.0	5.0	5.0	
18.2	63.6	9.1			9.1	30.0	30.0	40.0			
18.9	70.5	1.1	5.3		4.2	31.3	48.4	10.9	3.1	4.7	1.6
13.7	73.4	3.2	4.8		4.8	12.7	59.5	20.3	2.5	2.5	2.5
29.2	58.3	4.2		4.2	4.2	30.8	38.5	30.8			
23.7	66.1	1.7	3.4		5.1	25.0	43.2	18.2	2.3	6.8	4.5
50.0	50.0							100.0			
17.5	67.5	2.5	1.7	4.2	6.7	29.4	40.0	20.0	2.4	5.9	2.4
26.9	53.8	15.4		3.8		14.3	57.1	21.4		7.1	
22.2	33.3	22.2		11.1	11.1		25.0	50.0		25.0	
	81.8				18.2	16.7	33.3	50.0			
14.3	74.3	5.7	2.9	2.9		12.0	32.0	48.0		8.0	

15-7 续表 2

项　目	在认为下列政策效果不明显的					
	优先发展产业的支持政策					
	不知道此政　策	不具备享受该政策的 资 格	吸引力不足	办理手续繁　琐	政府部门政策执行力度不够	其他原因
总　计	**22.4**	**63.4**	**6.2**	**2.2**	**4.5**	**1.3**
一、按行业分						
房屋建筑业	22.6	60.8	7.1	2.4	6.0	1.1
土木工程建筑业	21.5	65.0	4.9	2.4	3.9	2.3
建筑安装业	21.5	66.8	4.8	2.8	3.0	1.0
建筑装饰和其他建筑业	24.1	64.4	6.7	1.0	3.3	0.6
二、按地区分						
东部地区	20.5	66.8	5.6	2.1	4.0	1.1
中部地区	24.3	58.8	7.4	2.4	4.8	2.2
西部地区	25.3	60.0	5.5	2.1	6.0	1.1
东北地区	28.4	54.6	9.2	2.1	5.0	0.7
北　京	22.9	68.3	3.9	1.5	2.0	1.5
天　津	15.3	76.5	2.4	4.7		1.2
河　北	19.8	63.0	7.4	1.2	6.2	2.5
山　西	25.9	64.8	3.7		5.6	
内蒙古	45.5	36.4			18.2	
辽　宁	28.7	56.3	8.0	1.1	4.6	1.1
吉　林	16.7	61.1	16.7	5.6		
黑龙江	33.3	47.2	8.3	2.8	8.3	
上　海	23.6	70.8	3.8	0.9	0.9	
江　苏	19.0	66.3	5.4	2.2	6.3	0.6
浙　江	20.9	64.4	7.5	1.3	5.2	0.7
安　徽	17.9	60.7	10.7	3.6	1.8	5.4
福　建	15.5	69.0	6.0	6.0	2.4	1.2
江　西	32.5	57.5	5.0		5.0	
山　东	17.5	67.9	9.5	1.5	2.9	0.7
河　南	23.9	60.7	5.5	4.3	2.5	3.1
湖　北	28.3	54.0	8.9		7.1	1.8
湖　南	18.3	56.3	11.3	4.2	8.5	1.4
广　东	24.2	63.7	2.7	2.7	4.4	2.2
广　西	21.1	63.2	5.3		10.5	
海　南	30.0	50.0	20.0			
重　庆	27.1	65.7	2.9	2.9		1.4
四　川	22.0	65.0	7.0	1.0	3.0	2.0
贵　州	40.0	53.3			6.7	
云　南	30.6	55.1	6.1		6.1	2.0
西　藏		100.0				
陕　西	21.3	62.0	7.4	3.7	4.6	0.9
甘　肃	20.0	45.0	5.0	5.0	25.0	
青　海	33.3	16.7		16.7	33.3	
宁　夏	12.5	75.0	12.5			
新　疆	32.1	53.6	3.6		10.7	

企业家中，对主要原因作出不同判断的企业家占比(%)											
金融支持相关政策						创造和保护知识产权的相关政策					
不知道此政策	不具备享受该政策的资格	吸引力不足	办理手续繁琐	政府部门政策执行力度不够	其他原因	不知道此政策	不具备享受该政策的资格	吸引力不足	办理手续繁琐	政府部门政策执行力度不够	其他原因
20.3	**55.2**	**7.0**	**9.6**	**6.0**	**1.8**	**18.1**	**65.6**	**8.0**	**3.7**	**3.0**	**1.6**
20.7	52.4	7.9	9.6	7.6	1.8	18.4	64.6	8.6	3.7	3.7	1.0
19.9	56.4	7.2	8.4	5.9	2.2	17.0	63.2	9.4	4.8	2.8	2.8
19.6	57.3	6.9	9.7	4.8	1.8	18.7	66.9	6.4	3.1	3.6	1.4
20.6	58.0	4.9	10.8	4.1	1.6	18.1	69.2	6.7	2.9	1.6	1.6
19.2	58.8	7.1	8.4	4.8	1.7	16.5	68.5	7.6	3.8	2.5	1.0
21.4	48.0	7.6	11.8	8.9	2.3	19.2	62.0	7.7	4.0	3.8	3.3
21.6	52.8	4.7	11.4	7.3	2.1	21.1	59.7	9.1	3.7	4.3	2.1
24.6	50.7	10.6	8.5	4.9	0.7	21.2	65.2	10.6	0.8	2.3	
24.5	59.6	3.7	6.4	2.1	3.7	19.6	66.5	8.2	2.5	1.3	1.9
19.6	63.0	6.5	9.8		1.1	16.7	73.8	2.4	6.0		1.2
22.0	52.4	8.5	7.3	4.9	4.9	22.1	64.7	7.4	5.9		
28.6	46.4	5.4	7.1	10.7	1.8	21.7	63.0	10.9		2.2	2.2
50.0	20.0		10.0	20.0		37.5	25.0	25.0		12.5	
24.4	53.7	9.8	9.8	2.4		17.3	68.0	12.0		2.7	
22.2	50.0	16.7	5.6	5.6		11.1	77.8	11.1			
26.2	45.2	9.5	7.1	9.5	2.4	33.3	53.8	7.7	2.6	2.6	
22.2	62.6	6.1	5.1	4.0		18.0	68.5	6.7	1.1	5.6	
14.5	59.4	7.3	11.9	5.6	1.3	13.6	70.3	8.0	4.2	3.1	0.7
18.0	58.8	6.9	6.6	8.3	1.4	16.0	66.9	9.1	3.8	3.4	0.8
17.2	48.3	12.1	13.8	6.9	1.7	17.2	67.2	6.9	1.7	3.4	3.4
17.9	57.7	5.1	11.5	6.4	1.3	11.1	70.4	6.2	7.4	4.9	
26.5	55.9		8.8	5.9	2.9	20.0	60.0	8.6	2.9		8.6
19.0	57.7	10.2	8.0	5.1		15.4	74.8	6.5	1.6	0.8	0.8
22.4	49.4	6.4	13.5	5.8	2.6	20.8	63.2	5.6	4.9	2.8	2.8
16.5	41.3	10.1	15.6	12.8	3.7	18.1	58.1	9.5	4.8	5.7	3.8
22.2	52.8	8.3	5.6	11.1		16.9	61.5	7.7	6.2	6.2	1.5
20.8	58.4	9.2	6.9	2.3	2.3	18.8	64.6	8.3	3.5	2.1	2.8
14.3	57.1	14.3	4.8	9.5		16.7	66.7	16.7			
20.0	30.0	10.0	30.0	10.0		42.9	28.6	14.3	14.3		
26.1	55.1	4.3	10.1	2.9	1.4	25.7	64.3	2.9	1.4	2.9	2.9
13.0	62.0	5.4	12.0	4.3	3.3	12.2	67.1	6.1	8.5	1.2	4.9
28.6	57.1		7.1	7.1		40.0	40.0	20.0			
24.4	42.2	4.4	13.3	11.1	4.4	23.7	63.2	5.3	5.3		2.6
	100.0						100.0				
25.0	47.1	2.9	14.4	7.7	2.9	25.3	59.8	8.0	3.4	2.3	1.1
16.7	58.3	8.3	12.5	4.2		6.3	37.5	25.0		31.3	
28.6	42.9			28.6			20.0	40.0		40.0	
25.0	62.5			12.5		25.0	50.0	25.0			
14.8	55.6	7.4	11.1	11.1		18.5	59.3	7.4	3.7	11.1	

15-8 服务业企业有关政策效果

项目	在认为下列政策效果不明显的					
	企业研发费用加计扣除税收优惠政策					
	不知道此政策	不具备享受该政策的资格	吸引力不足	办理手续繁琐	政府部门政策执行力度不够	其他原因
总计	**12.4**	**74.4**	**3.3**	**3.7**	**1.9**	**4.2**
一、按行业分						
批发和零售业	13.0	74.8	3.5	3.0	1.9	3.9
批发业	11.8	72.5	4.4	3.9	2.8	4.7
零售业	14.1	76.8	2.7	2.2	1.1	3.2
交通运输、仓储和邮政业	12.2	75.8	3.3	1.7	3.3	3.7
铁路运输业	15.6	81.3			3.1	
道路运输业	12.5	76.2	3.1	1.5	4.8	1.9
水上运输业	12.8	73.7	4.8	2.0	2.0	4.6
航空运输业	13.5	67.4	4.5	1.1		13.5
管道运输业		86.7	13.3			
装卸搬运和运输代理业	11.5	77.2	3.4	1.7	1.9	4.4
仓储业	12.2	75.1	2.8	1.4	1.4	7.2
邮政业	11.3	72.7	2.7	3.5	1.2	8.6
信息传输、软件和信息技术服务业	12.0	55.4	5.5	18.3	1.3	7.6
电信、广播电视和卫星传输服务	20.3	61.9	3.0	2.3	1.4	11.1
互联网和相关服务	8.6	62.2	3.8	19.5	1.6	4.3
软件和信息技术服务业	8.2	51.1	7.0	26.3	1.2	6.2
金融业	11.5	72.2	3.2	1.4	1.4	10.3
货币金融服务	10.1	72.1	3.4	2.2	1.6	10.7
资本市场服务	7.6	80.4	1.9	1.3	1.3	7.6
保险业	14.9	68.5	3.2	0.7	0.9	11.7
其他金融业	10.1	75.9	5.1	1.3	2.5	5.1
租赁和商务服务业	7.9	82.0	0.7	3.6	0.8	5.1
租赁业	13.2	78.6	1.9	1.9		4.4
商务服务业	7.7	82.1	0.6	3.6	0.8	5.2
科学研究和技术服务业	14.1	70.1	3.7	7.2	2.0	2.9
研究和试验发展	4.1	59.7	6.2	15.6	2.9	11.5
专业技术服务业	15.7	72.3	3.4	5.0	1.5	2.0
科技推广和应用服务业	12.1	65.6	3.7	12.2	3.7	2.6
水利、环境和公共设施管理业	10.5	75.2	3.6	3.1	3.2	4.4
水利管理业	14.3	68.6	8.6			8.6
生态保护和环境治理业	10.1	64.6	2.5	12.7	2.5	7.6
公共设施管理业	10.4	76.8	3.5	2.1	3.5	3.8

不明显的主要原因(2013-2014年)

企业家中，对主要原因作出不同判断的企业家占比(%)											
高新技术企业所得税减免政策						企业研发活动专用仪器设备加速折旧政策					
不知道此政策	不具备享受该政策的资格	吸引力不足	办理手续繁琐	政府部门政策执行力度不够	其他原因	不知道此政策	不具备享受该政策的资格	吸引力不足	办理手续繁琐	政府部门政策执行力度不够	其他原因
10.5	**80.4**	**2.2**	**2.0**	**1.1**	**3.8**	**11.8**	**75.5**	**4.3**	**2.8**	**0.9**	**4.8**
11.9	79.2	2.6	1.7	1.1	3.6	12.5	76.4	3.9	2.3	1.0	4.1
10.4	79.1	2.8	1.8	1.8	4.1	9.8	74.8	6.1	2.9	1.7	4.7
13.1	79.2	2.5	1.5	0.6	3.1	14.6	77.7	2.0	1.7	0.4	3.6
9.3	83.0	2.3	1.4	1.0	3.1	11.0	80.2	3.2	1.2	0.3	4.1
5.7	88.6	2.9	2.9			6.5	87.1		3.2	3.2	
10.3	82.7	2.4	1.4	1.4	1.8	11.9	80.5	3.3	1.1	0.3	2.9
9.1	81.3	4.0	0.9	1.4	3.3	12.9	73.3	5.6	1.9	1.0	5.3
11.7	77.7	1.1			9.6	8.6	79.6				11.8
	88.2	11.8				5.9	76.5	11.8			5.9
7.7	85.6	1.5	0.9	0.3	4.1	7.8	83.4	2.9	1.1	0.2	4.7
8.1	81.6	1.9	2.5	0.9	4.9	11.6	79.0	2.4	1.4	0.3	5.3
8.7	82.2	1.4	1.4	0.3	5.9	11.6	77.2	2.5	1.8	0.4	6.7
6.4	72.5	1.6	8.6	1.2	9.7	14.8	50.3	12.7	10.1	0.9	11.2
12.2	70.2	0.5	5.2	1.3	10.6	19.0	62.7	4.3	2.8	0.6	10.5
5.8	72.3	1.2	11.0	0.6	9.2	15.9	54.7	12.8	8.5	0.8	7.4
2.9	73.9	2.3	10.3	1.2	9.3	13.1	45.4	15.7	13.0	1.0	11.9
7.0	84.2	1.0	0.2	0.3	7.2	8.5	78.1	2.5	0.6	0.2	10.1
5.3	85.9	0.7	0.2	0.5	7.4	6.2	79.6	3.0	0.7	0.5	10.0
4.1	89.3	0.6			5.9	6.4	81.3	1.8			10.5
10.1	80.4	1.3	0.4	0.2	7.6	11.9	75.7	2.1	0.4		10.0
6.8	84.1	2.3			6.8	9.2	74.7	3.4	2.3		10.3
5.1	89.5	0.3	1.0	0.6	3.4	6.0	81.8	2.7	2.7	0.4	6.5
11.0	85.6	0.7	0.7		2.1	12.5	82.9	1.3	0.7		2.6
5.0	89.6	0.3	1.0	0.6	3.4	5.8	81.7	2.8	2.7	0.4	6.6
8.9	80.4	1.0	4.6	1.9	3.1	12.7	69.0	7.1	5.5	1.3	4.4
5.4	72.8	3.3	6.2	3.7	8.6	15.0	49.8	14.0	7.8	2.2	11.2
9.8	81.5	0.5	4.1	1.5	2.6	12.9	73.3	5.0	4.3	1.1	3.5
7.0	79.2	2.0	6.0	2.9	2.9	10.6	62.5	11.7	8.9	1.9	4.4
9.0	81.9	2.2	2.5	1.0	3.4	11.0	78.8	3.2	1.5	1.1	4.5
13.5	78.4	2.7			5.4	13.5	73.0	8.1		2.7	2.7
8.3	76.4		5.6	1.4	8.3	16.5	68.2	2.4	4.7		8.2
8.8	82.7	2.4	2.3	1.0	2.8	10.2	80.3	3.0	1.1	1.1	4.2

15-8 续表 1

项 目	在认为下列政策效果不明显的					
	科技开发用品免征进口税收政策					
	不知道此政策	不具备享受该政策的资格	吸引力不足	办理手续繁琐	政府部门政策执行力度不够	其他原因
总 计	**10.0**	**80.1**	**2.6**	**1.8**	**0.7**	**4.7**
一、按行业分						
批发和零售业	10.8	79.5	3.1	2.0	0.9	3.8
批发业	7.8	78.9	4.4	2.7	1.4	4.8
零售业	13.2	79.9	2.0	1.5	0.4	2.9
交通运输、仓储和邮政业	9.7	83.8	1.7	0.7	0.5	3.6
铁路运输业	5.4	89.2			2.7	2.7
道路运输业	11.1	84.4	1.5	0.4	0.5	2.1
水上运输业	10.4	79.9	2.8	1.6	1.6	3.7
航空运输业	6.8	78.6	1.0	1.0	1.0	11.7
管道运输业	5.9	82.4	5.9			5.9
装卸搬运和运输代理业	6.2	85.4	2.3	0.7	0.1	5.2
仓储业	9.9	82.0	1.2	1.5	0.1	5.1
邮政业	9.2	81.9	1.6	0.7		6.6
信息传输、软件和信息技术服务业	9.5	73.1	2.4	2.2	0.5	12.4
电信、广播电视和卫星传输服务	13.8	73.0	1.0	0.7	0.7	10.7
互联网和相关服务	7.0	77.3	2.6	2.3	0.3	10.5
软件和信息技术服务业	8.4	72.6	2.9	2.6	0.5	13.1
金融业	8.4	81.2	0.9	0.4	0.2	8.9
货币金融服务	8.0	80.5	1.0	0.7	0.3	9.4
资本市场服务	4.4	88.0		0.5		7.1
保险业	10.1	80.1	0.8		0.2	8.7
其他金融业	8.8	78.0	2.2	1.1		9.9
租赁和商务服务业	5.2	86.6	1.2	1.5	0.2	5.4
租赁业	9.9	82.6	3.5		0.6	3.5
商务服务业	5.0	86.7	1.1	1.6	0.1	5.5
科学研究和技术服务业	10.9	80.0	1.7	1.5	0.4	5.5
研究和试验发展	11.2	71.9	2.9	3.4	0.3	10.4
专业技术服务业	10.9	81.4	1.6	1.0	0.3	4.8
科技推广和应用服务业	10.7	78.7	1.9	2.4	0.9	5.5
水利、环境和公共设施管理业	9.3	81.5	2.6	1.1	0.6	5.0
水利管理业	13.5	75.7	2.7		5.4	2.7
生态保护和环境治理业	9.4	77.4	0.9	0.9	0.9	10.4
公共设施管理业	9.1	82.3	2.8	1.2	0.3	4.3

企业家中，对主要原因作出不同判断的企业家占比(%)											
技术转让、技术开发收入免征增值税和技术转让减免所得税优惠政策						鼓励企业吸引和培养人才的相关政策					
不知道此政策	不具备享受该政策的资格	吸引力不足	办理手续繁琐	政府部门政策执行力度不够	其他原因	不知道此政策	不具备享受该政策的资格	吸引力不足	办理手续繁琐	政府部门政策执行力度不够	其他原因
10.9	**79.9**	**2.3**	**1.9**	**0.7**	**4.2**	**20.5**	**58.1**	**14.9**	**2.3**	**2.1**	**2.0**
11.5	79.9	2.5	1.6	0.8	3.7	19.8	59.7	15.1	2.0	1.7	1.7
10.4	78.3	3.7	1.6	1.4	4.7	17.5	62.5	16.0	2.2	1.1	0.8
12.5	81.2	1.5	1.6	0.4	2.8	21.7	57.4	14.4	1.9	2.2	2.4
9.9	83.1	2.5	0.9	0.3	3.4	20.5	58.3	13.8	2.2	3.5	1.8
6.1	87.9	3.0	3.0			15.4	61.5	19.2		3.8	
10.8	83.9	2.3	1.0	0.3	1.7	21.4	59.4	11.9	1.5	5.0	0.8
12.7	77.1	4.7	0.7	0.7	4.0	26.1	48.4	18.6	2.3	3.3	1.3
8.0	78.0	1.0	1.0		12.0	19.7	59.1	6.1	4.5	4.5	6.1
	81.3	12.5			6.3		66.7	33.3			
7.1	84.4	2.8	0.6	0.1	4.9	20.3	58.7	14.3	3.7	0.9	2.1
10.0	82.3	1.0	1.3	0.1	5.3	14.6	58.6	17.4	2.0	2.3	5.1
8.9	81.2	3.1	0.3	0.7	5.8	19.1	57.4	16.4	2.7	1.1	3.3
11.2	66.3	3.0	7.4	1.1	10.9	26.7	42.2	16.4	6.3	4.8	3.6
13.8	74.5	1.1	1.3	0.3	9.0	20.0	54.1	13.5	2.4	3.6	6.5
8.7	74.3	2.1	3.7		11.2	28.0	43.4	9.3	9.9	5.5	3.8
10.2	60.6	4.2	11.4	1.6	12.0	29.0	37.8	18.3	7.3	5.1	2.5
7.9	81.5	0.9	0.2	0.2	9.2	22.4	54.0	12.2	2.5	3.2	5.7
7.1	81.1	1.2	0.2	0.3	10.0	16.3	62.9	9.5	1.8	3.1	6.4
5.6	87.1		0.6		6.7	26.3	48.4	8.4	10.5	2.1	4.2
9.4	80.0	0.8		0.2	9.6	26.7	47.9	15.2	1.0	3.6	5.6
10.1	80.9	1.1	1.1		6.7	29.2	43.8	18.8		4.2	4.2
7.2	85.2	1.3	1.7	0.2	4.5	18.4	61.2	15.3	0.7	1.6	2.8
10.6	85.1		1.9		2.5	18.4	62.4	13.6	0.8	1.6	3.2
7.1	85.2	1.4	1.7	0.2	4.5	18.4	61.1	15.4	0.7	1.6	2.8
11.1	77.6	1.8	3.6	1.0	4.9	27.5	49.3	13.2	5.3	2.6	2.1
10.6	67.6	2.8	7.7	0.7	10.6	32.9	38.4	16.0	5.5	4.1	3.2
11.5	79.2	1.5	2.5	1.1	4.2	27.8	51.5	11.9	4.6	2.1	2.1
10.0	75.1	2.5	6.4	0.9	5.0	24.4	46.1	16.6	7.4	3.8	1.7
10.7	80.4	2.4	0.9	0.5	5.1	20.2	56.6	16.0	1.5	2.0	3.6
16.2	70.3	5.4		2.7	5.4	18.2	54.5	13.6		9.1	4.5
11.7	73.4	2.1			12.8	23.2	50.7	20.3	2.9		2.9
10.2	81.8	2.3	1.1	0.4	4.1	19.9	57.5	15.5	1.4	2.0	3.6

15-8 续表 2

项　目	在认为下列政策效果不明显的					
	优先发展产业的支持政策					
	不知道此政　策	不具备享受该政策的资格	吸引力不足	办理手续繁　琐	政府部门政策执行力度不够	其他原因
总　计	**19.2**	**68.1**	**6.3**	**1.9**	**2.2**	**2.3**
一、按行业分						
批发和零售业	18.7	68.1	7.1	2.0	1.8	2.2
批发业	15.2	66.7	11.0	1.6	2.8	2.8
零售业	21.6	69.3	3.9	2.4	1.0	1.7
交通运输、仓储和邮政业	17.2	69.2	6.3	1.2	4.4	1.7
铁路运输业	18.5	74.1	3.7		3.7	
道路运输业	16.3	68.5	7.1	0.8	6.6	0.7
水上运输业	17.9	65.3	7.4	2.6	5.9	0.9
航空运输业	22.7	63.6	3.0	3.0	3.0	4.5
管道运输业	9.1	90.9				
装卸搬运和运输代理业	19.3	72.4	5.5	0.6	0.4	1.8
仓储业	15.8	68.9	4.9	2.5	2.3	5.7
邮政业	17.8	70.1	4.2	1.9	3.3	2.8
信息传输、软件和信息技术服务业	33.3	52.8	4.8	3.7	2.8	2.6
电信、广播电视和卫星传输服务	23.3	63.2	3.0	3.0	2.6	4.9
互联网和相关服务	27.6	55.1	5.9	5.4	2.7	3.2
软件和信息技术服务业	37.6	48.7	5.3	3.8	2.8	1.7
金融业	14.5	74.1	2.9	0.1	2.7	5.6
货币金融服务	8.7	79.9	2.8		2.8	5.9
资本市场服务	19.5	74.2	0.8		1.6	3.9
保险业	19.3	67.7	4.0	0.3	2.3	6.3
其他金融业	14.5	72.7	1.8		7.3	3.6
租赁和商务服务业	15.7	76.4	2.0	1.1	1.7	3.1
租赁业	16.7	74.6	4.3	0.7	2.2	1.4
商务服务业	15.6	76.5	2.0	1.1	1.7	3.2
科学研究和技术服务业	23.5	64.0	6.1	2.2	2.6	1.6
研究和试验发展	33.3	53.0	6.1	3.4	3.0	1.1
专业技术服务业	21.1	67.3	5.5	1.6	2.6	1.9
科技推广和应用服务业	28.7	56.0	8.5	4.2	2.1	0.6
水利、环境和公共设施管理业	16.6	69.5	7.2	1.7	3.0	2.0
水利管理业	17.2	69.0	3.4	3.4	3.4	3.4
生态保护和环境治理业	25.0	60.5	9.2	3.9		1.3
公共设施管理业	15.2	70.9	7.1	1.2	3.5	2.0

企业家中，对主要原因作出不同判断的企业家占比(%)											
金融支持相关政策						创造和保护知识产权的相关政策					
不知道此政策	不具备享受该政策的资格	吸引力不足	办理手续繁琐	政府部门政策执行力度不够	其他原因	不知道此政策	不具备享受该政策的资格	吸引力不足	办理手续繁琐	政府部门政策执行力度不够	其他原因
18.1	**62.5**	**7.2**	**6.3**	**3.5**	**2.4**	**14.4**	**74.2**	**4.3**	**2.8**	**1.5**	**2.7**
18.3	63.2	7.1	6.0	3.6	1.8	14.5	74.0	4.3	3.2	1.4	2.6
14.0	64.7	9.7	5.9	4.5	1.2	10.2	73.0	6.2	5.1	2.3	3.2
21.8	62.1	5.0	6.0	2.9	2.3	18.1	74.7	2.7	1.6	0.7	2.1
16.7	60.6	8.2	6.7	5.9	2.0	13.9	78.3	3.2	1.6	0.9	2.1
19.2	69.2	3.8	3.8	3.8		3.2	90.3	6.5			
15.9	59.6	9.6	6.4	7.2	1.3	12.9	80.1	2.9	1.9	1.0	1.2
20.1	50.6	8.8	7.0	12.5	0.9	18.4	74.1	3.2	0.3	2.6	1.4
19.4	67.2	1.5	6.0	1.5	4.5	11.0	78.0	2.4	1.2	2.4	4.9
8.3	75.0	16.7					100.0				
17.4	66.2	6.8	5.4	2.4	1.8	14.6	78.6	3.4	1.2	0.1	2.0
18.8	56.1	5.3	11.2	3.2	5.5	17.2	71.5	3.3	2.5	0.5	5.0
10.2	71.4	6.6	4.1	4.6	3.1	9.0	78.5	4.7	1.3	1.3	5.2
22.9	49.2	9.2	8.8	3.5	6.3	20.5	58.2	8.3	5.9	3.0	4.2
18.9	67.9	3.8	1.7	0.8	6.8	17.8	68.5	3.3	2.7	1.3	6.5
17.7	55.4	6.1	6.9	3.5	10.4	19.0	57.7	7.7	6.3	3.5	5.6
25.0	41.8	11.5	11.6	4.5	5.7	22.2	52.4	11.1	7.6	3.9	2.8
15.1	64.8	7.8	1.8	3.0	7.5	11.9	73.5	3.8	0.9	1.1	8.8
8.1	75.4	4.9	1.4	1.8	8.4	9.3	78.0	2.9	1.1	0.8	8.0
23.4	49.4	11.7	3.9	5.2	6.5	13.2	76.0	2.3		0.8	7.8
19.0	57.9	9.9	2.0	4.0	7.1	14.3	68.6	4.6	1.1	1.1	10.3
23.8	61.9	7.1		2.4	4.8	10.8	70.8	7.7		3.1	7.7
14.0	68.4	5.8	7.2	1.6	3.0	11.3	79.8	4.2	0.5	1.1	3.1
16.4	63.1	5.7	9.0	3.3	2.5	15.8	80.6	1.4	0.7		1.4
13.9	68.6	5.8	7.2	1.5	3.0	11.2	79.8	4.3	0.5	1.1	3.1
20.4	61.3	6.7	6.1	1.8	3.7	15.4	73.2	3.7	2.8	3.0	1.9
22.7	43.0	12.9	10.7	4.2	6.5	16.3	54.5	10.1	8.4	7.9	2.8
20.5	65.4	4.7	4.6	1.1	3.7	14.3	77.7	2.3	1.3	2.2	2.2
18.8	54.3	11.3	9.7	3.3	2.6	19.2	62.4	6.9	6.3	4.5	0.6
15.6	61.8	9.4	6.6	4.5	2.1	13.8	74.7	5.4	2.5	1.1	2.6
14.3	71.4	3.6	3.6	3.6	3.6	6.7	73.3	13.3		3.3	3.3
17.8	54.8	11.0	13.7		2.7	29.2	56.9	4.6	6.2		3.1
15.3	62.2	9.5	5.8	5.2	1.9	12.3	76.8	5.1	2.2	1.1	2.5

15-8 续表 3

项目	在认为下列政策效果不明显的					
	企业研发费用加计扣除税收优惠政策					
	不知道此政策	不具备享受该政策的资格	吸引力不足	办理手续繁琐	政府部门政策执行力度不够	其他原因
二、按地区分						
东部地区	11.9	75.3	3.1	4.1	1.7	3.9
中部地区	13.0	74.7	4.0	2.5	2.2	3.7
西部地区	14.5	69.7	3.0	3.8	2.9	6.1
东北地区	11.7	74.8	5.0	1.1	1.4	6.0
北　京	5.0	83.5	1.8	6.9	0.5	2.4
天　津	7.2	86.7	3.2	1.2	0.1	1.6
河　北	17.1	69.0	2.1	3.4	1.2	7.1
山　西	10.5	75.3	3.6	4.6	0.4	5.7
内蒙古	19.3	64.4	4.5	3.2	1.6	7.1
辽　宁	9.1	77.2	5.7	0.8	0.9	6.3
吉　林	17.9	73.3	2.1	1.0	4.6	1.0
黑龙江	18.9	64.8	4.1	2.6	1.5	8.1
上　海	6.6	77.2	6.3	3.2	0.3	6.3
江　苏	11.9	76.7	3.5	0.6	2.7	4.5
浙　江	11.7	80.8	2.7	1.2	0.4	3.2
安　徽	17.2	74.8	3.7	0.6	1.0	2.5
福　建	10.5	76.8	1.9	3.6	1.4	5.8
江　西	10.1	79.8	1.0	2.3	3.1	3.7
山　东	24.6	56.3	5.4	4.2	5.0	4.5
河　南	12.9	75.6	2.6	1.2	1.5	6.3
湖　北	11.2	69.4	7.5	4.8	4.3	2.7
湖　南	12.4	80.5	1.6	1.4	1.9	2.2
广　东	9.8	75.1	0.8	11.6	0.7	2.0
广　西	14.7	70.9	1.9	6.4	2.1	4.0
海　南	10.7	74.0	2.3	6.0	2.8	4.2
重　庆	17.4	70.1	1.6	3.7	2.3	5.0
四　川	13.2	73.9	2.9	2.5	2.3	5.2
贵　州	18.7	62.7	4.7	5.5	1.9	6.5
云　南	10.2	71.6	3.0	3.2	4.3	7.8
西　藏	13.3	70.0		3.3	3.3	10.0
陕　西	16.9	64.5	5.2	3.2	3.2	7.2
甘　肃	10.6	67.4	1.0	6.5	6.1	8.4
青　海	10.6	68.2	7.1	3.5	1.2	9.4
宁　夏	14.6	69.6	2.5	3.8	1.9	7.6
新　疆	11.9	71.0	1.4	4.9	5.1	5.7

企业家中，对主要原因作出不同判断的企业家占比(%)											
高新技术企业所得税减免政策						企业研发活动专用仪器设备加速折旧政策					
不知道此政　策	不具备享受该政策的资格	吸引力不足	办理手续繁　琐	政府部门政策执行力度不够	其他原因	不知道此政　策	不具备享受该政策的资格	吸引力不足	办理手续繁　琐	政府部门政策执行力度不够	其他原因
9.9	81.4	1.9	2.2	0.9	3.6	10.9	75.6	4.8	3.4	0.8	4.6
12.0	78.6	3.2	1.4	1.4	3.3	12.4	76.7	3.3	1.3	1.3	4.9
11.4	78.2	1.7	1.9	1.7	5.1	14.5	74.2	3.1	1.4	0.9	6.0
12.2	76.0	5.8	0.9	0.7	4.4	16.4	72.7	4.9	0.8	0.1	5.1
1.4	93.3	0.2	2.9	0.2	2.1	3.9	81.5	5.4	4.3	0.4	4.5
4.8	90.6	2.2	0.8	0.1	1.6	5.9	89.0	2.8	0.6	0.0	1.7
11.5	76.1	2.5	0.8	2.6	6.5	15.7	71.6	3.0	0.5	0.4	8.9
9.5	80.0	2.9	2.6	1.0	4.0	11.3	79.2	0.8	3.7	0.3	4.7
17.3	76.1	2.6	0.7	0.5	2.8	22.2	69.3	1.2	0.5	0.5	6.4
9.2	77.0	7.7	0.5	0.9	4.7	14.6	73.0	5.8	0.8	0.1	5.7
24.1	73.1	0.5	1.4		0.9	24.2	70.0	4.5	0.4		0.9
16.5	73.5	1.8	2.5	0.4	5.4	19.0	73.5	1.1	1.1		5.4
5.0	81.5	6.2	1.8	0.3	5.2	6.4	74.4	10.0	2.0	0.3	6.9
7.8	84.0	2.7	1.4	0.2	3.9	12.7	75.3	6.7	0.9	0.2	4.3
10.2	84.4	2.1	0.5	0.9	2.0	10.7	79.6	4.5	0.8	0.9	3.5
15.4	79.8	2.2	0.1	0.4	2.1	8.9	80.6	1.9	0.8	0.4	7.4
6.1	85.3	0.9	1.2	1.5	4.9	9.9	78.3	1.8	4.6	1.4	4.0
6.5	86.8	1.0	0.6	1.0	4.0	7.3	83.2	4.6	0.4	0.6	4.0
24.6	61.6	0.5	4.0	3.8	5.5	23.1	59.4	4.4	3.7	3.5	5.9
9.0	80.5	1.6	2.6	1.1	5.3	10.1	78.2	2.3	0.8	2.8	5.8
12.3	72.5	7.3	1.6	3.4	2.9	16.9	69.7	7.2	1.4	1.8	3.0
14.0	80.9	1.3	1.2	0.6	2.0	15.9	77.1	1.3	1.3	0.8	3.6
12.5	79.8	0.2	4.4	0.5	2.6	6.9	76.7	1.6	10.6	0.4	3.9
9.2	79.1	3.0	1.9	3.1	3.6	14.3	76.0	3.8	0.9	0.4	4.6
11.1	79.2	3.2	1.4	2.3	2.8	14.1	72.3	3.2	2.7	2.3	5.5
11.6	82.2	0.3	0.6	1.5	3.8	14.9	75.0	3.8	1.4	0.1	4.8
11.7	77.6	1.5	2.3	1.7	5.3	12.9	76.4	2.9	1.2	1.1	5.6
14.5	73.2	2.7	3.3	0.6	5.8	18.4	67.6	4.0	3.9	0.3	5.7
8.3	81.7	1.6	0.7	2.0	5.8	11.9	76.0	2.9	0.8	1.4	6.9
3.2	77.4		3.2	3.2	12.9	9.7	80.6		3.2		6.5
12.5	75.0	2.6	3.7	0.3	5.9	17.4	70.9	3.6	1.3	0.1	6.7
13.4	73.9	2.9	0.6	3.2	6.1	14.4	70.8	1.6	2.2	2.5	8.5
11.1	73.3		2.2	2.2	11.1	12.4	68.5	6.7	2.2		10.1
12.0	78.0	2.5		1.3	6.3	11.7	74.1	1.2	1.9	1.2	9.9
8.2	80.6	0.4	2.7	3.3	4.9	10.9	78.0	1.7	1.7	2.6	5.1

15-8 续表 4

项 目	在认为下列政策效果不明显的					
	科技开发用品免征进口税收政策					
	不知道此政策	不具备享受该政策的资格	吸引力不足	办理手续繁琐	政府部门政策执行力度不够	其他原因
二、按地区分						
东部地区	9.3	80.2	2.8	2.3	0.6	4.8
中部地区	10.8	82.1	2.2	0.6	1.3	3.0
西部地区	13.2	77.8	1.7	0.7	0.7	5.9
东北地区	9.5	79.6	3.1	0.9	0.6	6.3
北 京	3.6	88.8	1.3	1.2	0.2	4.8
天 津	5.5	89.6	2.2	0.4	0.1	2.3
河 北	13.7	74.3	1.9	0.7	0.3	9.2
山 西	6.7	85.1	0.4	2.1	0.9	4.9
内蒙古	19.5	71.7	2.7	0.2		5.9
辽 宁	6.6	81.6	4.0	0.4	0.7	6.7
吉 林	20.1	76.7		0.9		2.3
黑龙江	14.6	72.8	1.3	3.0	1.0	7.3
上 海	6.9	78.3	6.3	0.8	0.2	7.5
江 苏	8.7	81.5	5.3	0.2	0.1	4.2
浙 江	9.3	86.9	0.3	0.4	0.0	3.0
安 徽	7.4	88.3	1.3	0.5		2.6
福 建	4.9	85.7	2.3	1.5	0.8	4.8
江 西	10.0	82.7	1.1	0.2	2.4	3.7
山 东	18.4	65.9	3.6	3.4	3.2	5.5
河 南	11.1	83.5	1.4	0.3	0.4	3.3
湖 北	14.2	73.5	5.5	0.3	3.3	3.2
湖 南	12.4	83.5	0.7	0.8	0.9	1.8
广 东	10.4	75.4	0.3	8.7	0.1	5.0
广 西	14.3	78.8	1.7	0.9	0.4	4.0
海 南	6.4	82.1	1.7	3.0	2.1	4.7
重 庆	13.9	79.4	0.3	0.2	1.3	4.9
四 川	11.7	80.2	2.2	0.1	0.3	5.5
贵 州	18.2	70.9	0.5	2.4	0.8	7.2
云 南	10.5	79.8	1.4	0.4	1.4	6.5
西 藏	8.8	76.5		2.9		11.8
陕 西	14.8	74.2	2.6	1.0	1.1	6.2
甘 肃	16.2	69.6	3.2	2.0	0.3	8.7
青 海	10.1	75.8	2.0	1.0	1.0	10.1
宁 夏	10.3	79.4	0.6	1.1	0.6	8.0
新 疆	8.2	83.6	1.0	1.9	0.2	5.1

企业家中，对主要原因作出不同判断的企业家占比(%)											
技术转让、技术开发收入免征增值税和技术转让减免所得税优惠政策						鼓励企业吸引和培养人才的相关政策					
不知道此政策	不具备享受该政策的资格	吸引力不足	办理手续繁琐	政府部门政策执行力度不够	其他原因	不知道此政策	不具备享受该政策的资格	吸引力不足	办理手续繁琐	政府部门政策执行力度不够	其他原因
10.4	80.3	2.4	2.0	0.7	4.2	19.4	59.1	15.2	2.6	2.0	1.8
11.7	79.9	2.8	1.6	1.1	2.9	22.9	56.4	13.5	2.1	2.6	2.4
12.5	78.3	1.4	1.6	0.7	5.5	24.7	54.4	14.2	1.5	2.3	2.9
9.4	80.4	4.0	0.7	0.5	5.0	17.3	60.4	19.7	0.8	1.2	0.6
2.3	89.6	1.0	3.1	0.5	3.4	13.1	72.4	9.5	2.8	1.4	0.9
5.1	91.7	1.2	0.2	0.1	1.7	13.2	66.1	17.5	2.0	0.5	0.6
15.6	71.7	1.4	1.3	0.3	9.6	22.3	57.0	13.8	0.4	0.6	6.0
5.4	85.2	0.9	4.3	0.1	4.0	20.3	57.5	9.9	5.4	4.7	2.2
16.4	76.0	1.0	0.7	0.2	5.6	27.1	54.2	12.3	1.1	4.2	1.1
6.6	82.8	4.4	0.5	0.6	5.1	12.5	63.3	21.5	0.6	1.5	0.5
17.1	76.3	4.3	0.9		1.4	37.2	43.8	18.2	0.7		
15.8	73.3	1.7	1.7	0.7	6.8	27.0	57.7	11.7	1.5	0.5	1.5
6.1	79.8	6.6	1.7	0.2	5.6	22.1	53.1	20.0	2.5	1.1	1.2
12.0	80.8	2.8	0.2	0.1	4.1	17.3	63.3	18.2	0.4	0.2	0.6
10.0	86.4	0.5	0.5	0.1	2.6	17.5	61.6	15.7	0.6	2.6	2.0
7.9	87.4	1.8	0.3	0.4	2.3	15.1	66.0	13.7	2.9	1.8	0.5
6.6	84.3	0.5	2.6	1.6	4.5	20.5	58.2	15.9	1.3	2.4	1.7
7.3	83.2	1.5	2.3	0.2	5.5	19.5	58.0	18.2		2.5	1.8
22.0	65.4	0.3	3.5	3.4	5.4	32.7	38.4	12.3	4.4	7.9	4.4
15.4	75.8	3.5	2.2	0.1	3.0	31.2	51.9	11.2	2.3	1.2	2.2
15.4	71.9	5.2	1.6	3.0	2.9	23.2	46.9	18.7	0.8	4.4	6.0
12.1	83.0	1.0	1.0	1.0	1.9	27.7	60.7	7.6	1.6	1.8	0.6
8.9	77.3	4.5	4.9	0.1	4.3	17.0	61.3	12.7	6.7	0.6	1.7
11.2	80.4	0.2	1.5	2.1	4.5	21.9	60.1	10.7	3.8	3.0	0.5
7.2	81.2	1.3	3.6	2.2	4.5	17.7	54.3	18.3	3.7	4.9	1.2
13.8	79.4	0.5	2.6	0.2	3.6	30.9	52.0	10.3	1.8	2.6	2.3
12.6	79.6	1.3	1.3		5.1	24.9	58.2	11.2	1.0	1.7	3.0
16.7	73.9	0.6	2.3	0.2	6.3	22.3	52.1	17.1	1.4	2.4	4.8
8.8	80.5	1.9	1.0	1.3	6.5	26.5	54.5	13.3	0.4	2.5	2.8
6.3	81.3				12.5	27.8	38.9	22.2	5.6		5.6
13.8	74.7	2.6	1.8	0.8	6.3	21.1	51.5	20.8	2.0	1.0	3.5
11.2	73.7	3.2	2.1	1.5	8.3	19.8	47.3	26.6	0.9	2.3	3.2
11.8	74.2	3.2	1.1		9.7	30.2	38.1	22.2	3.2	3.2	3.2
12.4	79.3	1.2		0.6	6.5	24.8	49.6	17.4	1.7	2.5	4.1
9.4	79.9	2.0	2.2	2.0	4.5	19.4	51.6	19.1	1.8	3.1	5.0

15-8 续表 5

项 目	在认为下列政策效果不明显的					
	优先发展产业的支持政策					
	不知道此政 策	不具备享受该政策的 资 格	吸引力不足	办理手续繁 琐	政府部门政策执行力度不够	其他原因
二、按地区分						
东部地区	18.4	69.2	6.5	1.9	1.7	2.4
中部地区	21.9	64.4	6.9	1.6	4.1	1.1
西部地区	20.9	66.2	5.0	1.9	3.0	3.0
东北地区	18.2	68.7	6.5	3.6	1.0	2.0
北 京	13.6	80.8	2.0	1.8	0.9	0.9
天 津	13.7	81.9	2.8	0.4	0.6	0.7
河 北	23.4	63.3	5.6	1.9	2.5	3.2
山 西	19.8	63.8	6.6	3.0	4.0	2.8
内蒙古	29.1	66.3	1.3		2.0	1.3
辽 宁	14.9	70.8	7.4	4.2	0.9	1.8
吉 林	36.9	60.7	1.8		0.6	
黑龙江	20.7	64.5	5.4	3.3	2.1	4.1
上 海	17.8	68.7	9.5	0.9	1.0	2.2
江 苏	18.6	69.4	8.1	0.2	0.6	3.1
浙 江	21.6	71.7	0.9	0.6	3.1	2.1
安 徽	20.1	69.5	4.9	2.9	2.2	0.4
福 建	18.7	73.2	2.4	0.7	2.5	2.4
江 西	16.8	71.2	2.4	0.5	7.0	2.2
山 东	30.9	51.3	4.7	4.1	4.7	4.1
河 南	17.0	70.2	6.4	1.4	2.8	2.1
湖 北	26.9	53.6	12.1	0.9	6.1	0.5
湖 南	26.7	64.6	3.1	0.5	4.4	0.7
广 东	10.5	67.5	13.7	5.8	0.8	1.8
广 西	20.7	68.8	1.9	2.1	4.1	2.4
海 南	11.9	76.1	4.0	0.6	5.7	1.7
重 庆	25.3	64.7	4.4	2.8	1.8	1.1
四 川	21.4	67.9	4.5	0.9	2.3	3.0
贵 州	22.4	65.3	5.4	0.4	3.3	3.3
云 南	19.5	68.8	5.2	0.7	2.6	3.1
西 藏	13.0	56.5	8.7	4.3	13.0	4.3
陕 西	17.7	61.4	8.6	4.9	2.4	4.9
甘 肃	11.1	66.8	9.9	2.4	4.7	5.1
青 海	12.9	67.1	4.3	2.9	5.7	7.1
宁 夏	16.7	67.4	5.8	0.7	6.5	2.9
新 疆	19.4	63.7	4.7	4.1	5.2	2.9

企业家中，对主要原因作出不同判断的企业家占比(%)

金融支持相关政策						创造和保护知识产权的相关政策					
不知道此政策	不具备享受该政策的资格	吸引力不足	办理手续繁琐	政府部门政策执行力度不够	其他原因	不知道此政策	不具备享受该政策的资格	吸引力不足	办理手续繁琐	政府部门政策执行力度不够	其他原因
17.4	64.0	7.3	5.8	3.5	2.1	13.9	74.3	4.6	3.3	1.3	2.5
21.5	57.9	7.1	7.9	3.5	2.1	16.6	73.5	4.1	1.3	2.2	2.3
19.5	58.9	6.7	6.6	4.1	4.3	15.0	74.2	3.2	2.3	1.3	3.9
13.2	64.2	8.5	8.5	2.6	3.1	13.3	75.3	4.3	1.9	1.5	3.7
12.8	75.1	3.2	5.5	1.0	2.4	5.6	87.6	2.3	2.3	1.2	1.0
14.3	74.5	4.6	4.7	1.1	0.8	12.5	82.1	2.5	1.5	0.2	1.2
18.3	57.2	7.8	8.7	2.7	5.3	16.2	72.3	2.3	1.4	1.4	6.5
14.6	61.9	5.4	10.4	4.4	3.3	12.1	77.5	3.8	2.9	0.2	3.5
22.2	62.2	4.9	7.6	1.4	1.7	19.2	71.7	0.9	0.6	1.8	5.9
10.0	68.5	8.7	7.1	2.8	3.0	10.0	77.0	5.3	1.8	1.9	4.1
28.1	39.7	9.6	19.9	2.1	0.7	26.1	71.7	0.6	1.1	0.6	
17.5	61.5	6.8	6.8	2.1	5.1	19.5	70.1	2.7	2.7	0.4	4.6
11.9	64.5	11.0	5.0	5.3	2.2	14.3	74.7	8.1	1.1	0.5	1.3
13.6	64.9	10.1	6.3	4.6	0.6	13.7	73.4	6.4	0.3	2.9	3.3
24.5	55.6	9.0	1.4	7.0	2.5	18.9	75.0	3.0	0.3	0.9	1.9
22.0	61.1	5.5	6.4	2.8	2.1	18.9	71.2	5.9	0.5	1.8	1.7
19.7	69.2	3.6	3.0	2.7	1.8	12.4	77.0	3.6	2.9	3.2	1.0
15.2	55.3	8.7	13.3	3.4	4.1	12.7	78.6	2.4	0.2	3.4	2.7
22.1	53.5	6.9	9.5	4.0	4.0	19.4	56.6	5.2	14.5	0.3	3.8
22.7	63.4	3.4	4.2	3.6	2.7	14.5	76.0	3.7	2.5	0.6	2.7
23.2	51.1	12.8	8.3	3.5	1.1	17.5	69.8	4.4	0.6	4.9	2.7
23.1	55.9	4.5	11.3	3.8	1.4	19.1	75.6	2.3	1.1	1.2	0.6
21.1	64.7	4.9	6.4	0.7	2.4	11.2	79.7	3.1	3.3	0.3	2.4
19.0	65.3	6.9	2.3	4.6	1.8	17.3	77.0	1.2	0.9	1.5	2.2
16.4	65.7	7.0	4.5	5.0	1.5	7.7	74.9	7.7	2.6	4.1	3.1
22.7	49.4	11.5	11.6	2.0	2.7	18.7	71.9	2.9	3.0	0.7	2.9
19.2	61.9	5.1	3.9	4.6	5.4	13.5	76.8	2.8	2.3	0.8	3.8
26.8	55.7	7.2	6.8	1.2	2.2	12.5	73.8	2.8	4.6	1.5	4.8
18.1	63.1	4.0	6.3	3.7	4.8	13.0	77.1	3.5	2.3	1.2	2.8
21.1	57.9	5.3	5.3	10.5		20.0	72.0		4.0		4.0
15.0	55.4	6.2	10.7	6.5	6.1	15.8	68.4	5.3	2.0	2.4	6.0
16.5	60.1	10.1	4.6	4.1	4.6	12.4	73.5	5.3	1.4	1.1	6.4
20.0	60.0	8.3		6.7	5.0	12.3	71.2	6.8		1.4	8.2
15.6	65.6	4.7	7.8	1.6	4.7	13.9	76.6	2.9	1.5	1.5	3.7
18.2	54.5	7.2	6.9	6.9	6.2	13.5	72.7	4.3	3.7	2.6	3.2

十六、未来创新战略目标制定情况

16-1　企业创新战略目标制定情况(2014年)

项　目	制定创新战略目标的企业数(个)	制定创新战略目标企业占全部企业的比重(%)	在制定创新战略目标企业中，制定下列目标的企业占比(%)					
			保持本领域的国际领先地位	赶超同行业国际领先企业	赶超同行业国内领先企业	增加创新投入，提升企业竞争力	保持现有的技术水平和生产经营状况	其他目标
总　计	**352006**	**54.5**	**4.0**	**5.6**	**19.7**	**52.7**	**17.7**	**0.3**
#有创新活动的企业	211269	79.3	4.8	6.9	21.8	54.0	12.3	0.2
#有技术创新活动的企业	146239	84.3	5.3	7.9	22.7	54.6	9.4	0.2
一、按行业分								
采矿业	5938	36.5	2.0	2.8	13.0	52.4	29.5	0.4
制造业	204944	58.2	4.6	6.9	20.7	51.8	15.8	0.1
电力、热力、燃气及水生产和供应业	5096	55.0	4.3	5.2	22.7	46.1	20.9	0.8
建筑业	6893	73.8	1.6	2.9	20.4	60.8	14.1	0.3
批发和零售业	80048	46.8	2.8	3.4	17.5	53.8	22.2	0.4
交通运输、仓储和邮政业	14996	48.8	2.4	4.8	16.2	52.4	23.7	0.5
信息传输、软件和信息技术服务业	8044	75.1	6.7	6.5	22.9	55.0	8.5	0.4
金融业	1787	83.2	4.1	5.5	31.6	55.0	2.6	1.3
租赁和商务服务业	13294	51.9	4.0	4.3	20.0	56.3	14.8	0.5
科学研究和技术服务业	9037	62.2	4.2	5.3	20.1	51.6	18.1	0.7
水利、环境和公共设施管理业	1907	56.3	2.7	3.0	18.1	57.6	18.2	0.4
二、按地区分								
东部地区	219517	55.8	4.4	6.0	19.7	51.9	17.7	0.2
中部地区	69358	55.0	2.9	4.9	20.2	54.6	17.1	0.3
西部地区	47470	55.2	3.0	4.9	18.8	55.8	17.2	0.4
东北地区	15661	39.1	6.2	5.6	20.4	46.2	21.3	0.3
北　京	14324	60.4	5.1	5.5	21.7	48.9	18.3	0.5
天　津	8255	62.5	5.6	6.7	20.6	46.2	20.8	0.1
河　北	10717	52.8	3.7	5.8	20.3	52.9	16.9	0.3
山　西	4252	52.7	2.4	3.7	18.1	53.6	21.5	0.7
内蒙古	3068	42.7	4.4	6.1	22.5	48.4	18.2	0.5
辽　宁	9268	36.3	7.9	6.5	19.9	44.3	21.1	0.3
吉　林	3225	42.1	5.1	5.2	20.0	48.3	21.3	0.2
黑龙江	3168	46.2	2.3	3.5	22.3	49.6	21.9	0.3
上　海	13725	54.8	11.1	8.0	23.6	40.7	16.3	0.3
江　苏	52201	63.0	3.9	5.9	19.5	50.6	19.9	0.2
浙　江	37390	59.6	3.2	6.0	20.1	54.5	16.0	0.3
安　徽	15577	61.1	3.0	4.6	19.0	56.2	17.0	0.3
福　建	13722	51.1	3.8	5.9	18.9	54.4	16.9	0.2
江　西	6018	49.4	3.8	6.1	22.3	52.3	15.5	0.1
山　东	34111	51.6	3.0	5.0	17.7	58.6	15.4	0.2
河　南	17307	54.3	2.7	5.1	19.6	54.8	17.3	0.4
湖　北	15255	56.4	2.9	5.2	20.2	54.1	17.4	0.2
湖　南	10949	51.2	3.0	4.6	22.3	54.4	15.5	0.2
广　东	34343	48.2	5.0	6.8	19.4	50.0	18.7	0.2
广　西	4653	51.2	3.4	4.2	16.7	56.5	19.0	0.2
海　南	729	57.4	4.3	6.2	23.2	51.2	14.7	0.5
重　庆	6638	52.1	3.4	5.6	18.4	56.6	15.5	0.5
四　川	12485	57.5	2.5	4.8	18.6	55.4	18.4	0.4
贵　州	3306	51.7	2.5	4.6	19.4	57.4	15.8	0.4
云　南	4653	58.6	2.7	3.8	16.4	59.2	17.3	0.5
西　藏	143	59.1	4.9	4.9	13.3	62.2	13.3	1.4
陕　西	5490	59.3	2.9	5.6	20.7	54.6	15.9	0.3
甘　肃	2365	59.2	3.1	5.2	17.8	56.7	16.9	0.4
青　海	594	58.4	3.7	3.5	19.2	56.9	16.2	0.5
宁　夏	1125	62.9	2.8	4.3	19.4	58.0	14.8	0.8
新　疆	2950	62.7	2.7	3.9	20.4	54.8	17.7	0.4

16-2 工业企业创新战略目标制定情况(2014年)

项 目	制定创新战略目标的企业数(个)	制定创新战略目标企业占全部企业的比重(%)	在制定创新战略目标企业中，制定下列目标的企业占比(%)					
			保持本领域的国际领先地位	赶超同行业国际领先企业	赶超同行业国内领先企业	增加创新投入，提升企业竞争力	保持现有的技术水平和生产经营状况	其他目标
总 计	**215978**	**57.2**	**4.5**	**6.7**	**20.5**	**51.7**	**16.3**	**0.2**
#有创新活动的企业	142071	80.3	5.2	8.0	22.6	52.5	11.5	0.1
#有技术创新活动的企业	107903	83.9	5.5	8.8	23.3	53.1	9.1	0.1
一、按规模分								
大型企业	8133	82.5	10.4	14.7	22.8	44.9	7.0	0.3
中型企业	37139	67.2	5.9	9.2	22.5	49.8	12.5	0.2
小型企业	170706	54.6	3.9	5.8	20.0	52.5	17.6	0.1
二、按登记注册类型分								
内资企业	182267	56.5	3.5	6.0	21.0	52.9	16.6	0.1
国有企业	2092	60.9	3.9	5.5	20.3	51.9	17.8	0.6
集体企业	1257	40.1	1.8	3.1	14.8	50.1	30.1	0.1
股份合作企业	596	48.8	3.0	6.4	20.0	48.7	21.6	0.3
联营企业	75	44.1	1.3	4.0	22.7	53.3	17.3	1.3
有限责任公司	52898	59.5	3.6	6.5	22.1	52.6	15.1	0.2
股份有限公司	7587	72.5	5.2	10.5	25.2	49.5	9.5	0.2
私营企业	117086	54.8	3.3	5.5	20.3	53.3	17.5	0.1
其他企业	676	44.6	3.8	3.4	17.6	52.8	22.3	
港、澳、台商投资企业	15032	59.1	7.5	9.8	18.9	47.8	15.8	0.2
外商投资企业	18679	62.8	12.4	11.8	17.7	43.5	14.2	0.3
三、按行业分								
采矿业	5938	36.5	2.0	2.8	13.0	52.4	29.5	0.4
煤炭开采和洗选业	2417	35.3	1.9	2.6	10.3	53.8	30.8	0.7
石油和天然气开采业	71	49.3	4.2	4.2	21.1	45.1	22.5	2.8
黑色金属矿采选业	1035	31.3	1.7	1.6	12.0	51.9	32.5	0.3
有色金属矿采选业	839	41.9	1.2	3.6	15.4	52.8	26.9	0.1
非金属矿采选业	1489	39.6	2.5	3.1	15.9	50.9	27.5	0.2
开采辅助活动	82	49.4	3.7	9.8	22.0	46.3	18.3	

16-2 续表 1

项 目	制定创新战略目标的企业数(个)	制定创新战略目标企业占全部企业的比重(%)	在制定创新战略目标企业中，制定下列目标的企业占比(%)					
			保持本领域的国际领先地位	赶超同行业国际领先企业	赶超同行业国内领先企业	增加创新投入，提升企业竞争力	保持现有的技术水平和生产经营状况	其他目标
制造业	204944	58.2	4.6	6.9	20.7	51.8	15.8	0.1
农副食品加工业	13887	55.9	3.1	5.0	20.6	54.6	16.7	0.1
食品制造业	5181	63.1	4.7	6.6	22.3	52.4	13.8	0.2
酒、饮料和精制茶制造业	3996	63.7	4.3	4.7	19.8	56.3	14.9	0.1
烟草制品业	98	76.6	1.0	9.2	34.7	52.0	3.1	
纺织业	10924	52.5	3.3	5.1	17.8	53.6	20.1	0.1
纺织服装、服饰业	7325	46.3	3.6	4.8	16.7	50.9	23.8	0.2
皮革、毛皮、羽毛及其制品和制鞋业	4131	47.4	3.6	6.1	17.2	49.2	23.8	0.1
木材加工和木、竹、藤、棕、草制品业	4255	47.2	2.9	3.8	17.5	54.9	20.8	0.0
家具制造业	2940	55.6	4.6	6.6	19.5	52.0	17.1	0.2
造纸和纸制品业	3494	51.2	3.2	4.8	20.7	51.5	19.7	0.1
印刷和记录媒介复制业	2967	56.1	2.7	5.1	18.8	53.7	19.5	0.2
文教、工美、体育和娱乐用品制造业	4790	55.6	5.2	8.3	17.3	51.8	17.3	0.1
石油加工、炼焦和核燃料加工业	1152	56.7	3.3	5.3	21.8	51.0	18.3	0.3
化学原料和化学制品制造业	15484	61.3	5.6	7.8	22.1	50.5	13.9	0.2
医药制造业	5325	74.9	5.2	6.6	23.7	54.9	9.4	0.2
化学纤维制造业	1192	61.2	5.0	6.8	21.2	50.1	16.7	0.3
橡胶和塑料制品业	10164	56.0	5.2	6.5	20.2	51.3	16.8	0.1
非金属矿物制品业	17203	50.6	3.2	5.3	19.1	51.4	20.9	0.1
黑色金属冶炼和压延加工业	5189	50.1	3.1	5.2	19.7	52.1	19.7	0.1
有色金属冶炼和压延加工业	4184	56.7	4.2	7.0	22.5	51.0	15.1	0.1
金属制品业	11551	55.6	4.2	7.0	21.8	50.1	16.8	0.1
通用设备制造业	15440	62.7	5.5	8.4	22.6	50.2	13.1	0.2
专用设备制造业	11641	66.9	6.1	9.6	22.6	50.1	11.5	0.1
汽车制造业	9035	67.1	4.8	7.4	21.5	54.0	12.1	0.1
铁路、船舶、航空航天和其他运输设备制造业	3140	63.2	5.0	8.6	20.8	52.7	12.8	0.2
电气机械和器材制造业	15392	66.3	5.2	7.9	21.9	52.4	12.6	0.1
计算机、通信和其他电子设备制造业	9897	70.5	7.2	10.0	20.5	51.2	10.9	0.1
仪器仪表制造业	3147	75.4	7.3	10.7	24.2	48.4	9.2	0.1
其他制造业	949	54.1	5.3	7.6	23.4	47.4	16.2	0.1
废弃资源综合利用业	653	43.7	2.3	3.8	19.9	54.1	19.6	0.3
金属制品、机械和设备修理业	218	54.9	5.5	4.1	23.9	45.9	20.2	0.5
电力、热力、燃气及水生产和供应业	5096	55.0	4.3	5.2	22.7	46.1	20.9	0.8
电力、热力生产和供应业	3610	55.8	4.9	5.5	23.0	46.7	19.1	0.8
燃气生产和供应业	687	52.6	4.1	5.7	22.9	44.7	22.0	0.7
水的生产和供应业	799	53.4	2.1	3.4	21.3	44.7	27.8	0.8

16-2 续表 2

项 目	制定创新战略目标的企业数(个)	制定创新战略目标企业占全部企业的比重(%)	在制定创新战略目标企业中，制定下列目标的企业占比(%)					
			保持本领域的国际领先地位	赶超同行业国际领先企业	赶超同行业国内领先企业	增加创新投入，提升企业竞争力	保持现有的技术水平和生产经营状况	其他目标
四、按地区分								
东部地区	130047	58.6	5.2	7.4	20.5	50.9	15.9	0.2
中部地区	47575	57.9	3.1	5.6	20.8	53.9	16.5	0.1
西部地区	28030	57.9	3.1	5.5	20.3	54.9	16.0	0.2
东北地区	10326	40.8	6.9	6.5	20.4	43.7	22.3	0.2
北 京	2647	71.8	9.0	9.9	24.5	44.5	11.7	0.3
天 津	3763	68.6	8.5	9.2	22.3	44.4	15.6	0.1
河 北	7995	54.0	4.2	6.6	22.1	50.8	16.1	0.2
山 西	2163	55.4	2.5	4.9	19.8	50.0	22.4	0.5
内蒙古	1916	43.4	4.3	7.3	21.3	48.5	18.5	0.2
辽 宁	5835	37.2	9.5	7.4	19.9	39.9	23.2	0.1
吉 林	2333	43.9	4.4	6.0	20.7	48.8	19.9	0.2
黑龙江	2158	50.1	2.4	4.8	21.3	48.5	22.7	0.4
上 海	6055	63.9	9.9	11.0	21.0	43.1	14.6	0.3
江 苏	32376	66.5	5.4	7.2	21.2	50.2	15.9	0.1
浙 江	26387	64.6	4.0	7.6	21.0	53.1	14.1	0.2
安 徽	11472	64.6	2.9	5.1	20.0	55.8	16.0	0.1
福 建	8867	53.0	4.5	6.5	18.4	53.3	17.1	0.1
江 西	4522	50.2	4.4	6.8	23.1	50.1	15.5	0.1
山 东	21683	53.2	4.2	6.5	20.0	53.3	15.9	0.1
河 南	12139	55.8	2.7	5.6	19.8	53.8	18.1	0.1
湖 北	9837	61.6	3.2	5.6	21.1	54.6	15.4	0.1
湖 南	7442	54.2	3.3	5.7	22.5	53.4	15.0	0.2
广 东	20015	48.7	5.4	7.8	18.3	49.7	18.6	0.2
广 西	2895	53.2	3.9	4.9	16.8	55.5	18.7	0.2
海 南	259	67.8	7.0	7.3	24.7	49.0	11.2	0.8
重 庆	3498	56.8	3.1	6.9	21.1	55.5	13.3	0.1
四 川	8063	60.8	2.7	5.1	19.7	56.1	16.3	0.2
贵 州	2081	53.4	2.6	5.1	21.1	55.8	15.1	0.2
云 南	2361	62.4	2.5	4.3	18.0	58.7	15.9	0.5
西 藏	58	59.8	1.7	5.2	15.5	65.5	10.3	1.7
陕 西	3160	62.2	3.6	6.1	23.4	51.1	15.5	0.2
甘 肃	1301	62.4	3.7	5.2	20.4	54.8	15.8	0.1
青 海	358	63.0	3.4	2.8	21.5	55.3	16.2	0.8
宁 夏	774	66.2	2.5	5.0	20.8	57.2	14.1	0.4
新 疆	1565	63.2	2.7	4.8	22.0	53.4	16.7	0.3

16-3 建筑业企业创新战略目标制定情况(2014年)

项　目	制定创新战略目标的企业数(个)	制定创新战略目标企业占全部企业的比重(%)	在制定创新战略目标企业中，制定下列目标的企业占比(%)					
			保持本领域的国际领先地位	赶超同行业国际领先企业	赶超同行业国内领先企业	增加创新投入，提升企业竞争力	保持现有的技术水平和生产经营状况	其他目标
总　计	**6893**	**73.8**	**1.6**	**2.9**	**20.4**	**60.8**	**14.1**	**0.3**
#有创新活动的企业	4655	88.9	1.8	3.2	22.4	62.4	9.9	0.3
#有技术创新活动的企业	3539	92.2	1.9	3.6	22.7	64.2	7.4	0.3
一、按行业分								
房屋建筑业	2974	77.2	1.1	2.1	17.1	65.7	13.9	0.1
土木工程建筑业	1586	78.7	2.2	4.1	23.1	60.3	10.0	0.4
建筑安装业	985	65.8	2.3	3.4	23.9	51.4	18.6	0.5
建筑装饰和其他建筑业	1348	68.0	1.3	2.7	22.0	57.4	16.2	0.3
二、按地区分								
东部地区	3954	75.7	1.6	2.8	19.7	61.4	14.2	0.2
中部地区	1343	76.2	1.2	3.3	21.2	61.3	12.7	0.4
西部地区	1094	71.4	1.6	2.9	20.7	60.5	13.9	0.5
东北地区	502	60.6	2.4	2.2	22.9	55.2	17.3	
北　京	489	71.2	3.1	4.5	22.3	52.1	18.0	
天　津	191	79.6	2.6	5.2	23.0	52.4	16.8	
河　北	216	77.4	1.9	2.8	22.7	64.8	7.4	0.5
山　西	125	82.2	1.6	1.6	16.8	60.0	20.0	
内蒙古	52	60.5	1.9		19.2	57.7	21.2	
辽　宁	318	66.1	2.8	2.5	25.5	50.9	18.2	
吉　林	78	55.3	1.3	2.6	20.5	62.8	12.8	
黑龙江	106	51.5	1.9	0.9	17.0	62.3	17.9	
上　海	278	67.5	3.2	3.2	23.7	50.4	19.1	0.4
江　苏	816	82.1	1.6	2.3	16.9	67.3	11.9	
浙　江	815	77.5	0.9	2.0	16.4	67.4	13.3	0.1
安　徽	193	76.3	1.6	2.6	18.1	61.7	16.1	
福　建	231	72.0	0.9	1.7	16.5	65.4	14.7	0.9
江　西	135	78.9	1.5	3.0	27.4	61.5	5.9	0.7
山　东	387	76.0	1.3	2.8	22.0	65.1	8.5	0.3
河　南	392	77.5	1.0	2.0	19.9	65.1	11.5	0.5
湖　北	310	72.8	0.6	5.5	21.6	58.4	13.2	0.6
湖　南	188	73.7	1.6	4.3	25.0	58.5	10.6	
广　东	507	73.4	1.0	2.4	22.1	54.8	19.3	0.4
广　西	65	73.9	1.5	1.5	24.6	52.3	20.0	
海　南	24	66.7		4.2	20.8	62.5	12.5	
重　庆	212	69.5	1.9	2.4	19.8	62.7	13.2	
四　川	209	67.6	1.9	3.8	18.2	62.2	12.4	1.4
贵　州	49	81.7	2.0	6.1	18.4	65.3	8.2	
云　南	110	74.8	1.8		20.0	65.5	11.8	0.9
西　藏	2	40.0			50.0		50.0	
陕　西	219	73.2	0.5	4.6	21.9	61.2	11.9	
甘　肃	75	73.5		4.0	26.7	49.3	20.0	
青　海	12	66.7		16.7	8.3	50.0	25.0	
宁　夏	21	87.5			14.3	76.2	9.5	
新　疆	68	76.4	4.4		23.5	55.9	14.7	1.5

16-4 服务业企业创新战略目标制定情况(2014年)

项 目	制定创新战略目标的企业数(个)	制定创新战略目标企业占全部企业的比重(%)	在制定创新战略目标企业中，制定下列目标的企业占比(%)					
			保持本领域的国际领先地位	赶超同行业国际领先企业	赶超同行业国内领先企业	增加创新投入，提升企业竞争力	保持现有的技术水平和生产经营状况	其他目标
总 计	**129135**	**50.0**	**3.2**	**4.0**	**18.3**	**53.9**	**20.1**	**0.5**
#有创新活动的企业	64543	76.7	4.1	4.7	19.9	56.6	14.2	0.5
#有技术创新活动的企业	34797	85.0	4.8	5.3	20.6	58.2	10.8	0.4
一、按行业分								
批发和零售业	80048	46.8	2.8	3.4	17.5	53.8	22.2	0.4
批发业	39515	43.5	4.0	2.1	18.2	52.0	23.3	0.4
零售业	40533	50.4	1.7	4.6	16.9	55.5	21.0	0.4
交通运输、仓储和邮政业	14996	48.8	2.4	4.8	16.2	52.4	23.7	0.5
铁路运输业	56	49.1			21.4	53.6	25.0	
道路运输业	8536	47.8	1.8	4.2	12.6	54.5	26.3	0.6
水上运输业	1136	47.4	2.8	4.3	16.1	54.7	21.9	0.2
航空运输业	165	70.2	1.8	9.7	32.7	47.3	6.7	1.8
管道运输业	34	63.0	5.9	2.9	17.6	44.1	29.4	
装卸搬运和运输代理业	2749	47.7	3.2	6.3	23.5	44.5	22.0	0.4
仓储业	1735	49.8	3.5	4.6	18.0	52.3	20.7	0.9
邮政业	585	72.2	3.8	6.5	23.4	57.3	8.7	0.3
信息传输、软件和信息技术服务业	8044	75.1	6.7	6.5	22.9	55.0	8.5	0.4
电信、广播电视和卫星传输服务	1684	72.4	3.9	5.3	20.5	59.1	10.1	1.0
互联网和相关服务	629	74.2	5.1	7.5	24.0	51.8	11.1	0.5
软件和信息技术服务业	5731	76.0	7.7	6.7	23.4	54.1	7.8	0.3
金融业	1787	83.2	4.1	5.5	31.6	55.0	2.6	1.3
货币金融服务	752	84.0	4.7	5.7	28.5	56.9	2.5	1.7
资本市场服务	243	84.7	1.6	2.5	33.3	60.1	2.1	0.4
保险业	669	82.6	4.5	6.4	33.6	51.1	3.0	1.3
其他金融业	123	79.4	3.3	4.9	35.8	53.7	2.4	
租赁和商务服务业	13294	51.9	4.0	4.3	20.0	56.3	14.8	0.5
租赁业	474	53.4	5.7	5.7	19.6	43.9	24.9	0.2
商务服务业	12820	51.8	4.0	4.3	20.0	56.7	14.5	0.5
科学研究和技术服务业	9037	62.2	4.2	5.3	20.1	51.6	18.1	0.7
研究和试验发展	872	73.6	11.4	11.1	20.1	48.2	9.2	0.1
专业技术服务业	6360	62.3	3.0	4.5	20.8	51.4	19.3	1.0
科技推广和应用服务业	1805	57.7	5.0	5.3	17.3	53.9	18.1	0.3
水利、环境和公共设施管理业	1907	56.3	2.7	3.0	18.1	57.6	18.2	0.4
水利管理业	86	44.1	1.2	5.8	11.6	61.6	19.8	
生态保护和环境治理业	228	62.5	3.5	7.0	25.4	47.8	15.8	0.4
公共设施管理业	1593	56.3	2.6	2.3	17.4	58.8	18.5	0.4

16-4 续表

项　目	制定创新战略目标的企业数(个)	制定创新战略目标企业占全部企业的比重(%)	在制定创新战略目标企业中，制定下列目标的企业占比(%)					
			保持本领域的国际领先地位	赶超同行业国际领先企业	赶超同行业国内领先企业	增加创新投入，提升企业竞争力	保持现有的技术水平和生产经营状况	其他目标
二、按地区分								
东部地区	85516	51.5	3.3	4.1	18.6	52.9	20.7	0.4
中部地区	20440	48.4	2.7	3.5	18.5	55.9	18.7	0.6
西部地区	18346	50.8	2.9	4.1	16.4	56.8	19.2	0.7
东北地区	4833	34.9	5.1	4.1	20.2	50.6	19.5	0.5
北　京	11188	57.9	4.2	4.5	21.0	49.8	19.9	0.5
天　津	4301	57.6	3.3	4.7	19.1	47.4	25.5	
河　北	2506	48.1	2.2	3.5	14.5	58.7	20.2	0.9
山　西	1964	48.9	2.4	2.5	16.2	57.2	20.6	1.1
内蒙古	1100	41.0	4.6	4.5	24.6	47.8	17.5	1.0
辽　宁	3115	33.5	5.4	5.2	19.4	51.9	17.5	0.7
吉　林	814	37.0	7.2	3.3	17.8	45.6	26.0	
黑龙江	904	38.6	2.2	0.9	25.2	50.9	20.6	0.2
上　海	7392	48.7	12.3	5.6	25.7	38.4	17.6	0.4
江　苏	19009	57.3	1.5	4.0	16.6	50.5	27.1	0.4
浙　江	10188	48.8	1.2	2.3	17.9	57.0	21.1	0.6
安　徽	3912	52.2	3.3	3.0	16.1	57.0	20.0	0.6
福　建	4624	47.2	2.6	4.9	19.8	55.8	16.8	0.2
江　西	1361	45.3	2.1	4.0	18.9	58.6	16.2	0.2
山　东	12041	48.4	1.0	2.3	13.2	68.2	14.8	0.5
河　南	4776	49.7	3.0	4.2	19.2	56.5	15.8	1.3
湖　北	5108	47.9	2.3	4.4	18.4	53.0	21.6	0.3
湖　南	3319	44.9	2.5	2.0	21.8	56.4	17.0	0.2
广　东	13821	47.0	4.6	5.5	20.9	50.1	18.8	0.1
广　西	1693	47.5	2.5	3.1	16.3	58.4	19.5	0.2
海　南	446	52.3	2.9	5.6	22.4	51.8	16.8	0.4
重　庆	2928	46.6	3.8	4.3	15.0	57.6	18.3	1.0
四　川	4213	51.8	2.3	4.3	16.4	53.6	22.6	0.7
贵　州	1176	48.3	2.2	3.7	16.5	59.8	17.2	0.7
云　南	2182	54.5	2.9	3.5	14.4	59.4	19.1	0.6
西　藏	83	59.3	7.2	4.8	10.8	61.4	14.5	1.2
陕　西	2111	54.5	2.1	4.9	16.5	59.1	17.1	0.3
甘　肃	989	54.6	2.5	5.3	13.5	59.7	18.1	0.9
青　海	224	52.0	4.5	4.0	16.1	59.8	15.6	
宁　夏	330	55.5	3.9	2.7	16.4	58.5	16.7	1.8
新　疆	1317	61.6	2.7	3.1	18.2	56.5	19.1	0.5

十七、国际比较

17-1 部分国家企业创新活动开展情况(2008-2010年)

单位：个、%

国别	总计			#制造业			#服务业		
	企业数	有创新活动		企业数	有创新活动		企业数	有创新活动	
		企业数	比重		企业数	比重		企业数	比重
欧盟27国平均	730701	386833	52.9	362738			343573		
#欧盟15国平均	577702	334893	58.0	282799	172823	61.1	277258	152746	55.1
#比利时	12481	7598	60.9	5119	3476	67.9	7064	3949	55.9
德国	127073	100743	79.3	61908	51392	83.0	60233	46197	76.7
爱尔兰	6916	4118	59.5	2266	1520	67.1	4422	2472	55.9
西班牙	75468	31227	41.4	37173	16318	43.9	36002	14035	39.0
法国	69194	37002	53.5	30992	17391	56.1	36300	18684	51.5
意大利	118567	66751	56.3	74461	44066	59.2	40520	20971	51.8
卢森堡	1509	1027	68.1	312	205	65.7	1161	797	68.6
荷兰	25531	14481	56.7	8899	5356	60.2	16144	8820	54.6
奥地利	15968	9016	56.5	6735	4084	60.6	8712	4651	53.4
葡萄牙	20163	12167	60.3	11787	6616	56.1	7785	5198	66.8
芬兰	8081	4544	56.2	3494	2133	61.0	4188	2239	53.5
瑞典	16552	9861	59.6	6535	3993	61.1	9522	5624	59.1
英国	72201	31981	44.3	29778	14342	48.2	40751	16762	41.1
保加利亚	14580	3952	27.1	7660	2416	31.5	6444	1420	22.0
捷克	20553	10623	51.7	11455	6185	54.0	8221	4061	49.4
爱沙尼亚	3234	1838	56.8	1484	905	61.0	1569	837	53.3
塞浦路斯	1405	649	46.2	610	294	48.2	747	334	44.7
拉脱维亚	4131	1234	29.9	1651	539	32.6	2240	635	28.3
立陶宛	5641	1944	34.5	2620	839	32.0	2776	1013	36.5
匈牙利	15720	4883	31.1	7994	2433	30.4	7050	2215	31.4
马耳他	727	302	41.5	261	119	45.6	447	178	39.8
波兰	50625	14247	28.1	27500	7825	28.5	20782	5823	28.0
罗马尼亚	26330	8116	30.8	13620	4143	30.4	11588	3677	31.7
斯洛文尼亚	4158	2054	49.4	2015			1965		
斯洛伐克	5895	2098	35.6	3069	1124	36.6	2486	875	35.2
克罗地亚	6802	2886	42.4	3261	1491	45.7	3161	1260	39.9
冰岛	835	533	63.8	416	231	55.5	364	273	75.0
挪威	8550	3723	43.5	3155	1482	47.0	4736	1994	42.1
塞尔维亚	7694	3976	51.7	3743	2156	57.6	3553	1662	46.8
土耳其	64234	32990	51.4	34761	18409	53.0			

注：欧盟国家平均数据中未包括希腊。下同。

17-2 部分国家产品或工艺创新活动开展情况(2008-2010年)

单位：个、%

国别	总计			#制造业			#服务业		
	企业数	有产品或工艺创新活动		企业数	有产品或工艺创新活动		企业数	有产品或工艺创新活动	
		企业数	比重		企业数	比重		企业数	比重
欧盟27国平均	730701	284807	39.0	362738			343573	118099	34.4
#欧盟15国平均	577702	252922	43.8	282799	140094	49.5	277258	106388	38.4
#比利时	12481	6439	51.6	5119	3007	58.7	7064	3294	46.6
德国	127073	81596	64.2	61908	44439	71.8	60233	34926	58.0
爱尔兰	6916	3235	46.8	2266	1326	58.5	4422	1821	41.2
西班牙	75468	22045	29.2	37173	12528	33.7	36002	8870	24.6
法国	69194	23747	34.3	30992	12595	40.6	36300	10529	29.0
意大利	118567	47922	40.4	74461	34423	46.2	40520	12465	30.8
卢森堡	1509	754	50.0	312	167	53.5	1161	571	49.2
荷兰	25531	12027	47.1	8899	4752	53.4	16144	7034	43.6
奥地利	15968	7012	43.9	6735	3392	50.4	8712	3390	38.9
葡萄牙	20163	9350	46.4	11787	5179	43.9	7785	3915	50.3
芬兰	8081	3753	46.4	3494	1876	53.7	4188	1728	41.3
瑞典	16552	8029	48.5	6535	3394	51.9	9522	4453	46.8
英国	72201	23580	32.7	29778	11421	38.4	40751	11628	28.5
保加利亚	14580	2580	17.7	7660	1748	22.8	6444	765	11.9
捷克	20553	7145	34.8	11455	4485	39.2	8221	2426	29.5
爱沙尼亚	3234	1510	46.7	1484	788	53.1	1569	636	40.5
塞浦路斯	1405	506	36.0	610	235	38.5	747	250	33.5
拉脱维亚	4131	691	16.7	1651	322	19.5	2240	328	14.6
立陶宛	5641	1275	22.6	2620	582	22.2	2776	622	22.4
匈牙利	15720	2895	18.4	7994	1505	18.8	7050	1231	17.5
马耳他	727	222	30.5	261	100	38.3	447	117	26.2
波兰	50625	8197	16.2	27500	4969	18.1	20782	2808	13.5
罗马尼亚	26330	3763	14.3	13620	2248	16.5	11588	1382	11.9
斯洛文尼亚	4158	1443	34.7	2015			1965	515	26.2
斯洛伐克	5895	1658	28.1	3069	962	31.3	2486	630	25.3
克罗地亚	6802	2168	31.9	3261	1197	36.7	3161	873	27.6
冰岛	835	475	56.9	416	211	50.7	364	243	66.8
挪威	8550	2884	33.7	3155	1242	39.4	4736	1480	31.3
塞尔维亚	7694	3092	40.2	3743	1769	47.3	3553	1200	33.8
土耳其	64234	22584	35.2	34761	12822	36.9			
澳大利亚			54.1			58.2			58.0
加拿大			58.1			70.0			50.7
瑞士			52.3			61.4			46.8
智利			57.4			24.5			14.9
以色列			46.4			53.4			42.7
日本			27.5			33.0			23.6
韩国			37.2			37.2			
墨西哥			10.2			13.3			7.9
新西兰			42.7			45.0			41.5
美国			23.3			30.6			19.8
巴西			41.2			40.7			48.6
俄罗斯			8.9			11.6			7.8
南非			65.4			69.1			61.3

17-3　部分国家组织或营销创新情况(2008-2010年)

单位：个、%

国别	总计			#制造业			#服务业		
	企业数	有组织或营销创新		企业数	有组织或营销创新		企业数	有组织或营销创新	
		企业数	比重		企业数	比重		企业数	比重
欧盟27国平均	730701	298010	40.8	362738	148111	40.8	343573	141565	41.2
#欧盟15国平均	577702	257429	44.6	282799	127383	45.0	277258	123196	44.4
#比利时	12481	5366	43.0	5119	2349	45.9	7064	2907	41.2
德国	127073	78297	61.6	61908	39138	63.2	60233	36851	61.2
爱尔兰	6916	3206	46.4	2266	1087	48.0	4422	2020	45.7
西班牙	75468	21485	28.5	37173	10547	28.4	36002	10388	28.9
法国	69194	30450	44.0	30992	13390	43.2	36300	16332	45.0
意大利	118567	51745	43.6	74461	32764	44.0	40520	17668	43.6
卢森堡	1509	905	60.0	312	165	52.9	1161	716	61.7
荷兰	25531	9718	38.1	8899	3357	37.7	16144	6148	38.1
奥地利	15968	7003	43.9	6735	3035	45.1	8712	3802	43.6
葡萄牙	20163	9673	48.0	11787	5026	42.6	7785	4364	56.1
芬兰	8081	3262	40.4	3494	1434	41.0	4188	1711	40.9
瑞典	16552	7134	43.1	6535	2708	41.4	9522	4244	44.6
英国	72201	25664	35.5	29778	10927	36.7	40751	14062	34.5
保加利亚	14580	2538	17.4	7660	1363	17.8	6444	1098	17.0
捷克	20553	8720	42.4	11455	4911	42.9	8221	3502	42.6
爱沙尼亚	3234	1189	36.8	1484	555	37.4	1569	585	37.3
塞浦路斯	1405	534	38.0	610	222	36.4	747	297	39.8
拉脱维亚	4131	967	23.4	1651	395	23.9	2240	535	23.9
立陶宛	5641	1564	27.7	2620	621	23.7	2776	882	31.8
匈牙利	15720	3704	23.6	7994	1809	22.6	7050	1732	24.6
马耳他	727	237	32.6	261	83	31.8	447	149	33.3
波兰	50625	10802	21.3	27500	5637	20.5	20782	4778	23.0
罗马尼亚	26330	6979	26.5	13620	3437	25.2	11588	3288	28.4
斯洛文尼亚	4158	1629	39.2	2015	830	41.2	1965	748	38.1
斯洛伐克	5895	1716	29.1	3069	865	28.2	2486	775	31.2
克罗地亚	6802	2250	33.1	3261	1113	34.1	3161	1042	33.0
冰岛	835	392	46.9	416	159	38.2	364	209	57.4
挪威	8550	2549	29.8	3155	988	31.3	4736	1390	29.3
塞尔维亚	7694	3363	43.7	3743	1851	49.5	3553	1375	38.7
土耳其	64234	27271	42.5	34761	15469	44.5			

17-4 部分国家企业创新合作情况(2008-2010年)

单位：个、%

国别	有产品或工艺创新活动的企业数	所占比重			
		开展创新合作企业	#与供应商合作	#与客户合作	#与高校或研究机构合作
欧盟27国平均	284807		15.3	12.8	
#比利时	6439	42.6	29.0	17.3	19.9
保加利亚	2580		16.1	13.2	
捷克	7145	34.2	23.9	19.2	15.8
德国	81596	24.3	10.6	10.7	15.7
爱沙尼亚	1510	42.1	24.0	21.8	9.5
爱尔兰	3235	28.5	16.1	14.9	
西班牙	22045	22.3	10.6	6.5	12.1
法国	23747	36.1	23.7	20.1	15.6
意大利	47922	12.1	7.3	5.3	5.6
塞浦路斯	506		58.1	46.0	
拉脱维亚	691		23.7	21.1	
立陶宛	1275		35.1	30.0	
卢森堡	754	32.2	20.6	18.0	
匈牙利	2895		27.9	20.6	
马耳他	222		14.0	6.3	
荷兰	12027	33.5	24.3	12.7	10.5
奥地利	7012	51.0	27.3	22.1	23.5
波兰	8197	33.5	23.2	13.8	12.9
葡萄牙	9350	19.5	14.0	12.4	9.4
罗马尼亚	3763		14.4	10.9	
斯洛文尼亚	1443	48.3	29.9	27.1	23.6
斯洛伐克	1658	34.7	32.2	27.5	14.5
芬兰	3753	39.8	34.9	38.0	63.2
瑞典	8029	38.7	31.4	26.3	15.0
英国	23580	66.3	7.9	9.5	17.5
克罗地亚	2168		25.3	21.1	
冰岛	475	32.2	11.6	19.2	
挪威	2884	29.6	19.8	17.9	16.9
塞尔维亚	3092		20.1	18.7	
土耳其	22584	18.7	13.3	12.8	8.3
澳大利亚		24.2	9.4	6.6	4.1
瑞士		22.3	13.3	12.4	11.0
智利		18.0	13.1	7.1	5.3
以色列		42.3	26.3	27.5	16.2
日本		41.6	27.8	30.0	19.8
韩国		33.0	18.7	19.2	19.5
墨西哥		28.5			
新西兰		31.4	19.3	17.7	7.0
巴西		10.3	6.9	5.0	5.3
俄罗斯		30.8	12.7	9.7	17.8
南非		27.6	23.6	24.4	17.4

17-5 德国企业创新主要情况(2010-2012年)

单位：个、%、百万欧元

指标	总计		#制造业		#服务业	
	绝对数	比重	绝对数	比重	绝对数	比重
企业数	135033		63502		66838	
#开展创新活动	90395	66.9	45618	71.8	42433	63.5
#开展产品或工艺创新活动	74268	55.0	40225	63.3	32296	48.3
#实现产品创新	48378	35.8	27828	43.8	19773	29.6
#实现工艺创新	34413	25.5	19663	31.0	13851	20.7
#1.同时实现产品和工艺创新	23522	17.4	14386	22.7	8709	13.0
2.仅实现产品创新	24857	18.4	13442	21.2	11064	16.6
3.仅实现工艺创新	10891	8.1	5277	8.3	5142	7.7
4.仅有正在进行或中止的创新活动	4733	3.5	2552	4.0	1999	3.0
#实现组织创新	43500	32.2	21823	34.4	20480	30.6
#实现营销创新	46422	34.4	22381	35.2	23068	34.5
在实现产品创新企业中,以下列形式进行开发的企业占比						
本企业独立开发	29499	61.0	18092	65.0	11047	55.9
本企业与其他企业或机构合作开发	19055	39.4	11885	42.7	6932	35.1
在其他单位开发的基础上调整或改进	6079	12.6	2833	10.2	3126	15.8
其他企业或机构开发	5582	11.5	1939	7.0	3488	17.6
在实现产品创新企业中,有市场新产品的企业	18463	38.2	12124	43.6	6148	31.1
市场新产品销售收入及占主营业务收入比重(2012年)	142822	3.0	106341	5.5	33680	1.5
仅本企业新产品销售收入及占主营业务收入比重(2012年)	479182	10.0	343653	17.8	117137	5.0
在实现工艺创新企业中,以下列形式进行开发的企业占比						
本企业独立开发	19284	56.0	11356	57.8	7605	54.9
本企业与其他企业或机构合作开发	14402	41.8	7714	39.2	6222	44.9
在其他单位开发的基础上调整或改进	3850	11.2	1579	8.0	2191	15.8
其他企业或机构开发	3357	9.8	1909	9.7	1306	9.4
在实现工艺创新企业中,有市场新工艺的企业	4638	13.5	3220	16.4	1297	9.4
有下列产品或工艺创新活动形式的企业						
内部研发	35653	26.4	23905	37.6	11112	16.6
外部研发	14299	10.6	9623	15.2	4330	6.5
获得机器设备和软件	47890	35.5	27313	43.0	19347	28.9
从外部获取相关技术	16311	12.1	8175	12.9	7703	11.5
相关培训	42254	31.3	22170	34.9	19198	28.7
市场推介	24541	18.2	13784	21.7	10472	15.7
相关设计	23085	17.1	14245	22.4	8681	13.0
工装准备	38686	28.6	24181	38.1	13987	20.9
其他创新活动	58321	43.2	33152	52.2	24020	35.9
创新费用支出合计及占主营业务收入比重(2012年)	109336	2.3	86188	4.5	19794	0.9
1.内部研发	57067	1.2	49561	2.6	7099	0.3
2.外部研发	12318	0.3	11283	0.6	922	
3.获得机器设备和软件	37808	0.8	24108	1.3	10920	0.5
4.从外部获取相关技术	2142		1236	0.1	853	
产品或工艺创新活动企业中有创新合作企业	17624	23.7	10703	26.6	6552	20.3
与下列对象合作						
集团内其他企业	5497	7.4	3346	8.3	1993	6.2
供应商	7300	9.8	4810	12.0	2288	7.1
非公共部门客户	6475	8.7	3937	9.8	2403	7.4
公共部门客户	2890	3.9	1032	2.6	1829	5.7
竞争对手或同行业企业	3500	4.7	1592	4.0	1786	5.5
市场咨询机构	4661	6.3	2726	6.8	1821	5.6
高等学校	10589	14.3	6548	16.3	3774	11.7
研究机构	7381	9.9	4700	11.7	2518	7.8

附　录

附录 1　2014 年全国企业创新调查技术说明

调查依据:《国家统计局关于开展 2014 年全国企业创新调查的通知(国统字[2014]65 号)》。

调查时期:调查的标准时点为 2014 年 12 月 31 日，定量指标的时期资料为 2014 年度，定性指标的时期资料为 2013-2014 年度。

调查对象:具体包括规模以上工业企业；特、一级建筑业企业；限额以上批发和零售业企业；规模以上交通运输、仓储和邮政业，信息传输、软件和信息技术服务业，租赁和商务服务业，科学研究和技术服务业，水利、环境和公共设施管理业企业；省级及以上金融业企业。

调查方法:调查采用重点调查与抽样调查相结合的方法。对规模以上工业企业，特、一级建筑业企业和省级及以上金融业企业实施全数调查，对其他服务业企业实施抽样调查。调查样本量共计近 44 万家，其中规模以上工业企业 37.8 万家，特、一级建筑业企业 0.9 万家，省级及以上金融业企业 0.2 万家，其他服务业企业 5 万家。

统计标准:调查执行国家有关统计分类标准及规定。其中，规模以上工业企业包括年主营业务收入 2000 万元及以上的工业企业法人；特、一级建筑业企业包括资质等级为特级和一级的总承包和专业承包建筑业企业法人；限额以上批发和零售业企业包括年主营业务收入 2000 万元及以上的批发业、年主营业务收入 500 万元及以上的零售业企业法人；规模以上服务业企业包括年营业收入 1000 万元及以上，或年末从业人员 50 人及以上的服务业企业法人。国民经济行业分类采用 GB/T 4754-2011 标准。其他统计标准的具体内容可查询国家统计局网站：http://www.stats.gov.cn/tjsj/tjbz/。

调查特点:调查在第 3 版奥斯陆手册的基本框架下开展，可满足国际比较的基本要求；调查在国家统计局一套表统计调查体系下开展，部分统计结果取自其他调查内容，保持了统计调查的一致性；调查针对我国实际情况对大量内容进行了调整和改进，向调查对象代表、主要有关部门、有关专家学者、基层统计部门广泛征求了对调查方案的意见，在满足政策需求和降低填报负担之间、符合国际标准和体现本国特色之间取得了较好的平衡。总的来说调查基本兼顾了科学性、适用性、系统性、可比性和可操作性。

调查表式:调查的基层表式有 6 张，包括供工业企业、建筑业企业和服务业企业分别填报的创新情况表(3 张)，供工业企业、建筑业企业和服务业企业分别填报的企业家问卷(3 张)。国家统计局统计一套表中的其他调查表式，特别是工业企业科技活动年度统计调查的部分内容将作为此次调查的重要补充。

数据处理:国家统计局通过联网直报平台将调查表统一布置给调查企业，并通过联网直报平台完成数据的采集、审核、汇总和上报等工作。联网直报平台数据处理程序由国家统计局统一研制并提供。联网直报平台地址：http://www.lwzb.gov.cn。

国际比较:国际比较中各国数据基本都为奥斯陆手册体系下以 CIS 为标准问卷或参考设计的调查结果。奥斯陆手册(Oslo Manual)是目前国际上在创新调查领域使用范围最广、权威性最强、认同度最高的标准规范。CIS 即欧盟创新调查(Community Innovation Survey)，是 OECD 和欧盟统计局组织开展的企业创新调查，为目前国际上影响较大、发展较成熟、开展较广泛的创新调查。

附录2 主要指标解释

创新：指本企业推出了新的或有重大改进的产品或工艺，或采用了新的组织管理方式或营销方法。此处的“新”是指它们对本企业而言必须是新的，但对于其他企业或整个市场而言不要求一定是新的。

产品创新：指企业推出了全新的或有重大改进的产品。产品创新的“新”要体现在产品的功能或特性上，包括技术规范、材料、组件、用户友好性等方面的重大改进。不包括产品仅有外观变化或其他微小改变的情况，也不包括直接转销。

这里的产品既包括货物，也包括服务。对工业企业而言，货物方面产品创新的例子有新能源汽车、新功能手机等；服务方面产品创新的例子有新的保修服务，如显著延长的新产品保修期限等。对建筑业企业而言，货物方面产品创新的例子有功能或特性有重大改进的房屋、桥梁或配套的建筑构配件、建筑制品等；服务方面产品创新的例子有新形式的装修售后服务等。对服务业企业而言，货物方面产品创新的例子有新面世的盒装或下载版软件等；服务方面产品创新的例子有新型理财产品、显著改进的咨询服务、有突破进展的设计方案等。

工艺创新：指企业采用了全新的或有重大改进的生产方法、工艺设备或辅助性活动。工艺创新的“新”要体现在技术、设备、软件或流程上。不包括单纯的组织管理方式的变化。此处的辅助性活动指企业的采购、物流、财务、信息化等活动。

对工业企业而言，生产工艺方面工艺创新的例子有采用新型自动化包装生产线替代人工包装等；对建筑业企业而言，施工工艺方面工艺创新的例子有新工法、显著改进的工具等；对服务业企业而言，推出服务或产品的方法方面工艺创新的例子有采用新型自动控制系统调配交通工具等。辅助性活动方面工艺创新的例子有首次采用条形码追踪原材料走向、开发新的软件进行财务管理等。

产品创新和工艺创新统称为技术创新。

组织创新：指企业采取了此前从未使用过的全新的组织管理方式，主要涉及企业的经营模式、组织结构或外部关系等方面。不包括单纯的合并或收购。应是企业管理层战略决策的结果。

经营模式方面组织创新的例子有首次使用供应链管理、质量管理、信息共享制度、绩效奖励手段等；组织结构方面组织创新的例子有首次使用机构设置、职责划分、权限管理、决策方式等；外部关系方面组织创新的例子有首次使用商业联盟、新式合作、外包或分包等。

营销创新：指企业采用了此前从未使用过的全新的营销概念或营销策略，主要涉及产品设计或包装、产品推广、产品销售渠道、产品定价等方面。不包括季节性、周期性变化和其他常规的营销方式变化。

产品设计或包装方面营销创新的例子有对现有产品的创意设计、为特定消费群体推出饮料新口味等；产品推广方面营销创新的例子有首次使用新型广告媒体、全新品牌形象、推出会员卡等；产品销售渠道方面营销创新的例子有首次使用直销、特许经营、独家零售、电子商务等；产品定价方面营销创新的例子有首次使用自动调价、折扣系统等。

创新活动：指为实现创新而进行的科学、技术、组织、商业等各种活动的总称。具体包括：所有的研发活动，获得机器设备和软件，获取相关技术，以及相关的培训、设计、市场推介、工装准备等。创新活动不仅包括已成功的，也包括正在进行的和中止的；它本身可能具有新颖性，也可能不具新颖性却是实现创新所必需。

正在进行的创新活动：指正在进行、尚未完成预定目标任务的产品或工艺创新活动。

中止的创新活动：指由于各种原因中断、延期、放弃或失败的产品或工艺创新活动。

新颖度：指产品或工艺的新颖程度，按照从低到高依次分为无创新、本企业新、国内市场新、国际市场新。其中无创新是指未推出新的产品或工艺，或原有的产品或工艺未发生重大改进；本企业新是指产品或工艺对于本企业而言是全新的或有重大改进的，但对于其他企业或整个市场而言并不是；国内市场新是指产品或工艺对于国内市场而言是全新的或有重大改进的，但对于国际市场而言并不是；国际市场新是指产品或工艺在世界范围内是全新的或有重大改进的。

国际市场新的产品或工艺同时一定也是国内市场新和本企业新的；国内市场新的产品或工艺同时一定也是本企业新的。

建筑业和服务业的调查中将国内市场新与国际市场新合并称为市场新，指产品或工艺不仅对于本企业而言是全新的或有重大改进的，对于国际或国内市场及其他企业而言同样也是。

内部研发：研发是研究与试验发展(Research and Experimental Development,即 R&D)的简称，指在科学技术领域，为增加知识总量、以及运用这些知识去创造新的应用进行的系统的创造性的活动，包括基础研究、应用研究、试验发展三类。内部研发指本企业内部开展的研发活动。

外部研发：指企业委托其他单位或与其他单位合作开展的研发活动。

创新合作：指企业与其他企业或机构共同开展产品或工艺创新活动。创新合作要求企业必须是积极主动参与的，不包括纯外包项目，双方不一定要取得商业利益。

专利：是专利权的简称，是对发明人的发明创造经审查合格后，由专利局依据专利法授予发明人和设计人对该项发明创造享有的专有权。包括发明、实用新型和外观设计。反映拥有自主知识产权的科技和设计成果情况。

发明专利：指对产品、方法或者其改进所提出的新的技术方案。是国际通行的反映拥有自主知识产权技术的核心指标。

期末有效发明专利数：指报告期末企业作为第一专利权人拥有的、经境内外知识产权行政部门授权且在有效期内的发明专利件数。这里不包括实用新型和外观设计专利。

先发优势：指企业由于率先开发出某种产品或工艺创新，或率先进入某一个领域，从而获得领先其他企业的市场竞争优势。

东部地区：包括北京，天津，河北，上海，江苏，浙江，福建，山东，广东和海南 10 个省市。

中部地区：包括山西，安徽，江西，河南，湖北和湖南 6 个省市。

西部地区：包括内蒙古，广西，重庆，四川，贵州，云南，西藏，陕西，甘肃，青海，宁夏和新疆 12 个省区市。

东北地区：包括辽宁，吉林和黑龙江 3 个省。

欧盟 27 国：包括奥地利、比利时、卢森堡、保加利亚、塞浦路斯、捷克、丹麦、爱沙尼亚、芬兰、法国、德国、希腊、匈牙利、爱尔兰、意大利、拉脱维亚、立陶宛、马耳他、荷兰、波兰、葡萄牙、罗马尼亚、斯洛伐克、斯洛文尼亚、西班牙、瑞典和英国。

欧盟 15 国：包括奥地利、比利时、卢森堡、丹麦、芬兰、法国、德国、希腊、爱尔兰、意大利、荷兰、葡萄牙、西班牙、瑞典和英国。